General Motors

Modelos de Tamaño Grande Tracción en las Ruedas Traseras

Manual de Reparación

por Ken Freund
y John H Haynes
Miembro del Gremio de escritores del automovilismo

Arnaldo Sánchez Jr Editor técnico

Modelos cubiertos:

Buick: LeSabre, Estate, Electra y Limited
Chevrolet: Impala, Impala Custom Caprice, Caprice, Caprice Classic, Caprice Estate, Bel Air, Biscayne, Brookwood, Kingswood, Kinswood Estate y Townsman
Oldsmobile: Delta 88, Royale y Brougham, Custom Cruiser, Ninety-Eight Luxury, Regency y Brougham
Pontiac: Catalina, Grandville, Brougham, Bonneville, Parisienne y Safari

1970 al 1990

No incluye motores diesel o información relacionada para los modelos con tracción en las ruedas delantera o modelos con turbocargador

ABCDE
FGHIJ
KLMNO
PQRS

Grupo de Publicaciones Haynes
Sparkford Nr Yeovil
Somerset BA22 7JJ Inglaterra

Haynes de Norte América, Inc
861 Lawrence Drive
Newbury Park
California 91320 E.E.U.U.

Reconocimientos

Escritores técnicos que contribuyeron a éste proyecto incluyen Larry Warren, Mike Stubblefield y Bob Henderson.

Un libro de la serie de **Manuales Haynes para Reparaciones Automotrices**

Imprimido en U.S.A. (Estados Unidos de Norte América)

ISBN 1 56392 179 0

Biblioteca del Congreso Número de la Tarjeta del Catalogo 96-75209

96-304

Contenidos

1981 Pontiac Bonneville sedan de 4 puertas

Acerca de este manual

El propósito

El propósito de este manual es ayudarlo a obtener el mejor valor de su vehículo. Usted puede hacer esto en varias maneras. Puede ayudarlo a decidir qué trabajo se debe hacer, aun cuando usted escoja que la reparación sea hecha por un departamento de servicio automotriz o un taller de reparaciones; provee informaciones y procedimientos para el mantenimiento de rutina y servicio; y ofrece diagnósticos y procedimientos de reparación para seguir cuando un problema ocurre.

Esperamos que use este manual para que usted haga el trabajo. Para muchos trabajos simples, haciendo el trabajo usted mismo pueda que sea más rápido de tener que hacer una cita para llevar el vehículo a un taller de reparación y hacer los viajes de llevarlo y recogerlo. Más importante, se puede ahorrar bastante dinero evitando los cargos que el taller le pasaría a usted para cubrir la labor y los sobrecargos de los costos. El beneficio adicional es la satisfacción de haber hecho el trabajo usted mismo.

Usando el manual

El manual está dividido en Capítulos. Cada Capítulo está dividido en Secciones con números, que se encabezan con letras grandes en líneas horizontales. Cada Sección consta de párrafos consecutivamente numerados.

Al principio de cada Sección numerada, usted será referido a cualquier ilustración que es aplicada a los procedimientos en esa Sección. El número de referencia usado en la ilustración apunta a la Sección indicada y los pasos con esa Sección. Esto sería, ilustración 3.2, significa que la ilustración se refiere a la Sección 3 y paso (o párrafo) 2 en esa Sección.

Los procedimientos, una vez descriptos en el texto, no se repetirán normalmente. Cuando sea necesario referirse a otro Capítulo, se dará como referencia el Capítulo y el número de la Sección. Cruces de referencias dados sin el uso de la palabra "Capítulo" se aplica a la Sección y/o párrafo en el Capítulo. Por ejemplo, "vea Sección 8" quiere decir que es el mismo Capítulo.

Referencias a la izquierda o al lado derecho del vehículo se supone que usted está sentado en el asiento del chofer, mirando hacia el frente.

Aunque mucho cuidado se tomó cuando se estaba preparando este manual, ni el publicador ni el autor pueden aceptar responsabilidad por cualquier error u omisión de la información que se ha dado.

NOTA

Una **Nota** provee información necesaria para completar apropiadamente un procedimiento o información, que hace los pasos para seguir más fácil de entender.

CAUCIÓN

Una **Caución** indica un procedimiento especial o pasos especiales que se deben de tomar en el curso de completar el procedimiento, en donde la **Caución** es encontrada, es necesario para evitar daño al ensamblaje que se esté trabajando.

PELIGRO

Un **Peligro** indica un procedimiento especial o paso especial que se debe de tomar en el curso de completar el procedimiento, en donde el **Peligro** es encontrado es necesario para evitar que la persona que está haciendo el procedimiento sufra una lesión.

Introducción a los General Motors de tamaños grandes, modelos con tracción en las ruedas traseras

Los modelos de tamaños grandes de la General Motors cubiertos en este manual tienen el motor convencionalmente en el frente y tracción en las ruedas traseras.

Una variedad de General Motors construidos con motores V8 y V6 fueron instalados en estos modelos durante el periodo de producción larga. El motor acciona las ruedas traseras a través de una transmisión manual o automática vía una flecha y un eje trasero sólido.

Estos vehículos están disponibles en una variedad de estilos de carrocería, incluyendo coupe de dos puertas, sedan de cuatro puertas y modelos furgonetas de cuatro puertas.

La suspensión delantera es independiente, usando resortes espirales, con dirección de poder disponible en los modelos más modernos. Resortes espirales o de tipo hoja con brazos de arrastrar son usados en la suspensión trasera, dependiendo del año y el modelo.

Los modelos más antiguos usan frenos de tambor en las cuatro ruedas, mientras que los modelos más modernos usan frenos de disco al frente y tambores en la parte trasera. Algunos modelos más modernos están equipados con frenos de disco en las cuatro ruedas. Frenos de poder estaba disponible en la mayoría de los modelos.

Números de identificación del vehículo

Las modificaciones son unos procesos continuos y sin ser publicados en el proceso de fabricación de los vehículos. Ya que las partes de respuestos y las listas son acopiladas en una base numérica, los números individuales de los vehículos son esenciales para poder identificar los componentes requeridos.

Número de identificación del vehículo (VIN)

Este número de identificación es muy importante, está localizado en un plato asegurado en la parte izquierda superior del tablero del vehículo, cerca del parabrisas **(vea ilustración)**. El Número de Identificación del Vehículo (VIN) también aparece en el Certificado del Titulo del Vehículo y la Matrícula. Contiene información tal como donde y cuando el vehículo fue producido, el modelo del año y el estilo de la carrocería.

Plato de identificación para la carrocería

El plato de identificación para la carrocería está localizado en el compartimiento del motor en la superficie superior o la cubierta del radiador o en la mayoría de los modelos **(vea ilustración)**. Como el VIN contiene información valiosa acerca del fabricante del vehículo, también información en las opciones con que está equipado. Este plato es especialmente útil para emparejar el color y el tipo de pintura para el trabajo de la reparación.

El VIN (número de identificación del vehículo) es visible por fuera del vehículo a través del parabrisas en el lado del chófer

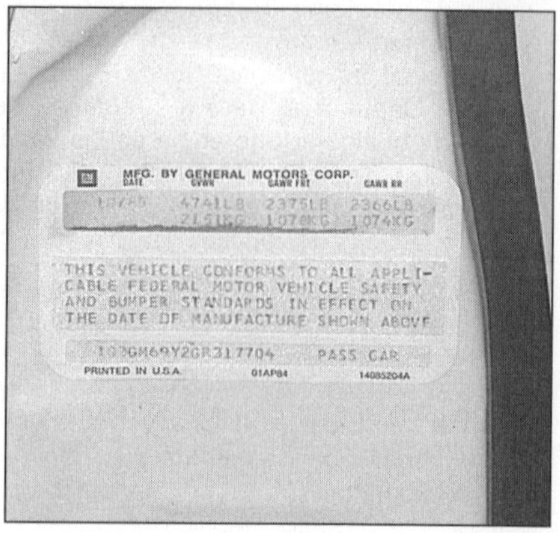

El plato de numeración de la carrocería está localizado generalmente en el apoyo del radiador

Número de serie del motor

A causa de la variedad amplia de motores con que estos modelos fueron equipados todas las divisiones de la General Motors sobre los muchos años de fabricación, los números de serie de fabricación del motor pueden ser encontrados en una variedad de lugares **(vea ilustraciones)**.

Identificación de motor

Hasta 1977, la mayoría de los motores en los vehículos de la GM fueron fabricados por la misma división que vendió la carrocería. Sin embargo, desde ese tiempo, los vehículos de la GM vienen equipados con varios motores, suministrados por las divisiones de la General Motors Oldsmobile, Chevrolet, Buick y Pontiac.

En 1972 y los modelos más nuevos, un chequeo del VIN (número de identificación del vehículo) determinará rápidamente cuál planta de la GM el motor de su vehículo es originado. El número VIN otorga información con respecto al motor, el año del vehículo, etcétera. Esta etiqueta de metal está localizada en el tablero en la esquina de la mano izquierdo (lado del chófer), encima contra el parabrisas. En los modelos 1972 al 1980, el

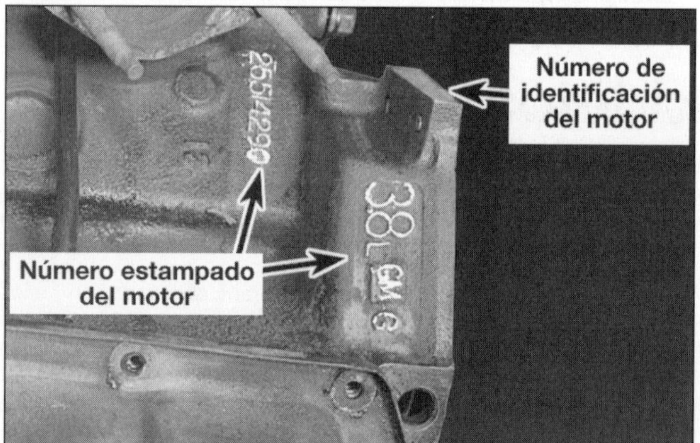

Número de identificación para el motor V6 e identificación de estampa

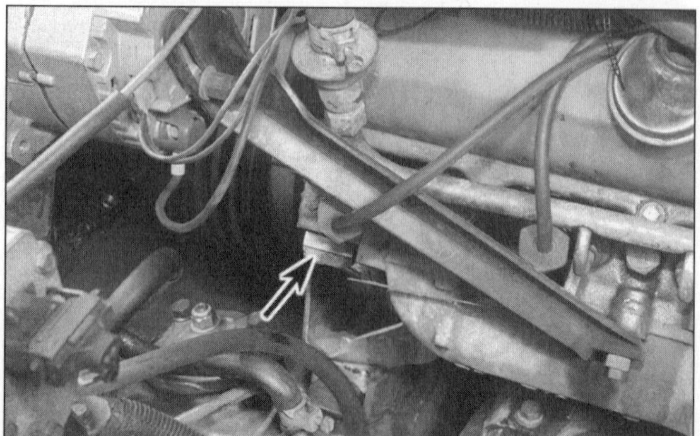

Ubicación del número de identificación para el motor - motores Oldsmobile V8 307 y 350

quinto dígito del VIN es el que identifica el número del tipo de motor. En los modelos 1981 y más nuevos, el octavo dígito del VIN identifica el motor. **Refiérase al diagrama que acompaña** para determinar cuál motor usted tiene. Los modelos 1970 al 1976 usan los motores construidos por la misma división que vendió la carrocería.

Hay algunas diferencias entre las varias marcas de motores pero en general, los procedimientos de mantenimiento y reparación son casi idénticos. Donde las diferencias ocurren, ellas serán notadas. Un chequeo del diagrama de las especificaciones al principio de éste Capítulo alertará al mecánico del hogar de cualquier diferencia en las varias tolerancias. También chequee la VECI (etiqueta de información para el control de las emisiones del vehículo), localizada adyacente al radiador, para información adicional del motor.

CÓDIGO VIN	TIPO DE MOTOR	PULGADAS CUBICAS	LITROS	CONSTRUIDO
9	V6	229	3.8	C
A,C,2	V6	231	3.8	B
4	V6	252	4.1	B
2,Z	V6	260	4.3	C
F,8	V8	260	4.3	O
Y (hasta 19790), W	V8	301	4.9	P
U,E,H, (1978 en adelante)	V8	305	5.0	C
6,7	V8	350	5.7	C
Y (1980 en adelante), 9	V8	307	5.0	O
X,J,H (1977 solamente)	V8	350	5.7	B
G,L	V8	350	5.7	C
P	V8	350	5.7	P
R	V8	350	5.7	O
E	V8	305	5.0	C
Z	V8	400	6.6	P
K	V8	403	6.6	O

** B=Buick, C=Chevrolet, O=Oldsmobile, P=Pontiac*

Número de la transmisión

Los números de identificación pueden ser encontrados en varios lugares, dependiendo del modelo, año de fabricación y modelo de la transmisión **(vea ilustración)**.

Número del eje trasero

Información perteneciendo al eje trasero y el diferencial puede ser encontrada estampada en la superficie del frente del lado derecho del tubo del eje en la mayoría de los modelos y en una etiqueta conectada a uno de los pernos de la tapa en la mayoría de los modelos **(vea ilustración)**. Algunos modelos tienen también la proporción final del engrane e información de la fecha de construcción estampada en la pestaña adyacente a la tapa **(vea ilustración)**.

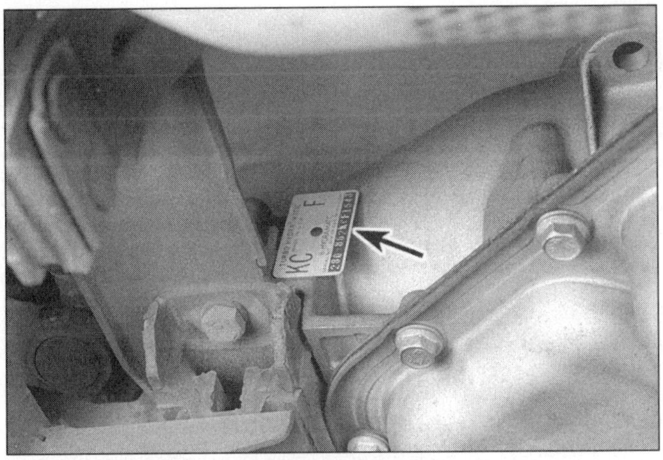

Ubicación para la identificación del número de la transmisión automática

Ubicación típica de los números de identificación del eje trasero

Comprando partes

Las partes de remplazo son disponibles de muchas fuentes, que generalmente caen en una de dos categorías - distribuidor de partes para el vehículo autorizados (concesionarios de vehículos) y vendedores al menudeo independientes de partes de vehículo. Nuestro consejo acerca de estas partes es lo siguiente:

Refaccionarías para partes de vehículo: Buenas tiendas de partes auto-motrices tendrán partes muy frecuentes necesitadas que se desgastan relativamente rápido, por ejemplo componentes del embrague, sistema del escape, partes de frenos, partes para la afinación del motor, etc. Estas tiendas muy frecuente pueden suministrar partes nuevas o reconstruidas en una base de cambio, que puede ahorrarle una cantidad considerable de dinero. Las refaccionarías de descuento muy frecuente son lugares muy buenos para comprar partes y materiales necesitados para el mantenimiento general del vehículo como aceite, grasa, filtros, bujías, bandas, pinturas, bombillas etc. También, muy frecuente venden herramientas y accesorios generales, tienen horarios convenientes, los precios son bajos y muy frecuente no están muy lejos del hogar.

Distribuidores de partes autorizados: Ésta es la mejor fuente para las partes que son únicas para el vehículo y no generalmente disponibles en otros departamentos de partes (tal como partes mayores para el motor, partes de transmisión, partes para las molduras del interior, etc.).

Información de la garantía: ¡Si el vehículo todavía está bajo de garantía, esté seguro que cualquier parte que compre - sin importar donde la compró - no vaya a invalidar la garantía!.

Esté seguro de obtener las partes correctas, tenga el número del motor y del chasis disponible y, si es posible, lleve las partes viejas con usted para la identificación positiva.

Técnicas del mantenimiento, herramientas y facilidades de trabajo

Técnicas para el mantenimiento

Hay varias técnicas envueltas en el mantenimiento y reparación que van a ser referidas através de este manual. Aplicación de estas técnicas, ayudará al mecánico del hogar ser más eficaz, mejor organizado y capaz de ejecutar las varias tareas apropiadamente, que asegurará que el trabajo de la reparación sea completo y cabal.

Broches

Broches son tuercas, pernos, tornillos, espárragos, usados para aguantar dos o más partes juntas. Hay varias cosas que se deben de tener en la mente cuando esté trabajando con broches. Casi todos de ellos usan un tipo de cierre, o una arandela de seguridad, contratuerca, pestaña para bloquearla, o adhesivo en la tuerca. Todos los broches con roscas deben de estar limpios y rectos, sin tener las roscas dañadas o las esquinas en la cabeza hexagonal donde se instala la herramienta dañada. Desarrolle el hábito de reemplazar todas las tuercas y pernos dañados con nuevos.

Tuercas y pernos oxidados se deben de tratar con un fluido penetrante para ayudar el procedimiento de removerlos y prevenir de que se rompan. Unos mecánicos usan aceite trementina en una lata que trabaja muy bien. Después de aplicar el penetrante para el óxido, permítale que trabaje por unos minutos antes de tratar de remover la tuerca o el tornillo. Broches que estén muy oxidados, pueda que tengan que ser removidos con un cincel o ser cortados o romperlos con una herramienta especial para romper tuercas, que se puede encontrar en cualquier lugar donde vendan herramientas.

Si un perno o espárrago se rompe en la asamblea, se puede hacer un hoyo con una barrena y removerlo con una herramienta especial para remover, disponible para este procedimiento. La mayoría de los talleres de torno/rectificación para vehículos pueden desempeñar esta tarea, también como otros procedimientos de reparación, tales como roscas que se hayan barrido.

Arandelas planas y de seguridad, cuando se remuevan de una asamblea, se deben reemplazar siempre exactamente como se removieron. Reemplace cualquier arandela dañada con nuevas. Nunca use una arandela de seguridad en una superficie de metal blanda (tal como aluminio), plancha de metal delgado o plástico.

Tamaños de los broches

Por varias razones, los fabricantes de vehículos están haciendo el uso más amplio de broches métricos. Por eso, es importante poder notar la diferencia entre normal (a veces llamado U.S. o SAE) y métrico, ya que no pueden ser intercambiados.

Todos los pernos, sean normales o métricos, se clasifican según el tamaño del diámetro, ángulo de la rosca y la longitud. Por ejemplo, un perno normal 1/2 - 13 x 1 es de 1/2 pulgada de diámetro, tiene 13 roscas por pulgada y tiene 1 pulgada de largo. Un perno métrico M12 - 1.75 x 25 es de 12 (mm) en diámetro, el ángulo de las roscas es de 1.75 (mm) (la distancia entre las roscas) y es 25 (mm) de largo. Los dos pernos son casi idénticos, y fácilmente se pueden confundir, pero no son intercambiables.

Además de las diferencias en diámetro, el ángulo de las roscas y el largo, los pernos métricos y normales también se pueden distinguir examinando la cabeza del perno. Para empezar, la distancia entre las partes planas en la cabeza de un perno es medida en pulgadas, mientras que la dimensión en un perno métrico es en milímetros (lo mismo es cierto para las tuercas). Como resultado, una herramienta normal no se debe de usar en un perno métrico y una herramienta métrica no se debe de usar en un perno normal. También, la mayoría de los pernos normales tienen ranuras sobresalientes en la parte del centro de la cabeza del perno, que es una

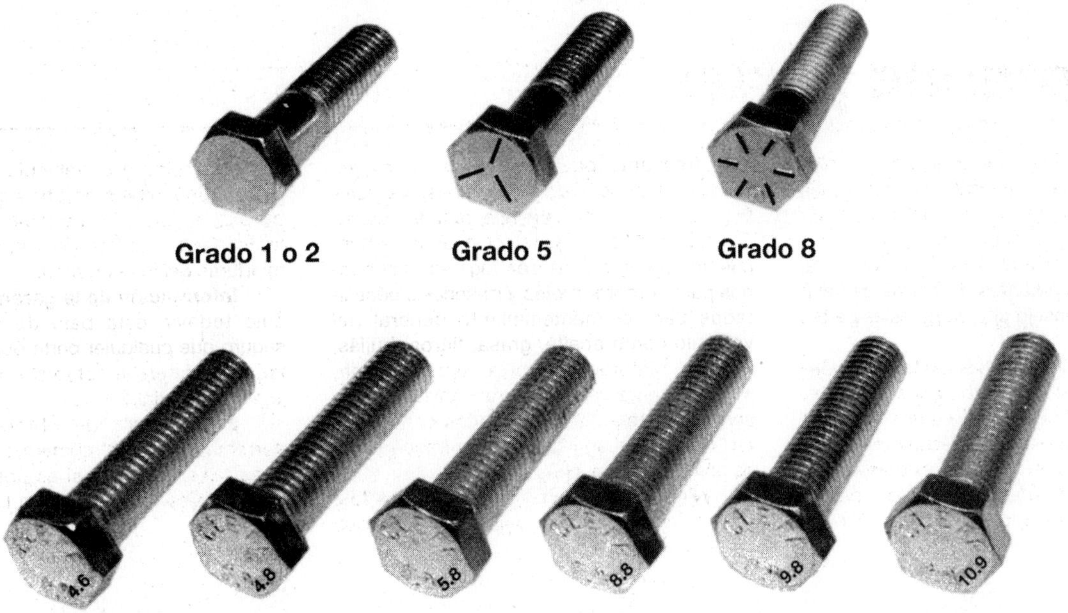

Marcas de la fuerza del perno (la parte de encima normales/SAE/USS; la parte de abajo métricos)

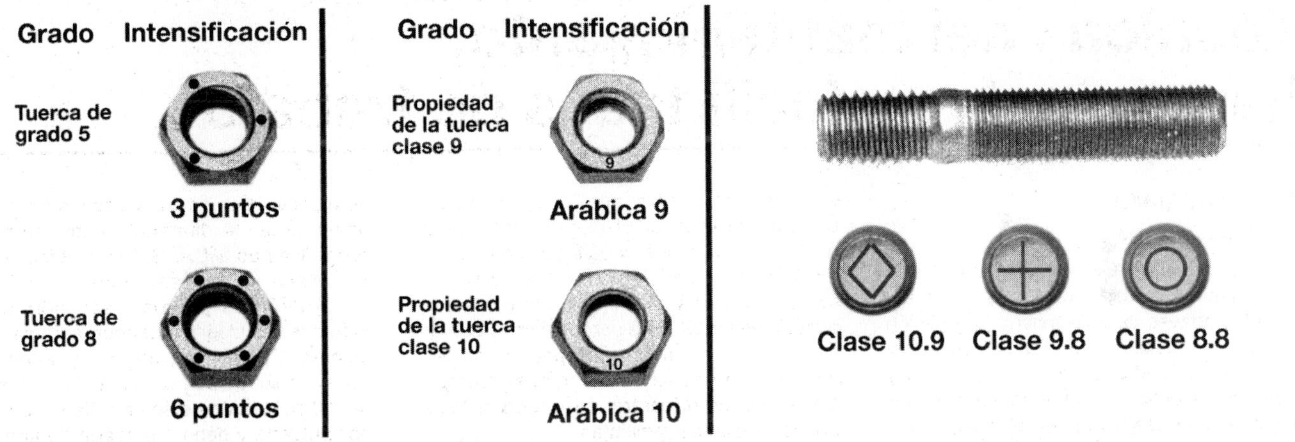

Marcas para la fuerza de las tuercas normales

Marcas para la fuerza de las tuercas métricas

Marcas para la fuerza de los espárragos métricos

00-1 HAYNES

indicación de la cantidad de torsión que se le puede aplicar. La mayor cantidad de ranuras sobresalientes, lo más potente es el perno. Grado 0 al 5 son muy comúnmente usados en los vehículos. Pernos métricos tienen una clase de número de (grado), en vez de tener ranuras sobresalientes, moldeadas en la cabeza para poder indicar la resistencia que el perno puede resistir. En este caso, según más alto sea el número, lo más fuerte que es el perno. Números de clases apropiados 8.8, 9.8 y 10.9 son comúnmente usados en los vehículos.

Marcas de resistencia que pueden obtenerse también se pueden encontrar para distinguir las tuercas normales de las tuercas métricas. Muchas tuercas normales tienen puntos estampados en un lado, mientras de que las tuercas métricas están marcadas con un número. La mayor cantidad de puntos, o el número más alto, lo más resistente que es la tuerca.

Se marcan también en sus fines según su clase la propiedad de los espárragos de acuerdo al grado. Los espárragos más grandes están numerados (igual que los pernos métricos), mientras de que los espárragos más pequeños tienen un código geométrico para poder denotar el grado.

Se debe notar que muchos broches, sobre todo los de calidades de 0 al 2, no tienen ninguna marca de distinción en ellos. Cuando tal sea el caso, la manera única de determinar si es normal o métrico es de medir la rosca o compararla con otro broche del mismo tamaño.

Los broches normales a menudo se conocen como SAE, opuesto a los métricos. De cualquier modo, se debe notar que la referencia técnica SAE, se refiere a un broche que no sea métrico *de rosca fina solamente*. Broches de roscas gruesas que no sean métricos se les refieren como de tamaños USS.

Habiendo tantos broches del mismo

Tamaños de roscas métrica	Pies-libras	Nm/m
M-6	6 a 9	9 a 12
M-8	14 a 21	19 a 28
M-10	28 a 40	38 a 54
M-12	50 a 71	68 a 96
M-14	80 a 140	109 a 154

Tamaños de roscas de cañería		
1/8	5 a 8	7 a 10
1/4	12 a 18	17 a 24
3/8	22 a 33	30 a 44
1/2	25 a 35	34 a 47

Tamaños de roscas U.S.		
1/4- 20	6 a 9	9 a 12
5/16- 18	12 a 18	17 a 24
5/16- 24	14 a 20	19 a 27
3/8- 16	22 a 32	30 a 43
3/8- 24	27 a 38	37 a 51
7/16- 14	40 a 55	55 a 74
7/16- 20	40 a 60	55 a 81
1/2- 13	55 a 80	75 a 108

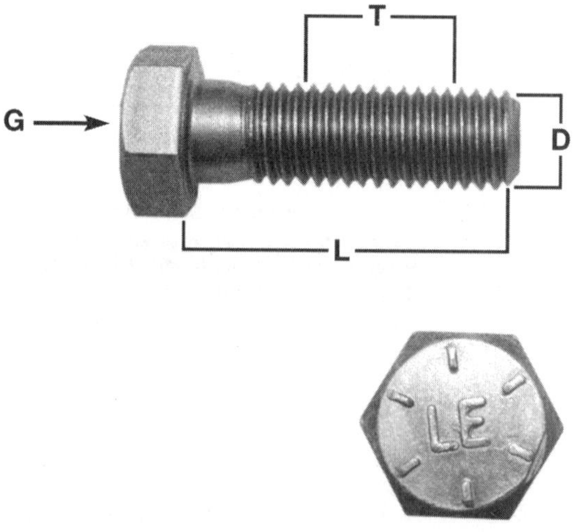

Marcas de dimensiones y de grados de los pernos normales (SAE y USS)

g *Marcas del grado*
l *Largo (en pulgadas)*
t *Ángulo de la rosca (número de roscas por pulgada)*
d *Diámetro nominal (en pulgadas)*

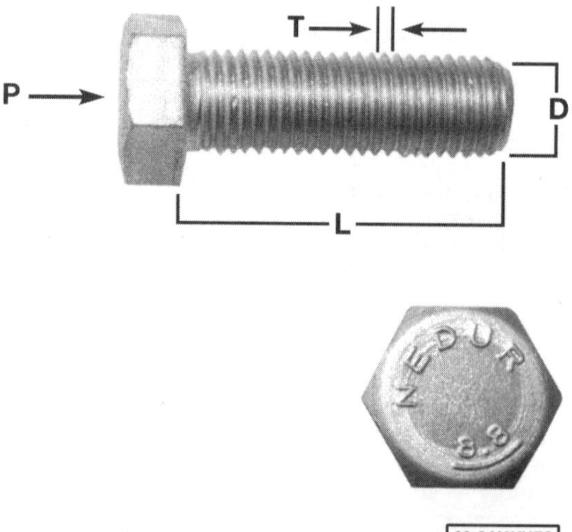

00-2 HAYNES

Marcas de dimensiones y de grados de los pernos métricos

p *Propiedad de clase (fortaleza del perno)*
l *Largo (en milímetros)*
t *Ángulo de la rosca (distancia entre las roscas en milímetros)*
d *Diámetro*

tamaño (ambos normales y métricos) pueden tener diferente medidas de resistencia, esté seguro de instalar cualquier perno, espárrago o tuerca que se haya removido del vehículo en su localidad original del vehículo. También, cuando esté reemplazando un broche con uno nuevo, esté seguro de que el nuevo tenga la misma resistencia o mayor que el original.

Sucesiones y procedimientos de apretar

La mayoría de los broches con roscas se deben de apretar a un par de torsión especificado (par de torsión es la resistencia de torcer aplicada a un componente con roscas, tal como un perno o una tuerca). Sobre apretar un broche puede debilitarlo y causar que se rompa, mientras dejándolo suelto/flojo puede causar que eventualmente se zafe. Pernos, tornillos y espárragos, depende del material de que se hacen y sus diámetro de las roscas, tienen valores específicos para el par de torsión, muchas de estas se pueden encontrar en las características técnicas al principio de cada Capítulo. Esté seguro de seguir las recomendaciones para el par de torsión exactamente. Para broches que no tengan asignado un par de torsión específico, una guía general es presentada aquí como valor para el par de torsión. Estos valores del par de torsión son para broches secos (sin lubricar) para roscas en acero o acero forjado (no aluminio). Según se mencionó anteriormente, el tamaño y el grado de los broches determina la cantidad de torsión que se le puede aplicar sin riesgo. Las figuras listadas aquí son aproximadas para broches de grado 2 y grado 3. Grados más altos pueden tolerar valores de torsión más alto.

Broches puestos en un patrón en orden, tal como pernos para las cabezas de los cilindros, pernos para la cacerola del aceite, pernos para la tapa del diferencial, etc., se deben de aflojar o apretar en secuencia para prevenir de que los componentes se tuerzan. Normalmente se mostrará esta sucesión en el Capítulo apropiado. Si no se otorga un dibujo específico, los siguientes procedimientos se pueden seguir para prevenir que se doblen.

Inicialmente, los pernos y las tuercas se deben de instalar y apretar con los dedos solamente. Seguido, se deben de apretar una vuelta completa cada uno, en una sección en cruce o patrón diagonal. Después de que cada uno se a apretado una vuelta completa, regrese al primero y apriételo todos una media vuelta, siguiendo el mismo patrón. Finalmente, apriete cada uno de ellos un cuarto de vuelta a la vez hasta que cada broche se haya apretado al par de torsión apropiado. Para aflojar y remover los broches, el procedimiento es el reverso.

Desarme de los componentes

El desarme de los componentes se deben de hacer con precaución y propósito para asegurarse de que las partes se instalarán de regreso apropiadamente. Siempre guarde la sucesión en el orden que se removieron las partes. Tome nota de las características especiales o marcas en las partes que se puedan instalar más de una manera, tal como arandelas de torsión con ranuras en un eje. Es una buena idea poner las partes que se han desarmado afuera en una superficie limpia y en el orden que se removieron. También puede ayudar si se hacen diagramas o se toman fotografías instantáneas de los componentes antes de que se remuevan.

Cuando remueva los broches de un componente, guarde la trayectoria de sus localidades. A veces enroscando un perno en una parte, o instalando las arandelas y tuercas en un espárrago, puede prevenir confusiones más tarde. Si los pernos y tuercas no se pueden instalar de regreso en sus localidades originales, se deben guardar en una caja o una serie de cajas pequeñas. Una copa o vaso de papel es ideal para este propósito, debido a que cada cavidad puede retener los pernos y las tuercas de una área en particular (pernos de la cacerola del aceite, pernos para la cubierta de las válvulas, pernos del motor, etc.). Una cacerola de este tipo es especialmente útil cuando esté trabajando con partes muy pequeñas, tal como el carburador, alternador, tren de válvulas o partes interiores del tablero. Se pueden marcar las cavidades con pintura o cinta para identificar su contenido.

Cuando grupos de alambres, arnés eléctricos o conectores sean separados, es una buena idea de identificar las dos mitades con pedazos de cintas numeradas para que sean fácil de reinstalar.

Superficie para el sello de las juntas

En cualquier parte de un vehículo, se usan juntas para sellar las superficies de las dos partes que se unen y para retener lubricantes, fluidos, vacío o presión contenida en una asamblea.

Muchas veces estas juntas están cubiertas con un sellador de líquido o pasta antes de instalarse. Edad, calor y presión pueden causar a veces que las dos partes se peguen juntas, tan herméticamente que es muy difíciles separarlas. A menudo, el ensamblaje se puede aflojar golpeándolo con un martillo de cara blanda cerca de las partes que se unen. Se puede usar un martillo regular si se pone un bloque de madera entre el martillo y la parte que se va a golpear. No martille en partes fundidas o partes que se puedan dañar fácilmente. Con cualquier parte que esté muy difícil de remover, siempre verifique dos veces para estar seguro de que todos los pernos se han removido.

Evite usar un destornillador o una palanca para separar una asamblea, porque pueden arañar las superficies de las partes donde se instala la junta, quienes deben de estar muy lisas. Si es absoluto necesario usar una palanca, use el mango de una escoba vieja, pero mantenga en mente de que limpieza extra se necesitará si el mango de la escoba se hace astillas.

Después de que las partes se separen, la junta vieja se debe remover con mucho cuidado y limpiar las superficies para la junta. Juntas difíciles de remover se pueden remojar con penetrante para óxido o tratadas con un químico especial para aflojarlas para que sea más fácil de removerlas. Se puede fabricar un rascador de un pedazo de tubería cobre aplastando y dándole filo en una punta. Algunas juntas se pueden remover con un cepillo de alambre, pero sin importar que método se usa, las superficies que hacen contacto deben de estar muy limpias y lisas. Si por cualquier razón la superficie de la junta está rallada, entonces un sellador para juntas lo suficiente grueso para llenar los rayones se deberá de usar durante el ensamblaje de los componentes. Para la mayoría de las aplicaciones, un sellador que no se seque muy rápido o que se seque bastante despacio se debe usar.

Ayuda para remover las mangueras

Peligro: *Si el vehículo está equipado con aire acondicionado, no desconecte ninguna de las mangueras del A/C sin primero dejar de que una estación de servicio o un concesionario de vehículos remueva la presión al sistema del aire acondicionado primero.*

Precauciones para remover las mangueras son casi iguales a las precauciones para remover las juntas. Evite rayar o acanalar la superficie donde la manguera hace conexión o la conexión tendrá fugas/goteras. Esto es verdadero sobre todo con mangueras del radiador. A causa de reacciones químicas, la goma en las mangueras puede pegarse al metal donde se une la manguera. Para remover una manguera, primero afloje la abrazadera que aguanta la manguera. Entonces, con alicates especiales de puntas resbalosas, agarre la manguera en el punto donde está la abrazadera y gírela. Dele vueltas hacia adelante y hacia atrás y de lado a lado hasta que esté completamente libre, entonces remuévala. Silicona U otro lubricante ayudará a remover la manguera si se puede aplicar entre la parte de adentro de la manguera y la superficie donde hace contacto. Aplique el mismo lubrificante al interior de la manguera y el exterior donde hace contacto para simplificar la instalación.

Como último recurso (y si la manguera se va a reemplazar con una nueva de todos modo), la goma se puede cortar con un cuchillo y la manguera ser pelada de su superficie como una naranja. Si esto se debe de hacer, esté seguro de que la conexión de metal no se dañe.

Si una abrazadera de manguera está rota o dañada, no la use otra vez. Abrazaderas de tipo de alambre por lo general se aflojan con el tiempo, es una buena idea de reemplazarlas con las de tipo de tornillo, cuando se remueva una manguera.

Herramientas

Una selección de herramientas buenas es un requisito básico para cualquiera que tenga planes de mantener y reparar su propio vehículo. Para el dueño que tiene muy pocas herramientas, la inversión inicial puede parecer muy alta, pero cuando se compare con el costo alto de un taller de mantenimiento y reparaciones, es una buena inversión.

Para ayudar al dueño en decidir que tipo de herramienta es necesario para hacer el trabajo diseñado en este manual, la lista siguiente de herramienta es: *Mantenimiento y reparación menor, Reparación/completa y Especialidades.*

El novato a la mecánica debe de empezar con el juego de herramientas de mantenimiento y reparación menor, que es adecuado para los trabajos simples hechos en un vehículo. Después, según la confidencia y la experiencia crezca, el dueño puede hacer

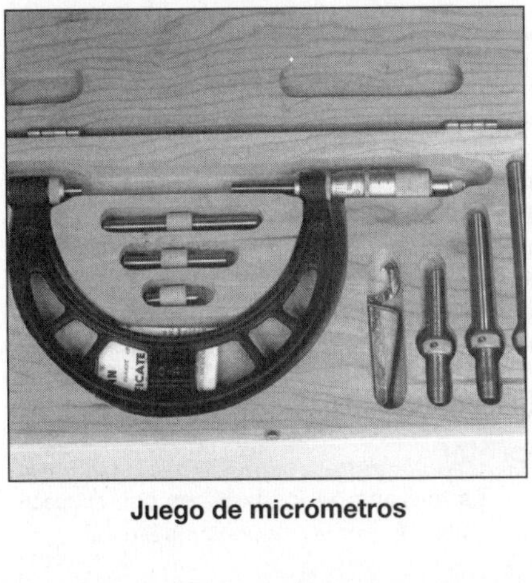

Juego de micrómetros

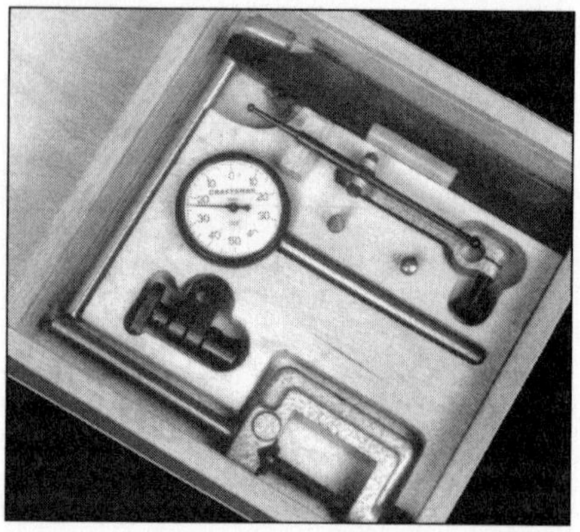

Indicador de tipo reloj

Calibrador de tipo reloj

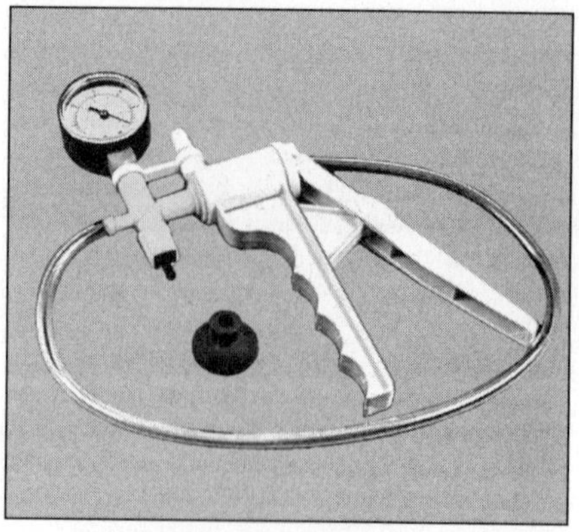

Bomba de vacío operada a mano

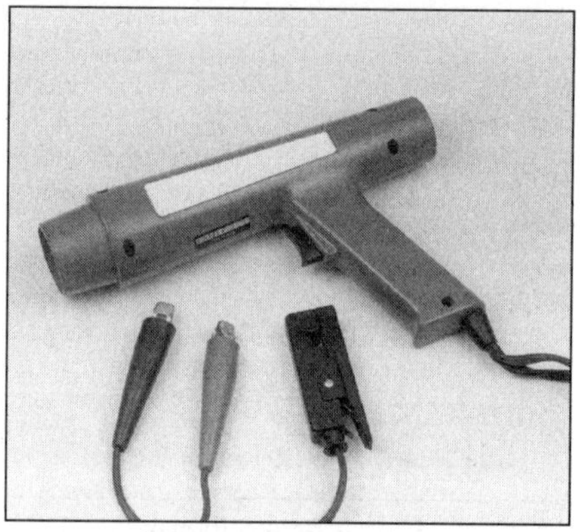

Luz para chequear el tiempo

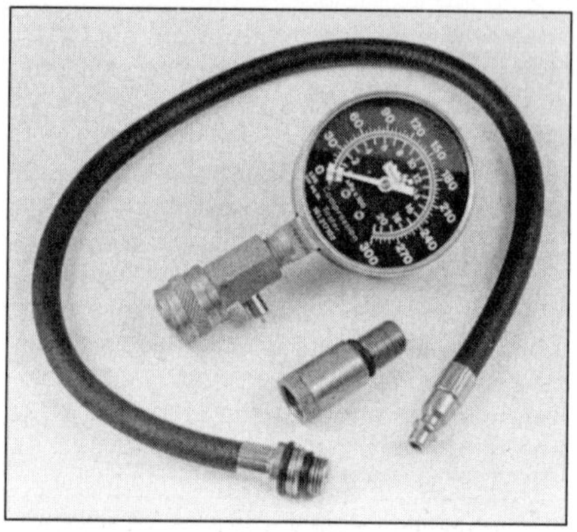

Manómetro para chequear la compresión con adaptador para el hoyo de la bujía

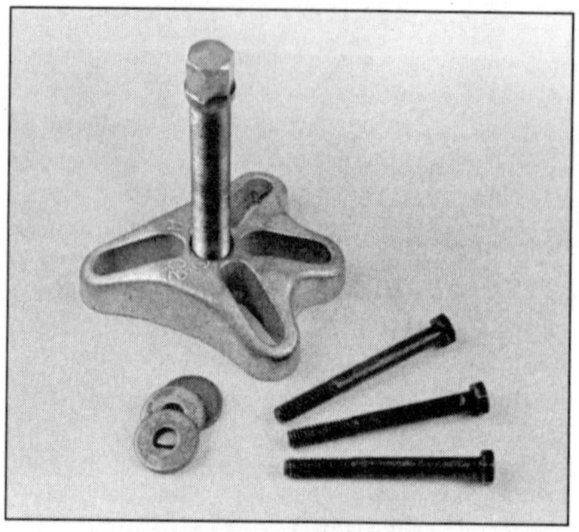

Extractor para volante y compensador armónico

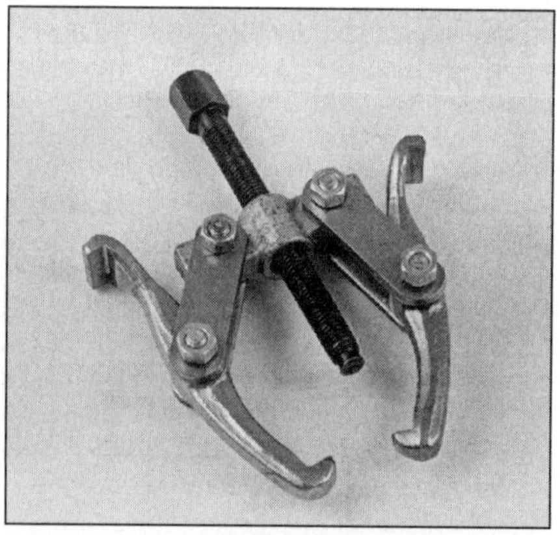

Extractor para trabajos en general

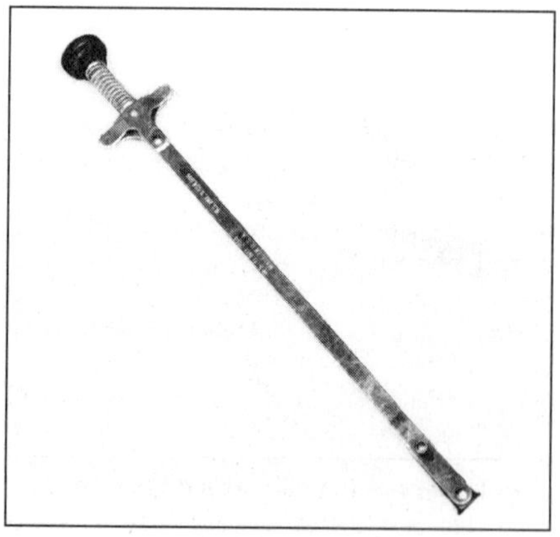

Herramienta para remover buzos hidráulicas

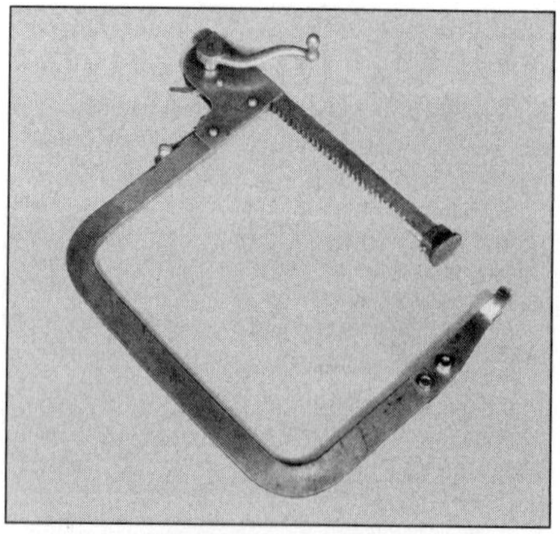

Compresor para los resortes de las válvulas de la cabeza

tareas más difíciles, comprando herramientas adicionales según se necesiten. Eventualmente el juego básico se extenderá dentro del juego de herramientas de reparación completa. Sobre el periodo de un tiempo, el mecánico de hogar recopilara un juego de herramientas lo suficiente mente completo para las mayores reparaciones menores y mayores y agregará herramientas de la categoría especial cuando se piense que el gasto es justificado por la frecuencia del uso.

Herramientas para el mantenimiento y reparaciones menores

Las herramientas en esta lista se deben de considerar lo mínimo requerido para poder desempeñar reparaciones rutinarias de mantenimiento, servicio y trabajo de reparaciones menores. Nosotros recomendamos que se obtengan herramientas de combinaciones (con un lado cerrado y el otro lado abierto que es una sola herramienta). Mientras que más caras que las herramientas abiertas, ofrecen la ventaja de un tipo de herramienta de dos tipos

Juego de herramientas de combinación (1/4 de pulgada a 1 pulgada o de 6 mm a 19 mm

Herramienta ajustable de 8 pulgadas

Herramienta de bujía con inserción de caucho

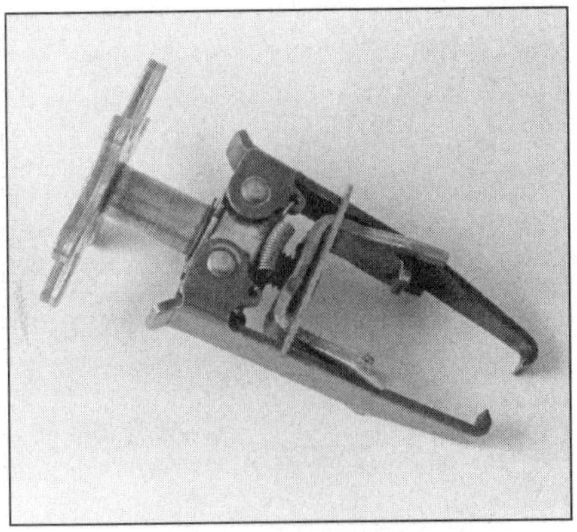

Compresor para los resortes de las válvulas de la cabeza

Removedor para la rebarba de los cilindros

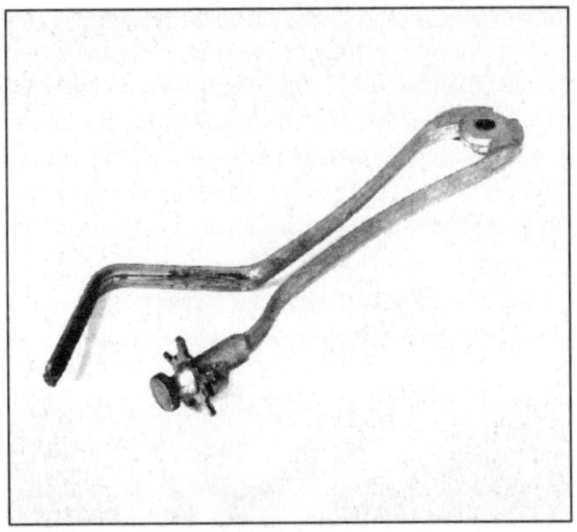

Herramienta para limpiar las ranuras de los pistones

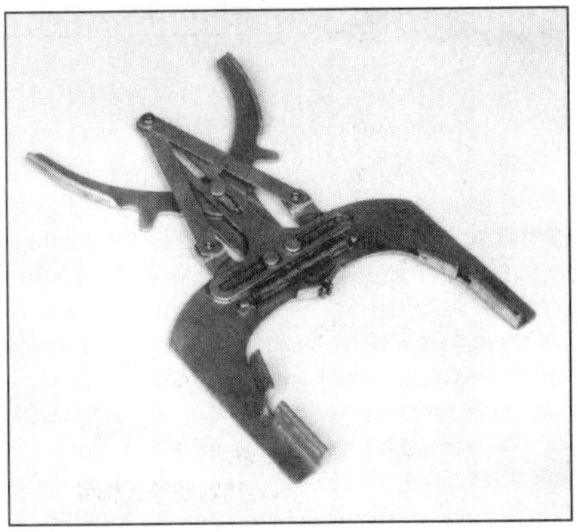

Herramienta para instalar y remover los anillos del pistón

Compresor para los anillos del pistón

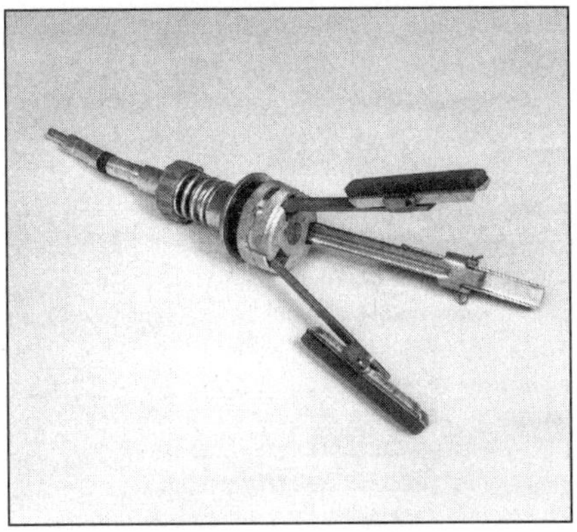

Pulidor para cilindros

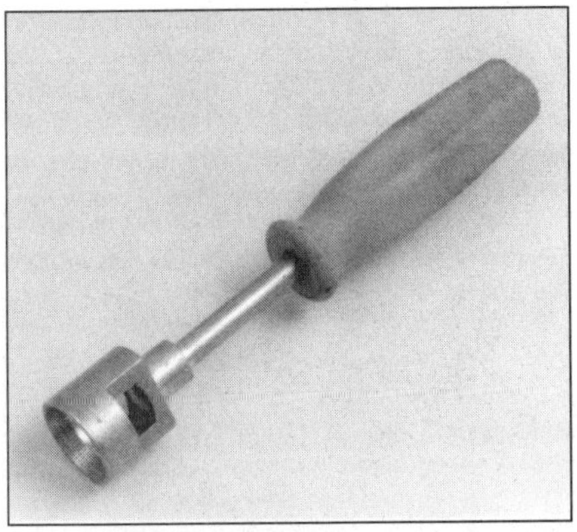

Herramienta para los resortes de los frenos

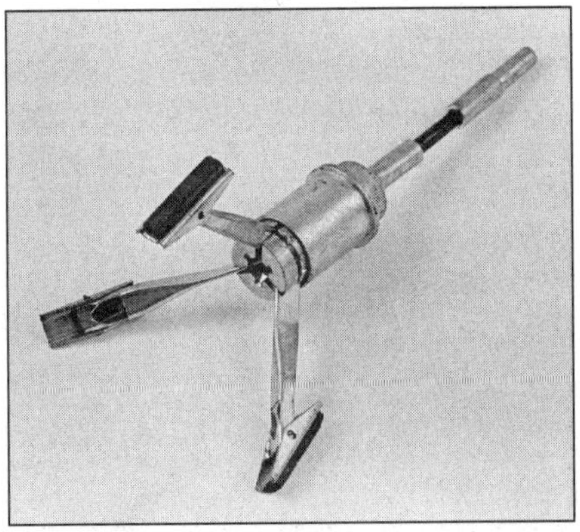

Pulidor para los cilindros de los frenos

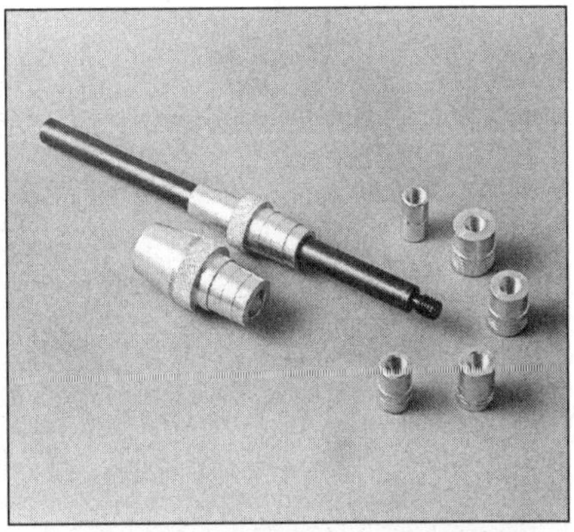

Herramienta para alinear el embrague

Herramienta para ajustar el agujero de la bujía
Juego de calibrador palpador
Herramienta para purgar los frenos
Destornillador normal (5/16 de pulgada x 6 pulgadas)
Destornillador Phillips/de cruces (No. 2 x 6 pulgadas)
Alicates de combinación - de 6 pulgadas
Un surtido de hojas de segueta
Calibrador para la presión de los neumáticos
Pistola de grasa
Lata de aceite
Tela de esmeril fina
Cepillo de alambre
Herramienta para limpiar los postes y los cables de la batería
Herramienta para remover el filtro de aceite
Embudo (de tamaño mediano)
Lentes para la seguridad de los ojos
Soportes (2)
Cacerola de desagüe

Nota: *Si afinación de motor básica va a ser parte del mantenimiento rutinario, seria nece-*

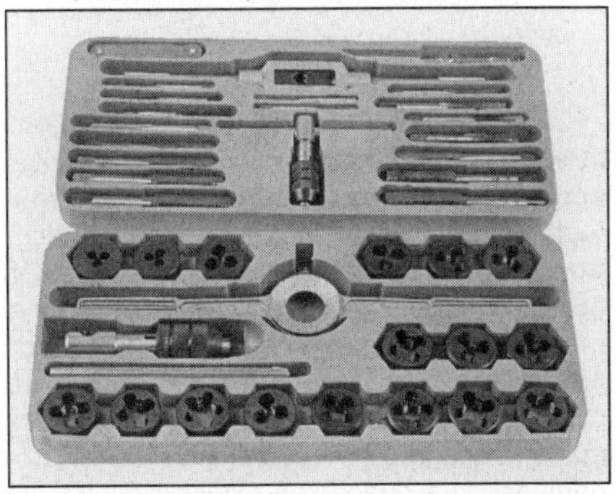

Juego de terrajas hembras y macho

sario de comprar una lampara de tiempo de buena calidad y un metro de combinación de tacómetro/dwell. Aunque estén cubiertos en la lista de herramientas especiales, es mencionado aquí porque son absolutamente necesarios para afinar la mayoría de los vehículos apropiadamente.

Juego de herramientas para reparación menor y mayor

Estas herramientas son esenciales para alguien quien piensa ejecutar reparaciones mayores y son adicionales a las de mantenimiento y el juego de herramientas para reparaciones menores. Incluyen un juego de dados compresivo que, aunque caro, son muy necesarios por su versatilidad, especialmente cuando varias extensiones y tamaños están disponibles. Nosotros recomendamos el juego de 1/2 pulgada sobre el de 3/8 de pulgada. Aunque el juego más grande es más voluminoso y más caro, tiene la capacidad de aceptar una variedad de dados más grande. Idealmente, el mecánico debe de tener un juego de 3/8 y uno de 1/2 pulgada.

Juego(s) de dado
Triquete/matraca reversible
Extensión de 10 pulgadas
Junta universal
Herramienta para el par de torsión (del mismo tamaño del juego de dados)
Martillo de bola de 8 onzas
Martillo de cara blanda (plástico/caucho)
Destornillador normal (1/4 de pulgada x 6 pulgadas)
Destornillador normal (grueso de 5/16 de pulgada)
Destornillador Phillips/cruz (No.3 x 8 pulgadas)
Destornillador Phillips/cruz (grueso No.2)
Alicates de presión
Alicates regulares
Alicates con nariz de punta
Alicates para anillos de presión (interior y exterior)
Cincel frío de 1/2 pulgada
Marcador
Rascador (hecho de tubería plana de cobre)
Punzón
Punzones de alfiler (1/16, 1/8, 3/16 de pulgada)
Regla de acero de 12 pulgadas
Juego de herramientas Allen (de 1/8 a 3/8 de pulgada o de 4 (mm) a 10 (mm)
Una selección de limas
Cepillo del alambre (grande)
Soportes para el vehículo (segundo juego)
Gato (de tipo tijeras o tipo hidráulico)

Nota: *Otra herramienta que es usada muy común es un taladro eléctrico con capacidad para barrenas de 3/8 de pulgada y un buen juego de brocas para el taladro.*

Herramientas especiales

Las herramientas en esta lista incluyen esas que no se usan regularmente, son caras de comprar, o las que se necesitan de acuerdo con las instrucciones de los fabricantes. A menos que estas herramientas se usen frecuentemente, no es muy económico comprar muchas de ellas. Una consideración sería, de dividir el costo entre usted y un amigo o amigos. Además, estas herramientas se puede obtener en un lugar donde rentan herramientas en una base temporaria.

Esta lista principalmente contiene sólo esas herramientas e instrumentos extensamente disponible al público, y no esas herramientas especiales producidas por el fabricante del vehículo para distribución a los concesionarios de vehículos. De vez en cuando, referencias a las herramientas especiales del fabricante son incluidas en el texto de este manual. Generalmente, un método alternativo de hacer el trabajo sin la herramienta especial es ofrecido. Donde no haya otra alternativa y la herramienta no se pueda comprar o pedir prestada, el trabajo debe de ser dirigido a un taller de servicio de un distribuidor de vehículos o a un taller de reparaciones de vehículos.

Compresor de los resortes de las válvulas
Herramienta para limpiar la ranura de los anillos en el pistón
Compresor para los anillos del pistón
Herramienta para instalar los anillos del pistón
Manómetro para chequear la compresión de los cilindros
Removedor de rebaba para los cilindros
Piedra para pulir los cilindros
Herramienta para verificar el diámetro de los cilindros
Micrómetros y/o calibradores de reloj
Herramienta para remover los buzos/levantador hidráulicos
Herramienta para remover las rotulas
Extractor de tipo universal
Destornillador de impacto
Juego de indicadores de reloj
Luz para verificar el tiempo del encendido (captador inductivo)
Bomba de vacío operada a mano
Metro de tacómetro/dwell
Multímetro universal eléctrico
Elevador por cable
Herramienta para remover e instalar los resortes de los frenos
Gato de piso

Compra de herramientas

Para el que va hacer el trabajo por si mismo y está empezando a envolverse en el mantenimiento y reparación del vehículo, hay un número de alternativas cuando se compren las herramientas. Si mantenimiento y reparaciones menores es la magnitud del trabajo que se va hacer, la compra de herramientas individuales es satisfactorio. Si, en cambio, se planea hacer trabajo extensivo, sería una buena idea comprar un juego de herramientas buenas en una sucursal de cadenas de tiendas mayores. Un juego por lo general se puede comprar a un ahorro considerable sobre la inversión de herramientas separadas, y por lo general vienen con una caja para las herramientas. Según herramientas adicionales se vayan necesitando, juegos para agregar, herramientas individuales y una caja de herramientas más grande se puede comprar para extender la selección de las herramientas. Construyendo un juego de herramientas gradualmente le permite que el costo de las herramientas se extienda por un periodo de tiempo más largo y le da al mecánico la libertad de escoger solamente las herramientas que actualmente se usarán.

Tiendas de herramientas serán por lo general la única alternativa de obtener herramientas especiales que se necesiten, sin importar donde se compren las herramientas, trate de evitar las baratas, especialmente cuando esté comprando destornilladores y dados, porque no duran mucho. El gasto envuelto en reponer las herramientas baratas eventualmente será más grande que el costo inicial de herramientas de calidad.

Cuidado y mantenimiento de las herramientas

Herramientas buenas son caras, así que se deben de tratar con cuidado. Guárdelas limpias y en condición utilizable y guárdelas apropiadamente cuando no se estén usando. Siempre limpie cualquier suciedad, grasa o metal antes de guardarlas. Nunca deje herramientas alrededor del área de trabajo. Cuando termine un trabajo, siempre chequee cuidadosamente debajo del capó por herramientas que se hayan dejado olvidadas para que no se vallan a perder durante el tiempo que se prueba el vehículo en la carretera.

Algunas herramientas, tal como destornilladores, alicates y dados, se pueden colgar en un panel montado en el garaje o en la pared del cuarto de trabajo, mientras que las otras se pueden mantener en una caja de herramientas o una bandeja. Instrumentos de medir, relojes, metros, etc. se deben guardar cuidadosamente donde no puedan ser dañados por la interpedie o impacto de otra herramientas.

Cuando se usan las herramientas con cuidado y se guardan apropiadamente, durarán un tiempo muy largo. Hasta con el mejor de los cuidados, las herramientas se gastarán si se usa frecuentemente. Cuando se daña una herramienta o se gasta, se debe de reemplazar. Los trabajos subsecuentes serán más seguros y más agradables si usted hace esto.

Facilidades para trabajar

No se debe de pasar por alto cuando se discute de herramientas, es el taller. Si cualquier cosa más que mantenimiento rutinario se va a llevar a cabo, alguna área adecuada de trabajo es esencial.

Es entendido, y apreciado, que muchos mecánicos del hogar no tienen un taller bueno o garaje disponible, y en fin terminan removiendo un motor o asiendo reparaciones mayores a la interpedie. Es recomendable, que una reparación completa o reparación menor sea completada debajo de un techo.

Un banco de trabajo limpio y plano o una mesa de altura acomodable es una necesidad absoluta. El banco de trabajo debe de estar equipado con una prensa (tornillo de banco) que tenga una mandíbula de por lo menos cuatro pulgadas.

Como se mencionó previamente, se requieren algunos espacios limpios y secos para almacenar las herramientas, igual que los lubricantes, fluidos, solventes de limpieza, etc. que llegarán a ser necesario.

A veces aceite desechado y fluidos, drenado del motor o del sistema de enfriamiento durante mantenimiento normal o reparaciones, presentan un problema de disposición. Para evitar de drenarlos en la tierra o en el sistema de drenaje, vacíe los fluidos en recipientes grandes, séllelos con una tapa y llévelos a un lugar autorizado para ser desechado o un centro para ser reciclados. Envases de plástico, tales como recipientes de anticongelante viejos, son ideales para este propósito.

Siempre guarde un suministro de periódicos viejos y trapos limpios disponible. Toallas viejas son excelentes para trapear derramamientos. Muchos mecánicos usan rollos de toallas de papel para la mayoría de los trabajos, porque son disponibles y se pueden desechar. Para ayudar a mantener el área debajo del vehículo limpia, una caja de cartón grande se puede abrir y aplastarla para proteger el piso del área de trabajo.

Cuando esté trabajando sobre una superficie pintada, tal como cuando se recline a un guarda lodo para darle servicio a algo debajo del capo, siempre cúbralo con una colcha vieja o un sobre cama para proteger el terminado de la pintura. Cubiertas de vinilo, hechas especialmente para este propósito, están disponibles en los auto partes.

Arranque con paso/salto de corriente

Ciertas precauciones se deben de tomar cuando esté usando una batería para dar paso de corriente a un vehículo.

a) *Antes de que conecte los cables para dar el paso de corriente, esté seguro de que el interruptor de la ignición está en la posición apagado (OFF).*
b) *Apague las luces, calefacción y cualquier otro accesorio eléctrico.*
c) *Los ojos deben de estar cubiertos. Espejuelos de seguridad son una buena idea.*
d) *Asegúrese de que la batería amplificadora es del mismo voltaje de la batería que está muerta en el vehículo.*
e) *¡Los dos vehículos NO DEBEN TOCAR el uno con el otro!*
f) *Asegúrese de que la transmisión está en Neutral (manual) o Estacionamiento (automática).*
g) *Si la batería amplificadora no es de un tipo de mantenimiento libre, remueva las tapas de ventilación e instale una tela encima de la abertura de los agujeros de ventilación.*

Conecte el cable rojo a los términos positivos (+) de cada batería **(vea ilustración)**.

Conecte una terminal del cable negro al termino negativo (-) de la batería que va a proporcionar el paso de corriente. El otro terminal de este cable se debe de conectar a una buena tierra del vehículo que se va a poner en marcha, tal como un perno o un soporte del bloque del motor. Use caución para asegurarse de que el cable no se ponga en contacto con el abanico, las bandas o cualquier otra parte que se esté moviendo en el motor.

Ponga el motor en marcha usando la batería suministrada para dar el paso de corriente, después, con el motor en marcha mínima, desconecte los alambres para el paso de corriente en el orden de reversa de como se conectó.

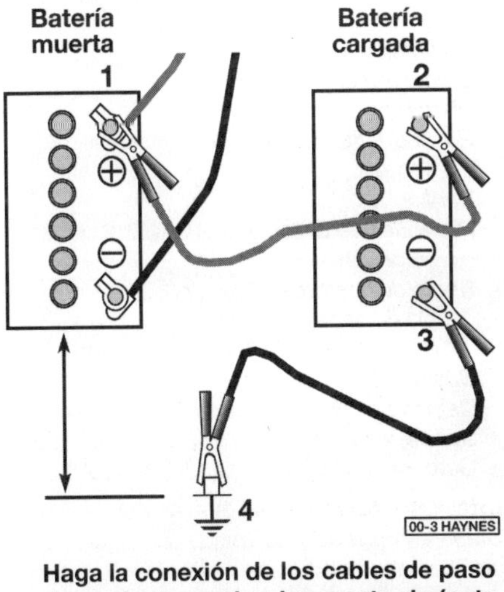

Haga la conexión de los cables de paso de corriente en el orden mostrado (note que el cable negativo de la batería que va a pasar la corriente NO está acoplado a la terminal negativa de la batería muerta)

Levantar y remolcar

Levantar

El gato suministrado con el vehículo se debe usar solamente para levantar el vehículo cuando esté cambiando un neumático o poniendo estantes debajo del chasis. **Peligro:** *Nunca trabaje debajo del vehículo ni ponga el motor en marcha mientras este gato se esté usado como el único medio de apoyo.*

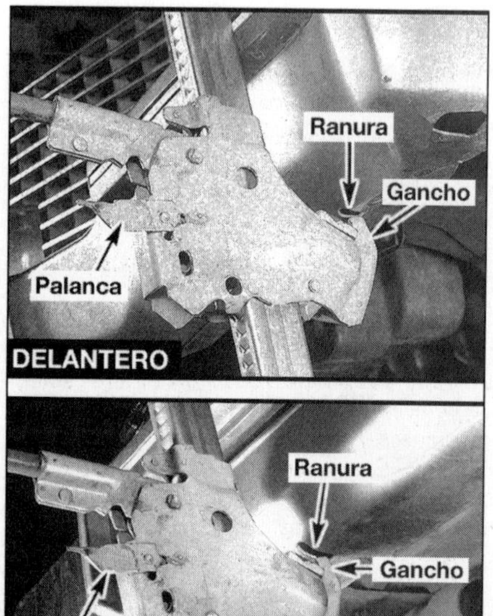

En los modelos más antiguos, un gato instalado en los parachoques es usado para levantar el vehículo

El vehículo debe estar en un piso plano con las ruedas bloqueadas y la transmisión en Estacionamiento (automático) o Reversa (manual). Si la rueda va ser reemplazada, afloje las tuercas de la rueda una media vuelta y déjelas colocadas en su lugar hasta que la rueda sea levantada del piso. Refiérase al Capítulo 1 para información relacionada a remover e instalar el neumático.

Coloque el gato en la hendidura de los parachoques (modelos más antiguos) o debajo del vehículo en las ubicaciones para el gato (modelos más modernos) en la posición indicada **(vea ilustraciones)**. Opere el gato con un movimiento lento y suave hasta que la rueda sea levantada del piso.

Baje el vehículo, remueva el gato y apriete las tuercas (si se aflojaron o removieron) en una secuencia entrecruzada.

Remolcar

Los vehículos se pueden remolcar con las cuatro ruedas en el piso, con tal que la velocidad no exceda 35 MPH (millas por horas) y la distancia no sea más de 50 millas, de otro modo daño a la transmisión puede resultar.

Equipo específicamente diseñado para este propósito de remolcar debe ser usado y debe ser conectado a los miembros estructurales principales del vehículo, no a los parachoques ni los soportes.

La seguridad es una consideración mayor cuando se remolca, y todas las leyes aplicables estatales y locales se deben obedecer. Un sistema de cadena de seguridad se debe usar siempre que se remolque.

Mientras está remolcando, el freno de estacionamiento debe de estar liberado y la transmisión debe estar en Neutral. La dirección debe estar liberada (interruptor de la ignición apagado). Recuerde que la dirección de poder y los frenos de potencia no trabajarán con el motor apagado.

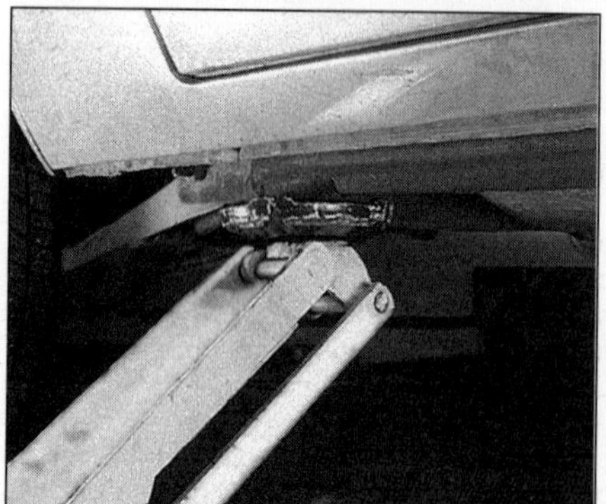

En los modelos más modernos el gato para levantar es colocado en los carriles del chasis

Químicos y lubricantes automotrices

Un número de químicos y lubricantes automotrices están disponibles para usarse durante el mantenimiento y la reparación del vehículo. Ellos incluyen una variedad de productos que se extienden de solventes de limpiar y removedores de grasa a lubricantes y rociadores para proteger el caucho, plástico y vinilo.

Limpiadores

Limpiadores para el carburador y el estrangulador son unos solventes muy fuerte para remover barniz y carbón. La mayoría de los limpiadores de carburador dejan un lubricante con una película seca que no se endurecerá o se hará barniz. Por esta película, no es recomendable de usarlo en componentes eléctricos.

Limpiadores para el sistema de freno es usado para remover grasa y líquido de freno del sistema de freno, cuando superficies limpias son absolutamente necesarias. No deja ningún residuo y muy frecuente eliminan ruidos de los frenos causados por contaminantes.

Limpiadores para sistemas eléctricos remueven oxidación, corrosión y depósitos de carbón de los contactos eléctricos, restaurando el flujo de corriente completo. También se puede usar para limpiar las bujías, espreas del carburador, reguladores de voltajes y otras partes donde una super-ficie libre de aceite es deseada.

Removedores de humedad remueven agua y humedad de los componentes eléctricos tales como los alternadores, reguladores de voltaje, conectores eléctricos y bloque de fusibles. Estos no son conductores, no son corrosivos y no son flamantes.

Removedores de grasa son solvente para trabajos pesados, usados para remover grasa de la parte de afuera del motor y de los componentes del chasis. Estos se pueden atomizar o ser aplicados con una brocha y, dependiendo en el tipo, enjugados con agua o solvente.

Lubricantes

Aceite de motor es el lubrificante formulado para usarlo en los motores. Normalmente contiene una variedad amplia de aditivos para prevenir corrosión y reducir la espuma y desgaste. El aceite para motor viene en una variedad de pesos (valuaciones de viscosidad) de 5 al 80. El peso del aceite recomendado para el motor depende en la estación del año, temperatura y la demanda del motor. Aceite delgado se usa en climas fríos y donde la demanda del motor es baja. Aceites gruesos se usan en climas calientes y donde la demanda del motor es alta. Aceites de viscosidad múltiple están diseñados para que tengan características de los dos delgado y grueso y se pueden hallar en un número de pesos desde 5W - 20 hasta 20W - 50.

Aceite para los engranes es diseñado para ser usado en diferenciales, transmisiones manuales y otras áreas donde lubricación de alta temperatura es requerido.

Grasa para chasis y baleros es una grasa gruesa usada donde la carga y la alta fricción se encuentran, tal como en los baleros de las ruedas, rotulas y uniones universales.

Grasa de alta temperatura para los baleros está diseñada para sostener las temperaturas alta encontradas en los baleros de las ruedas de los vehículos equipados con frenos de disco.

Grasa blanca es una grasa gruesa para aplicación entre metal y metal donde el agua es un problema. La grasa blanca se mantiene suave durante temperaturas bajas y altas (por lo general de -100 hasta +190 grados F), y no se sale del metal o diluye en la presencia del agua.

Lubricante para ensamblar es un lubricante especial de presión extrema, comúnmente conteniendo moly, usado para lubricar partes de alta fricción/cargo (tal como cojinetes principales, de bielas y árbol de levas) para el arranque inicial de un motor. El lubricante para ensamblar lubrica las partes sin ser exprimido hacia afuera o ser lavado hasta que el sistema de lubricación del motor esté funcionando.

Lubricantes de silicio se usan para proteger caucho, plástico, vinilo y partes de nilón.

Lubricantes de grafito se usan donde el aceite no se puede usar debido a los problemas de contaminación, tal como en las cerraduras. El grafito seco lubricará las partes de metal mientras se mantendrá fuera de contaminación del polvo, agua, aceite o ácidos. Es conductible de electricidad y no dañará los contactos eléctricos en las cerraduras tal como el interruptor de la ignición.

Penetrantes de tipo moly aflojan, lubrican pernos, tuercas oxidadas, corroídas y previenen corrosión y oxidación en el futuro.

Grasa de calor penetrante es una grasa eléctrica especial no conductiva, que se usa para montar módulos electrónicos de ignición, donde es esencial que el calor se transfiera del módulo.

Selladores

Selladores RTV es uno de los compuestos de juntas más usados. Hechos de silicona, el RTV se seca con el aire, sella, pega, es resistente al agua, llena superficies irregulares, se mantiene flexible, no se encoge, es relativamente fácil de remover, y es usado como un sellador suplemental con casi todas las juntas de baja y mediana temperatura.

Sellador anaerobio es muy parecido al RTV que se puede usar para sellar juntas o formar una junta por si mismo. Se mantiene flexible, es resistente al solvente y llena imperfecciones en la superficie. La diferencia entre un sellador anaerobio y un sellador tipo RTV es como se seca. El RTV se seca cuando se expone al aire, mientras un sellador anaerobio se seca solamente en la ausencia de aire.

Sellador para rosca y pipa es usado

para sellar conexiones hidráulicas, neumáticas y líneas de vacío. Es hecho por lo general de compuesto de teflón, y viene en un atomizador, pintura liquida y como una forma de cinta.

Productos químicos

Compuesto contra el atoramiento de las roscas previene de que se atoren las roscas por oxido, frío y corrosión. Este tipo de compuesto para temperaturas altas, por lo general está compuesto de cobre y lubricante de grafito, es usado en sistemas de escape y pernos en el múltiple del escape.

Compuesto anaerobio para las roscas se usan para mantener las tuercas en su lugar para que se aflojan bajo vibraciones y se seca después de que se instala, en ausencia de aire. Compuesto de media fuerza se usa para tuercas pequeñas, pernos y tornillos que se podrán remover más adelante. Compuesto de una fuerza más grande se usa en tuercas más grande, pernos y espárragos que no se remueven regularmente.

Aditivos para el aceite son catalogados debido a sus propiedades químicas que ayudan a reducir las fricciones interna del motor. Se debe mencionar que las mayorías de los fabricantes de aceite recomiendan no usar ningún tipo de aditivo con sus aceites.

Aditivos para la gasolina ejecutan varias funciones, dependiendo en los compuestos químicos. Usualmente contienen solventes que ayudan a eliminar el barniz que se acumula encima del carburador, sistema de inyección y los puertos de entrada. Estos también ayudan a eliminar los depósitos de carbón que se depositan encima de la cámara de combustión. Algunos aditivos contienen lubricante para la parte de encima de los cilindros, para lubricar las válvulas y los anillos de los pistones, y otros contienen químicos para remover la condensación en el tanque de gasolina.

Misceláneas

Fluido de freno es un fluido hidráulica especialmente formulado, que puede sostener el calor y la presión que se encuentra en el sistema de frenos. Mucho cuidado se debe de tener de que este fluido no entre en contacto con las partes pintadas del vehículo o plástico. Un recipiente abierto siempre se debe de sellar para prevenir contaminación de agua o tierra.

Adhesivo para caucho se usa para pegar caucho alrededor de las puertas, ventanas y el maletero. También aveces se usa para pegar molduras.

Selladores para la parte de abajo del vehículo es una base de petróleo, diseñada para proteger las superficies de metales de la parte de abajo del vehículo de la corrosión. También actúa como un agente para dosificar el sonido insolando la parte de abajo del vehículo.

Ceras y pulidores se usan para ayudar a proteger la pintura y las partes plateadas de la interpedie. Diferente tipos de pinturas pueden requerir diferente tipos de ceras y pulidores. Algunos pulidores utilizan limpiadores químicos o abrasivos para ayudar a remover la capa de encima de oxidación de la pintura (sin lustre) en los vehículos más antiguos. En los años recientes muchos pulidores sin ceras que contienen una variedad de químicos tales como los que son basados en silicona se han introducido. Estos pulidores sin cera son por lo general más fáciles de aplicar y duran un tiempo más largo que las ceras y pulidores convencionales.

Factores de conversión

Largo (distancia)

Pulgadas	X 25.4	=	Milímetros (mm)	X 0.0394	=	Pulgada
Pies	X 0.305	=	Metros (m)	X 3.281	=	Pies
Millas	X 1.609	=	Kilómetros (km)	X 0.621	=	Millas

Volumen (capacidad)

Pulgadas cubicas	X 16.387	=	Centímetros cúbicos	X 0.061	=	Pulgadas
Pinta imperial	X 0.568	=	Litros	X 1.76	=	Pinta imperial
Cuarto imperial	X 1.137	=	Litros	X 0.88	=	Cuarto imperial
Cuarto imperial	X 1.201	=	Cuarto US	X 0.833	=	Cuarto imperial
Cuarto US	X 0.946	=	Litros	X 1.057	=	Cuarto US
Galón imperial	X 4.546	=	Litros	X 0.22	=	Galón imperial
Galón imperial	X 1.201	=	Galón US	X 0.833	=	Galón imperial
Galón US	X 3.785	=	Litros	X 0.264	=	Galón US

Masa (peso)

Onzas	X 28.35	=	Gramo	X 0.035	=	Onzas
Libras	X 0.454	=	kilogramo	X 2.205	=	Libras

Fuerza

Onzas de fuerza	X 0.278	=	Newton	X 3.6	=	Onzas de fuerza
Libras de fuerza	X 4.448	=	Newton	X 0.225	=	Fuerza de libras
Newton	X 0.1	=	Kilogramo de fuerza	X 9.81	=	Newton

Presión

Libras de fuerza por pulgadas cuadradas	X 0.070	=	Kilogramo de fuerza	X 14.223	=	Libras de fuerza por pulgada cuadrada
Libras de fuerza por pulgadas cuadradas	X 0.068	=	Atmósfera	X 14.696	=	Libras de fuerza por pulgada cuadrada
Libras de fuerza por pulgadas cuadradas	X 0.069	=	Bars	X 14.5	=	Libras de fuerza por pulgada cuadrada
Libras de fuerza por pulgadas cuadradas	X 6.895	=	Kilopascals	X 0.145	=	Libras de fuerza por pulgada cuadrada
Kilopascals	X 0.01	=	Centímetro cuadrado kilogramo de fuerza por	X 98.1	=	Kilopascals

Torsión (momento de fuerza)

Fuerza de libras por pulgadas	X 1.152	=	Kilogramo de fuerza por centímetro	X 0.868	=	Fuerza de libras por pulgadas
Fuerza de libras por pulgadas	X 0.113	=	Metros Newton	X 8.85	=	Fuerza de libras por pulgadas
Fuerza de libras por pulgadas	X 0.083	=	Fuerza de libras por pies	X 12	=	Fuerza de libras por pulgadas
Fuerza de libras por pulgadas	X 0.138	=	Kilogramo de fuerza por metro	X 7.233	=	Fuerza de libras por pies
Fuerza de libras por pulgadas	X 1.356	=	Metros Newton	X 0.738	=	Fuerza de libras por pies
Metros Newton	X 0.102	=	Kilogramo de fuerza por metro	X 9.804	=	Metros Newton

Poder

Caballo de fuerza	X 745.7	=	Watts	X 0.0013	=	Caballo de fuerza

Velocidad

Millas por horas	X 1.609	=	Kilometro por horas	X 0.621	=	Millas por horas

*Consumo de combustible **

Millas por galón, Imperial	X 0.354	=	Kilometro por litro	X 2.825	=	Millas por galón, Imperial
Millas por galón, US	X 0.425	=	Kilometro por litro	X 2.352	=	Millas por galón, US

Temperatura

Grados Fahrenheit = (°C x 1.8) + 32 Grados en Celsius (grados en centígrados; °C) = (°F - 32) x 0.56

** Es una práctica muy común de convertir las millas por galón (Mpg) a litros/100 kilómetros (1/100), cuando Mpg (Imperial) x 1/100 km = 282 y Mpg (US) x 1/100 km = 235*

¡Seguridad primero!

Sin importar que tan entusiástico usted esté con el trabajo que usted va a desempeñar, tome el tiempo para asegurarse de que su seguridad no esté a riesgo. Un momento que le falte la concentración puede resultar en un accidente, igual que fallar a observar ciertas precauciones simples de seguridad. La posibilidad de un accidente existirá siempre, y la lista siguiente no se debe considerar una lista comprensiva de todos los peligros. Más bien, están hechas con la intención de ponerlo en alerta de estos riesgos y de promocionar una seguridad en su conciencia en todo tipo de trabajo que realice en su vehículo.

Esenciales SI y NO

NO confíe en un gato cuando esté trabajando debajo del vehículo. Siempre use estantes aprobados para este tipo de trabajo, para soportar el peso del vehículo e instálelos debajo del lugar recomendado o los puntos de soportes.

NO atente zafar tuercas o tornillos que estén muy apretados (tuercas de las ruedas) mientras el vehículo está en el gato - se puede caer.

NO ponga el motor en marcha antes de asegurarse de que la transmisión está en neutral (o estacionamiento donde sea aplicable) y el freno de estacionamiento está aplicado.

NO remueva la tapa del radiador del sistema de enfriamiento cuando esté caliente - déjelo que se enfríe o cúbralo con un pedazo de trapo y permita que la presión se salga gradualmente.

NO atente drenar el aceite del motor hasta que usted esté seguro de que se ha enfriado hasta el punto de que no se va a quemar.

NO toque ninguna parte del motor o del sistema de escape hasta que se haya enfriado lo suficiente para prevenir quemaduras.

NO remueva líquidos en forma de sifón tales como gasolina, anticongelante y fluidos de freno con la boca o permita de que entren en contacto con su piel.

NO respire polvo de los frenos - es potencialmente dañino **(vea asbestos más abajo)**

NO deje aceite derramado ni grasa que permanezca en el piso - séquelo antes de que alguien se resbale.

NO use herramientas que queden flojas u otro tipo de herramientas que se puedan resbalar y causar una lesión.

NO empuje en las herramientas cuando esté zafando o apretando tuercas o pernos. Siempre trate de halar la herramienta contra usted. Si la situación requiere empujar la herramienta (separándola de usted), empújela con la mano abierta para prevenir de golpearse la parte de enfrente de los dedos en el caso de que se resbale.

NO atente levantar un componente muy pesado sólo - pídale a alguna persona que lo ayude.

NO se apresure ni tome caminos cortos para terminar un trabajo.

NO deje que niños ni animales anden alrededor del vehículo mientras usted está trabajando.

SI use protección en los ojos cuando este usando herramientas de fuerza tales como taladros, esmeriladoras de banco, etc. y cuando esté trabajando debajo del vehículo.

SI mantenga ropa y pelo suelto bien retirado de cualquier parte que se esté moviendo.

SI esté seguro de que cualquier tipo de elevador tenga una capacidad adecuada para el trabajo que se está desempeñando.

SI tenga a una persona que chequee en usted periódicamente cuando esté trabajando sólo en el vehículo.

SI haga el trabajo en una secuencia lógica y asegúrese de que todo está correctamente ensamblado y apretado.

SI mantenga químicos y fluidos con tapa seguramente sellados y que no lo puedan alcanzar los niños o los animales.

SI se debe recordar que la seguridad de su vehículo afectará a usted y a otros. Si está en duda en cualquier momento, tome consejo de un profesional.

Asbestos

Algunos tipos de fricciones, aisladores, selladores y otros productos - tales como zapatas de freno, bandas de freno, forro del embrague, juntas, etc. - contienen asbestos. Cuidado extensivo se debe de tomar para evitar respirar el polvo de estos productos, ya que es peligroso para su salud. Si está en duda, supóngase de que contienen asbestos.

Fuego

Recuerde todo el tiempo de que la gasolina es muy inflamable. Nunca fume o tenga ningún tipo de llamas alrededor cuando esté trabajando en un vehículo. Pero el riesgo no termina aquí. Una chispa causada por un corto circuito, por dos superficies de metal haciendo contacto una con la otra, o hasta electricidad estática acumulada en su cuerpo bajo ciertas condiciones, pueden encender los vapores de gasolina, quienes en un lugar reducido pueden explotar. **NUNCA**, bajo ninguna circunstancia, use gasolina para limpiar partes. Use un solvente aprobado que no sea peligroso y de seguridad aprobada.

Siempre desconecte el cable negativo de la batería (-) antes de trabajar en el sistema de combustible o de electricidad. Nunca arriesgue derramar combustible en un motor caliente o en los componentes del escape. Es muy fuertemente recomendado que un extinguidor de fuegos esté disponible siempre cerca para usarlo en caso de un fuego eléctrico o de gasolina. Nunca trate de extinguir un fuego eléctrico o de gasolina con agua.

Vapores

Ciertos tipos de vapores son altamente tóxicos y rápidamente pueden causar inconsciencia y hasta la muerte si se respira hasta cierto punto. Los vapores de gasolina entran adentro de esta categoría, igual que algunos vapores de unos solventes de limpieza. Cualquier drenaje de cualquiera de estos fluidos volátiles se debe de hacer en una área bien ventilada.

Cuando esté usando fluidos de limpieza y solventes, lea las instrucciones en el recipiente muy cuidadosamente. Nunca use materiales de un recipiente que no esté marcado.

Nunca deje el motor en marcha en un espacio cerrado, tal como un garaje. Los vapores del escape contienen Monóxido de Carbón, que es extremadamente venenoso. Si usted necesita tener el motor en marcha, siempre hágalo al aire abierto, o por lo menos tenga la parte de atrás del vehículo fuera del área de trabajo.

Si está lo suficiente afortunado de tener

un hoyo en el piso para hacer inspecciones, nunca desagüe o derrame gasolina y nunca mantenga el vehículo en marcha encima del hoyo de inspección. Los vapores, siendo más pesados que el aire, se concentrarán en el hoyo con resultados letales.

La batería

Nunca inicie una chispa o permita que una bombilla sin cubierta se acerque a una batería. Normalmente las baterías despiden cierta cantidad de gas de hidrógeno, que es muy explosivo.

Siempre desconecte el cable negativo (-) de la batería antes de comenzar a trabajar en el sistema de gasolina o eléctrico.

Si es posible, afloje las tapas por donde se llena, cuando esté cargando la batería con una fuente externa (esto no se aplica a baterías selladas o de mantenimiento libre). No cargue la batería a una velocidad muy rápida o se puede estallar.

Tome precaución cuando agregue agua a la batería de mantenimiento libre y cuando transporte una batería. El electrólito, hasta cuando está diluido, es muy corrosivo y no se debe permitir poner en contacto con la ropa o piel.

Siempre use protección para los ojos cuando limpie la batería para prevenir que los depósitos cáusticos entren en sus ojos.

Corriente del hogar

Cuando esté usando una herramienta de poder eléctrica, luz de inspección, etc., que opere con corriente del hogar, siempre asegúrese que la herramienta está correctamente conectada en su enchufe y que, esté apropiadamente conectada a tierra. No use este tipo de artículo en condiciones húmedas y, de nuevo, no cree una chispa o aplique calor excesivo en la vecindad de gasolina o vapores de gasolina.

Voltaje del sistema secundario de la ignición

Un choque eléctrico severo puede resultar tocando ciertas partes del sistema de ignición (tal como los alambres de las bujías) cuando el motor esté en marcha o se esté tratando de poner en marcha, particularmente si los componentes están húmedos o el aislamiento está defectuoso. En el caso de un sistema de ignición electrónica, el voltaje del sistema secundario es más alto y podría probar ser fatal.

Identificación y resolución de problemas

Contenidos

Esta Sección proporciona una guía fácil para la referencia a los problemas más comunes que pueden ocurrir durante la operación de su vehículo. Estos problemas y las causas posibles están agrupadas bajo varios componentes o sistemas, tal como Motor, Sistema de enfriamiento, etc., y también se refiere al Capítulo y/o Sección que trata con el problema.

Recuérdese que la identificación y resolución de problemas exitosa no es una "magia negra" misteriosa practicados solamente por mecánicos profesionales. Es simplemente el resultado de un poco de conocimiento combinado con un enfoque inteligente y sistemático al problema. Siempre trabaje por un proceso de eliminación, empezando con la solución más sencilla y trabajando hacia la más compleja - y nunca deje pasar lo obvio. Cualquier persona puede olvidarse de llenar el tanque de combustible o dejar las luces encendida de noche, así que nunca asuma que nada de esto puede suceder.

Finalmente, siempre mantenga claro en su mente porque un problema ha ocurrido y tome los pasos para asegurarse que no acontezca otra vez. Si el sistema eléctrico falla a causa de una conexión pobre, chequee todas las otras conexiones en el sistema para asegurarase que ellas no fallarán también. Si cierto fusible se continúa quemando, averigüe por qué - no solamente reemplace el fusible. Recuerde, el fracaso de un componente pequeño a menudo puede ser indicativo de un fracaso potencial o funcionamiento incorrecto de un componente o sistema más importante.

Motor

1 El motor no gira cuando se trata de poner en marcha

1 Conexiones de los terminales de la batería sueltas o corroídas. Chequee los terminales del cable a la batería. Apriete el cable o remueva la corrosión según sea necesario.
2 Batería descargada o defectuosa. Si las conexiones de los cables están limpias y firmes en la batería, gire la llave en la posición de encendido y encienda los faros del vehículo y/o los limpiaparabrisas. Si no funcionan, la batería está descargada.
3 La transmisión automática no está completamente en Estacionamiento o el embrague no está completamente deprimido.
4 Instalación eléctrica rota, suelta o desconectada en el circuito de arranque. Inspeccione todas las conexiones eléctricas y conecte la batería, solenoide del motor de arranque y el interruptor de la ignición.
5 Piñón del motor de arranque trabado en el anillo del volante. Si está equipado con una transmisión manual, ponga la transmisión en guía y meza el vehículo para manualmente mover el motor. Remueva el motor de arranque e inspeccione el piñón y el volante a la conveniencia más rápida.
6 Solenoide del motor de arranque defectuoso (Capítulo 5).
7 Motor de arranque defectuoso (Capítulo 5).
8 Interruptor de la ignición defectuoso (Capítulo 12).

2 El motor gira pero no comienza

1 Tanque del combustible vacío.
2 Problema en el inyector o sistema de inyección (Capítulo 4).
3 Los terminales de las conexiones de la batería flojos o corroídos.
4 Carburador inundado y/o nivel del combustible en el carburador incorrecto. Esto usualmente se acompaña con un olor de combustible fuerte debajo del capó. Espere unos minutos, deprima el pedal del acelerador hasta el suelo e intente poner el motor en marcha.
5 Control del estrangulador no está operando (Capítulo 4).
6 El combustible no llega al carburador. Con la llave de la ignición en la posición abierta, abra el capo/cofre, remueva la parte de encima de la tapa de la asamblea del depurador de aire y observe la parte de encima del carburador (moviendo manualmente la mariposa del estrangulador). Tenga a un ayudante disponible para que deprima el pedal del acelerador y chequee si el combustible sale del carburador. Si no, chequee el filtro del combustible (Capítulo 1), línea de combustible y bomba de combustible (Capítulo 4).
7 Problema en la bomba del combustible (Capítulo 4).
8 Condensador de la ignición defectuoso (modelos 1970 al 1974).
9 Gastadas, defectuosas o incorrectamente ajustada la luz de las bujías (Capítulo 1).
10 Instalación eléctrica rota, suelta o desconectada en el circuito de arranque (Capítulo 5).
11 Distribuidor flojo, causando que el tiempo de la ignición cambie. Gire la asamblea del distribuidor completamente para poner el motor en marcha, entonces fije el tiempo de la ignición lo más rápido posible (Capítulo 1).
12 Alambres flojos, desconectados o defectuoso en la bobina de la ignición (Capítulo 5).

3 El motor de arranque gira sin girar el motor

1 Piñón del motor de arranque se está pegando. Remueva el motor de arranque (Capítulo 5) e inspecciónelo.
2 Piñón del motor de arranque o dientes del volante gastados o rotos. Remueva la tapa trasera del motor e inspecciónelo.

4 Difícil de poner el motor en marcha cuando está frío

1 Batería descargada o baja. Chequee como está descrito en la Sección 1.
2 Control del estrangulador inoperativo o fuera de ajuste (Capítulo 4).
3 Carburador inundado (vea Sección 2).
4 El suministro del combustible no alcanzar al carburador (vea Sección 2).
5 El carburador necesita una reconstrucción completa (Capítulo 4).
6 Rastro de carbón en el rotor del distribuidor y/o dañado (Capítulo 1).

5 Difícil de poner el motor en marcha cuando está caliente

1 Filtro de aire obstruido (Capítulo 1).
2 El combustible no llega al carburador (vea Sección 2).
3 Cables eléctricos en la batería corroídos (Capítulo 1).
4 Conexión a tierra mala en el motor (Capítulo 12).
5 Motor de arranque desgastado (Capítulo 5).
6 EFE (la sublevación de calor) atascado en la posición cerrada (Capítulo 1).

6 Motor de arranque muy ruidoso o excesivamente áspero cuando hace contacto con el volante

1 Piñón o dientes del volante gastados o rotos. Remueva la tapa de inspección trasera del motor (si está equipada) e inspecciónelo.
2 Pernos para el montaje del motor de arranque flojos u omitido.

7 El motor se pone en marcha pero se detiene inmediatamente

1 Conexiones eléctricas en el distribuidor flojas o defectuosas, la bobina o el alternador.
2 Insuficiente combustible llegando al carburador. Desconecte la línea de combustible. Coloque un recipiente debajo de la línea de combustible desconectada y observe el flujo del combustible en la línea. Si es poquito o ninguno del todo, chequee por bloqueo en las líneas y/o reemplace la bomba de combustible (Capítulo 4).
3 Fuga de vacío en la juntas del carburador. Asegúrese que todos los pernos/tuercas están apretados firmemente y que todas las mangueras de vacío están conectadas al carburador y al múltiple apropiadamente en su posición y están en buenas condiciones.

8 El motor oscila en marcha mínima o la marcha mínima es errática

1 Fuga de vacío. Chequee los pernos/tuercas en el carburador y el múltiple de admisión para estar seguro de que están apretados. Asegúrese que todas las mangueras de vacío están conectadas y en buenas condiciones. Use un estetoscopio o una longitud de manguera de combustible sostenida contra la oreja para escuchar por fugas de vacío mientras el motor está en marchar. Un sonido como un silbido se oirá. Chequee las juntas del carburador/inyector de combustible y el múltiple de admisión.
2 La válvula EGR (recirculación de los gases de escape) tiene fugas o la válvula PCV (ventilación positiva del cárter) está obstruida (vea Capítulo 1 y 6).
3 Filtro de aire obstruido (Capítulo 1).
4 Bomba de combustible no entrega el combustible suficiente al carburador (vea Sección 7).
5 Carburador fuera del ajuste (Capítulo 4).
6 La junta de la cabeza tiene fuga. Si esto es sospechado, lleve el vehículo a un taller de reparación o al concesionario para que la presión del motor pueda ser chequeada.
7 La cadena del tiempo y/o los engranes están desgastados (Capítulo 2).
8 Lóbulos del árbol de levas desgastados (Capítulo 2).

9 El motor falla en marcha mínima

1 Las bujías desgastadas o no calibradas apropiadamente (Capítulo 1).
2 Alambres de las bujías defectuosos (Capítulo 1).
3 El estrangulador no está operando apropiadamente (Capítulo 1).
4 Atascado o componentes defectuosos en el sistema de emisiones (Capítulo 6).
5 Filtro de combustible obstruido y/o materia extranjera en el combustible. Remueva el filtro de combustible (Capítulo 1) e inspecciónelo.
6 Fugas del vacío en el múltiple de admisión o en las conexiones de las mangueras. Chequee como está descrito en la Sección 8.
7 Velocidad de la marcha mínima o mezcla de la marcha mínima incorrecta (Capítulo 1).
8 Regulación del tiempo de la ignición incorrecta (Capítulo 1).
9 Compresión desigual o baja en los cilindros. Chequee la compresión como está descrito en el Capítulo 2.
10 Platinos defectuosos o incorrectamente ajustados (modelos 1970 al 1974) (Capítulo 1).

10 El motor falla durante la velocidad de manejo

1 Filtro de combustible obstruido y/o impurezas en el sistema de combustible (Capítulo 1). También chequee el rendimiento del combustible al carburador (vea Sección 7).
2 Las bujías defectuosas o incorrectamente calibradas (Capítulo 1).
3 Regulación del tiempo de la ignición incorrecta (Capítulo 1).
4 Chequee por rajaduras en la tapa del distribuidor, alambres del distribuidor desconectados y componentes del distribuidor desgastados (Capítulo 1).
5 Fugas en los alambres de las bujías (Capítulo 1).
6 Componentes defectuosos del sistema de emisiones (Capítulo 6).
7 Compresión baja o presión desigual en los cilindros. Remueva las bujías y pruebe la compresión con un medidor (Capítulo 2).
8 Sistema de la ignición débil o defectuoso (Capítulo 5).
9 Fugas de vacío en las mangueras de vacío o el carburador (vea Sección 8).

11 El motor se apaga

1 Velocidad mínima incorrecta (Capítulo 1).
2 Filtro del combustible obstruido y/o agua e impuridades en el sistema de combustible (Capítulo 1).
3 Estrangulador impropiamente ajustado o pegándose (Capítulo 4).
4 Componentes del distribuidor húmedos o dañados (Capítulo 5).
5 Componentes del sistema de las emisiones defectuosos (Capítulo 6).
6 Defectuosa o incorrecta luz de las bujías (Capítulo 1). También chequee los alambres de las bujías (Capítulo 1).
7 Fuga de vacío en la unidad de la inyección del combustible o mangueras de vacío. Chequee como está descrito en la Sección 8.

12 Al motor le falta poder

1 Tiempo de la ignición incorrecto (Capítulo 1).
2 Excesivo juego en el eje del distribuidor. Al mismo tiempo, chequee por un rotor desgastado, tapa del distribuidor defectuosa, alambres, etc. (Capítulos 1 y 5).
3 Bujía defectuosa o luz incorrecta (Capítulo 1).
4 Unidad de la inyección del combustible no ajustada apropiadamente o excesivamente desgastada (Capítulo 4).
5 Bobina defectuosa (Capítulo 5).
6 Frenos pegándose (Capítulo 1).
7 Nivel del fluido de la transmisión automática incorrecto (Capítulo 1).
8 Embrague resbalando (Capítulo 8).
9 Filtro del combustible obstruido y/o impurezas en el sistema del combustible (Capítulo 1).
10 Sistema del control de las emisiones que no estén funcionando apropiadamente (Capítulo 6).
11 Uso de combustible de baja calidad. Llene el tanque del combustible con el combustible del octano apropiado.
12 Compresión desigual o baja de los cilindros. Chequee la compresión como se describió en el Capítulo 1. Que detectará fugas de válvulas y/o junta de la cabeza rota (Capítulo 1).

13 El motor hace explosiones

1 Sistema de las emisiones no funcionando apropiadamente (Capítulo 6).
2 Tiempo de la ignición incorrecto (Capítulo 1).
3 Sistema secundario de la ignición defectuoso (grieta en el aislador de la bujía, alambres de las bujías defectuosos, tapa del distribuidor y/o rotor) (Capítulos 1 y 5).
4 Unidad de inyección del combustible en necesidad de ajuste o desgastado excesivamente (Capítulo 4).
5 Fuga de vacío en la unidad de inyección del combustible o mangueras de vacío.
6 Juego del ajuste de las válvulas incorrecto, y/o válvulas atorándose en las guías (Capítulo 2).
7 Alambres de las bujías cruzados (Capítulo 1).

14 Sonidos de detonación o golpeteo durante la aceleración o subiendo una cuesta

1 Grado incorrecto del combustible. Llene el tanque con el combustible del valor del octano apropiado.
2 Regulación del tiempo de la ignición incorrecto (Capítulo 1).
3 El carburador necesita ajuste (Capítulo 4).
4 Bujías incorrectas. Chequee el tipo de bujía contra la etiqueta de información del control de las emisiones que está localizada debajo del capó. También chequee las bujías y los alambres por daño (Capítulo 1).
5 Componentes del distribuidor desgastados o dañados (Capítulo 5).
6 Sistema de las emisiones defectuoso (Capítulo 6).
7 Fuga de vacío. Chequee como está descrito en la Sección 8.

15 El motor continua en marcha (continúa corriendo) después de apagar la llave de la ignición

1 Velocidad de la marcha mínima demasiada alta (Capítulo 1).
2 Solenoide eléctrico en el lado del carburador no funciona apropiadamente (no todos los modelos, vea Capítulo 4).
3 Regulación del tiempo de la ignición ajustado incorrectamente (Capítulo 1).

4 Válvula para controlar termostáticamente el calor del purificador de aire no está operando apropiadamente (Capítulo 1).
5 Temperatura de operación del motor excesiva. Las causas probables de esto son termostato funcionando mal, radiador obstruido, bomba de agua defectuosa (Capítulo 3).

Sistema eléctrico del motor

16 La batería no sostiene la carga

1 Banda del alternador defectuosa o no está ajustada apropiadamente (Capítulo 1).
2 Nivel del electrolito bajo o batería descargada (Capítulo 1).
3 Terminales de la batería flojos o corridos (Capítulo 1).
4 Alambre en el circuito de carga flojo o roto (Capítulo 5).
5 Alambrado en el circuito de carga flojo, roto o defectuoso (Capítulo 5).
6 Un corto circuito causando un drenaje de la batería continuo.
7 La batería defectuosa internamente.

17 Luz de la ignición falla de apagarse

1 Defecto en el alternador o circuito de carga (Capítulo 5).
2 Banda del alternador defectuosa o no ajustada apropiadamente (Capítulo 1).

18 La luz de la ignición falla de iluminarse cuando la llave es prendida

1 Bombilla de advertencia defectuosa (Capítulo 12).
2 Alternador defectuoso (Capítulo 5).
3 Defecto en el circuito impreso, alambrado del tablero o poseedor de la bombilla (Capítulo 12)

19 La luz CHECK ENGINE se ilumina

Vea Capítulo 6.

Sistema de combustible

20 Consumo excesivo del combustible

1 Sucio o obstrucción en el elemento del filtro de aire (Capítulo 1).
2 Regulación del tiempo de la ignición incorrectamente ajustada (Capítulo 1).
3 Estrangulador atascándose o ajustado impropiamente (Capítulo 1).
4 El sistema de emisiones no está funcionando apropiadamente (no todos los vehículos, vea Capítulo 6).
5 Velocidad de la marcha mínima del carburador y/o mezcla no ajustada apropiadamente (Capítulo 1).
6 Partes internas del carburador excesivamente desgastadas o dañadas (Capítulo 4).
7 Presión de aire de los neumáticos baja o tamaño incorrecto de los neumáticos (Capítulo 1).

21 Fuga de combustible/olor

1 Fuga en un suministrador del combustible o línea de ventilación (Capítulo 4).
2 Tanque sobre lleno. Llénelo solamente hasta que se apague automáticamente.
3 Sistema de las emisiones obstruido o dañado (Capítulo 6).
4 Fuga de vapores en las líneas del sistema (Capítulo 4).
5 Partes interna del carburador excesivamente desgastada o fuera de ajuste (Capítulo 4).

Sistema de enfriamiento

22 Sobre calentamiento

1 Insuficiente anticongelante en el sistema (Capítulo 1).
2 Banda de la bomba de agua defectuosa o no ajustada apropiadamente (Capítulo 1).
3 Núcleo del radiador bloqueado o parrilla del radiador sucia y restringida (Capítulo 3).
4 Termostato defectuoso (Capítulo 3).
5 Hojas del ventilador rotas o agrietadas (Capítulo 3).
6 Tapa del radiador no mantiene la presión apropiada. Haga que la presión de la tapa sea chequeada en una estación de gasolina o un taller de reparación.
7 Regulación del tiempo de la ignición incorrecta (Capítulo 1).

23 Sobre enfriamiento

1 Termostato defectuoso (Capítulo 3).
2 Reloj de la temperatura fuera de calibración (Capítulo 12)

24 Fuga externa del anticongelante

1 Mangueras o grapas deterioradas o dañadas. Reemplace las mangueras y/o apriete las grapas (Capítulo 1).
2 Sellos de la bomba del agua defectuosos. Si este es el caso, el agua se fugará por el orificio en el cuerpo de la bomba del agua (Capítulo 3).
3 Fuga a través del radiador o del núcleo del calentador. Esto requeriría que el radiador o el núcleo del calentador sea reparado por un profesional (vea Capítulo 3 para procedimientos de como removerlo).
4 Fugas de los tapones de las camisas del bloque o para el desagüe del motor (vea Capítulo 2).

25 Fuga interna del anticongelante

Nota: *Se pueden descubrir fugas interiores del anticongelantes usualmente examinando el aceite. Chequee la varilla y dentro de la tapa de los balancines por depósitos de agua y una consistencia del aceite parecida a leche.*
1 Fuga de la junta de la cabeza de los cilindros. Ponga el sistema de enfriamiento bajo presión para poder probarlo.
2 Cilindro del bloque o cabeza agrietada. Desmantele el motor e inspecciónelo (Capítulo 2).

26 Pérdida del anticongelante

1 Mucho anticongelante en el sistema (Capítulo 1).
2 Anticongelante embullando debido al sobrecalentamiento (vea Sección 22).
3 Fuga interna o externa (vea Secciones 24 y 25).
4 Tapa del radiador defectuosa. Haga que la presión de la tapa sea chequeada.

27 Circulación pobre del anticongelante

1 Bomba del agua no opera. Una prueba rápida es de pellizcar la manguera del radiador de encima con su mano mientras el motor está en marcha mínima, entonces suéltela. Usted debe de sentir el anticongelante fluir si la bomba está trabajando apropiadamente (Capítulo 3).
2 Restricción en el sistema de enfriamiento. Desagüe, limpie y rellene el sistema (Capítulo 1). Si es necesario, remueva el radiador (Capítulo 3) y límpielo de la forma opuesta de como fluye.
3 Banda de la bomba del agua defectuosa o no ajustada apropiadamente (Capítulo 1).
4 Termostato atorándose (Capítulo 3).

Embrague

28 Falla de liberar (pedales deprimido hasta el piso - palanca de cambio no se mueve libremente hacia adentro o hacia afuera de Reversa)

1 Tenedor del embrague fuera de la bola del espárrago. Mire por debajo del vehículo, en el lado izquierdo de la transmisión.

2 Plato del embrague alabeado o dañado (Capítulo 8).

29 El embrague se resbala (la velocidad del motor aumenta sin ningún aumento en la velocidad del vehículo)

1 Plato del embrague empapado con aceite o forro desgastado. Remueva el embrague e inspecciónelo (Capítulo 8).
2 Plato del embrague no se sentó. Puede tomar de 30 a 40 comienzos normales para que uno nuevo se siente.
3 Plato de presión desgastado (Capítulo 8).

30 Agarrando (vibrando) según el embrague es comprometido

1 Aceite en el forro del plato del embrague. Remuévalo e inspecciónelo (Capítulo 8). Corrija cualquier fuente de fuga.
2 Calzos desgastados o flojos del motor o la transmisión. Estas unidades se mueven levemente cuando el embrague es liberado. Inspeccione los calzos y los pernos.
3 Estrías desgastadas en el cubo del plato del embrague. Remueva los componentes del embrague e inspecciónelos (Capítulo 8).
4 Plato de presión o volante combados. Remueva los componentes del embrague e inspecciónelo.

31 Chirrido o retumbar con el embrague completamente comprometido (pedal liberado)

1 Balero de liberación obstruido en el retenedor del balero en la transmisión. Remueva los componentes del embrague (Capítulo 8) y chequee el balero. Remueva las rebarbas o cualquier mellas, límpielo y lubríquelo nuevamente antes de reinstalarlo.
2 Resorte de retorno para la varilla de empuje débil. Reemplace el resorte.

32 Chirrido o retumbar con el embrague completamente desengranado (pedal presionado)

1 Balero de liberación desgastado, defectuoso o roto (Capítulo 8).
2 Resortes del plato de presión desgastados o rotos (o dedos del diafragma) (Capítulo 8).

33 El pedal del embrague permanece en el piso cuando es liberado

1 Atascamiento en la varilla o balero de liberación. Inspeccione la varilla o remueva los componentes del embrague según sea necesario.
2 Cilindro hidráulico del embrague defectuoso o hay aire en el sistema.

Transmisión manual

Nota: *Todas las referencias siguientes son al Capítulo 7, a menos que sea notado diferente.*

34 Ruidoso en Neutral con el motor en marcha

1 Balero del eje de entrada desgastado.
2 Balero del engranaje de impulsión principal desgastado.
3 Balero del contraeje desgastado.
4 Laminas de ajustes para el juego final del contraeje desgastadas o dañadas.

35 Ruido en todos los engranes

1 Cualquiera de las causas de encima, y/o:
2 Insuficiente lubricante (vea procedimientos de chequeo en el Capítulo 1).

36 Ruido en un engrane particular

1 Diente del engrane desgastado, dañado o astillado para ese engrane particular.
2 Sincronizador desgastado o dañado para ese engrane particular.

37 Se desliza fuera del engrane alto

1 Pernos para los calzos de la transmisión flojos.
2 Varillas de cambio no trabajando libremente.
3 Buje piloto para el eje principal dañado.
4 Tierra entre el casco de la transmisión y el motor o desajuste de la transmisión.

38 Dificultad en acoplar los engranes

1 Varilla de cambio floja, dañada o fuera de ajuste. Haga una inspección completa, reemplazando las partes según sea necesario.
2 Aire en el sistema hidráulico (Capítulo 8).

39 Fuga de aceite

1 Cantidad excesiva del lubricante en la transmisión (vea Capítulo 1 para los procedimientos correctos de chequear). Drene el lubricante según sea necesario.
2 Tapa lateral floja o junta dañada.
3 Sello de aceite trasero o el sello de aceite para el velocímetro necesitan reemplazo.
4 Fuga en el sistema hidráulico del embrague (Capítulo 8).

Transmisión automática

Nota: *Debido a la complejidad de la transmisión automática, es difícil para el mecánico del hogar de diagnosticar apropiadamente y darle servicio a este componente. Para otros problemas que no sean los que siguen, el vehículo se debe de llevar a un concesionario o un mecánico de buena reputación.*

40 Problemas generales del mecanismo de cambio

1 El Capítulo 7 trata con chequeo y ajuste del acoplamiento de cambio en las transmisiones automáticas. Los problemas más comunes pueden ser atribuidos a varillas de cambio fuera de ajuste:

El motor se pone en marcha en guías otras que Estacionamiento o Neutral

El indicador en la palanca de cambio apunta a un engrane otro que el que se está usando verdaderamente

El vehículo se mueve cuando está en Estacionamiento

2 Refiérase al Capítulo 7 para ajustar la varilla.

41 La transmisión no rebasa con el pedal del acelerador apretado al piso

El Capítulo 7 trata con el ajuste para el cable de la TV (válvula conectada al acelerador) para permitir que la transmisión cambie a rebase apropiadamente.

42 La transmisión resbala, cambia ásperamente, es ruidosa o no tiene marcha en la guía hacia adelante o hacia atrás

1 Hay muchas causas probables para los problemas de encima, pero el mecánico del hogar se preocupará solamente con una posibilidad - nivel del fluido.
2 Antes de llevar el vehículo a un taller de reparación, chequee el nivel y la condición del fluido como está descrito en el Capítulo 1. Corrija el nivel del fluido según sea necesario o cambie el fluido y el filtro si es necesario. Si el problema persiste, haga que un profesional diagnostique la causa probable.

43 Fuga del fluido

1 Fluido de la transmisión automática es de un color rojo. No se deben confundir las fugas del fluido de la transmisión con el aceite del motor, que se puede soplar fácilmente por el aire hacia la transmisión.
2 Para poder distinguir exactamente donde hay una fuga, primero remueva todo tipo de suciedad conglomerado y alrededor de la transmisión. Agentes para remover grasa y/o limpieza con vapor pueden hacer este trabajo. Con el lado de abajo limpia, maneje el vehículo a velocidades bajas, de esta forma el flujo de aire no soplará el fluido hacia la parte de atrás del vehículo. Levante el vehículo y determine de donde proviene la fuga. Áreas comunes de fugas son:

a) **Cacerola:** *Apriete los pernos y/o reemplace la junta según sea necesario (vea Capítulos 1 y 7).*
b) **Pipa para llenar:** *Reemplace el sello de caucho donde la tubería entra en la caja de la transmisión.*
c) **Líneas de enfriamiento de la transmisión:** *Apriete las conexiones donde las líneas entran a la caja de la transmisión y/o reemplace las líneas.*
d) **Tubo de ventilación:** *El nivel del fluido de la transmisión está muy alto y/o hay agua en el fluido (vea los procedimientos de como chequearlo, Capítulo 1).*
e) **Conector del velocímetro:** *Reemplace el sello O donde el cable del velocímetro entra en la caja de la transmisión (Capítulo 7).*

Flecha

44 Fuga de aceite en el frente de la flecha

Sello de aceite defectuoso en la parte trasera de la transmisión. Vea Capítulo 7 para los procedimientos de reemplazo. Mientras esto es hecho, chequee la horquilla por rebarbas o una condición áspera que pueda estar dañando el sello. Las rebarbas pueden ser removidas con tela de azafrán o una piedra húmeda fina.

45 Golpeteo o sonido sordo cuando la transmisión está bajo carga inicial (tan pronto la transmisión es puesta en guía)

1 Componentes de la suspensión trasera desconectados o flojos. Chequee todos los pernos de retención, tuercas y bujes (Capítulo 10).
2 Pernos de la flecha flojos. Inspeccione todos los pernos, tuercas y apriételos al par de torsión especificado.
3 Baleros de la junta universal desgastados o dañados. Chequee por desgaste (Capítulo 8).

46 Sonidos metálicos consistente con la velocidad del vehículo

Desgaste pronunciado en los baleros de las uniones universales. Chequéelo como se describió en el Capítulo 8.

47 Vibración

Nota: *Antes de tomar la asunción de que la flecha es el problema, esté seguro de que los neumáticos están perfectamente balanceados.*

1 Instale un tacómetro dentro del vehículo para chequear las rpm (revoluciones por minuto) del motor según se maneja el vehículo. Maneje el vehículo y note la velocidad del motor cuando la vibración es más pronunciada. Ahora cambie la transmisión a una guía diferente y traiga la velocidad del motor al mismo punto.
2 Si la vibración ocurre a la misma velocidad del motor (rpm) sin importar en que velocidad la transmisión está, la flechas **NO ES** el problema, ya que la velocidad de la flecha varía.
3 Si la vibración disminuye o se elimina cuando la transmisión está en diferente guía a la misma velocidad del motor, refiérase a las causas posibles que siguen.
4 Flecha virada o aboyada. Inspeccione y reemplace según sea necesario (Capítulo 8).
5 Sellador para la parte de abajo de la carrocería o bodoques de tierra, etc. en la flecha. Limpie la flecha completamente y chequéela de nuevo.
6 Baleros desgastados de la unión universal. Remueva e inspeccione (Capítulo 8).
7 Flecha y/o parte acompañante fuera de balance. Chequee por pesas que falten en la flecha. Remueva la flecha (Capítulo 8) y reinstálela 180 grados de la posición original. Deje que la flecha sea balanceada profesionalmente si el problema persiste.

Ejes

48 Ruido

1 Ruido del camino. Ningún procedimientos correctivo disponible.
2 Ruido de los neumáticos. Inspeccione los neumáticos y chequee la presión de aire de los neumáticos (Capítulo 1).
3 Baleros de las ruedas traseras flojos, desgastados o dañados (Capítulo 8).

49 Vibración

Vea causas probables debajo de la Sección para la Flecha. Proceda bajo las pautas listadas para la flecha. Si el problema persiste, chequee los baleros de las ruedas traseras levantando la parte trasera del vehículo y girando las ruedas con la mano. Escuche por evidencia de baleros ásperos (ruidoso). Remueva e inspeccione (Capítulo 8).

50 Fuga de aceite

1 Sello del piñón dañado (Capítulo 8).
2 Sello de aceite del eje dañado (Capítulo 8).
3 Fuga en la cubierta para la inspección del diferencial. Apriete los pernos o reemplace la junta según sea necesario (Capítulos 1 y 8).

Frenos

Nota: *Antes de tomar la asunción de que un problema del freno existe, asegúrese que los neumáticos están en buena condición e inflados apropiadamente (vea Capítulo 1), que la alineación delantera esté correcta y que el vehículo no esté cargado con el peso en una manera no igual.*

51 El vehículo tira hacia un lado cuando se aplica el freno

1 Defectivas, dañadas o contaminadas con aceite las pastillas o las balatas en un lado. Inspecciónelo como se describió en el Capítulo 9.
2 Desgaste excesivo de la balatas o material de las pastilla o tambor/disco en un lado. Inspecciónelo y corríjalo según sea necesario.
3 Componentes de la suspensión delantera flojos o desconectados. Inspecciónelo y apriete todos los pernos al par de torsión especificado (Capítulo 10).
4 Tambor de freno defectuoso o asamblea de la mordaza. Remueva el tambor o la mordaza e inspeccione por un pistón atorado u otro daño (Capítulo 9).

52 Ruido (chillido alto con los frenos aplicado)

Pastilla del freno de disco desgastada. El ruido proviene del sensor de desgaste que frota contra el disco. Reemplace las pastillas inmediatamente con unas nuevas (Capítulo 9).

53 Viaje excesivo del pedal del freno

1 Fracaso parcial del sistema de frenos. Inspeccione el sistema completo (Capítulo 9) y corrija según sea necesario.
2 Insuficiente fluido en el cilindro maestro. Chequee (Capítulo 1), agregue fluido y purgue el sistema si es necesario (Capítulo 9).
3 Frenos no ajustados apropiadamente. Haga una serie de comienzos y paradas con el vehículo en Reversa. Si esto no corrige la situación, remueva los tambores e inspeccione los ajustadores del vehículo (Capítulo 9).

54 Pedal de freno se siente esponjoso cuando es presionado

1 Aire en las líneas hidráulicas. Purgue el sistema de frenos (Capítulo 9).
2 Mangueras flexibles defectuosas. Inspeccione todas las mangueras del sistema y las líneas. Reemplace las partes según sea necesario.
3 Pernos/tuercas de retención para el cilindro maestro flojos.
4 Cilindro maestro defectuoso (Capítulo 9).

55 Esfuerzo excesivo requerido para detener el vehículo

1 El amplificador para el freno de poder no está operando apropiadamente (Capítulo 9).
2 Desgastados los forros excesivamente de las balatas o las pastilla. Inspeccione y reemplace según sea necesario (Capítulo 9).
3 Uno o más pistones de las mordazas o cilindros de las ruedas atorándose o pegándose. Inspecciónelo y reconstrúllalo según sea necesario (Capítulo 9).
4 Forros de las balatas de los frenos o pastilla contaminados con aceite o grasa. Inspeccione y reemplace según sea necesario (Capítulo 9).
5 Pastillas o balatas nuevas instaladas y todavía no se han acentuado. Tomará un tiempo mientras el material nuevo se sienta contra el tambor (o rotor).

56 El pedal viaja hasta el suelo con pequeña resistencia

Poquito o ningún fluido en el depósito del cilindro maestro causado por fugas en el cilindro(s) de la rueda(s), fuga en el pistón(es) de la mordaza(s), líneas del freno sueltas. Inspeccione el sistema entero y corríjalo según sea necesario.

57 El pedal del freno pulsa durante la aplicación del freno

1 Baleros de las ruedas no ajustados apropiadamente o en necesidad de reemplazo (Capítulo 1).
2 La mordaza no se desliza apropiadamente debido a una instalación inapropiada u obstrucciones. Remueva e inspeccione (Capítulo 9).
3 El rotor o el tambor defectuoso. Remueva el rotor o el tambor (Capítulo 9) y chequee por desviación excesiva lateral, fuera de circunferencia y paralelismo. Haga que el tambor o el rotor sean rectificados o reemplazados con uno nuevo.

Suspensión y sistemas de dirección

58 El vehículo tira hacia un lado

1 Presión del neumático desigual (Capítulo 1).
2 Neumático defectuoso (Capítulo 1).
3 Desgaste excesivo en la suspensión o componentes de la dirección (Capítulo 10).
4 La suspención del frente en necesidad de alineación.
5 Los freno delanteros se arrastran. Inspeccione los frenos según se describió en el Capítulo 9.

59 Vibración, sacudida y bamboleo

1 Neumático o rueda fuera de balance o fuera de redondo. Llévela para que la balanceen profesionalmente.
2 Baleros de las ruedas flojos, desgastados o fuera de ajuste (Capítulos 1 y 8).
3 Amortiguadores y/o componentes de la suspención gastados o dañados (Capítulo 10).

60 Ruido excesivo y/o sonido de rodamiento cuando se dobla en las esquinas o mientras se frena

1 Amortiguadores defectuosos. Reemplácelo en juego (Capítulo 10).
2 Resortes de la suspención débiles o rotos y/o componentes de la suspensión. Inspecciónelo como se describió en el Capítulo 10.

61 Dirección excesivamente dura

1 Falta del fluido en el depósito del fluido de la dirección de poder (Capítulo 1).
2 Presión de aire de los neumáticos incorrecta (Capítulo 1).
3 Falta de lubricación en las acoplaciones de la dirección (Capítulo 1).
4 Alineación delantera fuera de especificaciones.
5 Vea Sección 63.

62 Juego excesivo en la dirección

1 Baleros de las ruedas delanteras flojos (Capítulo 1).
2 Desgaste excesivo en la suspensión o componentes de la dirección (Capítulo 10).
3 Caja de engranes de la dirección fuera de ajuste (Capítulo 10).

63 Falta de asistencia de poder

1 Banda para la bomba de poder de la dirección defectuosa o no está ajustada apropiadamente (Capítulo 1).
2 Nivel del fluido bajo (Capítulo 1).
3 Restricción en las mangueras o líneas. Inspecciónelas y reemplace las partes según sea necesario.
4 Aire en el sistema de poder de la dirección. Purgue el sistema (Capítulo 10).

64 Desgaste excesivo de los neumáticos (no específico a una área)

1 Presiones de los neumático incorrectas (Capítulo 1).
2 Neumático fuera de balance. Llévelo a balancear profesionalmente.
3 Ruedas dañadas. Inspecciónelas y reemplácelas según sea necesario.
4 Suspensión o componentes de la direcciones excesivamente gastados (Capítulo 10).

65 Desgaste excesivo de los neumáticos en el borde de afuera

1 Presiones de la inflación de los neumáticos incorrectas (Capítulo 1).
2 Velocidad excesiva en la vueltas.
3 Alineación del frente de la dirección incorrecta (excesiva convergencia). Lleve el vehículo para que sea alineado profesionalmente.
4 Brazo de la suspensión doblado o torcido (Capítulo 10).

66 Desgaste excesivo de los neumáticos en el borde de adentro

1 Presiones de la inflación de los neumáticos incorrectas (Capítulo 1).
2 Alineación del frente de la dirección incorrecta (excesiva divergencia). Lleve el vehículo para que sea alineado profesionalmente.
3 Componentes de la direcciones flojos o dañados (Capítulo 10).

67 La rodadura del neumático desgastada en un solo lugar

1 Neumático fuera de balance.
2 Rueda torcida o dañada, inspeccione y reemplace según sea necesario.
3 Neumático defectuoso (Capítulo 1).

Capítulo 1
Afinación y mantenimiento rutinario

Contenidos

Especificaciones

Lubricantes y fluidos recomendados

Tipo de aceite para el motor	Grado API SF o SF/CC de grado múltiple y aceite eficiente para el combustible
Viscosidad	Vea el diagrama que lo acompaña

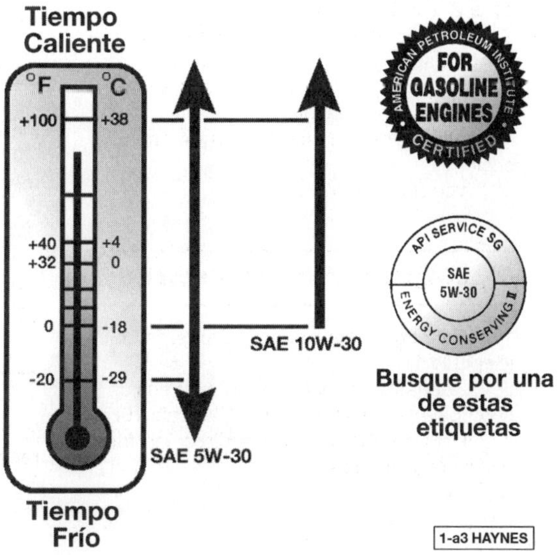

Lubricantes y fluidos recomendados (continuacíon)

Tipo del fluido para la transmisión automática	Fluido para la transmisión automática DEXRON II
Tipo del fluido para la transmisión manual	SAE 80W o GL 80W-90 GL-5 lubricante de engrane
Tipo de fluido para el diferencial	SAE 80W o GL 80W-90 GL-5 lubricante de engrane
Diferencial de deslizamiento limitado	Agregue aditivo GM para diferencial limitado al lubricante especificado
Tipo del fluido de freno	Fluido de freno DOT (departamento de transportación) 3
Fluido del sistema de dirección	Fluido de dirección de poder GM o equivalente
Tipo del fluido de la caja de la dirección	GM 4673 M o equivalente

Sistema de ignición

Tipo de bujía y espacio libre*

1970	
V8 350 (Buick)	AC R45TS o equivalente - 0.030 pulgada
V8 455 (Buick)	AC R44TS o equivalente - 0.030 pulgada
V8 350 (Chevrolet)	AC R44S o equivalente - 0.035 pulgada
V8 400 (Chevrolet)	AC R44 o equivalente - 0.035 pulgada
V8 454 (Chevrolet)	AC R43T o equivalente - 0.035 pulgada
V8 350, 455 2 barriles (Oldsmobile)	AC R46S o equivalente - 0.030 pulgada
V8 350, 455 4 barriles (Oldsmobile)	AC R45S o equivalente - 0.030 pulgada
V8 350, 400, 455 (Pontiac)	AC R46S o equivalente - 0.035 pulgada
1971-1974	
V8 350 (Buick 1971 solamente)	AC R45TS o equivalente - 0.030 pulgada
V8 455 (Buick 1971 solamente)	AC R44TS o equivalente - 0.030 pulgada
V8 350, 455 (Buick 1972-74)	AC R45TS o equivalente - 0.040 pulgada
V8 455 (Buick 1972-74)	AC R44TS o equivalente - 0.030 pulgada
V8 350 (Chevrolet)	AC R45T o equivalente - 0.035 pulgada
V8 400, 402 (Chevrolet)	AC R44T o equivalente - 0.035 pulgada
V8 454 (Chevrolet)	AC R43T o equivalente - 0.035 pulgada
V8 350 (transmisión automática Oldsmobile)	AC R46S o equivalente - 0.040 pulgada
V8 350 (transmisión manual Oldsmobile)	AC R45S o equivalente - 0.040 pulgada
V8 455 (Oldsmobile sin HEI)	AC R46S o equivalente - 0.040 pulgada
V8 455 (Oldsmobile con HEI)	AC R46SX o equivalente - 0.080 pulgada
V8 350, 400, 455 (Pontiac 1971 solamente)	AC R46S o equivalente - 0.035 pulgada
V8 350, 400 2 barriles (Pontiac 1972-74)	AC R46TS o equivalente - 0.040 pulgada
V8 400 4 barriles, 455 (Pontiac 1972-74)	AC R45TS o equivalente - 0.040 pulgada
1975	
V8 350, 400, 455 (Buick)	AC R45TSX o equivalente - 0.060 pulgada
V8 350, 400, 454 (Chevrolet)	AC R44TX o equivalente - 0.060 pulgada
V8 350, 455 (Oldsmobile)	AC R46SX o equivalente - 0.080 pulgada
V8 400 2 barriles (Oldsmobile)	AC R46TSX o equivalente - 0.060 pulgada
V8 400 4 barriles (Oldsmobile)	AC R45TSX o equivalente - 0.060 pulgada
V8 350, 400 2 barriles (Pontiac)	AC R46TSX o equivalente - 0.060 pulgada
V8 350, 400, 455 4 barriles (Pontiac)	AC R45TSX o equivalente - 0.060 pulgada
1976	
V6 231	AC R44SX o equivalente - 0.060 pulgada
V8 350, 455 (Buick)	AC R45TSX o equivalente - 0.060 pulgada
V8 350, 400, 454 (Chevrolet)	AC R45TS o equivalente - 0.045 pulgada
V8 350, 455 (Oldsmobile)	AC R46SZ o equivalente - 0.060 pulgada
V8 350, 400 2 barriles (Pontiac)	AC R46TSX o equivalente - 0.060 pulgada
V8 350, 400, 455 4 barriles (Pontiac)	AC R45TSX o equivalente - 0.060 pulgada
1977-1979	
V6 231 (VIN A)	AC R46TSX o equivalente - 0.060 pulgada
V8 260 (VIN F), 350 (VIN R), 403 (VIN K)	AC R46SZ o equivalente - 0.060 pulgada
V8 301 (VIN Y), 350 (VIN J)	AC R46TSX o equivalente - 0.060 pulgada
V8 301 (VIN W), 350 (VIN P), 400 (VIN Z)	AC R45TSX o equivalente - 0.060 pulgada
V8 305 (VIN U), 350 (VIN L)	AC R45TS o equivalente - 0.045 pulgada
V8 350 (X)	AC R45TSX o equivalente - 0.060 pulgada
1980-1984	
V6 229 (VIN K)	AC R45TS o equivalente - 0.045 pulgada
V6 231 (VIN A), 252 (VIN 4) (1980, 1984)	AC R45TSX o equivalente - 0.060 pulgada
V6 231 (VIN A), 252 (VIN 4) (1981-1983)	AC R45TS8 o equivalente - 0.080 pulgada
V8 260 (VIN F, 8), 307 (VIN Y), 350 (VIN R)	AC R46SX o equivalente - 0.080 pulgada
V8 265 (VIN S), 301 (VIN W), 350 (VIN X)	AC R45TSX o equivalente - 0.060 pulgada
V8 267 (VIN J), 305 (VIN H), 350 (VIN L, 6)	AC R45TS o equivalente - 0.045 pulgada
1985 en adelante	
V6 231 (VIN A)	AC R45TSX o equivalente - 0.060 pulgada
V6 262 (VIN Z)	AC R45TS o equivalente - 0.035 pulgada
V8 307 (VIN Y)	AC FR3LS6 o equivalente - 0.060 pulgada

V8 305 (VIN G)	AC R44TS o equivalente - 0.045 pulgada
V8 305 (VIN H), 350 (VIN 6) (1985-86)	AC R45TS o equivalente - 0.045 pulgada
V8 305 (VIN H), 350 (VIN 6) (1987-88)	AC R45TS o equivalente - 0.035 pulgada
V8 305 (VIN E), 350 (VIN 7)	AC CR43TS o equivalente - 0.035 pulgada

**Refiérase a la etiqueta de Información para el Control de las Emisiones del Vehículo en el compartimiento del motor del vehículo; use esa información si es diferente a la listada aquí*

Regulación del tiempo de la ignición	Refiérase a la etiqueta de Información para el Control de las emisiones del Vehículo en el compartimiento del motor
Espacio libre para los puntos de la ignición	0.016 a 0.019 pulgada
Ángulo del Dwell (tiempo en que los puntos están cerrados medidos en grados)	30 grados

General

Orden del encendido del motor	
Motor V6	1-6-5-4-3-2
Motor V8	1-8-4-3-6-5-7-2

Embrague

Juego libre del pedal del embrague	1.0 pulgada

Frenos

Espesor (mínimo) del forro de las pastillas del freno de disco	1/8-pulgada
Espesor (mínimo) del forro de las balatas del freno de tambor	1/16-pulgada

Especificaciones técnicas

	Pies-libras
Pernos para el cárter de la transmisión automática	12
Tuercas/tornillos para el calzo del carburador	10 a 15
Tuercas/tornillos para el calzo del cuerpo de aceleración	12
Pernos para la tapa del diferencial	10 a 20
Bujía	15
Tuerca para las ruedas	80 a 90

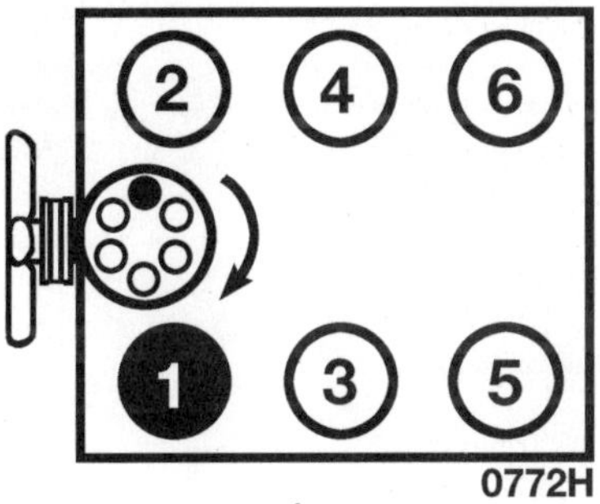

Motores V6 construidos por la Buick

Motores V8 construidos por la Buick

Motores V8 construidos por la Chevrolet

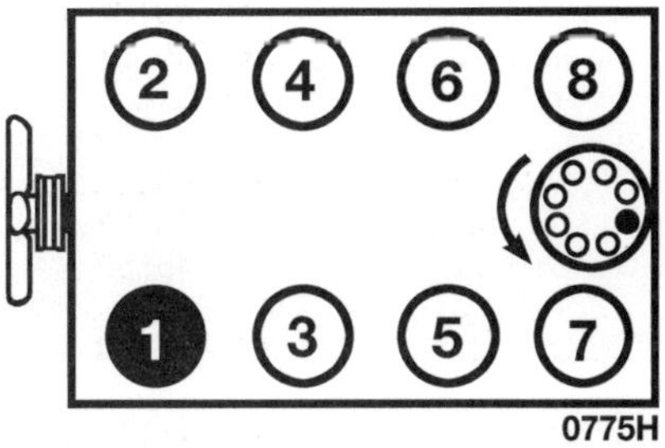

Motores V8 construidos por la Pontiac y Oldsmobile

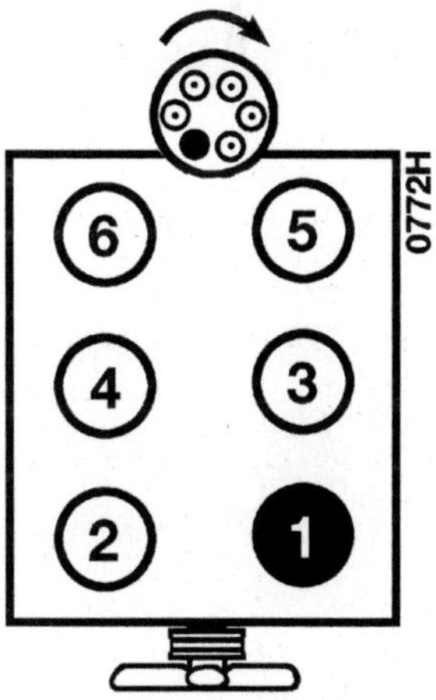

Motores V6 construidos por la Chevrolet

Localidad de los cilindros y rotación del distribuidor

1

1.1a Componentes típicos del compartimiento del motor

1 *Albergue del filtro de aire*
2 *Depósito para el fluido de frenos*
3 *Depósito para el fluido del limpia parabrisas*
4 *batería*
5 *Alternador*
6 *Manguera superior del radiador*
7 *Tapa para abastecer el aceite*
8 *Banda para el aire acondicionado*
9 *Depósito para el anticongelante del radiador*

1.1b Componentes típicos de la parte inferior del motor

1 *Grifo de drenaje del radiador*
2 *Radiador*
3 *Bandas y poleas*
4 *manguera de la dirección de poder*
5 *Caja de la dirección*
6 *Copilla para engrasar el brazo de la dirección*
7 *Copilla para engrasar la rotula*
8 *Amortiguador*
9 *Varilla de cambio*
10 *Tapón de drenaje para el aceite*
11 *Filtro de aceite*
12 *Pipa para el escape*
13 *Mordaza de los frenos*
A *Puntos de lubricación*

1.1c Componentes típicos de la parte inferior trasera

1 Silenciador
2 Universal de la flecha
3 Buje del brazo de la suspensión
4 Resorte
5 Tanque de combustible
6 Cubierta para el albergue del eje del diferencial
7 Pipa de escape
8 Cable para el freno de estacionamiento
9 Amortiguador

1 Programa de mantenimiento para los General Motors de tamaño grande con RWD (tracción en las ruedas traseras)

Se da como asunción que el dueño del vehículo hará el mantenimiento y el trabajo, opuesto a que un departamento de servicio automotriz haga el trabajo. Los siguientes son pasos del mantenimiento de la fábrica. De cualquier modo, el dueño, está interesado en mantener su vehículo en buenas condiciones todo el tiempo y con la idea de la reventa del vehículo últimamente, quisiera ejecutar muchas de estas funciones más a menudo. Específicamente, alentaríamos el cambio de aceite a sus intervalos y reemplazo del filtro del aceite.

Cuando el vehículo es nuevo está bajo la garantía del fabricante, por eso es recomendable darle su mantenimiento para poder proteger la garantía. En muchos casos el mantenimiento inicial se hace a ningún costo al dueño. Refiérase a su distribuidor para información adicional.

Cada 250 millas o semanalmente, lo que proceda primero

Chequee el nivel del aceite para el motor (Sección 4)
Chequee el nivel del anticongelante para el motor (Sección 4)
Chequee el nivel del fluido del limpiaparabrisas (Sección 4)
Chequee el nivel del fluido de freno y embrague (Sección 4)
Chequee los neumáticos y la presión de los neumáticos (Sección 5)

Cada 3000 millas o 3 meses, lo que proceda primero

Todos los artículos anteriores, más...
Chequee el nivel del fluido de la transmisión automática (Sección 6)
Chequee el nivel del fluido de la dirección asistida (Sección 7)
Chequee y efectúe el mantenimiento de la batería (Sección 8)
Chequee el sistema de enfriamiento (Sección 9)
Inspeccione y reemplace, si es necesario, todas las mangueras del motor (Sección 10)
Inspeccione y reemplace, si es necesario, las hojas de los limpiaparabrisas (Sección 11)

Cada 7500 millas o 12 meses, lo que proceda primero

Todos los artículos anteriores, más...
Cambie el aceite del motor y el filtro (Sección 12)
Lubrique los componentes del chasis (Sección 13)
Inspeccione los componentes de la suspensión y dirección (Sección 14)
Inspeccione el sistema de escape (Sección 15)
Chequee el sistema EFE (sistema de evaporación temprana del combustible) (Sección 16)
Chequee y ajuste, si es necesario, el juego libre del pedal del embrague (Sección 17)
Chequee el nivel del lubricante de la transmisión manual (Sección 18)
Chequee el nivel del lubricante del diferencial (Sección 19)
Rote los neumáticos (Sección 20)
Chequee los frenos (Sección 21)
Inspeccione el sistema de combustible (Sección 22)
Chequee la operación del estrangulador del carburador (Sección 23)
Chequee los el torque de las tuercas del carburador/cuerpo de aceleración (Sección 24)
Chequee la varilla del acelerador (Sección 25)
Chequee el filtro de aire controlado termostáticamente (Sección 26)
Chequee las bandas del motor (Sección 27)
Chequee los cinturones de seguridad (Sección 28)
Chequee el interruptor de seguridad del motor de arranque (Sección 29)

Cada 12,000 millas o 15 meses, lo que proceda primero

Todos los artículos anteriores, más...
Reemplace los puntos de la ignición y ajuste el Dwell (tiempo en que los puntos están cerrados medidos en grados) (Sección 30)
Chequee y ajuste si es necesario la marcha mínima del motor (Sección 31)
Reemplace el filtro de aire y el filtro PCV (ventilación positiva del cárter) (Sección 33)
Chequee y ajuste si es necesario el tiempo de la ignición (Sección 34)

Cada 30,000 millas o 24 meses, lo que proceda primero

Todos los artículos anteriores, más...
**Cambie el fluido de la transmisión automática (Sección 35)
Cambie el fluido de la transmisión manual (Sección 36)
Cambie el lubricante del diferencial (Sección 37)
Chequee y engrase de nuevo los baleros delanteros (Sección 38)*
Efectúe el mantenimiento del sistema de enfriamiento (vaciar, limpiar y rellenar) (Sección 39)
Inspeccione y reemplace si es necesario la válvula PCV (ventilación positiva del cárter) (Sección 40)
Inspeccione el sistema de control de las emisiones evaporativas (Sección 41)
Chequee el sistema de recirculación de los gases de escape (EGR) (Sección 42)
Reemplace las bujías (Sección 43)
Inspeccione los cables de las bujías, la tapa del distribuidor y el rotor (Sección 44 y 45)

*Estos artículos son afectados por condiciones de operaciones severas tales como se describe a continuación. Si el vehículo se opera bajo condiciones severas, efectúe todo el mantenimiento indicado con una estrella (*) en intervalos de 3000 millas/3 meses. La operación del vehículo en las siguientes maneras constituyen condiciones severas:
en áreas con mucho polvo
arrastrando un remolque
dejando el vehículo en marcha mínima por períodos extendidos y/o manejando a bajas velocidades cuando la temperatura externa se mantiene bajo cero y la mayoría de los viajes son de menos de cuatro millas

** Si se opera bajo cualquier de las siguientes condiciones, hay que cambiar el fluido de la transmisión automática cada 15,000 millas:
En tráfico de ciudad atascado en que la temperatura externa por lo regular alcanza o supera los 90 grados Fahrenheit
En terreno montañoso
Cuando se arrastra a menudo un remolque

2 Introducción

Este Capítulo está diseñado para ayudar al mecánico mantener su vehículo al mayor punto de rendimiento, economía, seguridad y durabilidad.

En las páginas siguientes hallará un horario de mantenimiento, con Secciones que tratan específicamente con cada artículo en el horario. Incluido hay chequeos visuales, ajustes y reemplazos de partes.

Para darle el servicio a su vehículo, use el horario de mantenimiento del millaje y las Secciones de secuencia, le darán un plan programado de mantenimiento. Tenga presente que es un diseño completo, y mantiene solamente unos artículos especificado basado en sus intervalos y no le dará los mismos resultados si los altera.

En muchos casos el fabricante recomienda que el dueño adicionalmente verifique el funcionamiento de los equipo de seguridad tal como, funcionamiento del descongelado, condición del vidrio de la ventana, etc. asumimos que éstos son obvios, y así, no hemos incluido tales artículos en nuestro plan de mantenimiento. Refiérase al manual de su vehículo para información adicional.

Hallará cuando reparar su vehículo, tanto como los procedimientos que puede ejecutar, se agrupan en conjunto, debido a la naturaleza del trabajo que hay que hacer. Ejemplos de éstos están en los párrafos que siguen:

Si se levanta el vehículo para una lubricación del chasis, por ejemplo, es un tiempo ideal para que chequee lo siguiente: sistema del escape, suspensión, dirección y sistema del combustible.

Si los neumáticos y ruedas se quitan, como durante una rutina de rotación de los neumáticos, chequee los baleros/rodamientos, frenos y ruedas al mismo tiempo.

Si debe pedir prestado o rentar un torquímetro, dele servicio a las bujías, chequee las tuercas de la montura del carburador/TBI (cuerpo de inyección de combustible) par estar seguro que están bien apretadas, hágalo el mismo día para ahorrar tiempo y dinero.

El primer paso del diseño del mantenimiento es prepararse antes que el trabajo empiece. Lea las Secciones apropiadas de este Capítulo antes de empezar la ejecución del trabajo. Ponga junto todo los requisitos, partes y herramientas. Si parece que se puede tener un problema durante un trabajo particular, no vacile en buscar consejo de un mecánico o experto antes de hacerlo usted mismo.

3 Afinación del motor

El término afinación se usa en este manual representando una combinación de funcionamientos individuales en lugar de un procedimiento específico.

Si desde que el vehículo es nuevo, se sigue el horario del mantenimiento de la rutina estrictamente y se hacen los chequeos frecuentes de los niveles de los fluidos y artículos de alto desgaste, como se sugirió por todas las partes de este manual, el motor se mantendría en relativamente buena condición de funcionamiento y la necesidad de trabajo adicional se empequeñecerá.

Más probable que no, siempre habrá ocasiones cuando el motor correrá pobremente debido a la falta de mantenimiento regular. Esto es más probable si es un vehículo que se ha comprado usado, que no ha recibido mantenimiento regular. En tales casos una afinación del motor será requerida fuera de los intervalos del mantenimiento de las rutinas regulares.

El primer paso en cualquier diagnostico de afinación para ayudar al funcionamiento del motor seria una verificación de los cilindros. Un chequeo de la compresión del motor nos dará información valiosa con respecto a la condición del motor, de los muchos componentes interiores y se debe usar como una base para la afinación y procedimientos de la reparación. Si, por ejemplo, el chequeo de la compresión indica desgaste serio en el interior del motor, una afinación convencional no mejorará el funcionamiento del motor y sería una pérdida de tiempo y dinero. Debido a su importancia, la verificación de la compresión se debe ejecutar por alguien quien tiene el equipo necesario para poder verificar las condiciones de los cilindros y quien tiene el conocimiento de como usar el equipo. Se puede hallar en el Capítulo 2 de este manual una información más amplia como hacer la prueba de la compresión.

La serie siguiente de operaciones que se hacen más frecuentes para traer el funcionamiento del motor a un nivel más correcto.

Afinación menor

Chequee todos los fluidos relacionados con el motor (Sección 4)
Limpie, inspeccione y pruebe la batería (Sección 8)
Chequee y ajuste las bandas (Sección 27)
Reemplace las bujías (Sección 43)
Inspeccione el rotor y la tapa del distribuidor (Sección 45)
Inspeccione los alambres de las bujías y la bobina (Sección 44)
Chequee y ajuste la regulación del tiempo de la ignición (Sección 34)
Chequee la válvula PCV (ventilación positiva del cárter) (Sección 40)
Chequee el filtro de aire y de la PCV (Sección 33)
Chequee el sistema de enfriamiento (Sección 9)
Chequee todas las mangueras debajo del capó (Sección 10)

Afinación mayor

Todos artículos listado bajo afinación menor más...

Chequee el sistema EGR (recirculación de los gases de escape) (Sección 42)
Chequee el sistema de la ignición (Capítulo 5)
Chequee el sistema de carga (Capítulo 5)
Chequee el sistema de combustible (Sección 22)
Chequee el filtro de aire y de la PCV (Sección 33)
Reemplace el rotor y la tapa del distribuidor (Sección 45)
Reemplace los alambres de las bujías (Sección 44)
Reemplace los puntos de la ignición (Sección 30)

4 Chequeo del nivel de los fluidos

Nota: *Los siguientes chequeos de los niveles de los fluidos deben efectuarse cada 250 millas o semanalmente. Chequeos adicionales de los fluidos pueden encontrarse en los procedimientos de mantenimiento específicos presentados a continuación. Sin importar los intervalos, esté pendiente de las fugas de los fluidos por debajo del vehículo que indicaría un fallo que se debe corregir inmediatamente.*

1 Los fluidos son una parte esencial del sistema de lubricación, enfriamiento, frenos, embrague y limpiaparabrisas. Según lo fluidos gradualmente se agotan y/o se contaminan durante la operación normal del vehículo, deben reponerse de manera periódica. *Vea los lubricantes y los fluidos recomendados* al principio de este Capítulo antes de añadir fluido a cualquiera de los siguientes componentes. **Nota:** *El vehículo debe estar sobre terreno nivelado cuando se chequeen los niveles de los fluidos.*

Aceite del motor

Refiérase a las ilustraciones 4.4, 4.6a y 4.6b

2 Se chequea el nivel del aceite del motor con una varilla de nivel que se extiende a través de un tubo hasta el fondo de la cacerola de aceite del motor.

3 Se debe chequear el nivel del aceite antes de conducir el vehículo, o aproximadamente 15 minutos después de apagar el motor. Si se chequea el aceite inmediatamente después de conducir el vehículo, parte del aceite quedará en los componentes superiores del motor, lo que resultará en una medida desacertada en la varilla de nivel.

4 Remueva la varilla del tubo y limpie todo el aceite de la punta con un trapo limpio o una toalla de papel. Inserte la varilla limpia completamente en el tubo, luego remuévala de nuevo. Fíjese en el aceite en la punta de la varilla. Añada el aceite necesario para mantener el nivel entre las marcas de ADD (añadir) y FULL (lleno) en la varilla **(vea ilustración)**.

5 No se debe llenar el motor con demasiado aceite ya que esto puede dar como resultado bujías ensuciadas con aceite, fugas de aceite o fallos de los sellos.

6 Se añade el aceite al motor después de desenroscar la pequeña tapa en la tapa de los balancines **(vea ilustraciones)**. Un embudo puede ayudar a reducir derrames.

7 Chequear el nivel del aceite es una medida de mantenimiento preventivo impor-

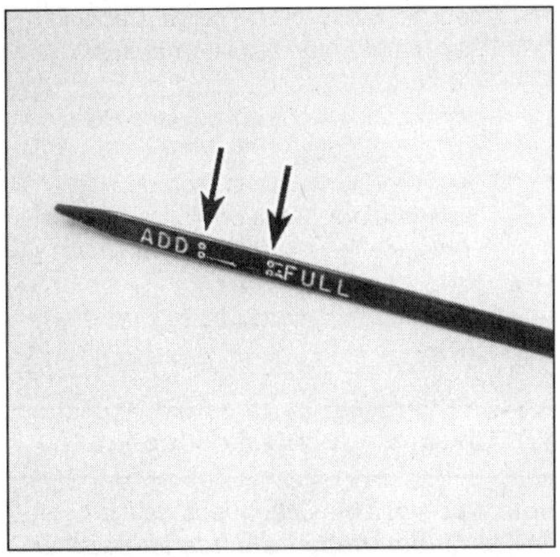

4.4 El nivel del aceite del motor se debe de mantener entre las marcas todo el tiempo - toma un cuarto de aceite para elevar el nivel desde la marca ADD (AGREGAR) a la marca FULL (LLENO)

4.6a El aceite es agregado al motor después de remover la tapa que se gira (flecha)

4.6b En algunos modelos, la tapa para llenar el aceite está localizada en la tapa para los balancines

tante. Un nivel de aceite constantemente bajo indica una fuga de aceite por sellos dañados, juntas defectuosas, anillos o guías de las válvulas demasiado gastadas. Si el aceite se ve nublado o si está con góticas de agua, la(s) junta(s) de la cabeza de los cilindros puede(n) haberse roto o la(s) cabeza(s) o el bloque pueden estar partidos. El motor debe ser chequeado inmediatamente. La condición del aceite también debe ser chequeada. Siempre que chequee el nivel del aceite, deslice hacia encima el dedo pulgar y el dedo índice por la varilla antes de limpiar el aceite. Si observa pequeñas partículas de tierra o de metal pegándose a la varilla, se debe cambiar el aceite (Sección 12).

Anticongelante del motor

Peligro: *No comience este procedimiento hasta que el motor esté completamente fresco. No permita que el anticongelante entre en contacto con su piel o la superficie de la pintura del camión. Enjuague el área que estuvo en contacto inmediatamente con suficiente agua. No guarde anticongelante nuevo o deje anticongelante viejo alrededor donde pueda ser fácilmente accesible por niños y animales domésticos - son atraídos por su sabor dulce. Ingestión aunque sea de una pequeña cantidad puede ser fatal. Limpie el piso del garaje y cacerola de goteo para derramamientos de anticongelante tan pronto ocurran. Guarde recipientes del anticongelante cubiertos y repare cualquier fuga en su sistema de enfriamiento inmediatamente. Muchas comunidades tienen centros de colección que verán que el anticongelante sea desecho en una forma segura y legal.*

8 Todos los vehículos incluidos en este manual cuentan con un sistema de recuperación de anticongelante a presión. Un depósito de anticongelante de plástico blanco situado en el compartimiento del motor se conecta con una manguera a la boca de llenado. Si el motor se recalienta, el anticongelante se escapa por medio de una válvula en la tapa del radiador y se desplaza por la manguera al depósito. Mientras el motor se enfría, el anticongelante es atraído automáticamente de nuevo al sistema de enfriamiento para mantener el nivel correcto.

9 Si su vehículo particular no está equipado con un sistema para colectar el anticongelante, el nivel se debe de chequear removiendo la tapa del radiador. Pero, bajo ninguna circunstancia la tapa debe de ser removida mientras el sistema está caliente, porque los vapores pueden causar lesiones serias. Espere hasta que el motor esté completamente frío, entonces envuelva un trapo grueso alrededor de la tapa y gírela hasta su primer punto de detención. Si cualquier vapor se escapa de la tapa, permita que el motor se enfríe por más tiempo. Entonces remueva la tapa y chequee el nivel en el radiador. Debe de estar cerca de dos a tres pulgadas debajo de la nuca de llenar.

10 El nivel del anticongelante en el depósito debe chequearse regularmente. El nivel del depósito varia con la temperatura del motor. Cuando el motor está frío, el nivel del anticongelante debe estar en la marca del depósito FULL COLD (lleno frío) o un poco por encima. Cuando el motor se haya calentado, el nivel debe estar en o cerca de la marca del depósito FULL HOT (lleno caliente). Si no, permita que el motor se enfríe, luego remueva la tapa del depósito y añada una mezcla de un 50% de anticongelante de glicol Etileno y un 50% de agua.

11 Maneje el vehículo y vuelva a chequear el nivel del anticongelante. Si solo una pequeña cantidad de anticongelante se requiere para poner el sistema en el nivel apropiado, se puede usar agua. Sin embargo, añadir agua repetidas veces puede diluir la solución de anticongelante y agua. Para mantener la combinación apropiada de anticongelante y agua, siempre debe llenar el nivel del anticongelante con la mezcla correcta. Un recipiente plástico de leche o una botella de lejía puede servir como un excelente recipiente para mezclar anticongelante. No use inhibidores de oxidación ni aditivos.

12 Si el nivel del anticongelante se baja de manera consistente, puede haber una fuga en el sistema. Inspeccione el radiador, las mangueras, la tapa de llenado, los tapones de vaciado y la bomba de agua (vea Sección 9). Si no se encuentran fugas, mande a chequear la presión de la tapa del radiador en un centro de servicio.

13 Si está equipado remueva la tapa del radiador, espere hasta que el motor se haya enfriado, luego envuelva un trapo grueso alrededor de la tapa y aflójela hasta el primer tope. Si se escapa el anticongelante o vapor, espere a que se enfríe más el motor, luego remueva la tapa.

14 Chequee la condición del anticongelante también. Debe estar relativamente claro. Si está marrón u oxidado, se debe vaciar el sistema, limpiarlo y volver a llenarlo. Aún si el anticongelante parece estar normal, los inhibidores de corrosión se gastan, así que deben de ser reemplazados en intervalos regulares.

Fluido del limpiaparabrisas

15 El fluido del sistema de limpiaparabrisas se sitúa en un depósito de plástico en el compartimiento del motor.

16 En los climas más templados, se puede usar solamente agua en el depósito, pero no se debe mantener a más de 2/3 lleno para permitir la expansión si el agua se congela. En los climas más fríos, use un anticongelante para el sistema de limpiaparabrisas disponible en cualquier tienda de piezas automotrices, para bajar la temperatura de congelación del fluido. Mezcle el anticongelante con agua según las instrucciones del fabricante en el recipiente. **Peligro:** *No debe usar anticongelante del sistema de enfriamiento - dañaría la pintura del vehículo.*

17 Para evitar congelación en tiempo de frío, caliente el parabrisas con el descongelador antes de usar el limpiaparabrisas.

Electrolito de la batería

18 Todos los vehículos incluidos en este manual cuentan con una batería que está sellada de forma permanente (con excepción de agujeros de ventilación) y no tiene tapas

4.19a Los modelos más antiguos tienen un cilindro maestro de hierro fundido con una cubierta que se debe de remover para chequear el nivel - use un destornillador para abrir el retenedor

para el rellenado. No es necesario añadir agua a estas baterías en ningún momento. Si se instala una batería que requiere mantenimiento, se deben remover periódicamente las tapas en la parte superior de la batería para chequear que el nivel de agua no esté bajo. Es de importancia especialmente crítica chequear el nivel durante los meses cálidos del verano.

Fluido de frenos

Refiérase a las ilustraciones 4.19a, 4.19b y 4.20

19 El cilindro maestro de los frenos se monta en frente de la unidad de amplificación de los frenos en el compartimiento del motor. En los modelos más antiguos será necesario de remover la cubierta del deposito para chequear el nivel del fluido **(vea ilustraciones)**.

20 El fluido dentro es fácilmente visible. El nivel debe estar por encima de la marca MIN (mínimo) en el depósito **(vea ilustración)**. Si se indica un nivel bajo, asegúrese de limpiar la tapa del depósito con un trapo para impedir contaminación del sistema de freno y/o del embrague antes de remover la tapa.

21 Cuando añada el fluido, viértalo con cuidado en el depósito para no derramarlo en las superficies pintadas. Asegúrese de que se use el fluido especificado, ya que la mezcla de distintos tipos de fluido de freno pueden dañar el sistema. *Vea lubricantes y fluidos recomendados* al principio de este Capítulo o en el manual del dueño. **Peligro:** *El fluido de frenos puede dañar los ojos y dañar las superficies pintadas, así que debe usar mucha cautela al manejarlo o verterlo. No debe usar fluido de frenos que se haya dejado destapado o que tenga más de un año. El fluido de los frenos absorbe la humedad del aire. Excesiva humedad puede ocasionar un fallo de rendimiento de los frenos, pudiendo ser altamente peligroso.*

22 En este momento se puede inspeccionar el fluido y el cilindro maestro por contaminantes. Se debe vaciar y rellenar el sistema si se ven depósitos, partículas de tierra o góticas de agua en el fluido.

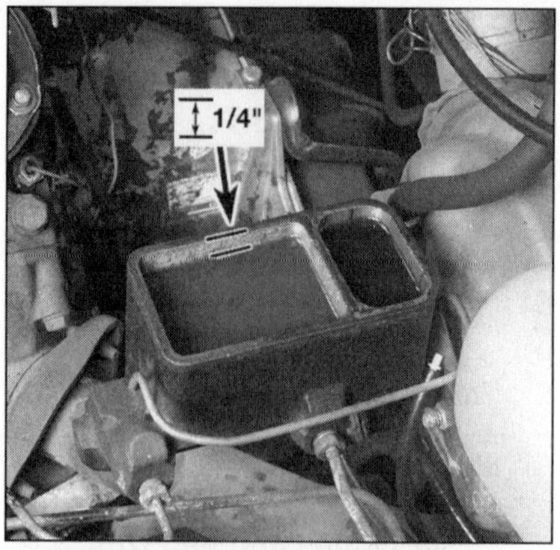

4.19b En los modelos más antiguos, mantenga el nivel del fluido de frenos 1/4 de pulgada debajo del borde (flecha)

23 Después de llenar el depósito al nivel apropiado, asegúrese de que la tapa esté bien apretada para prevenir una fuga de fluido.

24 El nivel del fluido de frenos del cilindro maestro bajará ligeramente a medida que se gastan las pastillas de freno de cada rueda durante la operación normal. Si el cilindro maestro requiere que se rellene repetidas veces para mantenerlo al nivel apropiado, es una indicación de una fuga en el sistema de frenos, lo que se debe corregir inmediatamente. Chequee todas las mangueras y conexiones de los frenos (vea Sección 21 para más información).

25 Si al chequear el nivel del fluido del cilindro maestro descubre que uno o más de los depósitos están vacíos o casi vacíos, se debe purgar el sistema de frenos (Capítulo 9).

5 Neumáticos y presión de los neumáticos

Refiérase a las ilustraciones 5.2, 5.3, 5.4a, 5.4b y 5.8

1 Periódicamente inspeccione los neumáticos, para que no le den problemas en la carretera, también puede darle indicación de problemas con el sistema de la dirección, antes de que un daño ocurra.

2 La inflación propia de los neumáticos agrega millas de vida a los neumáticos, también deja que el vehículo alcance mejor millas por galón de combustible y un rodaje más suave **(vea ilustración)**.

3 Cuando inspeccione los neumáticos, primero chequee el uso de la banda de rodamiento. Irregularidades en el dibujo de la banda de rodamiento, áreas planas, más usadas de un lado que del otro, son indicaciones de problemas de alineación de la suspención del frente y/o problemas de balanceo. Si se notan cualquiera de estas condiciones, lleve el vehículo a un taller de reparaciones de suspenciones para corregir el problema **(vea ilustración)**.

4 Chequee el área de la banda de rodamiento por cortes y perforaciones. Muchas veces un clavo o tachuela hará un holló en el

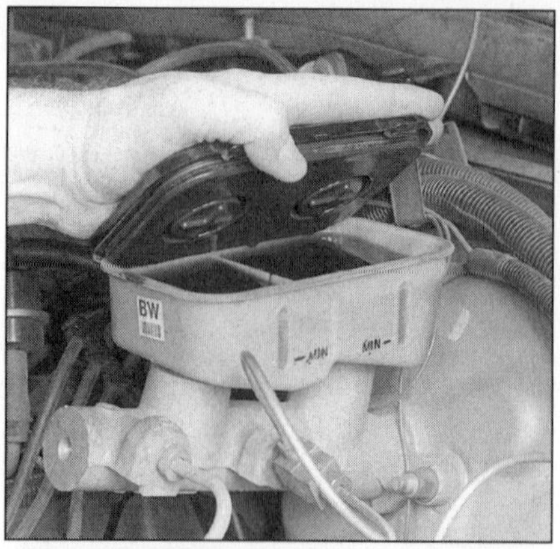

4.20 En los vehículos más modernos, el nivel del fluido adentro del recipiente es fácilmente chequeado observando el nivel desde el exterior - fluido puede ser añadido al deposito después de que la cubierta sea removida haciéndole palanca en las lengüetas

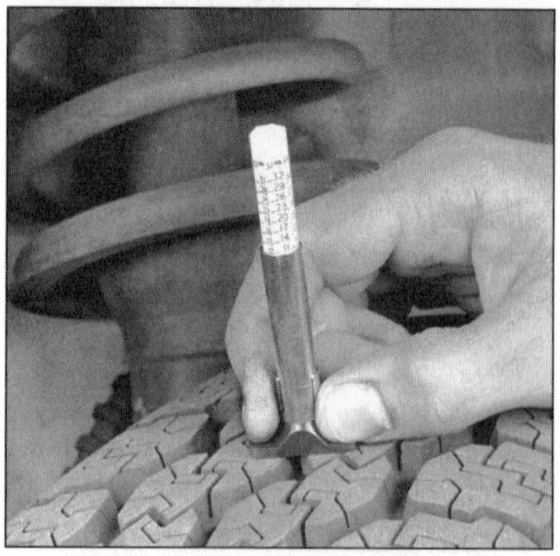

5.2 Un indicador para detectar la profundidad del rodamiento de los neumáticos se debe de usar para chequear el desgaste - están disponibles en los auto partes y las estaciones de servicio/gasolineras a un costo mínimo

neumático y todavía el neumático tendría presión de aire por un período de tiempo. En la mayoría de los casos, llevando el vehículo a una gasolinera o taller de reparaciones se puede corregir el problema **(vea ilustraciones)**.

5 Es tan importante chequear las paredes de los neumáticos, tanto la parte interior como la parte exterior. Chequee por deterioración del caucho, cortes, y perforaciones. Inspeccione el lado de adentro de los neumáticos por señales de fuga del fluido del freno, indicaría que se requiere una inspección completa de los frenos inmediatamente.

6 No se puede determinar la presión correcta de los neumático por solamente mirar a los neumático. Esto es verdadero sobre todo con los neumáticos radiales. Un calibrador de presión para los neumáticos se debe usar Si usted no tiene un calibrador que pueda confiar en él, es una buena idea comprar uno y guardarlo en el guarda guantes.

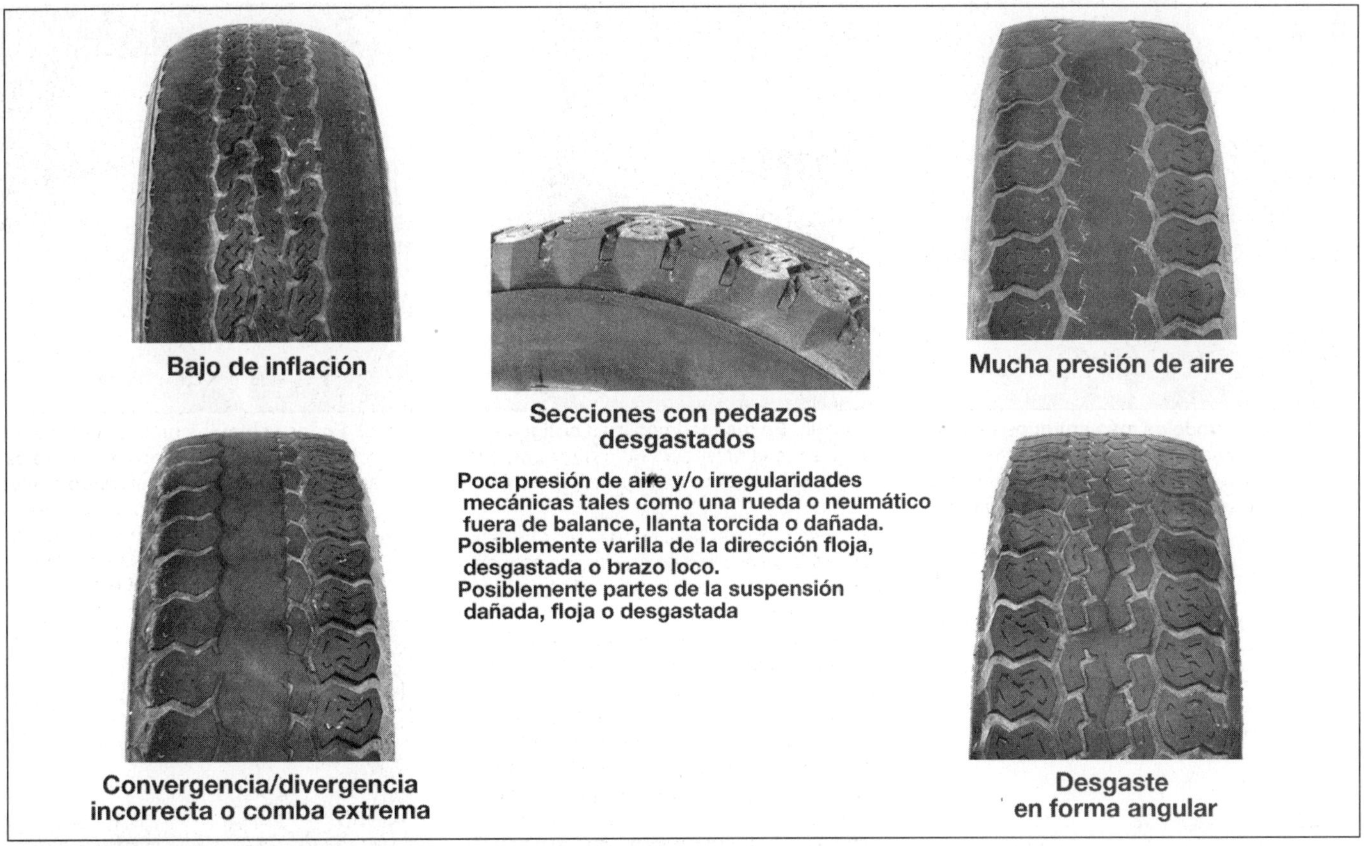

5.3 Este diagrama le ayudará a usted a determinar las condiciones de los neumáticos, los problemas causados por el desgaste anormal y la acción necesaria para corregirlo

5.4a Si el neumático continúa perdiendo la presión, chequee la válvula del neumático y asegúrese de que está apretada

5.4b Si la válvula del neumático está apretada, eleve el lado del veh'culo que tiene el neumático bajo de aire y roc'e el neumático con una solución de agua y jabón - fugas pequeñas de aire causarán unas pequeñas burbujas que aparezcan

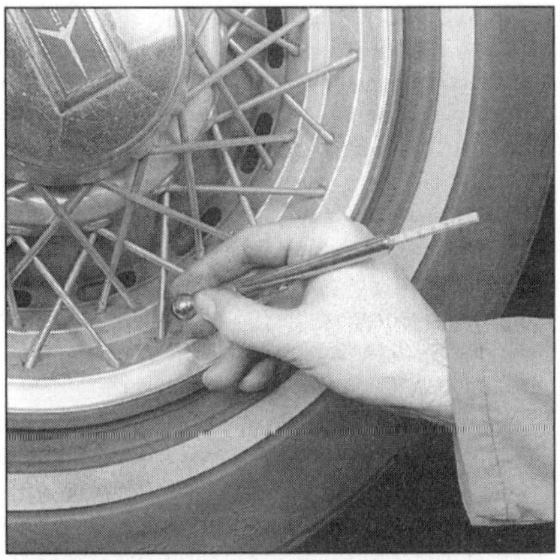

5.8 Chequee la presión de los neumáticos por lo menos una vez por semana, con un medidor que esté bien calibrado (no se olvide del neumático de respuesto)

También en las estaciones de gasolina es muy común que tengan calibradores fijos en la línea de aire.

7 Siempre chequee la inflación de los neumáticos cuando los neumáticos estén fríos. Frío, quiere decir que el vehículo no se ha manejado más de una milla o el vehículo ha estado estacionado por mas de tres horas. Es normal que la presión aumente de cuatro a ocho libras cuando los neumáticos están calientes.

8 Destornille o remueva la tapa que cubre la rueda y firmemente presione el medidor de presión de aire en la válvula. Observe la lectura y compárela con la presión que está listada en la pared del neumático, esta es la presión recomendada. El número del neumático que es recomendado para el vehículo usualmente está fijado a la puerta del chofer. La presión máxima de los neumáticos también está usualmente estampada en la pared del neumático. De cualquier modo, la información estampada en el neumático es la presión recomendada para ese neumático en particular **(vea ilustración)**.

9 Chequee todos los neumáticos y agregue la cantidad de aire requerida para que los neumáticos tengan la presión recomendada. No olvide el neumático de repuesto. Esté seguro de reinstalar los tapones de las válvulas, que mantendrán la tierra y la humedad fuera del mecanismo de la válvula.

6.3 La varilla para medir el nivel del fluido de la transmisión automática está localizado en la parte trasera del compartimiento del motor, por lo general en el lado derecho

6 Fluido de la transmisión automática - chequeo del nivel

Refiérase a las ilustraciones 6.3 y 6.6

1 El nivel del fluido de la transmisión automática debe mantenerse con cuidado. Un nivel bajo puede resultar en deslices o pérdida de arrastre, mientras un nivel excesivo puede resultar en la formación de espuma y pérdida de fluido.

2 Con el freno de estacionamiento puesto, ponga el motor en marcha, luego mueva la palanca de cambios a través de todas las posiciones, terminando con la posición de estacionamiento. El nivel del fluido debe chequearse con el vehículo nivelado y el motor marchando en marcha mínima. **Nota:** *Si se acaba de conducir el vehículo a altas velocidades, por un período extendido, en tiempo caliente, por tráfico por la ciudad, o si ha estado arrastrando un remolque, resultará en medidas equivocadas en el nivel de fluido. Si cual quiera de estas condiciones se aplican, espere hasta que el fluido se haya enfriado (alrededor de 30 minutos).*

3 Con la transmisión a una temperatura normal de operación, remueva la varilla de nivel de la boca de llenado **(vea ilustración)**. La varilla se sitúa en la parte trasera del compartimiento del motor por el lado del pasajero.

4 Con cuidado toque el fluido en la punta de la varilla para determinar si está frío, tibio o caliente. Limpie el fluido de la varilla con un trapo caliente y vuelva a meterla en la boca de llenado hasta asentar la tapa.

5 Remueva la varilla de nuevo y chequee el nivel del fluido.

6 Si el fluido se sentía frío, el nivel debe estar en el rango de COLD FULL (lleno frío) **(vea ilustración)**. Si se sentía tibio, debe estar cerca de la parte baja del rango de operación. Si el fluido estaba caliente, el nivel debe estar cerca de la marca de HOT FULL (lleno caliente). Si se requiere fluido adicional, añádalo directamente a la boca usando un embudo. Se usa aproximadamente una pinta

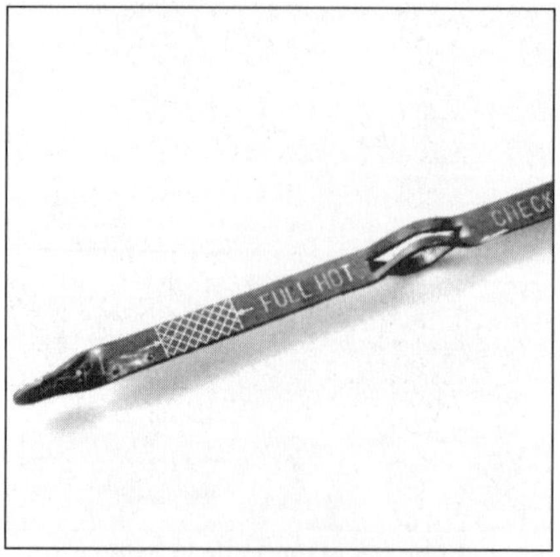

6.6 Cuando esté chequeando el nivel del fluido de la transmisión automática es importante de notar la temperatura del fluido

(aproximadamente 1/2 litro) para subir el nivel de fluido de la parte baja del rango de operación hasta la marca de HOT FULL con una transmisión caliente, así que debe añadir el fluido poco a poco y seguir chequeando el nivel hasta que esté correcto.

7 La condición del fluido debe chequearse también con el nivel. Si el fluido en la punta de la varilla es de un color rojizo oscuro - marrón, o si huele a quemado, debe cambiarse. Si está con dudas en cuanto a la condición del fluido, compre un poco de fluido nuevo y compare el color y el olor.

7 Fluido de la dirección asistida - chequeo del nivel

Refiérase a las ilustraciones 7.2 y 7.6

1 A diferencia de la dirección manual, el sistema de dirección asistida depende del fluido que, con el tiempo, puede necesitar que sea abastecido.

2 El depósito de fluido para la bomba de la dirección asistida se sitúa en el bastidor de la bomba en la parte delantera del motor **(vea ilustración)**.

3 Para el chequeo, las ruedas delanteras deben estar dirigidas directamente hacia adelante y el motor debe estar apagado.

4 Use un trapo limpio para remover la suciedad de la tapa del depósito y el área alrededor de la tapa. Esto ayuda a prevenir que cualquier material extraño entre en el depósito durante el chequeo.

5 Desenrosque la tapa y chequee la temperatura del fluido en la punta de la varilla con el dedo.

6 Limpie el fluido de la varilla con un trapo limpio, vuelva a meter la varilla, luego retírela y mire el nivel del fluido. El nivel debe estar en la marca de HOT (caliente) si el fluido estaba caliente al tocarlo **(vea ilustración)**. Debe estar al nivel de la marca COLD (frío) si el fluido estaba frío al tocarlo. No debe nunca permitir que el nivel del fluido caiga por debajo de la marca de ADD (añadir).

7 Si se requiere fluido adicional, vierta el

7.2 El deposito para la bomba de la dirección de poder (flecha) está localizado en la parte delantera del motor

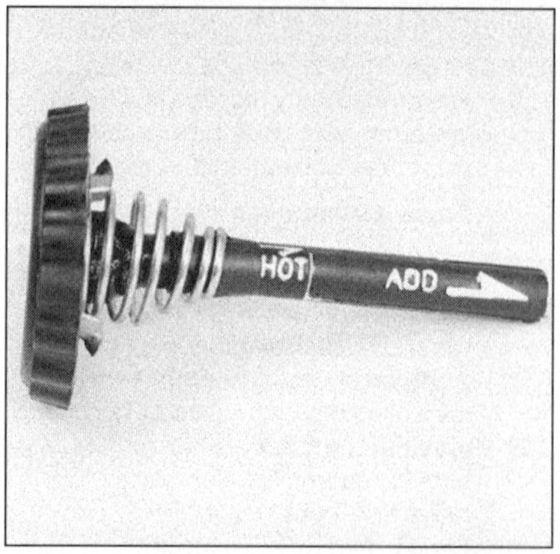

7.6 Las marcas en la varilla para medir el nivel del fluido de la dirección de poder indica el rango de seguridad

tipo especificado directamente en el depósito, usando un embudo para impedir derrames.

8 Si el depósito requiere que se rellene frecuentemente de fluido, deben chequearse por fugas todas las mangueras de la dirección asistida, las conexiones y la bomba de la dirección asistida.

8 Batería - chequeo y mantenimiento

Refiérase a las ilustraciones 8.1, 8.4 y 8.6

Peligro: *Hay ciertas precauciones que se deben tomar cuando chequee y efectúe el mantenimiento de la batería. El gas de hidrógeno, que es muy inflamable, está siempre en las células, así que no debe fumar ni debe tener llamas abiertas ni chispas cerca de la batería. El electrolito dentro de la batería es, en realidad, ácido sulfúrico diluido, lo que provoca lesión si se salpica la piel o en los ojos y también daña la ropa y las superficies pintadas. Al remover los cables de la batería, ¡siempre remueva el cable negativo primero y siempre conéctelo de último!*

1 El mantenimiento de la batería es un procedimiento importante que ayudará a

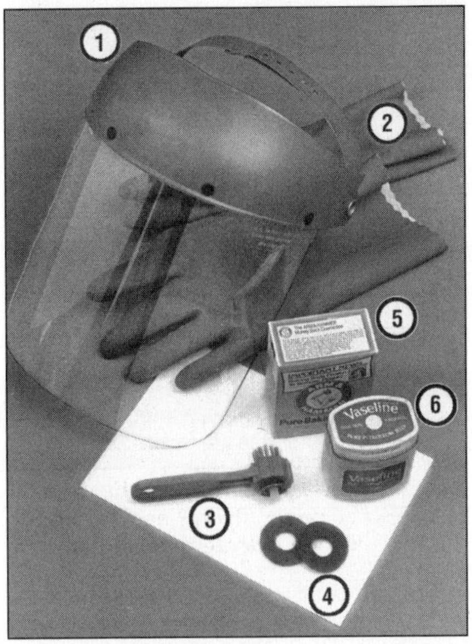

8.1 Herramientas y materiales para el mantenimiento de la batería, con postes normales encima

1 ***Protector para la cara*** - *Cuando esté removiendo corrosión con una brocha o cepillo, las partículas de ácido fácilmente pueden caerle en el ojo.*

2 ***Bicarbonato*** - *Una solución de bicarbonato y agua se puede usar para neutralizar la corrosión.*

3 ***Jalea de petróleo*** - *Un filamento de esto aplicado a la batería ayudará a prevenir la corrosión.*

4 ***Limpiador para los postes y cables de la batería*** - *Esta herramienta para limpiar es de alambre y removerá todo tipo de corrosión de los postes de la batería y de los cables.*

5 ***Arandelas de fieltro curadas*** - *Instalando una de estas arandelas en cada poste, directamente debajo de la grapa, ayudará a prevenir corrosión.*

6 ***Removedor*** - *Muchas veces las grapas de los cables son difíciles de remover, aunque se hallan aflojado las tuercas y pernos completamente. Esta herramienta hala la grapa directamente hacia arriba sin dañar el poste.*

7 ***Limpiador de los postes y cables de la batería*** - *Aquí hay unas herramientas para limpiar que son un poquito diferente que la de la versión numero 4 de encima, pero hace el mismo trabajo.*

8 ***Guantes de caucho/goma*** - *Otro equipo de seguridad que se debe considerar cuando le esté dando servicio a la batería; recuérdese que lo que está adentro de la batería es ácido.*

asegurarle que no se quede tirado debido a una batería descargada. Se requieren varias herramientas para este procedimiento **(vea ilustración)**.

2 Cuando chequee o efectúe el mantenimiento de la batería, siempre debe apagar el motor y los accesorios.

8.4 Remueva el tapón de la celda para chequear el nivel del agua de la batería, si el nivel está bajo, agréguele agua destilada solamente!

3 Una batería de terminales laterales sellada (a veces llamada sin mantenimiento) es un equipo estándar en estos vehículos. Las tapas de la batería no se pueden remover, no se requiere ningún chequeo y no se puede añadir agua a las células. Sin embargo, si se ha instalado después de comprar el vehículo una batería del tipo que requiere mantenimiento, se debe usar el siguiente procedimiento de mantenimiento.

4 Remueva las tapas y chequee el nivel de electrolito en cada célula de la batería **(vea ilustración)**. Debe estar por encima de las placas. Por lo general hay un indicador de anillo partido en cada célula para indicar el nivel correcto. Si el nivel está bajo, añada solamente agua destilada, luego vuelva a instalar las tapas de las células. **Peligro:** El acto de sobrellenar las células puede resultar en que el electrolito rebose durante períodos de cargamento pesado, causando así corrosión y daño en los componentes cercanos.

5 Se debe chequear periódicamente la condición exterior de la batería. Busque daños como una caja partida.

6 Chequee que los pernos de los cables de la batería estén apretados **(vea ilustración)** para asegurar buenas conexiones eléctricas. Inspeccione todo el largo de cada cable, buscando aislamiento partido o excoriado y conductores desgastados.

7 Si se encuentra corrosión (se ve como depósitos espumosos blancos), remueva los cables de los terminales, límpielos con un cepillo para baterías y vuelva a instalarlos. Se puede mantener la corrosión a un mínimo aplicando una capa de parafina o grasa en la rosca de los pernos.

8 Asegúrese de que el portador de la batería esté en buenas condiciones y la abrazadera esté apretada. Si se remueve la batería (vea Capítulo 5 para el procedimiento de remover y de instalar), asegúrese de que ningunas partes queden en el fondo del portador cuando se vuelve a instalar. Cuando vuelva a instalar la abrazadera, no apriete demasiado el perno.

9 La corrosión en el portador, la caja de la batería y las áreas circundantes puede

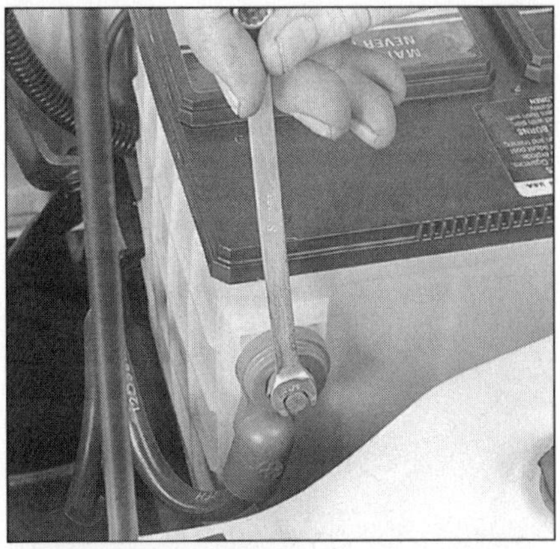

8.6 Esté seguro de que el perno del terminal de la batería está bien apretado

removerse con una solución de agua y bicarbonato de sosa. Aplique la mezcla con un cepillo, dejándola que trabaje, luego enjuáguela con bastante agua limpia.

10 Cualquier partes de metal del vehículo dañadas por corrosión deben ser cubiertas por una capa de base de zinc, luego deben ser pintadas.

11 Se puede encontrar información adicional sobre la batería, y cómo cargarla y darle paso de corriente en la primera parte de este manual y en el Capítulo 5.

9 Sistema de enfriamiento - chequeo

Refiérase a la ilustración 9.4

1 Se pueden atribuir muchos factores de fallas mayores a los motores por el sistema de enfriamiento defectuoso. Si el vehículo está equipado con una transmisión automática, el sistema de enfriamiento también enfría el fluido de la transmisión y así juega un papel importante en prolongar la vida de la transmisión.

2 El sistema de enfriamiento se debe chequear con el motor frío. Haga esto antes de que el vehículo se maneje, o haya estado estacionado por lo menos tres horas.

3 Remueva la tapa del radiador dándole vuelta hacia la izquierda hasta que se detenga." Si oye un sonido como un chiflido (indica que hay presión en el sistema), espere hasta que éste se detenga. Ahora ponga presión en la tapa con la palma de su mano y continúe dándole vuelta a la izquierda hasta que se pueda remover la tapa. Completamente limpie la tapa, adentro y afuera, con agua limpia. También limpie la base del llenador (garganta) del radiador. Se debe remover todos los rastros de corrosión. El interior donde está el anticongelante del radiador debe estar relativamente transparente. Si está con un color de óxido, se debe drenar el sistema y cambiar el anticongelante (Sección 40). Si el nivel del anticongelante no está hasta encima, agréguele anticongelante adicional, mezcla de anticongelante y agua (vea Sección 4).

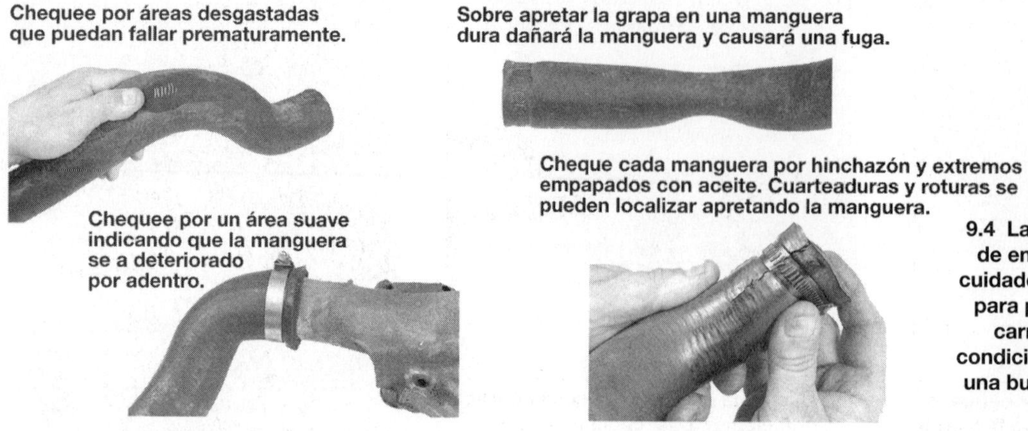

9.4 Las mangueras del sistema de enfriamiento deben de ser cuidadosamente inspeccionadas para prevenir problemas en la carretera, sin importar las condiciones de las mangueras es una buena idea de remplazarlas cada dos años

4 Cuidadosamente chequee las mangueras del radiador incluyendo la superior, la de abajo y las mangueras del sistema de calefacción de diámetro más pequeño que corren a través del motor hasta la pared de para fuegos. En unos modelos el sistema de calefacción/calentador, la manguera regresa directamente al radiador. Inspeccione cada manguera a lo largo de su longitud entera, reemplace cualquier manguera que esté cuarteada, hinchada o muestra señales de deterioración. Las cuarteaduras se harán mas clara si se aprieta la manguera **(vea ilustración)**.

5 Asegúrese de que todas las conexiones de las mangueras estén firmes. Una gotera/fuga en el sistema de enfriamiento se mostrará usualmente con un deposito de un color blanco, óxido o verde (dependiendo del color del anticongelante) en el área pegada al la gotera/fuga. Si las abrazaderas que sujetan las mangueras al final son de tipo de alambre, seria recomendable de reemplazarlas con abrazaderas de tipo de tornillo, que son mas seguras.

6 Use aire comprimido o un cepillo blando para remover los bichos, hojas, etc. del frente del radiador o condensador del aire acondicionado. Esté cuidadoso de no dañar las aletas del radiador o que usted se baya a cortar con ellas.

7 Cada otra inspección, o a la primera indicación de problemas del sistema de enfriamiento, pruebe la tapa y el sistema de enfriamiento con presión de aire. Si no tiene un probador de presión, muchas gasolineras o talleres de reparación pueden hacer este servicio por un costo mínimo.

10 Mangueras debajo del capó - chequeo y reemplazo

Peligro: *El reemplazo de las mangueras del aire acondicionado deben de ser llevadas a un distribuidor o especialista de aire acondicionado quien tiene el equipo apropiado para (remover la presión) del sistema seguramente y legalmente. Nunca remueva componentes del aire acondicionado o mangueras hasta que el sistema se le haya removido la presión.*

General

1 Temperaturas altas debajo del capó/cofre pueden causar la deterioración de las mangueras de caucho y mangueras de plástico usadas en el motor, los accesorios y el funcionamiento del sistema de las emisiones. Se deben hacer inspecciones periódicas, para chequear por abrazaderas sueltas, mangueras duras, fugas etc.

2 Informaciones específicas para las mangueras del sistema de enfriamiento se pueden hallar en la (Sección 9).

3 Algunas, pero no todas, las mangueras usan abrazaderas ajustables para apretarlas. Donde se usan abrazaderas ajustables, chequee para estar seguro de que no han perdido su tensión, dejando que la mangueras goteen. Donde no se usan abrazaderas ajustable, asegúrese que las mangueras no se han extendido y/o endurecido donde se desliza encima de su unión, dejándola que tengan fugas.

Mangueras de vacío

4 Es muy común que las mangueras del vacío, sobre todo esas en el sistema de las emisiones, estén con colores codificado o identificadas con rayas de diferente colores en las mangueras. Varios sistemas requieren mangueras con diferente espesor, que tengan resistencia a la succión y a la temperatura. Cuando reemplace las mangueras, esté seguro de usar el mismo material en las mangueras nuevas.

5 A menudo el único modo de chequear las mangueras es de removerlas completamente del vehículo. Donde más de una manguera se remueve, esté seguro de marcar las mangueras con una etiqueta y su punto donde se debe reinstalar apropiadamente (en los dos lados).

6 Cuando chequee las mangueras de vacío, esté seguro de incluir cualquier T de plástico. Chequee que las mangueras encajen bien y que no estén cuarteadas, porque esto podría causar fugas de vacío.

7 Un pedazo pequeño de manga del vacío (1/4-pulgada de diámetro en el interior) se puede usar como un estetoscopio para descubrir fugas de vacío. Sosteniendo un fin de la manguera a su oreja y con la otra parte corriéndola alrededor y cerca, por donde están las mangueras de vacío para escuchar sonido como chiflido, característica legítima de una fuga de vacío. **Peligro:** *Cuando esté trabajando con el estetoscopio hecho de la manguera de vacío, tenga cuidado de no dejar que su cuerpo o la manguera se ponga en contacto con los componentes del motor que están moviéndose tal como las poleas, el abanico del ventilador, etc.*

Manguera de combustible

Peligro: *Hay precauciones necesarias que se deben tomar cuando inspeccione o le de servicio a los componentes del sistema de combustible. Trabaje en una área ventilada y no permita que hayan llamas abiertas (cigarrillos, piloto del aparato de calefacción, etc.) en el área del trabajo. Limpie inmediatamente cualquier derrame de combustible y no almacene trapos empapados de combustible donde podrían encenderse. En modelos equipados con sistema de inyección de combustible, el combustible está bajo presión y ningún componente se debe desconectar sin primero aliviar la presión del sistema. Mantenga un extintor de fuegos de clase B cerca de usted.*

8 Chequee todas las líneas de combustible de caucho (goma) por deterioración. Chequee sobre todo por áreas donde la manguera se dobla y donde se conecta a la tubería, tal como donde una manguera se conecta al filtro de combustible.

9 Las líneas de alta presión de combustible, usualmente se identifica por la palabra *Fluroelastomer* estampada en la manguera, estas mangueras se deben de usar cuando se reemplacen las líneas de combustible. En ninguna circunstancia se deben usar líneas de vacío sin refuerzo, tuberías del plástico clara, o usar manguera de agua como línea de combustible.

10 Agarraderas de tipo de presión normalmente se usan para sujetar las líneas de combustible. Esté alerta porque muy a menudo pierden su tensión encima de un período de tiempo, y también pueden perder su tensión en el proceso de quitarlas. Por eso se recomienda que se reemplacen con las de tornillo ajustable cuando se reemplace una manguera.

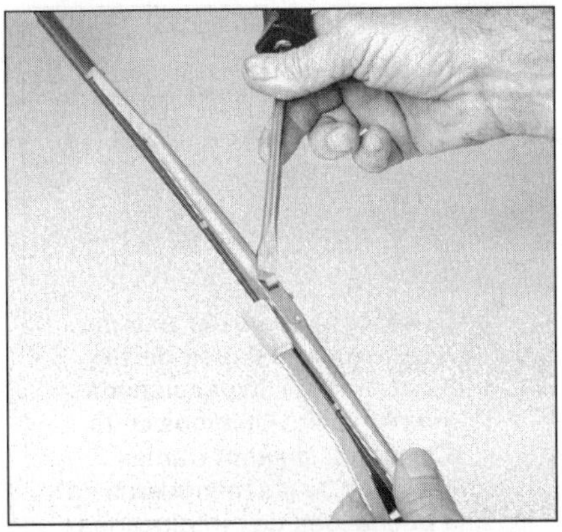

11.6 Usando un destornillador pequeño hágale palanca hacia encima en la clavija de liberación y remueva la asamblea de la hoja de la clavija del brazo

Líneas de metal

11 Secciones de líneas de metal se usan a menudo para líneas de combustible entre la bomba y el carburador o la unidad del cuerpo de inyección del combustible. Chequee las mangueras cuidadosamente y esté seguro que no se hayan doblado ninguna de las líneas o cuarteado y que no hayan fugas en el sistema.

12 Si una sección de la línea de combustible de metal se debe reemplazar, solamente se debe usar tubería hecha de acero, ya que las tuberías de cobre, o aluminio no tienen la fuerza necesaria para resistir las vibraciones normales del motor.

13 Chequee las líneas de metal donde entran al cilindro maestro del freno, que puedan estar dobladas o los ajustes suelto. Cualquier señal de fuga del fluido del freno requiere una inspección inmediata completa del sistema del freno.

11 Inspección del limpiaparabrisas y reemplazo

Refiérase a las ilustraciones 11.6 y 11.7

1 El limpiaparabrisas y el ensamblaje de la hoja se deben inspeccionar periódicamente por daño, componentes flojos y agrietados o elementos de las hojas dañados.

2 La película del camino puede acumularse en los limpiaparabrisas y afectar su eficiencia, así que ellos deben ser lavados regularmente con una solución templada de detergente.

3 La acción del mecanismo de limpiar puede aflojar los pernos, las tuercas y los afianzadores, así que ellos deben ser chequeados y apretados, según sea necesario, al mismo tiempo que los limpiaparabrisas son chequeados.

4 Si los elementos del limpiaparabrisas (llamados a veces inserciones) están agrietados, desgastados o combados, ellos deben ser reemplazados con unos nuevos.

5 Estire el ensamblaje del brazo/hoja del limpiador del vidrio.

6 Dos métodos son usados para retener el elemento de caucho del limpiaparabrisas al ensamblaje de la hoja **(vea ilustración)**. Este "relleno," como es a veces llamado, puede ser reemplazado sin remover o desarmar el mecanismo de limpiar.

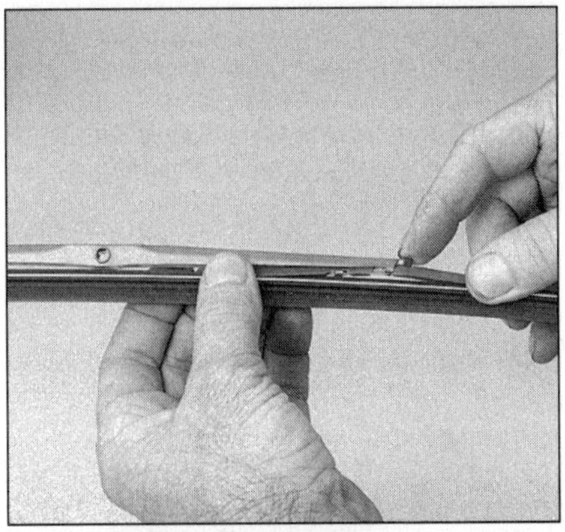

11.7 Deprima el botón y después deslice el elemento de caucho hacia afuera del brazo

7 Un método usa un botón de empuje, en la mayoría de los casos de un color rojo **(vea ilustración)**. Presione el botón y entonces deslice el elemento de caucho fuera del limpiaparabrisas. Para instalar un elemento nuevo, apriete el botón y deslice el pedazo nuevo en su posición. Una vez centrado en la hoja, se cerrará en su posición.

8 El otro método incorpora un retenedor de tipo resorte en el final del elemento removible. Cuando el retenedor es pellizcado junto, el elemento se puede deslizar hacia afuera del ensamblaje de la hoja. Un par de alicates pequeños se pueden usar para apretar el retenedor. Cuando esté instalando un elemento nuevo, esté seguro de que el metal pasa a través de todas la lengüetas de retención del ensamblaje de la hoja.

9 Vuelva a instalar el ensamblaje de hoja en el brazo, moje el parabrisas y chequee por una operación apropiada.

12 Aceite del motor y cambio de filtro

Refiérase a las ilustraciones 12.3, 12.9, 12.14 y 12.18

1 El cambio frecuentemente del aceite sería la mejor forma de mantenimiento preventivo disponible al mecánico del hogar. Cuando el aceite de motor se envejece, se diluye y contamina, que llega a producir un desgaste prematuro del motor.

2 Aunque unas fuentes recomiendan que el filtro del aceite se cambie cada otro cambio del aceite, recomendamos que el costo mínimo de un filtro de aceite y la facilidad con que se instala, es recomendable cambiarlo cada vez que se cambia el aceite.

3 Tenga al alcance todas las herramientas y materiales antes de empezar el procedimiento **(vea ilustración)**.

4 Debe de tener suficiente trapos limpios, periódicos y equipo para trapear cualquier derramamiento. Acceso a la parte de abajo del vehículo es mejor si se puede alzar el vehículo en un elevador para vehículos, rampas o apoyado en estantes. **Peligro:** *No trabaje debajo de un vehículo que esté levantado solamente por un gato puesto en los parachoques, chasis, gato hidráulico o gato de tijeras etc.*

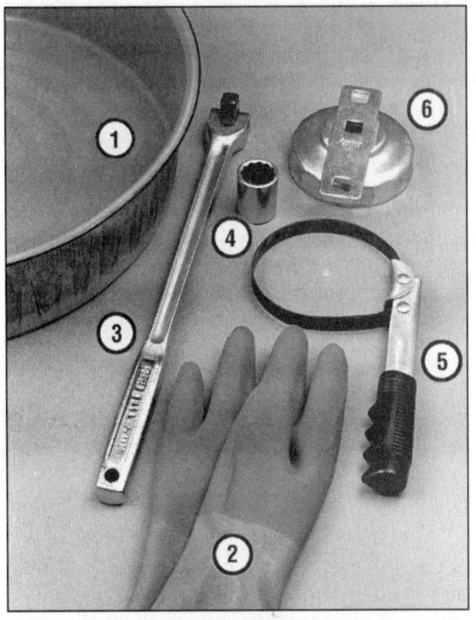

12.3 Estas herramientas son necesarias cuando se le cambie el aceite y el filtro al motor

1 ***Cacerola para drenar el aceite*** - *Debe de ser llana en profundidad, pero ancha para prevenir derrame.*
2 ***Guantes de caucho/goma*** - *Cuando esté removiendo el tapón del drenaje y el filtro.*
3 ***Palanca*** - *Algunas veces el tapón del drenaje está bien apretado y una palanca larga es necesaria para aflojarlo.*
4 ***Dado*** - *Para ser usado con la palanca o la matraca (debe de ser del tamaño correcto del tapón - preferible de seis puntos).*
5 ***Herramienta para el filtro*** - *Esta es una herramienta con una banda de metal, que requiere suficiente espacio alrededor del filtro para que sea efectivo.*
6 ***Herramienta para el filtro*** - *Este tipo se pone debajo del filtro y se puede girar con una matraca o una palanca (hay diferente tipos de herramientas disponibles para diferente tipos de filtros).*

5 Si éste es su primer cambio del aceite, mire debajo del vehículo y familiarícese con la localidad del tapón del desagüe del aceite y el filtro del aceite. El motor y los componentes del escape estarán caliente durante el trabajo real, así que figure cualquier problema potencial de seguridad antes de que el motor y los accesorios se pongan caliente.

6 Caliente el motor a temperatura de operación normal. Si aceite nuevo o cualquier herramienta es necesaria, use este tiempo de calentamiento para buscar todas las partes

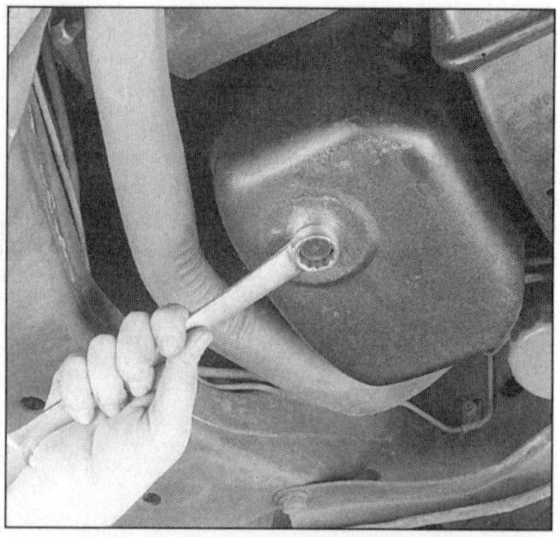

12.9 El tapón para drenar el aceite está localizado en la parte inferior de la cacerola y debe de ser removido con una herramienta cerrada o un dado - NO use una herramienta abierta porque las esquinas del perno pueden ser fácilmente redondeadas

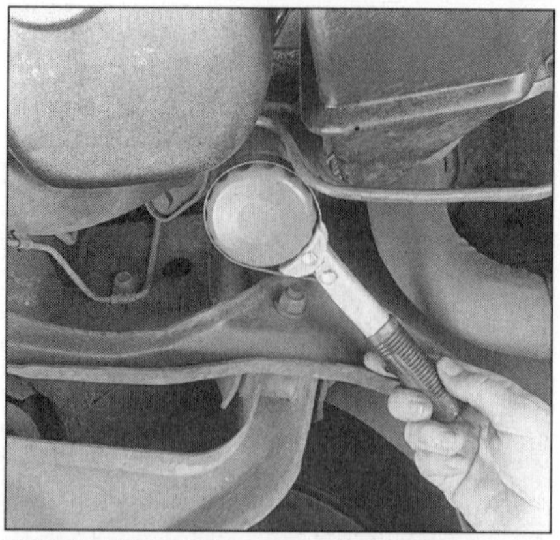

12.14 Use una herramienta para filtro de tipo cinto para aflojar el filtro. Note que la herramienta está en posición en la parte inferior del filtro, donde el filtro tiene su mayor refuerzo. Si el acceso lo hace difícil de remover, otros tipos de herramientas para filtros están disponibles

12.18 Lubrique la junta del filtro de aceite con aceite de motor limpio antes de instalar el filtro en el motor

requerida para el trabajo. Se puede hallar el tipo correcto de aceite para su aplicación en la *Sección de lubricantes y fluidos recomendados* al principio de este Capítulo.

7 Con el aceite del motor caliente (aceite de motor caliente drenará mejor y más desgastes del motor saldrá con el aceite), levante y apoye el vehículo. ¡Asegúrese de que está apoyado seguramente!

8 Mueva todas las herramientas requeridas, trapos y periódicos debajo del vehículo. Posicione la cacerola para el desagüe debajo del tapón del drenaje. Tenga presente que el volumen del aceite inicial caerá en la cacerola con fuerza, así que ponga la cacerola en su lugar apropiado.

9 Esté cuidadoso de no tocar ninguno de los componentes del escape que estén caliente, use la herramienta para sacar el tapón del desagüe que esta al fondo de la cacerola del aceite **(vea ilustración)**. Depende de que tan caliente esté el aceite, debería de usar guantes mientras destornilla el tapón al final de los últimos giros.

10 Permita que el aceite viejo goteé en la cacerola. Podría ser necesario mover la cacerola más al centro debajo del motor según el flujo del aceite retarda a un goteo.

11 Después de que todo el aceite se halla goteado, limpie el tapón del drenaje con un trapo limpio. Partículas pequeñas de metal se podrían pegar al tapón que contaminaría inmediatamente el aceite nuevo.

12 Limpie el área alrededor del tapón del desagüe y reinstale el tapón. Apriete el tapón con la herramienta. Si está equipado un torquímetro disponible, úselo para apretar el tapón.

13 Mueva la cacerola del desagüe en posición debajo del filtro del aceite.

14 Use la herramienta para aflojar el filtro del aceite **(vea ilustración)**. Herramientas de bandas de cadenas o metal torcerían el bote del filtro, pero esto no le debe de dar nada de preocupación por que se va ha instalar un filtro nuevo.

15 Completamente destornille el filtro viejo. Esté con cuidado cuando remueva el filtro ya que está lleno de aceite. Vacíe el aceite del filtro en la cacerola del desagüe.

16 Compare el filtro viejo con el nuevo asegurándose que es igual.

17 Use un trapo limpio para remover todo el aceite, tierra y lodo del área donde el filtro del aceite se monta al motor. Chequee el filtro viejo asegúrese de que el caucho/junta no se haya quedado pegada en el montaje del filtro en el motor. Si la junta está pegada al motor (use una linterna eléctrica si es necesario para poder ver), remueva la junta vieja del motor.

18 Aplique una pequeña película de aceite alrededor de la junta nueva del filtro del aceite **(vea ilustración)**.

19 Instale el filtro nuevo en el motor, siga las direcciones de instalación de como apretarlo en la inscripción en el bote del filtro o en la caja. La mayoría de los fabricantes de filtros recomiendan de no usar la herramienta de filtro para apretar el filtro debido a la posibilidad de sobre apretamiento y daño del sello.

20 Remueva todas las herramientas, trapos, etc. debajo del vehículo, sea cuidadoso de no derramar el aceite de la cacerola en el piso, después baje el vehículo.

21 Muévase al compartimiento del motor y localice la tapa del llenador del aceite.

22 Si se usa el tipo de aparato para perforar el bote, empuje el pico en la cima del bote del aceite y eche el aceite fresco por la abertura del llenador. También se puede usar un embudo.

23 Eche cuatro cuartos de galón de aceite fresco en el motor. Espere unos minutos y permita que el aceite llegue a la cacerola, entonces chequee el nivel en el medidor del aceite (vea Sección 4 si es necesario). Si el nivel del aceite está sobre la marca de AGREGA, ponga el motor en marcha y permita que el aceite nuevo circule.

24 Corra el motor solamente un minuto y apáguelo. Inmediatamente chequee debajo del vehículo y busque por fugas en el tapón de la cacerola del aceite y alrededor del filtro del aceite. Si hay alguna fuga, apriételo con un poco más de fuerza.

25 Con el aceite nuevo habiendo ya circulado y el filtro ahora completamente lleno, chequee el nivel del aceite en la varilla y agregue más aceites según sea necesario.

26 Durante los primeros pocos viajes después de un cambio de aceite, chequee frecuentemente por fugas y nivel apropiado del aceite.

27 El aceite viejo que se drenó del motor no se puede usar en el estado presente y se debe desechar. Lugares de reclamación de aceite, talleres de reparación de vehículos y gasolineras normalmente le aceptarán el aceite, que se puede refinar y rehusar de nuevo. Después que el aceite se ha enfriado se puede echar en un recipiente satisfactorio (jarros de plástico, botellas tapadas, cartones de la leche, etc.) para transportarlo a uno de estos sitios de reclamación.

13 Lubricación del chasis

Refiérase a las ilustraciones 13.1 y 13.6

1 *Refiérase a los lubricantes y fluidos recomendados* en la primera parte de este Capítulo para conseguir la grasa necesaria, etc. También necesitará una pistola de grasa **(vea ilustración)**. De vez en cuando se instalan tapones en vez de copillas de grasa, de ser así, sería necesario comprar e instalar copillas de grasa.

2 Mire por debajo del vehículo y vea si hay copillas de grasa o tapones. Si hay tapones, remuévalos y compre copillas de grasa, los cuales se enroscan en el componente. Un concesionario o una tienda de piezas automotrices podrá suministrar las copillas de grasa correctas. Están disponibles las copillas de grasa tanto rectas como curvadas.

3 Para facilitar el acceso por debajo del vehículo, levántelo con un gato y coloque bastidores de gato por debajo del chasis. Asegúrese de que esté apoyado de manera

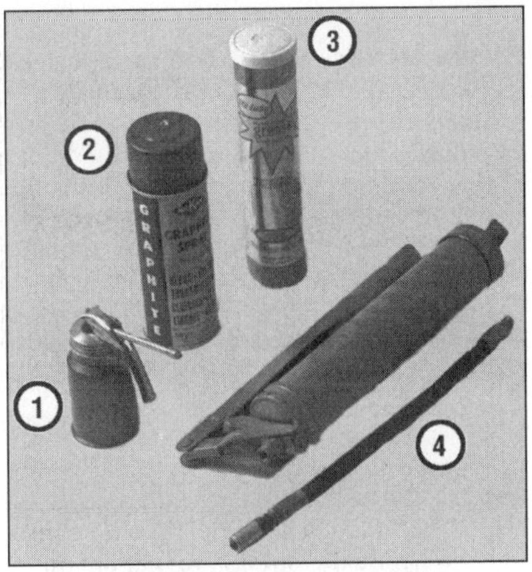

13.1 Herramientas y materiales requeridos para la lubricación del chasis y la carrocería

1 ***Aceite de motor*** *- Aceite de motor fino en una lata como esta, se puede usar para lubricar las bisagras de las puertas y del cofre/capó*
2 ***Rociador de grafito*** *- Es usado para lubricar los cilindros de los seguros de las puertas.*
3 ***Grasa*** *- La grasa es disponible en una variedad de tipos y peso/espesor, son disponibles para usarlas en una pistola de grasa. Cheque las especificaciones que son requeridas para usted.*
4 ***Pistola de grasa*** *- Una pistola de grasa común, es mostrada aquí con una manguera removible, es necesaria para lubricar el chasis. Después que termine, límpiela.*

segura sobre los bastidores. Si van a removerse las ruedas en este intervalo para la rotación e inspección de los neumáticos, afloje ligeramente las tuercas mientras el vehículo esté todavía en el suelo.

4 Antes de comenzar, fuerce un poco de grasa de la boquilla para remover cualquier suciedad de la punta de la pistola. Limpie la boquilla con un trapo limpio.

5 Con la pistola de grasa y bastantes trapos limpios, gatee por debajo del vehículo y comience a lubricar los componentes.

6 Limpie una de las copillas de grasa y ponga firmemente la boquilla por encima **(vea ilustración)**. Bombee la pistola hasta que el componente esté completamente lubricado. En las rótulas, deje de bombear cuando el sello de goma esté firme al tocarlo. No debe bombear demasiada grasa en el accesorio ya que podría romper el sello. Para los demás componentes de la suspensión y la dirección, siga bombeando la grasa hasta sellar la articulación entre los dos componentes. Si se escapa alrededor de la boquilla, la copilla está bloqueada o no está completamente asentada en la copilla. Vuelva a fijar la boquilla de la pistola en la copilla y trate de nuevo. Si es necesario, reemplace la copilla con una nueva.

7 Limpie la grasa excesiva de los componentes y la copilla de grasa. Repita el procedimiento para las copillas restantes.

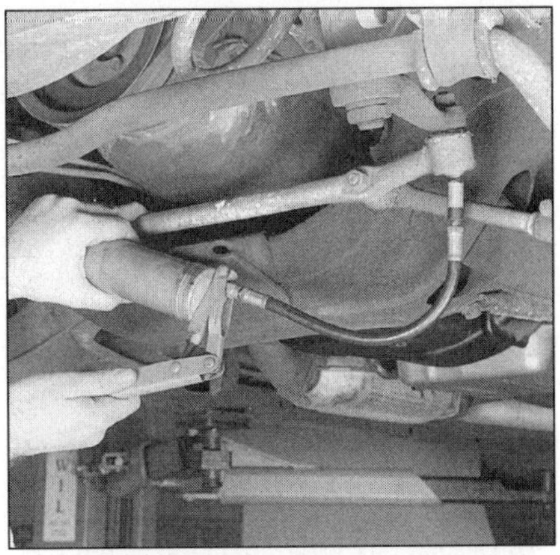

13.6 Después de limpiar las copillas de grasa, empuje la punta de la pistola firmemente en su lugar y bombee la grasa adentro del componente. Por lo general dos bombazos de la pistola será suficiente

8 En algunas transmisiones manuales de cuatro velocidades, hay también una copilla de grasa en la palanca de cambios. No se olvide de lubricarla también.

9 En los modelos de transmisión manual, lubrique el punto del eje de la varilla del embrague con aceite limpio para motores. Lubrique los puntos de contacto entre las varillas de empuje a la horquilla con grasa para el chasis.

10 En los modelos que tienen transmisión manual, lubrique el balero esférico de la horquilla del embrague. La copilla se encuentra en la campana del embrague. No lubrique este mecanismo demasiado ya que esto puede causar un funcionamiento defectuoso del embrague. Limpie y lubrique también el cable del freno de estacionamiento, tanto como las correderas y las palancas. Se pude hacer untando un poco de grasa para el chasis en el cable y las partes relacionadas con los dedos.

11 Lubrique la brida oscilante del árbol motor. En los modelos con un árbol motor de una pieza, remueva el árbol motor (vea Capítulo 8). Ponga una capa de grasa en las acanaladuras de la brida oscilante. Vuelva a instalar el árbol motor. En los modelos con un árbol de motor de dos piezas, se provee una copilla de grasa en la brida oscilante central. Bombee varias veces en la brida oscilante.

12 La caja de la dirección pocas veces necesita que se le añada lubricante, pero si hay una fuga de grasa de los sellos obvia, remueva el tapón o la tapa y chequee el nivel del lubricante. Si el nivel está bajo, añada el lubricante especificado.

13 Abra el capó y unte un poco de grasa de chasis en el mecanismo de pestillo del capó. Pida a un ayudante halar la palanca para abrir el capó desde dentro del vehículo mientras usted lubrica el cable al nivel de pestillo.

14 Lubrique todas las bisagras (la puerta, el capó, etc.) con aceite para motores para mantenerlas en buen funcionamiento.

15 Los cilindros de la cerradura de llave pueden lubricarse con grafito en aerosol o

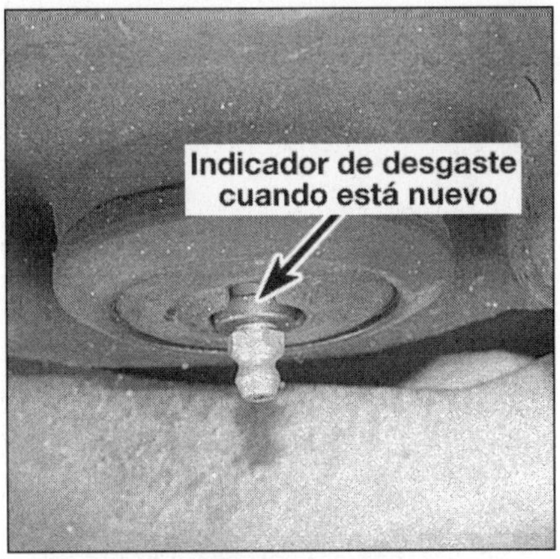

14.4 Indicadores de desgaste están construidos en las rotulas inferiores para ayudar en su inspección

lubricante de silicona, los cuales están disponibles en las tiendas de piezas automotrices.

16 Lubrique el aislamiento de la puerta con silicona en aerosol. Esto reduce el rozamiento y retrasa el desgaste.

1

14 Suspensión y dirección - chequeo

Refiérase a la ilustración 14.4

1 Los indicios de un fallo de estos sistemas son el juego excesivo en el volante antes que reaccionen las ruedas delanteras, demasiada inclinación al dar una vuelta, movimiento del chasis sobre caminos accidentados o endurecimiento en algún momento mientras se gira el volante.

2 Levante periódicamente la parte delantera del vehículo y chequee visualmente los componentes de suspensión y dirección por desgaste. Debido al tipo de trabajo por hacer, asegúrese de que el vehículo no pueda caerse de los estantes.

3 Chequee los baleros de las ruedas. Se puede hacer simplemente girando las ruedas delanteras. Escuche por cualquier ruido anormal y mire si la rueda gira bien sin tambalearse. Agarre la parte baja del neumático y tírelo hacia afuera y hacia adentro. Fíjese en cualquier movimiento que podría indicar un montaje de balero flojo. Si hay dudas en cuanto a los baleros, vea Sección 34 y Capítulo 10 para más información.

4 Desde la parte de debajo del vehículo, chequee por pernos flojos, partes rotas o desconectadas y bujes de caucho deteriorados en todos los componentes de la suspensión y dirección. Busque fugas de fluido del montaje de la dirección. Chequee por fugas en las mangueras de la dirección asistida y en las conexiones **(vea ilustración)**.

5 Pida a un ayudante voltear el volante de un lado para el otro y chequee que los componentes de la dirección se muevan libremente, o si se rozan y traban. Si la dirección no reacciona con el movimiento del volante, trate de determinar dónde está flojo.

15 Sistema de escape - chequeo

1 Con el motor en frío (por lo menos tres horas después de haberse manejado el vehículo), chequee todo el sistema de escape desde el múltiple hasta el extremo del tubo de escape. Tenga cuidado alrededor del convertidor catalítico, el cual puede estar caliente aún después de tres horas. Se debe hacer la inspección con el vehículo en un elevador para permitir el acceso sin restricciones. Si no hay un elevador disponible, levante el vehículo y apóyelo sobre estantes.
2 Chequee los tubos de escape y las conexiones por señas de fugas y/o corrosión que indica la posibilidad de un fallo. Asegúrese de que todos los soportes incluyendo los soportes colgantes estén en buenas condiciones y apretados.
3 Inspeccione la parte inferior de la carrocería para chequear si hay agujeros, corrosión, cordones de soldadura desgastados, etc. que puedan permitir que los gases entren en el compartimiento de los pasajeros. Selle todas la aperturas con silicona o con materia de plástico para carrocería.
4 Los traqueteos y otros ruidos muchas veces se pueden atribuir al sistema de escape, sobre todo a los soportes colgantes, los montajes y los escudos de protección contra el calor. Trate de mover los tubos, el silenciador y el convertidor catalítico. Si los componentes pueden entrar en contacto con las partes de la carrocería o la suspensión, fije el sistema de escape con soportes nuevos.

16 EFE (sublevación de calor) - chequeo del sistema

Refiérase a las ilustraciones 16.2 y 16.5

1 La sublevación de calor y el sistema EFE (sistema de evaporación temprana del combustible) ambos realizan el mismo trabajo, pero cada uno funciona en una manera levemente diferente.
2 El calor sube en una válvula dentro del tubo de escape, cerca de la conexión entre el múltiple de escape y el tubo de escape. Puede ser identificado por un peso y un resorte externo **(vea ilustración)**.
3 Con el motor y el tubo de escape frío, trate de mover el peso con la mano. Debe moverse libremente.
4 Otra vez con el motor frío, ponga el motor en marcha y observe la sublevación de calor. Cuando comience, el peso debe moverse a la posición cerrada. Cuando el motor se caliente a la temperatura normal de operación, el peso debe mover la válvula a la posición abierta, para permitir un flujo libre del escape en el tubo de escape. Debido a que podría tomar varios minutos para que el sistema se llegara a calentar, usted podría marcar la posición fría del peso, conduzca el vehículo, y entonces chequee el peso.
5 El sistema de EFE también bloquea el flujo del escape cuando el motor está frío. Sin embargo, este sistema usa sensores de temperatura precisos y vacío para abrir y cerrar la válvula del tubo de escape **(vea ilustración)**.

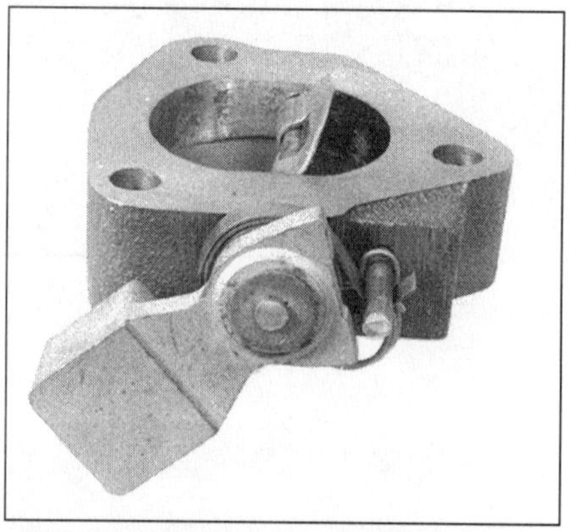

16.2 El sublevador de calor EFE (sistema de evaporación temprana del combustible) está localizado en la acoplación entre el múltiple de escape y la pipa de escape

16.5 Actuador para el sistema EFE (sistema de evaporación temprana del combustible) y sistema de varilla usado en los modelos más modernos

6 Localice el actuador EFE, que está atornillado a un soporte en el lado del motor en la mayoría de los vehículos. Tendrá una varilla que acciona conectada a el que se dirigirá hacia abajo de la válvula adentro del tubo. En algunos casos el mecanismo completo, inclusive el actuador, estará localizado en el tubo de escape y la conexión del múltiple.
7 Con el motor frío, haga que un ayudante ponga el motor en marcha según usted observa la varilla como se pone en acción. Debe moverse inmediatamente cerrar de la válvula según el motor se calienta. Este proceso pueda que tome algo de tiempo, así que usted quizás quiera marcar la posición de la varilla cuando la válvula esté cerrada, conduzca el vehículo hasta que alcance la temperatura normal de operación, entonces abra el capó y chequee que la varilla se haya movido a la posición abierta.
8 Información adicional del sistema EFE puede ser encontrado en el Capítulo 6.

17 Pedal del embrague - chequeo y ajuste del juego libre

Refiérase a la ilustración 17.3

Chequeo

1 En modelos de transmisión manual, es importante tener el juego libre del pedal del embrague en el punto apropiado. El juego libre es la distancia entre el pedal del embrague cuando está completamente encima y el punto en que el embrague comienza a aplicarse.
2 Presione lentamente el pedal del embrague hasta que usted pueda sentir la resistencia. Haga esto varias veces hasta que usted pueda localizar con toda precisión exactamente donde se siente la resistencia.
3 Ahora mida la distancia que el pedal viaja antes de que se sienta resistencia **(vea ilustración)**.
4 Si la distancia no es como está especificada, el juego libre del pedal del embrague debe ser ajustado.

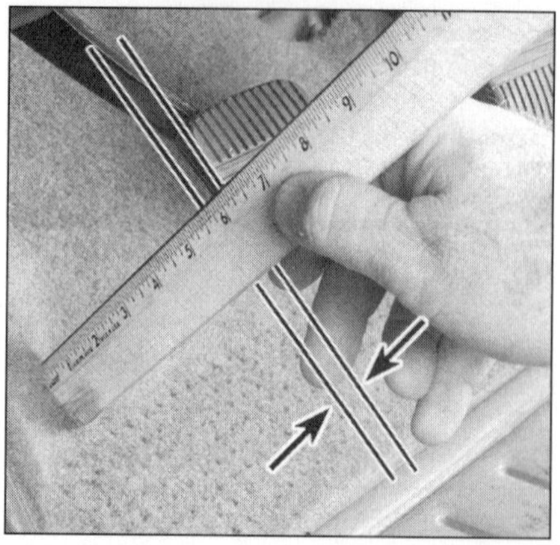

17.3 El juego libre del pedal del embrague es la distancia que el pedal se mueve antes de que se detecte resistencia

Ajuste

5 Desconecte el resorte de retorno del tenedor del embrague.
6 Detenga el pedal del embrague contra la parada y afloje la contratuerca para que la varilla de empuje del tenedor del embrague pueda ser girada hacia afuera del pivote y contra la parte trasera del tenedor del embrague. El balero de liberación debe hacer contacto con los dedos del plato de presión ligeramente.
7 Gire la varilla de empuje del tenedor del embrague tres y media vuelta.
8 Apriete la contratuerca, teniendo cuidado de no cambiar la longitud de la varilla de empuje, y conectar de nuevo el resorte de retorno.
9 Chequee el juego libre.

18 Nivel del lubricante de la transmisión manual - chequeo

1 La transmisión manual tiene un tapón de llenado que debe removerse para chequear el nivel del lubricante. Si el vehículo está levantado para acceder al tapón, asegúrese de apoyarlo bien en estantes - ¡NO DEBE gatear por debajo de un vehículo

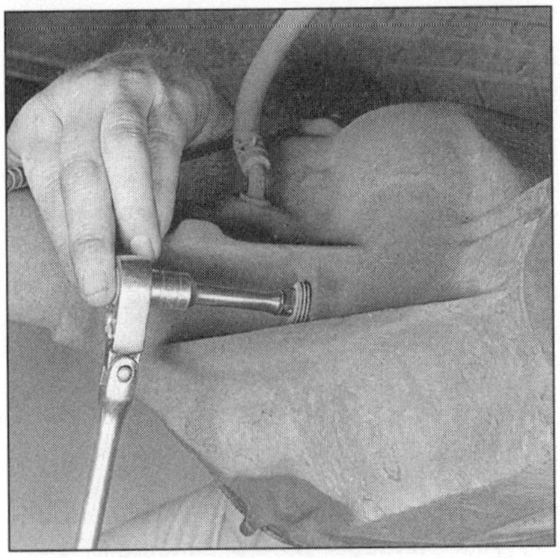

19.2 Use una matraca y una extensión para remover el tapón de llenar en el diferencial

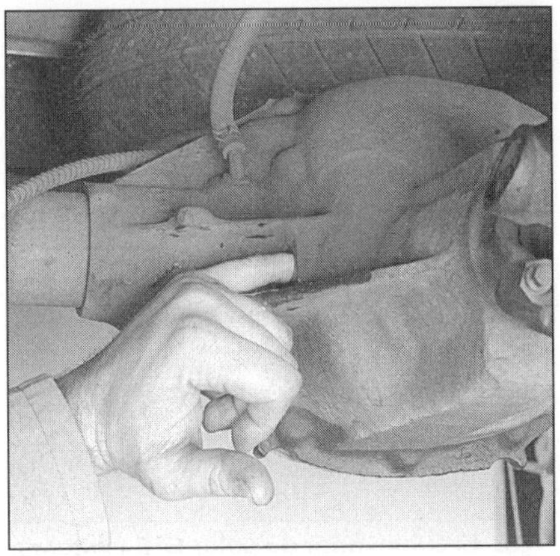

19.3 Use su dedo pequeño como una varilla de medir para asegurarse que el nivel de aceite del diferencial está a nivel con la parte inferior de la apertura

apoyado solamente en un gato!

2 Remueva el tapón de la transmisión e introduzca el dedo meñique en el cárter para sentir el nivel del lubricante. El nivel debe estar en/o cerca del fondo del agujero del tapón.

3 Si no, añada el lubricante recomendado en el agujero del tapón con una jeringuilla o una botella de plástico que se pueda aplastar.

4 Instale y apriete el tapón y chequee por fugas después de conducir las primeras millas.

19 Nivel de lubricante del diferencial - chequeo

Refiérase a las ilustraciones 19.2 y 19.3

1 El diferencial tiene un tapón de retención/llenado que debe removerse para chequear el nivel de lubricante. Si el vehículo está levantado para acceder al tapón, asegúrese de apoyarlo bien en estantes - NO DEBE gatear por debajo del vehículo cuando se apoya solamente con el gato.

2 Remueva el tapón del lado del diferencial **(vea ilustración)**.

3 El nivel de lubricante debe estar al fondo de la apertura del tapón **(vea ilustración)**. Si no, use una jeringuilla para añadir el lubricante recomendado hasta que apenas comience a colmarse por la apertura. En algunos modelos se sitúa una etiqueta en el área del tapón que provee la información del tipo de lubricante, especialmente en los modelos que cuentan con un diferencial de deslice limitado.

4 Instale el tapón y apriételo bien.

20 Neumáticos - rotación

Refiérase a la ilustración 20.2

1 Los neumáticos deben rotar en los intervalos especificados y siempre que se note un desgaste desigual.

2 Refiérase a la ilustración acompañante para las preferencias recomendadas para la rotación de los neumáticos **(vea ilustración)**.

3 Refiérase a la información de cómo *Levantar con el gato y remolcar* en la primera parte de esté manual para los procedimientos apropiados que hay que emplear al levantar el vehículo y cambiar un neumático. Si hay que chequear los frenos, siga las instrucciones y no ponga el freno de estacionamiento. Asegúrese de que los neumáticos han sido bloqueados para impedir que el vehículo ruede mientras se levanta.

4 Preferiblemente, debiera levantarse el vehículo entero en el mismo momento. Esto se puede hacer con un elevador o levantando cada esquina del vehículo con un gato y entonces bajando el vehículo sobre estantes colocados por debajo de los rieles del chasis. Siempre debe usar cuatro estantes y asegurarse de que el vehículo esté bien apoyado.

5 Después de la rotación, chequee y ajuste la presión de los neumáticos si es necesario y no se olvide de chequear si las tuercas están bien apretadas.

6 Para información adicional de las ruedas y los neumáticos, refiérase al Capítulo 10.

21 Frenos - chequeo

Nota: *Para fotografías detalladas del sistema de frenos, vea el Capítulo 9.*

Peligro: *El polvo del sistema de frenos puede contener amianto, que es peligroso para la salud. NO debe soplarlo con aire comprimido, inhalarlo ni usar combustible ni disolventes para removerlo. Use solamente limpiador de sistema de frenos o alcohol desnaturalizado.*

1 Además de los intervalos especificados, los frenos deben ser inspeccionados siempre que se remuevan las ruedas o cuando se sospeche que haya un defecto.

2 Para chequear los frenos, levante el vehículo y colóquelo bien sobre estantes. Remueva las ruedas (vea las instrucciones de *Levantar con gato y remolcar* en la parte delantera del manual, si es necesario).

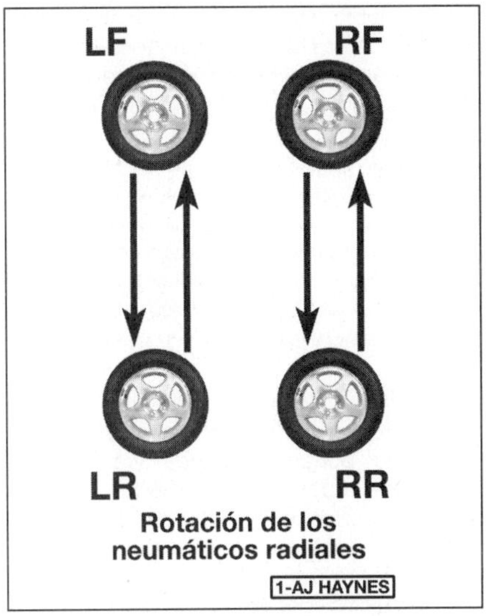

20.2 Diagrama de la rotación de los neumáticos

1

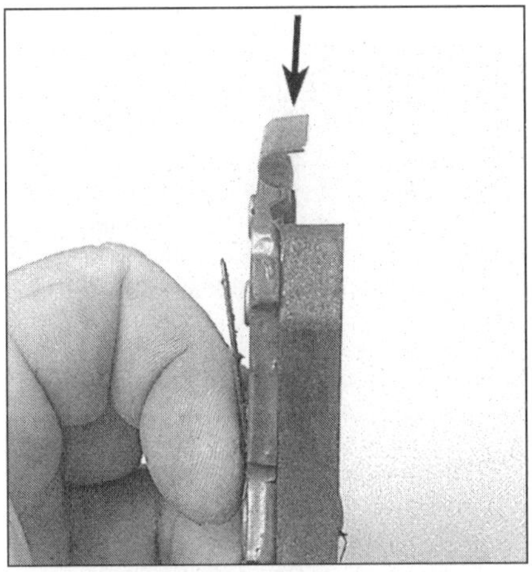

21.4 Las pastillas del disco de freno tienen indicadores de desgastes construidos en ellas que hacen contacto con el rotor y emiten un chillido cuando las pastillas se han desgastado hasta su limite

Frenos de disco

Refiérase a las ilustraciones 21.4 y 21.6

3 Frenos de disco se usan en las ruedas delanteras. Si no se reemplazan las pastillas cuando es necesario, puede ocasionar daño extensivos al rotor.

4 Algunos vehículos cuentan con un detector de desgaste fijado a la pastilla interior. Es un pequeño trozo de metal doblado que se puede ver del lado interior de las pinzas de freno. Cuando la pastilla se gasta al limite especificado, el sensor de metal roza contra el rotor y hace un sonido de chillido **(vea ilustración)**.

5 Las pinzas de freno de disco, que contienen las pastillas, son visibles cuando se remueven las ruedas. Hay una pastilla exterior y una pastilla interior en cada pinza. Todas las pastillas deben ser inspeccionadas.

6 Cada mordaza tiene una "ventana" para inspeccionar las pastillas. Chequee el grosor del forro de la pastilla mirando a través de la mordaza en cada extremo y a través de la ventana de inspección en la parte superior del bastidor **(vea ilustración)**. Si el detector de desgaste está muy cerca del rotor o el material de la pastilla se ha gastado hasta aproximadamente 1/8 de pulgada o menos, hay que reemplazar las pastillas.

7 Si no está seguro del grosor exacto del resto del material del forro, remueva las pastillas para inspección adicional o reemplazo (refiérase al Capítulo 9)

8 Antes de instalar las ruedas, chequee por fugas y/o daños (si están rotas, partidas, etc.) alrededor de las conexiones de las mangueras de freno. Reemplace la manguera o los accesorios cuando sea necesario, consultando con el Capítulo 9.

9 Chequee la condición del rotor. Busque estrías, rasguños profundos y manchas quemadas. Si existen estas condiciones, debe removerse para arreglo el montaje del cubo/rotor (Sección 34)

Frenos de tambor

Refiérase a las ilustraciones 21.11 y 21.14

10 En los frenos traseros, remueva el tambor tirándolo del montaje del eje y el freno. Si resulta difícil, asegúrese de que se haya soltado el freno de estacionamiento, luego eche aceite penetrante alrededor de las áreas del cubo central. Permita que el aceite penetre y trate de remover el tambor de nuevo.

11 Si aun así no se puede remover, habrá que levantar ligeramente la palanca del freno de su tope. Esto se hace removiendo primero el pequeño tapón de la placa de apoyo **(vea ilustración)**. Si la placa de apoyo no tiene un pequeño tapón redondo, refiérase al Capítulo 9, Sección 5 para el procedimiento.

12 Ya removido el tapón, levante la palanca del tope con un destornillador con cabeza de estrella. Esto separará las balatas del tambor. Si aun así no se remueve, dé golpecitos alrededor de la circunferencia interior con un martillo de cabeza blanda.

13 Ya removido el tambor, no debe tocar el polvo del freno (vea el aviso de Peligro al principio de esta Sección).

14 Fíjese en el grosor del material del forro tanto en las balatas delanteras como las traseras. Si el material se ha gastado hasta dentro de 1/16 de una pulgada de los remaches encastrados o el apoyo de metal, hay que reemplazar las balatas **(vea ilustración)**. También deben ser reemplazadas si están partidas, barnizadas (superficie brillante) o contaminadas con fluido de freno.

15 Asegúrese de que todos los resortes del montaje estén conectados y en buenas condiciones.

16 Chequee los componentes del freno por cualquiera que sean las fugas de fluido. Con cuidado fuerce hacia atrás las fundas de goma sobre las cubiertas contra polvo del freno situadas en la parte alta de las balatas. Cualquier fuga es una seña de que hay que arreglar inmediatamente las cubiertas contra polvo de freno (Capítulo 9). Chequee también las mangueras de freno y las conexiones por señas de fuga.

21.6 Con las ruedas removidas, el forro de las pastillas del freno (flecha) puede ser inspeccionado a través de la ventana de la mordaza en cada lado de la mordaza

21.11 Use un martillo y un cincel para remover el tapón del palto de soporte de los frenos

17 Limpie el interior del tambor con un trapo limpio y limpiador de frenos o alcohol desnaturalizado. De nuevo, tenga cuidado de no respirar el polvo de amianto pues es peligroso.

18 Chequee el interior del tambor por grietas, excoriaciones, rasguños profundos y puntos duros, que aparecerán como pequeñas decoloraciones. Si no se pueden remover estas imperfecciones con una tela de esmeril fina, hay que llevar el tambor a un taller de máquinas con el equipo necesario para rectificar los tambores.

19 Si después del proceso de inspección todas las partes están en buenas condiciones de operación, vuelva a instalar el tambor.

20 Instale las ruedas y baje el vehículo.

Freno de estacionamiento

21 El freno de estacionamiento funciona por medio de un pedal de pie y bloquea el sistema del freno trasero. El método mas fácil, y tal vez más obvio de chequear periódicamente la operación del ajuste del freno de estacionamiento es parar el vehículo en una cuesta inclinada con el freno de estacionamiento puesto y la transmisión en neutro. Si el freno de estacionamiento no impide que ruede el vehículo, ajústelo (vea Capítulo 9).

22 Sistema de combustible - chequeo

Peligro: *Hay precauciones necesarias que se deben tomar cuando inspeccione o le de servicio a los componentes del sistema de combustible. Trabaje en una área ventilada y no permita que hayan llamas abiertas (cigarrillos, piloto del aparato de calefacción, etc.) en el área del trabajo. Limpie inmediatamente cualquier derrame de combustible y no almacene trapos empapados de combustible donde podrían encenderse. En modelos equipados con sistema de inyección de combustible, el combustible está bajo presión y ningún componente se debe desconectar sin primero aliviar la presión del sistema. Mantenga un extintor de fuegos de clase B cerca de usted.*

1 En la mayoría de los modelos el tanque de combustible se sitúa bajo el lado izquierdo del vehículo.

2 Es más fácil chequear el sistema de combustible con el vehículo levantado en un elevador de tal manera que los componentes por debajo del vehículo sean fácilmente visibles y accesibles.

3 Si se nota el olor a combustible cuando se maneja o después que el vehículo haya estado al sol, se debe inspeccionar el sistema detalladamente e inmediatamente.

4 Remueva la tapa del tanque de combustible y chequee por daños, corrosión y una huella de impresión de sellado no interrumpida en la junta. Reemplace la tapa con una nueva si es necesario.

5 Con el vehículo levantado, chequee el tanque de combustible y la boquilla de llenado por perforaciones, grietas y otros daños. La conexión entre la boquilla de llenado y el depósito es especialmente crítico. A veces se forma una fuga en una boquilla de llenado de goma debido a abrazaderas flojas o goma deteriorada, problemas que por lo general un mecánico casero puede rectificar. **Peligro:** *No debe, bajo ningunas circunstancias, tratar de reparar un tanque de combustible usted mismo (con excepción de los componentes de goma). ¡Un soplete de soldar o cualquier llama descubierta puede fácilmente hacer que los humos de combustible exploten si no se toman las medidas de precaución apropiadas!*

6 Con cuidado chequee todas las mangueras de goma y los tubos de metal que van saliendo del tanque de combustible. Busque conexiones flojas, mangueras deterioradas, tubería rizada y otros daños. Siga los tubos hacia la parte delantera del vehículo, inspeccionándolos a medida que avanza. Repare o reemplace las secciones dañadas si es necesario.

7 Si se nota todavía un olor a combustible después de la inspección, refiérase a la Sección 41.

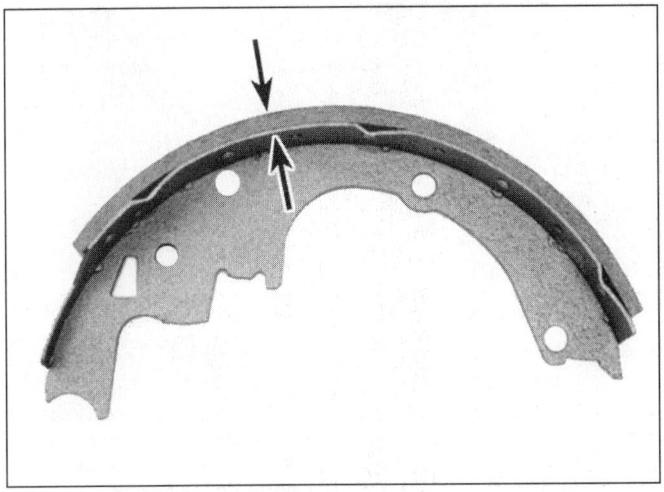

21.14 Si el forro está pegado a la balata del freno, mida el espesor del forro de la superficie exterior al metal de la balata, como es mostrado aquí; si el forro es remachado a la balata, mida desde la superficie exterior del forro a la cabeza del remache

23.3 El estrangulador del carburador es visible después de que la tapa del purificador de aire es removida

23 Estrangulador del carburador - chequeo

Refiérase a la ilustración 23.3

1 El estrangulador opera solamente cuando el motor está frío, así que el chequeo se debe realizar antes de que el motor se haya comenzado por el día.

2 Abra el capó y remueva el plato superior del ensamblaje del purificador de aire. Es generalmente sostenido en su posición por una tuerca de tipo mariposa en el centro. Si mangueras de vacío se deben desconectar, asegúrese de que usted le pone etiquetas a las mangueras para instalarlas en sus posiciones originales. Coloque el plato y la tuerca mariposa en un lado, fuera del camino de los componentes del motor que se están movimiento.

3 Mire el centro del albergue del purificador de aire. Usted notará un plato plano en la abertura del carburador **(vea ilustración)**.

4 Apriete el pedal del acelerador al piso. El plato debe cerrarse completamente. Ponga el motor en marcha mientras que usted observa el plato en el carburador. No posicione su cara cerca del carburador, pueda que el motor haga una explosión, causando quemaduras graves. Cuando el motor se ponga en marcha, el plato del estrangulador debe abrirse levemente.

5 Permita que el motor continúe en marcha a una velocidad de marcha mínima. Cuando el motor se calienta a la temperatura de operación normal, el plato debe abrirse lentamente, para permitir que más aire entre por la parte de encima del carburador.

6 Después de unos pocos minutos, el plato del estrangulador se debe abrir completamente a la posición vertical. Abra el acelerador completamente para asegurarse que la leva para la velocidad de la marcha mínima alta se desengancha.

7 Usted notará que la velocidad del motor corresponderá con la abertura del plato. Con el plato completamente cerrado, el motor debe correr a una velocidad de marcha mínima rápida. Según el plato se abre y el acelerador es movido para liberar la leva para la velocidad de la marcha mínima alta, la velocidad del motor disminuirá.

24 Pernos para el cuerpo de aceleración - chequeo del torque

1 El TBI (cuerpo de inyección de combustible) está fijado a la parte alta del múltiple de admisión por medio de varios pernos. Estos pernos a veces pueden aflojarse con las vibraciones y los cambios de temperatura durante la operación normal del motor y pueden provocar una pérdida de vacío.

2 Si sospecha que hay una pérdida de vacío en el fondo de la base del cuerpo de inyección, consiga un trozo de manguera. Ponga el motor en marcha y coloque una punta de la manguera al lado del oído mientras sondea alrededor de la base con la otra punta. Oirá un sonido silbante si hay una fuga (tenga cuidado de los componentes calientes o movedizos del motor).

3 Remueva el montaje del filtro de aire, marcando cada manguera cuando se desconecte con una tira adhesiva enumerada para facilitar el ensamblaje luego.

4 Localice los pernos de montaje encima del cuerpo de inyección. Decida cuales herramientas especiales o adaptadores serán necesarios, si son necesarios, para apretar los pernos.

5 Apriete los pernos al torque indicado en las especificaciones de esté Capítulo. No debe apretarlos demasiado, ya que podría cruzar las roscas.

6 Si, después que los pernos se hayan apretado a la manera apropiada, hay todavía una pérdida de vacío, hay que remover el cuerpo de inyección y hay que instalar una junta nueva. Vea Capítulo 4 para más información.

7 Después de apretar los afianzadores, vuelva a instalar el filtro de aire y ponga todas las mangueras en sus posiciones originales.

25 Varilla del acelerador - chequeo

1 Inspeccione la válvula del acelerador por daños, partes que falten y endurecimiento e interferencia cuando se oprime el pedal del acelerador.

2 Lubrique los varios puntos de las varillas pivote con aceite para motores.

26 Termostato del filtro de aire - chequeo

Refiérase a las ilustraciones 26.5 y 26.6

1 Los motores más modernos vienen equipados con un termostato para el filtro de aire, que deja que el carburador obtenga aire de diferente lugares, dependiendo de la temperatura del motor.

2 Éste es un chequeo visual. Si el acceso es limitado, un espejo pequeño pueda que tenga que ser usado.

3 Abra el cofre/capó y localice la compuerta amortiguadora adentro del filtro del aire. Está dentro de la pipa del conducto de la entrada del aire.

4 Si hay un conducto de aire flexible al final de la pipa principal, que va a una área atrás de la parrilla, desconéctelo del tubo que va al filtro del aire. Esto le permitirá que usted pueda mirar a través de la pipa y ver la compuerta amortiguadora.

5 El chequeo se debe de hacer cuando el motor está frío. Ponga el motor en marcha, mire por el conducto y verá la compuerta amortiguadora, que se debe de mover a la posición cerrada. Con la compuerta cerrada, el aire no puede entrar por el conducto, pero en cambio el aire entra por el tubo flexible

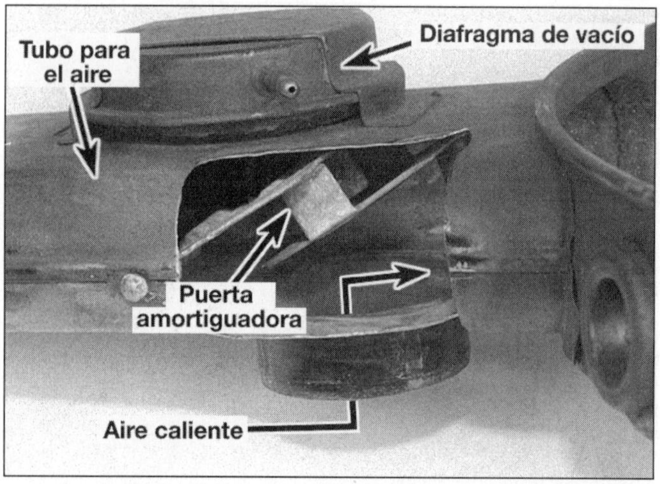

26.5 Cuando el motor está frío, la puerta del amortiguador cierra el conducto del pasaje de aire, permitiendo aire caliente del escape que entre en el carburador

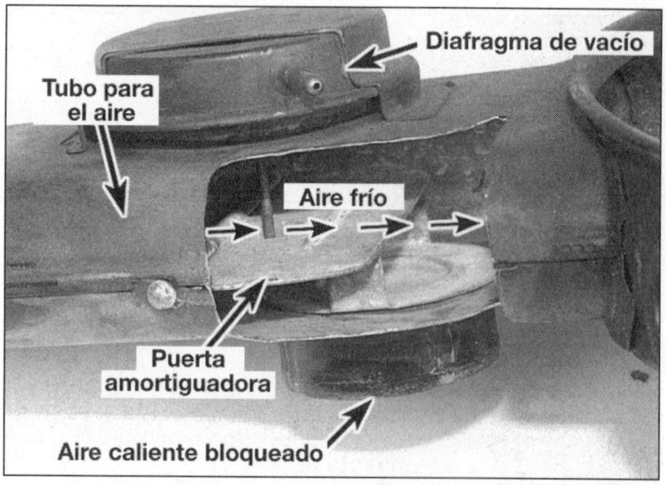

26.6 Según el motor se calienta, la puerta amortiguadora se mueve hacia abajo para cerrar el pasaje de la estufa de calor y abrir el conducto del pasaje para que el aire del exterior pueda entrar en el carburador

que está conectado al conducto del aire y el múltiple de escape que tiene un pasaje hacia la estufa de calor **(vea ilustración)**.

6 Según el motor se calienta a temperatura de operación normal, la compuerta se debe de abrir y dejar el pasaje de aire fresco a través del conducto **(vea ilustración)**. Dependiendo de la temperatura externa, esto le tomaría de 10 a 15 minutos. Para poder hacer este chequeo más rápido, conecte el tubo a la pipa de aire, maneje el vehículo, entonces chequee para ver si la compuerta está abierta.

7 Si el controlador termostático del depurador de aire no está operando apropiadamente, vea el Capítulo 6 para más información.

27 Bandas - chequeo, ajuste y reemplazo

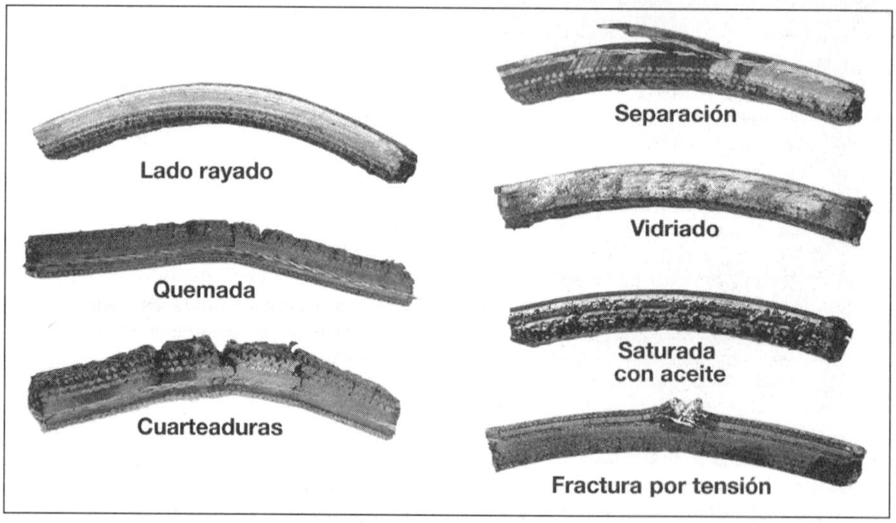

27.3 Aquí se muestran algunos de los problemas más comunes asociados con las bandas (chequee las bandas muy cuidadosamente para prevenir una avería innecesaria)

Bandas en forma de V

Refiérase a las ilustraciones 27.3, 27.4 y 27.8

1 Las bandas, o las bandas en forma de V como son ellas llamadas a menudo, están localizada en el frente del motor y juegan un papel importante en la operación completa del motor y los accesorios. Debido a su función y constitución del material, las bandas están pronto al fracaso después de un período de tiempo y se deben inspeccionar y deben ser ajustadas para prevenir periódicamente daño mayor al motor.

2 El número de bandas usadas en ciertos vehículos depende de los accesorios instalados. Las bandas son usadas para girar el alternador, la bomba de la dirección de poder, la bomba del agua y el compresor del aire acondicionado. Dependiendo del arreglo de la polea, más de uno de estos componentes pueden ser conducidos por una sola banda.

3 Con el motor apagado, localice las bandas en el frente del motor. Usando su dedo (y una linterna, si es necesario), muévase a través de la banda para chequear por roturas y separación de la banda doble. También chequee por quemaduras y vidriado, que le da a la banda una apariencia brillante **(vea ilustración)**. Ambos lados de la banda se deben inspeccionar, que significa que usted tendrá que torcer la banda para chequear la cara inferior. Chequee por mellas en las poleas, roturas, distorsión y corrosión.

4 La tensión de cada banda es chequeada empujándola en el centro de la distancia del camino entre las poleas. Empuje firmemente con su dedo pulgar y note cuanto la banda se mueve (desvía) **(vea ilustración)**. Una regla general es que si la distancia del centro de la polea al centro de la otra polea es entre 7 y 11 - pulgadas, la banda debe desviarse 1/4-pulgada. Si las distancias entre las poleas para la banda es de 12 a 16 pulgadas, la banda debe desviarse 1/2-pulgada.

5 Si ajuste es necesitado, para hacer la banda más apretada o más floja, es hecho moviendo la banda empujando el accesorio en el soporte.

6 Para cada componente habrá un perno de ajuste y un perno pivote. Ambos pernos se deben aflojar para permitir que el componente se mueva levemente.

7 Después que los dos pernos se hayan aflojado, mueva el componente hacia afuera del motor para apretar la banda o hacia adentro del motor para aflojar la banda. Detenga el accesorio en posición y chequee la tensión de la banda. Si es correcta, apriete los dos pernos hasta que apenas hagan contacto, entonces chequee la tensión. Si la tensión está correcta, apriete los pernos.

8 Para instalar la banda del alternador en algunos modelos más modernos, afloje el perno pivote y gire el perno de ajustar para aplicarle tensión a la banda **(vea ilustración)**.

9 A menudo será necesario usar algún tipo de barra ruptora para mover el accesorio mientras que la banda es ajustada. Si esto debe ser hecho para obtener el apalancamiento apropiado, tenga mucho cuidado de no dañar el componente que se va mover ni la parte contra que se le está haciendo palanca.

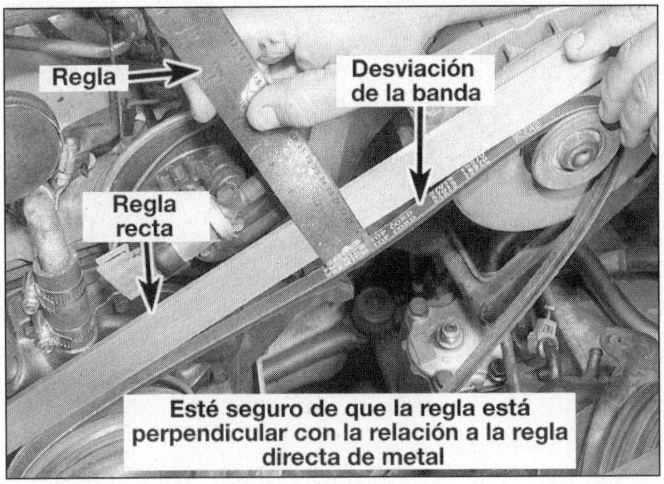

27.4 Midiendo la deflección de la banda con una regla de metal recta de precisión y una regla regular

27.8 En algunos modelos más modernos, la tensión de la banda del alternador es ajustada girando el tornillo de ajuste (flecha)

27.17 Rote el aplicador de tensión contra el reloj para quitarle la tensión a la polea

10 Para reemplazar una banda, siga los procedimientos de encima para el ajuste de la banda pero resbale la banda fuera de las poleas y remuévala. Debido a que las bandas tienden a desgastarse más o menos al mismo tiempo, es una buena idea de reemplazar todas ellas al mismo tiempo. Marque cada banda y el canal de cada polea correspondiente para que las bandas puedan ser instaladas apropiadamente.

11 Lleve las bandas viejas con usted cuando vaya a comprar las nuevas en orden de hacer una comparación directa para la longitud, la anchura y el diseño.

12 Ajuste las bandas como está descrito anteriormente en esta Sección.

13 Cuando reemplace una banda serpentina (usada en algunos modelos más modernos), insercióne una barra ruptora en el engrane de 1/2-pulgada del tensionador y lo gira para liberar la tensión de la banda a la izquierda. Asegúrese de que la banda nueva sea dirigida correctamente (refiérase a la etiqueta en el compartimiento del motor). También, la banda debe entrar completamente en las ranuras de las poleas.

Banda serpentina

Refiérase a la ilustración 27.17

14 Los modelos más modernos pueden estar equipados con una sola banda, o una banda de tipo serpentina. La banda de tipo serpentina toma el lugar de varias bandas usadas previamente para accionar los accesorios del motor.

15 El único procedimiento requerido para la inspección es un chequeo visual ocasionalmente, para asegurarse que la banda está en buena condición. Mire por roturas, áreas deshiladas y separación de las placas.

16 La tensión de las bandas es chequeada visualmente también. Localice el tensionador de la banda en la parte delantera del motor. El tensionador tiene marcas de operación localizada en la cima. Si la marca inmóvil del indicador no está dentro de la distancia de operación, la banda debe ser reemplazada con una nueva.

17 Insercióne un final del engrane de la barra ruptora en la pestaña de 1/2-pulgada en la abertura cuadrada en el tensionador. Gire el tensionador a la izquierda para liberar la tensión en la banda **(vea ilustración)**.

18 Remueva la banda de las poleas y libere cuidadosamente la tensión.

19 Dirija la banda sobre las poleas **Nota:** *La mayoría de los vehículos tienen una calcomanía para la dirección de la banda en el apoyo superior del radiador para ayudar a la instalación correcta de la banda.*

20 Gire el tensionador, dirija la banda debajo del tensionador y libere la tensión en la banda. El tensionador aplica automáticamente la tensión correcta en la banda y ningún ajuste es requerido.

28 Cinturón de seguridad - chequeo

1 Chequee los cinturones de seguridad, los broches, las placas de enganche y los anillos de guía por daños obvios y señas de desgaste.

2 Asegúrese de que se encienda la luz de aviso para los cinturones de seguridad cuando se gira la llave.

3 Los cinturones de seguridad están diseñados para bloquearse durante una parada repentina o un impacto, permitiendo sin embargo el movimiento libre durante el manejo normal. Los retractores deben mantener el cinturón contra el pecho mientras se maneja y el cinturón cuando se desabrocha el cinturón.

4 Si cualquiera de los chequeos revela problemas con el sistema de cinturones de seguridad, reemplace las partes según sea necesario.

29 Interruptor de seguridad del motor de arranque - chequeo

Peligro: *Durante los siguiente chequeos existe la posibilidad de que el vehículo podría lanzarse hacia adelante, posiblemente provocando daños o lesiones. Deje bastante espacio alrededor del vehículo, ponga firmemente el freno de estacionamiento y oprima el pedal del freno regulador durante los chequeos.*

1 El interruptor de seguridad del motor de arranque de estos modelos es equipado con un interruptor de entrecierre de embrague (modelos con transmisión manual) o un interruptor de arranque en neutro (modelos con transmisión automática). El interruptor de encierre del embrague impide que el motor se arranque a menos que el embrague esté oprimido. El interruptor de arranque en neutro impide que el motor se arranque a menos que la palanca de velocidades esté en Estacionamiento o Neutro.

2 Si el vehículo tiene una transmisión automática, trate de poner en marcha el vehículo en cada velocidad. El motor solo debe ponerse en marcha en Estacionamiento o en Neutro. Si se pone en marcha en cualquier otra velocidad, el interruptor tiene un fallo o necesita ajuste (vea Capítulo 7 Parte B).

3 Si el vehículo tiene una transmisión manual, ponga la palanca de velocidades en

Neutro. El motor solamente debe arrancar cuando se oprime el pedal del embrague. Si arranca sin oprimir el pedal, es probable que el interruptor, situado cerca de la parte alta del brazo del pedal de embrague, tenga un fallo.

4 Si el vehículo tiene una transmisión automática, asegúrese de que la cerradura del tubo de dirección permita entrar la llave en la posición de cerrado solamente cuando la palanca de cambios esté en Estacionamiento.

5 La llave de arranque debe salir solamente en la posición de cerrado.

30 Puntos de la ignición - reemplazo

Refiérase a las ilustraciones 30.1, 30.2, 30.7, 30.9, 30.16, 30.17 y 30.29

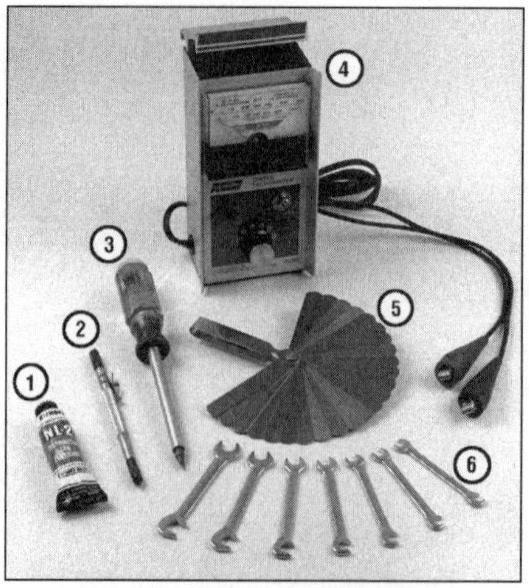

30.1 Herramientas y materiales necesarios para el reemplazo de los platinos y el ajuste del DWELL (el tiempo que los puntos están cerrados medidos en grados)

1 ***Lubricante para la leva del distribuidor*** *- A veces este lubricante viene con el juego de platinos; pero es una buena idea de comprar un tubo para tenerlo a mano en caso de que se necesite.*

2 ***Iniciador de tornillos*** *- Esta herramienta tiene unos ganchos especiales para aguantar el tornillo firmemente según se comienza, para prevenir que el tornillo se caiga.*

3 ***Destornillador magnético*** *- Sirve para la misma función que el número dos mencionado anteriormente. Si usted no tiene ninguno de estos destornilladores especiales, usted está tomando el chance de que se le caiga un tornillo adentro del distribuidor.*

4 ***Metro para el Dwell (el tiempo que los puntos están cerrados medidos en grados)*** *- El metro para el Dwell es la única forma correcta para determinar que tan bien están ajustados los puntos. Conecte el metro de acuerdo con las instrucciones que vienen suministradas con el.*

5 ***Calibrador de tipo de hoja*** *- Estos se requieren para ajustar la brecha de los puntos (el espacio entre los puntos cuando están abiertos).*

6 ***Herramientas para la ignición*** *- Estas herramientas especiales están diseñadas para trabajar en los lugares apretados del distribuidor. Específicamente, están diseñadas para aflojar las tuercas y tornillos que aseguran los alambres a los puntos.*

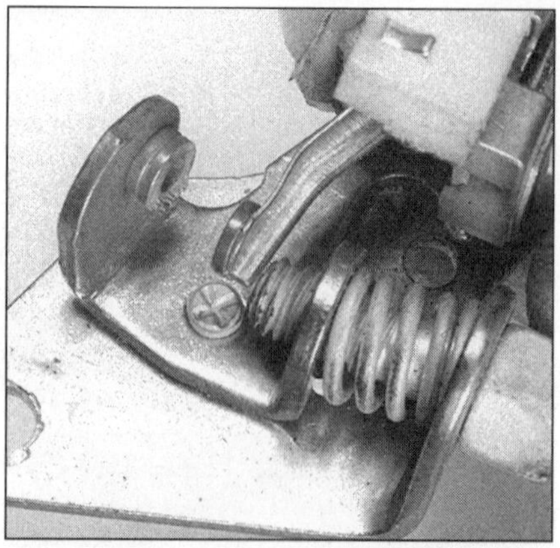

30.2 Aunque sea posible de restaurar los puntos que están quemados, tienen orificios y están corroídos (como se muestra aquí), ellos deben ser reemplazados

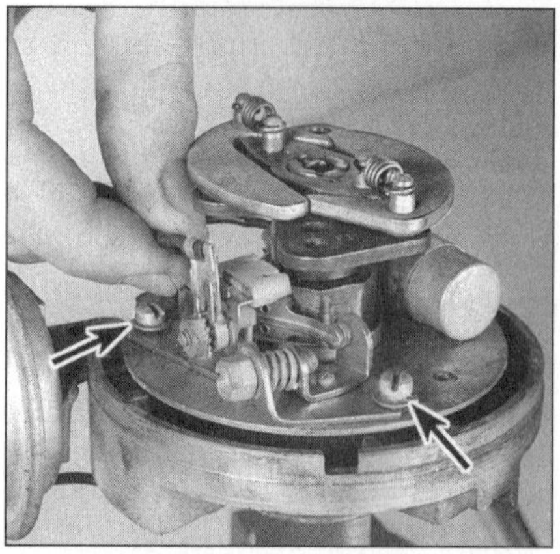

30.7 Afloje la tuerca y desconecte los alambres primarios y del condensador de los puntos - note los pernos de montaje para los puntos (flechas)

30.9 El condensador es detenido al plato ruptor con un solo tornillo

1 Los puntos de la ignición deben ser reemplazados en intervalos regulares en vehículos no equipados con encendido electrónico. Ocasionalmente el bloque que frota llegará a requerir bastante ajuste de los puntos. Es también posible limpiar y revestirlos con una lima fina, pero reemplazo es recomendado debido a que ellos son relativamente inaccesible y muy económicos. Varias herramientas especiales son requeridas para este procedimiento **(vea ilustración)**.

2 Después de remover la tapa del distribuidor y el rotor (Sección 45), los puntos de la ignición serán visibles. Ellos pueden ser examinados abriéndolos gentilmente para revelar la condición de las superficies del contacto **(vea ilustración)**. Si ellos están ásperos, con pequeños orificios, cubierto con aceite o quemados, ellos deben ser reemplazados, junto con el condensador. **Caución:** *Este procedimiento requiere remover tornillos pequeños que pueden caerse fácilmente adentro del distribuidor. Para recuperarlos, el distribuidor tendrá que ser removido y tendrá que ser desarmado. Use un magnético o un destornillador cargado con resorte y tenga cuidado extra.*

3 Si no lo ha hecho ya, remueva la tapa del distribuidor posicionando un destornillador en la cabeza de la hendidura de cada cerrojo. Prense hacia abajo en el cerrojo y gírelo 1/2-vuelta para liberar la tapa del cuerpo del distribuidor (vea Sección 45).

4 Posicione la tapa (con los alambres de las bujías todavía conectado) fuera del camino. Use una longitud de alambre para detenerlo hacia afuera del camino si es necesario.

5 Remueva el rotor (vea Sección 45 si es necesario).

6 Si está equipado con un protector RFI (interferencia para la frecuencia de radio), remueva los tornillos de retención y los dos protectores para obtener acceso a los puntos de la ignición.

7 Note como ellos están encaminados, entonces desconecte el alambre primario y el alambre del condensador de los puntos **(vea ilustración)**. Los alambres pueda que estén conectados con una tuerca pequeña (que se debe aflojar, pero no debe ser removida) un tornillo pequeño o por una terminal cargada por resorte. **Nota:** *Algunos modelos están equipados con puntos de ignición que incluyen el condensador como una parte íntegra del ensamblaje del punto. Si su vehículo tiene este tipo, el procedimiento de abajo para remover el condensador no aplicará y habrá solamente un alambre para separar los puntos, envés de los dos usados con un ensamblaje de condensador separado.*

8 Afloje los dos tornillos que aseguran los puntos de la ignición a la placa ruptora, pero no remueva los tornillos completamente (la mayoría de los juegos de puntos para la ignición tienen hendiduras en estos lugares). Deslice los puntos hacia afuera del distribuidor.

30.16 Antes de ajustar la luz de los puntos, el bloque de fricción debe de descansar en un lóbulo de las levas (que abrirá los puntos)

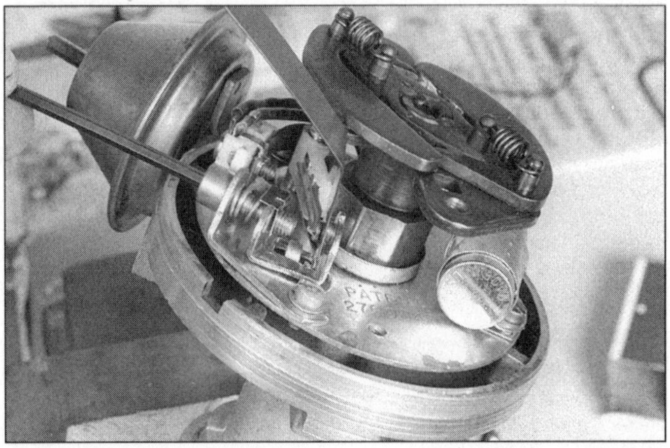

30.17 Con los puntos abiertos, insercióne un calibrador palpador de un espesor de 0.019 de pulgada y gire el tornillo de ajuste con una herramienta Allen

9 El condensador ahora puede ser removido de la placa ruptora. Afloje los tornillos para la banda de retención y deslice el condensador hacia afuera o remueva completamente el condensador y la banda **(vea ilustración)**. Si usted remueve ambos, el condensador y la banda, tenga cuidado de no dejar caer el tornillo de afianzamiento adentro del cuerpo del distribuidor.

10 Antes de instalar los puntos y el condensador nuevo, limpie la placa del ruptor y la leva en el eje del distribuidor para remover toda la tierra, el polvo y el aceite.

11 Aplique una cantidad pequeña de lubricante de leva de distribuidor (generalmente suministrado con los puntos nuevos, pero también disponible separadamente) a los lóbulos de la leva.

12 Posicione el condensador nuevo y apriete el tornillo de la banda firmemente.

13 Deslice el juego de punto nuevo debajo de la cabeza del tornillo y asegúrese que la proyección en el plato ruptor acopla adentro de los orificios en la punta de la base (para posicionar apropiadamente el juego de puntos), entonces apriete los tornillos firmemente.

14 Conecte el alambre primario y del condensador a los puntos nuevos. Asegúrese que los alambres sean encaminados para que ellos no intervengan con la placa del ruptor o el movimiento para el peso de avance.

15 Aunque el espacio libre entre los platinos Dwell (tiempo en que los puntos están cerrados medidos en grados) será ajustado más adelante, haga el ajuste inicial ahora, que permitirá que el motor se ponga en marcha.

16 Asegúrese que el punto que frota del bloque descansa en uno de los puntos altos de la leva **(vea ilustración)**. Si no está, gire el interruptor de la ignición para poner el motor en marcha en resumes cortos para posicionar la leva. Usted puede también girar el cigüeñal con una barra ruptora y un dado conectado en el perno grande que detiene el amortiguador de vibración en su posición.

17 Con el bloque de frotar en el punto alto de una leva (puntos abiertos), insercióne un calibrador de tacto de 0.019 pulgada entre las superficies del contacto y use una herramienta Allen para girar el tornillo de ajuste hasta que el espacio libre del punto sea iguala al espesor del calibrador de tacto **(vea ilustración)**. El espacio libre es corregido cuando una cantidad leve de resistencia es detectada en el tacto del calibrador al retirarlo.

18 Si está equipado, instale el protector de RFI (interferencia para la frecuencia de radio).

19 Antes de instalar el rotor, chequéelo como está descrito en la Sección 45.

20 Instale el rotor. El rotor es referido con una clavija cuadrada por debajo de un lado y una clavija redonda en el otro lado, para que se ajuste en el mecanismo anticipado solamente de una manera, si ése es el caso de como está equipado, apriete los tornillos del rotor firmemente.

21 Antes de instalar la tapa del distribuidor, inspecciónela como está descrito en la Sección 45.

22 Instale la tapa del distribuidor y cierre los cerrojos por debajo del cuerpo del distribuidor, presionando y girándolo con un destornillador.

23 Ponga el motor en marcha y chequee el Dwell (tiempo en que los puntos están cerrados medidos en grados) y la regulación del tiempo de la ignición.

24 Cuando los puntos nuevos de la ignición son instalados o los puntos originales son limpiados, el Dwell debe ser chequeado y ajustado.

25 Ajuste preciso del Dwell requiere un instrumento llamado un metro para medir el Dwell. Los metros del tacómetro/Dwell de combinación están comúnmente disponible a precios razonables en las refaccionarías. Una instalación aproximada se puede obtener si un metro no está disponible.

26 Si un metro para medir el Dwell está disponible, conéctelo siguiendo las instrucciones del fabricante.

27 Ponga el motor en marcha y permítalo que corra en marcha mínima hasta que la temperatura normal de operación se haya alcanzado (el motor debe estar caliente para obtener una lectura exacta). Apague el motor.

28 Levante la puerta de metal en la tapa del distribuidor. Deténgalo en la posición abierta con cinta si es necesario.

30.29 Con la puerta abierta, una herramienta Allen de 1/8 de pulgada puede ser insertada adentro del tornillo de ajuste y ser girado para ajustar el Dwell (tiempo en que los puntos están cerrados medidos en grados)

29 Apenas adentro de la abertura está el tornillo de ajuste para puntos de la ignición. Insercióne una herramienta Allen de 1/8-pulgada en el dado del tornillo de ajuste **(vea ilustración)**.

30 Ponga el motor en marcha y gire el tornillo de ajuste según sea requerido para obtener la lectura especificada en el metro. Especificaciones para el Dwell se pueden encontrar en la calcomanía de afinación en el compartimiento del motor. **Nota:** *Cuando esté ajustando el Dwell, apunte al número inferior del rango para las especificaciones. Entonces, según los puntos se desgastan, el Dwell permanecerá adentro de la distancia especificada en un período de tiempo más largo.*

31 Remueva la herramienta Allen y cierre la puerta en el distribuidor. Apague el motor y desconecte el metro para medir el Dwell, entonces chequee la regulación del tiempo de la ignición (vea Sección 34).

32 Si un metro para medir el Dwell no está disponible, use el siguiente procedimiento

31.4a El tornillo para el ajuste de la marcha mínima puede ser encontrado en un número diferente de localidades en un carburador y puede ser fácilmente confundido con otros tornillos de ajuste del carburador - si usted no está seguro acerca de este procedimiento pida consejo

31.4b En algunos modelos, el tornillo para la marcha mínima es controlado por un solenoide eléctrico - el ajuste es hecho en el extremo del solenoide

para obtener una instalación aproximada del Dwell.

33 Ponga el motor en marcha y permítalo que corra a marcha mínima hasta que la temperatura normal de operación se haya alcanzado.

34 Levante la puerta de metal en la tapa del distribuidor. Deténgala en la posición abierta con cinta si es necesario.

35 Apenas dentro de la abertura está el tornillo de ajuste para los puntos de la ignición. Inserciónе una herramienta Allen 1/8-pulgada en el dado del tornillo de ajuste **(vea ilustración 30.29)**.

36 Gire la herramienta Allen a la derecha hasta que el motor comience a fallar, entonces gire el tornillo 1/2-vueltas a la izquierda.

37 Remueva la herramienta Allen y cierre la puerta. Tan pronto como sea posible haga que el Dwell sea chequeado y/o ajustado con un metro para medir Dwell para asegurarse de un desempeño óptimo.

31 Velocidad de la marcha mínima - chequeo y ajuste

Refiérase a las ilustraciones 31.4a y 31.4b

1 La velocidad de la marcha mínima del motor es la velocidad en que el motor opera sin ninguna presión del pedal del acelerador aplicada. En los modelos más modernos esta velocidad es gobernada por el ECM (módulo de control electrónico), mientras que en los modelos más antiguos la velocidad de la marcha mínima puede ser ajustada. La velocidad de la marcha mínima es crítica para el rendimiento del mismo motor, también como muchos sistemas substitutivos del motor.

2 Un tacómetro sostenido a mano debe ser usado cuando se ajuste la velocidad de la marcha mínima para obtener una lectura exacta. La conexión exacta para estos metros varía con el fabricante, así que siga las direcciones particulares incluidas con el instrumento.

3 Debido a que el fabricante usó muchos carburadores diferente en el período de tiempo cubierto por este manual, y cada uno varía algo cuando se ajusta la velocidad de la marcha mínima, sería poco práctico cubrir todas las clases en esta Sección. La mayoría de los modelos más modernos tienen una etiqueta localizada en el compartimiento del motor con instrucciones para ajustar la velocidad de la marcha mínima.

4 Para la mayoría de las aplicaciones, la velocidad de la marcha mínima es ajustada girando un tornillo de ajuste localizado en el lado del carburador. Este tornillo cambia la cantidad que el plato del acelerador está sostenido abierto por la varilla. El tornillo puede estar activado en el acoplamiento mismo o puede formar parte de un dispositivo tal como un solenoide de parada **(vea ilustraciones)**. Refiérase a la etiqueta de afinación o Capítulo 4.

5 Una vez que usted haya encontrado el tornillo para la marcha mínima, experimente con destornilladores de diferentes longitudes hasta que el ajuste pueda ser hecho fácilmente sin entrar en contacto con los componentes caliente del motor o que estén en movimiento.

6 Siga las instrucciones en la calcomanía de afinación o en el Capítulo 4, que incluirá probablemente desconectar ciertas conexiones de vacío o eléctricas. Para tapar una manguera de vacío después de desconectarla, meta una varilla de metal del tamaño adecuado en la abertura, o envuelva completamente el final abierto con cinta para prevenir cualquier pérdida de vacío en la manguera.

7 Si el purificador de aire es removido, la manguera de vacío al tubo de respiración se debe tapar.

8 Asegúrese que el freno de estacionamiento está firmemente aplicado y las ruedas bloqueadas para prevenir que el vehículo no se ruede. Esto es especialmente verdadero si la transmisión va estar en guía. Un ayudante adentro del vehículo para que apriete el pedal del freno es el método más seguro.

9 Para todas las aplicaciones, el motor se debe calentar completamente a la temperatura de operación normal, que rendirá automáticamente la marcha mínima rápida del estrangulador inoperativa.

32 Filtro de combustible - reemplazo

Modelos con carburador

Refiérase a las ilustraciones 32.6 y 32.8

1 En estos modelos el filtro de combustible está localizado dentro de la tuerca de admisión de combustible en el carburador. Es hecho de papel plisado o bronce poroso y no puede ser limpiado o puede ser vuelto a emplear.

2 El trabajo debe ser hecho con el motor frío (después de estar detenido por lo menos tres horas). Las herramientas necesarias incluyen llaves abiertas que acoplen en la tuerca de la línea de combustible. Las llaves para las tuercas de abocinamiento (que se envuelven alrededor de la tuerca) deben ser usada si están disponible. Además, usted tiene que obtener el filtro de reemplazo (asegúrese de que es para su vehículo y el motor específico) y algunos trapos limpios.

3 Remueva el ensamblaje del filtro de aire. Si mangueras se deben desconectar, esté seguro de notar sus posiciones y/o póngale etiqueta a ellas para asegurarse que ellas sean reinstaladas correctamente.

4 Siga la línea de combustible de la bomba de combustible al punto donde entra en el carburador. En la mayoría de los casos la línea de combustible será de metal de la bomba de combustible al carburador.

5 Coloque algunos trapos por debajo del acoplador de la admisión de combustible para colectar el combustible derramado según los acopladores son desconectado.

6 Con la llave para la tuerca de tubería del tamaño apropiado, detenga la tuerca para la admisión del combustible inmediatamente anexa al cuerpo del carburador. Ahora afloje los fines del acoplador de la línea de combustible de metal. Asegúrese que la tuerca

32.6 Dos herramientas son requeridas para aflojar la tuerca de entrada para el filtro del carburador

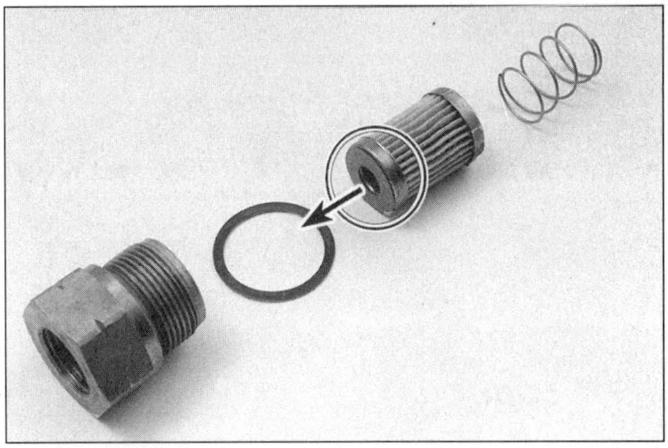

32.8 Distribución de los componentes del filtro de combustible

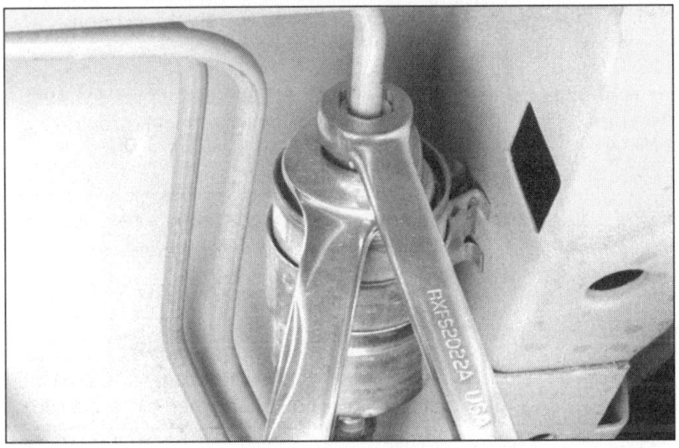

32.15 Use una herramienta para detener el filtro, entonces desconecte el acoplador de la línea de combustible y remueva el filtro (si está disponible, use una herramienta para tuercas de tubería en el acoplador de la línea de combustible

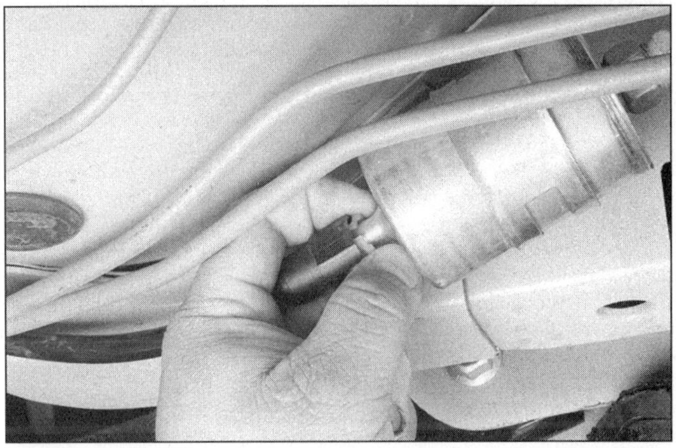

32.16 Deprima el retenedor de platico blanco - desconecte las lengüetas y desconecte las líneas e combustible del filtro - ponga un trapo alrededor de la línea de combustible para absorber el combustible que se derrame

para la admisión de combustible anexa al carburador está sostenida firmemente mientras la línea de combustible es desconectada **(vea ilustración)**.

7 Después que la línea de combustible sea desconectada, muévala hacia un lado para tener mejor acceso a la tuerca de admisión. No pliegue la línea de combustible.

8 Destornille la tuerca de admisión de combustible, que estaba previamente sostenida fija. Según este acoplador es movido fuera del cuerpo del carburador, tenga cuidado de no perder la junta delgada del tipo de arandela en la tuerca ni el resorte, localizado atrás del filtro de combustible. También ponga atención cerca a cómo el filtro está instalado **(vea ilustración)**.

9 Compare el filtro viejo con el filtro nuevo para asegurarse que son de la misma longitud y diseño.

10 Vuelva a instalar el resorte en el cuerpo del carburador.

11 Coloque el filtro en posición (una junta es generalmente suministrada con el filtro nuevo) y apriete la tuerca. Asegúrese que la rosca no está cruzada. Apriételа firmemente, pero tenga cuidado de no sobre apretarla porque las roscas se pueden correr fácilmente, causando fugas de combustible. Conecte la línea de combustible nueva a la tuerca de admisión del combustible, otra vez usando caución para evitar correr las roscas de la tuerca. Use una llave de respaldo para la tuerca de la tubería en la tuerca de admisión de combustible, mientras aprieta la acoplación de la línea de combustible.

12 Ponga el motor en marcha y chequee cuidadosamente por fugas. Si hay fugas en el acoplador de la línea de combustible, desconéctelo y chequéelo por roscas cruzadas o dañadas. Si la acoplación de la línea de combustible tiene las roscas cruzadas, remueva la línea completa y haga que un taller de reparación instale un acoplador nuevo. Si las roscas se observan bien, compre cinta de sellar y envuelva las roscas con la cinta. Los juegos para la reparación de la tuerca de admisión están disponible en casi todas las refaccionarías para prevenir la fuga de combustible en la tuerca de admisión.

Modelos con combustible inyectado

Refiérase a las ilustraciones 32.15 y 32.16

13 En los modelos con combustible inyectado, un filtro de combustible en línea está conectado a la derecha del riel del chasis cerca del tanque de combustible.

14 Levante el vehículo y sopórtelo firmemente en estantes.

15 Use una llave para tuerca de tubería para detener la tuerca del filtro y una llave para la tuerca de la tubería para aflojar la acoplación de la línea de combustible **(vea ilustración)**. Envuelva un trapo alrededor de los acopladores para absorber el combustible que se rociará hacia afuera según los acopladores son aflojados.

16 Los modelos más modernos usan acopladores de conexión rápida y ninguna herramienta es requerida para remover las líneas. Limpie primero cualquier tierra que pueda haberse acumulado en los acopladores, entonces agarre el acoplador y lo gira de aquí para allá 1/4 de vuelta para aflojar los anillos selladores de tipo O. Presione la lengüeta plástica para la conexión rápida y hale la línea del filtro **(vea ilustración)**. Envuelva un trapo alrededor del acoplador según usted desconecta el acoplador para colectar el combustible que se rociará hacia afuera.

17 Remueva el filtro del soporte, instale un filtro nuevo y conecte las líneas de combustible. Hale hacia atrás en la

33.2 En la mayoría de los modelos, el primer paso en remover el purificador de aire es destornillar la tuerca mariposa encima del albergue para el purificador del aire

33.4 Después de poner el plato superior a un lado, el elemento del filtro puede ser removido fuera del albergue

33.7 El filtro PCV (ventilación positiva del cárter) en la mayoría de los modelos está localizado en el albergue del filtro de aire

33.9 El filtro PCV (ventilación positiva del cárter) usado en algunos modelos está localizado en la tapa de los balancines (flecha); hale el ensamblaje hacia afuera de la tapa y lávelo con solvente al tiempo especificado

acoplación de conexión rápida para asegurarse que ellas están instaladas firmemente.

33 Filtro de aire y filtro PCV (ventilación positiva del cárter) - reemplazo

Refiérase a las ilustraciones 33.2, 33.4, 33.7 y 33.9

1 En los intervalos especificados, el filtro de aire y (si está equipado) el filtro PCV deben ser reemplazados con unos nuevos. El purificador de aire del motor suministra también aire filtrado al sistema PCV.

2 El filtro está localizado en la parte superior del carburador y es reemplazado destornillando la tuerca de mariposa en la cima del albergue del filtro y levantando la tapa hacia afuera **(vea ilustración)**.

3 Mientras el plato superior está afuera, tenga cuidado de no dejar caer nada hacia adentro del carburador o el ensamblaje del purificador de aire.

4 Levante el elemento del filtro de aire hacia afuera del albergue **(vea ilustración)** y limpie el interior del albergue para el purificador de aire con un trapo limpio.

5 Coloque el filtro nuevo en el albergue del purificador de aire. Asegúrese que se asienta apropiadamente en el fondo del albergue.

6 El filtro de PCV está también localizado dentro del albergue del purificador de aire en algunos modelos. Remueva el plato y el filtro de aire primero según se describió previamente, entonces localice el filtro PCV en el interior del albergue.

7 Remueva el filtro viejo **(vea ilustración)**.

8 Instale el filtro PCV nuevo y el filtro de aire nuevo.

9 En algunos modelos, el filtro PCV está localizado en la tapa de los balancines y es conectado al albergue del purificador de aire por una manguera **(vea ilustración)**. Este tipo de filtro no requiere reemplazo; hálelo hacia afuera de la tapa de los balancines y lo lava con solvente en los intervalos especificados.

10 Instale el plato superior y cualquier manguera que fueron desconectadas.

34 Regulación del tiempo de la ignición - chequeo y ajuste

Refiérase a las ilustraciones 34.2 y 34.6

Nota: *Es imprescindible que los procedimientos en la VECI (etiqueta de información para el control de las emisiones del vehículo) sean seguidos cuando ajuste la regulación del tiempo de la ignición. La etiqueta incluirá toda la información con respecto a los pasos preliminares para ser realizados antes de ajustar el tiempo, también como las especificaciones del tiempo.*

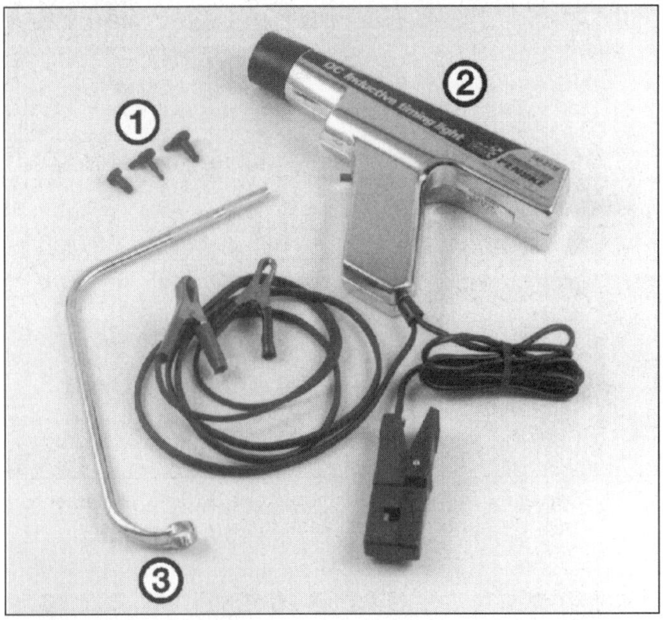

34.2 Herramientas necesarias para chequear y ajustar el tiempo

1 ***Tapones de vacío*** *- Algunas mangueras de vacío se tienen que desconectar algunas veces y ser bloqueadas, hay tapones moldeados en diferente tamaños disponibles para este tipo de trabajo.*

2 ***Lámpara de tiempo inductible*** *- Emite una luz clara, brillante y concentrada que se proporciona cuando la bujía número uno dispara, conecte los alambres de acuerdo con las instrucciones suministradas con la luz.*

3 ***Herramienta para el distribuidor*** *- En algunos modelos, el tornillo que aguanta el distribuidor es difícil de alcanzar y girar con una herramienta o dado convencional. Una herramienta especial como esta se debe de usar.*

34.6 Las marcas para la ignición del tiempo están localizadas en el frente del motor

1 A los intervalos especificados, cuando los puntos de la ignición hayan sido reemplazados, el distribuidor removido o un cambio hecho en el tipo del combustible, la regulación del tiempo de la ignición debe ser chequeada y ajustada.

2 Localice la etiqueta de Afinación o VECI debajo del capó, léala y realice todas las instrucciones preliminares con respecto a la regulación del tiempo de la ignición. Algunas herramientas especiales se necesitarán para este procedimiento **(vea ilustración)**.

3 Antes de atentar el chequeo del tiempo, asegúrese que el Dwell para los puntos de la ignición haya sido corregido (Sección 30), y la velocidad de marcha mínima está bajo especificaciones (Sección 31).

4 Si está especificado en la etiqueta de afinación, desconecte la manguera de vacío del distribuidor y tape la punta de la manguera con un tapón de caucho, varilla o un perno del tamaño apropiado.

5 Conecte una luz de regulación (lámpara de tiempo) de acuerdo con las instrucciones del fabricante. Generalmente, la luz se conectará a la fuente de suplemento de corriente, una conexión a tierra y al alambre de la bujía número uno. La bujía número uno es la primera bujía en la cabeza derecha (lado de chófer) según usted está mirando el motor por la parte del frente.

6 Localice la etiqueta numerada para la regulación del tiempo en la tapa delantera del motor **(vea ilustración)**. Está localizada apenas atrás de la polea inferior del cigüeñal. Límpiela con solvente si es necesario para leer las impresiones y las ranuras pequeñas.

7 Use tiza o pintura para marcar la ranura en la polea del cigüeñal.

8 Ponga una marca en la etiqueta del tiempo de acuerdo con el número de grados mencionado en la etiqueta VECI o la etiqueta de afinación en el compartimiento del motor. Cada pico o mella en la etiqueta del tiempo representan dos grados. La palabra Antes o la letra A indican avance y la letra 0 indica TDC (punto muerto superior). Por ejemplo, si las especificaciones del vehículo llaman para ocho grados BTDC (antes del punto muerto superior), usted hará una marca en la etiqueta del tiempo cuatro mellas antes del 0.

9 Chequee que el alambrado para la luz de regulación (lámpara de tiempo) esté libre de todos los componentes del motor que se estén movimiento, entonces ponga el motor en marcha y lo calienta hasta su temperatura de operación normal.

10 Apunte la luz para la regulación del tiempo en la marca de regulación del tiempo en la polea del cigüeñal, otra vez tenga cuidado para no entrar en contacto con las partes en movimiento. Las marcas deben aparecer estar inmóvil. Si las marcas están en alineación, el tiempo está correcto.

11 Si la mella no está alineada con la marca correcta, afloje el perno que sujeta el distribuidor y gire el distribuidor hasta que la mella esté alineada con la marca de regulación del tiempo correcta.

12 Apriete nuevamente el perno de retención y chequee nuevamente el tiempo.

13 Apague el motor y desconecte la luz de regulación. Conecte de nuevo la manguera para el avance del encendido regulado por vacío, si fue removido, y cualquier otro componente que se haya desconectado.

35 Fluido y filtro de la transmisión automática - cambio

Refiérase a las ilustraciones 35.7, 35.10 y 35.11

1 En intervalos especificados, se debe vaciar y reemplazar el fluido de la transmisión. Como el fluido sigue caliente mucho tiempo después de conducir, efectúe este procedimiento solamente después que el motor se haya enfriado completamente.

2 Antes de comenzar a trabajar, compre el

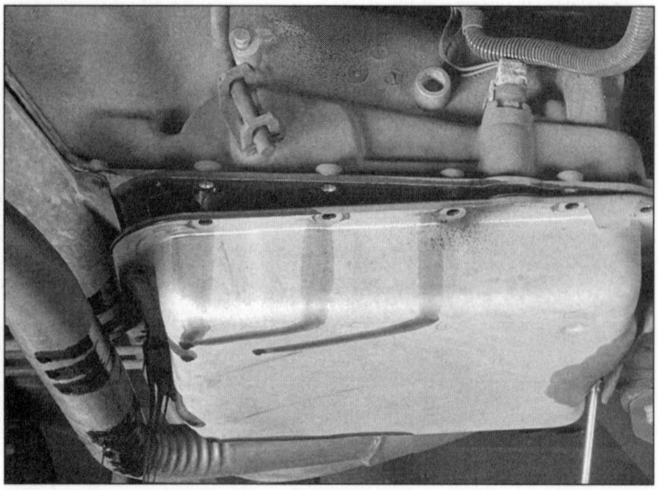

35.7 Con los pernos traseros flojos pero en su lugar, hale la parte delantera de la cacerola hacia abajo para permitir de que el fluido drene

35.10 Después de remover los tornillos o pernos, baje el filtro desde la transmisión

35.11 Algunos modelos tienen un anillo O en el captador del filtro; si no sale con el filtro, alcance adentro de la apertura con su dedo para removerlo

37.6a Remueva los pernos de la parte inferior de la cubierta . . .

fluido de la transmisión especificado (vea *Lubricantes y fluidos recomendados* al principio de esté Capítulo) y un filtro nuevo.

3 Las otras herramientas necesarias para este trabajo incluyen un gato, estantes para apoyar el vehículo en una posición elevada, una cubeta de vaciado con capacidad de por los menos ocho pintas (cuatro litros), papel de periódico y trapos limpios.

4 Levante el vehículo y apóyelo bien sobre los estantes.

5 Remueva el perno de montaje central de la transmisión. Use un gato colocado por debajo de la cacerola de la transmisión para elevar ligeramente la transmisión. Coloque un bloque de madera entre la cacerola y la cabeza del gato para prevenir daños en la cacerola. Ya elevada la transmisión, inserte un pequeño bloque de madera entre el calzo y el travesaño. **Peligro:** *No debe meter las manos entre el travesaño y la transmisión cuando está apoyada de esta manera.*

6 Coloque la cubeta de vaciado por debajo de la cacerola de la transmisión. Remueva los pernos de montaje delanteros y laterales, pero solo debe aflojar los pernos traseros como unas cuatro vueltas.

7 Con cuidado suelte la cacerola usando un destornillador como una palanca, permitiendo así que se vacíe el fluido. **(vea ilustración)**.

8 Remueva los demás pernos, la cacerola y la junta. Con cuidado limpie la superficie de la junta de la transmisión para remover todo rasgo de la junta vieja y el sellador.

9 Vacíe el fluido de la cacerola de la transmisión, límpiela con solvente y séquela con aire comprimido.

10 Remueva el filtro del montaje dentro de la transmisión **(vea ilustración)**.

11 Si el sello no salió con el filtro, remuévalo de la transmisión **(vea ilustración)**. Instale un filtro nuevo y un sello nuevo.

12 Asegúrese de que la superficie de la junta de la cacerola de la transmisión esté limpia, luego instale una junta nueva en la cacerola. Ponga la cacerola en su lugar contra la transmisión y apriete poco a poco cada perno igualmente dando vueltas por toda la cacerola hasta lograr la cifra de torque final.

13 Baje el vehículo y añada por la boquilla aproximadamente siete pintas del tipo de fluido de la transmisión automática del tipo especificado (Sección 6).

14 Con la transmisión en estacionamiento y el freno de estacionamiento puesto, corra el motor en marcha mínima a buena velocidad pero no demasiado.

15 Mueva el selector de cambios por cada rango y de nuevo a Estacionar. Chequee el nivel del fluido. Probablemente estará bajo. Añada suficiente fluido para llevar el nivel al rango de COLD FULL (lleno frío) en la varilla de nivel.

16 Chequee por debajo del vehículo por fugas durante los primeros viajes.

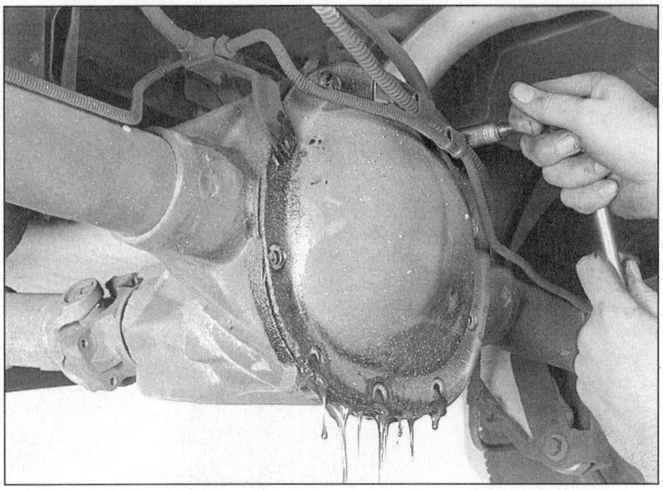

37.6b . . . entonces afloje los pernos de la parte superior y permita de que el aceite drene

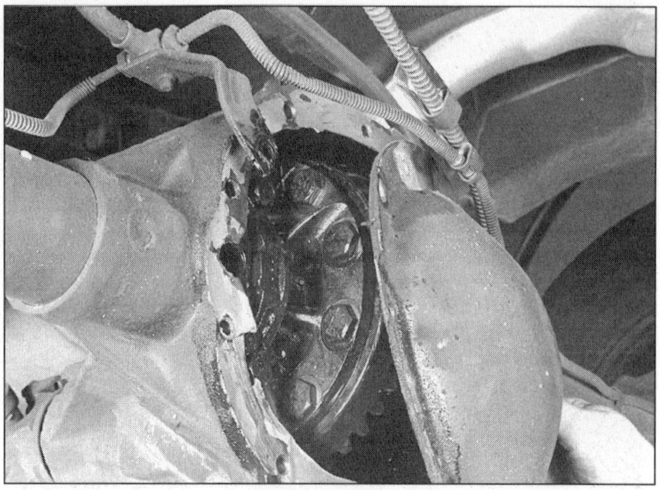

37.6c Después de que el aceite sea drenado, remueva la cubierta

36 Transmisión manual - cambio de aceite

1 Levante el vehículo y apóyelo seguramente en estantes.
2 Mueva una cacerola de desagüe, trapos, periódicos y herramientas debajo del vehículo.
3 Remueva el tapón del drenaje de la transmisión en la parte de abajo de la caja y permita que el aceite gotee adentro de la cacerola.
4 Después de que el aceite haya dejado de drenar completamente, reinstale el tapón y apriételo firmemente.
5 Remueva el tapón para llenar la transmisión que está en un lado de la transmisión. Usando una bomba de mano, jeringa o embudo, llene la transmisión con la cantidad correcta del lubrificante especificado. Reinstale el tapón y apriételo firmemente.
6 Baje el vehículo.
7 Maneje el vehículo por una distancia corta y entonces chequee el tapón del desagüe y el de llenar por cualquier señal de fugas.

37 Diferencial - cambio de lubricante

Refiérase a las ilustraciones 37.6a, 37.6b, 37.6c y 37.8

1 Se pueden drenar algunos diferenciales removiendo el tapón de vaciado, mientras que con otros es necesario remover el plato de cubierta del diferencial. Como una alternativa, se puede usar una bomba aspiradora a mano para remover el lubricante del diferencial por medio del agujero de llenado. Si no hay un tapón de vaciado y no hay disponible una bomba aspiradora, no se olvide de conseguir una junta nueva en el mismo momento que se compra el lubricante de engranaje.
2 Levante el vehículo y apóyalo bien sobre estantes. Mueva una cacerola de vaciado, trapos, periódicos y llaves por debajo del vehículo.
3 Remueva el tapón de llenado del diferencial.
4 Si está equipado con un tapón de vaciado, remueva el tapón y permita que se vacíe completamente el lubricante del diferencial. Ya vaciado el lubricante, instale el tapón y apriételo bien.
5 Si no se usa una bomba aspiradora, inserte un tubo flexible, introduzca el tubo hasta el fondo del diferencial y bombee el aceite.
6 Si se vacía el diferencial removiendo la placa de cubierta, remueva los pernos en la mitad inferior de la placa **(vea ilustración)**. Afloje los pernos en la mitad superior y úselos para mantener la placa ligeramente fijada **(vea ilustración)**. Permita que el aceite se vacíe en la cacerola, luego remueva completamente la tapa **(vea ilustración)**.
7 Con un trapo libre de pelusa, limpie el interior de la tapa y las áreas accesibles del diferencial. Mientras se efectúe esto, chequee por engranes mellados y partículas de metal en el lubricante, lo que indica que el diferencial debe ser inspeccionado más en detalle o debe reemplazarse.
8 Limpie completamente las superficies de conexión de la junta del diferencial y la cubierta. Con un rascador de juntas o un cuchillo de masilla para remover todo rasgo de la junta vieja **(vea ilustración)**.
9 Aplique una capa ligera de sellador RTV (vulcanizador accionado a temperatura ambiente) en el reborde, luego apriete en su lugar una junta nueva en la tapa. Asegúrese de que los agujeros de los pernos estén bien alineados.
10 Coloque la tapa en el cárter del diferencial e instale los pernos. Apriete bien los pernos.
11 En todos los modelos, use una bomba de mano, una jeringuilla o un embudo para llenar el cárter del diferencial con el lubricante especificado hasta que esté a la par con el fondo del agujero del tapón.
12 Instale el tapón de llenado y apriételo bien.

37.8 Con cuidado raspe el material de la junta vieja hacia afuera para asegurar un sello libre de fugas con la junta nueva

1

38 Baleros de las ruedas delanteras - chequeo, empaque y ajuste

Refiérase a las ilustraciones 38.1, 38.6, 38.7, 38.8, 38.11 y 38.15

1 En la mayoría de los casos los baleros de las ruedas delanteras no necesitarán mantenimiento hasta cambiar las pastillas de freno. Sin embargo, los baleros deben chequearse siempre que se levante la parte delantera del vehículo por cualquier motivo. Se requieren varios artículos, incluyendo una llave de torque y grasa especial, para este

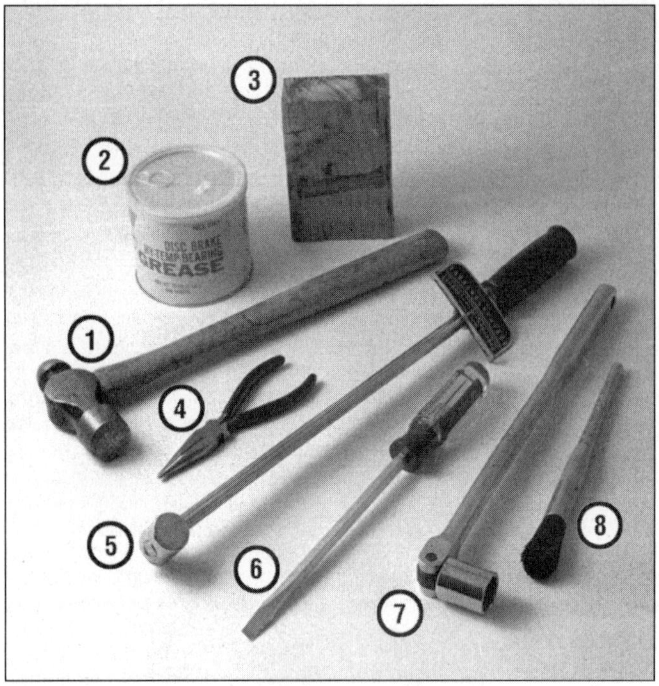

38.1 Herramientas y materiales necesario para el mantenimiento de los baleros del frente

1 ***Martillo*** *- Un martillo común será suficiente.*
2 ***Grasa*** *- Grasa de alta temperatura que tenga una formula especial para los baleros de las ruedas delantera.*
3 ***Bloque de madera*** *- Si usted tiene un pedazo de madera de 2x4, se puede usar para instalar el sello nuevo.*
4 ***Pinzas con puntas finas*** *- Se usan para remover el pasador de la rueda.*
5 ***Un torquímetro*** *- Este es un procedimiento muy importante; si el balero está muy apretado, la rueda no girará libremente - si está muy suelta, la rueda se tambaleará en el vástago/muñón.*
6 ***Destornillador*** *- Se usa para remover el sello (un destornillador largo es preferible).*
7 ***Dado y palanca*** *- Se necesita para aflojar la tuerca del vástago/muñón.*
8 ***Cepillo*** *- Junto con un poco de solvente, esto se usará para remover la grasa vieja.*

38.6 Desaloje la tapa de la grasa trabajándola alrededor de la circunferencia en la parte exterior con un martillo y un cincel

38.7 Use alicates de cortar para enderezar el pasador y removerlo

procedimiento **(vea ilustración)**.

2 Con el vehículo bien apoyado en estantes, gire cada rueda y chequee por ruidos, resistencia al rodar y juego libre.

3 Agarre la parte alta de cada neumático con una mano y la parte baje con la otra. Mueva la rueda hacia adentro y hacia afuera sobre el vástago de eje. Si hay cualquier movimiento notable, hay que chequear los baleros y entonces hay que volver a engrasarlos o reemplazarlos si es necesario.

4 Remueva la rueda.

5 Fabrique un bloque de madera (1-1/16 de pulgada por 1/2 pulgada por 2 pulgadas de largo) que se pueda deslizar entre las pastillas del freno para mantenerlas separadas. Remueva la mordaza del freno (Capítulo 9) y cuélguela con un alambre para que no esté por medio molestando.

6 Remueva la tapa contra polvos del cubo usando como palanca un destornillador o un martillo y un cincel **(vea ilustración)**.

7 Enderece las puntas dobladas del pasador, luego remueva el pasador de la tuerca **(vea ilustración)**. Tire el pasador y use uno nuevo cuando vuelva a ensamblar.

8 Remueva la tuerca del vástago y la arandela de la punta del vástago **(vea ilustración)**.

9 Remueva solamente un poco el montaje del cubo/disco, luego vuelva a meterlo en su posición original. Esto debe forzar que el balero exterior se separe de lo suficiente del vástago para que se pueda remover.

10 Remueva el montaje del cubo/disco del vástago.

11 Use un destornillador como palanca para remover el sello de la parte trasera del cubo **(vea ilustración)**. Mientras se hace esto, fíjese en como está instalado el sello.

12 Remueva el balero interior del cubo.

13 Use solvente para remover todo rasgo de la grasa vieja de los baleros, el cubo y el vástago. Un cepillo pequeño puede resultar útil, sin embargo debe asegurarse que ningunas cerdas del cepillo se metan dentro de los rodamientos de los baleros. Permita que las partes se sequen al aire.

14 Con cuidado inspeccione los baleros por grietas, decoloración por calor, rodamientos gastados, etc. Chequee que los canales de rodamiento dentro del cubo no estén dañados ni gastados. Si los canales están defectuosas, hay que llevar el cubo a un taller de máquinas que tengan los dispositivos necesarios para remover los canales viejos y prensar unos nuevos. Note que los baleros y los canales vienen como juego completo y nunca se deben instalar baleros viejos en canales nuevos.

15 Use grasa de baleros de rueda delanteros de alta temperatura para engrasar los baleros. Engrase completamente los baleros, forzando la grasa entre los rodamientos, el cono y el canal desde el lado trasero **(vea ilustración)**.

16 Aplique una capa ligera de grasa en el

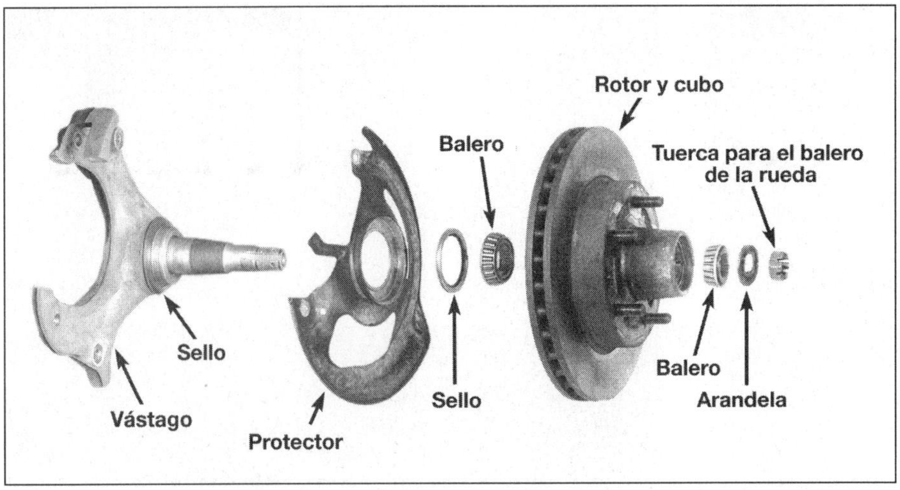

38.8 Componentes de los baleros de las ruedas delanteras

vástago al nivel del asiento de balero exterior, el asiento de balero interior, el collarín y el asiento del sello.

17 Ponga una pequeña cantidad de grasa dentro de cada canal de los baleros dentro del cubo. Con el dedo, forme una represa en estos puntos para crear la disponibilidad de grasa extra y para impedir que grasa adelgazada salga del balero.

18 Coloque el balero interior engrasado en la parte trasera del cubo y ponga un poco más de grasa en la cara exterior del balero.

19 Coloque un sello nuevo sobre el balero interior y dé golpecitos de manera equilibrada en el sello con un martillo y un bloque de madera hasta que esté raso con el cubo.

20 Con cuidado coloque el montaje del cubo en el vástago y apriete el balero exterior engrasado en su posición.

21 Instale la arandela y la tuerca del vástago. Apriete solamente ligeramente la tuerca (no más de 12 pies-libras de torque).

22 Gire el cubo en dirección frontal para asentar los baleros y remover cualquier grasa o rebarbas que podría causar juego excesivo de los baleros posteriormente.

23 Chequee para ver que lo apretado de la tuerca esté todavía en 12 pies-libras.

24 Desenrosque la tuerca hasta que esté apenas floja, no más.

25 Con la mano (no con ningún tipo de llave), apriete la tuerca hasta que esté ajustada. Instale un pasador nuevo por el agujero en el vástago y la tuerca. Si los agujeros de la tuerca no están alineados, desenrosque ligeramente la tuerca hasta que estén alineados. Desde la posición ajustada a mano, la tuerca no debe desenroscarse más de medio recorrido para instalar el pasador.

26 Doble las puntas del pasador hasta que estén planas contra la tuerca. Corte cualquier exceso que podría interferir con la tapa contra polvos.

27 Instale la tapa contra polvo, dando golpecitos con un martillo para ponerla en su lugar.

28 Coloque la mordaza del freno cerca del rotor y remueva cuidadosamente el bloque de madera. Instale la mordaza (Capítulo 9).

29 Instale el montaje del neumático/la rueda en el cubo y apriete las tuercas.

30 Agarre tanto la parte alta como la parte baja del neumático y chequee los baleros en la manera descrita anteriormente en esta Sección.

31 Baje el vehículo.

39 Sistema de anticongelante (vaciar, enjuagar y rellenar)

Peligro: *No permita que el anticongelante entre en contacto con su piel o la superficie de la pintura del camión. Enjuague el área que estuvo en contacto inmediatamente con suficiente agua. No guarde anticongelante nuevo o deje anticongelante viejo alrededor donde pueda ser fácilmente accesible por niños y animales doméstico - son atraídos por su sabor dulce. Ingestión aunque sea de una pequeña cantidad puede ser fatal. Limpie el piso del garaje y cacerola de goteo para derramamientos de anticongelante tan pronto ocurran. Guarde recipientes del anticongelante cubiertos y repare cualquier fuga en su sistema de enfriamiento inmediatamente.*

1 Periódicamente, el sistema de enfriamiento debe ser vaciado, enjuagado y rellenado para reponer la mezcla de anticongelante y prevenir la formación de oxidación y corrosión, lo que puede perjudicar el rendimiento del sistema de enfriamiento y causar daño al motor. Cuando se le otorga servicio al sistema de enfriamiento, todas las mangueras y la tapa del radiador deben chequearse y remplazarse si es necesario.

2 Ponga el freno de estacionamiento y bloquee las ruedas. Si el vehículo acaba de manejarse, espere varias horas para permitir que el motor se enfríe antes de comenzar con el procedimiento.

3 Ya completamente enfriado el motor, remueva la tapa del radiador.

4 Coloque un recipiente grande por debajo del desagüe del radiador para colectar el anticongelante. Fije una manguera con un diámetro de 3/8 de pulgada al accesorio de desagüe

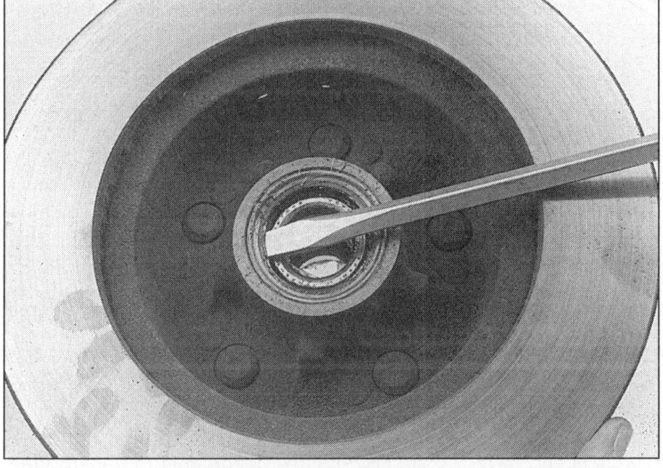

38.11 Use un destornillador para hacerle palanca al sello de grasa desde la parte trasera del cubo

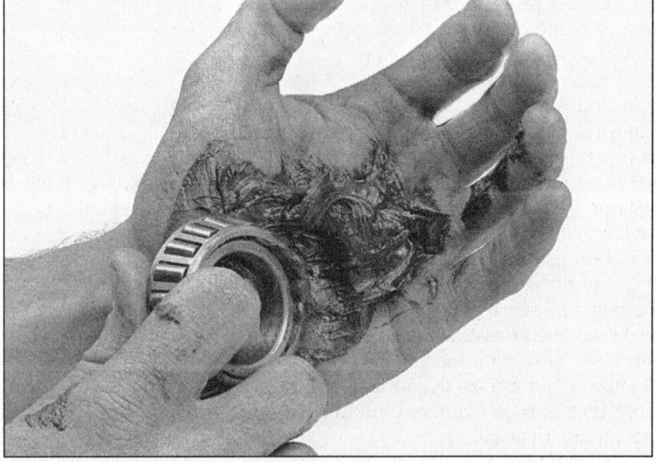

38.15 Trabaje la grasa completamente adentro de los rolletes

40.2 La válvula PCV (ventilación positiva del cárter) simplemente se empuja adentro de la tapa de los balancines o múltiple de admisión; ponga su dedo debajo de la válvula y remuévala - detecte por succión en el extremo de la válvula, sacuda la válvula y escuche por un sonido de chasquido

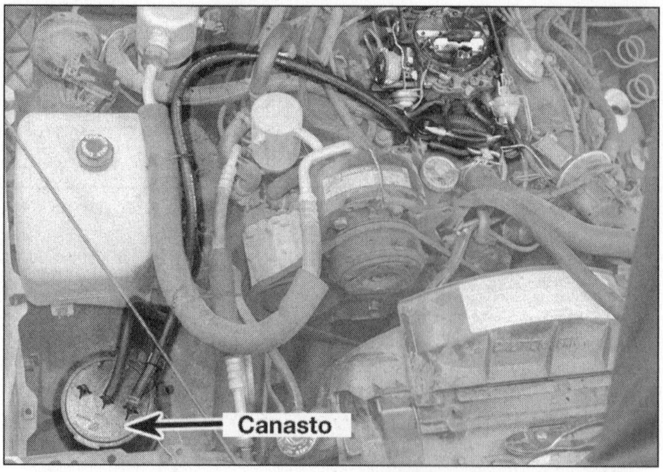

41.2 El sistema del canasto evaporativo está localizado en la parte delantera de la esquina del compartimiento del motor (flecha) - inspeccione las varias mangueras conectadas y el mismo canasto por cualquier daño

para llevar el anticongelante al recipiente, luego abra el accesorio de desagüe (pueden ser necesarias unas tenazas para voltearlo).

5 Después que el anticongelante deje de fluir del radiador, mueva el recipiente por debajo de los tapones de vaciado del bloque del motor - hay uno en cada lado del bloque. Remueva los tapones y permita que el anticongelante en el bloque se vacíe.

6 Mientras está vaciándose el anticongelante, chequee las condiciones de las mangueras del radiador, las mangueras de calefacción y las abrazaderas (refiérase a la Sección 9 si es necesario).

7 Reemplace cualquier abrazadera o manguera dañadas.

8 Ya completamente vaciado el sistema, enjuague el radiador con agua fresca de una manguera de jardín hasta que salga limpia del desagüe. La acción de enjuague del agua removerá los sedimentos del radiador pero no removerá lo oxidado y las incrustaciones de las superficies de los tubos de enfriamiento y el motor.

9 Estos depósitos pueden removerse con un limpiador químico. Siga el procedimiento indicado en las instrucciones del fabricante. Si el radiador está muy corroído, dañado o si está con fugas, debe removerse (Capítulo 3) y llevarse a un taller de reparación de radiadores.

10 Remueva la manguera de derrame al depósito de recuperación del anticongelante. Vacíe el depósito y enjuáguelo con agua limpia, luego vuelva a conectar la manguera.

11 Cierre y apriete el desagüe del radiador. Instale y apriete los tapones de vaciado del bloque.

12 Coloque el control de temperatura de la calefacción en la posición máxima.

13 Lentamente añada anticongelante nuevo (una mezcla de un 50% de anticongelante y un 50% de agua) en el radiador hasta que esté lleno. Añada anticongelante en el depósito hasta la marca inferior.

14 Deje la tapa del radiador fuera y corra el motor en un área bien ventilada hasta que se abra el termostato (el anticongelante comenzará a fluir por el radiador y la manguera superior del radiador se calentará).

15 Apague el motor y déjelo enfriarse. Añada más de la mezcla anticongelante para volver a llevar el nivel hasta el reborde que está en la boquilla de llenado.

16 Apriete la manguera superior para extraer el aire, luego añada más de la mezcla anticongelante si es necesario. Reemplace la tapa del radiador.

17 Ponga el motor en marcha, dejándolo llegar a la temperatura normal de operación y chequee para ver si hay fugas.

40 Válvula PCV (ventilación positiva del cárter) - chequeo y reemplazo

Refiérase a la ilustración 40.2

1 La válvula de PCV se localiza en la tapa para cubrir los balancines.

2 Con el motor en marcha mínima y a temperatura normal de operación, hale la válvula (con la manguera instalada) de la junta de caucho en la tapa **(vea ilustración)**.

3 Ponga su dedo encima del fin de la válvula. Si no hay vacío en la válvula, chequee por una manguera tapada, el puerto del tubo de la unión del múltiple obstruido, o la válvula misma. Reemplace cualquier manguera tapada o deteriorada.

4 Apague el motor y sacuda la válvula PCV, escuche por un sonido como una matraca. Si la válvula no hace sonido, reemplácela con una nueva.

5 Para reemplazar la válvula, hálela del final de la manguera, note su posición de instalación y la dirección.

6 Cuando compre una válvula PCV de reemplazo, asegúrese de que es para su vehículo en particular y para el tamaño de su motor. Compare la válvula vieja con la nueva para estar seguro de que es la misma.

7 Empuje la válvula en el final de la manguera hasta que se siente.

8 Inspeccione el sello de caucho por daño y lo reemplaza con uno nuevo si es necesario.

9 Empuje la válvula PCV y la manguera firmemente en su posición.

41 Sistema de control de emisiones evaporativas - chequeo

Refiérase a las ilustraciones 41.2, 41.4 y 41.5

1 La función del sistema de control de emisiones evaporativas es de absorber los vapores de combustible del tanque de combustible y del sistema de combustible, almacenados en un canasto de carbón y los dirige al múltiple de admisión durante la operación normal del motor.

2 El síntoma más común de un defecto en el sistema de las emisiones evaporativas es un olor fuerte de combustible en el compartimiento del motor. Si un olor de combustible es detectado, inspeccione el canasto de carbón, localizado en el compartimiento del motor **(vea ilustración)**. Chequee el canasto y todas las mangueras por daño y deterioración.

3 En los modelos más antiguos, el filtro en el fondo del canasto debe ser reemplazado en este momento.

4 Remueva los pernos de retención, gire el canasto al revés y hale el filtro viejo del fondo del canasto **(vea ilustración)**. Si usted no puede girar el canasto lo suficiente debido a la longitud corta de las mangueras, marque las mangueras con cinta y las desconecta.

5 Empuje el filtro nuevo en el fondo del canasto, asegúrese que está asentado completamente alrededor **(vea ilustración)**.

6 Instale el canasto y conecte cualquier mangueras que fueron desconectadas.

7 El sistema de control de emisiones evaporativas es explicado en más detalle en el Capítulo 6.

41.4 Hale el elemento del filtro desde la parte inferior del canasto

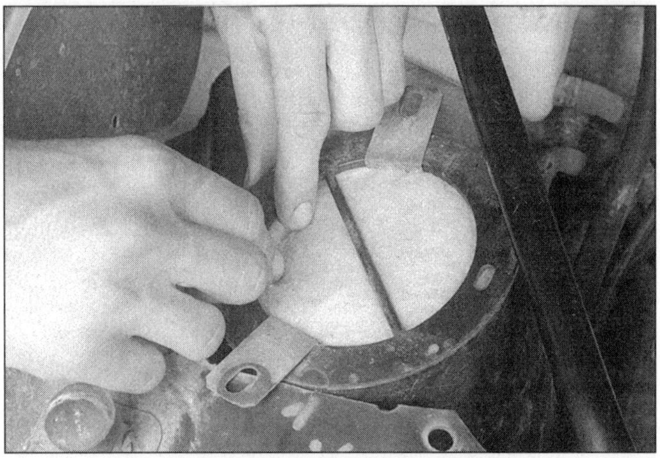

41.5 Asegúrese que el filtro nuevo está completamente asentado alrededor de la parte inferior del canasto

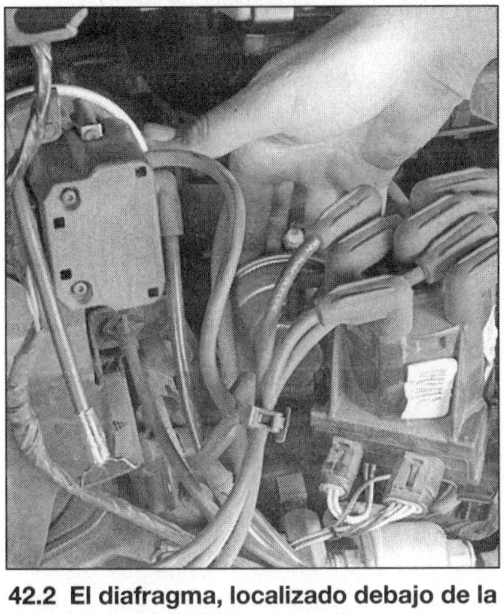

42.2 El diafragma, localizado debajo de la válvula EGR (recirculación de los gases de escape), se debe de mover fácilmente con la presión del dedo

42 EGR (recirculación de los gases de escape) - chequeo del sistema

Refiérase a la ilustración 42.2

1 La válvula EGR está generalmente localizada en el múltiple de admisión, adyacente al carburador. La mayor parte del tiempo cuando un problema se desarrolla en este sistema de emisiones, es debido a una válvula EGR atascada o corroída.

2 Con el motor frío, para prevenir quemaduras, empuje en el diafragma de la válvula EGR. Usando presión moderada, usted debe ser capaz de apretar el diafragma hacia adentro y hacia afuera adentro del albergue **(vea ilustración)**.

3 Si el diafragma no se mueve o se mueve solamente con mucho esfuerzo, reemplace la válvula EGR con una nueva. Si está dudoso acerca de la condición de la válvula, compare el movimiento libre de su válvula EGR con una válvula nueva.

4 Refiérase al Capítulo 6 para más información en el sistema EGR.

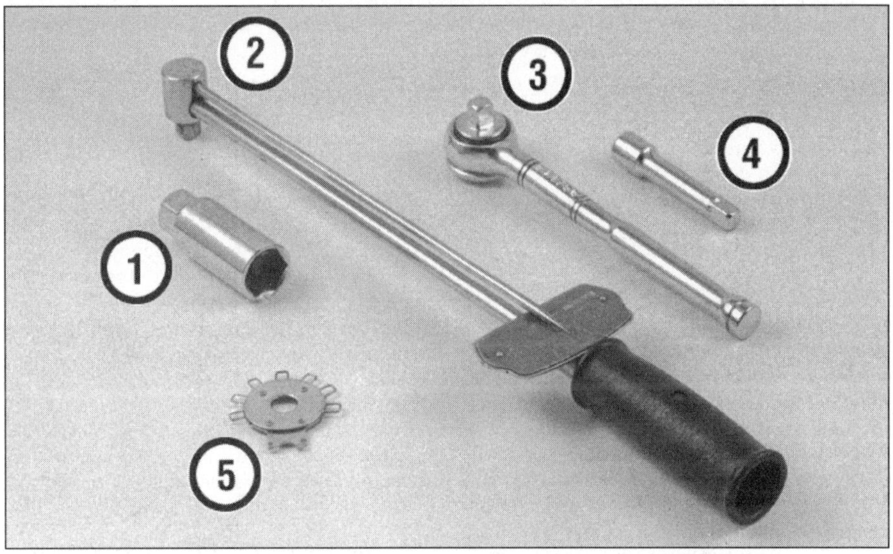

43.2 Herramientas requeridas para cambiar las bujías

1 ***Dado para la bujía*** - *Este dado tiene una esponja especial adentro para proteger la aislación de porcelana de la bujía.*

2 ***Torquímetro*** - *Aunque no es necesario, usando esta herramienta es la forma más segura de apretar las bujías apropiadamente.*

3 ***Matraca*** - *Herramienta normal que se usa con el dado de bujía*

4 ***Extensión*** - *Dependiendo del modelo y de los accesorios; pueda que usted necesite extensiones especiales y uniones universales, para poder llegar a una o más de las bujías.*

5 ***Calibrador de bujías*** - *Este tipo de calibrador para chequear la luz de las bujías vienen en diferente tipos y estilos. Esté seguro que el calibrador tenga el diámetro que se necesita para su camión.*

43 Bujías - reemplazo

Refiérase a las ilustraciones 43.2, 43.5a, 43.5b, 43.6 y 43.10

1 Antes de empezar, obtenga las herramientas necesarias, que incluirá un dado especial para las bujías, un calibrador para el ajuste del electrodo etc.

2 El procedimiento de seguir cuando reemplace las bujías es de comprar las bujías antes de empezar el trabajo, téngalas de antemano, ajuste la luz del electrodo apropiadamente y reemplace una bujía a la vez. Cuando compre las bujías nuevas es muy importante de obtener las bujías correctas para la aplicación de su motor. Esta información se puede hallar en la etiqueta de información de afinación o en la etiqueta de información del Control de las Emisiones del Vehículo, localizadas debajo del capo/cofre o en el manual del dueño. Si existen algunas diferencias entre estas fuentes, compre la bujía especificada en la etiqueta, porque el informe fue impreso para ese motor en específico **(vea ilustración)**.

3 Con las bujías nuevas disponibles en sus manos, permita que el motor se enfríe

43.5a Las manufacturas de las bujías recomiendan usar un calibrador de alambre para chequear la luz libre - si el alambre no se desliza a través de los electrodos con una pequeña fricción, ajuste es requerido

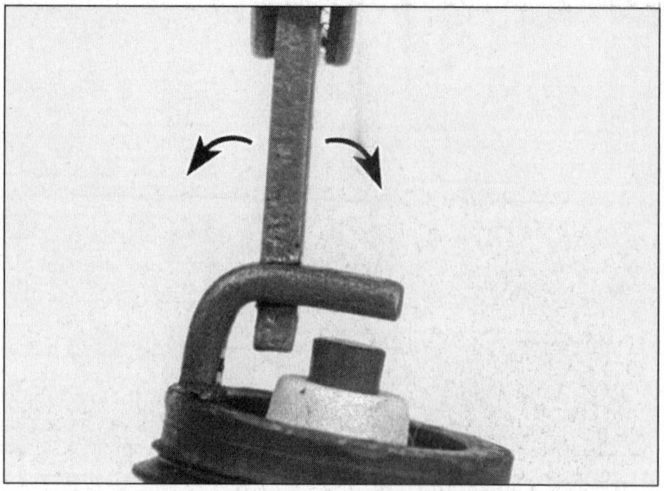

43.5b Para cambiar la calibración, doble el lado del electrodo solamente, como es indicado por las flechas, y esté bien seguro de no cuartear o romper el aislador alrededor de la porcelana en el electrodo central

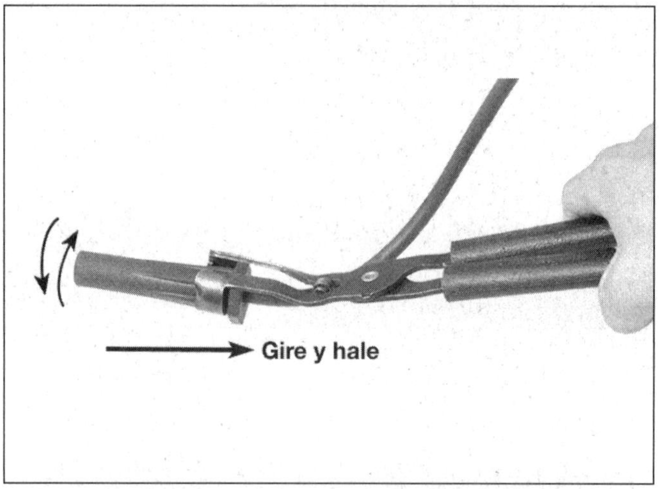

43.6 Cuando esté removiendo un alambre de la bujía es importante de halar en el extremo de la bota y no en el alambre mismo. Una pequeña moción rotatoria también ayudará

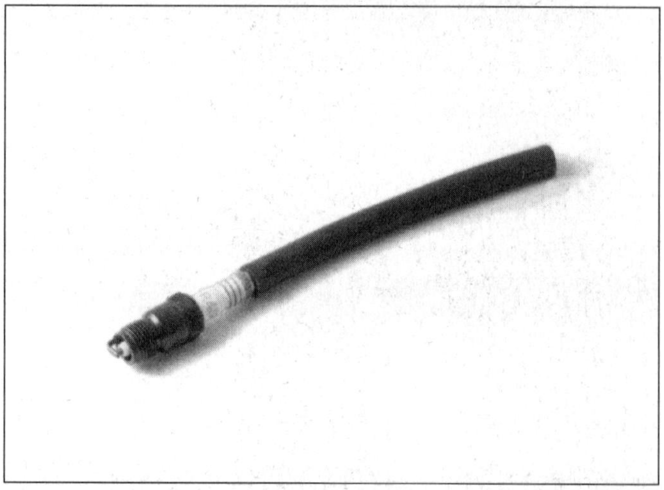

43.10 Un pedazo de manguera de 3/16 ID (diámetro interno) ahorrará tiempo y prevendrá daño a las roscas cuando esté instalando las bujías

completamente antes de intentar de remover las bujías. Durante esté tiempo se pueden inspeccionar cada una de las bujías nuevas por defectos y la luz de los electrodos se pueden chequear.

4 La luz es chequeada insertando un calibrador del espesor apropiado entre el electrodo y la punta de la bujía. La luz del electrodo debe de ser la misma que la de la etiqueta para el control de emisiones. El alambre debe solamente de tocar cada uno de los electrodos. Si la luz está incorrecta, use la parte del calibrador para doblar el electrodo lateral ligeramente hasta que se alcance la luz apropiada. Si el electrodo lateral no está precisamente encima del electrodo del centro, use la grieta del ajustador para poder alinear los dos. Chequee por cuarteaduras en el aislador de la porcelana, indicación de que la bujía no se debe usar.

5 Con el motor frío, remueva el alambre de una bujía. Haga esto agarrando la bota del alambre por la parte final, no el alambre mismo **(vea ilustraciones)**. A veces es necesario usar un movimiento como si se fuera a destornillar la bota y se saca el alambre y la bota al mismo tiempo.

6 Si aire comprimido es disponible, lo puede usar para soplar cualquier tierra o material extranjero lejos del área de la bujía. Una bomba común para bicicletas trabajará también. La idea aquí es de eliminar la posibilidad de que caiga algún material extranjero en el cilindro cuando se remueva la bujía **(vea ilustración)**.

7 Ponga el dado de la bujía sobre la bujía y remuévala dándole vuelta a la herramienta en la dirección contra las manillas del reloj.

8 Compare la bujía con las muestras en las fotografías de color que están en esté Capítulo para tener una indicación del funcionamiento y condición general del motor.

9 Enrosque la bujía en el motor con sus dedos hasta que no pueda enroscarla más con sus dedos, después puede apretarlas con el dado. Donde puede haber dificultad en insertar la bujía en la cabeza, o la posibilidad de cruzar las roscas en la cabeza, un pedazo de manguera de caucho de 3/8 por 16 pulgadas de largo se puede instalar al final de la bujía. La tubería flexible actuará como una junta universal, que ayudará a alinear la bujía en el agujero de la cabeza, y si la bujía empieza a cruzar las roscas, la manguera resbalará en la bujía, previniendo de que las roscas se dañen. Si está equipado un torquímetro disponible es bueno usarlo para apretar las bujías y estar seguro de que están correctamente acentuadas. La torsión correcta para las bujías está incluida en la parte del frente de esté Capítulo.

10 Antes de empujar el alambra de la bujía encima de la bujía, inspeccione el alambre siguiendo el procedimiento descripto en la Sección 41 **(vea ilustración)**.

11 Instale el cable de la bujía en la bujía

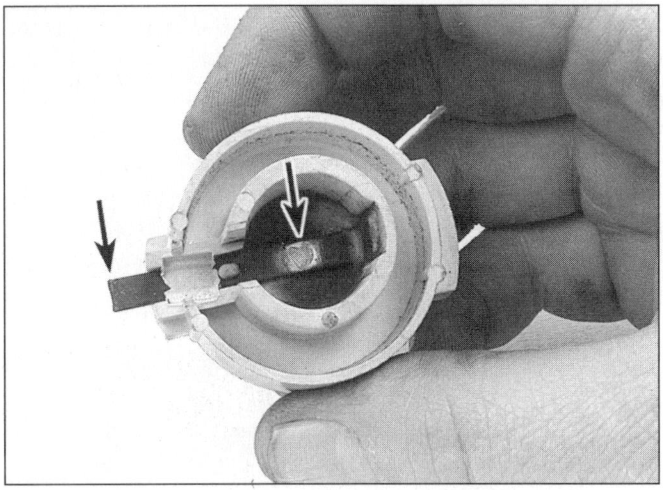

45.3a Chequee los contactos del rotor del distribuidor (flechas) por desgaste y marcas quemadas (modelo más moderno con bobina de tipo remota del distribuidor)

45.3b Rastros de carbón en el rotor es causado por una fuga en el sello entre la tapa del distribuidor y la bobina de la ignición (siempre reemplace ambos sello y rotor cuando esta condición esté presente) (distribuidor de tipo con bobina en la tapa)

nueva. Asegúrese de que el alambre no esté tocando el múltiple del escape.

12 Siga el procedimiento anterior para el resto de las bujías, remplazándolas de una en una para no cruzar los alambres de las bujías.

44 Alambre de las bujías - chequeo y reemplazo

1 Los alambres de las bujías deben de ser chequeados a los intervalos recomendados y siempre que se cambien las bujías del motor.

2 Los alambres se deben inspeccionar uno a uno para prevenir de que se mezclen, que es esencial para el funcionamiento apropiado del motor.

3 Desconecte los alambres de las bujías. Para hacer esto, agárrelo por las botas de caucho, tuérzalo ligeramente y hale el alambre hacia fuera. No hale el alambre en si mismo, solamente en la bota de caucho **(vea ilustración 43.6)**.

4 Inspeccione la bota por dentro para ver si está con corrosión, que se parecería a un polvo blanco. Empuje el alambre y la bota hasta el final de la bujía. Debe de ser una conexión firme en la bujía. Si no está firme, remueva el alambre y use alicates para que cuidadosamente pueda ponerle presión a la parte que hace contacto con la bujía, virándolo un poco hasta que haga un contacto seguro en la bujía.

5 Use un trapo limpio, limpie la longitud entera del alambre para remover cualquier partícula de tierra o grasa. Una vez que el alambre está limpio, chequee por quemaduras, cuarteaduras y cualquier otro daño. No doble el alambre excesivamente o hale el alambre por el conductor porque la parte de adentro se puede romper.

6 Desconecte los alambres de la tapa del distribuidor. Un anillo retenedor en la parte de cima del distribuidor se va a tener que remover para poder remover los alambres. De nuevo, solamente hale el caucho de la bota. Chequee por corrosión y esté seguro de que entra firmemente igual que en la bujía.

7 Chequee los alambres de las bujías restante de uno en uno, estando seguro de que están bien asegurado a la tapa del distribuidor y a las bujías cuando termine de hacer el chequeo.

8 Si se va a instalar alambres de bujías nuevos, compre un juego nuevo para el modelo específico de su vehículo y motor. Los juegos de alambre son disponibles que ya han sido cortados, con el caucho de las botas ya instalado. Remueva y reemplace los alambres de uno en uno, tome su tiempo para evitar confusiones en el orden del encendido.

45 Rotor y tapa del distribuidor - chequeo y reemplazo

Nota: *Es la práctica común de instalar una tapa y rotor nuevo del distribuidor cuando los alambres nuevos para las bujías son instalados. En los modelos que tienen la bobina para la ignición instalado en la tapa, la bobina tendrá que ser transferida a la tapa nueva.*

Chequeo

Refiérase a las ilustraciones 45.3a, 45.3b, 45.4, 45.6a y 45.6b

1 Para obtener acceso a la tapa del distribuidor, especialmente en un motor V6, pueda que sea necesario remover el ensamblaje del filtro de aire.

2 Afloje los tornillos que retienen la tapa del distribuidor (note que los tornillos tienen un hombro para que ellos no se salgan completamente hacia afuera). En algunos modelos, la tapa es sostenida en su posición con picaportes que se parecen a los tornillos - para liberarlos, empuje hacia abajo con un destornillador y los gira acerca de 1/2-vuelta. Hale en la tapa, con los alambres conectados, para separarlo del distribuidor, entonces póngalo a un lado.

45.4 Este tipo de rotor se le puede hacer palanca para removerlo del eje del distribuidor con un destornillador - otros tipos tienen dos tornillos que deben de ser removidos (esté seguro de no dejar caer nada adentro del distribuidor)

3 El rotor es ahora visible en el final del eje de distribuidor. Chequee cuidadosamente por roturas y rastros de carbón. Asegúrese que la tensión del resorte central es adecuada, busque por corrosión y desgaste en la punta del rotor **(vea ilustraciones)**. Si está dudoso acerca de su condición, reemplácelo con uno nuevo.

4 Si reemplazo es requerido, separe el rotor del eje e instale uno nuevo. En algunos modelos, el rotor está prensado en el eje y puede ser removido haciéndole palanca o halándolo hacia fuera **(vea ilustración)**. En otros modelos, el rotor está conectado al eje del distribuidor con dos tornillos.

5 El rotor está acoplado al eje para que se pueda instalar solamente de una manera. Los

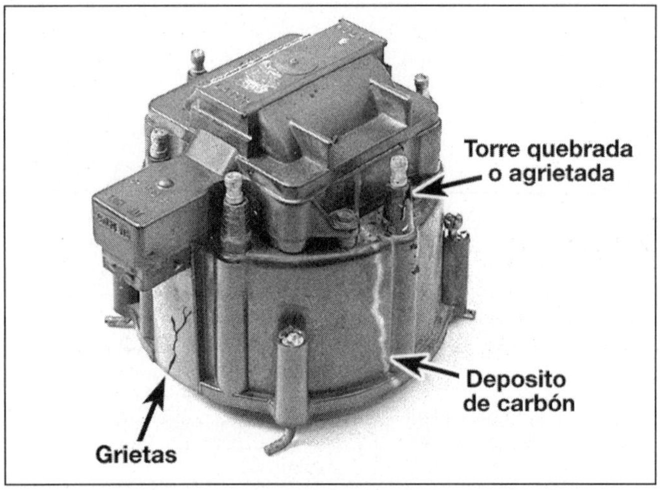

45.6a Inspeccione la parte de adentro de la tapa, especialmente los contactos de metal (flecha) por corrosión y desgaste

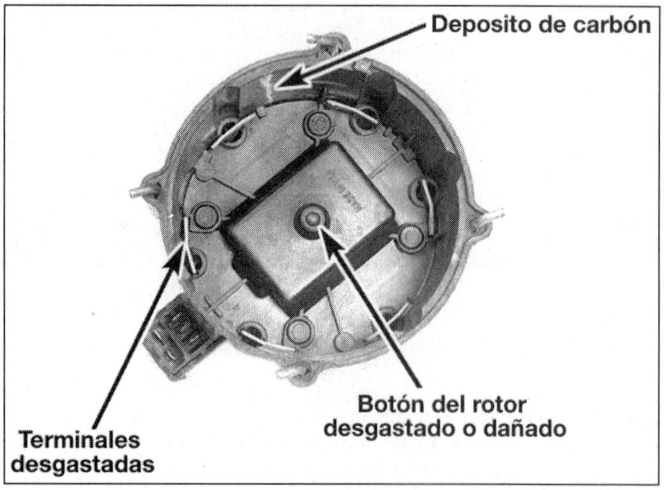

45.6b Mostrado aquí están algunos de los defectos comunes de buscar cuando esté inspeccionando la tapa del distribuidor (si está en duda a cerca de su condición, instale una nueva)

rotores acoplados por presión tienen un pasador interno que debe formar una fila con una hendidura en el final del eje (o viceversa). Los rotores sostenidos en su posición con tornillos tienen un cuadrado y una clavija redonda en la cara inferior que debe instalarse en el orificio con la misma forma.

6 Chequee la tapa del distribuidor por rastro de carbón, roturas y otros daños. Examine de cerca las terminales en el interior de la tapa por corrosión y daños excesivos **(vea ilustraciones)**. Depósitos leves son normal. Otra vez, si está dudoso acerca de la condición de la tapa, reemplácela con una nueva. Esté seguro de aplicar una cantidad pequeña de lubricante de silicona a cada terminal antes de instalar la tapa. También, asegúrese que la brocha de carbón (terminal central) está correctamente instalada en la tapa - un espacio libre ancho entre la brocha y el rotor resultará en la quemadura del rotor y/o daño a la tapa del distribuidor.

Reemplazo

Distribuidor convencional

7 En los modelos con una bobina para la ignición separada, simplemente separe la tapa del distribuidor y transfiera los alambres de las bujías, de uno en uno, a la tapa nueva. ¡Tenga mucho cuidado de no mezclar los alambres!

8 Acople nuevamente la tapa al distribuidor, entonces apriete los tornillos o posiciónelos nuevamente en los picaportes para detenerlos en su posición.

Distribuidor con la bobina en la tapa

Refiérase a la ilustración 45.12

9 Use su dedo pulgar para empujar los picaportes del retenedor del alambre de la bujía hacia afuera de la tapa de la bobina.

10 Levante el anillo retenedor hacia afuera de la tapa del distribuidor con los alambres de las bujías conectados al anillo. Pueda que sea necesario trabajar los alambres hacia afuera de la tapa del distribuidor para que ellos permanezcan con el anillo.

11 Desconecte el conector eléctrico de la batería/tacómetro/bobina de la tapa del distribuidor.

12 Remueva los dos tornillos de la tapa de la bobina y levante la tapa de la bobina **(vea ilustración)**.

13 Hay tres conectores pequeños de tipo espada en los alambres que se extienden de la bobina al conector eléctrico en el lado de la tapa del distribuidor. Note cuál terminal de los alambres está conectadó, después use un destornillador pequeño para empujarlo a que se liberen.

14 Remueva los cuatro tornillos que retienen la bobina y levántela hacia afuera de la tapa.

45.12 Remueva los dos tornillos (flechas) que retienen la cubierta de plástico a la tapa

15 Cuando esté instalando la bobina en la tapa nueva, esté seguro de instalar un sello nuevo de caucho para el arco en la tapa.

16 Instale los tornillos de la bobina, los alambres en el conector y en la tapa de la bobina.

17 Instale la tapa en el distribuidor.

18 Conecte el conector eléctrico en la bobina a la tapa del distribuidor.

19 Instale el anillo retenedor para los alambres de las bujías en la tapa del distribuidor.

Capítulo 2 Parte A Motores

Contenido

2A

Especificaciones

Buick - motores V6

Orden del encendido 1-6-5-4-3-2

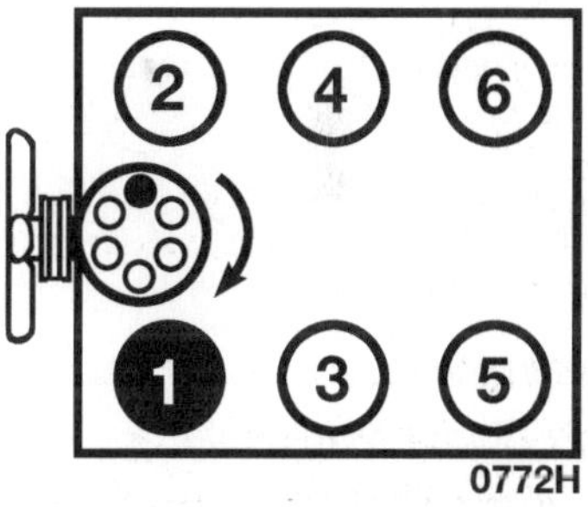

Esquema de la ubicación de los cilindros y la rotación del distribuidor - motores V6 Buick

Árbol de levas

Diámetro del muñón (todos) .... 1.785 a 1.786 pulgadas

Altura del lóbulo - Compare las lecturas de cada válvula de admisión y de escape. Reemplace el árbol de levas si las lecturas varían más de 0.003 pulgada.

Especificaciones técnicas	**Pies-libras**
Pernos del múltiple de admisión	45
Pernos del múltiple de escape a la cabeza de los cilindros	
Hasta 1985	25
1986	20
1987 y más moderno	37
Pernos de la cabeza de los cilindros	
Hasta 1985	80
1986 y más moderno	
Paso 1*	25
Paso 2*	Gírelo 90 grados adicionales
Paso 3*	Gírelo 90 grados adicionales

**No exceda 60 pies-libras durante los pasos 2 y 3*

Tapa de los balancines	60 pulgadas libras
Cacerola del aceite	15
Tapa de la bomba de aceite	120 pulgadas libras
Tapa de la cadena del tiempo	20
Volante/plato flexible	60
Amortiguador de vibraciones al cigüeñal	
1975	150 mínimo
1976 y 1977	175 mínimo
1978 hasta 1984	225
1985 y más moderno	200
Eje de los balancines	30
Tapa de los balancines	48 pulgadas libras

Buick - motores V8

Orden del encendido	1-8-4-3-6-5-7-2

Árbol de levas

Diámetro del muñón	1.785 a 1.786 pulgadas

Altura del lóbulo - Compare las lecturas de cada válvula de admisión y de escape. Reemplace el árbol de levas si las lecturas varían más de 0.003 pulgada.

Especificaciones técnicas	**Pies-libras** (a menos que de otro modo fuera indicado)
Pernos del múltiple de admisión	45
Pernos del múltiple de escape a la cabeza de los cilindros	25
Pernos de la cabeza de los cilindros	
350	80
455	100
Volante/plato flexible	60
Amortiguador de vibraciones al cigüeñal	
350	
Hasta 1972	120
1973 hasta 1975	140
1976 y 1977	175
1978 y más moderno	225
455	
Hasta 1975	200
1976	225
Cacerola del aceite	168 pulgadas libras
Tapa de la bomba de aceite	120 pulgadas libras
Tapa de los balancines	48 pulgadas-libras
Tapa de la cadena del tiempo	30
Eje de los balancines	30

0773H

Esquema de la ubicación de los cilindros y la rotación del distribuidor - motores V8 Buick

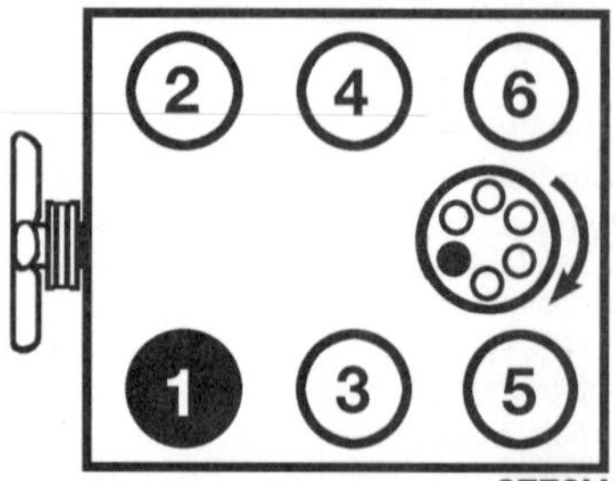

0772Hx

Esquema de la ubicación de los cilindros y la rotación del distribuidor - motores V6 Chevrolet

Chevrolet - motores de 229 y 262 pulgadas cúbicas de V6

Orden del encendido	1-6-5-4-3-2

Árbol de levas

Altura del lóbulo	
229	
Admisión	0.357 pulgada
Escape	0.390 pulgada
262	
Admisión	.234 pulgada
Escape	.257 pulgada
Diámetro del muñón	1.8682 a 1.8692 pulgadas
Desviación	0.0015 máximo de pulgada
Juego final	0.004 a 0.012 pulgada

Especificaciones técnicas	**Pies-libras** (a menos que de otro modo fuera indicado)
Pernos del múltiple de admisión	30
Pernos del múltiple de escape a la cabeza de los cilindros*	20
Perno para el engrane del árbol de levas	20
Pernos de la cabeza de los cilindros	65
Volante/plato flexible	60
Amortiguador de vibraciones al cigüeñal	60
Cacerola del aceite	10
Pernos de la tapa de la bomba de aceite	96 pulgadas-libras
Tapa de los balancines	48 pulgadas-libras
Tapa de la cadena del tiempo	84 pulgadas-libras
*Pernos interiores del múltiple de escape en los 350	30

Chevrolet - motores V8

Orden del encendido	1-8-4-3-6-5-7-2

Árbol de levas

Altura del lóbulo	
Admisión	
267	0.357 pulgada
305	0.2484 pulgada
350	0.2600 pulgada
400	0.2235 pulgada
454	
345 HP (caballos de fuerza)	0.2343 pulgada
390 HP (caballos de fuerza)	0.2714 pulgada

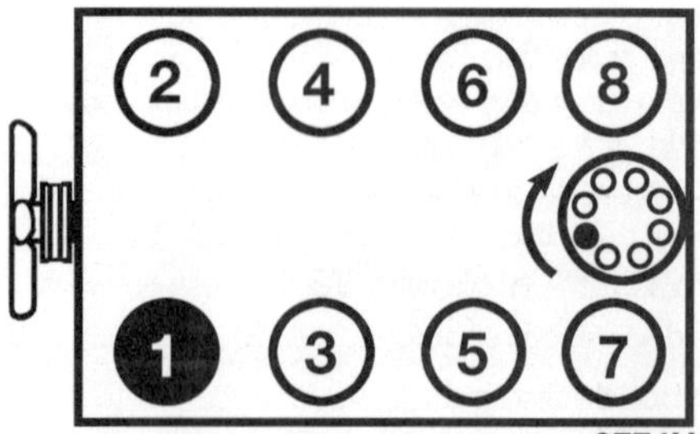

0774H

Esquema de la ubicación de los cilindros y la rotación del distribuidor - motores V8 Chevrolet

Escape	
267	0.390 pulgada
305	0.2667 pulgada
350	0.2733 pulgada
400	0.2411 pulgada
454	
345 HP (caballos de fuerza)	0.2529 pulgada
390 HP (caballos de fuerza)	0.2824 pulgada
Diámetro del muñón	
267, 305 y 350	1.8682 a 1.8692 pulgadas
400 y 454	1.9487 a 1.9497 pulgadas
Desviación	0.0015 máximo de pulgada
Juego final	0.002 a 0.008 pulgada

Especificaciones técnicas	**Pies-libras** (a menos que de otro modo fuera indicado)
Pernos del múltiple de admisión	30
Pernos del múltiple de escape a la cabeza de los cilindros*	20
Perno para el engrane del árbol de levas	20
Pernos de la cabeza de los cilindros	65
Volante/plato flexible	60
Amortiguador de vibraciones al cigüeñal	60
Cacerola del aceite	84 pulgadas-libras
Pernos de la tapa de la bomba de aceite	84 pulgadas-libras
Tapa de los balancines	48 pulgadas-libras
Tapa de la cadena del tiempo	84 pulgadas-libras
*Pernos interiores del múltiple de escape en los 350	30

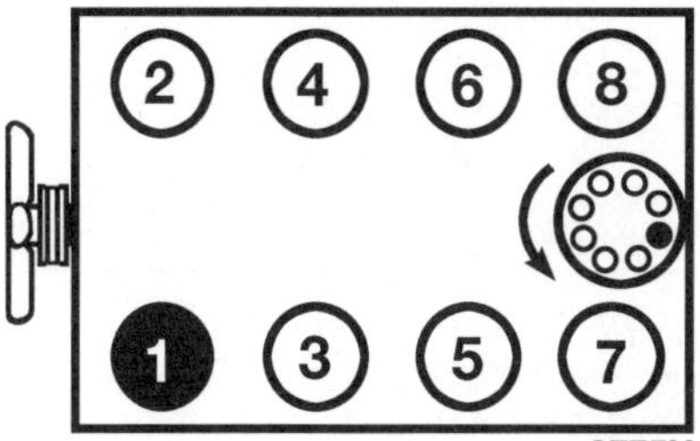

0775H

Esquema de la ubicación de los cilindros y la rotación del distribuidor - motores V8 Oldsmobile

Oldsmobile - motores V8

Orden del encendido 1-8-4-3-6-5-7-2

Árbol de levas

Diámetro del muñón	
No. 1	2.0357 a 2.0365 pulgadas
No. 2	2.0157 a 2.0165 pulgadas
No. 3	1.9957 a 1.9965 pulgadas
No. 4	1.9757 a 1.9765 pulgadas
No. 5	1.9557 a 1.9565 pulgadas
Juego final	
Hasta 1984	0.011 a 0.077 pulgada
1985 y más moderno	0.006 a 0.022 pulgada

Altura del lóbulo - Compare las lecturas de la altura de cada válvula de admisión y de escape. Reemplace el árbol de levas si las lecturas varían más de 0.003 pulgada

Especificaciones técnicas	**Pies-libras** (a menos que de otro modo fuera indicado)
Pernos del múltiple de admisión*	40
Pernos del múltiple de escape a la cabeza de los cilindros	25
Pernos de la cabeza de los cilindros*	
350 (1977 y más moderno) y 403	130
Todos los otros	85
Plato flexible (transmisión automática)	60
Volante (transmisión manual)	90
Amortiguador de vibraciones al cigüeñal	200 a 310
Pernos del cárter de aceite	120 pulgadas-libras
Tuercas de la cacerola del aceite	17
Pernos de la tapa de la bomba de aceite	96 pulgadas-libras
Tapa de los balancines	84 pulgadas-libras
Perno del pivote para el balancín	25
Tapa de la cadena del tiempo	35

**Lubrique las roscas ligeramente*

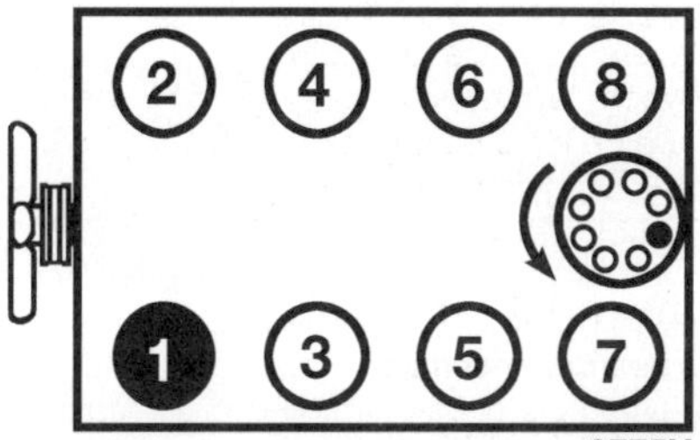

0775H

Esquema de la ubicación de los cilindros y la rotación del distribuidor - motores V8 Pontiac

Pontiac - motores V8

Orden del encendido 1-8-4-3-6-5-7-2

Árbol de levas

Diámetro del muñón	
Todos menos 265	1.900 pulgadas
265	1.8682 a 1.8692 pulgadas

Altura del lóbulo - Compare las lecturas de la altura de cada válvula de admisión y de escape. Reemplace el árbol de levas si las lecturas varían más de 0.003 pulgada.

2A

Especificaciones técnicas	**Pies-libras** (a menos que de otro modo fuera indicado)
Pernos del múltiple de admisión	
Hasta 1976	40
1977 y más moderno	35
Pernos del múltiple de escape a la cabeza de los cilindros	
Hasta 1976	30
1977 y más moderno	40
Perno para el engrane del árbol de levas	40
Pernos de la cabeza de los cilindros	
1977 301	85
1977 350 y 400	100
Todos los otros	95
Volante/plato flexible	95
Amortiguador de vibraciones al cigüeñal	160
Cacerola del aceite	144 pulgadas-libras
Tapa de los balancines	
265 y 301	72 pulgadas-libras
350, 400 y 455	84 pulgadas-libras
Tuercas de los balancines	20
Tapa de la cadena del tiempo	30

1 Información general e identificación del motor

Información general

Esta Parte del Capítulo 2 es designada a los procedimientos de las reparaciones adentro del vehículo para el motor. Toda la información con respecto a remover e instalar el motor y reconstrucción completa del bloque del motor y la cabeza de los cilindros puede ser encontrada en la Parte B de este Capítulo.

Debido a que los procedimientos de reparaciones son incluidos basados en la suposición que el motor está instalado en el vehículo, si ellos van a ser usado durante una reconstrucción completo del motor (con el motor ya fuera del vehículo y en un soporte) muchos de los pasos incluidos aquí no aplicarán.

Las especificaciones incluidas en esta parte del Capítulo 2 se aplican solamente a los procedimientos encontrados aquí. Especificaciones necesarias para reconstruir el bloque y las cabezas de los cilindros están incluidas en la Parte B.

2 Funcionamientos de reparación posibles con el motor en el vehículo

Muchos funcionamientos de reparaciones mayores se pueden efectuar sin remover el motor del vehículo.

Limpie el compartimiento del motor del motor con algún tipo de lavadora a presión antes de desempeñar cualquier trabajo. Un motor limpio facilita el trabajo y ayuda a mantener la suciedad fuera de las partes internas del motor.

Según los componentes implicados, puede ser una buena idea remover el capó para tener mejor acceso al motor mientras se efectúan las reparaciones (vea Capítulo 11 si es necesario).

Si se presentan fugas de aceite o de líquido anticongelante, lo que indica la necesidad de reemplazo de una junta o de los sellos, por lo general las reparaciones se pueden efectuar con el motor en el vehículo. La junta de la cacerola de aceite, las juntas de las cabezas de los cilindros, las juntas de los múltiples de admisión y de escape, las juntas de la tapa del tiempo y de los sellos de grasa del árbol de levas son accesibles con el motor en su lugar.

Los componentes exteriores del motor, como la bomba de agua, el motor de arranque, el alternador, el distribuidor y la unidad de inyección de combustible, tanto como los múltiples de admisión y de escape, se pueden remover para repararlos con el motor en su lugar.

Ya que la cabeza de los cilindros se pueden remover sin extraer el motor, el servicio de los componentes de las válvulas se puede hacer también con el motor en el vehículo.

Es posible reemplazar, reparar o inspeccionar los engranajes del tiempo y la bomba de aceite con el motor en su sitio.

En casos extremos debidos a una falta de herramientas necesarias, se puede efectuar la reparación o el reemplazo de los anillos de compresión, los pistones, las bielas y los cojinetes del cigüeñal con el motor en el vehículo. Sin embargo, esta práctica no se recomienda por el trabajo de preparación y de limpieza que se requiere.

3 TDC (Punto Muerto Superior) para el pistón número 1 - localización

Refiérase a la ilustración 3.6 y 3.7

1 TDC es el punto más alto en el cilindro que cada pistón alcanza cuando viaja hacia encima y hacia abajo cuando el cigüeñal gira. Cada pistón llega al TDC en la carrera de compresión y en la carrera de escape, pero generalmente el punto muerto superior se refiere cuando el pistón llega a la parte más alta en la carrera de compresión. Las marcas del tiempo en el compensador armónico instalado en el frente del cigüeñal es en referencia al punto muerto superior del pistón número 1 en la carrera de compresión.

2 Posicionar los pistones en el punto muerto superior es una parte esencial de muchos procedimientos tal como remover los brazos de los balancines, ajuste de las válvulas y remover el distribuidor.

3 Para traer cualquier pistón al TDC, se debe girar el cigüeñal usando uno de los métodos mencionados abajo. Cuando esté mirando el frente del motor, la rotación normal del cigüeñal es en el sentido de las saetas del reloj. **Peligro:** *Antes de comenzar este procedimiento, esté seguro de poner la transmisión en Neutral y desactivar el sistema de la ignición removiendo el alambre de la bobina de la tapa del distribuidor y conectarlo a tierra (en los sistemas de bobinas remotas) o desconecte el alambre de la batería que va a la tapa del distribuidor en los modelos que tienen la bobina en la tapa del distribuidor.*

a) El método preferido es de girar el cigüeñal con un dado grande y una palanca conectada al perno del compensador armónico que está atornillado en la parte del frente en la mayoría de los motores.

b) Un iniciador remoto, que preservaría algo de tiempo, se puede usar también. Ate un cable del iniciador al terminal S (solenoide) y B (batería) al término del solenoide. Una ves que el pistón esté cerca del TDC, use un dado y una palanca grande como se describió en el párrafo anterior.

c) Si un ayudante está disponible para girar la llave de la ignición en la posición de arranque en pequeños intervalos, usted puede llegar a poner el pistón cerca del punto muerto superior sin necesitar un iniciador remoto. Use un dado y una palanca grande como está descripto en el párrafo a para completar el procedimiento.

3.6 Gire el cigüeñal hasta que la línea en el amortiguador de vibraciones esté directamente opuesta al cero marcado en el plato del tiempo como está mostrado aquí.

3.7 La punta del rotor debe señalar a la marca en la carcaza del distribuidor

4.6 Remueva los pernos de la tapa de los balancines (flecha)

4 Escriba o pinte una marca pequeña en el cuerpo del distribuidor directamente debajo del terminal del alambre de la bujía número uno en la tapa del distribuidor o haga una marca directamente en el múltiple de admisión directamente al frente del terminal del alambre de la bujía número uno en la tapa del distribuidor.

5 Remueva la tapa del distribuidor como se describió en el Capítulo 1.

6 Gire el cigüeñal (vea el párrafo 3 en la parte de encima) hasta que la línea en el compensador armónico se ponga en línea con la marca cero en el plato del tiempo **(vea ilustración)**. El plato del tiempo y el compensador armónico se localizan más abajo en la parte del frente del motor, atrás de la polea que gira las bandas.

7 El rotor ahora debe apuntar directamente a la marca en la base del distribuidor o en el múltiple de admisión **(vea ilustración)**. Si no está, el pistón está en el TDC en la carrera del escape.

8 Para poner el pistón en el TDC en la carrera de compresión, dele una vuelta completa al cigüeñal (360 grados) en el sentido de las saetas del reloj. El rotor ahora debe apuntar a la marca. Cuando el rotor apunte al terminal del alambre de la bujía número uno en la tapa del distribuidor (que es indicado por la marca en el cuerpo del distribuidor o en el múltiple de admisión) y se alinean las marcas del tiempo, en el pistón número uno, usted está en el TDC en la carrera de compresión.

9 Después de que el pistón número uno se haya puesto en la posición del TDC en la carrera de compresión, se puede localizar el punto muerto superior de cualquier otro cilindro girando el cigüeñal 90 grados cada ves y siguiendo el orden del encendido (refiérase a las especificaciones).

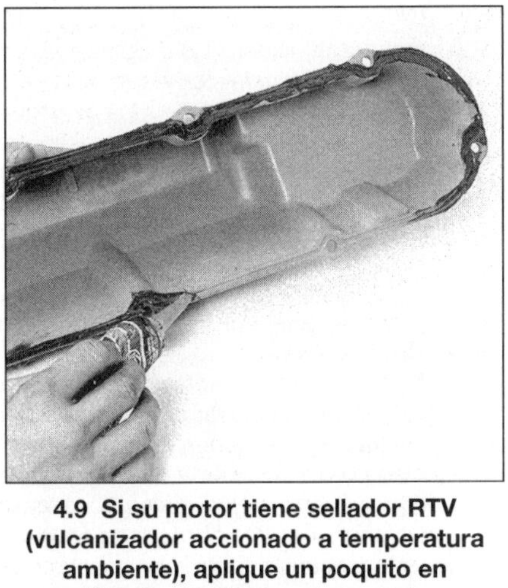

4.9 Si su motor tiene sellador RTV (vulcanizador accionado a temperatura ambiente), aplique un poquito en el interior de las roscas para los pernos como está mostrado

4 Tapas de los balancines - remover e instalar

Refiérase a las ilustraciones 4.6 y 4.9

1 Desconecte el cable negativo de la batería.

2 Remueva el ensamblaje del purificador de aire.

3 Póngale etiquetas y desconecte cualquier líneas de vacío para las emisiones o los alambres que están encaminados encima de la tapa de los balancines.

4 Remueva cualquier abrazadera o soportes cuales bloqueen el acceso a la tapa(s), note la manera en que ellos están instalados para que sea más fácil volverlos a instalar.

5 Separe cualquier accesorios según sea necesario. Si remover el compresor del aire acondicionado es requerido, destornille la unidad y póngala a un lado cuidadosamente sin desconectar las líneas de refrigerante. **Peligro:** *El sistema de aire acondicionado está bajo alta presión. El reemplazo de las mangueras del aire acondicionado deben de ser hecho a través de un distribuidor o especialista de aire acondicionado quien tiene el equipo EPA (agencia de protección del ambiente) apropiado para remover la presión del sistema seguramente y legalmente. Nunca remueva componentes del aire acondicionado o mangueras hasta que el sistema se le haya removido la presión. Siempre use protección para los ojos cuando esté desconectando los acopladores del sistema del aire acondicionado.*

6 Remueva los pernos de conectar la tapa de los balancines, en conjunto con cualquier arnés para las bujías y otros artículos **(vea ilustración)**.

2A

7 Remueva la tapa de los balancines. **Caución:** *No le haga palanca a la pestaña para el sellador. Hacer esto puede causar daños a la superficie, causando fugas de aceite. Péguele gentilmente a los lados de la tapa con un martillo de caucho hasta que se afloje.*

8 Limpie las superficies de acoplamiento completamente, remueva todos los rasgos del material de la junta vieja. Use acetona o rebajador de pintura de laca y un trapo limpio para remover cualquier indicios de aceite.

9 Prepare la tapa para la instalación aplicando una capa continua de sellador RTV (vulcanizador accionado a temperatura ambiente) **(vea ilustración)** o una junta nueva a la pestaña selladora. Use el mismo método de sellar que usa el vehículo, de otro modo pernos nuevos o una longitud diferente pueda que sea requerido.

10 Instale la tapa(s), los pernos y apriételo firmemente. No los sobre apriete, porque las tapas se pueden deformar.

11 Reinstale las partes que quedan en el orden inverso de como se removió.

12 Ponga el motor en marcha y chequee por fugas.

5 Balancines y varillas de empuje - remover, inspeccionar e instalar

Remover

Refiérase a las ilustraciones 5.2, 5.3a, 5.3b y 5.4

1 Refiérase a la Sección 4 y remueva la tapa de los balancines de la cabeza de los cilindros.

2 Remueva cada una de las tuercas de los balancines (motores Chevrolet y Pontiac), o los pernos (motores Oldsmobile). Colóquelos en su ubicación correcta en una caja de car-

5.2 Destornille los tres tornillos del eje de los balancines (flechas) en los motores V6 y los cuatro pernos en los motores V8, entonces remueva los brazos y los ejes como una asamblea - motores Buick

tón o anaquel. Los balancines de los Buick y los ejes pueden ser removidos como una sola unidad, una vez que los pernos de retención son removidos **(vea ilustración)**. **Nota:** *En los motores construidos por Chevrolet y Pontiac, si las varillas de empuje son los únicos artículos que van a ser removidos, afloje cada tuerca apenas lo suficiente para permitir que los balancines sean girados a un lado para que las varillas de empuje se puedan levantar hacia afuera.*

3 Remueva cada ensamblaje de los balancines, poniendo cada componente en la caja o anaquel numerado. Los balancines Buick son sostenido en su posición en el eje con retenedores plásticos que pueden ser abiertos con una palanca hacia afuera con los alicates **(vea ilustraciones)**. Pedazos pequeños de los retenedores pueden terminar dentro de los ejes de los balancines; esté seguro de removerlos durante el proceso de limpiar.

4 Remueva las varillas de empuje y las almacena separadamente para asegurarse que ellas no se mezclen durante la instalación **(vea ilustración)**.

5.4 Una caja perforada del cartón se puede usar para almacenar las varillas de empuje para asegurar que ellas son reinstaladas en sus lugares originales - note la etiqueta que indica el frente del motor

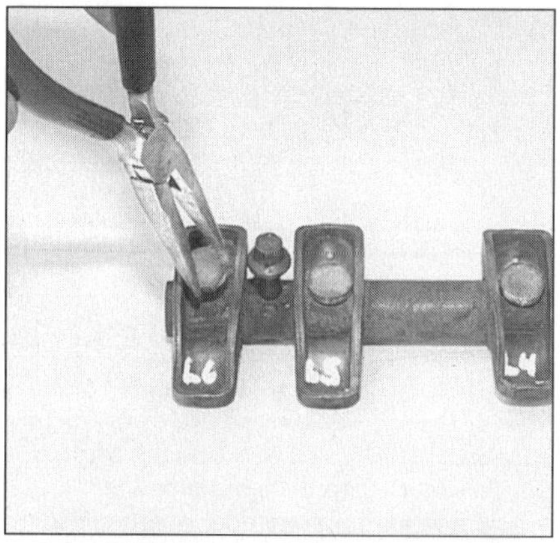

5.3a Remueva los retenedores de los balancines solamente si usted tiene que inspeccionar el eje - el retenedor de plástico se romperá probablemente, así que esté seguro que usted tiene nuevos con usted - motores Buick

Inspección

5 Chequee cada balancín por desgaste, roturas y otros daños, especialmente donde las varillas de empuje y los vástagos de las válvulas hacen contacto con las caras de los balancines.

6 Asegúrese que el orificio en el final de la varilla de empuje de cada balancín está abierto.

7 Chequee el área de pivote de cada balancín por desgaste, roturas y abrasión. Si los balancines están desgastados o dañados, reemplácelos con nuevos y use bolas de pivote nuevas también.

8 Inspeccione por roturas de las varillas de empuje y desgaste excesivo en las puntas. Ruede cada varilla de empuje en un pedazo de vidrio plano para ver si están dobladas (si se tambalea, está doblada).

Instalar

9 Lubrique con aceite de motor limpio o grasa de base moly la punta de la parte inferior de la varilla de empuje y las instala en sus lugares originales. Asegúrese que cada varilla de empuje está asentada completamente en el buzo.

5.13 Gire cada varilla de empuje según la tuerca del balancín es apretada para determinar el punto en que todo el juego es removido, entonces apriete cada tuerca 3/4 de vuelta completa adicional

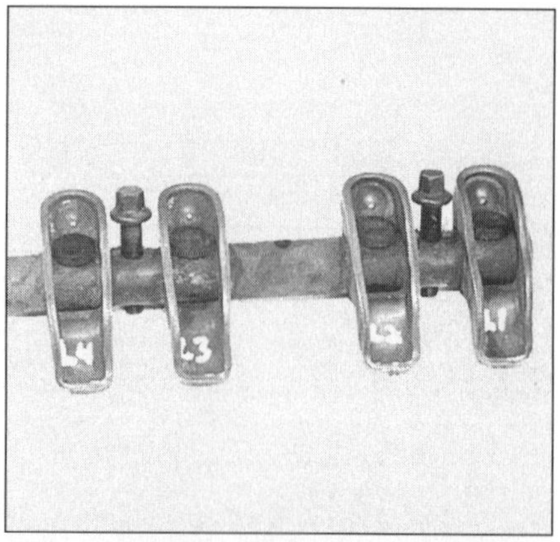

5.3b Instale los balancines (numerados con pintura antes de removerlos) al eje en su secuencia original - motores Buick

10 Aplique grasa de base moly a las puntas de los vástagos de las válvulas y las puntas superior de las varillas de empuje antes de posicionar los balancines en los espárragos.

11 Ponga los balancines en sus posiciones, después instale las bolas de pivote (excepto los motores con ejes para los balancines) y las tuercas. Aplique grasa de base moly a las bolas de pivote o los ejes para prevenir daño a las superficies de acoplamiento antes de que la presión de aceite del motor suba. Esté seguro de instalar cada tuerca con el lado plano contra la bola de pivote.

Ajuste de las válvulas

Chevrolet - motores V6 y V8

Refiérase a la ilustración 5.13

12 Refiérase a la Sección 3 y traiga el pistón número uno al punto muerto superior en la carrera de compresión.

13 Apriete las tuercas de los balancines (el cilindro número uno solamente) hasta que todo el juego sea removido en las varillas de empuje. Esto puede ser determinado girando cada varilla de empuje entre su dedo pulgar y dedo índice según la tuerca es apretada **(vea ilustración)**. En el punto donde una resistencia leve es apenas detectada según usted gira la varilla de empuje, todo el juego ha sido removido.

14 Apriete cada tuerca 3/4 vuelta adicional (270 grados) para centrar los buzos. Ajuste de las válvulas para el cilindro número uno ahora está completado.

15 Gire el cigüeñal 90 grados en la dirección normal de rotación hasta que el próximo pistón en el orden del encendido (número ocho en un V8, número seis en un V6) esté en el TDC (punto muerto superior) en la carrera de compresión. El rotor del distribuidor debe estar apuntando en la dirección de la terminal apropiada en la tapa (vea Sección 3 para información adicional).

16 Repita el procedimiento descrito en los párrafos 13 y 14 para las válvulas de esos

6.8 Una vez el resorte es comprimido, los guardianes pueden ser removidos con un imán pequeño o alicates de punta de aguja (un imán es preferido para prevenir que se caigan los guardianes)

cilindros.

17 Gire el cigüeñal otro 90 grados y ajuste las válvulas en el próximo cilindro en el orden de encendido. Continúe girando el cigüeñal 90 grados a la vez y ajuste ambas válvulas en cada cilindro antes de proceder. Siga la secuencia del orden del encendido encontrado en las especificaciones.

18 Refiérase a la Sección 4 e instale las tapas de los balancines. Ponga el motor en marcha, escuche por ruidos inusuales del tren de válvulas y chequee por fugas de aceite en las acoplaciones de las tapas de los balancines.

Todos los otros motores

19 Estas válvulas no pueden ser ajustadas. Si el juego libre es excesivo en el tren de válvulas, chequee que el perno de pivote esté apretado a las especificaciones apropiadas (o el retenedor de nilón esté sentado). Entonces inspeccione por componentes desgastados.

6 Resortes de las válvulas, retenedores y sellos - reemplazo en el vehículo

Refiérase a las ilustraciones 6.8 y 6.16

Nota: *Resortes rotos de las válvulas y sellos de las válvulas defectuosos se pueden reemplazar sin remover la cabeza de los cilindros. Dos herramientas especiales y aire comprimido es normalmente requerido para ejecutar esta operación, así que lea esta Sección cuidadosamente y rente o compre las herramientas antes de empezar el trabajo. Si aire comprimido no es disponible, un pedazo de soga de nilón se puede usar para prevenir de que las válvulas se caigan adentro del cilindro durante este procedimiento.*

1 Refiérase a la Sección 3 y remueva los brazos de los balancines de la cabeza de los cilindros afectados. Si todos los sellos de las válvulas requieren de ser reemplazados, remueva ambas tapas que cubren los balancines.

2 Remueva la bujía del cilindro que tiene el componente defectuoso. Si todos los sellos de las válvulas se van a reemplazar, todas las bujías se deben de remover.

3 Gire el cigüeñal hasta que el pistón en el cilindro afectado esté encima en el punto muerto superior en la carrera de compresión (refiérase a la Sección 9 para más información). Si usted está reemplazando todos los sellos de las válvulas, empiece con el cilindro número uno y trabaje en las válvulas un cilindro a la vez. Moviéndose de cilindro en cilindro siguiendo la sucesión del orden del encendido (1-8-4-3-6-5-7-2 para los motores V8, 1-6-5-4-3-2 para los motores V6).

4 Enrosque un adaptador en el orificio de la bujía y conecte una manguera de aire de una fuente de aire comprimido al adaptador. La mayoría de los auto partes pueden suministrar el adaptador para la manguera del aire. **Nota:** *Muchas herramientas para chequear la compresión de los cilindros tienen un adaptador que se puede conectar a la manguera de aire, que también trabaja con el conector especial de la manguera de aire.*

5 Remueva la tuerca, pelota pivote y el brazo del balancín de la válvula con la parte defectiva y remueva la varilla. Si todos los sellos de las válvulas se van a reemplazar, todos los brazos de los balancines y las varillas se deben de remover (refiérase a la Sección 4).

6 Aplique aire comprimido al cilindro. Las válvulas se deben de mantener en su posición con el aire comprimido. Si la cara de las válvulas o los asientos están en condiciones pobres, las fugas prevendrían que la presión del aire retenga las válvulas - refiérase al procedimiento alternativo de abajo.

7 Si no tiene acceso a aire comprimido, se puede usar un método alternativo. Posicione el pistón 45 grados antes de que llegue al TDC (punto muerto superior) en la carrera de compresión, entonces instale un pedazo de soga larga de nilón por el orificio de la bujía hasta que llene la cámara de la combustión. Esté seguro de dejar un pedazo colgando fuera del motor así se podrá remover fácilmente. Use una palanca grande y un dado para rotar el cigüeñal en la dirección normal de rotación hasta que se sienta una resistencia ligera cuando el pistón viene hacia encima y comprima la soga en la cámara de combustión.

8 Rellene la cabeza con trapos en los orificios de los cilindros en la parte de encima y la parte de abajo para prevenir que partes o herramientas se caigan adentro del motor, entonces use un compresor de resorte de válvulas para comprimir el resorte de la válvula. Remueva los retenedores de las válvulas con un par de alicates de nariz de aguja pequeño o un imán **(vea ilustración)**. **Nota:** *Un par de tipos diferentes de herramientas están disponibles para comprimir el resorte de la válvula con la cabeza en su lugar. Un tipo agarra la parte de abajo del resorte y lo comprime contra el retenedor, según se gira la perilla, mientras el otro tipo utiliza el perno para el balancín y la tuerca para poder hacer palanca. Ambos tipos trabajan muy bien, aunque el tipo de la palanca es usualmente menos caro.*

9 Remueva el retenedor o el rotador, el protector de aceite para la válvula y el resorte de la válvula, entonces remueva el sello de tipo anillo. Tres tipos diferentes de sellos de aceite para el vástago de la válvulas se usan en estos motores, depende del año, tamaño del motor y los caballos de fuerza. El más común es un sello de anillo pequeño que simplemente se instala alrededor del vástago de la válvula en la parte de encima de la guía. El segundo tipo es un sello de anillo llano que entra en la ranura de la válvula debajo del retenedor de la válvula. En aplicaciones para los motores de altos caballos de fuerza, un sello tipo sombrilla quien se extiende sobre la guía de la válvula es usado. En la mayoría de los casos el sello de tipo sombrilla se usa con el sello de tipo de anillo. El sello de anillo lo más probable que esté duro y se romperá probablemente cuando se remueva, así que planee en instalar un sello nuevo cuando remueva el original. **Nota:** *Si la presión de aire falla en mantener la válvula en la posición cerrada durante esta operación, la cara de la válvula o el asiento están probablemente dañados. Si es así, la cabeza del cilindro se debe de remover para hacer reparaciones adicionales.*

10 Envuelva una liga de caucho o cinta alrededor de la parte de encima del vástago de la válvula y así la válvula no se caerá en la cámara de la combustión, entonces descargue el aire comprimido. **Nota:** *Si se usó una soga en lugar de presión de aire, gire el cigüeñal ligeramente en la dirección opuesta de su rotación normal.*

11 Inspeccione el vástago de la válvula por daño. Gire la válvula en la guía y chequee el final por movimientos excéntricos, que indicarían que la válvula está doblada.

12 Mueva la válvula hacia encima y hacia abajo en la guía y asegurase de que no se está trabando. Si el vástago de la válvula se está trabando, la válvula está virada o la guía está dañada. En cualquiera de los dos casos la cabeza tendrá que ser removida para ser reparada.

13 Inspeccione los espárragos para los balancines y los balancines por desgaste. Espárragos gastados en los motores pequeños V8 solamente pueden ser reemplazados por un taller de rectificación, ya que deben de ser prensadas en su lugar a cierta profundidad. En algunos motores de bloque grande, y algunos motores de bloque pequeño de alto desempeño (normalmente no encontrados en los vehículos), los espárragos están atornillados dentro de la cabeza y se pueden reemplazar si tienen desgaste. Además, en unas aplicaciones de espárragos atornillados en la cabeza, una chapa de guía para las varillas se instala entre el espárrago y la cabeza para ayudar en la localización de las varillas en respecto a los balancines. Esté seguro de reemplazar las chapas de las guías si se remuevan los espárragos y se reinstalan, y use sellador en las roscas cuando instale los espárragos en la cabeza.

6.16 Asegúrese que el sello de tipo O debajo del retenedor está sentado en la ranura y no está torcido antes de instalar los guardianes

14 Vuelva a aplicar presión de aire al cilindro para retener la válvula en la posición cerrada, entonces remueva la cinta o liga de caucho del vástago de la válvula. Si se usó una soga en lugar de aire comprimido, gire el cigüeñal en la dirección normal de rotación hasta que se sienta una ligera resistencia.

15 Lubrique el vástago de la válvula con aceite de motor e instale un sello de aceite nuevo, igual que el tipo original usado en el motor (vea Paso 9).

16 Instale el ensamblaje del resorte y el protector sobre la válvula (**vea ilustración**).

17 Instale el retenedor de la válvula, el rotador y comprima el ensamblaje del resorte. Posicióne los retenedores en la ranura superior. Aplique una cantidad pequeña de grasa al interior de cada guardián para mantenerlo en su lugar si es necesario. Remueva la presión de la herramienta de comprimir el resorte y asegúrese de que los retenedores están bien sentados.

18 Desconecte la manguera del aire y remueva el adaptador de la bujía del agujero. Si se usó una soga en lugar de presión de aire, hálela para sacarla del cilindro.

19 Refiérase a la Sección 5 e instale el balancín(es) y varilla(s) de empuje.

7.5a El perno del amortiguador de vibraciones (flecha) está generalmente bien apretado, así que use un dado de seis puntos y una barra de tipo ruptor para aflojarlo (los otros tres pernos retienen la polea al amortiguador de vibraciones)

20 Instale la bujía(s) y el alambre(s) de las bujías.

21 Refiérase a la Sección 3 e instale las tapas de los balancines.

22 Ponga el motor en marcha y déjelo correr, entonces chequee por fugas de aceite y chequee el motor por sonidos raros que provengan del tren de válvulas a través de la tapa de los balancines.

7 Amortiguador de vibraciones - remover e instalar

Refiérase a las ilustraciones 7.5a, 7.5b, 7.6 y 7.7

1 Desconecte el cable negativo de la batería.

2 Remueva el protector del ventilador y el ensamblaje del ventilador (Capítulo 3).

3 Remueva las bandas (Capítulo 1).

4 Remueva los pernos que retienen la polea y remueva las poleas. **Caución:** *Antes de remover las poleas, marque el lugar de cada una con relación al amortiguador de vibraciones para retener la regulación del tiempo en orden durante el proceso de instalación apropiado.*

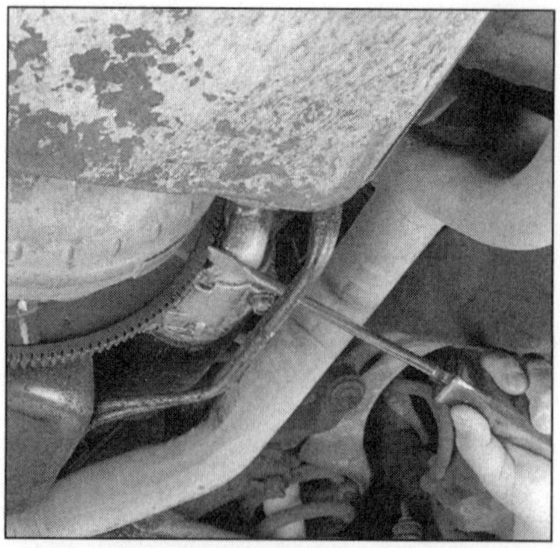

7.5b Haga que un ayudante detenga un destornillador grande o una barra ruptora contra la corona dentada

5 Levante el vehículo y sopórtelo firmemente encima de estantes. La tapa inferior de la campana se debe de remover. Ponga una barra ruptora como cuña entre los dientes del volante/plato flexible para prevenir que el cigüeñal gire al aflojar el perno del amortiguador de vibraciones grande **(vea ilustraciones)**.

6 Deje el perno del amortiguador en su posición (con varias roscas todavía comprometidas), para proporcionar al extractor algo con que empujar contra. Use un extractor para remover el amortiguador **(vea ilustración)**. **Caución:** *¡No use un extractor con mandíbulas que agarren la orilla exterior del amortiguador! El extractor debe ser del tipo mostrado en la ilustración que utiliza pernos para aplicar fuerza al cubo del amortiguador solamente.*

7 Para instalar el amortiguador aplique una pequeña cantidad de grasa fina a los labios del sello, ponga en posición el amortiguador en la punta del cigüeñal, alinee la bocallave y lo comienza hacia adentro del cigüeñal con una herramienta de instalación especial **(vea ilustración)**. Instale el perno. Apriete el perno al par de torsión especificado.

8 El resto de los pasos de instalación que quedan son el reverso del procedimiento de como se removió.

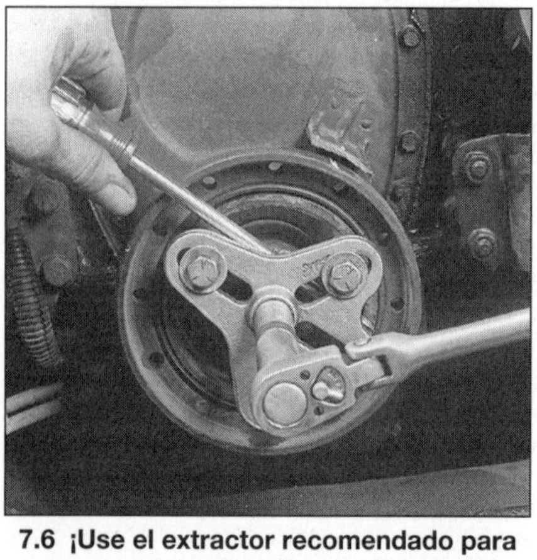

7.6 ¡Use el extractor recomendado para remover el amortiguador de vibraciones - si un extractor que aplica la fuerza a la orilla exterior es usado, el amortiguador será dañado!

7.7 Usando una herramienta especial para empujar el amortiguador de vibraciones hacia el cigüeñal

8 Sello de aceite delantero del cigüeñal - reemplazo

Sellos de tipo Neopreno

Tapa del tiempo en su posición

1 Remueva el amortiguador de vibraciones como está descrito en la Sección 7.

2 Hágale palanca cuidadosamente al sello hacia afuera de la tapa con una herramienta para remover sellos o un destornillador

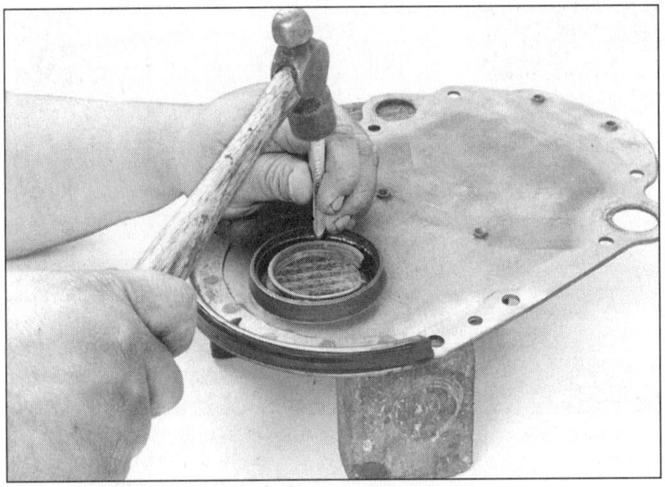

8.6 Mientras está soportando la tapa cerca del orificio para el sello, accione el sello viejo hacia afuera con un martillo y un punzón o destornillador

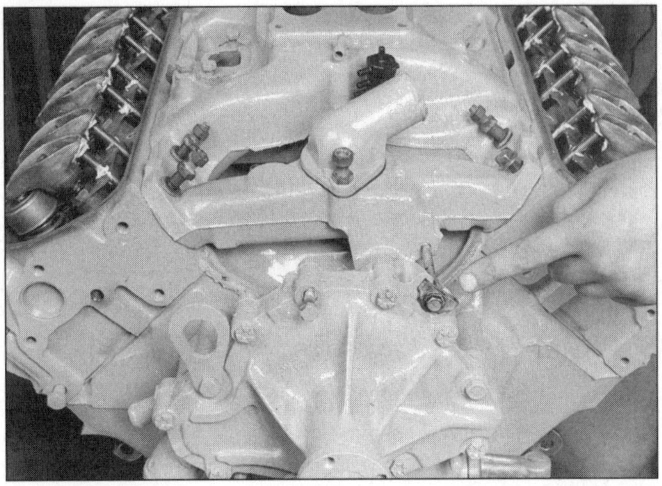

9.9 Motores fabricados por la Pontiac usan un perno para apretar el múltiple de admisión a la tapa delantera

grande. Tenga cuidado de no retorcer la tapa ni rasguñar la pared del diámetro para el orificio del sello. Si el motor ha acumulado muchas millas, aplique aceite penetrante a la acoplación del sello y la tapa y permítalo que se empape antes de procurar remover el sello.

3 Limpie el diámetro del orificio para remover cualquier material del sello y corrosión vieja. Posicione el sello nuevo en el diámetro del orificio con el final de la cara abierta del sello hacia Adentro. ¡Una cantidad pequeña de aceite aplicada a la orilla exterior del sello nuevo hará la instalación más fácil - no sobre aplique aceite!

4 Accione el sello adentro del orificio con un dado grande y un martillo hasta que esté completamente sentado. Seleccione un dado que sea del mismo diámetro exterior como el sello (una sección de tubo se puede usar si un dado no está disponible).

5 Vuelva a instalar el amortiguador de vibraciones.

Tapa del tiempo removida

Refiérase a la ilustración 8.6

6 Use un punzón o destornillador y un martillo para accionar el sello hacia afuera de la tapa por el lado de la parte trasera. Sostenga la tapa lo más cerca del diámetro del orificio para el sello según sea posible **(vea ilustración)**. Tenga cuidado de no retorcer la tapa ni rasguñar la pared del orificio para el sello. Si el motor ha acumulado muchas millas, aplique aceite penetrante al sello y cubra ambos lados y permita que se empape antes de procurar de remover el sello hacia fuera.

7 Limpie el orificio para remover el material del sello y cualquier corrosión vieja. Sostenga la tapa en el bloque de madera y posicione el sello nuevo en el diámetro del orificio con el final abierto de la cara del sello hacia Adentro. ¡Una cantidad pequeña de aceite aplicada a la orilla exterior del sello nuevo hará la instalación más fácil - no sobre aplique aceite!

8 Accione el sello hacia adentro del orificio con un dado grande y un martillo hasta que esté completamente sentado. Seleccione un dado que sea del mismo diámetro exterior como el sello (una sección de tubo se puede usar si un dado no está disponible).

Sellos de tipo soga trenzada

9 Remueva la tapa de la cadena del tiempo (vea Sección 12).

10 Usando un punzón, accione el sello viejo hacia afuera de la tapa de la cadena para la sincronización del tiempo en la parte trasera.

11 Enrolle empaquetadura de sello nueva alrededor de las aberturas para que las puntas de la empaquetadura estén hacia encima. Accione la cubierta con un punzón. Estaque la cubierta en su posición por lo menos en tres lugares.

12 Haga el tamaño de la empaquetadura girándola con el mango de un martillo o herramienta similar alrededor del empaque hasta que el cubo del amortiguador pueda ser insertado en la abertura.

13 Lubrique el sello e instale el amortiguador de vibraciones como está descrito en la Sección 7.

9 Múltiple de admisión - remover e instalar

Refiérase a las ilustraciones 9.9 y 9.14

1 Coloque una cubierta protectora en los guardafangos y desconecte el cable negativo de la batería.

2 Drene el sistema de enfriamiento (vea Capítulo 1).

3 Remueva el ensamblaje del purificador de aire.

4 Separe todas la mangueras de anticongelante del múltiple de admisión.

5 Póngale etiquetas y entonces desconecte cualquier alambrado y/o líneas de vacío, emisión o combustible que estén conectadas al múltiple de admisión.

6 Remueva la válvula EGR (recirculación de los gases de escape), si es necesario (vea Capítulo 6).

7 En motores con el distribuidor instalado a través del múltiple, remueva el distribuidor (vea Capítulo 5).

8 Remueva el carburador (vea Capítulo 4).

9 Remueva los pernos del múltiple de admisión **(vea ilustración)** y cualquier soporte, notando su localidad, para que ellos puedan ser instalados en las mismas ubicaciones.

10 Levante el múltiple. Si es difícil de soltarse, hágale palanca cuidadosamente contra un proyección de la fundición. **Caución:** *No haga palanca contra la superficie de un sello.* **Nota:** *Si su motor tiene una tapa debajo del valle del múltiple de admisión, esta debe ser removida para tener acceso a los buzos de las válvulas. Destornille la tapa y la levanta hacia afuera.*

11 Llene los puertos y pasajes expuestos con trapos. Limpie completamente todas las superficies del sellador, remueva todos los rasgos del material de la junta. Chequee los pasajes de cruce del escape por debajo del carburador por bloqueo de carbón.

12 Ponga juntas nuevas y sellos en su posición, usando sellador RTV (vulcanizador accionado a temperatura ambiente) en los rincones y para detener a ellos en su lugar. Use retenedores de plásticos para las juntas, si se proporcionó. Siga las instrucciones del fabricante de la junta. En los motores construidos por la Pontiac, instale un anillo de sellar nuevo entre el múltiple de admisión y el albergue de la bomba de agua.

13 Ponga el múltiple en su posición. Esté seguro que todos los orificios para los pernos están en fila y comience todos los pernos a mano antes de apretarlos. En los motores construidos por la Pontiac, apriete el perno de la tapa del tiempo al múltiple de admisión primero.

14 Apriete los pernos en tres etapas, siguiendo la secuencia apropiada **(vea ilustración)** hasta que el par de torsión especificado sea alcanzado.

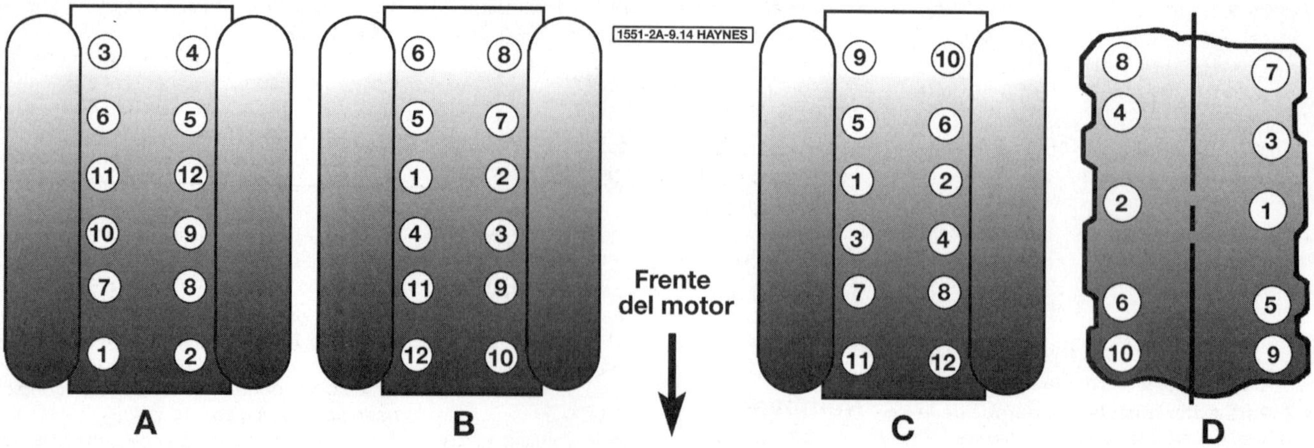

9.14 Orden de apretar los pernos del múltiple de admisión

a) Oldsmobile *b) Chevrolet y Pontiac* *c) Buick V8* *d) Buick V6*

15 La instalación se hace en el orden inverso al procedimiento de desensamble. Esté seguro de rellenar el sistema de enfriamiento, cambie el aceite y el filtro (vea Capítulo 1), porque a menudo el anticongelante entra en el aceite durante el periodo de remover el múltiple.

16 Ponga el motor en marcha y chequee por fluido y fugas de vacío. Ajuste la regulación del tiempo de la ignición, si el distribuidor se perturbó (vea Capítulo 1). Pruebe el vehículo en la carretera, chequeando por una operación apropiada del motor y accesorios.

10 Múltiples de escape - remover e instalar

Refiérase a las ilustraciones 10.11 y 10.14

1 Permita que el motor se enfríe completamente.

2 Coloque un protector sobre los guardafangos.

3 Desconecte el cable negativo de la batería.

4 Levante el vehículo y sopórtelo firmemente sobre estantes.

5 Rocíe aceite penetrante en las roscas de los afianzadores reteniendo los fuelles de aire caliente y el tubo(s) de escape al múltiple(s) que usted desea remover. Pase al próximo pasos, permitiendo que el aceite penetrante haga su procedimiento.

6 Remueva el filtro de aire y el conducto de aire caliente.

7 Remueva la cubierta(s) de aire caliente o ensamblaje de la estufa de calor del múltiple .

8 Ponga etiqueta y entonces remueva los alambres de las bujías, sensor de oxígeno y cualquier manguera tal como EFE (sistema de evaporación temprana del combustible) o AIR (sistema de reacción de aire inyectado), según sea necesitado.

9 Destornille cualquier accesorio del motor que bloquee el acceso al múltiple(s) tal como el alternador, el compresor del aire acondicionado o la bomba de la dirección de poder. Refiérase a los Capítulos apropiados (5, 3, 10) para información adicional. Cuando destornille el compresor del aire acondicionado, deje las líneas de anticongelante conectada y ate el compresor en un lado sin ponerle esfuerzo a los acopladores. **Peligro:** *El sistema de aire acondicionado está bajo alta presión. El reemplazo de las mangueras del aire acondicionado deben de ser hecho atraves de un distribuidor o especialista de aire acondicionado quien tiene el equipo EPA apropiado para (remover la presión) del sistema seguramente y legalmente. Nunca remueva componentes del aire acondicionado o mangueras hasta que el sistema se le halla removido la presión. Siempre use protección para los ojos cuando esté desconectando los acopladores del sistema de aire acondicionado.*

10 Remueva los afianzadores del múltiple al tubo de escape. **Nota:** *En algunos modelos pueda que sea necesario remover el motor de arranque (vea Capítulo 5), la tapa inferior de la campana, y/o rueda delantera para tener acceso a los múltiples.*

11 Doble cualquier lengüeta hacia atrás de las cabezas de los pernos del múltiple y remueva los pernos y cualquier protector contra el calor de la bujía **(vea ilustración)**, note sus tipos y lugares para volver a instalarlo.

12 Remueva el múltiple(s) del compartimiento del motor.

13 Completamente limpie e inspeccione las superficies del sello, remueva todos los rasgos del material de la junta vieja. Observe por roturas y roscas dañadas. Si la junta tenía fugas, lleve el múltiple a un taller de rectificación para inspeccionar/corregir la combadura.

10.11 Los protectores contra el calor de la bujía son sostenidos en su posición por pernos localizados debajo del múltiple de escape (motor Chevrolet)

10.14 Las juntas del múltiple de escape son sostenidas en su posición con sellador según el múltiple es instalado

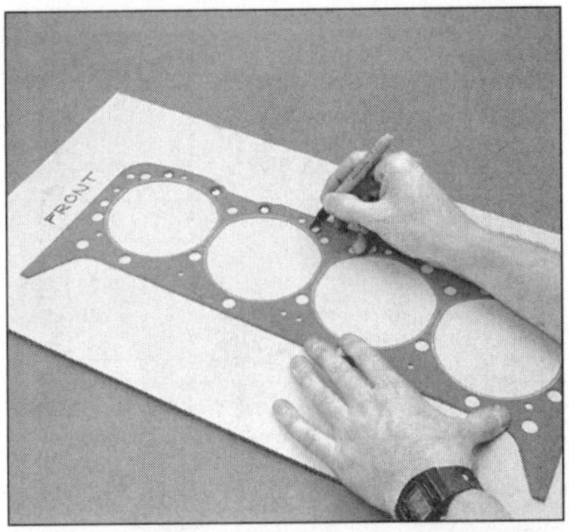

11.7 Para evitar mezclar los pernos de la cabeza, use una junta nueva para transferir el modelo de los orificios de los pernos a un pedazo de cartón, entonces haga orificios con un punzón para aceptar los pernos

14 Si está reemplazando el múltiple, transfiera todas las partes a la unidad nueva. Usando juntas nuevas (cuando esté equipado), instale el múltiple **(vea ilustración)** y comience los pernos a mano.

15 Trabajando desde el centro hacia el exterior, apriete los pernos al par de torsión especificado. Doble las lengüetas de cierre (si está equipado) contra las cabezas de los pernos.

16 Instale nuevamente los componentes que quedan en el orden reverso de como se removieron.

17 Ponga el motor en marcha y chequee por fugas de escape.

11 Cabezas de los cilindros - remover e instalar

Refiérase a las ilustraciones 11.7, 11.8 y 11.14

Caución: *El motor debe de estar completamente frío cuando las cabezas sean removidas. Fracaso de permitir que el motor se enfríe podría resultar en la combadura de la cabeza.*

Remover

1 Remueva el múltiple de admisión (vea Sección 9).

2 Remueva la tapa(s) de los balancines como está descrito en la Sección 4.

3 Remueva los balancines y las varillas de empuje (vea Sección 5). **Nota:** *Si cualquier varillas de empuje o pernos de la cabeza no pueden ser removidos a causa de interferencia con componentes tales como el amplificador de pulmón de vacío, levántelos hacia afuera según sea posible y envuelva una liga alrededor de ellos para mantenerlos de que no se caigan durante el periodo de remover la cabeza. Esté seguro de hacer lo mismo durante la instalación.*

4 Remueva los múltiples del escape (vea Sección 10).

5 Destornille los accesorios del motor y los soportes según sea necesario y póngalos aparte en un lado. Vea Capítulo 5 para remover el alternador. Cuando remueva la bomba de la dirección de poder (Capítulo 10), deje las mangueras conectadas y asegúrese que la unidad está en una posición vertical. Las líneas de refrigerante deben permanecer conectadas al compresor del aire acondicionado (vea Capítulo 3). **Peligro:** *El sistema de aire acondicionado está bajo alta presión. No afloje ninguna manguera ni la acoplación hasta que el gas del refrigerante haya sido descargado por un técnico de aire acondicionado para vehículos.*

6 Chequee para estar seguro que nada está todavía conectado a la cabeza(s) que usted intenta remover. Remueva cualquier cosa que esté todavía conectada.

7 Usando una junta nueva, haga un esquema de los orificios de los cilindros y los pernos en un pedazo de cartón **(vea ilustración)**. Esté seguro de indicar la parte del frente del motor para referencia. Haga orificios en las localidades de los pernos.

8 Afloje los pernos de la cabeza en incrementos de 1/4 de vuelta hasta que ellos puedan ser removidos con la mano. Trabaje de perno a perno en un patrón que sea el revés del orden de apretar **(vea ilustración)**.

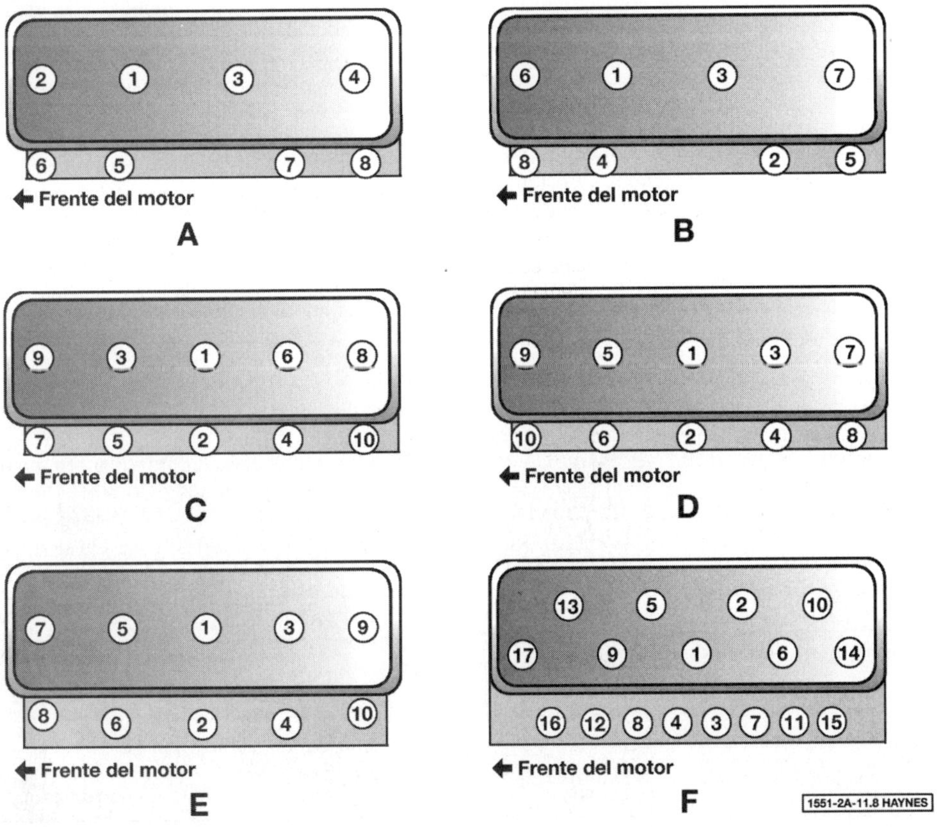

11.8 Orden de la secuencia de como apretar los pernos de la cabeza de los cilindros

A Buick V6 antes de 1985
B Buick V6 1985 y más moderno
C Buick V8
D Pontiac V8
E Oldsmobile V8
F Chevrolet V8
G Chevrolet V6

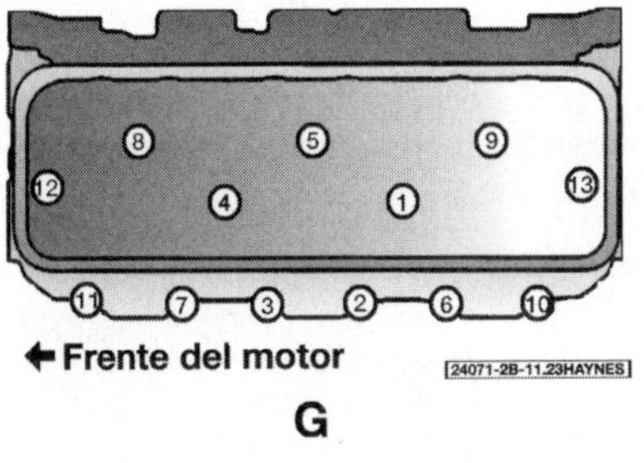

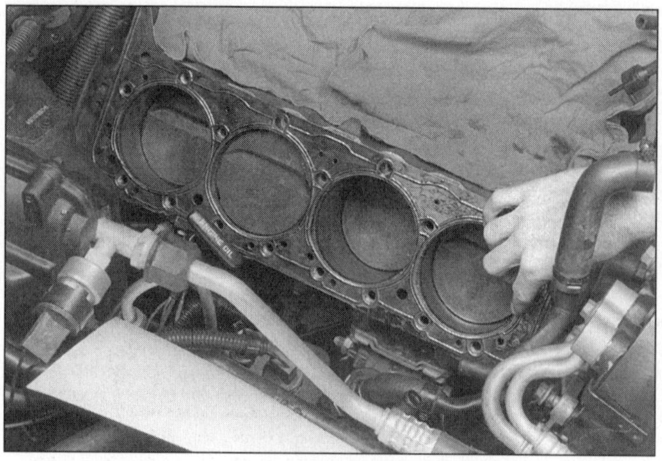

11.14 Las juntas de acero deben ser instaladas con la cara levantada mirando hacia encima (flecha)

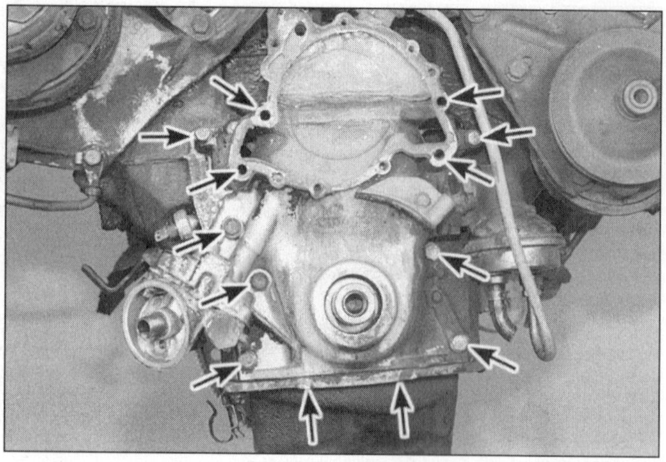

12.7a Ubicación de los pernos para la tapa de la cadena del tiempo - Buick

Almacene los pernos en el poseedor de cartón según ellos son removidos; esto asegurará que los pernos sean reinstalados en sus orificios originales.

9 Remueva la cabeza(s) fuera del motor. Si resistencia excesiva se siente, no le haga palanca entre la cabeza y el bloque porque daño a las superficies de acoplamiento podría resultar. Para zafar la cabeza, coloque un bloque de madera contra el final y golpee la madera con un martillo. Almacene la cabeza(s) en los lados para prevenir que se dañen las superficies para las juntas.

10 Desensamble de la cabeza de los cilindros y los procedimientos de inspección están cubiertos con todo detalle en el Capítulo 2, Parte B.

11 Use un raspador de junta para remover todos los rasgos de carbón y material de la junta vieja, después limpie las superficies de acoplamiento con rebajador de pintura o acetona. Si hay aceite en las superficies de acoplamiento cuando las cabezas son instaladas, las juntas no podrán sellar apropiadamente y fugas pueden desarrollarse. Cuando esté trabajando en el bloque, cubra el valle de los buzos con trapos de taller para que no entren residuos. Use una aspiradora para remover cualquier residuo que caiga adentro de los cilindros.

12 Chequee por mellas en el bloque y las superficies de acoplamiento en la cabeza, rayones y otros daños profundos. Si el daño es leve, puede ser removido con una lima. Si la junta parece que tiene fugas, haga que la cabeza(s) sea chequeada por roturas y combadura por un taller automovilístico de rectificación. Daño en la superficie o combadura pueden ser corregidos generalmente con rectificación a máquina.

Instalar

13 Use una terraja del una prensa y corra una terraja hembra para remover la corrosión y restaurar cualquier tamaño correcto para seguir las roscas para los pernos de la cabeza. Instale cada perno en roscas. La tierra, corrosión, sellador y las roscas desgastadas afectarán las lecturas del par de torsión.

14 Si una junta de metal es usada, aplica una capa fina de sellador tal como K & W Copper Coat en ambos lados antes de la instalación. Juntas de metales deben ser instaladas con el borde levantado hacia Encima **(vea ilustración)**. La mayoría de las juntas tienen una estampa en ellas que dice "This side up" (Este lado para encima). Juntas de composición deben ser instaladas secas - sin usar sellador. Siga las instrucciones del fabricante de la junta, si es disponible. Posicione una junta nueva sobre la clavija fija en el bloque.

15 Posicione cuidadosamente en el bloque la cabeza sin abollar o perturbar la junta.

16 Esté seguro de que las roscas para los pernos de la cabeza estén limpias. En los motores V6, 301 pulgada cúbica y todos los motores construidos por la Chevrolet cubiertos por este manual, aplique sellador que no se endurece tal como Permatex no. 2 a las roscas del perno de la cabeza. Aplique una capa delgada de aceite de motor a los pernos de la cabeza de los otros motores (Buick, Oldsmobile y Pontiac V8).

17 Instale los pernos en sus lugares originales y apriételos con los dedos. Siga la secuencia recomendada y apriete los pernos en varios pasos al par de torsión especificado.

18 La instalación se hace en el orden inverso al procedimiento de desensamble. Chequee el índice para las Secciones apropiadas para la instalación de los varios componentes.

19 Agregue anticongelante, cambie el aceite y el filtro (vea Capítulo 1), entonces ponga el motor en marcha y chequee cuidadosamente por fugas.

12 Tapa del tiempo, cadena y engranes

Refiérase a las ilustraciones 12.7a, 12.7b, 12.11, 12.12a, 12.12b y 12.13

Remover

1 Desconecte el cable negativo de la batería.

2 Si está equipado con un motor Buick, remueva el alternador, los soportes y también el distribuidor (Capítulo 5).

3 Drene el sistema de enfriamiento y desconecte las mangueras del radiador, mangueras de la calefacción (donde sea aplicable) y la manguera de desvío pequeña (excepto los motores Chevrolet).

4 Remueva el soporte superior del radiador, la cubierta del ventilador, el ventilador, la polea y el radiador (Capítulo 3).

5 Remueva la polea del cigüeñal y el amortiguador de vibraciones (vea Sección 7).

6 Si está equipado con un motor Chevrolet, remueva la bomba de agua (Capítulo 3). Si está equipado con un motor Pontiac o Buick, remueva la bomba de combustible. Destornille y aparte a un lado cualquier accesorio del motor que estén en el camino sin desconectar las mangueras. Refiérase a los Capítulos apropiados para información adicional.

7 Remueva las tuercas y los pernos que conectan la tapa al motor, entonces hale la tapa para removerla **(vea ilustraciones)**. Los motores Pontiac y Buick tienen pernos conectando la cacerola de aceite a la tapa (los motores Pontiac también tienen un perno que se enrosca en el múltiple de admisión). Remueva el resorte de empuje del árbol de levas y el botón, en los vehículos que estén equipados.

8 Usando alicates autobloqueante, hale las clavijas fijas (si están equipadas) hacia fuera del bloque del motor. Esmerile un biselado en el final de cada clavija. Limpie completamente todas las superficies de acoplamiento de la junta (no permita que el material de la junta vieja caiga en la cacerola de aceite), entonces límpielo con una tela empapada en solvente.

9 En motores Oldsmobile y Pontiac, remueva el excéntrico que acciona la bomba de combustible destornillando el perno en el final del árbol de levas.

10 Algunos motores Buick tienen un engranaje en el distribuidor de impulsión montado en el frente del excéntrico de la bomba de combustible (cuando lo esté removiendo, anote como ellos están alineados el uno con

12.7b Una espátula para remover juntas o un destornillador se puede usar romper el sello de la tapa de la cadena del tiempo al bloque, pero tenga cuidado cuando le esté haciendo palanca porque daño a cubierta pueda que resulte - Chevrolet

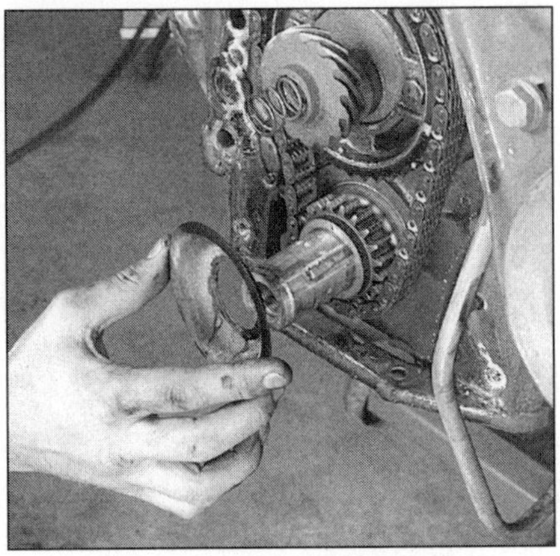

12.11 Instalación del deflector de aceite - típico

12.12a En los motores Buick V6 y V8, la marca de la regulación del tiempo del árbol de levas debe de estar abajo (a la posición 6 del reloj) y la marca del cigüeñal encima (a la posición 12 del reloj)

el otro y del uno al otro en el árbol de levas) .

11 En motores Buick y Oldsmobile, deslice el deflector de aceite hacia afuera de la punta del cigüeñal **(vea ilustración)**.

12 Gire el cigüeñal hasta que las marcas en los engranes del árbol de levas y el cigüeñal estén perfectamente alineadas **(vea ilustraciones)**. No procure remover ni el engrane ni la cadena hasta que esto esté hecho. También, no gire el árbol de levas ni el cigüeñal después que los engranes sean removidos.

13 En los motores Chevrolet y los motores Buick de 455 CID (desplazamiento de pulgadas cubicas), remueva los pernos que conectan el engrane al final del árbol de levas **(vea ilustración)**. También en los motores Buick de 455 CID, la cacerola del aceite debe ser removida para deslizar el engrane hacia afuera del cigüeñal (vea Sección 14).

14 Hablando generalmente, el engrane del árbol de levas, el engrane del cigüeñal y la cadena del tiempo se pueden resbalar hacia afuera de los ejes juntos. Si resistencia es encontrada, pueda que sea necesario usar dos destornilladores para hacerle palanca cuidadosamente a los engranes fuera de los ejes. Si resistencia extrema es encontrada (que puede acontecer con el engrane del cigüeñal), un extractor de engrane será requerido. Se debe notar que en los motores Oldsmobile, el pasador que hace el índice del engrane al cigüeñal debe ser removido deslizándolo antes o halando el engrane hacia afuera del eje. En los modelos con amortiguadores de resortes cargados para la cadena del tiempo, detenga la parte trasera del amortiguador según usted resbala la cadena hacia afuera.

15 Si el cigüeñal y el árbol de levas no son perturbados mientras la cadena del tiempo y los engranes están fuera de lugar, entonces la instalación puede comenzar con el Paso 18. Si el motor está completamente desmantelado, o si el cigüeñal o el árbol de levas fueron perturbados mientras la cadena del tiempo está afuera, entonces ponga en posición el pistón No. 1 en el TDC (punto muerto superior) antes de que la cadena del tiempo y los engranes sean instalado.

16 Alinee la ranura en el engrane del árbol de levas con la clavija fija en el final del árbol de levas, entonces resbale el engrane en el final del árbol de levas. En los motores Buick, gire el árbol de levas hasta que la marca de la regulación del tiempo en el engrane esté señalado recta hacia abajo. **Nota:** *En los motores Chevrolet, Pontiac y Oldsmobile, con el pistón No. 1 en el TDC, la marca de la regulación del tiempo en el engrane del árbol de levas debe señalar directamente hacia encima* **(vea ilustraciones 12.12a y 12.12b)**.

17 Resbale el engrane del cigüeñal en el final del cigüeñal (asegúrese que el pasador y la bocallave están apropiadamente alineado), entonces gire el cigüeñal hasta que la marca de la regulación del tiempo en el engrane esté señalando recto hacia encima (todos los motores).

18 Después, remueva el engrane del árbol de levas, del árbol de levas y ponga la cadena sobre el. Resbale el otro final de la

2A

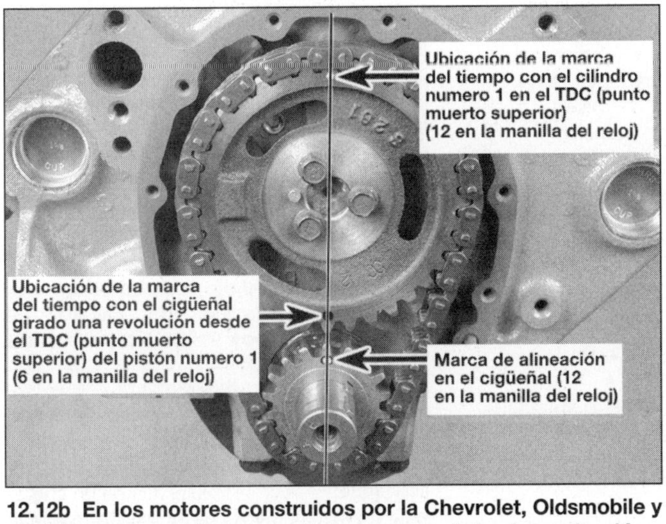

12.12b En los motores construidos por la Chevrolet, Oldsmobile y Pontiac, note cuidadosamente las marcas de la sincronización del tiempo en las posiciones del engrane del árbol de levas y el engranaje del cigüeñal

12.13 Remueva los tres pernos del final del árbol de levas (flechas) - se muestra un motor Chevrolet

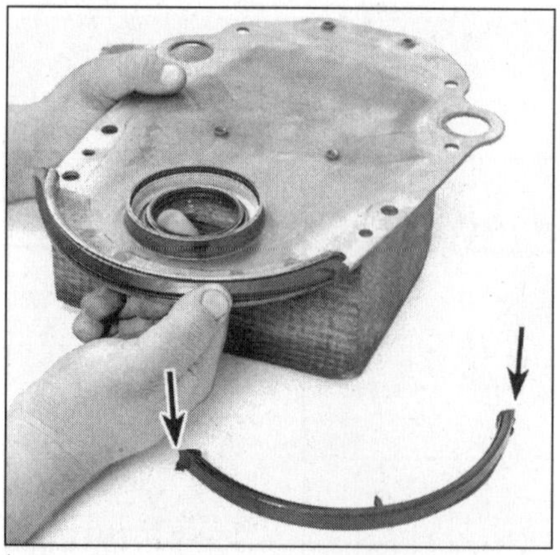

12.22 En los motores Oldsmobile, corte la junta de la cacerola de aceite como está mostrado antes de instalar la tapa del frente

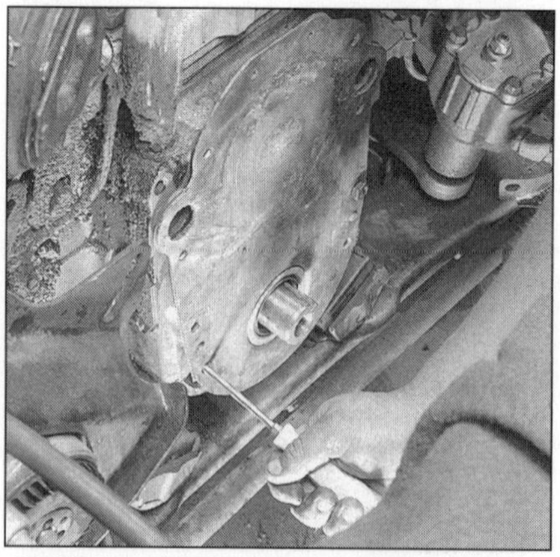

12.25 La cubierta debe ser forzada hacia abajo contra la cacerola, comprimiendo el sello, para alinear los orificios de los pernos - use destornilladores atraves de dos de los orificios inferiores para alinear la cubierta hasta que dos pernos superiores puedan ser instalados

12.44 Antes de instalar la tapa del tiempo, insercióne el resorte y el botón adentro del frente del árbol de levas

cadena en el engrane del cigüeñal (mantenga las marcas de la regulación del tiempo alineadas mientras esto se hace) y vuelva a instalar el engrane del árbol de levas. Cuando los engranes estén apropiadamente instalados, las marcas del tiempo en los engranes serán alineadas perfectamente al lado contrario de una con la otra (con la exepción de los motores Chevrolet, Pontiac y Oldsmobile; refiérase a las **ilustraciones 12.12a y 12.12b** y Paso 16).

19 En los motores Chevrolet y los motores Buick de 455 CID, instale los pernos que conectan el engrane del árbol de levas, entonces chequee la alineación de las marcas de la sincronización del tiempo. En los motores Oldsmobile, instale el pasador del cigüeñal después que el engrane esté en su posición (use un martillo de bronce para sentar la llave en la bocallave).

20 La instalación se hace en el orden inverso al procedimiento de desensamble. En los motores Pontiac, el árbol de levas debe extenderse a través del engrane para que el orificio de la actuación de la bomba de combustible accione el excéntrico localizado en el final del eje. Instale el excéntrico e índice las lengüetas en el excéntrico con el pequeño orificio en el cubo del engrane. En los motores Buick de 350 CID, asegúrese que la ranura de aceite en las caras están hacia fuera del excéntrico.

21 Esté seguro de apretar los pernos del cigüeñal y el engrane del árbol de levas al par de torsión especificado (si es aplicable).

Instalar (motores Oldsmobile)

Refiérase a las ilustraciones 12.22 y 12.25

22 Corte el material de exceso de la junta en el frente de la cacerola del aceite hasta que esté plano con el bloque del motor **(vea ilustración)**.

23 Usando un cuchillo con filo, corte acerca de 1/8-pulgada de cada final nuevo en el sello al frente de la cacerola.

24 Instale una junta nueva al bloque del motor y un sello nuevo al frente en la tapa (vea Sección 8). Use el sellador de junta RTV (vulcanizador accionado a temperatura ambiente) en estas juntas y también en la conexión de la tapa, el bloque y la cacerola del aceite.

25 Incline la tapa en su posición y la prensa hacia abajo para comprimir el sello inferior de la cacerola. Gire la tapa de aquí para allá y guíe el sello de la cacerola en la cavidad usando un destornillador pequeño **(vea ilustración)**.

26 Aplique aceite de motor a las roscas del perno e instale flojamente dos de los pernos para retener la tapa en su posición.

27 Instale las clavijas fijas, final chafado primero, en el bloque del motor.

28 Instale la bomba de agua con una junta nueva (si se removió de la tapa).

29 Apriete todos los pernos a las especificaciones técnicas apropiadas e instale todos los componentes en el orden reverso de como se removió. Aplique lubricante al sello del cubo delantero antes de instalar el amortiguador de vibraciones en el cigüeñal.

Instalar (motores Chevrolet)

30 Asegúrese que todas las superficies para las juntas están limpias y libre de exceso de material de junta.

31 Use un cuchillo con filo para remover cualquier material de la junta saliéndose del frente de la cacerola del aceite.

32 Aplique un 1/8-pulgada de sellador de junta RTV a la coyuntura formada en la cacerola de aceite y el bloque del motor, también como en el labio de la cacerola de aceite.

33 Revista la junta de la tapa con un sellador que no se seque, posiciónelo en la tapa, entonces instale flojamente la tapa. Instale primero los primeros cuatro pernos flojamente, después instale dos tornillos de 1/4 - 20 pulgada x 1/2 de largo en las roscas inferiores de la tapa. Aplique una cantidad de sellador en el fondo de la tapa, después instale la tapa, apretando los tornillos alternamente, uniformemente y al mismo tiempo alinee las clavija.

34 Remueva los dos tornillos de 1/4 - 20 pulgada x 1/2 de largo e instale los pernos de la tapa. Apriete todos los pernos de la tapa a las especificaciones apropiadas.

35 Instale la bomba de agua usando juntas nuevas (vea Capítulo 3).

36 La instalación se hace en el orden inverso al procedimiento de desensamble.

Instalar (motores Pontiac)

37 Remueva el sello de tipo O del recreo del pasaje de agua en el múltiple de admisión.

38 Transfiera la bomba de agua a la tapa nueva, si se va usar.

39 Posicione una junta nueva en los espárragos contra el bloque del motor. Si la junta en la cacerola de aceite se daña durante el proceso de remover, porciones nuevas en el frente se deben cementar en su posición en las pestañas del cárter de aceite.

40 Instale un anillo sellador nuevo de tipo O en el pasaje del múltiple de admisión.

41 Coloque la tapa en posición en los espárragos índice y asegúrela con los pernos y las tuercas. Instale los tornillos de la tapa de la cacerola de aceite después que los otros afianzadores sean instalados.

42 La instalación se hace en el orden inverso al procedimiento de desensamble, refiérase a las Secciones apropiadas en este Capítulo u otros Capítulos.

Instalar (motores Buick)

Refiérase a la ilustración 12.44

43 Antes de reinstalar la tapa de la cadena del tiempo, remueva la bomba del aceite y cúbrala con jalea de petróleo alrededor de los engranes de la bomba de aceite para que no haya espacio de aire adentro de la bomba. Si esto no es hecho, la bomba puede perder su "carga" y no comienza a bombear aceite inmediatamente cuando el motor se comience.

44 Reinstale la tapa de la bomba, usando una junta nueva, y apriete los pernos a las especificaciones del par de torsión **(vea ilustración)**.

13.3 Cuando esté chequeando cuanto levanta el lóbulo del árbol de levas, el indicador de reloj se debe posicionar directamente encima de la varilla de empuje

13.12a Removiendo el plato para el impulso del árbol de levas (motor Pontiac)

13.12b Un perno largo puede ser roscado en una de las roscas para los pernos del árbol de levas, para proporcionar una manija para remover e instalar el árbol de levas

45 Asegúrese que la superficie de la junta en el bloque y la tapa de la cadena del tiempo están suave y limpia e instale una junta nueva en la tapa.

46 Lubrique el eje del amortiguador de vibraciones donde atravesará el sello de la tapa de la cadena del tiempo para que el sello no sea desgastado cuando el motor es comenzado por primera ves.

47 Usando las clavijas fijas en el bloque, enganche los orificios de la tapa en la clavija y posicione la tapa contra el bloque.

48 Aplique sellador a las roscas del perno y apriete los pernos a las especificaciones.

49 Instale el amortiguador de vibraciones, el perno y la arandela (vea Sección 7).

13 Árbol de levas, cojinetes y buzos - remover inspeccionar e instalar

Refiérase a las ilustraciones 13.3, 13.12a, 13.12b y 13.18

Chequeo de la altura del lóbulo del árbol de levas

1 Para determinar la cantidad de desgaste del lóbulo del árbol de levas, se debe chequear primero la altura del lóbulo antes de remover el árbol de levas. Consulte con la Sección 3 y remueva las tapas de los balancines.

2 Ponga el pistón número uno en el Punto Muerto Superior (TDC) en la carrera de compresión (vea Sección 3).

3 Comenzando con el cilindro número uno, monte un indicador de tipo reloj en el motor y coloque el émbolo del buzo sobre la superficie superior del primer balancín. El émbolo debe estar directamente encima de la varilla de empuje y debe estar alineada con la misma **(vea ilustración)**.

4 Ponga el indicador en cero, luego gire lentamente el árbol de levas en la dirección normal de rotación hasta que la aguja del indicador pare y comience a moverse en la dirección contraria. El punto en que se pare indica la altura máxima del lóbulo de la leva.

5 Apunte ésta para referencia futura, luego vuelva a situar el pistón en el TDC de la carrera de compresión.

6 Mueva el indicador de tipo reloj al otro balancín del cilindro número uno y repita el chequeo. No se olvide de apuntar el resultado de cada válvula.

7 Repita el chequeo para las demás válvulas. Como cada pistón debe estar en el TDC de la carrera de compresión para este procedimiento, debe trabajar de un cilindro en otro siguiendo el orden de la secuencia de encendido.

8 Después de completar el chequeo, compare los resultados con las Especificaciones. Si la altura del lóbulo del árbol de levas es menos de lo especificado, el árbol de levas está gastado y debe reemplazarlo.

Nota: *En los modelos equipados con aire acondicionado haga que el refrigerante sea descargado y remueva el condensador antes de comenzar los siguientes procedimientos (vea Capítulo 3).*

Remover

9 Consulte las Secciones apropiadas y remueva el múltiple de admisión, los balancines, las varillas de empuje y la cadena del tiempo y la rueda dentada del árbol de levas. El radiador, la bomba de combustible y el distribuidor debe removerse también (vea Capítulo 3, 4 y 5).

10 Hay varias maneras de extraer los buzos de los cilindros. Muchas compañías fabrican una herramienta especial para agarrar y remover los buzos y están disponibles en muchos lugares, pero puede ser que no sea siempre necesario. En los motores más modernos sin mucha acumulación de barniz, muchas veces se pueden extraer los buzos con un imán o hasta con los dedos. Se puede usar una punta de trazar de mecánico con una punta doblada para remover los buzos al colocar la punta por debajo del segmento del anillo retenedor dentro de la parte alta de cada buzo. **Peligro:** *No debe usar tenazas para remover los buzos a menos que piense en reemplazarlos con unos nuevos (junto con el árbol de levas). Las tenazas dañarán los buzos endurecidos y maquinados a precisión, dejándolos así inútiles.*

11 Antes de remover los buzos, haga los arreglos para guardarlos en una caja claramente marcada para asegurarse de que se vuelvan a instalar en su lugar original. Remueva los buzos y almacénelos donde ellos no se ensuciarán. No atente de remover el árbol de levas con los buzos en su lugar.

12 Remueva los pernos del plato de torsión, si está equipado **(vea ilustración)**. Atornille un perno largo en las roscas apropiadas adentro de los orificios de las roscas para los pernos de los engranes, para usarlo como un mango cuando esté removiendo el árbol de levas del bloque **(vea ilustración)**.

13 Remueva con cuidado el árbol de levas. Apoye la leva cerca del bloque para que los lóbulos no mellen ni estríen los cojinetes mientras están retirándose.

Inspeccionar

Árbol de levas y cojinetes

14 Después de remover el árbol de levas dol motor, límpiolo con disolvente y séquelo, inspeccione los muñones por desgaste que no sea uniforme, picadura y evidencia de fatiga. Si los muñones están dañados, es probable que las piezas insertadas en los cojinetes estén también dañadas. Será necesario reemplazar tanto el árbol de levas como los cojinetes.

15 Mida los muñones con un micrómetro para determinar si están demasiado gastados o si tienen algún defecto de circularidad.

16 Chequee los lóbulos del árbol de levas por decoloración debido al calor, estrías, áreas astilladas, picadura y desgaste no uniforme. Si los lóbulos están en buenas condiciones y si las medidas de altura del lóbulo son como se especifica, se puede volver a usar el árbol de levas.

Buzos convencionales

17 Limpie los buzos con disolvente y séquelos completamente sin mezclarlos.

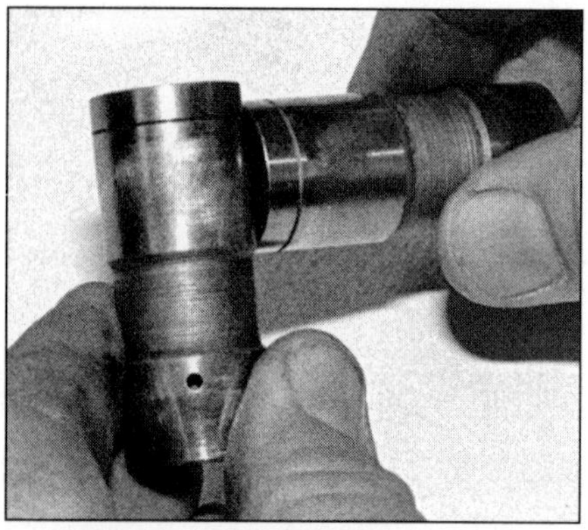

13.18 El pie de cada buzo debe ser levemente convexo - el lado de otro buzo se puede usar como una regla para chequear; si parece plano, se ha desgastado y no debe ser vuelto a emplear

14.18 Incline la cacerola de aceite hacia abajo (como está mostrado) en la parte trasera para liberar el miembro transversal delantero

14.21a Sellador es aplicado en el área donde la junta delantera se reúne a la junta lateral (se muestra un motor Chevrolet)

18 Chequee cada pared de buzo, pie y asiento de la varilla por rasguños, estrías y desgaste no uniforme. El pie de cada buzo (la superficie que se monta sobre el lóbulo de la leva) debe ser ligeramente convexo, aunque es difícil distinguirlo al ojo. Si la base del buzo es cóncava **(vea ilustración)**, es necesario reemplazar los buzos y el árbol de levas. Si las paredes de los buzos están dañadas o desgastadas (lo cual no es muy probable), inspeccione también el interior de los cilindros de los buzos en el bloque. Si están gastados los asientos de las varillas, chequee las puntas de las varillas.

19 Si está instalando buzos nuevos, debe instalar también un árbol de levas nuevo. Si está instalando un árbol de levas nuevo, debe usar también buzos nuevos. No debe nunca instalar buzos usados a menos que se use el árbol de levas original y los buzos puedan instalarse en sus lugares originales.

Buzos de rodillo

20 Chequee los rodillos con cuidado por desgaste, daños y asegúrese de que puedan moverse libremente sin demasiado juego **(vea ilustración)**. El procedimiento de inspección de los buzos convencionales también es aplicable para los buzos de rodillos.

21 Se pueden instalar los buzos de rodillo usados con un árbol de levas nuevo y se puede usar el árbol de levas original si se instalan buzos nuevos.

Reemplazo de los cojinetes

22 Reemplazo de los cojinetes del árbol de levas requiere herramientas especiales y experiencia que está afuera del mecánico del hogar. Lleve el bloque al taller de rectificación automotriz para asegurarse que el trabajo está hecho correctamente.

Instalar

23 Lubrique los muñones del árbol de levas y las levas con grasa de base moly o lubricante para ensamblaje de motor.

24 Inserciónе suavemente el árbol de levas en el motor. Apoye la leva cerca del bloque y tenga cuidado de no raspar ni mellar los cojinetes.

25 Lubrique e instale el plato de torsión, si está equipado.

26 Refiérase a la Sección 12 e instale la cadena del tiempo y los engranes.

27 Lubrique los buzos con aceite limpio para motores e instálelos en el bloque. Si los buzos originales se vuelven a instalar, no se olvide de devolverlos a sus lugares originales. Si se instaló un árbol de levas nuevo, no se olvide de instalar buzos nuevos también.

28 La instalación se hace en el orden inverso al procedimiento de desensamble.

29 Antes de poner en marcha el motor y dejarlo correr, cambie el aceite e instale un filtro de aceite nuevo (vea Capítulo 1).

14 Cacerola del aceite - remover e instalar

Refiérase a las ilustraciones 14.18, 14.20, 14.21a y 14.21b

Peligro: *No coloque ninguna parte de su cuerpo debajo del motor cuando esté sostenido únicamente por un gato o elevador.*

1 Desconecte el cable negativo de la batería.

2 Remueva el ensamblaje del purificador de aire y apártelo a un lado.

3 Remueva la tapa del distribuidor para prevenir que se rompa cuando el motor sea levantado (modelos con distribuidor en la parte trasera del motor solamente).

4 Destornille la cubierta del radiador del soporte del radiador y cuelgue la tapa en el ventilador de enfriar.

5 Si es necesario, remueva la varilla graduada para medir el aceite y el tubo de la varilla graduada para medir.

6 Levante el vehículo y apóyelo firmemente sobre estantes.

7 Drene el aceite del motor en un recipiente adecuado.

8 Desconecte el tubo de cruce del escape en las pestañas del múltiple de escape. Baje los tubo de escape y los suspende en el chasis con alambre.

9 Si está equipado con una transmisión automática, remueva la cubierta inferior de la campana.

10 Si está equipado con una transmisión manual, remueva el motor de arranque (Capítulo 5) y la tapa del volante.

11 Use el perno en el centro del amortiguador de vibraciones para girar el motor hasta que la marca de la regulación del tiempo esté directamente hacia abajo, en la posición 6 del reloj. Esto moverá el tiro delantero del cigüeñal hacia encima, proporcionando espacio libre en la parte delantera de la cacerola del aceite.

12 Remueva el perno que atraviesa en cada calzo del motor.

13 En este momento el motor debe ser levantado para habilitar levemente que la cacerola del aceite se deslice claramente del miembro transversal. El método preferido es de usar un elevador para levantar motores o gato. Enganche las cadenas de elevar en la Parte B según está descrito en la Sección 5.

14 Un método alternativo se puede usar si cuidado extremo es ejercitado. Use un gato de piso y un bloque de madera colocado debajo de la cacerola de aceite. El bloque de madera debe esparcir la carga en la cacerola de aceite, previniendo daño o colapso del metal de la cacerola del aceite. El captador de la bomba de aceite y la rejilla está muy cerca del fondo de la cacerola de aceite, así que cualquier colapso de la cacerola puede dañarlo o prevenir que la bomba de aceite absorba aceite apropiadamente.

15 Con cualquier método, levante el motor hasta que los bloques de madera se puedan colocar entre el miembro transversal del chasis al frente y el bloque del motor. Los bloques deben ser aproximadamente de tres pulgadas de grueso. Chequee los espacios libres alrededor de todas las partes del motor según es levantado. Pegue atención particular al distribuidor y al ventilador de enfriar.

16 Baje el motor en el bloque de madera. Asegúrese que está firmemente sostenido. Si un elevador va a ser usado, mantenga las cadenas de levantar aseguradas al motor.

17 Remueva los pernos del cárter del aceite. Note los tamaño diferentes usados y sus localidades.

14.21b El sello de aceite delantero (motor Chevrolet) tiene una hendedura que se acopla en la junta lateral

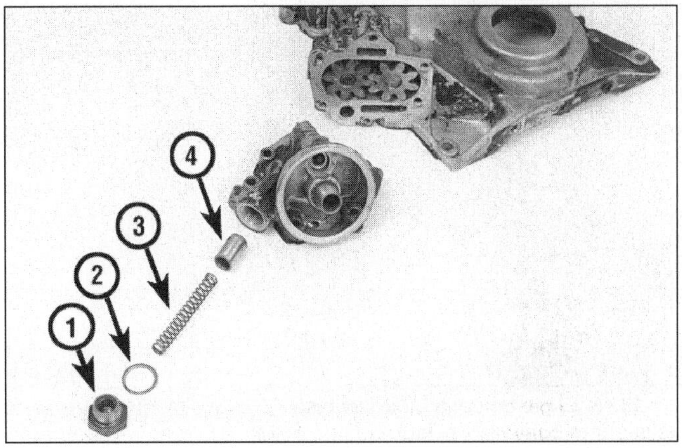

15.4 Tapa de la bomba de aceite y los componentes para liberar la presión - motor Buick típico

1 *Tapa de liberar la presión*
2 *Anillo sellador de cobre*
3 *Resorte para aliviar la presión de aceite*
4 *Válvula para aliviar la presión de aceite*

18 Remueva la cacerola del aceite inclinándola hacia abajo en la parte trasera y entonces trabaje la parte delantera para liberar el miembro transversal **(vea ilustración)**. Pueda que sea necesario usar un mazo de caucho para romper el sello.

19 Antes de instalar, limpie completamente las superficies del bloque para la junta y la cacerola de aceite. Todo sellador y material de la junta deben ser removidos.

20 Aplique una película delgada de sellador a un lado de las juntas nuevas y póngala contra el bloque del motor. Todos los orificios para los pernos deben formar una fila apropiadamente. Use los retenedores, si están equipado **(vea ilustración)**.

21 Otra vez usando sellador, instale los sellos delanteros y traseros del motor. Asegúrese que las puntas hacen contacto con las juntas del lado **(vea ilustraciones)**.

22 Levante la cacerola en posición e instale todos los pernos apretado con los dedos. No hay orden específico para apretar los pernos; sin embargo, es una buena norma de apretar los pernos de las puntas primero.

23 Baje el motor en su calzos e instale los pernos. Apriete la tuercas/pernos firmemente.

24 Siga los pasos de remover en un orden reverso. Llene el motor con el grado y la cantidad correcta de aceite, ponga el motor en marcha y chequee por fugas.

15 Bomba del aceite - remover, inspeccionar e instalar

Motores de Buick

Refiérase a la ilustración 15.4

Remover

1 Destornille y remueva el filtro de aceite (vea Capítulo 1).

2 Remueva los tornillos que conectan el ensamblaje de la tapa para la bomba de aceite en la tapa de la cadena del tiempo. Remueva el ensamblaje de la tapa y deslice hacia afuera el engrane de la bomba de aceite.

Inspección

3 Lave los engranes con la solución apropiada e inspeccione por desgaste, rayones, etc. Reemplace cualquier engrane que se le pueda otorgar servicio con uno nuevo.

4 Destornille la tapa de la válvula y el resorte de liberación de presión de aceite para los balancines **(vea ilustración)**. No remueva la válvula de desviación del aceite y el resorte del filtro, porque ellos están estacados en su posición.

5 Lave las partes completamente en el solvente apropiado e inspeccione la válvula de liberación por desgaste y rayones. Chequee para asegurarse que el resorte de la válvula de retención no está desplomado desgastado en un lado. Cualquier resorte de la válvula de relieve que esté sospechoso debe ser reemplazado con uno nuevo.

6 Choquoo la válvula de liberación en el orificio de la tapa. Debe ser un ajuste fácil y cualquier sacudida de lado que pueda ser detectada seria mucho. La válvula y/o la tapa deben ser reemplazadas con una nueva en este caso.

7 La válvula de desviación del filtro debe estar plana y libre de mellas, de roturas o alabeo y rayones.

8 Lubrique la válvula de liberación de presión y el resorte y lo instala en el diámetro del orificio del albergue de la bomba del aceite. Instale la tapa, la junta y apriete la tapa firmemente.

9 Si la inspección de encima revela desgaste o kilometraje alto/presión del aceite bajo indica una bomba defectuosa, reemplácela con una nueva.

10 Si la condición de la bomba es satisfactoria en este punto, remueva los engranes y empaque los orificios con jalea de petróleo. No use lubricante de chasis.

Instalar

11 Reinstale los engranes, asegúrese que la jalea de petróleo es forzado en cada cavidad del engrane y entre los dientes de los engranes. La bomba pueda que no se lubrique automáticamente cuando el motor se ponga en marcha sin la bomba estar empacada con jalea de petróleo.

12 Instale los tornillos de ensamblaje de la tapa de la bomba y apriételos alternamente y uniformemente. Apriételo a las especificaciones del par de torsión.

13 Instale el filtro de aceite y chequee el nivel de aceite con la varilla graduada para medir. Pegue atención cercana al medidor de la presión del aceite o la luz de advertencia durante el comienzo inicial y período de manejo. Apague el motor e inspeccione todo el trabajo si una falta de presión de aceite es indicada.

Motores Chevrolet, Oldsmobile y Pontiac - todos

Refiérase a la ilustración 15.17

Remover

14 Remueva la cacerola del aceite como está descrito en la Sección 14.

15 Remueva los pernos que aseguran el ensamblaje de la bomba de aceite a la tapa del cojinete principal. Remueva la bomba de aceite con su tubo de captación y rejilla como un ensamblaje del bloque del motor. Una vez que la bomba sea removida, el eje de la bomba de aceite se puede halar del bloque. **Nota:** *En los motores Oldsmobile, no procure de remover las arandelas del eje. Note que el final con las arandelas acoplan adentro de la bomba.*

Inspección

16 En la mayoría de los casos será más práctico y económico reemplazar una bomba de aceite defectuosa con una nueva o con una unidad reconstruida. Si se decidió a

2A

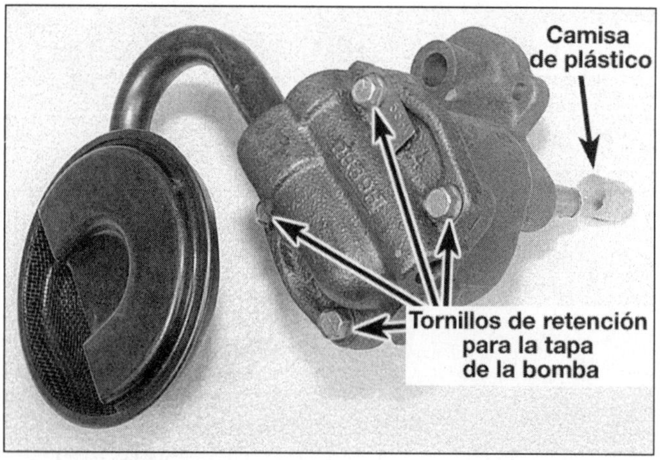

15.17 Remueva los cuatro pernos (flechas)

16.3 Para asegurar un balance apropiado, marque la relación del volante al cigüeñal

reconstruir la bomba de aceite, chequee en la disponibilidad interna de la partes antes de comenzar.

17 Remueva los tornillos reteniendo la tapa de la bomba **(vea ilustración)** y la tapa de la bomba (los motores Oldsmobile tienen también una junta instalada). Marcas índice en los dientes del engrane permitir la instalación en la misma posición.

18 Remueva el engrane para el controlador de la marcha mínima, el engranaje de impulsión y eje del cuerpo.

19 Remueva la clavija reteniendo el regulador de la válvula de presión (los motores Pontiac utilizan una tapa roscada), la válvula del regulador y las partes relacionada.

20 Si es necesario, la rejilla de captación y el ensamblaje de tubo se pueden extraer del cuerpo de la bomba. **Nota:** *En los motores Pontiac, el tubo de captación de aceite/ensamblaje de la rejilla no se deben perturbar.*

21 Lave todas las partes en solvente y séquelas completamente. Inspeccione por roturas en el cuerpo, desgaste u otros daños. Semejantemente inspeccione los engranes.

22 Chequee el eje del engranaje de impulsión para ver si está flojo en el cuerpo de la bomba y en el interior de la tapa de la bomba por desgaste que permitiría fuga de aceite el final de los engranes.

23 Inspeccione la rejilla de captación y el ensamblaje del tubo por daño en la rejilla, tubo o anillo de relieve.

24 Aplique sellador de junta al final del tubo (rejilla de captación y ensamblaje del tubo) y golpéelo suavemente adentro del cuerpo de la bomba, teniendo cuidado de que ningún daño ocurra. Si presión original no se puede obtener, un ensamblaje nuevo se debe usar para prevenir fugas de aire y perder la presión.

25 Instale la válvula de regulador de presión y las partes relacionadas.

26 Instale el engranaje de impulsión y el eje en el cuerpo de la bomba, seguido por el engrane controlador, con el lado liso hacia la abertura de la tapa de la bomba. **Nota:** *En los motores Oldsmobile, chequee el juego final del engrane descansando una regla en el cuerpo de la bomba. Pruebe resbalando un calibrador de tacto entre las puntas de los engranes y la regla. El espacio libre debe estar entre 0.0015 y 0.0085 pulgada. Si no está, la bomba debe ser reemplazada con una nueva. Lubrique las partes con aceite de motor.*

27 Instale la tapa y apriete los tornillos a las especificaciones del par de torsión.

28 Gire el eje para asegurar que la bomba opera libremente.

Instalar

29 Para instalar, mueva el ensamblaje de la bomba en posición y alinee la hendidura en el final superior del eje de impulsión con la pestaña en el final inferior del distribuidor. El distribuidor acciona la bomba de aceite, así que es esencial que estos dos componentes sean compañeros apropiadamente. En los motores Pontiac y Oldsmobile, el eje se acopla adentro del engrane del distribuidor.

30 Instale los pernos y apriételo firmemente. Los motores Pontiac requieren una junta nueva entre el cuerpo de la bomba y el bloque.

31 Asegúrese que la rejilla de la bomba de aceite está paralela con los rieles de aceite. La rejilla debe estar en esta posición para instalar la cacerola de aceite apropiadamente.

16 Volante/plato flexible - remover e instalar

Refiérase a las ilustraciones 16.3 y 16.4

1 Levante el vehículo y sopórtelo firmemente sobre estantes, entonces refiérase al Capítulo 7 y remueva la transmisión.

2 Remueva el ensamblaje de plato de presión y disco de embrague (Capítulo 8) (vehículos equipados con transmisión manual).

3 Use pintura para marcar una línea desde el volante al final del cigüeñal para alineación correcta durante la reinstalación **(vea ilustración)**.

4 Remueva los pernos que aseguran el volante al cigüeñal pestaña trasera. Si dificultad es experimentada en remover los pernos debido al movimiento del cigüeñal, ponga un destornillador como cuña para mantener que el volante no gire **(vea ilustración)**.

5 Remueva el volante/plato flexible de la pestaña del cigüeñal.

6 Limpie cualquier grasa o aceite del volante. Inspeccione la superficie del volante por ranuras hechas por el remache, áreas quemadas y marcas de rayones. Rayones pequeños pueden ser removidos con tela de esmeril. Chequee por rajaduras o dientes rotos. Coloque el volante en una superficie nivelada y use una regla para chequear por combadura.

7 Limpie las superficies de acoplamiento del volante/plato flexible y el cigüeñal.

8 Posicione el volante/plato flexible contra el cigüeñal, alinee las marcas de alineamiento hechas durante el proceso de remover. Antes de instalar los pernos, aplique un compuesto que no se endurezca a las roscas.

9 Ponga un destornillador adentro el plato flexible o en los dientes de corona dentada para hacerle cuña mantener el cigüeñal no gire. Apriete los pernos al torque especificado en dos técnica o tres pasos, trabajando en un patrón cruzado.

10 La instalación se hace en el orden inverso al procedimiento de desensamble.

17 Sello trasero principal del aceite - reemplazo (motor en el vehículo)

Sello de dos pedazos del tipo neopreno

Refiérase a las ilustraciones 17.5, 17.9, 17.13 y 17.14

1 Siempre reemplace ambas mitades del sello trasero principal del aceite como una unidad. Mientras el reemplazo de este sello es más fácil con el motor removido del vehículo, el trabajo puede ser hecho con el motor en su posición.

16.4 Un destornillador grande acuñado en los dientes de la corona dentada del motor de arranque o en uno de los orificios en el plato flexible, se pueden usar para detener que gire el volante/plato flexible según los pernos de montaje son removidos

17.5 Una vez de que la mitad superior del sello haya sido adecuadamente empujado alrededor del cigüeñal, hálelo hacia afuera con un par de alicates

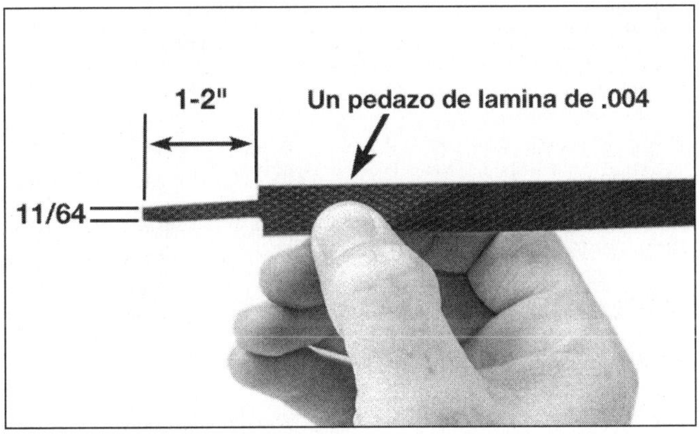

17.9 Herramienta para la instalación del sello de aceite trasero del cigüeñal del tipo de Neopreno

17.13 Use la herramienta (flecha) protectora cuando empuje el sello en su posición principal

2 Remueva la cacerola del aceite y la bomba de aceite como está descrito previamente en este Capítulo.

3 Remueva la tapa trasera del cojinete principal del motor.

4 Usando un destornillador, hágalo palanca a la mitad inferior del sello de aceite de la tapa del cojinete.

5 Para remover la mitad superior del sello, usa un martillo pequeño y un punzón de bronce como de tipo clavo para correr el sello alrededor del muñón de cigüeñal. Péguele a una punta del sello con el martillo y un punzón (tenga cuidado de no golpear el cigüeñal) hasta que el otro final del sello salga lo suficiente para remover el sello con un par de alicates **(vea ilustración)**.

6 Limpie todo el sello y cualquier material extranjero de la tapa del cojinete y el bloque. No use un limpiador abrasivo para esto.

7 Inspeccione por mellas en los componentes, rayones o rebarbas en todas las superficies del sellado.

8 Revista el labio del sello nuevo con aceite de motor. No ponga aceite en las puntas de acoplamiento del sello.

9 Incluido en la compra del sello principal trasero para el aceite debe haber una herramienta pequeña de plástico para la instalación. Si no está incluido, haga usted la suya cortando una hoja vieja del calibrador de tacto o lamina para ajustes **(vea ilustración)**.

10 Posicione el final estrecho de esta herramienta entre el cigüeñal y el asiento del sello. La idea es de proteger el sello nuevo para que no se dañe por la orilla aguda del asiento del sello.

11 Levante la mitad superior nueva del sello en posición con la cara del labio del sello hacia el frente del motor. Empuje el sello en su asiento, usando la herramienta de instalación como un protector contra el contacto de la orilla del sello.

12 Arrolle el sello alrededor del cigüeñal, todo el tiempo usando la herramienta como un "calzador" para protección. Cuando ambas puntas del sello estén parejas con el bloque del motor, remueva la herramienta de instalación, tenga cuidado de no remover el sello también.

13 Instale el sello de aceite inferior en la tapa del cojinete, otra vez usando la herramienta de la instalación para proteger el sello contra la orilla aguda **(vea ilustración)**. Asegúrese que el sello está firmemente sentado, entonces retire las herramienta de instalación.

17.14 Sellador se debe usar donde la tapa para el cojinete principal trasero toca el bloque del motor

14 Aplique un poquito de sellador en el área de la tapa para el cojinete inmediatamente adyacente a las puntas del sello **(vea ilustración)**.

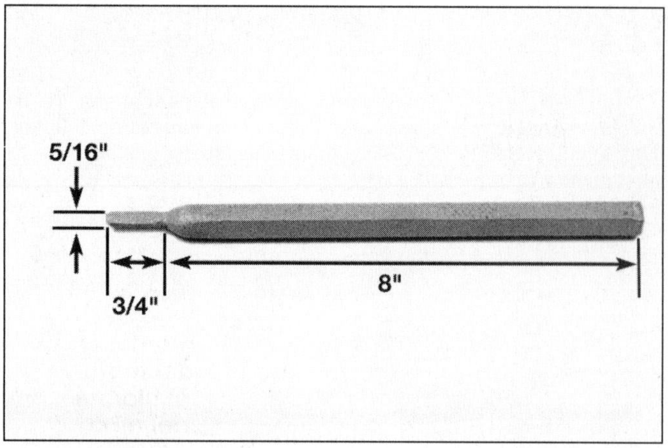

17.16a Esmerile un pedazo varilla de aluminio o bronce a estas dimensiones como una deriva para instalar el sello trasero

17.16b Empaque extremo del sello de aceite en su ranura hasta que se sienta bien empacado

15 Instale la tapa del cojinete (con el sello) y apriete los pernos al par de torsión alrededor de 10 a 12 pies-libras solamente. Ahora péguele suavemente al final del cigüeñal primero hacia atrás, entonces hacia adelante para alinear las superficies de empuje. Apriete la tapa de los pernos del cojinete nuevamente a la Especificación apropiada (vea Capítulo 2B).

Sello del tipo de tela trenzada

Refiérase a las ilustraciones 17.16a, 17.16b, 17.17 y 17.20

16 Con la cacerola de aceite, la bomba de aceite y la tapa del cojinete principal removida (vea Secciones previas), instale la herramienta especial de empacar el sello GM o equivalente **(vea ilustración)** contra el sello. Accione el sello viejo en su ranura hasta que esté empacado apretadamente cada cual **(vea ilustración)**.

17 Mida la cantidad que el sello fue empujado hacia encima, entonces agrega 1/16-pulgada. Corte dos pedazos del tamaño del sello viejo removido de la tapa del cojinete. Use la tapa del cojinete como una guía cuando lo corte **(vea ilustración)**.

18 Ponga un pedazo de sellador en cada punta de éstos pedazos del sello y entonces los empaca en la ranura superior para llenar el espacio libre hecho previamente.

19 Corte el resto del material perfectamente nivelado con el bloque. Tenga cuidado de no dañar la superficie del cojinete.

20 Instale un sello nuevo de soga en la ranura de la tapa del cojinete principal y empuje firmemente completamente alrededor usando el mango de un martillo o herramienta GM especial **(vea ilustración)**. Asegúrese que el sello está firmemente asentado, entonces corte las puntas completamente niveladas con la superficie de la tapa del cojinete.

21 Instale la tapa y los componentes que quedan en el orden reverso, apretando todas las partes a las Especificaciones (vea Capítulo 2B para las especificaciones de torque de la tapa del cojinete principal).

Sello de una pieza del tipo neopreno

Refiérase a la ilustración 17.23

22 El sello trasero de una sola pieza es empernado en el albergue. Reemplazar este sello requiere remover la transmisión, embrague y el volante (transmisión manual) o plato flexible (transmisión automática). Refiérase al Capítulo 7 para los procedimientos de remover la transmisión y la Sección 16 de este Capítulo para remover el volante/plato flexible.

23 insercióne la hoja de un destornillador adentro de las ranuras en el albergue del sello y hágale palanca hacia afuera al sello viejo **(vea ilustración)**. Esté seguro de notar que tan profundo está adentro del albergue antes de removerlo para que el sello nuevo pueda ser instalado a la misma profundidad. Aunque el sello pueda ser removido de esta forma, instalación con el albergue todavía montado en el bloque requiere el uso de una herramienta especial que se instala a las roscas del orificio en la brida del cigüeñal y entonces presiona el sello nuevo adentro de su lugar.

24 Si la herramienta de instalación nueva no está disponible, remueva la cacerola del aceite (vea Sección 14) y los pernos asegurando el albergue al bloque, entonces remueva el albergue y la junta. Cuando el albergue es removido del bloque, un sello nuevo y una junta debe de ser instalado. **Nota:** *La cacerola del aceite debe de ser*

17.17 Use la tapa del cojinete como una instalación fija cuando esté cortando las secciones del sello viejo

17.20 El material del sello nuevo usado en la tapa puede ser sentado en la ranura con el mango de un martillo o pegándole con un martillo y un dado de tamaño grande

17.23 Para remover el sello del albergue, inserte la punta del destornillador en cada mella (flechas) y hágale palanca hacia afuera al sello

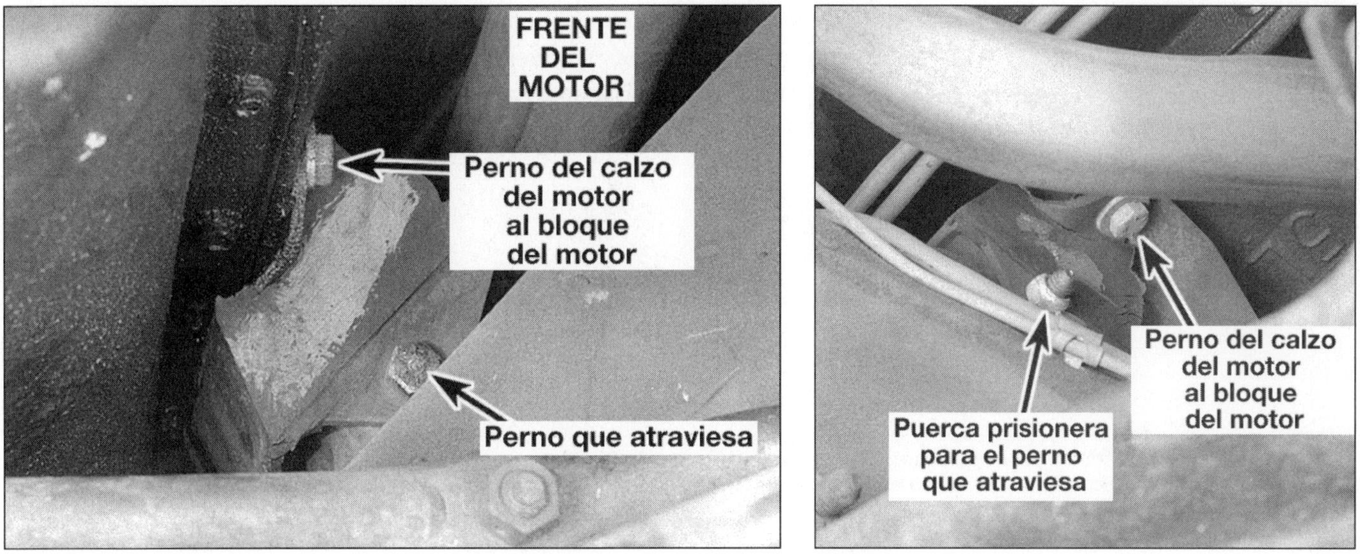

18.7 Calzos típicos del motor - vista esquemática

removida porque los dos tornillos traseros de la cacerola son espárragos que son partes del retenedor del sello trasero y la cacerola debe de separarse lo suficiente para liberar estos espárragos para permitir remover e instalar el retenedor.

25 Limpie el albergue completamente, entonces aplique una capa fina de aceite de motor al labio del sello nuevo. Ponga el sello cuadradamente adentro de su receso en el albergue, entonces, usando dos pedazos de madera, uno en cada lado, use un martillo o una prensa de banco para prensar el sello adentro de su lugar.

26 Cuidadosamente deslice el sello sobre el cigüeñal y atornille el albergue al bloque. Esté seguro de usar una junta nueva, pero no use junta de tipo líquido.

27 La instalación se hace en el orden inverso al procedimiento de desensamble.

18 Calzos de los motores - chequeo y reemplazo

Refiérase a la ilustración 18.7

1 Los calzos de los motores requieren atención rara vez, pero calzos rotos o deteriorados deben ser reemplazados inmediatamente o el esfuerzo agregado colocado en los componentes de la línea de transmisión pueden causarle daño.

Chequeo

2 Durante el chequeo, el motor debe ser levantado un poquito para remover levemente el peso de los calzos. Desconecte el cable negativo de la batería que viene de la batería.

3 Levante el vehículo y sopórtelo firmemente sobre estantes, entonces posicióne el gato debajo de la cacerola de aceite del motor. Coloque un bloque de madera grande entre la cabeza del gato y la cacerola de aceite, entonces levante cuidadosamente el motor lo suficiente para remover el peso de los calzos.

4 Chequee los calzos si el caucho está agrietado, endurecidos o separados de los platos de metal. A veces el caucho se partirá completamente debajo del centro. Preservativo de caucho puede ser aplicado a los calzos para detener la deterioración.

5 Chequee por movimiento relativo entre los platos y el motor o el chasis (use un destornillador grande o una barra ruptora para procurar mover los calzos). Si movimiento es notado, baje el motor y apriete los afianzadores del calzo.

Reemplazo

6 Remueva los tornillos de la cubierta del ventilador y coloque la tapa encima del ventilador.

7 Remueva los pernos que atraviesan los calzos del motor **(vea ilustración)**.

8 Desconecte la varilla del cambio donde se conecta de la transmisión a la carrocería (Capítulo 7).

9 Levante el motor lo suficientemente alto para liberar los soportes. No fuerce el motor hacia encima demasiado alto. Si toca algo antes de que los calzos no se liberen, remueva la parte para que tenga espacio libre. Coloque un bloque de madera entre la cacerola del aceite y el miembro transversal como una caución de seguridad.

10 Destornille el calzo del bloque del motor y remuévalo del vehículo. **Nota:** *En vehículos equipados con tuercas y pernos prisioneros, reemplácelos con nuevos cuando ellos sean desmontado. Antes del ensamblaje, remueva los residuos rotos de adhesivo endurecidos del bloque del motor con una terraja macho de fondo del tamaño apropiado.*

11 Conecte los calzos nuevos al bloque del motor e instale los afianzadores en los lugares apropiado. Apriete los afianzadores firmomonte.

12 Remueva el bloque de madera y baje el motor en su posición. Instale los pernos que atraviesan y apriete las tuercas firmemente.

13 Complete la instalación volviendo a instalar todas las partes removidas para obtener acceso a los calzos.

Notas

Capítulo 2 Parte B Procedimientos generales para la reconstrucción de motores

Contenido

2B

Especificaciones

Motores Buick V6 de 231 y 252 pulgadas cúbicas

General

Presión del aceite (a 2600 rpm)	37 psi (libras por pulgadas cuadradas)
Presión de la compresión	
Variación admisible entre los cilindros	20 por ciento
Presión admisible mínima	100 psi

Cabeza de los cilindros

Límite de la combadura	0.006 pulgada

Válvulas

Diámetro del vástago de las válvulas	
Admisión	0.3401 a 0.3412 pulgada
Escape	0.3405 a 0.3412 pulgada
Límite de anchura del margen de la válvula	1/32 pulgada
Altura instalada del resorte de las válvulas	1.727 pulgadas
Espacio libre del vástago a la guía de la válvula	
Admisión	0.0015 a 0.0035 pulgada
Escape	0.0015 a 0.0032 pulgada

Bloque del motor

Diámetro interior del bloque de los cilindros	
231	3.800 pulgadas
252	3.965 pulgadas
Conicidad del diámetro de los cilindros/fuera de la redonda	Menos de 0.0005 pulgada

Pistones y anillos

Espacio libre entre el pistón y el cilindro (falda superior)	0.0008 a 0.0020
Juego final de los anillos	
Anillo de compresión	0.010 a 0.0020 pulgada
Anillos de aceite	
Hasta 1980	0.015 a 0.035 pulgada
1981 y más modernos	0.015 a 0.055 pulgada
Juego lateral de los anillos	
Anillos de compresión	0.003 a 0.005 pulgada
Anillos para el control de aceite	0.0035 pulgada máximo

Cigüeñal, bielas y cojinetes principales

Juego lateral de las bielas (total, ambas bielas)	
1975 al 1980	0.006 a 0.027 pulgada
1981 al 1984	0.006 a 0.023 pulgada
1985 y más moderno	0.003 a 0.015 pulgada
Diámetro del muñón de la biela	
1975 al 1977	1.9910 a 2.0000 pulgadas
1978 y más moderno	2.2487 a 2.2495 pulgadas
Juego libre del cojinete de la biela para el aceite	0.0005 a 0.0026 pulgada
Conicidad de la biela y el muñón principal/limite fuera de la redonda	0.0015 pulgada
Juego final del cigüeñal	
1975 al 1978	0.004 a 0.008 pulgada
1979 y más moderno	0.003 a 0.011 pulgada
Diámetro del muñón para el cojinete principal	2.4995 pulgadas
Juego libre del cojinete principal para el aceite	
1975 al 1977	0.0004 a 0.0015 pulgada
1978 y más moderno	0.0003 a 0.0018 pulgada

Especificaciones técnicas*	Pies-libras
Pernos para el cojinete principal	
1975 y 1976	115
1977 y más moderno	100
Tuerca de la tapa para el cojinete de la biela	40

* **Nota:** *Refiérase a la Parte A para las especificaciones técnicas adicionales.*

Motores Buick V8 de 350 y 455 pulgadas cúbicas

General

Presión de aceite	
350	37 psi (libras por pulgadas cuadradas) a 2600 rpm
455	40 psi a 2400 rpm
Presión de la compresión	
Presión admisible mínima	100 psi
Variación admisible entre los cilindros	20 por ciento

Cabeza de los cilindros

Límite de la combadura	0.006 pulgada

Válvulas

Diámetro del vástago de las válvulas	
Admisión	0.3720 a 0.3730 pulgada
Escape	0.3723 a 0.3730 pulgada
Mínimo de la anchura del margen de la válvula	1/32 pulgada
Altura instalada del resorte de las válvulas	
350	1-23/32 pulgadas
455	1-23/32 pulgadas
Espacio libre del vástago de la válvula a la guía	
Admisión	0.0015 a 0.0035 pulgada
Escape	0.0015 a 0.0032 pulgada

Bloque del motor

Diámetro del cilindro	
350	3.800 pulgadas
455	4.3125 pulgadas
Espacio libre entre el cilindro y el pistón (medido en la parte superior)	
350	0.0008 a 0.0020 pulgada
455	0.0010 a 0.0016 pulgada

Pistones y anillos

Espacio libre del anillo	
Anillo superior y segundo de compresión	0.013 a 0.023 pulgada
Anillo de aceite	
350	0.015 a 0.035 pulgada
455	0.015 a 0.055 pulgada
Espacio libre lateral del anillo del pistón	
Anillo superior y segundo de compresión	0.0030 a 0.0050 pulgada
Anillo del control de aceite	0.0035 máximo de pulgada

Cigüeñal, bielas y cojinetes principales

Espacio libre lateral de la biela (total, ambas bielas)	
350	
Hasta 1972	0.006 a 0.014 pulgada
1973 y 1974	0.006 a 0.020 pulgada
1975 al 1979	0.006 a 0.026 pulgada
1980 y más moderno	0.006 a 0.023 pulgada
455	
Hasta 1974	0.005 a 0.019 pulgada
1975 y más moderno	0.005 a 0.026 pulgada
Juego final del cigüeñal	0.003 a 0.009 pulgada
Diámetro del muñón para el cojinete principal	
350	
Hasta 1973	2.9995 pulgadas
1974 y más moderno	3.0000 pulgadas
455	3.2500 pulgadas
Diámetro del muñón de la biela	
350	1.991 a 2.000 pulgadas
455	2.2487 a 2.2495 pulgadas
Juego libre del cojinete principal para el aceite	
350	0.0004 a 0.0015 pulgada
455	0.0007 a 0.0018 pulgada
Juego libre para el aceite del cojinete de la biela	
Hasta 1974	0.0002 a 0.0023 pulgada
1975 y más moderno	0.0005 a 0.0026 pulgada

Especificaciones técnicas*

	Pies-libras
Tapa para el cojinete de la biela	
350	
Con tuerca (hasta 1973)	35
Con tornillo de tapa	40
455	45
Pernos de la tapa del cojinete principal	
Hasta 1972 (350)	95
1973 al 1976	115
1977 y más moderno	100

* **Nota:** *Refiérase a la Parte A para las especificaciones técnicas adicionales.*

Motores Chevrolet V6 de 229 y 262 pulgadas cúbicas y motores V8 de 267, 305, 350 y 400 pulgadas cúbicas

General

Presión de aceite (a 2400 rpm)	30 a 45 psi (libras por pulgadas cuadradas)
Presión de la compresión	
Variación admisible entre los cilindros	20 por ciento
Presión admisible mínima	100 psi

Cabeza de los cilindros

Límite de la combadura	0.006 pulgada

Válvulas

Diámetro del vástago de las válvulas	
1970 y 1971	.3410 a .3417 pulgada
1972 y más moderno	.3414 pulgada
Espacio libre del vástago a la guía de la válvula	0.0010 a 0.0027 pulgada
Anchura (mínima) del margen de la válvula	
Admisión	0.015 pulgada (1/64 pulgada)
Escape	0.030 pulgada (1/32 pulgada)
Anchura del asiento de la válvula	
Admisión	1/32 a 1/16 de pulgada
Escape	1/16 a 3/32 de pulgada
Longitud libre del resorte de las válvulas (exterior)	2.03 pulgadas (2-1/32 pulgadas)

Válvulas (continuacíon)

Altura instalada del resorte de las válvulas	
Todos menos 400	1-23/32 + o - 1/32 pulgada
400	1 7/8 pulgadas
Espacio libre entre el vástago y la guía	0.0010 a 0.0027 pulgada
Longitud libre del amortiguador	
1970 y 1971 400	1.94 pulgadas
Todos los otros	1.86 pulgadas

Bloque del motor

Diámetro interior de los cilindros	
229	3.7350 a 3.7385 pulgadas
262	3.9995 a 4.0025 pulgadas
267	3.4995 a 3.5025 pulgadas
305	3.7350 a 3.7385 pulgadas
350	3.9995 a 4.0025 pulgadas
400	4.1246 a 4.1274 pulgadas
Diámetro de la conicidad del cilindro	0.005 pulgada
Diámetro de los límites para la ovalación de los cilindros	0.002 pulgada
Limite del espacio libre entre el cilindro y el pistón	
229, 262, 267, 305 y 350	0.0027 pulgada
400	0.0035 pulgada

Anillos del pistón

Espacio libre lateral del anillo del pistón	
Anillos de compresión	0.0012 a 0.0032 pulgada
Anillos para el control de aceite	0.002 a 0.007 pulgada

Cigüeñal, bielas y cojinetes principales

Espacio libre lateral para las bielas (total, ambas bielas)	0.006 a 0.014 pulgada
Juego final del cigüeñal	0.002 a 0.006 pulgada
Diámetro del muñón del cojinete principal	
Delantero	2.4493 pulgadas
Intermedio	2.4490 pulgadas
Trasero	2.4479 a 2.4488 pulgadas
Diámetro del muñón de la biela	2.0986 a 2.0998 pulgadas
Campana/fuera de la redonda del muñón	0.001 pulgada máximo
Límite de desgaste del cojinete principal para el aceite	
Delantero	0.0008 a 0.0020 pulgada
Intermédiate	0.0011 a 0.0023 pulgada
Trasero	0.0017 a 0.0032 pulgada
Desgaste del espacio libre del cojinete de la biela para el aceite	

Nota: *El espacio libre para el aceite varia considerablemente entre los años y las aplicaciones. Refiérase a las especificaciones del fabricante del cojinete cuando esté ensamblado el motor.*

Especificaciones técnicas*	**Pies-libras** (a menos que de otro modo fuera indicado)
Pernos de la tapa del cojinete principal **	70
Tuerca de la tapa para el cojinete de la biela	45
Pernos traseros del albergue del sello de aceite	135 pulgada-libras

* **Nota:** *Refiérase a la Parte A para las especificaciones técnicas adicionales.*

** *Apriete los pernos exteriores en las tapas de cuatro pernos a 65 pies-libras.*

Motores Chevrolet V8 de 402 y 454 pulgadas cúbicas

General

Presión de aceite (a 2400 rpm)	30 a 45 psi (libras por pulgadas cuadradas)
Presión de la compresión	
Variación admisible entre los cilindros	20 por ciento
Presión admisible mínima	100 psi

Cabeza de los cilindros

Límite de la combadura	0.006 pulgada

Válvulas

Diámetro del vástago de las válvulas	
1970 y 1971	.3715 a 3722 pulgada
1972 y 1973	
Admisión	.3719 pulgada
Escape	.3717 pulgada
1974 al 1976	.3719 pulgada

Espacio libre entre el vástago y la guía	
Todos los años menos 1972	0.0010 a 0.0027 pulgada
1972	
Admisión	.0010 a.0037 pulgada
Escape	.0012 a.0047 pulgada
Anchura (mínima) del margen de la válvula	
Admisión	0.015 pulgada (1/64 pulgada)
Escape	0.030 pulgada (1/32 pulgada)
Anchura del asiento de la válvula	
Admisión	1/32 a 1/16 de pulgada
Escape	1/16 a 3/32 de pulgada
Longitud libre del resorte de las válvulas	
1970	
345 HP (caballos de fuerza)	2.09 pulgadas
390 HP (caballos de fuerza)	2.12 pulgadas
1971 y 1972 (resorte exterior)	2.12 pulgadas
1973 al 1976	2.10 pulgadas
Altura instalada del resorte de las válvulas	1-7/8 pulgadas
Resorte interior (1971 y 1972)	
Longitud libre	2.06 pulgadas
Altura instalada	1-25/32 pulgadas
Longitud libre del amortiguador (1970 solamente)	1.94 a 2.00 pulgadas
Espacio libre del vástago a la guía de la válvula	
1970	0.0012 a 0.0029 pulgada
1971	
Admisión	0.0010 a 0.0027 pulgada
Escape	0.0012 a 0.0027 pulgada

Bloque del motor

Diámetro interior de los cilindros	
402	4.126 a 3.760 pulgadas
454	3.875 a 3.530 pulgadas
Diámetro de la conicidad del cilindro	0.005 pulgada
Diámetro de los límites para la ovalación de los cilindros	0.002 pulgada
Límite del espacio libre del pistón al cilindro	
402	0.0035 pulgada
454	0.0049 pulgada

Anillos del pistón

Espacio libre lateral del anillo del pistón	
Anillos de compresión	0.0017 a 0.0032 pulgada
Anillos de control para el aceite	0.0005 a 0.0065 pulgada

Cigüeñal, bielas y cojinetes principales

Espacio lateral de la biela	
402	0.013 a 0.023 pulgada
454	0.015 a 0.021 pulgada
Juego final del cigüeñal	0.006 a 0.010 pulgada
Diámetro del muñón para el cojinete principal	
402	
Muñones 1 y 2	2.7487 a 2.7496 pulgadas
Muñones 3 y 4	2.7481 a 2.7490 pulgadas
Muñón 5	2.7473 a 2.7483 pulgadas
454	
Muñón 1	2.7485 a 2.7494 pulgadas
Muñones 2, 3 y 4	2.7481 a 2.7490 pulgadas
Muñón 5	2.7478 a 2.7499 pulgadas
Diámetro del muñón de la biela	2.199 a 2.200 pulgadas
Conicidad del muñón/límite fuera de la redonda	0.001 pulgada
Juego libre del límite de desgaste del cojinete principal	
No. 1	0.002 máximo de pulgada
No. 2 al 5	0.0035 máximo de pulgada
Juego libre del límite de desgaste del cojinete de la biela	0.0035 pulgada

Nota: *El juego libre para el aceites de los cojinete varía considerablemente entre los años y las aplicaciones. Refiérase a las especificaciones del fabricante del cojinete cuando arme un motor.*

Especificaciones técnicas*	Pies-libras
Pernos de la tapa del cojinete principal **	110
Tuerca de la tapa para el cojinete de la biela	50

* **Nota:** *Refiérase a la Parte A para las especificaciones técnicas adicionales.*

*** Apriete los pernos exteriores en las tapas de cuatro pernos a 65 pies-libras.*

2B

Motores Oldsmobile V8 de 260, 307, 350, 403 y 455 pulgadas cúbicas

General

Presión de aceite	
260, 350 y 403	40 psi (libras por pulgadas cuadradas) en 2000 rpm
307	30 a 40 psi a 1500 rpm (revoluciones por minuto)
455	30 a 50 psi a 1500 rpm
Presión de la compresión	
Variación admisible entre los cilindros	20 por ciento
Mínimo	100 psi

Cabeza de los cilindros

Límite de la combadura	0.006 pulgada

Válvulas

Diámetro del vástago de las válvulas	
Admisión	0.3425 a 0.3432 pulgada
Escape	0.3420 a 0.3427 pulgada
Anchura (mínima) del margen de la válvula	1/32 pulgada
Altura del resorte de las válvulas instalado	
455	1.62 pulgadas
Todos los otros	1.67 pulgadas
Espacio libre del vástago de la válvula	
Admisión	0.0010 a 0.0027 pulgada
Escape	0.0015 a 0.0032 pulgada

Bloque del motor

Diámetro interior del cilindro	
260	3.500 pulgadas
307	3.800 pulgadas
350	4.057 pulgadas
403	4.351 pulgadas
455	4.126 pulgadas
Conocidad del diámetro de los cilindros/fuera de la redonda	Menos de 0.001 pulgada
Espacio libre entre el pistón y el cilindro	
Hasta 1978	0.0010 a 0.0020 pulgada
1979 y 1980	
260 y 350	0.0007 a 0.0018 pulgada
307 y 403	0.0005 a 0.0015 pulgada
1981 y más moderno	0.0007 a 0.0018 pulgada

Pistones y anillos

Espacio libre del anillo*	
Anillos de compresión	
307	0.009 a 0.019 pulgada
Todos los otros	0.010 a 0.023 pulgada
Anillo de aceite	0.015 a 0.055 pulgada

** Varía por marcas - use las especificaciones del fabricante del anillo, si es diferente.*

Juego libre lateral del anillo de compresión del pistón	
Hasta 1985	0.0020 a 0.0040 pulgada
1986 y más moderno	0.0018 a 0.0038 pulgada

Cigüeñal, bielas y cojinetes principales

Espacio libre lateral de la biela	0.006 a 0.020 pulgada
Juego final del cigüeñal	
Hasta 1976	0.004 a 0.008 pulgada
1977 y más moderno	0.0035 a 0.0135 pulgada
Diámetro del muñón de la biela	
260, 307, 350, 403	2.1238 a 2.1248 pulgadas
455	2.4988 a 2.4998 pulgadas
Diámetro del muñón para el cojinete principal	
260, 307, 350 y 403	
Delantero muñón (No.1)	2.4988 a 2.4998 pulgadas
Todo los otros muñones	2.4985 a 2.4995 pulgadas
455	2.9993 a 3.0003 pulgadas
Juego libre del cojinete principal para el aceite	
Cojinetes No.1 al 4	0.0005 a 0.0021 pulgada
Cojinete trasero (no. 5)	
455	0.0020 a 0.0034 pulgada
Todos los otros motores	0.0015 a 0.0031 pulgada
Juego libre del cojinete de la biela para el aceite	0.0004 a 0.0033 pulgada

Especificaciones técnicas*	Pies-libras
Pernos de la tapa del cojinete principal	
Tapa no. 1 al 4	
455	120
Todos los otros motores	80
Tapa trasera (no. 5)	120
Tuerca de la tapa para el cojinete de la biela	
Hasta 1986	42
1987	48
1988	
Primer paso	18
Segundo paso	Apriete 70 grados adicionales

* **Nota:** *Refiérase a la Parte A para las especificaciones técnicas adicionales.*

Motores Pontiac V8 de 265, 301, 350, 400 y 455 pulgadas cúbicas

General

Presión de aceite (mínimo)	30 psi (libras por pulgadas cuadradas) a 2600 rpm (revoluciones por minuto)
Presión de la compresión	
Variación admisible entre los cilindros	20 por ciento
Mínimo	100 psi

Cabeza de los cilindros

Límite de la combadura	0.006 pulgada

Válvulas

Diámetro del vástago de las válvulas	
Admisión	
Hasta 1977 (menos 301)	0.3416 pulgada
1978 y más moderno	0.3425 pulgada
Escape	
Hasta 1977 (menos 301)	0.3411 pulgada
1978 y más moderno	0.3425 pulgada
Anchura (mínima) del margen de la válvula	1/32 pulgada
Altura instalada del resorte de las válvulas	
Hasta 1977	
Carburador de dos barriles (menos 301)	1-19/32 pulgadas
Carburador de cuatro barriles	1-9/16 pulgadas
1978 y más moderno 350 y 400	1-17/32 pulgadas
301	1-21/32 pulgadas
Espacio libre del vástago a la guía de la válvula	
Admisión	
265 y 301	0.0010 a 0.0027 pulgada
Todos los otros	0.0016 a 0.0033 pulgada
Escape	
265 y 301	
Superior	0.0010 a 0.0027 pulgada
Inferior	el 0.0020 a 0.0037 pulgada
Todos los otros	0.0021 a 0.0038 pulgada

Bloque del motor

Diámetro interior de los cilindros (nominal)	
265	3.75 pulgadas
301	4.00 pulgadas
350	3.88 pulgadas
400	4.12 pulgadas
455	4.15 pulgadas
Espacio libre entre el cilindro y el pistón*	
Hasta 1972	0.0025 a 0.0033 pulgada
1973 y 1974 y (350 y 400)	0.0029 a 0.0037 pulgada
1974 y más moderno (455)	0.0021 a 0.0029 pulgada
1980 y 1981 y (265 y 301)	0.0017 a 0.0025 pulgada
Todos los otros	0.0025 a 0.0033 pulgada

** Mida el pistón en la parte superior de la falda, perpendicular a la clavija*

Pistones y anillos

Espacio libre del anillo	
Anillos de compresión	
Hasta 1976	0.010 a 0.020 pulgada
1977 y más moderno	0.010 a 0.025 pulgada
Anillos de aceite	0.015 a 0.035 pulgada

Pistones y anillos (continuacíon)

Espacio libre lateral del anillo del pistón (anillos de compresión solamente)	
Hasta 1976	0.015 a 0.050 pulgada
1977 y más moderno (265, 301 y 400)	0.015 a 0.035 pulgada

Cigüeñal, bielas y cojinetes principales

Espacio libre lateral de la biela	
350, 400 y 455	0.012 a 0.017 pulgada
265 y 301 (total para dos)	0.006 a 0.022 pulgada
Juego final del cigüeñal	0.003 a 0.009 pulgada
Diámetro del muñón para el cojinete principal	
455	3.2500 pulgadas
Todos los otros	3.0000 pulgadas
Diámetro del muñón de la biela	
350, 400 y 455	2.250 pulgadas
265 y 301	2.000 pulgadas
Juego libre del cojinete de la biela para el aceite	
455, hasta 1975	0.0010 a 0.0031 pulgada
Todos los otros	0.0005 a 0.0025 pulgada
Juego libre del cojinete principal para el aceite	
455	0.0005 a 0.0021 pulgada
Todos los otros, hasta 1976	0.0002 a 0.0017 pulgada
1977 y más modernos	0.0004 a 0.0020 pulgada

Especificaciones técnicas*

	Pies-libras
Pernos de la tapa del cojinete principal	
Trasero principal (no. 5)	
265 y 301	100
todos los otros motores	120
Tapa no. 1 al 4	
265 y 301	
Con perno de 7/16 pulgada	70
Con perno de 1/2 pulgada	100
Todos los otros motores	100
Tuerca de la tapa para el cojinete de la biela	
Hasta 1976	43
265 y 301	30
Todos los otros	40

* **Nota:** *Refiérase a la Parte A para las especificaciones técnicas adicionales.*

1 Información general

Incluido en esta porción del Capítulo 2 están los procedimientos generales para la reparación general de las cabezas del motor y las partes internas del motor. La información cubre desde consejo de como prepararse para una reconstrucción completa del motor y detalles de como comprar las partes de reemplace, paso por paso de los procedimientos de como remover e instalar los componentes internos del motor e inspeccionar las partes.

Las secciones siguientes se han escrito basado en la asunción de que el motor se ha removido del vehículo. Para información de reparación del motor en el vehículo, igual de como remover e instalar los componentes externos necesarios para la reparación interna del motor, vea Parte A de este Capítulo y Sección 7 de esta Parte.

Especificaciones técnicas incluidas aquí en esta Parte son solamente esas necesarias para los procedimientos de inspección y reconstrucción de los motores que siguen. Refiérase a la parte A para especificaciones adicionales.

2 Reparación completa del motor - información general

Refiérase a las ilustración 2.4

No todas las veces es fácil determinar cuando, o si, un motor se debe reparar completamente, porque diferentes factores se deben de considerar.

Millaje alto no es necesariamente una indicación de que el motor necesita reparación, mientras que un millaje bajo no evita la necesidad de una reparación completa del motor. Frecuencia del mantenimiento rutinario es probablemente la consideración más importante. Un motor que haya tenido frecuente cambios de aceite y de filtro, es tan importante como otros tipos de mantenimientos requeridos, lo más probable que dé muchos miles de millas de servicio sin problemas. Recíprocamente, un abandono del mantenimiento del motor, requeriría una reparación del motor en un tiempo más antiguo de la vida útil del motor.

Consumo de aceite excesivo es una indicación de que los anillos de los pistones y/o las guías de las válvulas están en necesidad de atención. Asegúrese de que las fugas de aceite no son el problema antes de decidir que los anillos y/o guías están en malas condiciones. Tome un chequeo de la compresión de los cilindros o prueba de fuga de aire en la cámara de combustión, ejecutada por un mecánico experimentado de afinación de motores para determinar la magnitud del trabajo requerido.

Chequee la presión con un metro para medir la presión de aceite, se debe de instalar temporalmente un medidor en el motor donde se instala la unidad para enviar la presión y compare las lecturas **(vea ilustración)**. Si la presión está extremadamente baja, los cojinetes y/o la bomba del aceite están gastados.

Pérdida de poder, funcionamiento áspero, excesivo ruido del tren de las válvulas y consumo de combustible alto, también pueden indicar una necesidad de reparación, en todo si están todos estos problemas presente al mismo tiempo. Si una afinación completa no remedia la situación, la otra única solución es un trabajo de reparación mayor.

Una reparación completa del motor requiere de restaurar las partes interiores del motor a especificaciones de un motor nuevo.

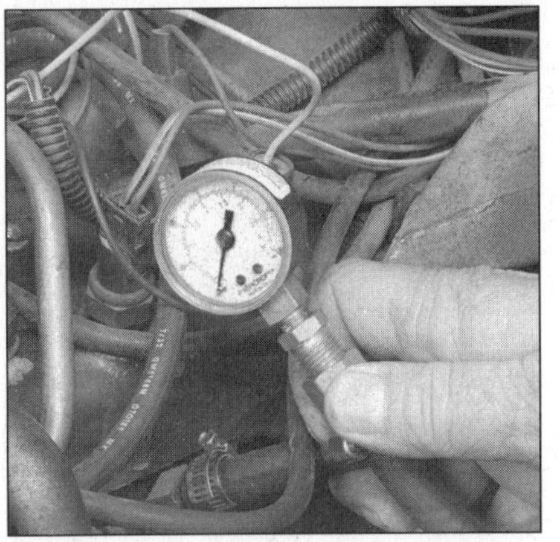

2.4 En motores Oldsmobile (mostrado) la unidad de envío para la presión del aceite está localizada encima en la parte delantera. En los motores Buick, Pontiac y V6, el emisor está adyacente al filtro del aceite. Los motores Chevrolet tiene el emisor cerca de la base del distribuidor

3.5 Si su motor tiene un distribuidor con la bobina en la tapa, desconecte el alambre de la Batería en la tapa del distribuidor cuando esté chequeando la compresión

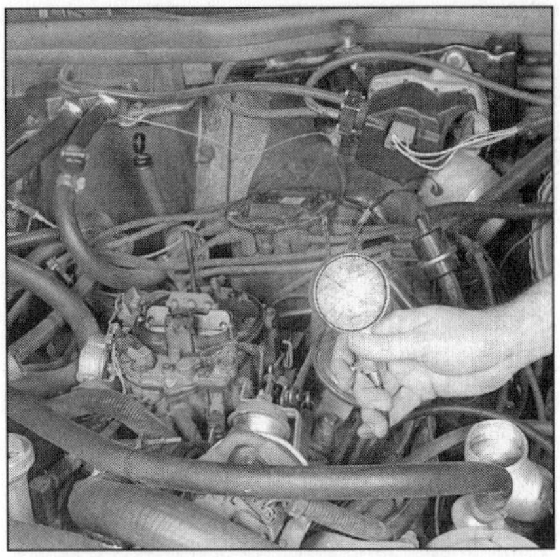

3.6 Un medidor de compresión con un acoplador enroscado en el orificio para la bujía es preferido al tipo que requiere presión de la mano para mantener el sello

Durante una reparación completa del motor, los anillos de los pistones se deben reemplazar y los cilindros se deben rectificar (se hacen de un calibre más grande) y/o se pulen con una piedra de esmeril especial para los cilindros. Si el cilindro se corta a un calibre más grande, pistones nuevos se van a necesitar. Los cojinetes principales, los cojinetes de las bielas y los cojinetes del árbol de levas son por lo general reemplazados con partes nuevas, si es necesario, el cigüeñal puede ser rectificado para reparar los muñones. Generalmente, las válvulas se reparan también, ya que por lo general están menos de condiciones perfectas a estas alturas. Mientras el motor se repara, otros componentes, tales como el distribuidor, motor de arranque y el alternador, se pueden reconstruir también. El resultado final debe de ser como si fuera un motor nuevo para que les de muchas millas de servicio sin ningún problema. **Nota:** *Componentes del sistema de enfriamiento críticos tales como las mangueras, las bandas, el termostato y la bomba del agua se deben reemplazar con partes NUEVAS, cuando se hace una reparación al motor completa. Se debe chequear el radiador cuidadosamente y asegúrese de que no está tapado o tiene fugas. Si está en duda, lo reemplaza con uno nuevo. También, no recomendamos la reparación de la bomba del aceite - siempre instale una nueva cuando el motor se reconstruya.*

Antes de empezar la reparación del motor, lea el procedimiento completo para que se familiarice con los requisitos del trabajo. Reparar un motor no es difícil, pero consume bastante tiempo. Planee de tener el vehículo fuera de servicio por lo menos dos semanas, en todo si algunas de las partes se van a mandar a un taller de rectificación de motores. Chequee disponibilidad de las partes y asegúrese de que cualquier herramienta especial requerida y equipo se obtenga de antemano. La mayoría del trabajo se puede hacer con herramientas típicas de mano, aunque varias herramientas de precisión van a ser requeridas para tomar medidas e inspeccionar partes para determinar si se deben reemplazar. A menudo el taller de rectificaciones hará inspección de las partes y le aconsejará en la condición de las partes para ver si se pueden reparar o se deben remplazar. **Nota:** *Siempre espere hasta que el motor se haya desarmado completamente y todos los componentes, en todo el bloque motor, se hayan inspeccionado, antes de decidir qué servicio y tipo de reparación deben ser ejecutadas por un taller de rectificación automotriz.* Ya que la condición del bloque será el factor mayor en considerar para determinar si el motor original se va a reconstruir o se va a comprar uno reconstruido, nunca compre partes o deje que se haga ningún tipo de trabajo de torneo en otros componentes hasta que el bloque se haya chequeado completamente. Como una regla general, el tiempo es el costo primordial de la reparación, así que no paga instalar partes gastadas o de baja calidad.

Como una nota final, para asegurar una vida máxima y problemas mínimos de un motor reconstruido, todas las partes se deben de armar con cuidado en una área de trabajo completamente limpia.

3 Compresión de los cilindros - chequeo

Refiérase a las ilustraciones 3.5 y 3.6

1 Un chequeo de la compresión le dirá en qué condición mecánica la parte superior (pistones, anillos, válvulas, juntas de las cabezas) de su motor están. Específicamente, lo puede decir si la compresión está baja debido a fugas causadas por anillos de los pistones desgastados, por válvulas y asientos defectuosos o por una junta de la cabeza quemada. **Nota:** *El motor debe estar a la temperatura normal de operación y la batería debe estar completamente cargada para este chequeo. También, el acelerador debe estar completamente abierto para obtener una compresión exacta de la lectura (si el motor está caliente, el estrangulador debe estar abierto).*

2 Comience limpiando el área alrededor de las bujías antes de que usted las remueva (aire comprimido se debe usar, si está disponible, de otro modo una brocha pequeña o todavía una bomba de neumático de bicicleta trabajará). La idea es de prevenir que tierra entre en los cilindros según se hace el chequeo de la compresión.

2B

3 Remueva todas las bujías del motor (Capítulo 1).

4 Bloquee el acelerador completamente abierto.

5 En vehículos con ignición de tipo punto, separe el centro del alambre de la bobina de la tapa del distribuidor y conéctelo a tierra al bloque del motor. Use un alambre puente con presilla de caimán en cada lado para asegurar una conexión a tierra buena. En los vehículos equipados con encendidos electrónico, el circuito de la ignición debe ser incapacitado removiendo el alambre de la "Batería" del distribuidor **(vea ilustración)**.

6 Instale el medidor de compresión en el orificio de la bujía número uno **(vea ilustración)**.

7 Gire el motor por lo menos siete carreras de compresión y observe el medidor. La compresión debe subir rápidamente en un motor en buenas condiciones. La compresión baja en la primera carrera, seguida por una presión gradualmente progresiva en cada carrera, indica anillos de los pistones desgastados. Una lectura baja en la primera carrera de compresión, cuál no incrementa durante las carreras sucesivas, indica fugas de las válvulas o una junta de la cabeza quemada (una cabeza agrietada podría ser también la causa). Depósitos en las caras inferiores de las cabezas de las válvulas pueden causar también baja compresión. Registre la lectura más alta obtenida del medidor.

8 Repita el procedimiento para el resto de los cilindros y compare el resultado a las especificaciones.

9 Agregue aceite de motor (acerca de tres cucharadas) a cada cilindro, en el orificio de la bujía, y repita la prueba.

10 Si la compresión aumenta después que el aceite es agregado, los anillos del pistón están definitivamente desgastados. Si la compresión no incrementa significativamente, la fuga ocurre en las válvulas o la junta de la cabeza. Fugas pasando las válvulas pueden ser causadas por asientos de las válvulas quemados y/o caras o por válvulas alabeadas, agrietadas o dobladas.

11 Si dos cilindros adyacentes tienen la compresión igualmente baja, hay una posibilidad fuerte que la junta de la cabeza entre ellas estén quemadas. La apariencia de anticongelante en las cámara de la combustión o el cárter del cigüeñal verificaría esta condición.

12 Si un cilindro tiene un 20 por ciento menos compresión que todos los otros, y el motor tiene una marcha mínima levemente áspera, un lóbulo desgastado del escape en el árbol de levas podría ser la causa.

13 Si la compresión está excepcionalmente alta, las cámaras de combustión están cubiertas probablemente con depósitos de carbón. Si esto es el caso, las cabezas de los cilindros deben ser removidas y descarbonizadas.

14 Si la compresión está bien baja o varía magníficamente entre cilindros, sería una buena idea de hacer una prueba de fuga realizada por un taller de reparación automotriz. Esta prueba localizará con toda precisión, exactamente donde la fuga ocurre y que tan severa.

4 Remover el motor - métodos y precauciones

Si usted ha decidido que un motor debe ser removido para una reconstrucción completa o trabajo mayor de reparación, varios pasos preliminares se deben tomar.

Localizar un lugar adecuado para trabajar es extremadamente importante. El espacio adecuado para el trabajo, junto con un espacio de almacenamiento para el vehículo, se necesitará. Si un taller o garaje no está disponible, por lo menos un lugar plano, superficie de trabajo limpia hecha de cemento o asfalto es requerido.

Limpie el compartimiento del motor y el motor antes de comenzar el procedimiento para remover ayudará a mantener las herramientas limpias y organizadas.

Un elevador para motores o un marco con brazos de tipo A serán también necesarios. Asegúrese que el equipo es capaz de elevar en exceso del peso combinado del motor y los accesorios. La seguridad es de importancia primaria, considerando los peligros potenciales implicados para levantar el motor fuera del vehículo.

Si el motor va a ser removido por un principiante, un ayudante debe estar disponible. Consejo y ayuda de alguien con más experiencia sería también útil. Hay muchos casos donde una persona no puede realizar simultáneamente todas las operaciones requeridas cuando esté levantando el motor fuera del vehículo.

Planee la operación antes de tiempo. Arréglese para obtener todas las herramientas y el equipo que usted necesitará antes de comenzar el trabajo. Parte del equipo necesario para remover e instalar el motor seguramente y con comodidad relativa son (además de un soporte para levantar el motor) un gato pesado de piso, un juego completo de llaves y dados como está descrito en la parte delantera de éste manual, bloques de madera, abundancia de trapos y solvente para limpiar derrames de aceite, anticongelante y gasolina. Si un elevador se debe alquilar, asegúrese que usted planea rentarlo por adelantado y realice todas las operaciones posibles sin él, antes de obtenerlo. Esto le ahorrará dinero y tiempo.

Planee para que el vehículo esté fuera de uso por un periodo de tiempo largo. Un taller de rectificación se requerirá para realizar parte del trabajo que el mecánico del hogar no tiene el equipo necesario para ejecutar el trabajo. Estos talleres muy amenudo están bien ocupados, así que sería una buena idea de consultar con ellos antes de remover el motor en orden de estimar exactamente la cantidad de tiempo requerido para reconstruir o reparar los componentes que puedan necesitar trabajo.

Siempre tenga cuidado extremo cuando esté removiendo e instalando el motor. Lesión grave puede resultar por acciones descuidadas. Planee anticipadamente, tome su tiempo y un trabajo de esta naturaleza, aunque es mayor, puede ser realizado exitosamente.

5 Motor - remover e instalar

Refiérase a las ilustraciones 5.5 y 5.20

Peligro: *El sistema de aire acondicionado está bajo alta presión. El reemplazo de las mangueras del aire acondicionado debe de ser hecho a través de un distribuidor o especialista de aire acondicionado quien tiene el equipo EPA (agencia de protección del ambiente) apropiado para (remover la presión) del sistema seguramente y legalmente. Nunca remueva componentes del aire acondicionado o mangueras hasta que el sistema se le haya removido la presión. Siempre use protección para los ojos cuando esté desconectando los acopladores del sistema de aire acondicionado.*

Remover

1 Desconecte el cable negativo de la batería.

2 Cubra los guardafangos, la persiana y remueva el capó (vea Capítulo 11).

Las almohadillas especiales están disponibles para proteger los guardafangos, pero una cubrecama o frazada vieja trabajará también.

3 Remueva el ensamblaje del purificador de aire.

4 Drene el sistema de enfriamiento (vea Capítulo 1).

5 Marque las líneas de vacío, mangueras del sistema de emisiones, los conector del alambrado, bandas de conexión a tierra y líneas de combustible, para asegurarse de la instalación correcta, entonces los separa. Poner pedazos de cinta con números o letras escritas trabaja bien **(vea ilustración)**. Si hay cualquier posibilidad de confusión, haga un dibujo del compartimiento del motor y marque claramente las líneas, mangueras y alambres.

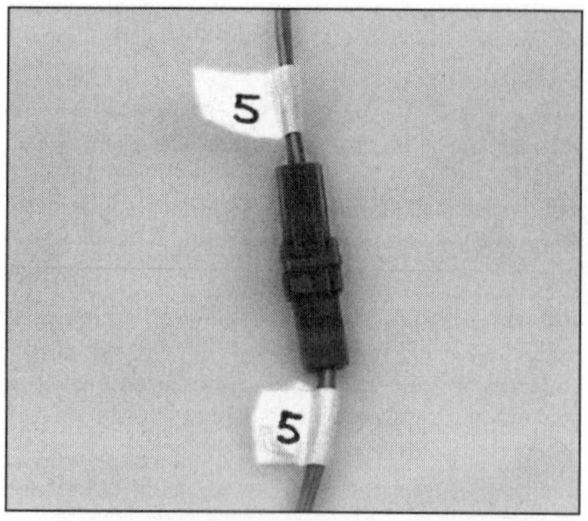

5.5 Marque cada alambre y manguera para que sea más fácil de instalar nuevamente

6 Póngale etiqueta y separe todas las mangueras de anticongelante del motor.

7 Remueva el ventilador de enfriar, la cubierta y el radiador (vea Capítulo 3).

8 Remueva las bandas (vea Capítulo 1).

9 **Peligro:** *La gasolina es extremadamente inflamable, razón por la cual se debe tener mucha precaución al trabajar en cualquier parte del sistema de combustible. No fume ni permita la presencia de llamas expuestas o bombillas sin protección cerca del área, no trabaje en un garaje donde un aparato de tipo gas natural (tal como una debido a que la gasolina es carcinogenica, guantes de látex se deben usar cuando haya una posibilidad de entrar en contacto con el combustible, y, si usted rocía combustible en su piel, límpiela inmediatamente con jabón y agua. Limpie cualquier derrame de combustible inmediatamente y no almacene trapos de combustible empapados donde ellos se puedan prender. El sistema de combustible está bajo constante presión, así que, si cualquier línea de combustible es desconectada, la presión del sistema de combustible se debe aliviar primero. Cuándo usted realice cualquier tipo de trabajo en el sistema de combustible, use lentes de seguridad y tenga un extinguidor de tipo B a la mano.*

10 Desconecte la varilla del acelerador (y la varilla para el rebase o cable para el control de la velocidad, si está equipado con uno) del motor (vea Capítulo 4).

11 En vehículos equipados con dirección de poder, destornille la bomba de la dirección de poder (vea Capítulo 10). Deje las líneas/mangueras conectadas y asegúrese que la bomba está manteniendo una posición vertical en el compartimiento del motor (use un pedazo de alambre o lazo para sostenerla fuera del camino).

5.20 Cadena conectada al motor apropiadamente

12 En vehículos equipados con AC (aire acondicionado), destornille el compresor (vea Capítulo 3) y póngalo a un lado. No desconecte las mangueras.
13 Drene el aceite del motor (Capítulo 1) y remueva el filtro.
14 Remueva el motor de arranque (vea Capítulo 5).
15 Remueva el alternador (vea Capítulo 5).
16 Destornille del motor el sistema de escape (vea Capítulo 4).
17 Si usted está trabajando en un vehículo con una transmisión automática, refiérase al Capítulo 7 y remueva los afianzadores del convertidor de torsión al plato flexible.
18 Sostenga la transmisión con un gato. Posicione un bloque de madera entre ellos para prevenir daño a la transmisión. Gatos especiales de transmisión con cadenas de seguridad están disponible - use uno si es posible.
19 Conecte una honda de motor o un pedazo de cadena a los soportes de levantar el motor.
20 Mueva el elevador a su posición y conéctele la honda **(vea ilustración)**. Remueva el juego en la honda o la cadena, pero no levante el motor. **Peligro:** *No coloque ninguna parte de su cuerpo debajo del motor cuando esté sostenido solamente por un elevador ni otro dispositivo de levantar.*
21 Remueva los pernos de la transmisión al bloque del motor.
22 Remueva los pernos del chasis al motor.
23 Chequee para estar seguro que nada está conectado al motor, la transmisión o el vehículo. Desconecte cualquier cosa que quede todavía.
24 Levante el motor levemente. Trabájelo cuidadosamente hacia adelanta para separarlo de la transmisión. Si usted está trabajando en un vehículo con una transmisión automática, esté seguro que el convertidor de torsión permanece en la transmisión (ponga un par de alicates autobloqueantes en el albergue para mantener que el convertidor no se deslice hacia afuera). Si usted está trabajando en un vehículo con una transmisión manual, el eje de entrada se debe liberar completamente del embrague. Levante lentamente el motor hacia afuera del compartimiento del motor. Chequee cuidadosamente para asegurarse que nada se está atorando.
25 Remueva el volante/plato flexible e instale el motor en un soporte de motor.

Instalar

26 Chequee los calzos del motor y la transmisión. Si ellos están desgastados o dañados, reemplácelos.
27 Si usted está trabajando en un vehículo equipado con una transmisión manual, instale el embrague y el plato de presión (Capítulo 7). Ahora es un buen tiempo para instalar un embrague nuevo.
28 Baje cuidadosamente el motor en el compartimiento del motor - asegúrese que los calzos del motor se alinean.
29 Si usted está trabajando en un vehículo equipado con una transmisión automática, guíe el convertidor de torsión en el cigüeñal siguiendo el procedimiento indicado en el Capítulo 7.
30 Si usted está trabajando en un vehículo equipado con una transmisión manual, aplique una cantidad pequeña de grasa de temperatura alta al eje de entrada y lo guía en el balero piloto del cigüeñal hasta que la campana esté plana con el bloque del motor.
31 Instale los pernos de la transmisión al motor y apriételo firmemente. **Caución:** *¡No use los pernos para forzar la transmisión y el motor juntos!*
32 Vuelva a instalar los componentes que quedan en el orden reverso de como se removió.
33 Agregue anticongelante, aceite, fluido de la dirección de poder y transmisión según sea necesario.
34 Ponga el motor en marcha, chequee por fugas y por operación apropiada de todos los accesorios, después instale el capó y pruebe el vehículo en la carretera.
35 Haga que el sistema AC (aire acondicionado) sea cargado y chequeado por fugas.

6 Alternativas para la reconstrucción del motor

La persona que lo vaya hacer, el mismo se va a encontrar con un número de opciones cuando ejecute la reparación del motor. La decisión de reemplazar el bloque del motor, pistones, asambleas de las bielas y el cigüeñal depende de varios factores, con el número de consideraciones siendo la condición del bloque. Otras consideraciones serían el costo, acceso a un taller de rectificaciones, disponibilidad de las partes, tiempo de experiencia requerido por el mecánico que vaya ha ejecutar el trabajo.

Algunas de las alternativas de la reconstrucción incluyen:

Partes individuales - Si los procedimientos de inspección revelan que el bloque del motor y sus componentes están en condiciones que se pueden rehusar, comprar las partes individuales sería la alternativa más barata. El bloque, cigüeñal, pistones y las asambleas de las bielas deben de ser inspeccionadas cuidadosamente. Aun cuando el bloque muestra poco desgaste, los cilindro deben de ser rectificados con una piedra de esmeril especial para bloques.

Bloque corto - Un bloque corto consta de un bloque con un cigüeñal, pistones y las asambleas de las bielas ya instaladas. Se incorporan todos los cojinetes nuevos y todos los espacios libres/luces serán corregidos. El árbol de levas, componentes del tren de las válvulas, las cabeza(s) de los cilindros y las partes externas se pueden instalar con un poquito o casi nada de trabajo del taller de rectificaciones.

Bloque largo - Un bloque largo consta de un bloque corto más una bomba del aceite, cacerola del aceite, cabeza(s) de los cilindros, tapa(s) para los balancines, árbol de levas y componentes de las válvulas, engranajes de la cadena del tiempo, cadena del tiempo y su tapa. Se instalan todos los componentes con cojinetes nuevos, sellos y juntas necesitadas en el motor. Instalación de los múltiples y las partes externas, es todo lo que es necesario.

Piense cuidadosamente cual alternativa es mejor para usted y razone la situación con un taller de rectificaciones automotriz en su localidad, distribuidores de partes o un vendedor de partes antes de ordenar o comprar partes para la reparación.

7 Reparación completa del motor - secuencia para el desensamble

1 Es más fácil desarmar y trabajar en el motor si se instala en un estante portátil para motores. A menudo estos estantes se pueden alquilar bien barato en lugares donde se rentan equipos para trabajar en los patios. Antes de instalar el motor en el estante, el volante o plato flexible se debe de remover del motor.
2 Si un estante no está disponible, es posible desarmar el motor en un banco de trabajo robusto o en el piso. Esté con cuidado extra de no dejar de que el motor se ladee hacia un lado o se caiga cuando esté trabajando sin estantes.
3 Si va a obtener un motor reconstruido, todos los componentes externos se deben desprender primero, para poder ser transferido al motor de reemplazo, lo mismo que si hace una reparación completa del motor. Éstos incluyen:

Alternador y soportes
Componentes para el control de las emisiones
Distribuidor, alambres de las bujías y bujías
Termostato y la tapa del termostato
Bomba del agua
Componentes EFI (inyección de combustible electrónica)
Múltiple de admisión y de escape
Filtro del aceite
Calzos del motor
Embrague y plato del volante

Nota: *Cuando remueva los componentes externos del motor, ponga atención en los*

8.2 Una bolsa de plástico pequeña con una etiqueta apropiada se puede usar para guardar la válvula y los componentes del resorte para que se puedan reinstalar en la guía correcta

detalles que puedan ser de ayuda o importantes durante la instalación. Note la posición de la instalación de las juntas, sellos, espaciadores, arandelas, pernos y otros artículos pequeños.

4 Si obtiene un bloque corto, que consta del mono bloque, cigüeñal, pistones y bielas, entonces las cabeza(s) de los cilindros, cacerola del aceite y bomba del aceite tendrán que ser removidas también. *Vea alternativas para la reconstrucción del motor* para información adicional con respecto a las posibilidades diferentes que se deben de considerar.

5 Si planea una reparación completa, el motor se debe remover y los componentes interiores se deben de remover en el orden siguiente:

Tapa(s) para los balancines
Múltiples de admisión y de escape
Balancines y varillas de empuje
Buzos para las válvulas
Cabeza(s) de los cilindros
Tapa de la cadena tiempo
Cadena del tiempo y engranes
Árbol de levas
Cacerola del aceite
Bomba del aceite
Pistones y asambleas de las bielas
Cigüeñal y cojinetes principal

6 Antes de comenzar a desarmar y hacer los procedimientos de reparación, asegúrese de que los artículos siguientes están disponible. *También, refiérase a la secuencia para la reparación completa del motor* para una lista de herramientas y materiales necesitados para ensamblar el motor.

Herramientas comunes de mano
Cajas de cartón pequeñas o bolsas de plástico para guardar partes
Rascador para juntas
Cortador para la rebarba de los cilindros
Extractor para el compensador armónico
Micrómetros
Micrómetros telescópicos para medidas
Juego de indicadores de reloj
Compresor para los resortes de las válvulas

8.3 Use un compresor de válvula para comprimir el resorte, entonces remueva los retenedores del vástago de la válvula

Piedra de esmerile especial para los cilindros
Herramienta para limpiar las ranuras de los pistones
Taladro de motor eléctrico
Terraja macho y hembra
Brochas de alambre
Brochas para las galerías del aceite
Solvente para limpiar

8 Cabeza de los cilindros - desensamble

Refiérase a las ilustraciones 8.2, 8.3 y 8.4

Nota: *Cabezas nuevas y reconstruidas para los cilindros se pueden normalmente encontrar disponible en las mayorías de los surtidores para partes de vehículos. Debido al hecho de que algunas herramientas especiales son necesarias, para poder desarmar las cabezas para el procedimiento de inspección y las partes de reemplazo, no están por lo general disponibles cuando se necesitan, seria más práctico y barato para el mecánico del hogar de comprar cabezas de reemplazo en lugar de admisiones el tiempo en desarmar, inspeccionar y reparar las originales.*

1 El procedimiento para desarmar las cabezas requiere de remover las válvulas de admisión, las válvulas de escape y los componentes relacionados. Si todavía están en su posición, remueva las tuercas de los balancines, las bolas de pivote y los balancines de la cabeza de los espárragos de la cabeza. Marque las partes o almacénelas para que se puedan reinstalar en sus posiciones originales.

2 Antes de que se remuevan las válvulas, prepárese para poder almacenarlas con sus componentes relacionados, para poderla mantener separadas e instalarla en las mismas guías de las válvulas de donde se removieron **(vea ilustración)**.

3 Comprima el resorte en la primera válvula con un compresor de resorte y remueva los retenedores **(vea ilustración)**. Cuidadosamente afloje el compresor de la válvula y remueva el retenedor y si se usa el rotador, la tapa, el resorte y el asiento del resorte o

8.4 Si el vástago de la válvula no sale fácilmente por el agujero de la guía, use una lima fina para poder remover la rebarba en la parte de encima del vástago de la válvula

lamina para ajuste (si se usa).

4 Repita el procedimiento para el resto de las válvulas. Acuérdese de guardar todas las partes para cada válvula juntas para que se puedan reinstalar en las mismas localidades **(vea ilustración)**.

5 Una vez que las válvulas y los componentes relacionados se hayan removido y almacenado en una manera organizada, la cabeza se debe de limpiar completamente y ser inspeccionada. Si una reparación completa del motor se está ejecutando, termine el procedimiento desarmar el motor primero, antes de empezar la limpieza de la cabeza y el proceso de inspección.

9 Cabeza de los cilindros - limpiar e inspección

1 Haga una limpieza completa de la cabeza(s) de los cilindros y los componentes relacionados con el tren de las válvulas, seguido por una inspección con lujos de detalles, le podrá dar ha usted una buena idea para poder decidir que cantidad de trabajo se le debe de otorgar a las válvulas durante el periodo de la reconstrucción del motor. **Nota:** *Si el motor se sobrecalentó, la cabeza de los cilindros probablemente se alabeó (vea Paso 12).*

Limpiar

2 Remueva todos los rastros de juntas viejas y compuesto de sellador de la superficie de la cabeza, múltiple de admisión y múltiple de escape. Tenga mucho cuidado de no dañar la cabeza. Solventes especiales para remover juntas, quienes aflojan las juntas y se pueden remover más fácil, se pueden encontrar en las tiendas de refacciones.

3 Remueva cualquier obstrucción de los pasajes del anticongelantes.

4 Corra una brocha de alambre por los varios orificios para remover cualquier tipo del depósitos que se hallan formado.

5 Corra una terraja del tamaño apropiada en cada uno de los orificios de las roscas para

9.12 Chequee la superficie de la cabeza donde va la junta para verificar si está doblada, tratando de deslizar un calibrador palpador debajo de la regla recta (vea las especificaciones de tolerancia para verificar el máximo de tolerancia y use un calibrador palpador de ese espesor)

9.14a Un calibrador de reloj se puede usar para determinar la distancia libre entre el vástago de la válvula y la guía (mueva el vástago de la válvula como se indica en las flechas)

remover cualquier corrosión y sellador que estarían presente en las roscas. Si aire comprimido es disponible, úselo para limpiar los orificios de cualquier tipo de suciedad que haya ocurrido durante este procedimiento. **Peligro:** *Siempre use protección para sus ojos cuando esté usando aire comprimido.*

6 Limpie los pivotes de los espárragos para los balancines con una brocha de alambre.

7 Limpie la cabeza de los cilindros con solvente y séquela completamente. Aire comprimido acelerará el proceso de secarse y asegurará que todos los orificios estén bien limpios. **Nota:** *Químicos para descarbonizar están disponibles y probarían ser muy útiles cuando se estén limpiando las cabezas y los componentes del tren de válvulas. Son muy cáustico y se deben de usar con mucha caución. Esté seguro de seguir las instrucciones en el recipiente.*

8 Limpie los balancines, bolas de pivote, tuercas y varillas de empuje con solvente y séquelos completamente (no los mezcle durante el proceso de la limpieza). Aire comprimido adelantará el proceso de secarse y se puede usar para limpiar los pasajes del aceite.

9 Limpie todos los resortes de las válvulas, fuelles, retenedores o rotadores con solvente y séquelos completamente. Limpie los componentes de cada válvula en el mismo grupo para evitar de que se mezclen las partes.

10 Raspe cualquier deposito pesado que se haya formado en las válvulas, entonces use una brocha de alambre para remover los depósitos en las caras de las válvulas y en los vástagos. De nuevo, asegúrese de que las válvulas no se mezclen.

Inspección

Nota: *Esté seguro de ejecutar todos los procedimientos de inspección que siguen antes de concluir de que una rectificación por un taller de rectificaciones es necesario. Haga una lista de los artículos que necesitan atención.*

Cabeza de los cilindros

Refiérase a las ilustraciones 9.12, 9.14a y 9.14b

11 Inspeccione la cabeza muy cuidadosamente por crujidos, evidencia de fugas de anticongelante y otros daños. Si se hallan crujidos, una cabeza de cilindro nueva se debe de obtener.

12 Usando una regla recta y un palpador de calibración, chequee la superficie de la junta de la cabeza, para ver si está doblada **(vea ilustración)**. Si la dobladura está en exceso del limite de las especificaciones, se puede mandar a un taller de rectificaciones para ser rectificada. **Nota:** *Si las cabezas son rectificadas para que estén planas, las pestañas del múltiple de admisión también requerirán que sean rectificadas.*

13 Examine los asientos de las válvulas en cada una de las cámaras de combustión. Si están crujidos, quemados, etc., la cabeza requerirá un servicio de válvulas que está más allá del alcance de un mecánico de hogar.

14 Chequee la distancia libre entre el vástago de la válvula y la guía de la válvula, midiendo el movimiento lateral del vástago de la válvula con un indicador de reloj instalado firmemente en la cabeza **(vea ilustración)**. La válvula debe de estar en la guía aproximadamente 1/16 de pulgada apartada del asiento. El juego total del vástago de la válvula indicado en la aguja del indicador de reloj se debe de dividir entre dos para obtener la luz actual. Después de que esto se haya hecho, si todavía hay alguna duda en referencia a las condiciones de las guías de las válvulas, deben de ser chequeadas por un taller de rectificación automotriz (el costo debe de ser mínimo) **(vea ilustración)**.

2B

Válvulas

Refiérase a las ilustraciones 9.15 y 9.16

15 Cuidadosamente inspeccione la cara de cada válvula por desgaste desigual, **(vea ilustración)** deformación, crujidos, orificios y

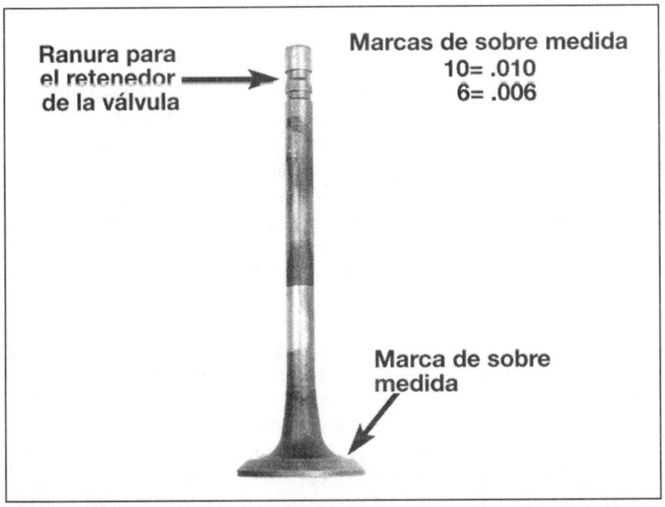

9.14b Algunos motores están equipados con válvulas un poco más grande de la fábrica. Válvulas con vástagos de diámetro más grande están disponible para compensar por desgaste de la guía; sin embargo, un taller de rectificación debe rectificar las guías

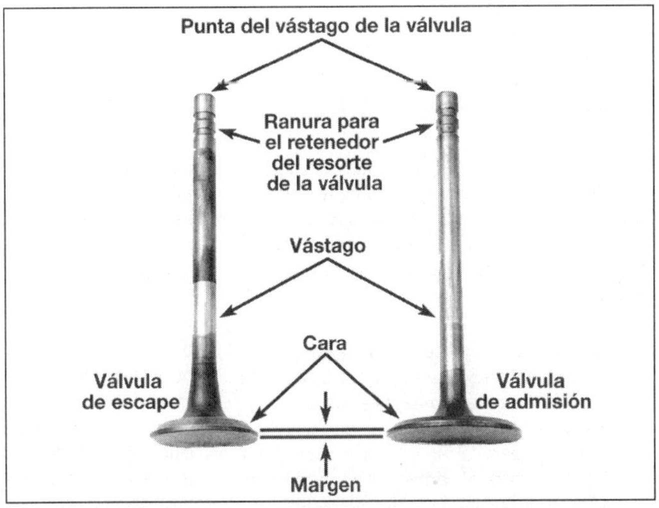

9.15 Chequee por desgaste de la válvula en los puntos que se muestran aquí - use un micrómetro para medir el diámetro del vástago en diferentes puntos

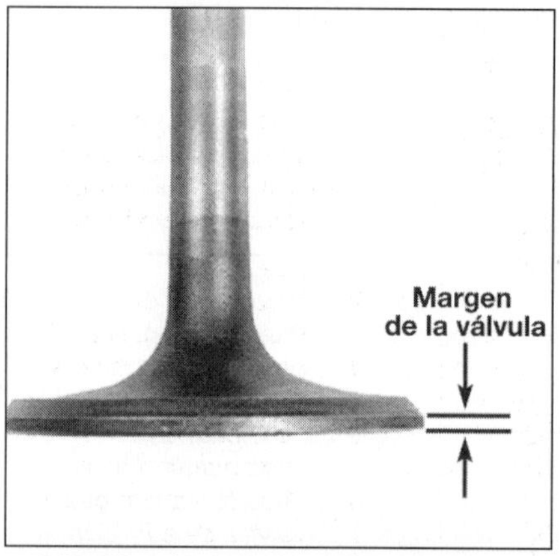

9.16 El margen de la anchura de cada válvula debe ser como se especifica (si ningún margen existente, la válvula no puede ser vuelta a emplear)

manchas de lugares quemados. Chequee el vástago de la válvula por rayones, crujidos etc. Gire la válvula y chequee por cualquier indicación obvia de que está doblada. Busque orificios y desgaste excesivo en el final del vástago. La presencia de cualquiera de estas condiciones indica la necesidad de darle servicio a las válvulas por un taller de rectificación especializado en reparaciones de cabezas.

16 Mida la anchura del margen en cada válvula. Cualquier válvula con un margen más delgado de 1/32 de pulgada tendrá que ser reemplazada con una nueva **(vea ilustración)**.

Componentes de la válvula

Refiérase a las ilustraciones 9.18 y 9.19

17 Chequee cada resorte de las válvulas por desgaste u orificios al final. Mida la longitud libre (resorte sin presión) y compárelo con las características técnicas. Cualquier resorte que sea más corto que las especificaciones se ha combado y no debe ser rehusado. La tensión de todos los resortes se debe chequear con una herramienta especial antes de decidir si se deben de rehusar en la reconstrucción de la cabeza del motor (lleve el resorte a un taller para reconstrucción de cabezas para que sea chequeado)

18 Posicióne cada resorte en una superficie nivelada y chequéelo con una escuadra **(vea ilustración)**. Si cualquiera de los resortes están torcidos, reemplace todos los resortes con resortes nuevos.

19 Chequee los retenedores de los resortes (o los rotadores) y retenes por desgastes obvios y crujidos **(vea ilustración)**. Se debe reemplazar cualquier parte cuestionables con partes nuevas, ya que daño extensivo ocurrirá si fallan durante el funcionamiento del motor.

Componentes de los balancines

20 Chequee la cara de los balancines (las áreas que se ponen en contacto con el final de la varilla de empuje y el vástago de la válvula por orificios, desgaste, rayones y partes ásperas. Chequee el balancín en el área

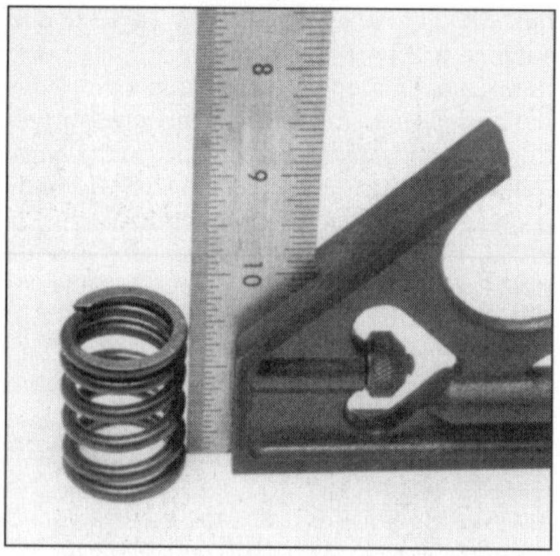

9.18 Chequee cada resorte de válvula para estar seguro de que están cuadrados

donde hace contacto y las bolas de pivote también. Busque por crujidos en cada balancín y en la tuerca.

21 Inspeccione las puntas de las varillas de empuje por rayones y desgaste excesivo. Ruede cada varilla en una superficie nivelada, tal como un pedazo de vidrio plano, para determinar si están dobladas.

22 Chequee el espárrago para los balancines en la cabeza por daños en las roscas y que estén firmemente instalados.

23 Cualquier daño o desgaste excesivo de las partes se deben reemplazar con nuevas.

24 Si el proceso de inspección indica que los componentes de las válvulas están generalmente en condiciones pobres y llegan más allá de los límites especificados, que usualmente es el caso en un motor que se va a reparar, reinstale las válvulas en las cabezas de los cilindros y refiérase a la Sección 10 para las recomendaciones de servicio de las válvulas.

10 Válvulas - servicio

1 A causa de la complexidad natural del trabajo, las herramientas especiales y equipo requerido, para darle servicio a las válvulas, los asientos de las válvulas y las guías de las válvulas, normalmente conocido como trabajo de válvula, mejor se le deja a un profesional.

2 El mecánico del hogar puede remover y desmonta la cabeza(s), hacer la limpieza inicial e inspección, entonces armarla y entregar la cabeza(s) a un taller que se dedique a las reparaciones de cabezas, para que le puedan dar servicio a las válvulas.

3 Un taller de reparaciones para cabezas, removerá las válvulas y los resortes, reparará o remplazará las válvulas y los asientos, recondicionará las guías de las válvulas, chequeará o remplazará los resortes de las válvulas, retenedores y rotadores (según sea necesario), remplazará los sellos de las válvulas con sellos nuevos, reinstalará los componentes de las válvulas y asegurará de que la altura de los resortes instalados estén correcta. La superficie de la cabeza de los

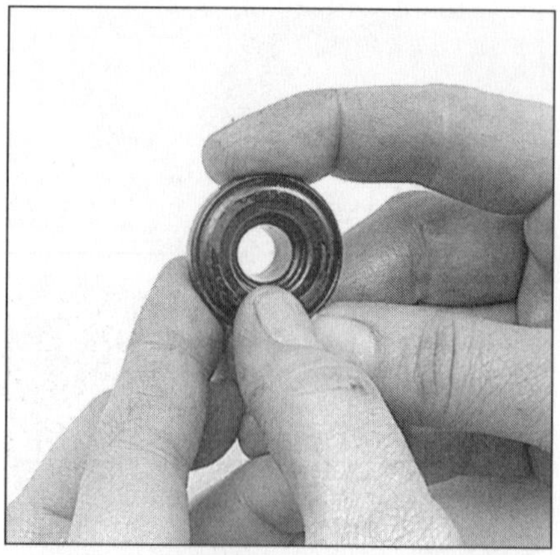

9.19 Los rotadores de las válvula de escape pueden ser chequeados girando las secciones interiores y exteriores en direcciones opuestas - sienta por un movimiento suave y juego excesivo

cilindros también la rectificará si está torcida.

4 Después de que el trabajo de las válvulas se haya ejecutado por un profesional, la cabeza estará en condición como nueva. Cuando reciba la cabeza, esté seguro de limpiarla de nuevo antes de instalarla en el motor para remover cualquier partículas de metal o arena que pueda estar presente en la cabeza después de que se le otorgó servicio a las válvulas o se reparó la superficie de la cabeza. Use aire comprimido, si está disponible para soplar todos los orificios de aceite y todos los pasajes.

11 Cabeza de los cilindros - ensamblaje

Refiérase a las ilustraciones 11.3, 11.5a, 11.5b, 11.6, 11.8 y 11.9

1 Sin tener en cuenta si las cabezas fueron mandadas a un taller de reparación automotriz para otorgarle servicio a las válvulas, asegúrese que ellas están limpias antes de comenzar a instalarlas nuevamente.

2 Si las cabezas fueron enviadas afuera para otorgarle servicio a las válvulas, las válvulas y los componentes relacionados estarán ya en su posición. Comience el procedimiento de ensamblar con el Paso 8.

3 Instale sellos nuevos en cada una de las guías de admisión. Usando un martillo y un dado hondo, péguele suavemente a cada sello en su posición hasta que esté completamente sentado en la guía **(vea ilustración)**. No tuerza o atore el sello durante la instalación o ellos no sellarán apropiadamente en el vástagos de las válvulas. Los sellos de tipo paragua son instalados en las válvulas de escape después que las válvulas están en su posición.

4 Comience en una punta de la cabeza, lubrique e instale la primera válvula. Aplique grasa de base moly o aceite de motor limpio al vástago de la válvula.

5 Deje caer el asiento del resorte o laminas para ajustes en la guía de la válvula y el

11.3 **Los sellos de las válvulas pueden ser instalados con un instalador especial o un dado profundo del tamaño apropiado - péguele gentilmente hasta que se asiente en la guía de la válvula**

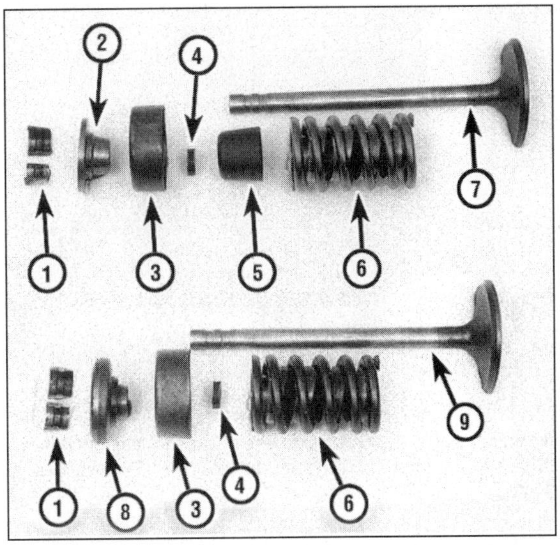

11.5a Componentes relacionados típicos de las válvulas del motor - vista esquemática

1 *Guardianes*
2 *Retenedor*
3 *Protector para el aceite*
4 *Sello para el aceite de tipo anillo*
5 *Sello para el aceite de tipo paragua*
6 *Resorte y amortiguador*
7 *Válvula de admisión*
8 *Rotador*
9 *Válvula de escape*

conjunto de los resortes de la válvula, protector y el retenedor (o rotador) en su posición **(vea ilustraciones)**.

6 Comprima los resortes con un compresor de resorte de válvulas e instale cuidadosamente el sello de aceite de tipo anillo en la ranura inferior del vástago de la válvula. Asegúrese que el sello no está torcido - debe entrar perfectamente plano en la ranura. Posicione los guardianes en la ranura superior, entonces libere lentamente el compresor y asegúrese que los guardianes se asientan apropiadamente. Aplique un poquito de grasa a cada guardián para tenerlo en su posición si es necesario **(vea ilustración)**.

7 Repita el procedimiento para el resto de las válvulas. ¡Esté seguro de instalar los componentes en sus lugares originales - no los mezcle!

8 Una vez que todas las válvulas estén en su posición en ambas cabezas, los sellos de tipo anillo de las válvulas deben ser chequeados para asegurarse que ellos no tienen fugas. Este procedimiento requiere un bomba de vacío y un adaptador especial (herramienta GM no. J-23994), así que puede ser una buena idea que sea hecho por el departamento de servicio de su concesionario, taller de reparación o el taller de rectificación automotriz. El adaptador es puesto en posición en cada uno de los retenedores de las válvulas o rotador y vacío es aplicado con una bomba de mano **(vea ilustración)**. Si el vacío no se puede mantener, el sello tiene fugas y debe ser chequeado/reemplazado antes de que la cabeza del motor sea instalada.

9 Chequee la altura instalada del resorte de las válvulas con una regla graduada en incrementos de 1/32 pulgada o un calibrador de tipo esfera. Si las cabezas fueron enviadas afuera para otorgarle trabajo de servicio, la altura instalada debe estar correcta (pero no asuma automáticamente que está). La medida es tomada del primer asiento del resorte o de cada lamina para ajustes del primer protector de aceite (o el fondo del retenedor/rotador, los

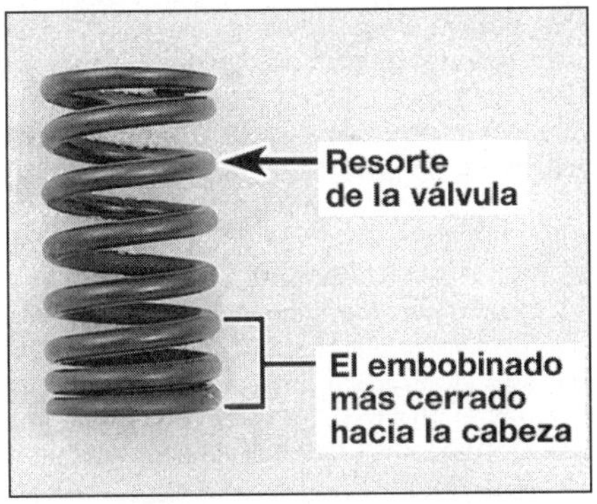

11.5b Si los resortes de las válvulas están enrollado más cerca en una punta, instálelos como está mostrado

dos puntos son los mismos) **(vea ilustración)**. Si la altura es más que lo especificado, las laminas para ajustes pueden ser agregadas en la parte inferior de los resortes para corregirlo. **Caución:** *No aplique bajo ninguna circunstancia laminas para el ajuste de los resortes al grado donde la altura instalada sea menos que la especificada.*

10 Aplique grasa de base moly a las caras

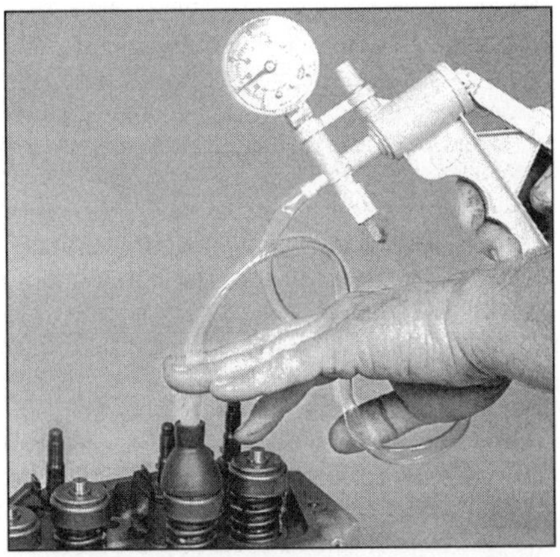
11.8 Un adaptador especial y una bomba de vacío son requeridos para chequear el sello O en el vástago de la válvula

11.6 Aplique una pequeña cantidad de grasa a cada retenedor como se muestra aquí antes de instalarlos - los mantendrá en su lugar en la válvula hasta que se afloje el resorte

de los balancines y las bolas del pivote, después instale los balancines y pivotes en los espárragos de la cabeza de los cilindros. Enrosque las tuercas tres o cuatro roscas solamente en este momento (cuando las cabezas sean instaladas, las tuercas se apretarán siguiendo un procedimiento específico).

11.9 La altura del resorte instalado es la distancia desde el asiento del resorte en la cabeza a la parte de encima de la tapa del deflector en el resorte

2B

12.1 Use un removedor de rebarba para remover la rebarba de la parte de encima del cilindro antes de atentar de remover el pistón

12.3 Use un calibrador palpador para chequear el juego de las bielas

12.6 Para prevenir hacerle daño a los muñones del cigüeñal y las paredes de los cilindros, deslice pedazos de mangueras sobre los pernos antes de remover los pistones

12 Asamblea de la biela y el pistón - remover

Refiérase a las ilustraciones 12.1, 12.3 y 12.6

Nota: *Antes de remover la asamblea de la biela y el pistón, remueva la cabeza(s) de los cilindros, la cacerola del aceite y la bomba del aceite, refiriéndose a las Secciones apropiadas en el Capítulo 2, Parte A.*

1 Completamente remueva la rebarba en la parte de encima de los cilindros del pistón con la herramienta de cortar rebarba para los cilindros **(vea ilustración)**. Siga las instrucciones del fabricante de la herramienta. Si usted no remueve la rebarba antes de atentar de remover la asamblea del pistón y la biela, pudiera que el pistón se rompiera.

2 Después de que la rebarba de los cilindros se haya removido, gire el motor hacia la parte de abajo, para que el cigüeñal se quede mirando hacia encima.

3 Antes de que se remuevan las bielas, chequee el juego libre con un calibrador al tacto. Deslícelo entre las dos bielas y el contra peso del cigüeñal, hasta que se remueva todo el juego **(vea ilustración)**. El juego libre es el tamaño del espesor del palpador. Si el juego excede el limite de servicio, bielas nuevas se van a necesitar. Si bielas o cigüeñal se instalan, el juego puede caer debajo de las especificaciones mínima. Si esto pasa, las bielas se van a tener que llevar a un taller para ser rectificadas. Repita el procedimiento con el resto de las bielas.

4 Chequee las bielas y las tapas por marcas de identificación. Si no están marcadas, use un punzón para poder marcarlas con el número apropiado de cada biela y su tapa.

5 Afloje cada una de las tuercas de las bielas 1/2 vuelta a la vez hasta que se puedan remover con las manos. Remueva la tapa de la biela y el cojinete número uno. No deje que se caiga el cojinete de la tapa.

6 Deslice un pedazo corto de plástico o manquera de caucho en cada perno de la biela para proteger el muñón del cigüeñal y la pared de los cilindros cuando se remueva el pistón **(vea ilustración)**.

7 Empuje la asamblea de la biela del pistón hacia afuera por la parte de encima del pistón. Use el mango de madera de un martillo para empujar en la parte de encima del cojinete en la biela. Si se encuentra resistencia, chequee otra vez para estar seguro de que toda la rebarba se removió de los cilindros

8 Repita el procedimiento con los cilindros restantes.

9 Después de removerlo, arme las bielas y las tapas de las bielas con su cojinete correspondiente e instale las tuercas de las tapas con sus dedos. Dejando los cojinetes viejos en su posición hasta que la reinstalación ayude a prevenir que la superficie de la biela donde va el cojinete pueda ser accidentalmente dañada.

10 No separe los pistones de las bielas (vea Sección 17 para información adicional).

13 Cigüeñal - remover

Refiérase a las ilustraciones 13.1, 13.3, 13.4a y 13.4b

Nota: *El cigüeñal puede ser removido solamente después que el motor haya sido removido del vehículo. Es asumido que el volante o el plato flexible, el amortiguador de vibraciones, la cadena del tiempo, la cacerola de aceite, la bomba de aceite y los pistones/ensamblajes de las bielas han sido removidos ya. Si su motor está equipado con un sello trasero principal de una pieza, el albergue del sello se debe destornillar y debe ser separado del bloque antes de proceder a remover el cigüeñal.*

1 Antes de que el cigüeñal sea removido, chequee el juego final. Instale un indicador de reloj con el vástago en línea con el cigüeñal y apenas tocando una cigüeña del cigüeñal **(vea ilustración)**.

2 Empuje el cigüeñal completamente hacia atrás y ponga a cero el indicador de tipo reloj. Después, hágale palanca al cigüeñal hacia el frente lo más que sea posible y chequee la lectura en el indicador de reloj. La distancia que se mueve es el juego final. Si es más que lo especificado, chequee las superficies de empuje del cigüeñal por desgaste. Si ningún juego es evidente cojinetes principales nuevos deben corregir el juego final.

3 Si un indicador de reloj no está disponible, calibradores al tacto se pueden usar. Hágale palanca suavemente o empuje el cigüeñal completamente hacia el frente del motor. Deslice calibradores al tacto entre el cigüeñal y la cara del frente del cojinete principal de empuje para determinar el espacio libre **(vea ilustración)**.

13.1 Chequeando el juego final del cigüeñal con un indicador de reloj

13.3 Chequeando el juego final del cigüeñal insertando un calibrador al tacto

13.4a Use un cincel o dados para imprimir números para marcar las tapas de los cojinetes principales, para asegurarse de que sean instaladas en sus ubicaciones originales en el bloque (haga las marcas del cincel cerca de la cabeza de los pernos)

4 Chequee las tapas de los cojinetes principales para ver si ellas están marcadas para indicar sus localidades. Ellas deben estar numeradas consecutivamente del frente del motor hacia atrás. Si ellas no están, márquelas con números de estampar o un punzón central **(vea ilustraciones)**. Las tapas de los cojinetes principales por lo general tienen una flecha fundida en ella. Afloje los pernos de la tapa del cojinete principal 1/4 de vuelta a la vez, hasta que ellas puedan ser removidas a mano. Note si cualquier perno de tipo espárrago es usado y asegúrese que ellos son regresados a sus lugares originales cuando el cigüeñal sea reinstalado.

5 Péguele gentilmente a las tapas con un martillo de cara blanda, entonces los separa del bloque del motor. Si es necesario, use los pernos como palancas para remover las tapas. Trate de no dejar caer los cojinetes si ellos salen con las tapas.

6 Levante cuidadosamente el cigüeñal hacia afuera del motor. Puede ser una buena idea de tener un ayudante disponible, debido a que el cigüeñal es bastante pesado. Con

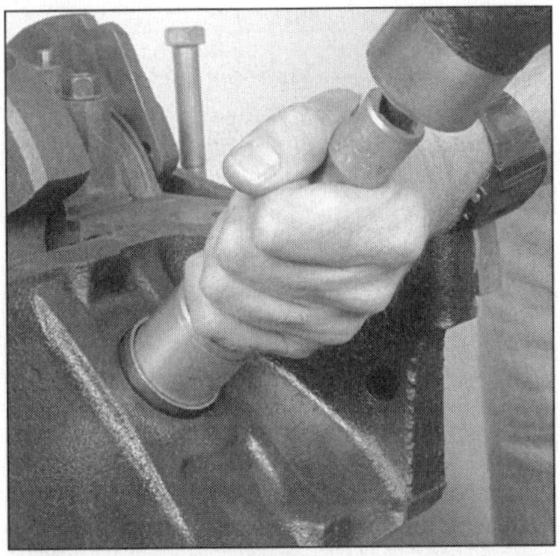

14.10 Un dado grande en una extensión se puede usar para instalar el tapón suave nuevo del motor en su orificio

13.4b La flecha en la tapa del cojinete principal indica la parte delantera del motor

los cojinetes principales en el bloque del motor y las tapas de los cojinetes principales en su posición, regrese las tapas a sus localidades respectivas del motor en sus lugares y apriete los pernos con los dedos.

14 Bloque del motor - limpieza

Refiérase a las ilustraciones 14.1 y 14.10

1 Remueva los tapones blandos para el agua del bloque en el motor. Para hacer esto, martille los tapones hacia adentro del bloque, use un martillo y un cincel, entonces agárrelo con un alicate grande y los remueve de los orificios **(vea ilustración)**.

2 Usando un rascador para juntas, remueva todos los rastros de material de juntas del bloque del motor. Esté con cuidado de no excavar o hacer orificios a la superficie de la junta.

3 Remueva las tapas de los cojinetes principales y separe los cojinetes de las tapas y del bloque del motor. Póngale etiquetas a los cojinetes para mostrar si salieron de las tapas o del bloque, indicando de que cilindros salieron, entonces póngalo a un lado.

4 Usando una palanca para dado o una matraca de un 1/4 de pulgada, remueva todos los tapones para las galerías del aceite en el bloque. Deseche los tapones y use nuevos cuando el motor se ensamble.

5 Si el motor está sumamente sucio se debe de llevar a un taller de rectificaciones para limpiarlo con presión de agua caliente o sumergirlo en un tanque con químicos caliente para limpiar motores.

6 Después de que se regrese el bloque, limpie todas las galerías de aceite y todos los orificios de aceite otra vez. Brochas especialmente designadas para este tipo de trabajo están disponibles. Enjuague todos los pasajes de aceite con agua caliente hasta que el agua salga limpia, seque el bloque completamente y agregele una película pequeña de aceite a las superficie, para que no se oxide. Si usted tiene acceso a aire comprimido, úselo para secar el motor más rápido y soplar

14.1 Use un martillo y un cincel grande para girar los tapones suave del motor en un lado en sus orificios, entonces hálelo hacia afuera con alicates

todas las galerías de aceite. **Peligro:** *Siempre use protección para sus ojo cuando esté usando aire comprimido.*

7 Si el bloque no está sumamente sucio o cubierto con aceite quemado en la parte de encima, usted puede hacer el trabajo de limpieza adecuadamente con agua caliente, jabón y una brocha dura. Tómese el tiempo necesario y haga un trabajo bien hecho y completo. Sin importar el método de limpieza que se usó, esté seguro de limpiar todos los orificios y las galerías perfectamente, seque el bloque completamente y agregele una película de aceite a todas las partes que se hayan torneado.

8 Los orificios para las roscas en el bloque se deben de limpiar para asegurarse de que la lectura del par de torsión está bien, cuando se aprieten los pernos. Corra la terraja macho del tamaño apropiado en cada uno de los orificios de las roscas para remover cualquier tipo de oxido, corrosión, sellador para las roscas y para reparar cualquier roscas que estén dañadas. Si es posible, use aire comprimido para limpiar los orificios de cualquier material que se hayan depositado durante este procedimiento. Hora es un buen momento para limpiar las roscas en los orificios de las cabezas y los pernos de las tapas de los cojinetes principales también.

9 Reinstale las tapas para los cojinetes principales y apriete los pernos con los dedos firmemente

10 Después de cubrir las superficies de los tapones blandos con sellador Permatex no. 2, instálelos en el bloque del motor. Asegúrese de que se instalan derechos y se asientan apropiadamente o fugas pueden ocurrir. Herramientas especiales están disponible para este propósito, pero igualmente se puede obtener un buen resultado con un dado, con un diámetro externo que entre exactamente dentro del tapón, y un martillo **(vea ilustración)**.

11 Aplique sellador que no se endurezca (tal como Permatex número 2 o cinta de Teflon) a los tapones nuevos para las galerías del aceite y atornillelos en las roscas en la

parte trasera del bloque. Asegúrese de que están bien apretados.

12 Si el motor no se va a ensamblar inmediatamente, tápelo con un plástico grande o con una bolsa para basura de plástico para mantenerlo limpio.

15 Bloque del motor - inspección

Refiérase a las ilustraciones 15.4a, 15.4b y 15.4c

1 Antes de que el bloque se inspeccione, se debe limpiar como se describió en la Sección 14. Chequee otra vez para asegurarse de que se ha removido la rebarba de cada cilindro completamente.

2 Visualmente chequee el bloque por crujidos, óxido y corrosión. Busque por roscas cruzadas en los orificios del bloque. Es también una buena idea de chequear el bloque por señas de crujidos ocultos, con una maquina especial en un taller de rectificaciones para motores, que hace este tipo de trabajo. Si se hallan defectos, haga que se repare el bloque, si es posible, o reemplácelo.

3 Chequee los cilindros por desgaste y rayones.

4 Mida el diámetro de cada cilindro en la cima (sólo debajo del área de la rebarba), en el centro y el fondo de los cilindros, paralelamente al cigüeñal **(vea ilustraciones)**.

5 Después, mida el diámetro de cada cilindro en tres localidades a través del axis del cigüeñal. Compare los resultados con las especificaciones.

6 Si las herramientas especiales no están disponibles, la luz libre entre la pared y el cilindro se puede obtener, pero no tan preciso, usando medidores palpadores. Los medidores palpadores vienen largos de 12 pulgadas y de varios espesores y están disponibles en los autopartes.

7 Para chequear la luz libre, seleccione un medidor palpador y deslícelo adentro de los cilindros con el pistón de ese cilindro. El pistón debe de estar en posición de la misma forma como naturalmente debe de ir. El medidor palpador debe de estar entre el pistón y el cilindro en uno de los lados de fricción (a 90 grados del pasador del pistón)

8 El pistón debe de ser deslizado adentro de la pared de los cilindros (con el medidor palpador en su posición) con presión moderada.

9 Si pasa sin ningún problema o se desliza suavemente, el espacio libre es excesivo y un pistón nuevo será requerido. Si el pistón se atora en la parte inferior de los cilindros y está flojo en la parte superior, el cilindro está en forma de campana. Si partes apretadas son encontrada según el pistón/medidor palpador es girado en el cilindro, el cilindro está fuera de la redonda.

10 Repita el procedimiento para el resto de los pistones.

11 Si las paredes de los cilindros están bien rayadas, o si están fuera de la redonda o en forma de campana fuera de los límites otorgados por las especificaciones, haga que el bloque del motor sea rectificado y pulido en un taller de rectificación automotriz. Si un proceso de reedificación es usado, pistones de sobre medida y anillos serán requeridos.

12 Si los cilindros están en condiciones bastante buena y no están desgastados pasado el límite especificado, y la luz entre el pistón y el cilindro se puede mantener apropiadamente, entonces no se tienen que cortar los cilindros. Pasándole con una piedra de esmeril especial para los cilindros sería todo lo que se necesitaría (Sección 16).

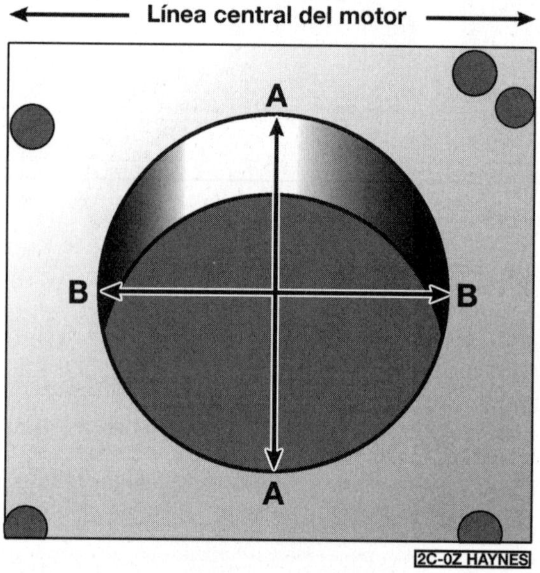

15.4a Mida el diámetro de cada cilindro en el ángulo correcto de la línea central del motor (A) y paralelamente a la línea central del motor (B) - la circunferencia fuera de la redonda es la diferencia entre la A y la B; la forma acampanada es la diferencia entre la A y la B en la parte superior del cilindro y la A y la B en la parte inferior del cilindro

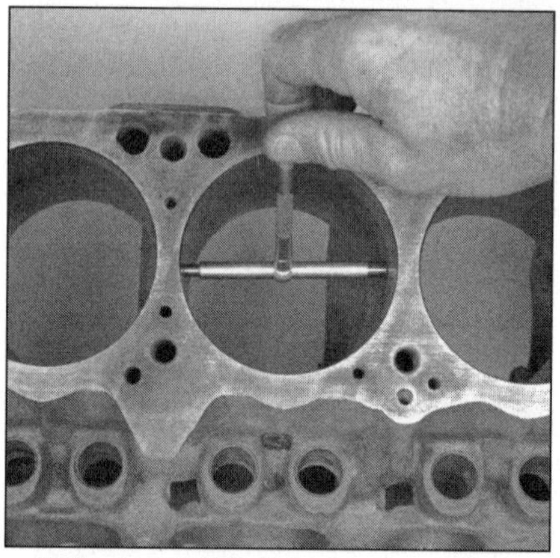

15.4b La habilidad de sentir cuando el medidor telescópico está en el punto correcto lo desarrollará con tiempo, así que trabaje despacio y repita el chequeo hasta que esté satisfecho de que la medida del cilindro es correcta

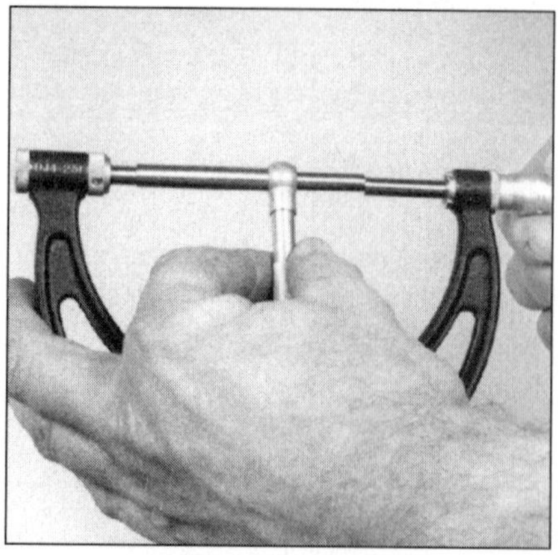

15.4c El medidor telescópico es medido con un micrómetro para determinar el tamaño del cilindro

16 Rectificación de los cilindros

Refiérase a las ilustraciones 16.3a y 16.3b

1 Antes de ensamblar el motor, el cilindro se debe pulir con una piedra de esmeril especial para cilindros, para que los anillos nuevos se asienten correctamente y puedan proveer el mejor sello posible en la cámara de combustión. **Nota:** *Si no tiene las herramientas o no quiere hacer el trabajo de pulir el cilindro, la mayoría de los talleres de torneo para automóviles tienen máquinas especiales para hacer el trabajo a un precio razonable.*

2 Antes de pulir los cilindros, instale las tapas para los cojinetes principales y apriete los pernos al par de torsión especificado.

3 Dos tipos de piedra de pulir para cilindros normalmente están disponibles, la piedra tipo botella y la más tradicional que es la que tiene piedras con un resorte flexible. Las dos pueden hacer el trabajo, pero para el mecánico con menos experiencia la piedra de esmeril de tipo botella seria más fácil de usar. Usted también necesitará suficiente aceite fino o aceite para pulir, unos trapos y un motor eléctrico. Proceda según se indica:

a) Instale la piedra de esmeril en el taladro, comprima las piedras y resbálela en el primer cilindro **(vea ilustración)**. *Esté seguro de usar espejuelos de seguridad o protección para la cara.*

16.3a Una piedra de pulir de tipo botella, producirá mejor resultados si usted nunca a pulido un cilindro anteriormente

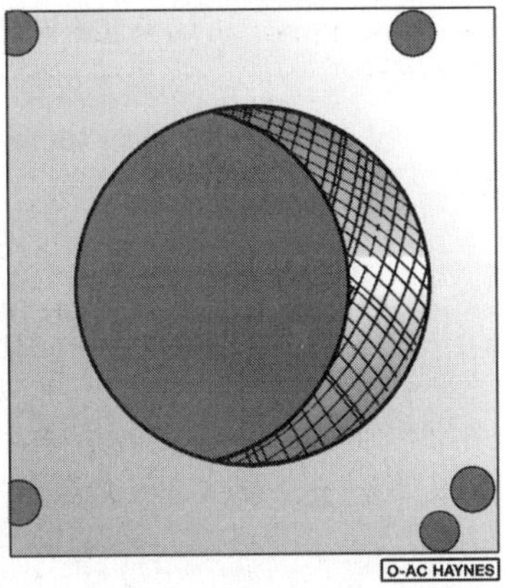

16.3b La pulida del cilindro debe de dejar un patrón donde las líneas se crucen aproximadamente entre 50 y 60 grados

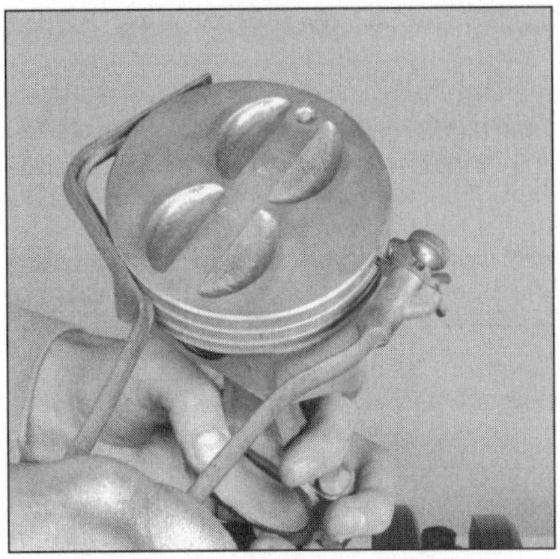

17.4a Las ranuras del pistón para los anillos se pueden limpiar con una herramienta especial, según se muestra aquí . . .

17.4b . . . o con un pedazo de anillo roto

b) Lubrique el cilindro con suficiente aceite, eche a andar el taladro y mueva la piedra de esmeril hacia encima y hacia abajo en el cilindro a un paso que producirá un dibujo de gruñón fino en las paredes de los cilindros. Idealmente, las líneas de gruñón deben cortar aproximadamente a un ángulo de 60 grados **(vea ilustración)**. *Esté seguro de usar suficiente lubricante y no corte más material de lo necesario que sea requerido para producir el final deseado.* **Nota:** *Los fabricantes de anillos de pistones pueda que especifiquen un gruñón de menos de los 60 grados tradicionales - lea y siga cualquier instrucción en el paquete de los anillos del pistón*

c) No retire la piedra de esmeril de los cilindros mientras se está moviendo. En cambio, apague el taladro y continúe moviendo el taladro hacia encima y hacia abajo en el cilindro hasta que se pare por completo, después comprima las piedras y remuévala completamente de los cilindros. Si usa una piedra de esmeril de tipo botella se usa, apague el taladro, entonces gire las piedras contra la dirección de rotación mientras remueve las piedras de los cilindros.

d) Limpie el aceite en el exterior de los cilindros y repita el procedimiento en los cilindros que quedan.

4 Después de que el trabajo del corte/pulir los cilindros esté completo, remueva en un ángulo la parte de encima de los cilindros, con una lima, para que los anillos no se rayen según se instalan los pistones. Esté con mucho cuidado de no rayar la pared de los cilindros con la lima.

5 Se debe lavar el bloque del motor completamente de nuevo con agua caliente y jabón para remover cualquier tipo de metal abrasivo que se quedó en el bloque según se estaba haciendo el trabajo de rectificación en los cilindros. **Nota:** *Los cilindros se pueden considerar limpios cuando una tela blanca - humedecida con aceite de motor limpio - que se usa para limpiar los cilindros no recoja ningún material que quedó restante después de que se cortaron los cilindros. Esté seguro de correr una brocha por todos los orificios de las galerías para el aceite y enjuáguelo con agua.*

6 Después de enjuagarlo, seque el bloque y aplique una pequeña cantidad de aceite a todas las partes que se rectificaron para prevenir de que se oxiden. Envuelva el bloque en una bolsa de plástico para mantenerlo limpio y póngalo a un lado hasta que se vaya a ensamblar.

17 Asamblea de la biela y el pistón - inspección

Refiérase a las ilustraciones 17.4a, 17.4b, 17.10 y 17.11

1 Antes de que el procedimiento de inspección se lleve acabo, las bielas y los pistones se deben de limpiar y los anillos originales del pistón se deben de remover de los pistones. **Nota:** *Siempre use anillos de pistón nuevo cuando se vaya a ensamblar el motor.*

2 Usando una herramienta para instalar los anillos del pistón, cuidadosamente remueva los anillos de los pistones. Esté cuidado de no dañar el pistón en el procedimiento.

3 Remueva todos los trazos de carbón de la parte de encima del pistón (más conocido como la corona). Una brocha de acero o un pedazo de papel de lija bien fina, se puede usar una ves de que la mayoría de los depósitos de carbón de hayan removido. Debajo de ninguna circunstancia, use una brocha de alambre instalada en un taladro para remover los depósitos de carbón del pistón. El material del pistón es blando y se dañará si se usa una brocha de alambre en un taladro.

4 Use una herramienta para limpiar las ranuras del pistón donde van los anillos, de los depósitos de carbón **(vea ilustración)**. Si una herramienta no está disponible, un pedazo de anillo que se haya roto hará el trabajo **(vea ilustración)**. Esté muy cuidadoso de remover solamente el carbón depositado - no remueva ningún metal y no arañe o haga ningún daño a las ranuras donde van los anillos.

5 Una vez que se hayan removido los depósitos, limpie la asamblea del pistón y la biela con solvente y séquelo con aire comprimido (si está disponible). Asegúrese de que los orificios de retorno para el aceite en la parte de atrás de los anillos están libres.

6 Si los pistones están dañados o excesivamente gastados, y si el bloque del motor no se a cortado de medida, pistones nuevos no serán necesarios. Desgaste normal del pistón aparece como un desgaste vertical en la superficie de fricción del pistón y un poco suelto en la ranura de encima del pistón, done va el anillo de compresión. Anillos de pistones nuevos, se deben de usar cada vez de que se reconstruya un motor.

7 Cuidadosamente inspeccione cada pistón por crujidos alrededor de la falda, en el pasador y en la ranura para los anillos.

8 Busque por crujidos y rayones en la parte de fricción de la falda del pistón, orificios en la corona del pistón y áreas quemadas al borde de la corona. Si la falda está rayada, el motor pudiera haber padecido de sobrecalentamiento y/o combustión anormal, que causó excesivas temperaturas altas de operación. El sistema de enfriamiento y de lubricación se deben chequear completamente. Un orificio en la corona del pistón es una indicación de combustión anormal

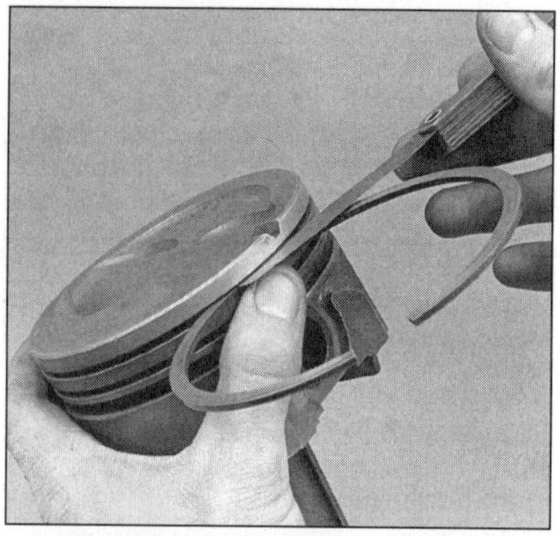

17.10 Chequee el juego lateral del anillo con un medidor palpador en varios puntos alrededor de la ranura

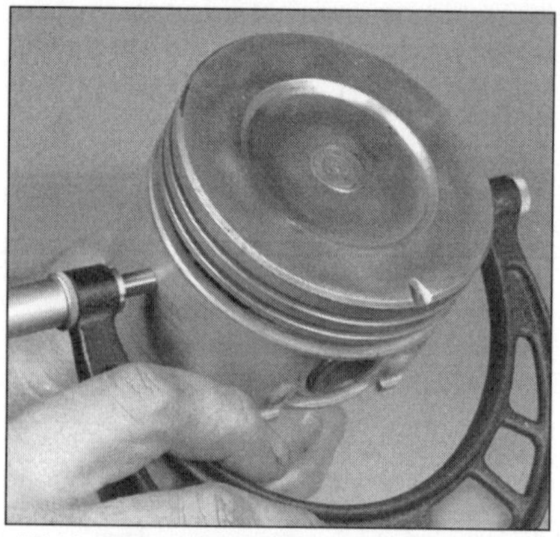

17.11 Mida el diámetro del pistón a cada 90 grados en línea con el pasador del pistón

(preignición) ocurrida. Áreas quemadas al borde la corona del pistón son evidencia usualmente de golpe de chispa (detonación). Si cualquiera de los problemas precedentes existen, se deben corregir las causas o el daño ocurrirá nuevamente.

9 Corrosión del pistón, en la forma de orificios pequeños, indica que hay fuga de anticongelante en la cámara de combustión y/o el cárter de cigüeñal. De nuevo, se debe corregir la causa o el problema persistiría en el motor reconstruido.

10 Chequee la distancia libre del anillo en el pistón, instalando un anillo nuevo en el pistón en cada ranura y deslizando un calibrador al tacto acostado **(vea ilustración)**. Chequee la distancia en tres o cuatros localidades alrededor de cada ranura. Esté seguro de usar el anillo correcto para cada ranura; los anillos son diferentes. Si la distancia de los lados es más grande que lo especificado, pistones nuevos tendrán que ser usados.

11 Chequee la distancia libre entre el pistón y el cilindro, midiendo el tamaño de los cilindros (vea Sección 15) y el diámetro del pistón. Mida los pistones de un lado al otro de la falda, a un ángulo de 90 grados y en línea con el pasador del pistón. **(vea ilustración)**. Substraiga el diámetro del pistón del diámetro del tamaño de los cilindros. Si está más grande que lo especificado, el bloque tendrá que ser cortado y pistones nuevos y anillos ser instalados.

12 Chequee la distancia libre entre el pistón y la biela doblando el pistón y la biela en posición opuesta. Cualquier juego notable indica de que hay desgaste excesivo que se debe de corregir. La asamblea del pistón y la biela se deben de llevar a un taller de rectificación, para que puedan ser rectificados y pasadores para los pistones nuevos instalados.

13 Si por cualquier razón los pistones se deben de remover de las bielas, se deben de llevar a un taller de rectificaciones para motores automotrices. Mientras los tienen allí deje de que chequeen las bielas para estar seguro de que no están viradas, ya que en los talleres de rectificaciones tienen equipo especial para poderlas chequear. **Nota:** *Como único que pistones y/o bielas nuevas se instalen, no atente a desarmar los pistones y las bielas.*

14 Chequee las bielas por crujidos y otros daños. Temporalmente remueva la tapa de la biela, remueva el cojinete viejo, limpie la superficie de la biela y la tapa de la biela e inspeccione por grietas, rayones etc. Después de chequear las bielas, reemplace los cojinetes viejos, instale las tapas de los cojinetes y apriete las tuercas con los dedos.

18 Cigüeñal - inspección

1 Limpie el cigüeñal con solvente y séquelo con aire comprimido (si está disponible). Esté seguro de limpiar los orificios del aceite con una brocha dura y límpiela con solvente.

2 Chequee los muñones principales y los muñones de la biela por desgaste desigual, rayones, orificios y crujidos. Chequee el resto del cigüeñal por crujidos y otros daños.

3 Corra un centavo a través del muñón varias veces. Si un muñón colecta cobre del centavo, está muy áspero y debe de ser rectificado.

4 Remueva todas las rebarbas de los orificios del cigüeñal con una piedra, lima o raspador.

5 Chequee el resto del cigüeñal por cuarteaduras y otros daños. Debe de ser chequeado por un taller de rectificaciones por rajaduras escondidas - un taller de rectificación automotriz puede hacer el procedimiento

6 Usando un micrómetro, mida el diámetro de los muñones principales y los muñones de las bielas y compare los resultados con las características técnicas. Midiendo el diámetro en diferentes puntos alrededor de la circunferencia del muñón, usted podrá determinar si el muñón está fuera de circunferencia (fuera de redondez). Tome la medida al final de cada muñón, cerca del tiro del cigüeñal, para determinar si el muñón está gastado en tipo campana.

7 Si están dañados los muñones del cigüeñal, acampanados, fuera de la redondo o gastados más allá de los límites especificados, lleve el cigüeñal a un taller de rectificación para que pueda ser rectificado. Esté seguro de usar los cojinetes del tamaño correcto si el cigüeñal se va a recondicionar.

8 Chequee el sello de aceite en cada lado del cigüeñal. Si el sello ha desgastado una ranura en el muñón, o tiene picadura o rayones, el sello nuevo pueda que tenga fugas cuando el motor sea ensamblado. En algunos casos un taller de rectificación automotriz puede rectificar el muñón y prensar una camisa nueva. Si la reparación es fisible, un cigüeñal nuevo o diferente debe de ser instalado.

9 Refiérase a la Sección 19 y examine las inserciones para los cojinetes principales y de bielas.

19 Cojinetes principales y de las bielas - inspección

Refiérase a la ilustración 19.1

1 Aunque los cojinetes principales y de biela se deben de remplazar con nuevos durante la reconstrucción del motor, los cojinetes viejos se deben guardar para inspeccionarlos cercanamente, ya que pueden demostrar información valiosa acerca de la condición del motor **(vea ilustración)**.

2 Fracaso de los cojinetes ocurren por falta de lubricación, la presencia de tierra o cualquier otro material extranjero, poniendo el motor bajo carga excesiva y corrosión. Sin importar la causa del fracaso de los cojinetes, se debe de corregir antes de que el motor se ensamble para prevenir de que suceda otra vez.

3 Cuando esté chequeando los cojinetes, remuévalos del bloque del motor, de las tapas para los cojinetes principales, las bielas y sus tapas, póngalos en una superficie limpia en la misma posición como estaban localizados en el motor. Esto le dará la habilidad de inspeccionar cualquier problema de los cojinetes correspondiente con su muñón en el cigüeñal.

4 Tierra y otras partículas extranjeras entran al motor en una variedad de maneras. Se podrían quedar en el motor durante el ensamble, o podrían pasar a través del filtro o el sistema PCV (ventilación positiva del cárter). Podrían entrar en el aceite y desde ahí a los cojinetes. Pequeños pedazos de metales provenientes de cuando se rectificó el bloque y desgaste del motor muy frecuente están presente. Partes abrasivas algunas veces se dejan en las partes del motor después de ser recondicionado, especialmente cuando las partes se han limpiado bien usando los métodos de limpieza apropiados. De donde provengan estos objetos extranjeros muy frecuente terminan incrustados en la parte suave de los cojinetes y son fácilmente reconocidos. Partículas grandes no se encontrarán incrustadas en los cojinetes y no dañan los muñones para los cojinetes. El mejor preventivo para evitar la causa de falla de los cojinetes por esta razón es de limpiar y mantener todas las partes limpias duran el ensamblaje. Es recomendable cambiar el filtro de aceite y el aceite frecuentemente.

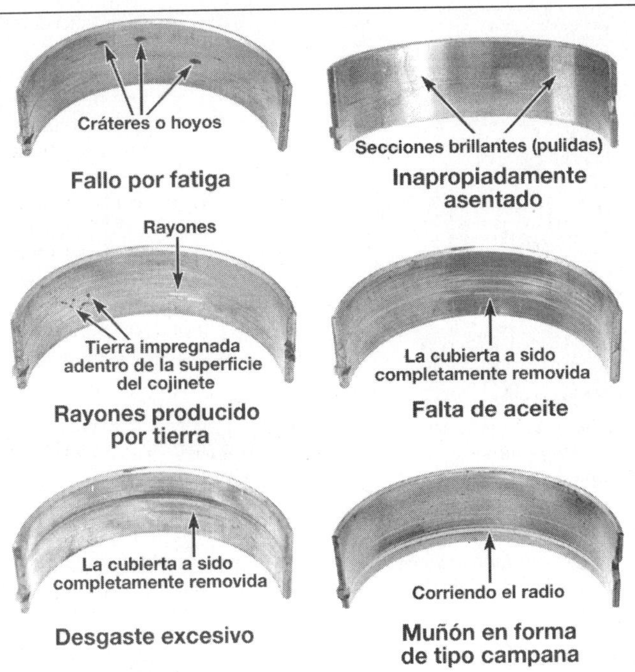

19.1 Indicaciones típicas de los fallos de los cojinetes

5 Falta de lubricación (o falta de presión) pueden causar un número de problemas internos. Calor excesivo (quien adelgaza el aceite), carga excesivamente (que fuerza el aceite fuera de la cara de los cojinetes) y fuga de aceite o tiro aceite (debido al juego excesivo de los cojinetes, bomba de aceite desgastada o velocidades altas del motor) todas estas condiciones contribuyen a la perdida de la presión de aceite. Galerías de aceite bloqueadas, quienes son generalmente el resultado de orificios de aceite fuera de alineación con el cojinete, también previenen el aceite de que llegue a los cojinetes y los destruirá. Cuando la falta de lubricación es la causa porque el cojinete falló, el material del cojinete será removido o desgastado de la cara del cojinete. Las temperaturas pueden incrementar hasta el punto de que la parte de acero de atrás se pone de color azul por el calentamiento.

6 Hábitos de manejo, pueden tener un efecto definido en la vida de los cojinetes. Aceleración completa, operando en velocidades baja en una guía de la transmisión muy alta, pone cargas muy alta en los cojinetes, quien tienen la tendencia de forzar la película de aceite hacia afuera. Estos excesos de carga causan de que el cojinete se ponga flexible, que se le produzcan grietas en la cara del cojinete (falla por fatiga). Eventualmente el material del cojinete se aflojará y pedazos se zafarán de la parte de acero del cojinete. Viajes cortos producen corrosión de los cojinetes, porque no se produce suficiente calor en el motor para poder remover el agua condensada y los gases corrosivos. Estos productos se depositan en el aceite del motor, formando lodo y ácido. Según el aceite llevado a los cojinetes del motor, el ácido ataca y corroe el material de los cojinetes.

7 Instalación incorrecta durante el ensamblaje del motor llevaría a un fracaso los cojinetes también. Cojinetes muy apretados dejan insuficiente luz para el aceite y resultarán en una falta de lubricación. Tierra u otro tipo de partículas extranjeras que penetren en la parte de atrás del cojinete, resultará en una parte alta en el cojinete y terminaría en su fracaso. Cojinetes apretados no dejan suficiente luz libre para el aceite y resultará en una privación del aceite. Tierra o partículas extranjeras atrapadas atrás de los cojinetes, resultarían en una parte alta en el cojinete que lo llevarían al fracaso.

20 Reparación completa del motor - secuencia del ensamble

1 Antes de empezar el ensamblaje del motor, asegúrese de que usted tiene todas las partes necesarias nuevas, juntas, sellos y también los siguientes artículos en mano:

Herramientas comunes de mano
Herramienta para el par de torsión de 1/2 pulgada
Herramienta para instalación de los anillos de pistón
Compresor para los anillos del pistón
Longitudes cortas de mangueras de caucho o mangueras de plástico que se puedan instalar encima de los pernos de las bielas
Rosca de plástico para medir la luz del cojinete (Plastigage (hilachas de plástico) (hilachas de plástico)
Medidor palpador
Una lima de dientes finos
Aceite para motor nuevo
Lubricante de ensamblaje para motor o grasa de base moly
Sellador RTV de tipo junta
Sellador de tipo junta Anaerobio
Compuesto para sellar roscas

2 En orden de ahorrar tiempo y evitar problemas, el ensamblaje del motor se debe de hacer en el orden general siguiente.

Cojinetes nuevos para el árbol de levas (deben de ser instalados por un taller de rectificaciones)
Anillos de pistón
Cigüeñal y cojinetes principal
Ensamblaje del pistón y la biela
Bomba del aceite y colador
Árbol de levas y buzos
Cabeza(s) de los cilindros, varillas de empuje y balancines
Cadena de tiempo y engranajes (V6 y V8)
Engranes de tiempo (motores 6 cilindros en línea)
Tapa para la cadena del tiempo
Cacerola del aceite
Múltiples de escape y de admisión
Tapa(s) para los balancines
Volante/plato flexible

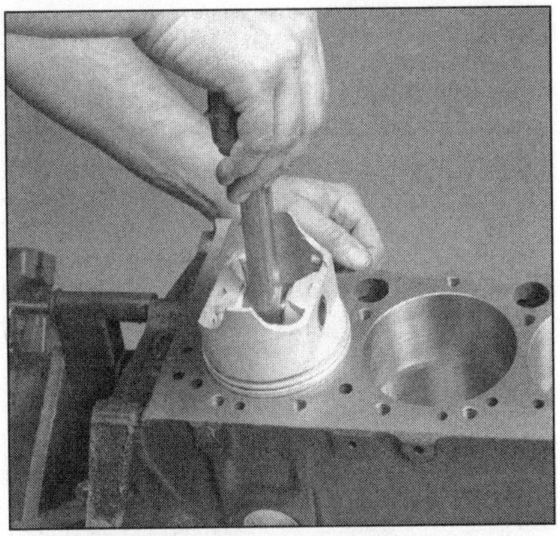

21.3 Cuando esté chequeando la luz en el final de los anillos, el anillo debe de estar perfectamente cuadrado en el cilindro (esto se hace empujando el anillo hacia abajo con la parte de encima del pistón como se demuestra)

21 Anillos de los pistones - instalación

Refiérase a las ilustraciones 21.3, 21.4, 21.5, 21.9a, 21.9b y 21.12

1 Antes de instalar los anillos del pistón nuevo, el orificio final del anillo del pistón se debe de chequear. Se asume que la distancia, lado libre lateral del anillo del pistón se ha chequeado y ha sido verificado que está correcto (Sección 17).

2 Ponga afuera el ensamblaje del pistón y la biela, también el juego de anillos nuevos, para que los anillos nuevos se puedan comparar con los pistones y los cilindros adecuados durante el momento de chequear la medida del espacio libre final, cuando se ensambla el motor.

3 Ponga el anillo de encima (número uno) adentro de los cilindros y bien cuadrado con la parte de encima de la pared del bloque, empujándolo con la parte de encima del pistón **(vea ilustración)**. El anillo debe de estar en el fondo de los cilindros, al límite inferior del viaje del anillo.

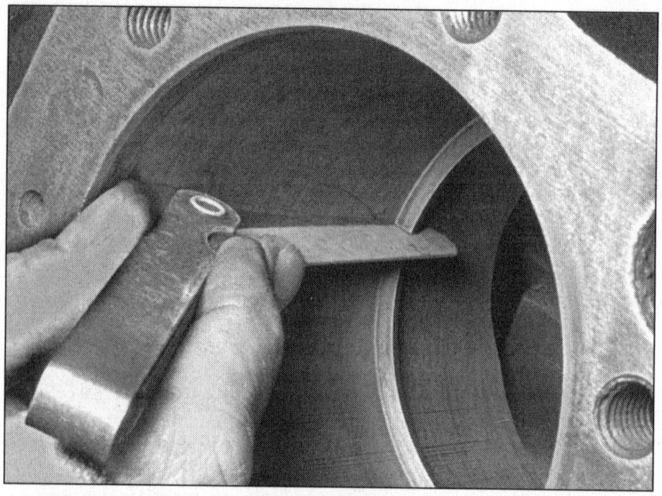

21.4 Con el anillo cuadro en el cilindro, mida el boquete del anillo con un calibrador palpador

21.5 Si la luz es demasiada pequeña, ponga una lima en un tornillo de banco/prensa y lime las puntas/finales de los anillos (de afuera hacia adentro solamente) para agrandar el espacio libre ligeramente

21.9a Instale el espaciador/ampliador en la ranura para el anillo del control de aceite

21.9b NO USE una herramienta para instalar anillos cuando esté instalando el anillo de aceite

21.12 Instalando los anillos de compresión con un expansor de anillos - la marca (flecha) debe de apuntar hacia arriba

4 Para medir el orificio, deslice calibradores palpadores de diferente tamaños entre las puntas finales del anillo, hasta que un palpador del mismo tamaño del orificio se pueda encontrar **(vea ilustración)**. El calibrador al tacto debe de resbalar entre las puntas de los anillos con una pequeña fricción. Compare las medidas con especificaciones. Si el orificio es más grande o más pequeño que las especificaciones, chequee el orificio otra vez para estar seguro de que usted tiene el anillo correcto antes de proceder.

5 Si el espacio libre es demasiado pequeño, se debe agrandar o las puntas de los anillos podrían entrar en contacto una con la otra cuando el motor esté operando a temperatura normal, quien puede causar grandes daños al motor. El orificio se puede incrementar lijando las puntas del anillo muy cuidadosamente con una lima fina. Instale la lima en una prensa de tornillo de banco con mandíbulas suave, deslice el anillo en la lima con las puntas del anillo asiendo contacto con la cara del anillo y muy despacio mueva el anillo para remover material de las puntas **(vea ilustración)**. Cuando esté ejecutando esta operación, lije solamente desde la parte de afuera del anillo hacia adentro.

6 Un orificio en exceso no es critico a menos que sea más grande de 0.040 pulgada. De nuevo, chequee para asegurarse de que usted tiene los anillos correctos para su motor.

7 Repita el procedimiento para cada anillo que vaya a instalar en el primer cilindro y por cada anillo en los cilindros restante. Recuérdese de mantener los anillos y pistones con su cilindro designado.

8 Una vez de que el orificio de los anillos se haya chequeado y corregido, se pueden instalar los anillos en los pistones.

9 El anillo de control de aceite (el inferior en el pistón) se instala primero. Está compuesto de tres componentes separados. Deslice el espaciador/ampliador en la ranura **(vea ilustración)**. Si se usa una pestaña para prevenir la rotación, asegúrese de que se inserta en el orificio taladrado en la ranura para el anillo. Instale el riel del lado inferior. No use una herramienta para instalar anillos en el riel del anillo de aceite, ya que se puede dañar. En vez, ponga el riel de la punta de un lado adentro de la ranura entre el espaciador/ampliador y donde descansa el anillo, sujételo firmemente en su posición y deslice sus dedos alrededor del pistón mientras empuja el riel adentro de la ranura **(vea ilustración)**. Después, instale el riel de encima en la misma manera.

10 Después de que los tres componentes del anillo del aceite se hayan instalado, chequee para estar seguro de que los dos anillos de encima y el de abajo en riel se pueden girar con suavidad en la ranura del anillo.

11 El anillo número dos (el anillo del medio) se instala próximamente. Está estampado con una marca que debe de ir hacia encima, hacia la parte de encima del pistón. **Nota:** *Siempre siga las instrucciones marcadas en el empaque de los anillos o caja, diferentes fabricantes requieren diferentes métodos. No mezcle los anillos de encima y los anillos del medio, ya que tienen secciones diferentes cruzadas.*

12 Use una herramienta para instalar los anillos de los pistones y asegúrese de que la marca de identificación mira hacia la parte de encima del pistón , entonces deslice el anillo en la ranura del medio en el pistón **(vea ilustración)**. No extienda el anillo más de lo necesario para resbalarlo encima del pistón.

13 Instale el anillo número uno (el de encima) en la misma manera. Asegúrese de que la marca mira hacia encima. Esté con mucho cuidado de no confundir el anillo número uno y el anillo número dos.

14 Repita el procedimiento para los anillos de los pistones que quedan.

22 Cigüeñal - instalación y chequeo del espacio libre para el aceite de los cojinetes principales

Refiérase a las ilustraciones 22.11 y 22.15

1 Instalación del cigüeñal es el primer paso en el ensamble del motor. Se asume a estas alturas que el bloque del motor y el cigüeñal se han limpiado, inspeccionado y reparado o recondicionado.

2 Posicióne el motor con la parte de abajo mirando hacia encima.

3 Remueva los pernos de las tapas principales y remueva las tapas. Póngalas en el orden apropiado para asegurarse de que se instalan correctamente.

4 Si están todavía en su posición, remueva los cojinetes viejos del bloque y de las tapaderas para los cojinetes principales. Limpie las superficies de los cojinetes principales del bloque y de las tapas con un paño limpio, que no tengan hilachas. Se deben de mantener limpios.

Chequeo del espacio libre para el aceite de los cojinetes principales

5 Limpie la parte trasera de los cojinetes principales e instale una mitad del cojinete en el bloque. Instale la otra mitad del cojinete en la tapa del cojinete. Asegúrese de que la pestaña del cojinete está bien colocada en el receso del bloque y de la tapa. También, el orificio en el bloque debe de alinear con el orificio en el cojinete. No martille el cojinete en su posición y no ralle o arañe las superficies. No se debe de usar lubricación en este momento.

6 El cojinete principal para aguantar la torsión del cigüeñal se debe instalar en la tapa trasera del cojinete principal.

7 Limpie las caras de los cojinetes en el bloque y en los muñones del cigüeñal con trapo limpio sin hilachas.

8 Chequee o limpie los orificios del aceite en el cigüeñal, ya que cualquier tierra aquí solamente puede ir a un solo lugar, directamente a los cojinetes nuevos.

9 Una vez de que esté seguro que el cigüeñal esté limpio, cuidadosamente póngalo en su posición (un ayudante sería muy útil en esta ocasión) en el cojinete principal.

10 Antes que el cigüeñal se pueda instalar permanentemente, la luz (orificio) para el aceite en los cojinetes principales se debe chequear.

22.11 Ponga los pedazos de Plastigage (hilachas para chequear la luz para el aceite en el cigüeñal) (flecha) en los muñones para los cojinetes principales, paralelamente con la línea central del cigüeñal

11 Corte ciertos pedazos de Plastigage (hilachas para chequear la luz para el aceite del cigüeñal) de tamaño apropiado (deben de ser un poco más corta que la anchura de los cojinetes principales) e instale un pedazo en cada muñón del cigüeñal, paralelamente con el axis del muñón **(vea ilustración)**.

12 Limpie las caras de los cojinetes en las tapas e instale las tapas en sus posiciones respectivas (no las mezcle) con las flechas apuntando hacia el frente del motor. No perturbe el Plastigage.

13 Comenzando con los cojinetes del centro y trabajando hacia afuera, apriete los tornillos de los cojinetes principales, en tres pasos, a la torsión especificada. No gire el cigüeñal en ningún momento durante ésta operación.

14 Remueva los pernos y cuidadosamente levante las tapas de los cojinetes principales. Manténgalos en orden. No disturbe el Plastigage (hilachas para chequear la luz del aceite del cigüeñal) o gire el cigüeñal. Si cualquiera de las tapas principales del cojinete son difíciles de remover, golpéelas suavemente con un martillo de cara blanda para aflojarlas.

15 Compare el ancho de cada Plastigage con la escala que está impresa en el papel donde viene el Plastigage para determinar la luz del aceite. Chequéelo con especificaciones para estar seguro de que están correctas **(vea ilustración)**.

16 Si la luz no está bajo especificaciones, el cojinete pueda de que sea del tamaño equivocado (que quiere decir que otros cojinetes diferentes se deben de usar). Antes de determinar de que otro tipo de tamaño se deben de usar, asegúrese de que ninguna tierra o aceite estaba presente entre el cojinete y el bloque, o la tapa en el momento de que tomó la medida. Si el Plastigage está más ancho de un lado que en el otro, el muñón pueda de que esté en forma de campana (refiérase a la Sección 18).

22.15 Compare la anchura del Plastigage aplastado contra la escala suministrada para determinar la luz para el aceite (siempre tome la medida en el punto más ancho del Plastigage); esté seguro de usar la escala correcta - estándar y métricas son incluidas

17 Cuidadosamente raspe todos los rastros del material del Plastigage de los muñones principales y/o las caras de los cojinetes. No rasguñe o dañe las caras de los cojinetes.

2B

Instalar final del cigüeñal

18 Cuidadosamente remueva el cigüeñal del motor.

19 Limpie las caras de los cojinetes en el bloque, entonces aplique una capa delgada de grasa moly limpia o lubricante para ensamblar motor a cada una de las caras de los cojinetes. Asegúrese de aplicar lubricante en la cara del lado del cojinete de torsión en el cojinete trasero.

20 Asegúrese de que los muñones del cigüeñal están limpios, entonces ponga el cigüeñal de regreso en su posición en el bloque.

21 Limpie las caras de los cojinetes en las tapas, entonces aplíquele lubricante a ellos.

22 Instale las tapas en sus posiciones respectivas con las flechas apuntando hacia el frente del motor.

23 Instale los pernos.

24 Apriete todos excepto la tapa (el que contiene el cojinete principal para la torsión). Trabaje del centro hacia fuera y llegue al par de torsión final en tres pasos.

25 Apriete la tapa trasera de 10 a 12 pies-libras.

26 Golpee el cigüeñal hacia atrás y hacia adelante con un martillo de plomo o de bronce para poder alinear la superficie de los cojinetes principales y el cojinete para la torsión.

27 Apriete todos los pernos de los cojinetes principales al par de torsión especificado, empezando con los cojinetes principales del centro y trabajando hacia afuera.

28 En modelos equipados con transmisión manual, instale un buje o cojinete piloto al final del cigüeñal (vea Capítulo 8).

29 Gire el cigüeñal varias veces a mano

23.3 Usando el mango de madera de un martillo para instalar el sello principal trasero del cigüeñal

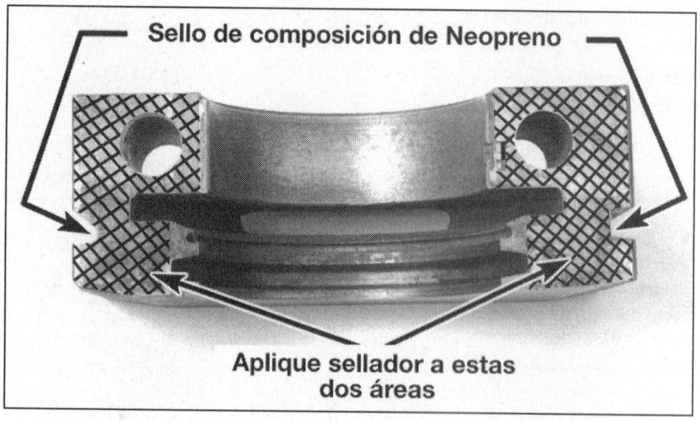

23.6 Antes de instalar la tapa, cubra el área indicada con una película pequeña de sellador RTV (vulcanizador accionado a temperatura ambiente) - no ponga RTV en la superficie del cojinete

para chequear de que esté girando libre y de que no se está atorando.

30 El paso final es de chequear el juego del cigüeñal con un calibrador al tacto o un calibrador de reloj como está descripto en la Sección 13. El juego del cigüeñal debe de estar correcto si las superficies de controlar la torsión del cigüeñal no están gastadas o dañadas y cojinetes nuevos se han instalado.

31 Si usted está trabajando en un motor con un sello principal de una sola pieza refiérase a la Sección 23 e instale el sello nuevo, entonces apriete el albergue al bloque.

23 Sello trasero principal para el aceite - instalación

Sello de tela de tipo partido (dos pedazos)

Refiérase a las ilustraciones 23.3 y 23.6

1 Sellos de tela trenzada apretados en ranuras formadas en el cárter del cigüeñal y tapa trasera del cojinete son usadas para sellar contra fugas de aceite alrededor del cigüeñal. El cigüeñal debe ser removido para esta operación.

2 Con las tapas de los cojinetes y el cigüeñal removido, remueva el sello viejo de aceite y coloque un sello nuevo en la ranura con ambas puntas que proyecten hacia encima de la superficie de la tapa.

3 Use la manija de un martillo o herramienta similar para forzar el sello en la ranura frotando hacia abajo, hasta que las proyecciones del sello, encima de la ranura no sean más de 1/16 pulgada **(vea ilustración)**. Corte las puntas del sello con la superficie de la tapa con una navaja.

4 Empape los sellos de neopreno (si está equipado), que entran en las ranuras de los lados de la tapa del cojinete en queroseno por uno o dos minutos.

5 Instale los sellos de neopreno (si está equipado) en la ranura entre la tapa del cojinete y el cárter de cigüeñal. Los sellos son levemente de un tamaño inferior y se hinchan en la presencia del calor y el aceite. Ellos son levemente más largo que la ranura en la tapa del cojinete y no se deben cortar para instalar.

6 Aplique una cantidad pequeña de sellador RTV (vulcanizador accionado a temperatura ambiente) en la coyuntura donde la tapa del cojinete se acopla con el cárter del cigüeñal para ayudar a eliminar fugas de aceite **(vea ilustración)**. Una capa muy delgada es todo lo que es necesario.

7 Instale la tapa del cojinete en el cárter del cigüeñal. Fuerce los sellos adentro de la tapa del cojinete con un instrumento despuntado para estar seguro de un buen sello en la parte superior de la línea entre la tapa y el albergue.

Sello de tela de tipo neopreno (dos pedazos)

Refiérase a las ilustraciones 23.9

8 Inspeccione la tapa trasera del cojinete principal y las superficies de acoplamiento en el bloque del motor, también como las ranuras del sello, por mellas, rebarbas y rayones. Remueva cualquier defecto con una lima fina o removedor de rebarba.

9 Instale una sección del sello en el bloque con la cara del labio mirando hacia el frente del motor (si el sello tiene dos labios, el que tiene el lado con el espiral debe mirar hacia el frente) **(vea ilustración)**. Deje una punta saliéndose del bloque aproximadamente 1/4 a 3/8 pulgada y asegúrese que está completamente sentado.

10 Repita el procedimiento para instalar la mitad del sello que queda en la tapa trasera del cojinete principal. En este caso, deje el final opuesto del sello que sale de la tapa, la misma distancia saliente afuera del bloque.

11 Durante la instalación final del cigüeñal (después que los juegos libres para el aceite de los cojinetes principales hayan sido chequeados con hilachas para chequear la calibración de plástico) como está descrito en la Sección 22, aplique una capa pequeña de sellador de junta de tipo anaerobio a las áreas de sombra en la tapa o el bloque. No ponga ningún sellador en la cara del cojinete, muñón del cigüeñal, puntas del sello o labio del sello. También, lubrique los labios del sello con lubricante de base moly o grasa para el ensamblaje del motor.

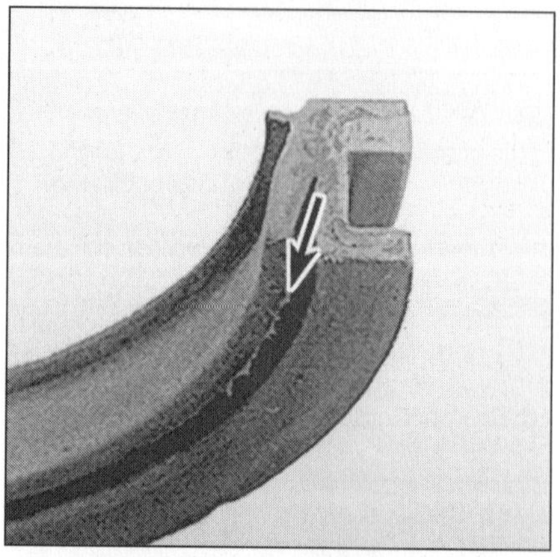

23.9 El sello trasero principal del aceite puede tener dos labios - el sello (flecha) de aceite debe señalar hacia el frente del motor, que significa que el sello de polvo encarará hacia afuera, hacia la parte trasera del motor

Albergue que se atornillan al bloque

12 Algunos modelos están equipados con un sello de una pieza que se acopla a un albergue conectado al bloque. El cigüeñal debe ser instalado primero y las tapas de los cojinetes principales apretadas en su posición, entonces el sello nuevo debe ser instalado en el albergue y el albergue atornillado al bloque **(vea ilustración en el Capítulo 2A)**.

13 Antes de instalar el cigüeñal, chequee la superficie de contacto del sello cuidadosamente por rayones y mellas que podrían dañar el labio del sello nuevo y causar fugas de aceite. Si el cigüeñal está dañado, la única alternativa es un cigüeñal nuevo o diferente.

14 El sello viejo puede ser removido del albergue haciéndole palanca hacia afuera con un destornillador por la parte del frente **(vea ilustración en el Capítulo 2A)**. Esté seguro de notar que tan insertado está en el albergue antes de removerlo; el sello nuevo tendrá que ser insertado una cantidad igual. Tenga mucho cuidado de no rasguñar ni de otro modo dañar el diámetro porque fugas de aceite en el albergue podrían desarrollarse.

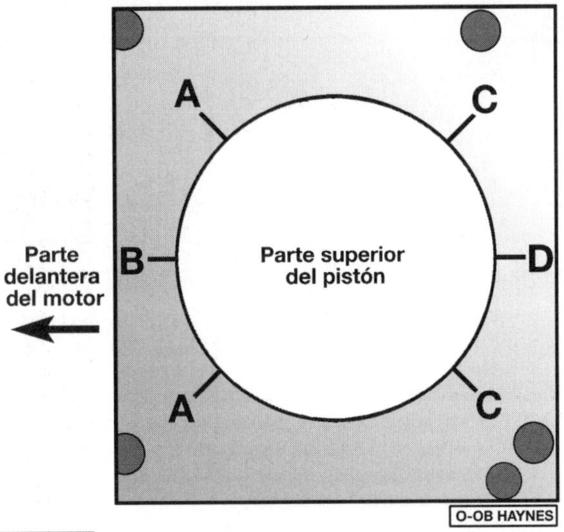

24.5 Posiciones de los espacios libres para los anillos del pistón

A *Espacio libre del riel del anillo de aceite*
B *Espacio libre del segundo anillo de compresión*
C *Espacio libre del anillo espaciador de aceite (espiga en el orificio o hendidura con arco)*
D *Espacio libre del anillo de compresión superior*

24.9 La mella en cada pistón debe mirar hacia el FRENTE del motor según los pistones son instalados

15 Asegúrese que el albergue está limpio, entonces aplique una capa delgada de aceite de motor al exterior de la orilla del sello nuevo. El sello se debe prensar directamente en el albergue, así que martíllelo en su posición como es recomendado. Si usted no tiene acceso a una prensa, haga un emparedado del albergue y el sello entre dos pedazos de madera lisas y apriete el sello en su posición con las mandíbulas de una prensa grande. Los pedazos de madera deben ser lo suficiente grueso para distribuir la fuerza uniformemente alrededor de la circunferencia entera del sello. Trabaje lentamente y asegúrese que el sello entra en el diámetro de los cilindros directamente.

16 Los labio del sello se deben lubricar con lubricante para el ensamblaje del motor o grasa de base moly para sello/carcaza antes de resbalarlo en el cigüeñal y atornillarlo al bloque. Use una junta nueva - no sellador es requerido - y asegúrese que las clavijas están en su posición antes de instalar el albergue.

17 Apriete los tornillos un poco a la vez hasta que ellos estén todos al par de torsión especificado.

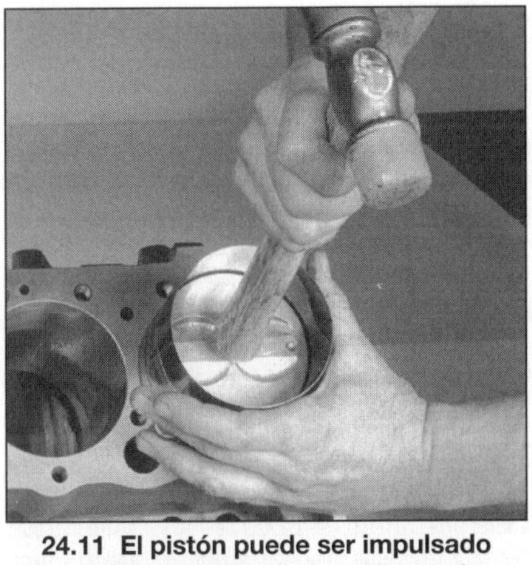

24.11 El pistón puede ser impulsado adentro del cilindro (gentilmente) con el extremo del mango de un martillo de madera

24 Ensamblaje del pistón/biela - instalación y chequeo del juego libre para el aceite del cojinete

Refiérase a las ilustraciones 24.5, 24.9 y 24.11

1 Antes de instalar los ensamblajes de los pistones/bielas, las paredes de los cilindros deben de ser limpiadas perfectamente, la orilla de cada cilindro debe ser chafada primero, y el cigüeñal debe de estar en su posición.

2 Remueva la tapa del final de la biela número uno (refiérase a las marcas hechas durante el proceso de remover). Remueva los cojinetes originales y limpie las superficies para los cojinetes de las bielas y la tapa con un trapo limpio libre de hilachas. Ellas deben ser mantenidas inmaculadamente limpias.

Chequeo del juego libre para el aceite de los cojinetes de las bielas

3 Limpie el lado de la parte trasera del cojinete superior nuevo, entonces colóquelo adentro de la biela. Asegúrese que la lengüeta en el cojinete se ajusta adentro de la depresión de la biela. No martille el cojinete en su posición y tenga mucho cuidado de no mellar la cara del cojinete. No lubrique el cojinete en este momento.

4 Limpie el lado de la parte trasera del otro cojinete y lo instala en la tapa de la biela. Otra vez, asegúrese que la lengüeta en el cojinete está ajustada adentro de la depresión de la tapa, y no aplique lubricante. Es críticamente importante que las superficies de acoplamiento del cojinete y la biela estén perfectamente limpia y libre de aceite cuando ellas son armadas.

5 Posicione los espacio libre para el anillo del pistón a intervalos de 120 grados alrededor del pistón **(vea ilustración)**.

6 Resbale una sección de manguera de plástico o caucho en cada pernos para la tapa del cojinete de la biela.

7 Lubrique el pistón y los anillos con aceite de motor limpio y conecte un compresor de anillo para el pistón al pistón. Permita que la falda se quede afuera acerca de 1/4 pulgada para guiar el pistón en el cilindro. Los anillos deben estar comprimido hasta que ellos estén planos con el pistón.

8 Gire el cigüeñal hasta que el muñón de la biela número uno esté en el BDC (punto muerto inferior) y aplique una capa de aceite de motor a las paredes de los cilindros.

9 Con la marca o la mella encima del pistón **(vea ilustración)** mirando hacia el frente del motor, meta suavemente el ensamblaje del pistón/biela en el cilindro número uno y descanse la orilla inferior del compresor de anillo en el bloque del motor.

10 Péguele a la orilla superior del compresor de anillo para asegurarse que está haciendo contacto en la circunferencia entera alrededor del bloque.

11 Gentilmente péguele encima del pistón con el final del mango de madera de un martillo **(vea ilustración)** mientras guía el final de la biela en su posición en el muñón del cigüeñal. Los anillos del pistón pueden tratar de salirse fuera del compresor de anillo antes de entrar en los cilindros, así que mantenga alguna presión hacia abajo en el compresor de los anillos. Trabaje lentamente, y si se siente algo de resistencia según el pistón entra en el cilindro, pare inmediatamente. Averigüe qué se está atorando y arréglelo antes de proceder. Bajo ninguna razón no fuerce el pistón en el cilindro - usted puede romper un anillo y/o el pistón.

12 Una vez que el ensamblaje del pistón/biela sea instalado, el juego libre para el aceite del cojinete de la biela debe ser chequeado antes de que la tapa de la biela sea permanentemente atornillada en su posición.

13 Corte un pedazo de hilacha de calibración de plástico del tamaño apropiado levemente más corta que la anchura del cojinete de la biela y colóquela adentro en su lugar en el muñón de la biela número uno, paralela con el axis del muñón.

14 Limpie la cara de la tapa para el cojinete de la biela, remueva las mangueras protectoras de los pernos de la biela e instale la tapa

2B

de la biela. Asegúrese que las marcas de acoplamiento en la tapa están en el mismo lado que la marcada en la biela.

15 Instale las tuercas y apriétela al par de torsión especificado, trabajándola en tres pasos. **Nota:** *Use un dado de pared delgada para evitar lecturas erróneas que pueden resultar si el dado es acuñado entre la tapa de la biela y la tuerca. Si el dado tiende a acuñarse él mismo entre la tuerca y la tapa, levántelo hacia encima hasta que no haga más contacto con la tapa. No gire el cigüeñal en ningún momento durante esta operación.*

16 Remueva las tuercas y separe la tapa de la biela, con mucho cuidado de no perturbar la hilacha de calibración de plástico.

17 Compare la anchura de la hilacha de calibración de plástico aplastada a la escala para obtener el juego libre para el aceite. Compárelo a las especificaciones para asegurarse que el espacio libre está correcto.

18 Si el juego libre no está como se especifica, los cojinetes pueden ser del tamaño incorrecto (que significa que diferentes se requerirán). Antes de decidir que diferente cojinetes son necesitados, asegúrese que ninguna tierra ni aceite estaban entre los cojinetes y la biela o la tapa cuando el espacio libre sea medido. También, haga una rectificación completa del diámetro del muñón. Si la hilacha de calibración de plástico es más ancha en una punta que en la otra, el muñón puede estar cónico (refiérase a la Sección. 18).

Instalación final de la biela

19 Raspe cuidadosamente todos los indicios del material de hilacha de calibración de plástico del muñón y/o la cara del cojinete de la biela. Tenga mucho cuidado de no rasguñar el cojinete. Use la uña o la orilla de una tarjeta de crédito.

20 Asegúrese que las caras de los cojinetes están perfectamente limpias, entonces aplique una capa uniforme de lubricante limpio o grasa de base moly para el ensamblaje del motor a ambos de ellos. Usted tendrá que empujar el pistón en el cilindro para exponer la cara del cojinete en la biela - esté seguro de resbalar las mangueras protectoras en los pernos de las bielas primero.

21 Deslice la biela otra vez dentro del lugar en el muñón, remueva las mangueras protectoras de los pernos de la tapa de la biela, instale la tapa de la biela y apriete las tuercas al par de torsión especificado. Otra vez, trabaje al par de torsión en tres pasos.

22 Repita el procedimiento entero para el resto de los pistones/bielas.

23 Los puntos importantes de recordar son:

a) Mantenga los lados de la parte trasera de los cojinetes y los interiores de las bielas perfectamente limpio cuando los esté armando.

b) Asegúrese de que usted tiene el ensamblaje correcto del pistón/biela para cada cilindro.

c) La mella o marca en el pistón debe mirar hacia el frente del motor.

d) Lubrique las paredes de los cilindros con aceite limpio.

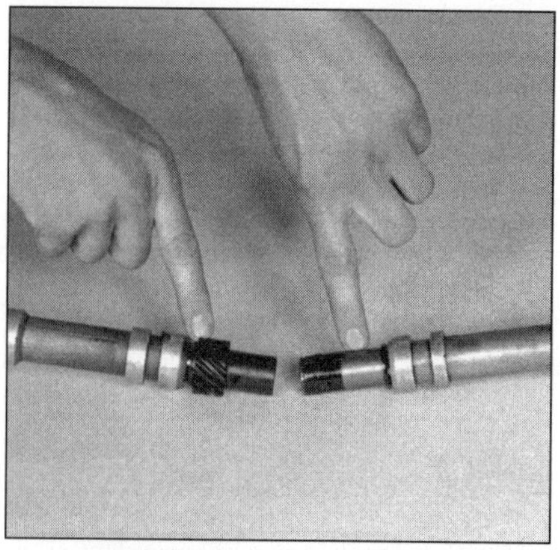

25.3 El distribuidor para la prelubricación (a la derecha) tiene los engranes redondeados y los pesos para el avance removido

25.5 Un taladro eléctrico conectado al eje de un distribuidor modificado, mueve la bomba del aceite - esté seguro de que gira al favor de las saetas del reloj, mirándolo desde arriba

e) Lubrique la caras de los cojinetes cuando instale las tapas de la biela después que el juego libre para el aceite haya sido chequeado.

24 Después que todos los pistones/ensamblajes de las bielas hayan sido apropiadamente instalados, gire el cigüeñal unas cuantas veces a mano para chequearlo por cualquier obstrucción obvia.

25 Como un paso final, el juego del final de la biela debe ser chequeado. Refiérase a la Sección 12 para este procedimiento.

26 Compare el juego final obtenido a las especificaciones, para asegurarse que está correcto. Si estaba correcto antes de removerlo y el cigüeñal y las bielas originales fueron reinstalados, todavía debe de estar bien. Si las bielas nuevas o un cigüeñal nuevo fueron instalados, el juego final puede ser inadecuado. Si esto es el caso, las bielas tendrán que ser removida y tendrán que ser llevadas a un taller automovilístico para ser rectificadas nuevamente.

25 Lubricación de las partes internas del motor antes de ponerlo en marcha

Refiérase a las ilustraciones 25.3 y 25.5

Nota: *Este procedimiento no se aplica a los V6 o motores Buick V8. Para esos motores, vaya a la Sección 26.*

1 Después de una reconstrucción, es una buena idea de pre-lubricar el motor con aceite antes de que se instale en el vehículo y se ponga en marcha por primera vez. Prelubricar revelará cualquier problema con el sistema de lubricación en un momento cuando correcciones se pueden hacer fácilmente y prevendrá daños mayores al motor. También permitirá de que las partes internas del motor sean completamente lubricadas en una forma normal sin que las cargas altas de combustión sean aplicadas al motor.

2 El motor se debe ensamblar completamente con la excepción del distribuidor y las tapas de los balancines. El filtro del aceite y el sensor para la presión del aceite deben de estar en su posición y la cantidad de aceite especificada debe de estar en el cárter (vea Capítulo 1).

3 Un distribuidor Chevrolet modificado se requerirá para este procedimiento, en un rastro para automóviles se puede encontrar uno a un precio razonable. En orden para que trabaje como una herramienta para pre-lubricación de aceite, el distribuidor debe de tener las guías de abajo para el árbol de levas completamente lijadas/removidas **(vea ilustración)** y si está equipado, los pesos para el avance en la parte superior del eje se deben de remover.

4 Instale el distribuidor para pre-lubricar en lugar del distribuidor original y asegúrese de que la parte inferior del eje acople con el final de la flecha superior de la bomba del aceite. Gire el eje del distribuidor hasta que esté alineado y el cuerpo del distribuidor se asiente en el bloque. Instale la abrazadera para aguantar el distribuidor y el perno.

5 Instale la parte de encima del eje en un taladro eléctrico y úselo para poder girar el distribuidor para la pre lubricación, guíen girará el engrane en la bomba del aceite y circulará el aceite a través del motor **(vea ilustración). Nota:** *El taladro debe de girar en la dirección al favor de las saetas del reloj en los motores Chevrolet. En los motores Pontiac y Oldsmobile, el eje debe de girar contra las saetas del reloj observándolo por la parte de encima*

6 Toma dos o tres minutos, pero el aceite debe de comenzar a fluir hacia afuera por los orificios de todos los balancines, indicando que la bomba del aceite está trabajando apropiadamente. Permita que el aceite circule por varios segundos, entonces apague el motor eléctrico.

7 Remueva el distribuidor para la prelubricación, entonces instale las tapas de los balancines. Se debe instalar el distribuidor después de que el motor se instale en el vehículo, así que tape el orificio con una tela limpia.

26 La primera ves que se pone en marcha y como ponerlo en marcha para el desgaste inicial después de la reparación general

Peligro: *Tenga un extintor de fuegos cerca de usted cuando vaya a poner el motor en marcha por primera vez.*

1 Una vez de que el motor se haya instalado en el vehículo, chequee el aceite del motor otra vez y el nivel del anticongelante.

2 Con las bujías fuera del motor y el distribuidor desactivado, desconectando el conector de la baterías (modelos equipados con bobina en la tapa) o conectando el alambre de la bobina a tierra (modelos con bobina separada), Gire el motor con el motor de arranque hasta que la presión de aceite se registre en el indicador.

3 Instale las bujías, conecte los alambres de las bujías y reinstale los alambres del distribuidor.

4 Ponga el motor en marcha. Pueda que tome unos momentos para que la gasolina llegue al carburador o unidad de la inyección del combustible, pero el motor debe poner en marcha sin mucho esfuerzo.

5 Después de que el motor se ponga en marcha se debe permitir que se caliente a la temperatura normal de operación. Mientras el motor se calienta, chequee por fugas de aceite o de anticongelante.

6 Apague el motor chequee el nivel del aceite y del anticongelante.

7 Maneje el vehículo en una área con tráfico mínimo, acelere con el acelerador completamente abierto de 30 a 50 (millas por horas), entonces deje que el vehículo regrese a 30 (millas por horas) con el acelerador cerrado. Repita el procedimiento 10 o 12 veces. Esto cargará los anillos del pistón y causara que se sienten apropiadamente contra la pared de los cilindros. Chequee de nuevo por fugas de aceite y de anticongelante.

8 Maneje el vehículo suavemente por las primeras 500 millas (nunca sostenga velocidades altas) y mantenga un chequeo constante en el nivel del aceite. No es raro para un motor usar aceite durante el período de desgaste inicial.

9 Aproximadamente a las 500 o 600 millas, cambie el aceite y el filtro.

10 Por los próximos cientos de millas, maneje el vehículo normalmente. No lo mime o abúselo.

11 Después de 2000 millas cambie el aceite y el filtro nuevamente y considere que el motor ya tuvo su desgaste inicial normal de operación.

Notas

Capítulo 3
Sistemas de calefacción, enfriamiento y aire acondicionado

Contenido

Especificaciones

General

Presión de la tapa del radiador	14 a 17 psi (libras por pulgadas cuadradas)
Calificación del termostato	
Altitud alta	180 a 185 grados F
Estándar	192 a 198 grados F

Especificaciones técnicas

	Pies-libras (a menos que sea indicado de otra manera)
Pernos para la bomba de agua	
Motores V6	84 pulgadas-libras
Motores V8	
Buick	84 pulgadas-libras
Chevrolet	30
Oldsmobile	156 pulgadas-libras
Pontiac	
1/4	144 pulgadas-libras
1/2	20
3/8	30
Tapa del albergue del termostato	
Motores V6	20
Motores V8	
Buick	20
Chevrolet	30
Oldsmobile	20
Pontiac	30

1 Información general

Sistema de enfriamiento del motor

Todos los vehículos cubiertos por este manual emplean un sistema de enfriamiento presurizado para el motor con la circulación de anticongelante controlado termostáticamente. Una bomba de agua instalada en el frente del bloque bombea anticongelante a través del motor. El anticongelante fluye alrededor de cada cilindro y hacia la parte trasera del motor. Los pasajes fluyen anticongelante alrededor de los puertos de admisión y de escape, cerca de las áreas de las bujías y próximo a las guías de las válvulas de escape.

Un termostato del tipo de pelotilla de cera está localizado en el albergue del termostato cerca del frente del motor. Durante el periodo donde se calienta, el termostato cerrado previene que anticongelante circule en el radiador. Cuando el motor llega a la temperatura normal de operación, el termostato se abre y permite que anticongelante caliente fluya a través del radiador, donde es enfriado antes de regresar al motor.

El sistema de enfriamiento está sellado con una tapa en el radiador de tipo presión. Esto aumenta el punto de ebullición del anticongelante, y el punto de ebullición más alto del anticongelante aumenta la eficiencia de enfriamiento del radiador. Si la presión del sistema excede el valor de la presión de la tapa, la presión de exceso en el sistema fuerza la válvula del resorte cargado dentro de la tapa hacia afuera de su asiento y permite que el anticongelante se escape a través del tubo al depósito del anticongelante para la capacidad excesiva. Cuando el sistema se refresca, el exceso del anticongelante es automáticamente absorbido del depósito otra vez hacia adentro del radiador.

El depósito del anticongelante se duplica, como ambos el punto en el cuál el anticongelante fresco es añadido al sistema de enfriamiento para mantener el nivel del fluido apropiado y como un tanque de retención para el anticongelante sobrecalentado.

Este tipo de sistema de enfriamiento es conocido como un diseño cerrado porque el anticongelante que se fuga pasando la tapa de presión es colectado y vuelto a emplear.

Sistema de calefacción

El sistema de calefacción se compone de un ventilador y el núcleo de la calefacción localizados dentro de la caja para el albergue de la calefacción, las mangueras de admisión y de salida conectando el núcleo de la calefacción al sistema de enfriamiento del motor y el control para la calefacción/aire acondicionado en el tablero. El anticongelante caliente del motor es circulado al núcleo de la calefacción. Cuando el modo de calefacción es activado, una puerta de solapa se abre para exponer la caja de la calefacción al compartimiento de pasajeros. Un interruptor en la cabeza de control activa el motor para el ventilador, que fuerza aire a través del núcleo, calefacción de aire.

Sistema de aire acondicionado

El sistema de aire acondicionado se compone de un condensador instalado en el frente del radiador, un evaporador instalado adyacente al núcleo de la calefacción, un compresor instalado en el motor, un filtro y secador (acumulador) que contiene una válvula de liberación de presión alta y conexiones para la instalación de las cañerías de todo lo de encima.

Un ventilador fuerza el aire de la calefacción del compartimiento de pasajero al centro del evaporador (como un tipo de radiador inverso), transfiriendo el aire caliente al anticongelante. El líquido refrigerante hierve como un vapor de baja presión, tomando el calor consigo cuando sale del evaporador.

2 Anticongelante - información general

Peligro: *No permita que el anticongelante entre en contacto con su piel o la superficie de la pintura del camión. Enjuague el área que estuvo en contacto inmediatamente con suficiente agua. No guarde anticongelante nuevo o deje anticongelante viejo alrededor donde pueda ser fácilmente accesible por niños y animales doméstico - son atraídos por su sabor dulce. Ingestión aunque sea de una pequeña cantidad puede ser fatal. Limpie el piso del garaje y cacerola de goteo para derramamientos de anticongelante tan pronto ocurran. Guarde los recipientes del anticongelante cubiertos y repare cualquier fuga en su sistema de enfriamiento inmediatamente.*

Nota: *Anticongelante no tóxico está disponible en todas las refaccionarías. Aunque el anticongelante no sea tóxico disposición apropiada es todavía requerido.*

Se debe llenar el sistema de enfriamiento con una solución de agua y anticongelante que prevendrá congelamiento hasta menos de 20 grados F (y hasta más bajo en climas fríos). También provee protección contra corrosión e incrementa el punto de ebullición del anticongelante.

Se debe drenar el sistema de enfriamiento, limpiarlo y cambiar el anticongelante por lo menos cada otro año (vea Capítulo 1). El uso de las soluciones del anticongelante por períodos más largo que dos años probablemente causen daño y ayude a la formación de óxido y escama en el sistema.

Antes de agregar anticongelante al sistema, chequee todas las conexiones de las mangueras. El anticongelante puede fugarse por aberturas muy diminutas.

La mezcla exacta de anticongelante con agua que se debe de usar depende de las condiciones de la temperatura. La mezcla debe contener por lo menos 50 por ciento de anticongelante, pero nunca debe de contener más del 70 por ciento de anticongelante.

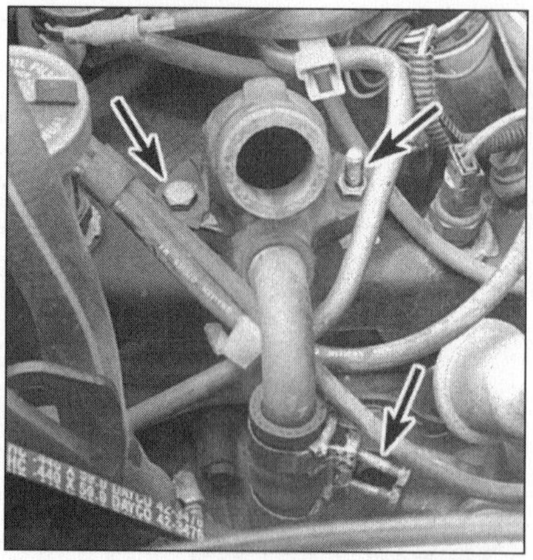

3.9 Remueva los dos pernos que retienen el albergue del termostato y las grapas de la manguera de desvío (flechas)

3 Termostato - chequeo y reemplazo

Peligro: *Cuando esté removiendo la tapa del radiador, gire la tapa hasta la primera parada y escuche por un sonido como un chiflido, indicando que queda todavía presión en el interior del sistema. Espere que el silbido se detenga, entonces empuje hacia abajo sobre la tapa y gírela el resto del camino y remuévala.*

Caución: *No conduzca el vehículo sin un termostato. La computadora (cuando esté equipado) puede permanecer en ciclo abierto y las emisiones y el combustible sufrirá.*

Chequeo

1 Antes de asumir que el termostato es la culpa de un problema del sistema de enfriamiento, chequee el nivel del anticongelante (Capítulo 1), la tensión de la banda (Capítulo 1) y la operación del medidor de la temperatura (o la luz).

2 Si el motor toma mucho tiempo en calentarse, el termostato está probablemente obstruido abierto. Reemplace el termostato.

3 Si el motor está corriendo caliente, use la mano para chequear la temperatura de la manguera superior del radiador. Si la manguera no está caliente, pero el motor está, el termostato está probablemente obstruido en la posición cerrada, previniendo que el anticongelante dentro del motor se escape al radiador. Reemplace el termostato.

4 Si la manguera superior del radiador está caliente, significa que el anticongelante está circulando y el termostato está abierto. *Consulte con la sección de identificación y resolución de problemas* al frente de este manual para diagnósticos adicionales.

Reemplazo

Refiérase a las ilustraciones 3.9 y 3.10

5 Desconecte el cable negativo de la batería.

6 Drene el sistema de enfriamiento (Capítulo 1).

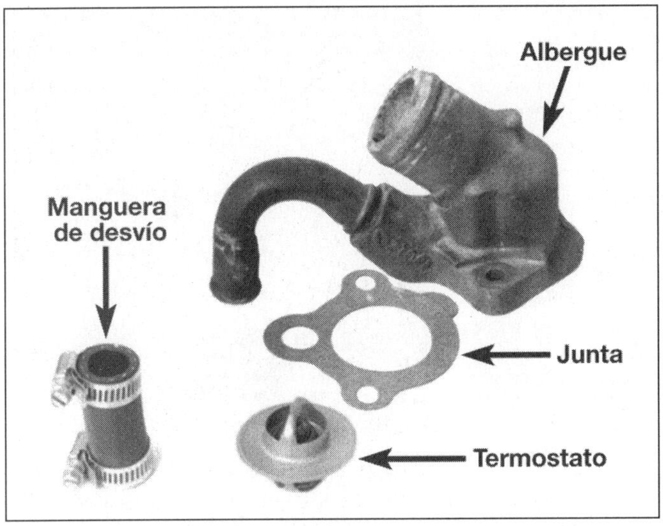

3.10 Componentes típicos del termostato

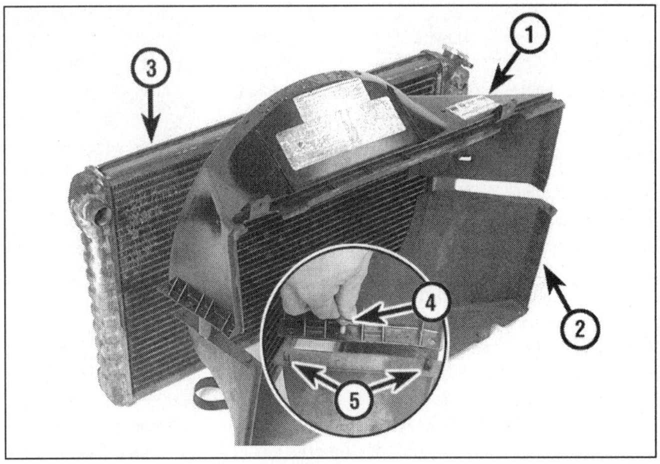

4.4 Instalación típica del soporte del radiador y la cubierta (modelos más modernos)

1 Cubierta superior del radiador
2 Cubierta inferior del radiador
3 Radiador
4 Perno
5 Cerrojos

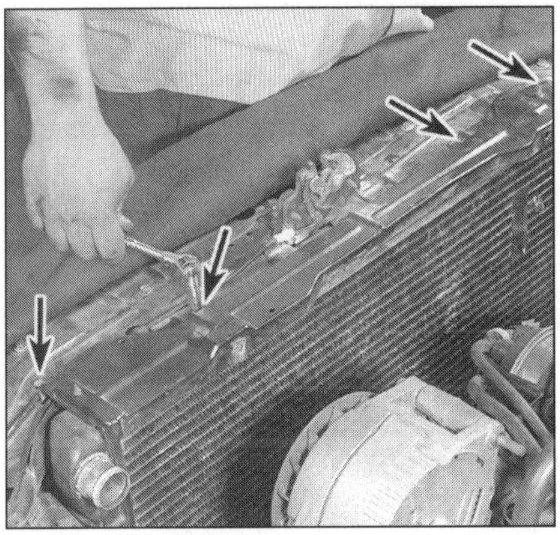

4.5 Removiendo los pernos superiores del panel del radiador

7 Remueva la manguera superior del radiador del albergue del termostato.

8 En los motores Oldsmobile, remueva la manguera más pequeña de anticongelante del albergue del termostato.

9 Remueva los pernos del albergue del termostato y separe el albergue **(vea ilustración)**. Esté preparado para cualquier anticongelante que se pueda derramar cuando se rompa el sello de la junta.

10 Remueva el termostato, note la manera como está instalado **(vea ilustración)**.

11 Remueva todos los rasgos de material de la junta de las superficies donde sella.

12 Aplique sellador a la junta en ambos lados de una junta nueva y póngala en posición en el motor.

13 Instale el termostato, el albergue y los pernos. Apriete los pernos al par de torsión especificado.

14 Rellene el sistema de enfriamiento (Capítulo 1).

4 Radiador - remover e instalar

Refiérase a las ilustraciones 4.4 y 4.5

Peligro: *¡El motor debe de estar completamente fresco antes de comenzar este procedimiento!*

1 Desconecte el cable negativo de la batería.

2 Drene el radiador, refiérase al Capítulo 1.

3 Desconecte la manguera superior e inferior del radiador y las líneas de enfriamiento de la transmisión automática si es aplicable.

4 Desconecte la cubierta del radiador y cuélguela en el ventilador. La cubierta está conectada con tornillos a travésando los clips en el radiador o abrazaderas a través del fondo **(vea ilustración)**.

5 Remueva el panel superior de metal en la parte superior del radiador **(vea ilustración)**.

6 Levante el radiador recto hacia encima y hacia afuera del compartimiento del motor. Tenga cuidado de no rasguñar la pintura en el frente. Si gotas de anticongelante caen encima de la pintura de la carrocería, inmediatamente lávela hacia afuera con agua clara porque la solución de anticongelante puede dañar la pintura.

7 Con el radiador removido, puede ser inspeccionado por fugas o daño. Si necesita reparaciones, haga que un taller profesional de radiadores o el concesionario realice el trabajo, porque equipo y técnicas especiales son requerido.

8 Los bichos y la tierra pueden ser limpiados del radiador usando aire comprimido y una brocha suave. No doble las aletas de enfriamiento mientras esto se hace.

9 Inspeccione las almohadillas de caucho donde se asienta el radiador y reemplácelas según sea necesario.

10 Ponga el radiador en su posición asegurándose que está sentado en las almohadillas de soporte.

11 Instale el panel superior, cubierta y las mangueras en el orden reverso de como se removió.

12 Conecte el cable negativo de la batería y llene el radiador como está descrito en el Capítulo 1.

13 Ponga el motor en marcha y chequee por fugas. Permita que el motor alcance la temperatura normal de operación (manguera superior del radiador caliente) y agregue anticongelante hasta que el nivel llegue al fondo del cuello de reabastecimiento.

14 Instale la tapa con la flecha alineada con el tubo de rebose.

5 Ventilador para enfriar el motor y embrague - chequeo y reemplazo

Chequeo

1 La mayoría de los vehículos cubiertos por este manual están equipados con un embrague de ventilador controlado termostáticamente. Algunos modelos sin aire acondicionado están equipados con ventiladores de tipo cubo sólido.

2 Comience el chequeo del embrague con un motor tibio (póngalo en marcha frío y permítalo que corra por dos minutos solamente).

3 Remueva la llave del interruptor de la ignición para propósitos de seguridad.

4 Gire las hojas de ventilador y note la resistencia. Debe haber resistencia moderada, dependiendo de la temperatura.

5 Conduzca el vehículo hasta que el motor se haya calentado. Apáguelo y remueva la llave.

6 Gire las hojas del ventilador y otra vez note la resistencia. Debe haber un aumento notable en la resistencia.

7 Si el embrague del ventilador falla este chequeo o está cerrado, reemplazo es indicado. Si fluido excesivo se está fugando del cubo o un juego lateral de 1/4-pulgada es notado, reemplace el embrague del ventilador.

8 ¡Si algunas hojas del ventilador están dobladas, no las enderece! El metal se debilitará y las hojas podrían volar hacia afuera durante la operación del motor. Reemplace el ventilador con uno nuevo.

Reemplazo

Refiérase a las ilustraciones 5.10a y 5.10b

9 Remueva la tapa superior del ventilador.

10 Remueva los afianzadores reteniendo el ensamblaje del ventilador al cubo de la bomba de agua **(vea ilustraciones)**.

11 Separe el ensamblaje del ventilador y el embrague.

12 Destornille el ventilador del embrague (si está equipado).

13 La instalación se hace en el orden inverso al procedimiento de desensamble.

14 Apriete todos los afianzadores firmemente.

5.10a En los modelos con un embrague, el ventilador es conectado al cubo del ensamblaje o la bomba de agua con cuatro tuercas o pernos (flecha)

5.10b En los modelos con ventiladores sin embrague, el ventilador y el escariador son retenidos al cubo de la bomba de agua por cuatro pernos largos (flecha)

6 Unidad de envío de la temperatura del anticongelante - chequeo y reemplazo

Refiérase a las ilustraciones 6.1a, 6.1b y 6.1c

Chequeo del sistema de advertencia de la luz para la temperatura

1 Si la luz no se ilumina cuando el interruptor de la ignición es prendido, chequee la bombilla. Si la luz permanece iluminada con el motor frío, remueva el alambre en la unidad de envío **(vea ilustraciones)**. Si la luz se apaga, reemplace la unidad de envío. Si la luz permanece iluminada, el alambre está puesto a tierra en algún lugar en el arnés.

Chequeo del sistema del medidor la temperatura

2 Si el medidor está inoperativo, chequee el fusible (Capítulo 12).

3 Si el fusible está bueno, remueva el alambre conectado a la unidad de envío y la conexión a tierra con un puente de alambre. Prenda el interruptor de la ignición momentáneamente. El medidor debe registrar el máximo. Si lo hace, reemplace la unidad de envío. Si está tranquilo e inoperativo, el medidor o el alambrado pueden estar defectuosos.

Reemplazo de la unidad de envío

4 Permita que el motor se enfríe completamente.

5 Remueva el alambre conectado a la unidad de envío.

6 Destornille la unidad de envío e instale rápidamente la unidad nueva para prevenir la pérdida de anticongelante.

7 Conecte el alambre y chequee la operación del indicador.

7 Depósito del anticongelante - remover e instalar

Refiérase a la ilustración 7.2

1 Desconecte la manguera de rebase del anticongelante en el cuello del radiador.

2 Remueva los tornillos que conectan el depósito al guardafango interior **(vea ilustración)**.

3 Levante el depósito derecho hacia encima teniendo cuidado de no derramar el anticongelante en la pintura.

4 La instalación se hace en el orden inverso al procedimiento de desensamble.

8 Bomba de agua - chequeo

Refiérase a las ilustraciones 8.2

1 Falla en la bomba de agua puede causar sobrecalentamiento y daños serios al motor. Hay tres maneras para chequear la operación de la bomba de agua mientras está instalada en el motor. Si cualquiera de los siguientes chequeos rápidos indican problemas con la bomba de agua, debe ser reemplazada inmediatamente.

2 Un sello protege el balero del eje impulsor de la bomba de agua, de contaminación con el anticongelante del motor. Si este sello falla, un orificio en la nariz de la bomba de

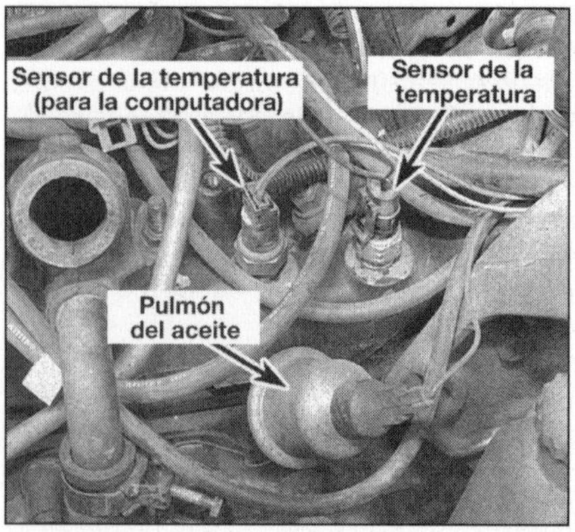

6.1a Localidad de la unidad de envío de la temperatura del anticongelante - motores V8 excepto Chevrolet

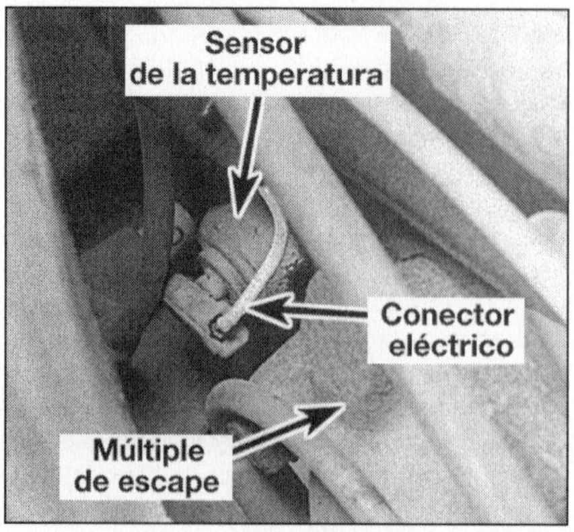

6.1b La mayoría de los motores Chevrolet tienen la unidad de envío de la temperatura del anticongelante en el lado izquierdo entre las bujías número uno y número tres (flecha)

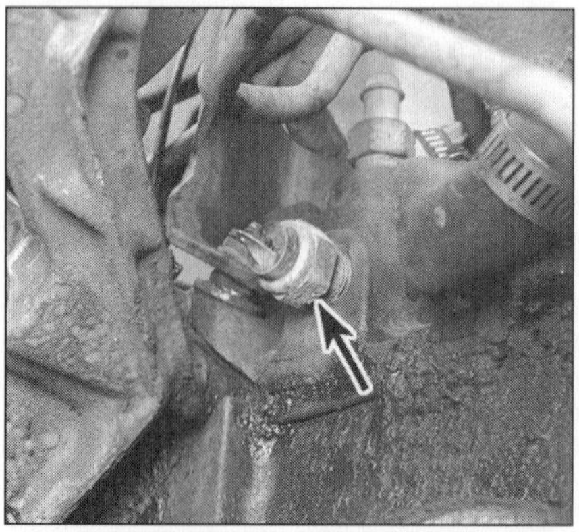

6.1c Localidad de la unidad de envío de la temperatura del anticongelante - típico de un motor V6 - en la parte delantera del múltiple de admisión, escondida por el distribuidor (el distribuidor está removido aquí para más claridad)

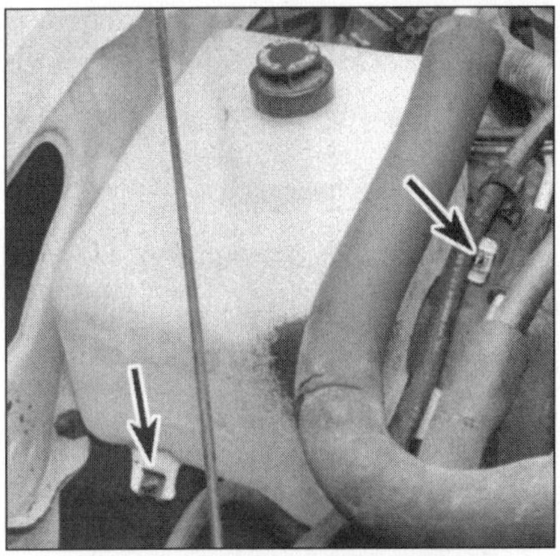

7.2 Detalles típicos del anclaje del sistema de recuperación del anticongelante (se muestra un modelo más moderno)

agua goteara anticongelante **(vea ilustración)** (un espejo para inspección puede ser usado para mirar la parte de abajo de la bomba si el orificio no está arriba). Si el orificio tiene fuga, falla en el balero del eje seguirá. Reemplace la bomba de agua inmediatamente.

3 Además de la contaminación del anticongelante después de haber falla en un sello, el balero del eje impulsor de la bomba de agua puede también haberse desgastado prematuramente a causa de una tensión inapropiada de la banda. Cuando el balero se desgasta, emite un silbido de alta frecuencia. Si un sonido así proviene de la bomba de agua durante la operación del motor, el balero del eje se ha dañado - reemplace la bomba de agua inmediatamente.

4 Para identificar un desgaste excesivo en el balero antes de que actualmente falle, agarre la polea de la bomba de agua y trate de forzarla hacia arriba y hacia abajo o de lado a lado. Si la polea puede ser movida horizontalmente o verticalmente, el balero está casi al final de su vida de servicio. Reemplace la bomba de agua.

9 Bomba de agua - remover e instalar

Refiérase a las ilustraciones 9.6a y 9.6b

Peligro: *El motor debe de estar completamente frío antes de ejecutar este procedimiento.*

Nota: *No es económico ni práctico reconstruir una bomba de agua. Si un fracaso ocurre, una unidad nueva o reconstruida se debe comprar para reemplazar la bomba de agua defectuosa.*

1 Desconecte el cable negativo de la batería.

2 Drene el radiador, refiérase al Capítulo 1 si es necesario.

3 Alcanzando dentro de la tapa del radiador, remueva los pernos que aseguran el ventilador al cubo de la bomba de agua (vea Sección 5). Remueva el ventilador y el espa-

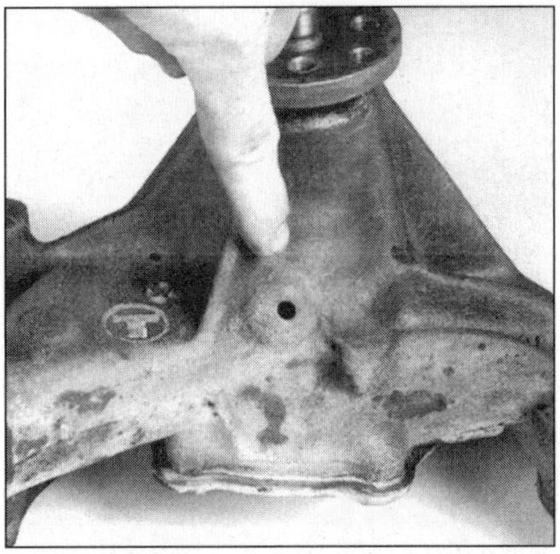

8.2 Ubicación del orificio para el drenaje de la bomba de agua

ciador (si está equipado). El embrague termostático del ventilador debe permanecer en posición "en el vehículo" para prevenir que el fluido se fugue hacia afuera.

4 Remueva la cubierta del radiador para tener mejor acceso a la bomba de agua.

5 Ahora es necesario aflojar y remover todas las bandas de la polea de la bomba de agua. El número de bandas dependerá en el modelo, el año, y en el equipo. Afloje los pernos de ajuste y de pivote en el componente afectado (bomba de aire, alternador, compresor del aire acondicionado, bomba de la dirección de poder) y empuje el componente hacia adentro para aflojar la banda para ser removida de la polea de la bomba de agua (vea Capítulo 1).

6 Desconecte y remueva todos los soportes que están conectados a la bomba de agua. Éstos pueden incluir en los vehículos más modernos el alternador, el compresor del aire acondicionado, y los soportes para la dirección de poder **(vea ilustraciones)**.

7 Desconecte la manguera inferior del radiador, manguera de la calefacción, y manguera de desvío en la bomba de agua.

8 Remueva los pernos que quedan asegurando la bomba de agua a la tapa del frente del motor. Levante el albergue de la bomba de agua hacia afuera del motor.

9 Si está instalando una bomba de agua nueva o reconstruida, transfiera todos los acopladores y los espárragos a la bomba de agua nueva.

10 Limpie las superficies de la junta de la tapa del frente completamente usando un raspador de junta o cuchillo para masilla.

11 Use una capa delgada de sellador de junta en las juntas nuevas e instale la bomba de agua nueva. Coloque la bomba en posición en la tapa del frente y afloje los pernos. No apriete estos pernos hasta que todos los soportes hayan sido instalado en su posición original en la bomba de agua.

12 Apriete todos los pernos de la bomba de agua a las especificaciones técnicas.

13 Instale los componentes en el orden reverso de como se removieron del motor, apretando los afianzadores apropiados firmemente.

9.6a Note la ubicación y la posición de todos los soportes relacionados para que sean fáciles de ensamblar

9.6b El perno largo pivote para la bomba de la dirección de poder también atraviesa la bomba de agua

14 Ajuste todas las bandas a la tensión apropiada (vea Capítulo 1).

15 Conecte el cable negativo de la batería y llene el radiador con una mezcla del anticongelante de entilenoglicol y agua en una mezcla de 50/50. Ponga el motor en marcha y permita que corra en marcha mínima hasta que la manguera superior del radiador se ponga caliente. Chequee por fugas. Con el motor caliente, llénelo con una mezcla de anticongelante hasta que el nivel esté en el fondo del cuello de reabastecimiento. Instale la tapa del radiador y chequee el nivel del anticongelante periódicamente, en las próximas pocas millas que se conduzca el vehículo.

10 Ventilador - remover e instalar

Refiérase a las ilustraciones 10.1a, 10.1b y 10.1c

Peligro: *El motor debe de estar completamente frío antes de ejecutar este procedimiento.*

1 Desconecte el cable de conexión a tierra de la batería, entonces remueva todo el

3

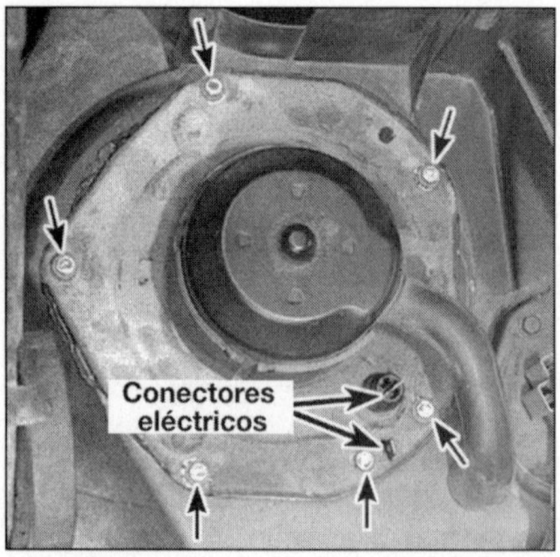

10.1a Remueva los conectores eléctricos y los tornillos reteniendo el motor del ventilador al albergue

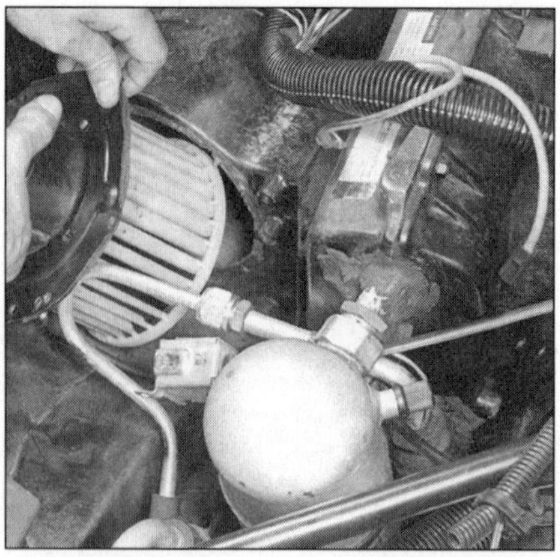
10.1b En los modelos más antiguos, el motor del ventilador es instalado horizontalmente

10.1c Los ventiladores en los modelos más modernos están instalados verticalmente cerca de la bisagra derecha del capó

alambrado, mangueras del radiador, etc., a la falda del guardafango en la mano derecha. En los modelos 1977 y más modernos, el ensamblaje es accesible por debajo del capó **(vea ilustraciones)**. Desconecte simplemente el alambre del ventilador en el motor y remueva los tornillos que sostienen el ventilador al albergue.

2 Levante el frente del vehículo y sopórtelo firmemente sobre estantes.

3 Remueva todos los pernos que conectan la falda del guardafango menos esos que están abrochados al soporte del radiador.

4 Hálelo hacia afuera y entonces hacia abajo en la falda del guardafango y coloque un bloque de madera de 2 x 4 pulgada entre la falda y el guardafango.

5 Remueva la tuerca reteniendo la rueda del ventilador y separe la rueda del ventilador.

6 Pase el ventilador a través de la abertura de la falda del guardafango (párrafo 4).

7 La instalación se hace en el orden inverso al procedimiento de desensamble, pero esté seguro que la rueda del ventilador está instalada con el final abierto hacia afuera del motor.

11 Núcleo de la calefacción - remover e instalar

Refiérase a las ilustraciones 11.3, 11.4, 11.7, 11.8, 11.9 y 11.10

Peligro: *El motor debe de estar completamente frío antes de ejecutar éste procedimiento.*

1 Desconecte el cable negativo de la batería.

2 Drene el sistema de enfriamiento (vea Capítulo 1).

3 Remueva los cinco tornillos reteniendo la moldura cromada en la base del limpia parabrisas, ambos brazos de limpiar y el sello en el compartimiento del motor **(vea ilustración)**.

4 Remueva los tornillos reteniendo la rejilla para las hojas y las tuercas reteniendo los soportes de la moldura a la pared contra fuego **(vea ilustración)**.

5 Remueva el ventilador (vea Sección 10).

6 Desconecte las mangueras de la calefacción de los tubos del núcleo de la calefacción.

7 Remueva los tornillos reteniendo la cubierta superior al albergue de la calefacción/aire acondicionado **(vea ilustración)**.

8 Separe la cubierta del albergue halándola hacia encima en la mitad delantera y hacia adelante del carro **(vea ilustración)**.

9 Desconecte los pernos reteniendo el núcleo de la calefacción y el alambre a tierra **(vea ilustración)**.

10 Remueva el núcleo de la calefacción halándolo hacia encima y afuera del albergue **(vea ilustración)**.

11 La instalación se hace en el orden inverso al procedimiento de desensamble. Esté seguro de sellar la cubierta al albergue con sellador de carrocería. Rellene el sistema de enfriamiento (vea Capítulo 1) y chequee fugas.

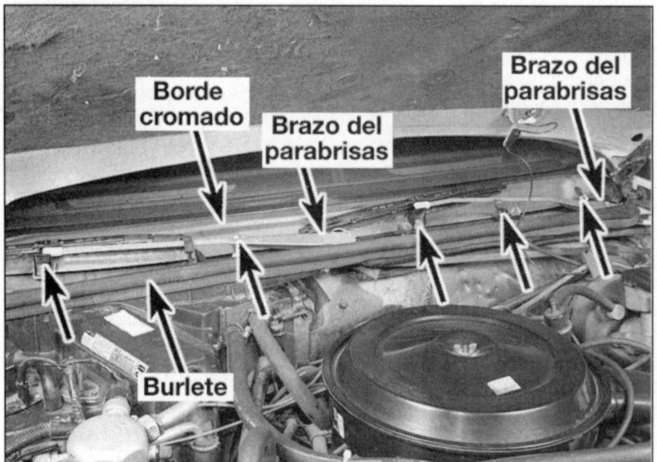

11.3 Remueva los tornillos reteniendo la moldura de la rejilla a la parte inferior del parabrisas. Remueva los brazos del parabrisas y el sello del capó

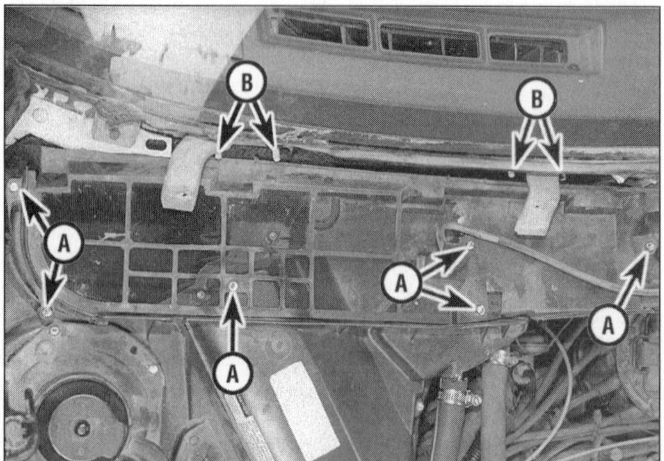

11.4 Remueva los tornillos (A) reteniendo la rejilla para las hojas y las tuercas (B) reteniendo los soportes

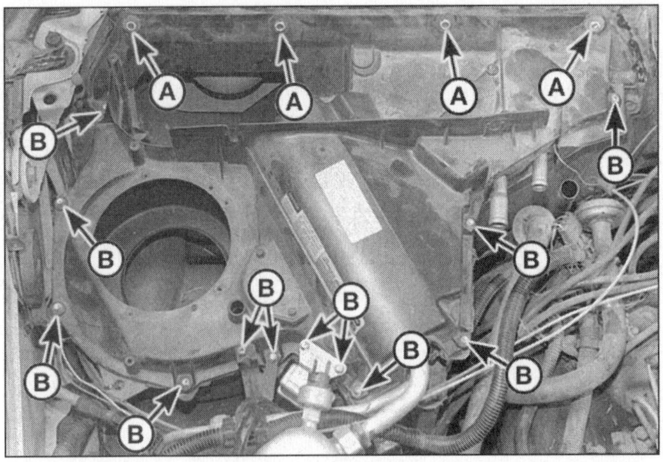

11.7 Remueva los pernos (A), los tornillos (B) y separe la cubierta del albergue

11.8 Hale la cubierta delantera hacia encima y guíela hacia afuera y hacia el frente del motor

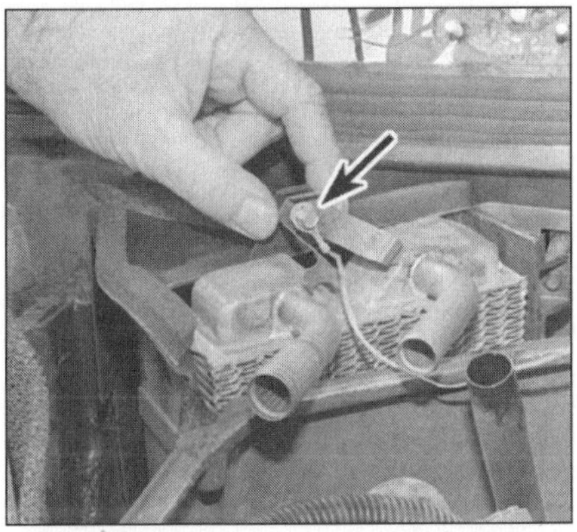

11.9 Remueva los soportes de montaje del núcleo de la calefacción y la correa a tierra

11.10 Hale el núcleo de la calefacción hacia encima y hacia afuera del albergue

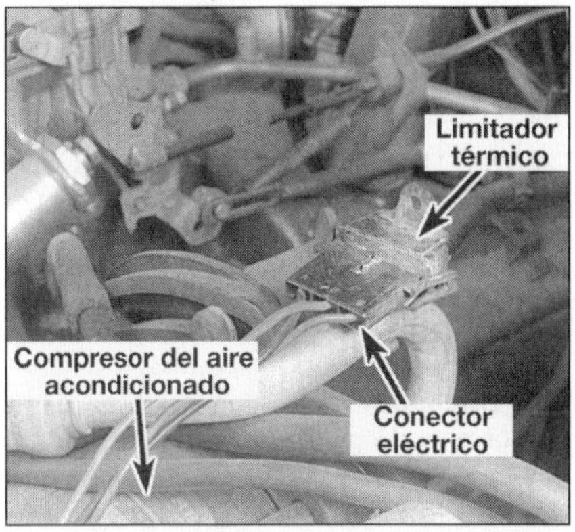

12.4a Los limitadores térmicos están por lo general montados en el soporte del compresor (modelos sin acumuladores)

12 Sistema del aire acondicionado - chequeo y mantenimiento

Refiérase a las ilustraciones 12.4a, 12.4b y 12.5

1 Los siguientes pasos de mantenimiento se deben realizar en una base regular para asegurarse que el aire acondicionado continúa operando a su mayor eficiencia.

a) Chequee la tensión de la banda para el compresor del AC (aire acondicionado) y ajústela si es necesario (Refiérase al Capítulo l).

b) Inspeccione visualmente las condiciones de las mangueras, buscando por cualquier roturas, endurecimiento y otras deterioraciones. **Nota:** *No remueva ninguna manguera hasta que el sistema se haya descargado.*

c) Asegúrese de que las aletas del condensador no estén cubierta con materiales extranjero, tal como hojas o bichos. Una brocha suave y aire comprimido se pueden usar para removerlos.

d) Esté seguro que el drenaje de evaporador está abierto, resbalando un alambre en el tubo del drenaje ocasionalmente.

2 El compresor A/C se debe correr por lo menos acerca de 10 minutos una vez cada mes. Esto es especialmente importante de recordar durante los meses de invierno porque un plazo largo sin usar puede causar endurecimiento de los sellos.

3 Debido a la complejidad del sistema de aire acondicionado y el equipo especial requerido para efectivamente trabajar en él, identificación, resolución de problemas y reparación exactas del sistema generalmente no pueden ser hechas por un mecánico de hogar y debe ser dejado a un profesional. De todos modos, debido a la naturaleza tóxica del refrigerante, antes de desconectar cualquier parte del sistema, el vehículo debe ser llevado a su comerciante o un taller de reparación para hacer que el sistema sea descargado. Si el sistema pierde su acción de enfriar, algunas causas puede ser diagnosticadas por el mecánico del hogar. Busque por otros síntomas de problemas tales como esos que siguen. En todos los casos, es una buena idea de tener el sistema atendido por un profesional.

4 La mayor parte de los sistemas más antiguos (sin acumulador) **(vea ilustración)** usan un circuito limitador térmico para proteger el compresor. Cuando el fusible del limitador térmico se funde, el embrague del compresor no se compromete. Conecte simplemente uno nuevo. Los modelos más modernos, con un acumulador, no usan un fusible limitador térmico **(vea ilustración)**.

12.4b Los vehículos con acumuladores (flecha) no usan un fusible limitador térmico

5 Si burbujas aparecen en el vidrio de ins-

3

12.5 Vidrio de inspección

pección (localizado cerca de la cima del receptor secador o el acumulador) **(vea ilustración)**, esto es una indicación de una pequeña fuga de refrigerante o aire en el sistema. Si aire está en el refrigerante, el secador receptor o acumulador está probablemente contaminado con humedad y debe ser reemplazado.

6 Si el vidrio de inspección tiene una apariencia semejante a una niebla o muestra muchas burbujas, esto indica un escape de refrigerante grande. En tal caso, no opere el compresor del todo hasta que el defecto se haya corregido.

7 Una válvula de expansión con sudor o cubierta con hielo indica que la válvula de expansión está obstruida o defectuosa. Debe ser limpiada o debe ser reemplazada según sea necesario.

8 Una línea de succión cubierta con sudar o escarcha (que corre entre la válvula de succión y el compresor) indica que la válvula de expansión está atorada abierta o defectuosa. Se debe corregir o debe ser reemplazada según sea necesario.

9 Un evaporador cubierto con escarcha indica que la válvula de succión está defectuosa, requiriendo reemplazo de la válvula.

10 Una línea liquida de presión alta cubierta con escarcha (que corre entre el condensador, el acumulador y la válvula de expansión) indica que el secador o la línea de presión alta está restringida. La línea se tendrá que limpiar o el acumulador tendrá que ser reemplazado.

11 La combinación de burbujas en el vidrio de inspección, una línea de succión muy caliente y posiblemente, sobrecalentamiento del motor es una indicación que el condensador no está operando apropiadamente o está sobrecargado de refrigerante. Chequee la tensión de la banda y ajústela si es necesario (Capítulo 1). Chequee por partículas extranjeras cubriendo las aletas del condensador y límpielo si es necesario. También chequee por una operación apropiada del sistema de enfriamiento. Si ningún defecto puede ser encontrado en estos chequeos, el condensador quizás tenga que ser reemplazado.

13 Acumulador/secador de receptor del sistema de aire acondicionado - remover e instalar

Refiérase a las ilustraciones 13.1 y 13.2

Peligro: *Antes de remover el acumulador/secador receptor, el sistema debe ser descargado por un técnico de aire acondicionado. No procure hacer esto usted mismo. El refrigerante en el sistema puede causar una lesión grave e irritación del sistema de respiración.*

1 El acumulador/secador receptor, que actúa como un depósito y filtro para el refrigerante, es el canasto instalado cerca del guardafango delantero derecho adyacente al condensador **(vea ilustración)** en el compartimiento del motor.

2 Desconecte las dos líneas de fluido del acumulador o receptor secador. Tape los

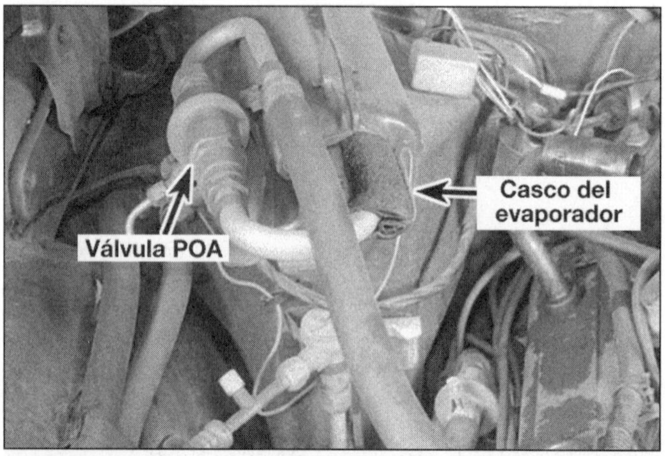

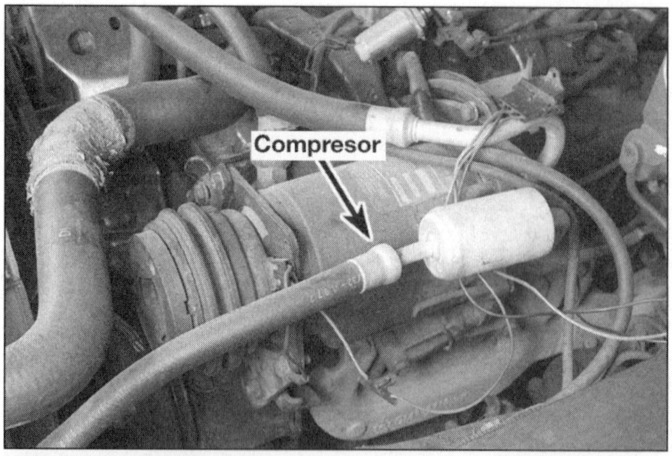

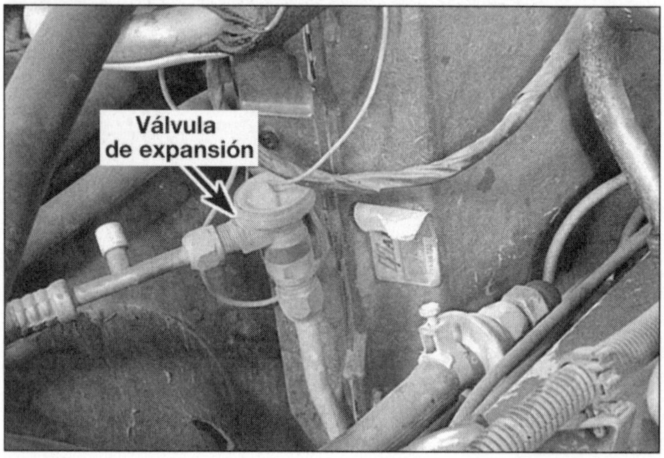

13.1 Sistema del recibidor - secador típico

acopladores abiertos para prevenir que la humedad entre inmediatamente en el sistema **(vea ilustración)**.

3 Remueva el acumulador o receptor secador de su soporte.

4 La instalación se hace en el orden inverso al procedimiento de desensamble.

5 Haga que el sistema sea evacuado, cargado y chequeado por fugas. Si un acumulador o receptor secador nuevo es instalado, agregue aceite de refrigerante según las instrucciones del fabricante de la parte.

14 Compresor del sistema de aire acondicionado - remover e instalar

Refiérase a las ilustración 14.3

Peligro: *El sistema de aire acondicionado está bajo alta presión. El reemplazo de las mangueras del aire acondicionado debe de ser hecho a través de un distribuidor o especialista de aire acondicionado quien tiene el equipo EPA (agencia de protección del ambiente) apropiado para (remover la presión) del sistema seguramente y legalmente. Nunca remueva componentes del aire acondicionado o mangueras hasta que el sistema se le haya removido la presión. Siempre use protección para los ojos cuando esté desconectando los acopladores del sistema de aire acondicionado.*

1 Haga que el sistema del AC (aire acondicionado) sea descargado por el taller de servicio de un concesionario o taller de aire acondicionado.

2 Desconecte el cable negativo de la batería.

3 Desconecte el arnés del embrague del compresor **(vea ilustración)**.

4 Remueva la banda (vea 1 de Capítulo).

5 Desconecte las líneas del refrigerante por la parte de atrás del compresor. Tape los acopladores abiertos para prevenir que le entre tierra y humedad.

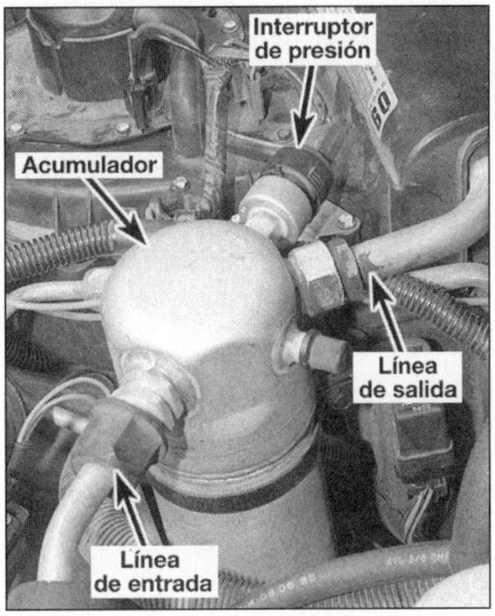

13.2 Sistema típico del acumulador

6 Destornille el compresor del soporte y levántelo hacia afuera del vehículo.

7 Si un compresor nuevo es instalado, siga las direcciones que vienen con el compresor con respecto al drenaje del exceso de aceite antes de la instalación.

8 La instalación se hace en el orden inverso al procedimiento de desensamble. Reemplace cualquier anillo nuevo de tipo O hecho específicamente para este propósito y lubríquelo con aceite de refrigerante.

9 Haga que el sistema sea evacuado, cargado y chequeado por fugas por el taller que lo descargó.

15 Condensador del sistema de aire acondicionado - remover e instalar

Refiérase a las ilustraciones 15.5 y 15.6

Peligro: *El sistema de aire acondicionado está bajo alta presión. El reemplazo de las mangueras del aire acondicionado debe de ser hecho a través de un distribuidor o especialista de aire acondicionado quien tiene el equipo EPA (agencia de protección del ambiente) apropiado para (remover la presión) del sistema seguramente y legalmente. Nunca remueva componentes del aire acondicionado o mangueras hasta que el sistema se le haya removido la presión. Siempre use protección para los ojos cuando esté desconectando los acopladores del sistema de aire acondicionado.*

14.3 Todos los compresores tienen un alambre conectado al embrague - algunos tienen un alambre que va hacia la parte posterior del compresor también

1 Haga que el sistema del AC (aire acondicionado) sea descargado por el concesionario o un taller de aire acondicionado.

2 Desconecte el cable negativo de la batería.

3 Drene el sistema de enfriamiento (Capítulo 1).

4 Remueva el radiador (Sección 4).

5 Desconecte las líneas refrigerante del condensador **(vea ilustración)**.

6 Remueva los pernos de los soportes del condensador **(vea ilustración)**.

7 Levante el condensador hacia afuera del

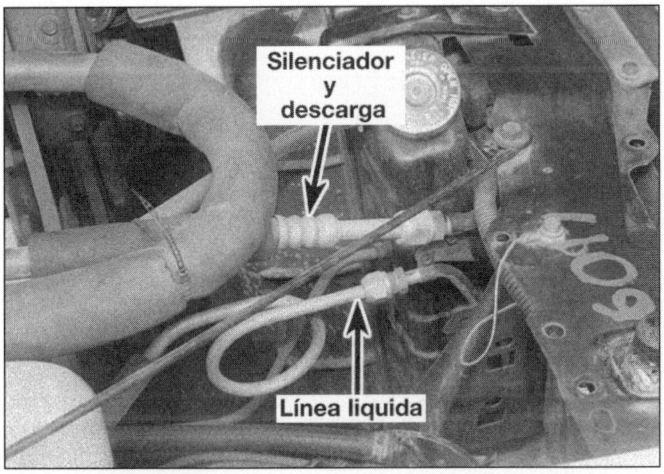

15.5 Acoplación para la línea del condensador - típico

15.6 Remueva los pernos de afianzamiento del condensador y remueva el condensador - no afloje el aislador de caucho en la parte inferior - algunos modelos tendrán también pernos en la parte inferior también

vehículo y tape las líneas para prevenir que entre tierra y humedad.

8 Si el mismo condensador será reinstalado, almacénelo con los acopladores de la línea de cima para prevenir que se drene el aceite.

9 Si un condensador nuevo es instalado, vierta una onza de aceite de refrigerante en el condensador nuevo antes de la instalación.

10 Vuelva a instalar los componentes en el orden inverso de como se removió. Esté seguro que las almohadillas de caucho están en su posición debajo del condensador.

11 Haga que el sistema sea evacuado, cargado y chequeado por fugas por el taller que lo descargó.

16 Ensamblaje para el control del aire acondicionado y la calefacción - remover e instalar

Refiérase a las ilustraciones 16.3, 16.4, 16.5 y 16.6

1 Desconecte el cable negativo de la batería.

2 Remueva el anillo de moldura alrededor del aglutinador de instrumentos (vea Capítulo 11).

3 Remueva los tornillos y remueva el ensamblaje de control afuera del tablero.

4 Póngale etiquetas y entonces desconecte los cables de control.

5 Desconecte las mangueras de vacío (donde esté equipado).

6 Desconecte el arnés de alambre.

7 La instalación se hace en el orden inverso al procedimiento de desensamble.

Capítulo 4
Sistemas de combustible y escape

Contenido

Especificaciones

Presión del combustible

Modelos con carburador	5 a 7 psi (libras por pulgadas cuadradas)
Modelos con combustible inyectado	9 a 13 psi

Especificaciones técnicas

Pernos/tuercas para el montaje del carburador	10 a 15
Pernos/tuercas para el TBI (cuerpo de inyección de combustible)	12
Válvula IAC (motor de control para la marcha mínima)	13

1 Información general

El sistema de combustible se compone de un tanque de combustible instalado en la parte trasera, una bomba de combustible, un purificador de aire y un carburador o un TBI (cuerpo de inyección de combustible).

El empleo de un carburador, o de TBI, depende del desplazamiento del motor y la fecha de producción del vehículo.

El sistema del escape se compone de un par de múltiples de escape, un convertidor catalítico, un silenciador y tubos conectados a ellos.

2 Líneas de combustible y acopladores - información general

Peligro: *La gasolina es extremadamente inflamable, razón por la cual se debe tener mucha precaución al trabajar en cualquier parte del sistema de combustible. No fume ni permita la presencia de llamas expuestas o bombillas sin protección cerca del área, no trabaje en un garaje donde un aparato de tipo gas natural (tal como una debido a que la gasolina es carcinogenica, guantes de látex se deben usar cuando haya una posibilidad de entrar en contacto con el combustible, y, si usted rocía combustible en su piel, límpiela inmediatamente con jabón y agua. Limpie cualquier derrame de combustible inmediatamente y no almacene trapos de combustible empapados donde ellos se puedan prender. El sistema de combustible está bajo constante presión, así que, si cualquier línea de combustible es desconectada, la presión del sistema de combustible se debe aliviar primero. Cuándo usted realice cualquier tipo de trabajo en el sistema de combustible, use lentes de seguridad y tenga un extinguidor de tipo B a la mano.*

1 Las líneas de suplemento del combusti-

ble y de regreso se extienden del tanque de combustible al carburador. Las líneas están aseguradas debajo del capó con ensamblajes retenedores y tornillos. Ambas líneas de suplemento del combustible y de regreso se deben inspeccionar ocasionalmente por fugas, doblados o abolladuras.

2 Si la evidencia de tierra es encontrado en el sistema o filtro de combustible durante el periodo de remover, la línea se debe desconectar y debe ser soplada con aire comprimido. Chequee el colador del combustible en la unidad de envío del medidor del combustible (vea Sección 5) por daño o deterioración.

Tubería de acero

3 Si una línea de combustible debe ser reemplazada, use tubería de acero soldada que reúna las especificaciones de la GM. (Su departamento de partes del concesionario GM será capaz de suministrarlo con una tubería de la especificación apropiada para su vehículo.)

4 No use tubería de cobre ni aluminio para reemplazar una tubería de acero. Estas materias no tienen la durabilidad para resistir las vibraciones normales del vehículo.

5 La mayoría de las tuberías de suministro y regreso usan acopladores atornillados con anillos selladores. Cuando estos acopladores se aflojan para otorgarle servicio o para reemplazar componentes, asegúrese que:

a) *Una llave de respaldo es usada para aflojar y apretar los acopladores.*
b) *Chequee todos los anillos selladores por cortes, grietas o deterioración. Reemplace cualquiera que se observe dañado o desgastado.*
c) *Si las líneas son reemplazadas, siempre use partes de equipo original, o partes que reúnan los estándares de la GM.*

Manguera de caucho

6 Cuando una manguera de caucho es usada para reemplazar una línea de metal, usted debe usar una manguera resistente al combustible reforzada que reúna las especificaciones de la GM. Manguera(s) que no reúnan las especificaciones apropiadas podrían causar un fracaso prematuro o podrían fallar de reunir los estándares Federales de emisión. El diámetro interior de la manguera debe emparejar con el diámetro exterior del tubo.

7 No use manguera de caucho más cerca de cuatro pulgadas de ninguna parte del sistema de escape ni 10 pulgadas del convertidor catalítico. Las líneas de metal y las mangueras de caucho nunca deben ser permitidas que rocen contra el chasis. Un espacio libre de 1/4-pulgada mínimo se debe mantener alrededor de una línea o la manguera para prevenir contacto con el chasis.

Reparación

8 En áreas reparables, corte un pedazo de manguera de combustible cuatro pulgadas más largas que la porción de la línea que se removió. Si más que una longitud de seis pulgadas de la línea es removida, use una combinación de línea de acero y manguera para que la longitud de la manguera no exceda 10 pulgadas. Siempre siga la misma dirección que la línea original.

9 Corte las puntas de la línea con un cortador de tubo. Usando el primer paso de una herramienta para abocamiento doble, forme un reborde en el final de ambas secciones de la línea. Si la línea está muy corroída para resistir la operación del reborde sin ningún daño, la línea debe ser reemplazada.

10 Use una abrazadera de manguera de tipo tornillo. Deslice la abrazadera en la línea y empuje la manguera encima. Apriete las abrazaderas en cada lado de la reparación.

11 Asegure las líneas apropiadamente al chasis para prevenir que rocen.

3 Bomba de combustible - chequeo

Peligro: *La gasolina es extremadamente inflamable, razón por la cual se debe tener mucha precaución al trabajar en cualquier parte del sistema de combustible. No fume ni permita la presencia de llamas expuestas o bombillas sin protección cerca del área, no trabaje en un garaje donde un aparato de tipo gas natural (tal como una debido a que la gasolina es carcinogenica, guantes de látex se deben usar cuando haya una posibilidad de entrar en contacto con el combustible, y, si usted rocía combustible en su piel, límpiela inmediatamente con jabón y agua. Limpie cualquier derrame de combustible inmediatamente y no almacene trapos de combustible empapados donde ellos se puedan prender. El sistema de combustible está bajo constante presión, así que, si cualquier línea de combustible es desconectada, la presión del sistema de combustible se debe aliviar primero. Cuándo usted realice cualquier tipo de trabajo en el sistema de combustible, use lentes de seguridad y tenga un extinguidor de tipo B a la mano.*

Modelos con carburador

1 La bomba mecánica de combustible es accionada por el árbol de levas del motor. En los motores Chevrolet, una varilla de empuje es usada entre el árbol de levas y la palanca de la bomba. En todos los otros motores la bomba de combustible es empujada directamente por el excéntrico del árbol de levas.

2 Si la bomba es sospechada que está defectuosa, conduzca la siguiente prueba.

3 Verifique que hay gas en el tanque de combustible. Apriete las conexiones flojas de la línea de combustible y busque por doblados o curvas.

4 Desconecte el conjunto del alambrado/arnés del distribuidor para prevenir que el motor se ponga en marcha cuando el motor de arranque sea accionado.

5 Desconecte la línea de combustible del carburador y coloque el final abierto en un recipiente.

6 Opere el motor de arranque y verifique que hay chorros de combustible bien definidos expulsado del final abierto de la línea. Conecte un medidor de presión de combustible a la línea, opere el motor de arranque y lea la presión del combustible en el medidor. **Peligro:** *Tenga mucho cuidado cuando desconectando el calibrador del combustible de la línea después de chequear la presión, la línea estará presurizada. Envuelva un trapo alrededor de la conexión para absorber el combustible que se atomiza cuando el medidor es removido.* Si el combustible no es suministrado por la línea o la presión está debajo de la cantidad especificada, chequee la línea de combustible por doblados, restricciones o secciones abiertas entre la bomba de combustible y el tanque de combustible. Si las líneas de combustible están buenas, reemplace la bomba como está descrito en la siguiente Sección.

Modelos con inyección de combustible

Refiérase a la ilustración 3.10

7 Si usted sospecha un problema con la bomba de combustible, primero pruebe chequear si actualmente corre. Escuche en el tanque de combustible según un ayudante gira la llave de la ignición a Encendido, usted debe oír la bomba correr por varios segundos entonces apáguela.

8 Si usted no puede oír la bomba correr, la bomba podría estar defectuosa o podría haber un problema en el circuito para el control del combustible. Chequee primero el fusible de la bomba de combustible, localizado en un poseedor de fusible en la línea, conectado en el lado derecho del guardafango interior. Si el fusible está bueno, localice el conector para el atomizador de la bomba de combustible (sostenido con cinta al alambrado/arnés cerca del relé de la bomba de combustible). Usando un puente de alambre con un fusible, aplique voltaje de batería al conector del atomizador. La bomba de combustible debe correr continuamente. Si no, la bomba de combustible o el circuito del relé a la bomba, está probablemente defectuoso.

9 Si la bomba de combustible corre con el voltaje de la batería aplicado al conector del atomizador, pero no corre bajo operación normal, el relé de la bomba de combustible, el alambrado relacionado con el ECM (módulo de control electrónico) está probablemente defectuoso.

10 Es posible que la bomba de combustible corra (haga ruido) pero no produzca suficiente presión para poner el motor en marcha ni permitir que el motor corra satisfactoriamente. En ese caso, un chequeo de la presión del combustible será necesario. Un chequeo de la presión del combustible en un modelo con inyección de combustible requiere equipo especializado. Idealmente un medidor de prueba para la presión de la inyección de combustible, conteniendo los adaptadores necesarios, es instalado en el

3.10 Remueva el filtro de combustible e instale un acoplador en tipo T con el medidor de presión del combustible conectado

filtro de combustible. El equipo de prueba puede ser construido de mangueras de combustible, acopladores de tipo T, abrazaderas para mangueras y un medidor rutinario de presión de combustible si las conexiones del filtro de combustible son del tipo de acoplación abocinada en los modelos con inyección de combustible **(vea ilustración)**. En los modelos más modernos con acoplación de plástico en la línea de combustible y desacoplador rápido, los adaptadores rápidos (herramienta especial GM no. J-29658-89) son necesario.

11 Instale un medidor de presión de combustible, prenda la ignición y lea la presión del combustible. Compare su lectura con las especificaciones. Si la presión del combustible está baja, pellizque la línea de retorno del combustible, si la presión sube, el regulador de presión del combustible está probablemente defectuoso, si la presión no sube, la bomba de combustible está probablemente defectuosa. Si la presión está más alta que lo normal, el regulador de presión está probablemente defectuoso, o hay una restricción en la línea de retorno del combustible.

12 Remueva el medidor del combustible y reemplace el filtro de combustible. **Peligro:** *Tenga mucho cuidado cuando desconecte el medidor de combustible de la línea después de un chequeo de la presión, la línea estará presurizada. Envuelva un trapo alrededor de la conexión para absorber el combustible atomizado según el medidor es removido.*

4 Bomba de combustible - remover e instalar

Peligro: *La gasolina es extremadamente inflamable, razón por la cual se debe tener mucha precaución al trabajar en cualquier parte del sistema de combustible. No fume ni permita la presencia de llamas expuestas o bombillas sin protección cerca del área, no trabaje en un garaje donde un aparato de tipo gas natural (tal como una debido a que la gasolina es carcinogenica, guantes de látex se deben usar cuando haya una posibilidad de entrar en contacto con el combustible, y, si usted rocía combustible en su piel, límpiela inmediatamente con jabón y agua. Limpie cualquier derrame de combustible inmediatamente y no almacene trapos de combustible empapados donde ellos se puedan prender. El sistema de combustible está bajo constante presión, así que, si cualquier línea de combustible es desconectada, la presión del sistema de combustible se debe aliviar primero. Cuándo usted realice cualquier tipo de trabajo en el sistema de combustible, use lentes de seguridad y tenga un extinguidor de tipo B a la mano.*

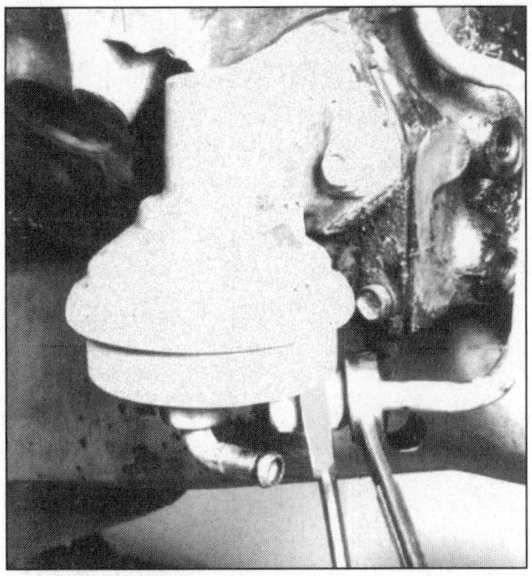

4.1 Cuando separe las líneas de combustible de una bomba mecánica, use dos llaves para que no se doble o tuerza las líneas de combustible de metal o los tubos que salen de la bomba (se muestra un motor Chevrolet V8 de bloque pequeño)

Modelos con carburador

Refiérase a las ilustraciones 4.1, 4.2a, 4.2b, 4.3 y 4.5

1 Para remover la bomba, remueva las líneas de suministro del combustible y de salida. Use dos llaves para prevenir daño a la bomba y las acoplaciones **(vea ilustración)**.

2 Remueva los pernos de la bomba de combustible, la bomba y la junta **(vea ilustraciones)**.

3 En los motores Chevrolet remueva el plato de montaje y la junta de la bomba de combustible. Remueva la varilla de empuje **(vea ilustración)**.

4 Revista la varilla de empuje con grasa pesada (esto retendrá la varilla de empuje en su orificio). Instale la varilla de empuje y el plato de montaje con una junta nueva.

5 Instale la bomba de combustible usando una junta nueva. Asegúrese que el brazo de la bomba de combustible haga contacto con la varilla de empuje o el árbol de levas apropia-

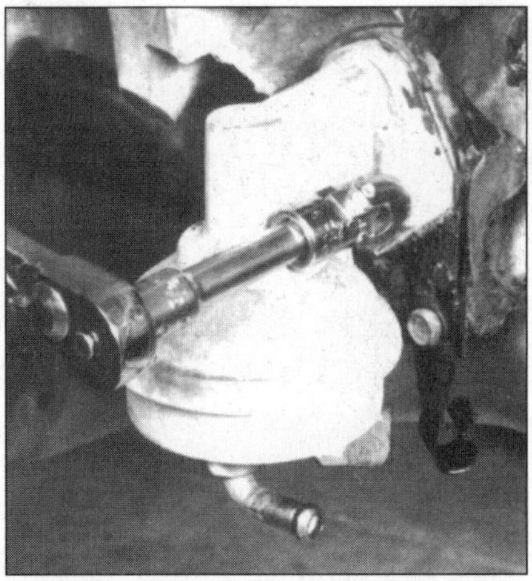

4.2a Para remover una bomba mecánica del motor, remueva los dos pernos que la retienen . . .

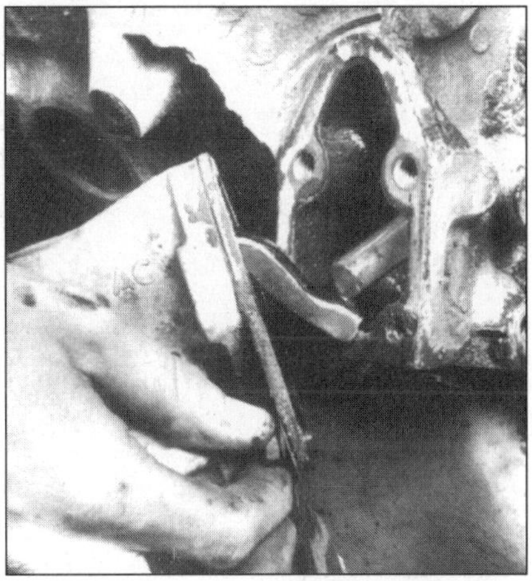

4.2b . . . entonces separe la bomba y la junta del bloque (esté seguro de remover todo el material de la junta vieja de las superficies de acoplamiento de la bomba y del bloque)

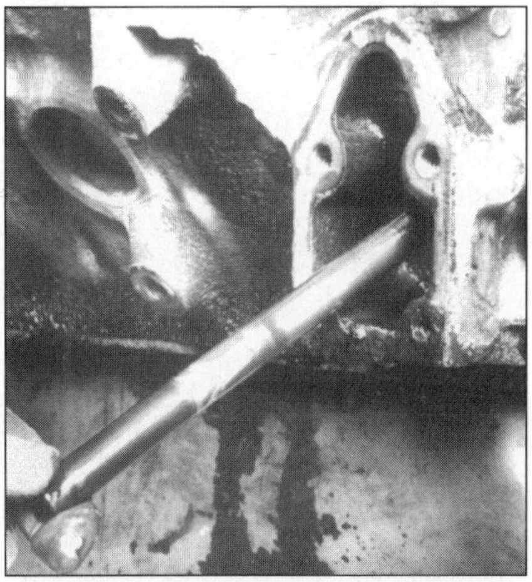

4.3 La varilla de empuje (en una bomba mecánica de tipo empuje) es fácil de remover una vez que la bomba y la junta son removidas

4.5 En los motor Buick, Oldsmobile y Pontiac, esté seguro que el balancín (flecha) hace contacto con el excentríco apropiadamente (se muestra un motor Pontiac)

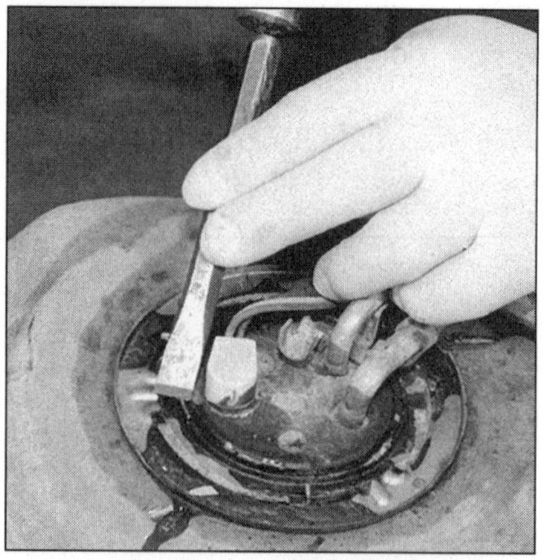

4.8 Cuidadosamente péguele con un martillo al anillo de enclavamiento a la izquierda hasta que el anillo esté libre de las lengüetas de enclavamiento

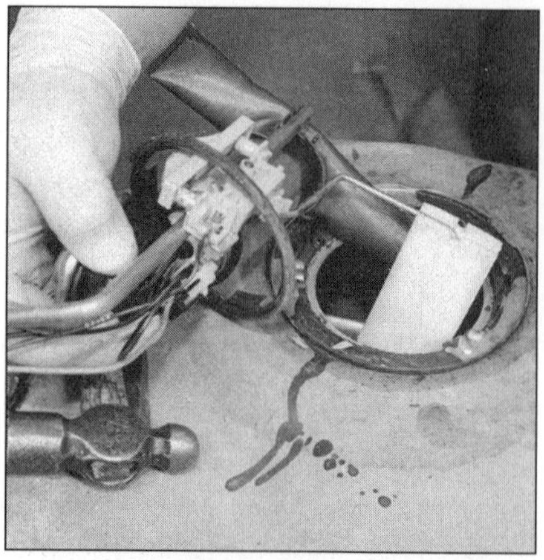

4.9 Cuidadosamente guíe la bomba de combustible/unidad de envío del nivel del combustible a través de la abertura del tanque de combustible

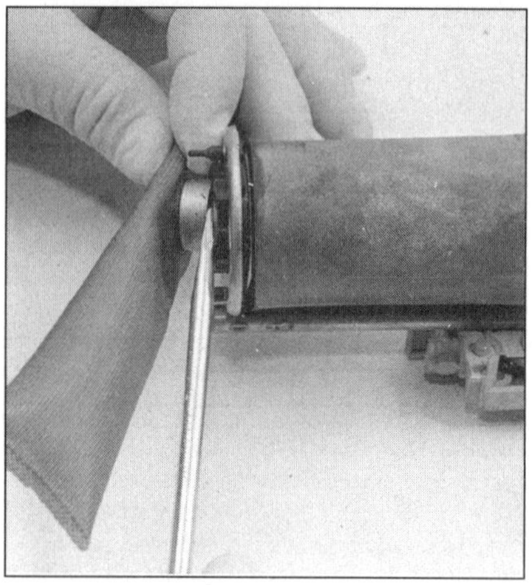

4.10 Hágale palanca cuidadosamente al collar de metal para separar el colador del ensamblaje de la bomba de combustible

damente. Use sellador para juntas en las roscas del tornillo **(vea ilustración)**.

6 Conecte las líneas de combustible, ponga el motor en marcha y chequee por fugas.

Modelos con combustible inyectado

Refiérase a las ilustraciones 4.8, 4.9, 4.10, 4.11a y 4.11b

7 Remueva el tanque de combustible (vea Sección 5).

8 La bomba de combustible está localizada dentro del tanque de combustible. La bomba de combustible/ensamblaje de la unidad de envío de combustible es retenido por un anillo de enclavamiento. Use una herramienta especial para la unidad del tanque de combustible para girar el anillo a la izquierda. Si la herramienta no está disponible, use un punzón de bronce y un martillo para aflojar el anillo de retención **(vea ilustración)**.

9 Levante la bomba de combustible/ensamblaje de la unidad de envío del combustible del tanque de combustible **(vea ilustración)**. Guíe cuidadosamente el flotador del nivel del combustible y el brazo a través de la abertura. Doblar o dañar el brazo del flotador afectará la certeza del medidor del combustible.

10 Remueva el colador de admisión del combustible del ensamblaje de la bomba de combustible **(vea ilustración)**. Inspeccione el colador, si muestra cualquier signo de contaminación o daño, reemplácelo.

11 Desconecte el conector eléctrico de la bomba de combustible y separe la bomba de combustible del ensamblaje para el nivel del combustible **(vea ilustraciones)**.

12 Inspeccione el acoplador de caucho y reemplácelo si está agrietado, o dañado. Arme la bomba de combustible al ensamblaje del nivel de combustible e insercióne el ensamblaje en el tanque de combustible.

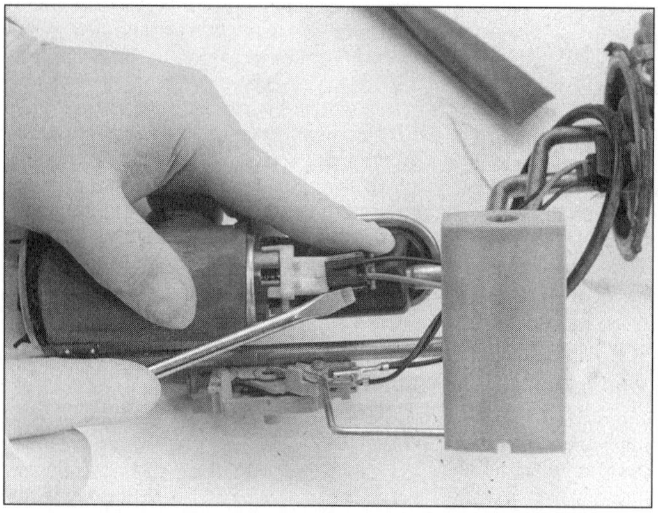

4.11a Use un destornillador pequeño para hacerle palanca cuidadosamente al conector eléctrico de la lengüeta de enclavamiento de encima y desconecte el conector

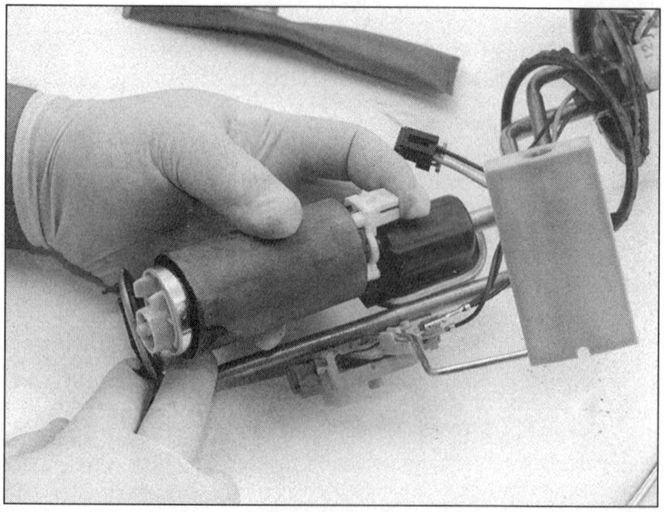

4.11b Cuidadosamente hágale palanca hacia abajo en el soporte de la bomba de combustible, desconecte el suministro de la bomba de combustible del acoplador y remueva la bomba de combustible del ensamblaje

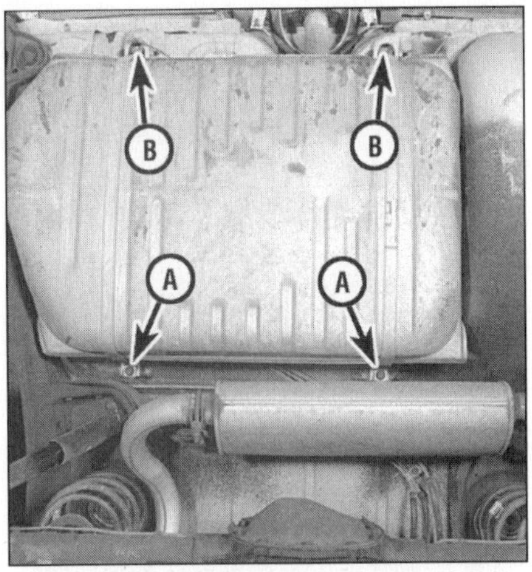

5.8a Ensamblaje típico del tanque de combustible más antiguo

5.8b Ensamblaje típico del tanque de combustible más moderno

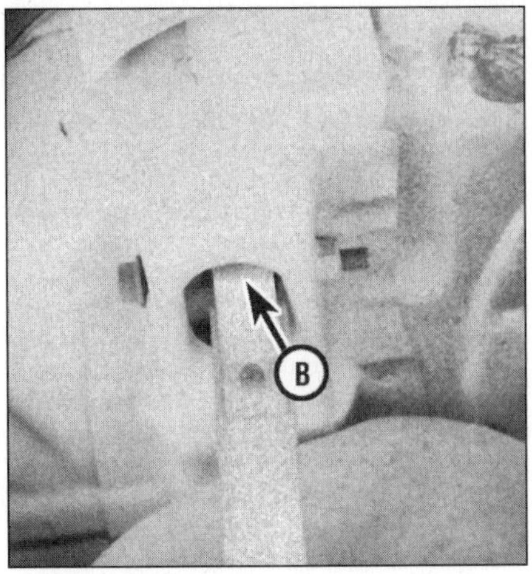

5.8c Ensamblaje típico del tanque de combustible de una furgoneta

Gire el anillo de enclavamiento hasta que las levas estén firmemente cerradas hacia abajo de las lengüetas.

13 La instalación se hace en el orden inverso al procedimiento de desensamble.

5 Tanque de combustible - remover e instalar

Refiérase a las ilustraciones 5.8a, 5.8b y 5.8c

Peligro: *La gasolina es extremadamente inflamable, razón por la cual se debe tener mucha precaución al trabajar en cualquier parte del sistema de combustible. No fume ni permita la presencia de llamas expuestas o bombillas sin protección cerca del área, no trabaje en un garaje donde un aparato de tipo gas natural (tal como una debido a que la gasolina es carcinogenica, guantes de látex se deben usar cuando haya una posibilidad de entrar en contacto con el combustible, y, si usted rocía combustible en su piel, límpiela inmediatamente con jabón y agua. Limpie cualquier derrame de combustible inmediatamente y no almacene trapos de combustible empapados donde ellos se puedan prender. El sistema de combustible está bajo constante presión, así que, si cualquier línea de combustible es desconectada, la presión del sistema de combustible se debe aliviar primero. Cuándo usted realice cualquier tipo de trabajo en el sistema de combustible, use lentes de seguridad y tenga un extinguidor de tipo B a la mano.*

1 Remueva la tapa del collar de reabastecimiento de combustible para aliviar la presión del tanque de combustible.

2 Separe el cable del terminal negativo de la batería.

3 Si el tanque está lleno o casi lleno, use una bomba operada a mano para remover la mayor cantidad de combustible posible a través del tubo del abastecer (si tal bomba no está disponible, usted puede drenar el tanque a través de la línea de suplemento del combustible después de levantar el vehículo).

4 Levante el vehículo y colóquelo firmemente sobre estantes.

5 Desconecte las líneas de combustible, la línea de regreso del vapor y el collar de reabastecimiento de combustible. **Nota:** *El combustible suplementado, líneas de regreso y la línea de regreso del vapor son de tres diámetros diferentes, así que el ensamblaje es simplificado. Si usted tiene cualquier duda, sin embargo, marque claramente las tres líneas y sus tubos respectivos de suministro o salida. Esté seguro de tapar las mangueras para prevenir fuga y contaminación del sistema de combustible.*

6 Si usted no tiene una bomba de mano, absorba el combustible del tanque en la línea de suplemento del combustible - no en la línea de regreso.

7 Sostenga el tanque de combustible con un gato de piso u otros medios adecuados. Coloque un tablón firme entre la cabeza del gato y el tanque de combustible para proteger el tanque.

8 Desconecte ambas bandas y pivote de retención del tanque de combustible y muévalo hacia abajo hasta que ellos se cuelguen fuera del camino **(vea ilustraciones)**.

9 Baje el tanque lo suficiente para desconectar los alambres eléctricos y la banda de conexión a tierra de la bomba de combustible/unidad de envío del medidor del combustible, si usted no lo a hecho ya.

10 Remueva el tanque del vehículo.

11 La instalación se hace en el orden inverso al procedimiento de desensamble.

6 Tanque de combustible limpiar y reparar - información general

1 Cualquier reparación al tanque de combustible o el collar de reabastecimiento debe de ser llevado a cabo por un profesional que tenga la experiencia en este tipo de trabajo crítico y potencialmente peligroso. Todavía después de limpiar y enjuagar el sistema de combustible, vapores explosivos pueden permanecer y poder prenderse durante la reparación del tanque.

2 Si el tanque de combustible es removido del vehículo, no se debe colocar en un área donde chispas o llamas abiertas podrían prender los vapores que salen del tanque. Esté especialmente cuidadosos adentro de los garajes donde un aparato de tipo gas natural esté localizado, porque la luz del piloto podría causar una explosión.

7 Carburador - remover e instalar

Refiérase a las ilustraciones 7.2, 7.6 y 7.8

Peligro: *La gasolina es extremadamente inflamable, razón por la cual se debe tener mucha precaución al trabajar en cualquier parte del sistema de combustible. No fume ni permita la presencia de llamas expuestas o bombillas sin protección cerca del área, no trabaje en un garaje donde un aparato de tipo gas natural (tal como una debido a que la gasolina es carcinogenica, guantes de látex se deben usar cuando haya una posibilidad de entrar en contacto con el combustible, y, si usted rocía combustible en su piel, límpiela inmediatamente con jabón y agua. Limpie cualquier derrame de combustible inmediatamente y no almacene trapos de combustible empapados donde ellos se puedan prender. El sistema de combustible está bajo constante presión, así que, si cualquier línea de combustible es desconectada, la presión del sistema de combustible se debe aliviar primero. Cuándo usted realice cualquier tipo de trabajo en el sistema de combustible, use lentes de seguridad y tenga un extinguidor de tipo B a la mano.*

Remover

1 Remueva la tapa para el abastecedor del combustible para aliviar la presión del tanque de combustible.

2 Remueva el purificador de aire del carburador. Esté seguro de marcar todas las mangueras de vacío conectadas al albergue

del purificador de aire **(vea ilustración)**.

3 Desconecte el cable del acelerador de la palanca del acelerador.

4 Si el vehículo está equipado con una transmisión automática, desconecte el cable de rebase de la palanca del acelerador.

5 Marque claramente todas las mangueras de vacío y acopladores, entonces desconecte las mangueras.

6 Desconecte la línea de combustible del carburador **(vea ilustración)**.

7 Marque los alambres y los terminales, entonces remueva todos los alambres de los conectores del arnés.

8 Remueva los afianzadores de montaje y separe el carburador del múltiple de admisión. Remueva la junta de montaje del carburador. Atore un trapo de taller en las aberturas del múltiple de admisión **(vea ilustración)**.

Instalar

9 Use un raspador de junta para remover todos los rasgos del material de la junta del múltiple de admisión (y el carburador, si es reinstalado), entonces remueva el trapo de taller de las aberturas del múltiple. Limpie las superficies de acoplamiento con rebajador de pintura o acetona.

10 Coloque una junta nueva en el múltiple.

11 Posicione el carburador en la junta e instale los afianzadores de montaje.

12 Para prevenir la distorsión del carburador o daño, apriete los afianzadores firmemente en un patrón cruzado, 1/2-vuelta a la vez.

13 La instalación se hace en el orden inverso al procedimiento de desensamble.

14 Chequee y si es necesario, ajuste la velocidad de la marcha mínima.

15 Si el vehículo está equipado con una transmisión automática, refiérase al Capítulo 7B para el procedimiento del ajuste del cable de rebase.

16 Ponga el motor en marcha y chequee cuidadosamente por fugas de combustible.

7.2 Remueva el albergue del filtro del aire

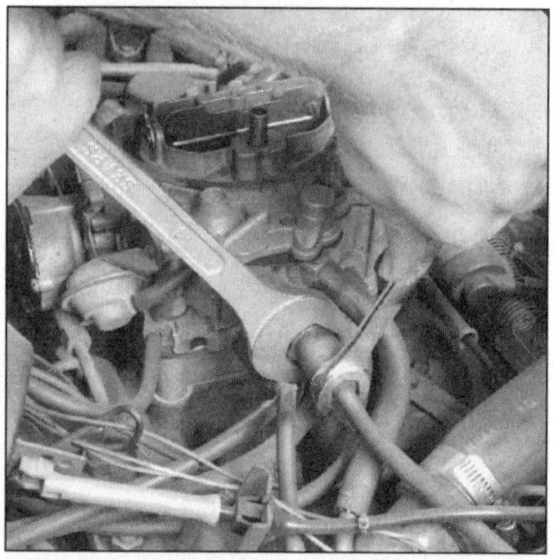

7.6 Cuando esté removiendo la linea de combustible use las herramientas con el tamaño correcto, preferiblemente una herramienta para tubería para evitar redondear la tuerca y una herramienta de respaldo para detenter la tuerca de entrada al carburador para que no gire

8 Carburador - diagnóstico y reconstrucción completa

Peligro: *La gasolina es extremadamente inflamable, razón por la cual se debe tener mucha precaución al trabajar en cualquier parte del sistema de combustible. No fume ni permita la presencia de llamas expuestas o bombillas sin protección cerca del área, no trabaje en un garaje donde un aparato de tipo gas natural (tal como una debido a que la gasolina es carcinogenica, guantes de látex se deben usar cuando haya una posibilidad de entrar en contacto con el combustible, y, si usted rocía combustible en su piel, límpiela inmediatamente con jabón y agua. Limpie cualquier derrame de combustible inmediatamente y no almacene trapos de combustible empapados donde ellos se puedan prender. El sistema de combustible está bajo constante presión, así que, si cualquier línea de combustible es desconectada, la presión del sistema de combustible se debe aliviar primero. Cuándo usted realice cualquier tipo de trabajo en el sistema de combustible, use lentes de seguridad y tenga un extinguidor de tipo B a la mano.*

7.8 Remueva las tuercas o pernos para retener el carburador

Diagnóstico

1 Una prueba completa en la carretera y chequeo de los ajustes del carburador deben ser hecho antes de hacer un trabajo mayor de servicio al carburador. Especificaciones para algunos de los ajustes están listados en la lengüeta de VECI (etiqueta de información para el control de las emisiones del vehículo) localizada en el compartimiento del motor.

2 Los problemas del carburador aparecen generalmente como inundando, difícil de comenzar, atorandoce, haciendo contra explosión severa y aceleración pobre. Un carburador que tiene fuga de combustible y/o cubierto con depósitos mojados definitivamente necesitan atención.

3 Algunas quejas del desempeño dirigidas al carburador son verdaderamente un resultado de componentes del motor flojos, fuera de ajuste, funcionamiento mal del motor o eléctrico. Otros se desarrollan cuando mangueras de escape o de vacío, son desconectado o son incorrectamente dirigidas. El enfoque apropiado para analizar los problemas del carburador deben incluir los siguientes artículos:

a) Inspeccione todas las mangueras de vacío y actuadores por fugas e instalación correcta (vea Capítulo 1 y 6).
b) Apriete las tuercas/pernos del múltiple de admisión y el carburador uniformemente y firmemente.
c) Realice una prueba de compresión de los cilindros (vea Capítulo 2).
d) Limpie o reemplace las bujías según sea necesario (vea Capítulo 1).
e) Chequee los alambres de las bujías (vea Capítulo 1).
f) Inspeccione los alambres primarios de la ignición.
g) Chequee la regulación del tiempo de la ignición (siga las instrucciones impresa en la lengüeta de información de control para las emisiones).
h) Chequee la presión/volumen de la bomba de combustible (vea Sección 3 de este Capítulo).
i) Chequee la válvula para el control del calor en el purificador de aire por una operación apropiada (vea Capítulo 1).
j) Chequee/reemplace el elemento del filtro de aire (vea Capítulo 1).
k) Chequee el sistema de la PCV (ventilación positiva del cárter) (vea Capítulo 6).
l) Chequee/reemplace el filtro de combustible (vea Capítulo 1). También, el colador en el tanque podría estar restringido.
m) Chequee por un sistema de escape obstruido.
n) Chequee la operación de la válvula EGR (recirculación de los gases de escape) (vea Capítulo 6).
o) Chequee el estrangulador - se debe abrir completamente a la temperatura normal de operación del motor (vea Capítulo 1).
p) Chequee por fugas de combustible y líneas de combustible dobladas o aboIladas (vea Capítulo 1 y Sección 2 de este Capítulo).

q) *Chequee la operación de la bomba aceleradora con el motor apagado (remueva la tapa del purificador de aire y opere el acelerador según usted observa la garganta del carburador - usted debe de observar un chorro de gasolina entrando en el carburador).*
r) *Chequee por combustible incorrecto o gasolina mala.*
s) *Chequee los franqueos de las válvulas (si es aplicable) y cuanto se eleva el lóbulo del árbol de levas (vea Capítulo 1 y 2).*
t) *Haga que el departamento de servicio de su concesionario o taller de reparación chequee el sistema electrónico y los controles del carburador.*

4 Diagnosticando los problemas del carburador pueden requerir que el motor se ponga en marcha con el purificador de aire removido. Al correr el motor sin el purificador de aire, explosiones pueden ser posibles. Esta situación probablemente puede ocurrir si el carburador está funcionando mal, pero apenas remover el purificador de aire puede empobrecer la mezcla de aire/combustible lo suficiente para causar una contra explosión del motor. **Peligro:** *No posicione ninguna parte de su cuerpo, especialmente su cara, directamente en el carburador durante la inspección y procedimientos de servicios. ¡Use protección para los ojos!*

Reconstrucción completa

5 Una vez que sea determinado que el carburador necesita una reconstrucción completa, varias opciones están disponible. Si usted va a intentar de reconstruir el carburador usted mismo, obtenga primero un juego bueno de reconstrucción de carburador de buena calidad (que incluirá todas las juntas necesarias, partes internas, instrucciones y una lista de partes). Usted necesitará también algún solvente especial y un medio de soplar los pasajes internos del carburador con aire comprimido.

6 Una alternativa es de obtener un carburador nuevo o reconstruido. Ellos están disponibles del concesionario y refaccionarías. Esté absolutamente seguro que el carburador de cambio es idéntico al original. Una lengüeta es generalmente conectada a la cima del carburador o un número es estampado en la taza del flotador. Ayudará a determinar el tipo exacto de carburador que usted tiene. Cuando obtenga un carburador reconstruido o un juego de reconstrucción, asegúrese que el juego o el carburador empareja con su aplicación exactamente. Las diferencias aparentemente insignificantes pueden hacer una diferencia grande en el desempeño del motor.

7 Si usted elige reconstruir su propio carburador, permítase suficiente tiempo para desarmarlo cuidadosamente, remoje las partes necesarias en solvente de limpiar (generalmente por lo menos medio día o según las instrucciones listadas en el limpiador del carburador) y vuelva a instalarlo, que tomará generalmente mucho más tiempo que desarmarlo. Cuando desarme el carburador, empareje cada parte con la ilustración en el juego del carburador y ponga cada parte en orden en una superficie de trabajo limpia. Reparaciones completas por mecánicos sin experiencia pueden resultar en un motor con mala marcha o nada en absoluto. Para evitar esto, tenga cuidado y paciencia cuando desarme el carburador para que usted lo pueda volver a ensamblar correctamente.

8 Porque los diseños de los carburadores son constantemente modificados por el fabricante para reunir las regulaciones cada veces más rigurosas de las emisiones, no es posible de incluir un tipo de cada reconstrucción completa paso a paso. Usted recibirá un conjunto bien ilustrado detallado con instrucciones con cualquier juego de reconstrucción completa del carburador; ellas se aplicarán en una manera más específica al carburador en su vehículo. Una vista esquemática de un carburador típico es incluido aquí.

9 Sistema de escape, servicio - información general

Peligro: *Inspección y reparación de los componentes del sistema de escape deben ser hecho solamente después que suficiente tiempo haya pasado después de conducir el vehículo para permitir que los componentes del sistema se enfríen completamente. También, cuando esté trabajando debajo del vehículo, asegúrese de que está firmemente sostenido sobre estantes.*

1 El sistema del escape se compone del múltiple(s) de escape, convertidor catalítico, silenciador, tubo de cola y todas las conexiones de las tuberías, soportes, ganchos y abrazaderas. El sistema del escape es conectado a la carrocería con ganchos y soportes de caucho. Si algunas de estas partes son instaladas inapropiadamente ruidos excesivo y vibraciones serán transmitidos a la carrocería.

2 Conduzca las inspecciones regulares del sistema de escape para mantenerlo seguro y silencioso. Busque por cualquier parte desgastada o doblada, coyunturas abiertas, roscas, conexiones flojas, corrosión excesiva u otros defectos que podrían permitir que vapores del escape entraran en el vehículo. Componentes deteriorados del sistema de escape no se deben reparar; ellos deben ser reemplazados con partes nuevas.

3 Si los componentes del sistema de escape están extremadamente corroídos u oxidados juntos, ellos tendrán que ser cortados probablemente del sistema de escape. La manera más conveniente de hacer esto es que un taller de reparación de silenciadores remueva las secciones corroídas con una antorcha cortante. Sin embargo, si usted quiere ahorrar dinero haciéndolo usted mismo (y usted tiene un juego de acetileno/oxígeno con una antorcha de cortar), corte simplemente los componentes viejos con una sierra de metal. Si usted tiene aire comprimido, cinceles neumáticos cortantes especiales se pueden usar también. Si usted decide hacer el trabajo en casa, esté seguro de usar gafas de seguridad aprobadas por OSHA (administración ocupacional para la seguridad y la salud) para proteger sus ojos de astillas de metal y guantes de trabajo para proteger sus manos.

4 Aquí hay algunas pautas sencillas de aplicar cuando repare el sistema del escape:

a) *Trabaje de la parte trasera hacia el frente cuando remueva los componentes del sistema de escape.*
b) *Aplique aceite penetrante a los afianzadores de los componentes del sistema de escape para hacerlos más fácil de remover.*
c) *Use juntas nuevas, ganchos y abrazaderas cuando esté instalando los componentes del sistema de escape.*
d) *Aplique atascamiento para las roscas a todos los afianzadores del sistema de escape durante el proceso de volver a instalar.*
e) *Esté seguro de permitir que suficiente espacio libre entre las partes nuevas instaladas y todos los puntos debajo del capó para evitar sobrecalentamiento del piso y posiblemente dañar la alfombra y el aislamiento interior. Pegue atención particularmente al convertidor catalítico y su protector contra el calor.*

10 TBI (cuerpo de inyección de combustible) - información general

Refiérase a la ilustración 10.4

Comenzando en 1985, los vehículos equipados con un motor V6 de 262 pulgada cúbicas (4.3 litro), también como los Chevrolet equipados con un motor de 305 pulgada cúbicas (5.0L) y los motores de 350 pulgada cúbicas (5.7L) V8 después del 1988, fueron equipados con TBI, un tipo de sistema de inyección de combustible electrónica central, atomizando combustible adentro del múltiple de admisión.

La inyección de combustible electrónica proporciona proporciones óptimas para la mezcla de aire/combustible en todas las etapas de la combustión y ofrece mejores características para la respuesta del acelerador que el carburación. Permite también que el motor corra en la proporción posible más pobre de la mezcla de aire/combustible, reduciendo magníficamente las emisiones del gas de escape. El sistema con TBI es controlado por el ECM (módulo de control electrónico), que controla el desempeño del motor y ajusta la mezcla de aire/combustible por consiguiente durante todas las operaciones de condiciones del motor.

Un bomba eléctrica de combustible, localizada en el tanque de combustible, entrega el combustible a la unidad del TBI a través de las líneas de suplemento del combustible y un filtro de combustible en la línea.

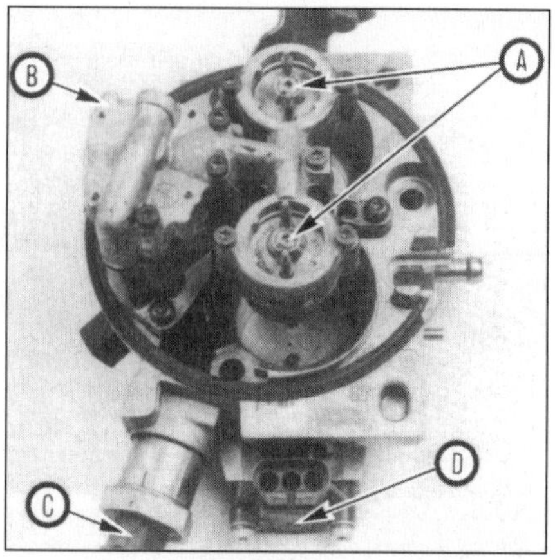

10.4 Unidad TBI (cuerpo de inyección de combustible) típico de un Modelo 220

A Inyectores de combustible
B Regulador de presión del combustible (debajo de la tapa del medidor de combustible)
C Válvula IAC (motor de control para la marcha mínima)
D TPS (sensor del ángulo de apertura del acelerador)

Un regulador de presión dentro de la unidad con TBI mantiene una presión constante entre 9 a 13 psi (libras por pulgadas cuadradas) disponible a los inyectores de combustible. El exceso del combustible es regresado al tanque de combustible a través de una línea de retorno de combustible.

Una unidad Modelo TBI 220 es usada en todos los modelos. La unidad con TBI se compone del cuerpo de inyección, dos inyectores de combustible, un regulador de presión del combustible, la válvula IAC (motor de control para la marcha mínima) y el TPS **(vea ilustración)**.

11 TBI (cuerpo de inyección de combustible) - remover e instalar

Refiérase a las ilustraciones 11.7 y 11.8

1 Separe el cable del terminal negativo de la batería.

2 Remueva la tapa del abastecedor del tanque de combustible para aliviar la presión del tanque de combustible.

3 Remueva el ensamblaje del albergue para el purificador del aire, el adaptador y la junta.

4 Remueva los conectores eléctricos de la válvula IAC (motor de control para la marcha mínima), TPS (sensor del ángulo de apertura del acelerador) e inyectores de combustible. Separe el anillo de caucho con los alambres del cuerpo de inyección.

5 Separe el control de la mariposa, resorte(s) de retorno, cable de control de la transmisión (automática) y si está equipado, control de crucero.

6 Ponga etiquetas claramente, entonces

11.7 Cuando esté desconectando las líneas de suplemento del combustible y de regreso, esté seguro de usar una llave para tuerca de tubería y una de respaldo para prevenir hacerle daño a las líneas

separe, todas las mangueras de vacío.

7 Usando una llave para tuerca de tubería y una de respaldo, separe las tuercas de entrada y de salida de la línea de combustible. Remueva los anillos selladores de las tuercas de la línea de combustible y los tira **(vea ilustración)**.

8 Remueva los pernos de anclaje del TBI y levante la unidad TBI del múltiple de admisión **(vea ilustración)**. Remueva y descarte la junta para el TBI del múltiple.

9 Instale la unidad TBI y apriete los pernos al par de torsión especificado. Use una junta nueva en el múltiple para el TBI.

10 Instale un anillo sellador en las tuercas de la línea de combustible. Instale la línea de combustible y tuerca de salida a mano para prevenir correr las roscas. Usando una llave para tuerca de tubería y una de respaldo, apriete las tuercas una vez que ellas hayan sido correctamente enroscadas en la unidad TBI.

11 Conecte las mangueras de vacío, varilla del acelerador, resorte(s) de retorno, cable para el control de la transmisión (automática) y, si está equipado con, cable para el control de crucero. Conecte el anillo de caucho, con el arneses de alambre, al cuerpo de aceleración.

12 Conecte todos los conectores eléctricos, asegúrese que los conectores están completamente asentados y cerrados.

13 Chequee si el pedal del acelerador está libre, presionando el pedal al piso y liberándolo con el motor apagado.

14 Conecte el cable negativo de la batería y con el motor apagado y la ignición encendida, chequee por fugas alrededor de las tuercas de las líneas de combustible.

15 Si es necesario, ajuste la velocidad de la marcha mínima y ajuste el TPS.

16 Instale el ensamblaje del albergue para el purificador de aire, el adaptador y las juntas.

11.8 Para separar el cuerpo de inyección de combustible del múltiple de admisión, remueva estos tres pernos (flechas)

Ajuste para la velocidad de la marcha mínima

Nota: *Este ajuste se debe realizar solamente cuando el cuerpo de aceleración haya sido reemplazado. El motor debe estar a la temperatura normal de operación antes de hacer el ajuste.*

17 Remueva el ensamblaje del albergue para el purificador de aire, el adaptador y las juntas.

18 Tape cualquier puerto de vacío según sea requerido por la etiqueta VECI (etiqueta de información para el control de las emisiones del vehículo).

19 Con la válvula IAC conectada, conecte a tierra el terminal diagnóstico del conector ALDL (línea de datos de la planta de ensamblaje) (vea Capítulo 6). Prenda la ignición pero no ponga el motor en marcha. Espere por lo menos 30 segundos para permitir que la aguja de la válvula IAC se extienda y se asiente en el cuerpo del aceleración. Desconecte la válvula IAC del conector eléctrico. Remueva la conexión a tierra del terminal de diagnóstico y ponga el motor en marcha.

20 Remueva el tapón perforándolo primero con un punzón, entonces aplique un apalancamiento.

21 Ajuste el tornillo de detención para obtener las rpm (revoluciones por minuto) baja especificada en la etiqueta VECI en neutral (manual) o en engrane (automática).

22 Apague la ignición y conecte de nuevo la válvula IAC al conector eléctrico.

23 Remueva los puertos tapados de la línea de vacío.

24 Instale el ensamblaje del albergue para el purificador de aire, el adaptador y las juntas nuevas.

12 TBI (cuerpo de inyección de combustible) - reemplazo de componentes

Nota: *A causa de su sencillez relativa, el*

12.6 Cuidadosamente pele hacia afuera la junta vieja de salida del medidor de combustible y la junta de la tapa de medidor de combustible con una navaja

ensamblaje del cuerpo de inyección no necesita ser removido del múltiple de admisión o desmontado para reemplazar el componente. Sin embargo, por amor a la claridad, los siguientes procedimientos son mostrado con el ensamblaje del TBI removido del vehículo.

1 Separe el cable del terminal negativo de la batería.

2 Remueva la tapa del abastecedor para el tanque de combustible para aliviar la presión del tanque de combustible.

3 Remueva el ensamblaje del purificador de aire, el adaptador y la junta.

Cubierta para el medidor de combustible/ensamblaje de regulador de presión

Refiérase a las ilustraciones 12.6 y 12.7

Caución: *El regulador de presión del combustible está albergado en la tapa del medidor de combustible. Si usted está reemplazando la tapa del medidor o el regulador mismo, el ensamblaje entero debe ser reemplazado, el regulador no debe ser removido de la tapa.*

4 Remueva los conectores eléctricos para los inyectores de combustible.

5 Remueva los tornillos de la tapa del medidor de combustible y remueva la tapa del medidor de combustible.

6 Remueva la junta del pasaje de salida de la tapa del medidor de combustible y sello del regulador de presión. Remueva cuidadosamente cualquier material de la junta vieja con una navaja **(vea ilustración)**. **Caución:** *No trate de volver a usar ninguna de estas juntas.*

7 Inspeccione la tapa por tierra, material extranjero y combadura de la fundición. Si está sucia, límpiela con un trapo limpio de taller empapado en solvente. No sumerja la tapa del medidor de combustible en solvente de limpiar - podría dañar el diafragma del regulador de presión y la junta. **Peligro:** *No remueva los cuatro tornillos que aseguran el*

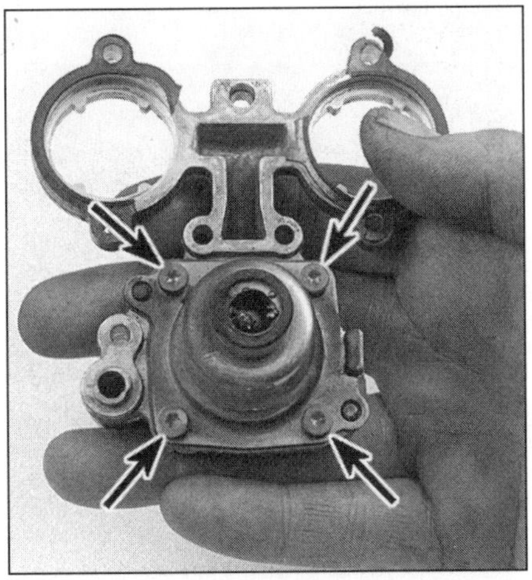

12.7 ¡No remueva ninguno de los cuatro tornillos (flechas) del regulador de presión de combustible de la tapa del medidor de combustible!

regulador de presión a la tapa del medidor del combustible **(vea ilustración)**. *El regulador contiene un resorte grande bajo compresión que si es liberado accidentalmente, podría causar una lesión. Desarmarlo también quizás resultaría también en una fuga de combustible entre el diafragma y el albergue del regulador. El ensamblaje nuevo de la tapa del medidor del combustible incluirá un regulador de presión nuevo.*

8 Instale el regulador de presión nuevo, junta de pasaje de salida del medidor de combustible y la junta de la tapa.

9 Instale el ensamblaje de la tapa del medidor de combustible usando Loctite 262 o equivalente en los tornillos. **Nota:** *Los tornillos cortos van anexo a los inyectores.*

10 Conecte los conectores eléctricos para ambos inyectores.

11 Conecte el cable al terminal negativo de la batería.

12 Con el motor apagado y la ignición encendida, chequee por fugas alrededor de los acoplamientos de la junta y la línea de combustible.

13 Instale el purificador de aire, adaptador y juntas.

Ensamblaje del inyector de combustible

Refiérase a las ilustraciones 12.16, 12.21, 12.22, 12.23, 12.24 y 12.25

14 Para remover los conectores eléctricos de los inyectores de combustible, apriete las lengüetas plásticas y remuévalas directamente hacia encima.

15 Remueva la tapa del medidor de combustible/ensamblaje del regulador de presión. **Nota:** *No remueva la junta del ensamblaje de la tapa del medidor de combustible - déjelo en su posición para proteger la fundición por daño ocasionado durante el periodo de remover los inyectores.*

16 Use un destornillador y un punto de apoyo para hacerle palanca hacia afuera del

12.16 Para remover un inyector, resbale la punta de un destornillador plano debajo del labio de la agarradera encima del inyector y usando otro destornillador como un fulcro, hágale palanca cuidadosamente al inyector hacia encima y hacia fuera.

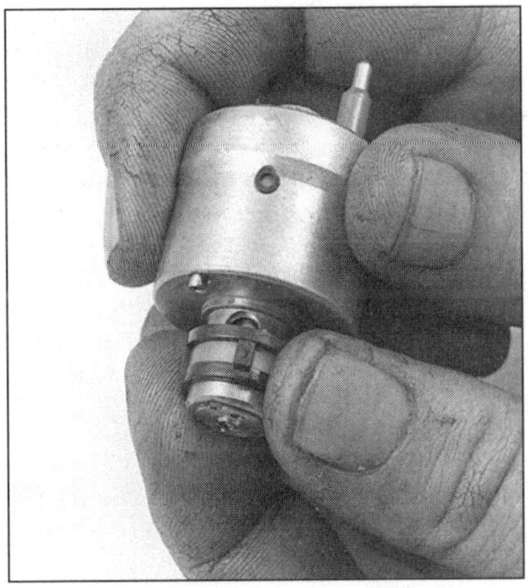

12.21 Deslice el filtro nuevo en la tobera del inyector de combustible

inyector **(vea ilustración)**.

17 Remueva los anillos superiores e inferiores y el filtro del inyector.

18 Remueva la arandela del respaldo de acero de la cavidad superior del inyector.

19 Inspeccione el filtro de inyección de combustible por evidencia de tierra y contaminación. Si está presente, chequee por presencia de tierra en las líneas de combustible y el tanque de combustible.

20 Esté seguro de reemplazar el inyector de combustible con una parte idéntica. Los inyectores de otros modelos pueden ser instalados en el ensamblaje del TBI del Modelo 220 pero son calibrados para un valor de un flujo diferente.

21 Deslice el filtro nuevo en su posición en la boca del inyector **(vea ilustración)**.

22 Lubrique el anillo sellador nuevo inferior (pequeño) con fluido para la transmisión automática y lo coloca en el hombro

12.22 Lubrique el anillo sellador inferior con fluido de transmisión y colóquelo en el hombro en el fondo de la cavidad para el inyector

12.23 Coloque la arandela de acero de respaldo en el hombro cerca de la cima de la cavidad del inyector

12.24 Lubrique el anillo sellador superior con fluido de transmisión y lo instala encima de la arandela de acero

pequeño al fondo de la cavidad del inyector de combustible en el cuerpo de medidor el combustible **(vea ilustración)**.

23 Instale la arandela de acero de respaldo en la cavidad del inyector **(vea ilustración)**.

24 Lubrique el anillo sellador superior nuevo (más grande) con fluido para la transmisión automática y lo instala encima de la arandela de acero de respaldo **(vea ilustración)**. **Nota:** *La arandela de respaldo y el anillo sellador grande deben ser instalados antes que el inyector, si no, un asiento inapropiado del anillo O grande podría causar fuga de combustible.*

25 Para instalar el inyector, alinee la agarradera levantada en la base del inyector con la mella en la cavidad del cuerpo del medidor de combustible **(vea ilustración)**. Empuje hacia abajo en el inyector hasta que esté completamente sentado en el cuerpo del medidor de combustible. **Nota:** *Las terminales eléctricas deben estar paralelas con el eje del acelerador.*

26 Instale el ensamblaje de la tapa del medidor de combustible y la junta.

27 Conecte el cable al terminal negativo de la batería.

28 Con el motor apagado y la ignición encendida, chequee por fugas de combustible.

29 Conecte los conectores eléctricos al inyector(es) de combustible.

30 Instale el ensamblaje del albergue del purificador de aire, el adaptador y las juntas.

TPS (sensor del ángulo de apertura del acelerador)

Refiérase a la ilustración 12.31

31 Remueva los dos tornillos que conectan el TPS, los retenedores y remueva el TPS del cuerpo de inyección **(vea ilustración)**.

32 Si usted intenta volver a usar el mismo TPS, no procure limpiarlo empapándolo en ningún limpiador ni líquidos de solvente. El TPS es un componente eléctrico delicado y puede ser dañado por solventes.

12.25 Asegúrese que la agarradera esté alineada con la ranura en el fondo de la cavidad del inyector de combustible

33 Instale el TPS en el cuerpo de aceleración mientras alinea la palanca del TPS con la palanca que acciona el TPS.

34 Instale los dos tornillos que conectan el TPS y los retenedores. Conecte el conector eléctrico al TPS.

35 Instale el ensamblaje del albergue para el purificador de aire, el adaptador y las juntas.

36 Conecte el cable al terminal negativo de la batería. Ajuste el TPS.

Ajuste del TPS

Nota: *Este ajuste se debe realizar solamente cuando el cuerpo de aceleración o el TPS hayan sido reemplazados o después que la velocidad de la marcha mínima haya sido ajustada.*

37 Usando un voltímetro digital conecte las sondas al terminal central del conector del TPS (alambre azul oscuro) y terminal externo (alambre gris) (usted tendrá que fabricar alambres puentes para tener acceso a la terminal).

38 Prenda la ignición (motor apagado). Con el acelerador cerrado, afloje los tornillos del TPS y gire el TPS hasta que el voltímetro lea 0.50 volteos. Apriete los tornillos.

12.31 El TPS (sensor del ángulo de apertura del acelerador) (flecha) es asegurado al lado de la unidad TBI (cuerpo de inyección de combustible) con dos tornillos Torx

Válvula IAC (motor de control para la marcha mínima)

Refiérase a las ilustraciones

39 Remueva el conector eléctrico de la válvula IAC y remueva la válvula IAC.

40 Remueva y hale la junta vieja de la válvula IAC. Limpie cualquier material de la junta vieja de la superficie de ensamblaje del cuerpo de inyección para asegurarse que la junta nueva está apropiadamente sellando.

41 Mida la distancia entre la punta de la aguja y el albergue con la aguja completamente extendida **(vea ilustración)**. Si la dimensión "A" es más que 1-1/8 pulgada, debe ser reducida para prevenir daño a la válvula.

42 Si la aguja debe ser ajustada, determine si su válvula es del tipo 1 (collar alrededor del terminal eléctrico o tipo II (no collar alrededor de la terminal eléctrica).

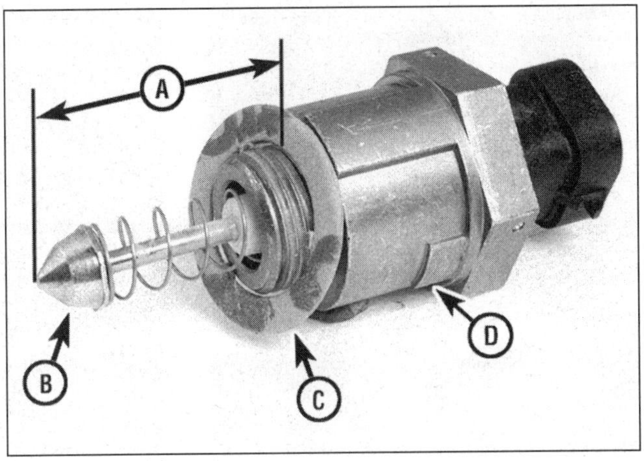

12.41 Válvula IAC (motor de control para la marcha mínima) típica

A Distancia de la extensión de la aguja
B Aguja
C Junta
D Válvula IAC

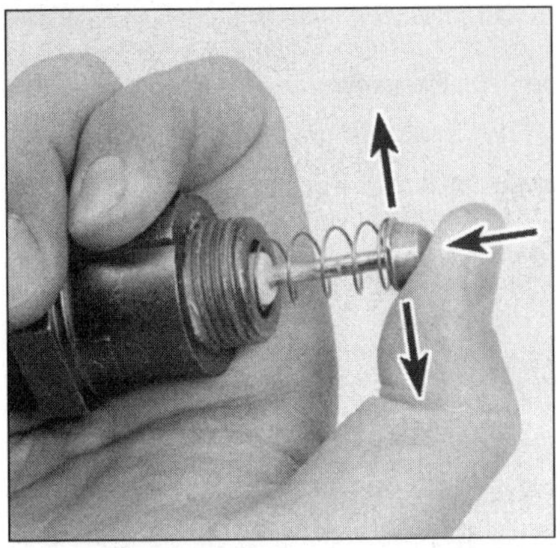

12.42a Para ajustar una válvula IAC (motor de control para la marcha mínima) con un collar, retracte la aguja ejerciendo presión firme mientras la mueve levemente de lado a lado

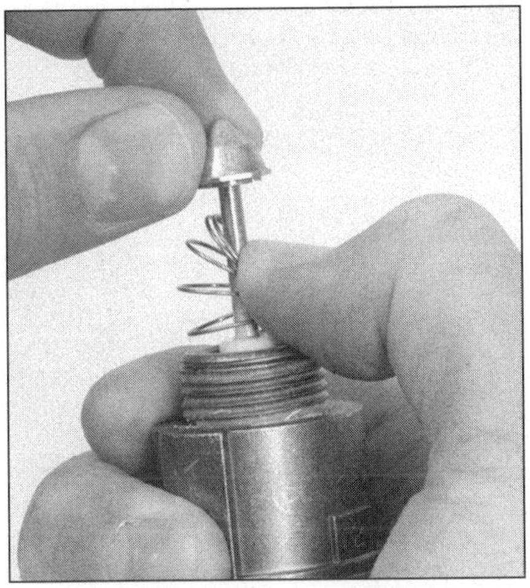

12.42b Para ajustar una válvula IAC (motor de control para la marcha mínima) sin un collar, comprima el resorte retenedor mientras gira la válvula a la derecha . . .

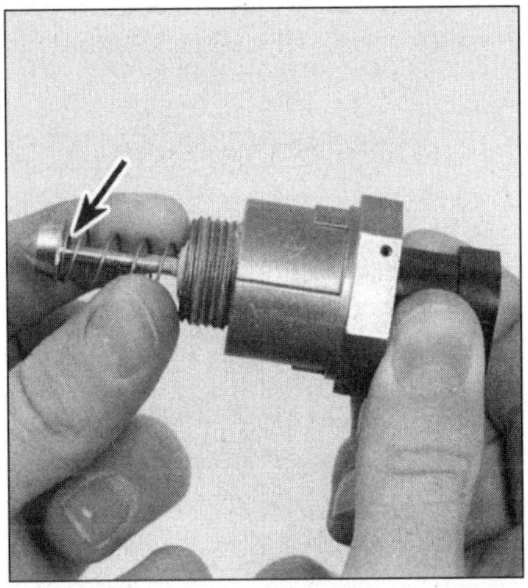

12.42c . . . entonces gire el resorte a su posición original con la porción recta alineada en la hendidura debajo de la superficie plana de la válvula

12.50 Remueva las tuercas de suministro y de salida del combustible del cuerpo del medidor de combustible

a) Para instalar la aguja de una válvula IAC con un collar, coja la válvula y ejerza presión firme en la aguja con el dedo pulgar. Use un movimiento leve de lado a lado en la aguja según usted la aprieta con su dedo pulgar **(vea ilustración)**.

b) Para instalar la aguja de una válvula IAC sin un collar, comprima el retenedor del resorte mientras gira la aguja a la derecha. Gire el final de resorte a su posición original con la porción recta alineada en la hendidura debajo la superficie de la válvula **(vea ilustraciones)**.

43 Instale la válvula IAC y la aprieta al par de torsión especificado. Conecte el conector eléctrico.

44 Instale el ensamblaje del purificador de aire, adaptador y juntas.

45 Conecte el cable al terminal negativo de la batería. Ponga el motor en marcha y permita alcanzar la temperatura de operación normal, entonces lo apaga. Ningún ajuste de la válvula IAC es requerido después de la instalación. La válvula IAC es reajustada por el ECM (módulo de control electrónico) cuando el motor es apagado.

Ensamblaje del cuerpo del medidor de combustible

Refiérase a las ilustraciones 12.50 y 12.52

46 Remueva los conectores eléctricos de los inyectores de combustible.

47 Remueva la tapa del medidor de combustible/ensamblaje de regulador de presión, junta de la tapa del medidor de combustible, junta de salida del medidor de combustible y sello del regulador de presión.

48 Remueva los inyectores de combustible.

49 Destornille los acopladores para la entrada del combustible y de regreso, separe las líneas y remueva los anillos selladores.

50 Remueva las tuercas de suministro y de salida del combustible y las juntas del ensamblaje del cuerpo del medidor de combustible **(vea ilustración)**. Note los lugares de las tuercas para asegurar que se vuelve a instalar apropiadamente. La tuerca del suministro tiene un pasaje más grande que la tuerca de salida.

51 Remueva la junta de la tuerca interior de combustible de cada final.

52 Remueva los tornillos que conectan el cuerpo del medidor al cuerpo de aceleración de combustible y remueva el medidor del cuerpo de aceleración **(vea ilustración)**.

12.52 Remueva los tornillos y separe el medidor del cuerpo de inyección de combustible

53 Instale la junta nueva al cuerpo del

medidor de combustible al cuerpo del acelerador. Empareje las porciones cortadas en la junta con las aberturas en el cuerpo de aceleración.

54 Instale el cuerpo del medidor de combustible en el cuerpo de aceleración. Revista los tornillos del cuerpo del medidor al cuerpo de aceleración con compuesto de atascamiento de enclavamiento de rosca antes de instalarlos.

55 Instale las tuercas de suministro de combustible y de salida, con juntas nuevas, en el cuerpo del medidor de combustible y apriete las tuercas al par de torsión especificado. Instale la línea de suministro de combustible y de regreso con anillos selladores nuevos. Use una llave para tuerca de tubería y una de respaldo para prevenir redondear las tuercas.

56 Instale los inyectores de combustible.

57 Instale la tapa de medidor de combustible/ensamblaje del regulador de presión.

58 Conecte el cable al terminal negativo de la batería.

59 Conecte los conectores eléctricos a los inyectores del combustible.

60 Con el motor apagado y la ignición encendida, chequee por fugas alrededor del cuerpo del medidor de combustible, la junta, alrededor de las roscas de las tuercas de la línea de combustible y el acoplador.

61 La instalación se hace en el orden inverso al procedimiento de desensamble.

Capítulo 5
Sistemas eléctricos del motor

Contenido

1 Información general y precauciones

Los sistemas eléctricos del motor incluyen toda la ignición, componentes de carga y arranque. A causa de sus funciones relacionadas al motor, estos componentes son discutidos separadamente de los dispositivos eléctricos del chasis, tales como las luces, los instrumentos, etc. (que están incluidos en el Capítulo 12).

Siempre observe las siguientes precauciones cuando esté trabajando en los sistemas eléctricos:

a) *Esté extremadamente cuidadoso cuando le esté otorgando servicio a los componentes eléctrico del motor. Ellos son fácilmente dañados si son chequeados, conectados o manejados impropiamente.*
b) *El alternador es conducido por una banda del motor que podría causar lesión grave si las manos, el cabello o la ropa llegan a enredarse cuando el motor esté en marcha.*
c) *Ambos el alternador y el motor de arranque están conectados directamente a la batería y pueden hacer un arco o causar un fuego si es maltratado, sobrecargado o puesto a corto.*
d) *Nunca deje el interruptor de la ignición por períodos largos de tiempo con el motor apagado.*
e) *No desconecte los cables de la batería mientras el motor está en marcha.*
f) *Mantenga la polaridad correcta cuando esté conectando un cable de la batería de otra fuente, tal como un vehículo, durante el paso de corriente.*
g) *Siempre desconecte el cable negativo primero y conéctelo de último o la batería puede ponerse a corto por la herramienta que va ser usada para aflojar las abrazadera del cable.*

Es también una buena idea de revisar la información relacionada de la seguridad con respecto a los sistemas eléctricos del motor localizado en la *Sección de Seguridad Primero* cerca de la parte delantera de este manual antes de comenzar cualquier operación incluida en este Capítulo.

2 Batería - remover e instalar

Refiérase a la ilustración 2.2

1 **Caución:** *Siempre desconecte primero el cable negativo y conéctelo de último ya que la batería puede sufrir un corto con la herramienta que se está utilizando para aflojar*

2.2 Ilustración típica de la abrazadera de retención para la batería

las grapas del cable. Desconecte los dos cables de la batería.

2 Remueva la grapa de retención de la batería **(vea ilustración)**.

3 Levante la batería. Tenga cuidado - es pesada.

4 Mientras que la batería está afuera, inspeccione el portador (bandeja) por si está corroído (vea Capítulo 1).

5 Si usted está cambiando la batería, asegúrese de comprar una idéntica, con las mismas dimensiones, capacidad de amperaje, capacidad de arranque en frío, etc.

6 La instalación se hace en el orden inverso al procedimiento de desensamble.

3 Batería - paso de corriente

Refiérase al proceso de *Arranque por acoplamiento de la batería (salto)*, al comienzo de este manual.

4 Cables de la batería - chequeo y reemplazo

1 Inspeccione periódicamente el cable de la batería completo en su longitud por daño, grietas o aislamiento quemado y corrosión. Conexiones pobres del cable de la batería pueden causar problemas de arranque y desempeño disminuido del motor.

2 Chequee las conexiones de los cable en las puntas por roturas de los cables, hebras de los alambres flojas y corrosión. La presencia de depósitos blancos y vellosos bajo el aislamiento en la conexión del terminal del cable es un signo que el cable está corroído y debe ser reemplazado. Chequee por distorsión de los terminales, pernos de afianzamiento flojos y corrosión.

3 Cuando remueva los cables, siempre desconecte el cable negativo primero y conéctelo de último o la batería se puede ponerse a corto por la herramienta usada para aflojar las abrazaderas del cable. Aunque solamente el cable positivo vaya ser reemplazado, esté seguro de desconectar el cable negativo de la batería primero (vea Capítulo 1 para información adicional con respecto a remover el cable de la batería).

4 Desconecte los cables viejos de la batería, entonces trace cada uno de ellos a sus puntas opuestas y los separa del solenoide del motor de arranque y conexión a tierra. Note la ruta de cada cable para asegurar su instalación correcta.

5 Si usted está reemplazando uno o ambos de los cables viejos, llévelo con usted cuando vaya a comprar los cables nuevos. Es esencialmente importante que usted reemplace los cables con las partes idénticas. Los cables tienen características que los hacen fácil de identificar: los cables positivos son generalmente rojos, más grandes y tienen una abrazadera de diámetro más grande para el poste de la batería; los cables para la conexión a tierra son generalmente negros, más pequeños y tienen una abrazadera de diámetro más pequeña para el poste negativo.

6 Limpie las roscas de la conexión del solenoide o conexión a tierra con una brocha de alambre para remover la oxidación y la corrosión. Aplique un capa delgada de anticorrosivo para el terminal de la batería, o de jalea de petróleo, a las roscas para prevenir la corrosión futura.

7 Conecte el cable a la conexión del solenoide o la conexión a tierra y apriete la tuerca/tornillo de afianzamiento firmemente.

8 Antes de conectar un cable nuevo a la batería, asegúrese que llega al poste de la batería sin tener que ser estirado.

9 Conecte el cable positivo primero, seguido por el cable negativo.

5 Sistema de la ignición - información general

1 En orden para que el motor corra correctamente, es necesario que una chispa eléctrica prenda la mezcla de aire/combustible en la cámara de combustión exactamente al momento correcto con relación a la velocidad del motor y la carga. La bobina para la ignición convierte el voltaje bajo de la batería (LT) en voltaje alto (HT), lo suficientemente poderoso para saltar el espacio libre de la bujía en el cilindro, con tal de que el sistema esté en buena condición y que todos los ajustes estén correctos.

2 El sistema de ignición para todos los vehículos de modelos pre 1975 están equipados con un distribuidor convencional con platinos de contacto mecánicos. En 1975 y los modelos más modernos, un sistema HEI (ignición de alta energía) es usado.

Sistemas de ignición pre 1975

3 El sistema de ignición está dividido en circuito primario (tensión baja) y circuito secundario (tensión alta).

4 El circuito primario consiste del cable de la batería al motor de arranque, el alambre al interruptor de la ignición, el alambre de la resistencia calibrado del interruptor de la ignición al embobinado primario de la bobina y los alambres de los embobinados bajos de la bobina a los platinos de contacto y el condensador en el distribuidor.

5 El circuito secundario se compone del embobinado secundario de la bobina, el alambre de tensión alta de la bobina a la tapa del distribuidor, el rotor y los alambres de las bujías y las bujías.

6 El sistema funciona de la siguiente manera. El voltaje bajo en la bobina es convertido en voltaje de tensión alta por la abertura y cierre de los platinos de contacto en el distribuidor. Este voltaje de tensión alta es conducido vía la brocha en el centro de los contactos de la tapa del distribuidor al brazo del rotor de la tapa del distribuidor. Cada vez que el rotor hace contacto con una de los terminales de la bujía en la tapa, salta el espacio libre del brazo del rotor al terminal y es conducido por el alambre de la bujía a la bujía, donde salta el espacio libre de la bujía a la conexión a tierra.

7 El avance de la ignición es controlado por ambos sistemas operativos mecánico y de vacío. El mecanismo mecánico del gobernador se compone de dos pesas, cuál debido a fuerza centrífuga se mueve hacia afuera del eje del distribuidor cuando el motor aumenta de velocidad. Según ellos se mueven hacia afuera ellos giran la leva del eje del distribuidor, avanzando el tiempo de la chispa. Los pesos son sostenidas en posición por dos resortes ligeros. Es la tensión de estos resortes que determinan el avance correcto de la chispa.

8 El sistema de control de vacío se compone de un diafragma, un lado es conectado vía una línea de vacío al carburador, el otro lado a la placa ruptora del contacto. El vacío en el múltiple de admisión y el carburador varía con la abertura del acelerador y la velocidad del motor. Cuando el vacío cambia, mueve el diafragma, que gira la placa del ruptor de contacto levemente con relación al rotor, así avanzando o retardando la chispa. El control es bien afinado por un resorte en el ensamblaje de vacío.

9 En algunos modelos, un sistema de TCS (sistema de chispa controlada por la transmisión) elimina el avance del encendido regulado por vacío del múltiple (vea Capítulo 6).

Sistemas de ignición HEI (ignición de alta energía) (1975 al 1980)

10 El sistema HEI es activado por un pulso, controlado por un transistor, sistema inductivo de descarga.

11 Un captador magnético dentro del distribuidor contiene un imán permanente, el polo y la bobina de captación. Un núcleo de tiempo, girando dentro del polo, induce un voltaje en la bobina de captación. Cuando los dientes en el reloj y el polo forman una fila, una señal pasa al módulo electrónico para abrir el circuito primario de la bobina. Los colapsos del circuito primario de la corriente producen un voltaje alto en el embobinado secundario de la bobina. Este voltaje alto es dirigido a las bujías por el rotor del distribuidor en una manera similar a un sistema convencional. Un condensador suprime la interferencia de radio.

12 El sistema HEI representa una duración más larga de la chispa que un sistema de ignición convencional de punto, y el período del dwell (tiempo en que los puntos están cerrados medidos en grados) incrementa automáticamente con la velocidad del motor. Estas características son deseable para el encendiendo delgado y las mezclas pobres de la EGR (recirculación de los gases de escape).

13 La bobina para la ignición y el módulo electrónico son ambos albergados en la tapa del distribuidor en el sistema HEI. El distribuidor no requiere servicio rutinario.

14 El tiempo de la chispa es avanzado mecánicamente y por dispositivos de vacío semejantes a esos usado en los distribuidores convencionales de puntos (descrito encima). El sistema TCS es eliminado.

Sistemas HEI (ignición de alta energía) (1981 y más moderno)

15 Desde 1981, un sistema HEI ha sido equipado con EST (tiempo de la chispa electrónico). Todos los cambios del tiempo de la chispa son llevados a cabo por el ECM (módulo de control electrónico), que controla los datos de varios sensores del motor, computa el tiempo deseado de la chispa y señala al distribuidor para alterar el tiempo de la chispa por consiguiente. El vacío y el avance mecánico son eliminados.

16 Un sistema ESC (sistema de control electrónico de chispa) utiliza un sensor de detonación, y el ECM, permite adelantar la chispa al máximo sin producir un encendido prematuro de las bujías. El sistema ESC mejora la maniobrabilidad y economía del combustible.

6 Sistema de la ignición - chequeo

Refiérase a las ilustraciones 6.1, 6.6a y 6.6b

Peligro: *Debido al voltaje secundario generado por el sistema de la ignición - particularmente HEI (sistema de ignición de alta energía) - cuidado extremo se debe de tomar cuando se conduzca este chequeo.*

1 Si el motor no se pone en marcha aunque gire, chequee por chispa en la bujía, instalando un probador de sistema de ignición calibrado a uno de los alambres de las bujías **(vea ilustración)**. **Nota:** *La herramienta está disponible en la mayoría de los autopartes. Esté seguro de obtener la herramienta correcta para su sistema de ignición particular (puntos - HEI).*

2 Conecte la pinza del probador a tierra, tal como un soporte de metal o perno de la tapa de los balancines, gire el motor y observe el final del probador por una luz azul brillante, chispas bien definida.

3 Si ocurren chispas, suficiente voltaje está llegando a las bujías para poner en marcha el motor. Pero las mismas bujías pueden estar contaminadas, así que remuévalas como está descrito en el Capítulo 1 o reemplácelas con nuevas.

6.1 El sistema de la ignición debe de ser chequeado con un probador de chispa - si el sistema de ignición produce una chispa que salta la brecha del probador, está funcionando apropiadamente

4 Si no ocurre ninguna chispa, desconecte el alambre secundario de la bobina de la tapa del distribuir, conecte el conector al alambre de la bobina y repita la prueba *(puntos - HEI).*

5 Si ocurren chispas, la tapa del distribuidor, rotor o alambres de las bujías pueden estar defectuosos. Remueva la tapa del distribuidor y chequee la tapa, rotor y alambres de las bujías como está descrito en el Capítulo 1. Reemplace las partes defectuosas según sea necesario. Si hay humedad presente en la tapa del distribuidor, use WD-40 o algo similar para secar la tapa y el rotor, entonces reinstale el probador de chispa en el alambre de la bujía.

6 Si no ocurre ninguna chispa en el alambre de la bobina, chequee las conexiones del alambre primario en la bobina para asegurarse de que están limpios y apretados. Chequee por voltaje en la bobina de la ignición **(vea ilustraciones)**. El voltaje de batería debe de estar disponible a la bobina de la ignición con la llave de la ignición encendida. **Nota:** *Si la lectura es de 7 volteos o menos, repare el circuito primario desde el interruptor de la ignición a la bobina de la ignición.*

7 El alambre de la bobina a la tapa puede que esté malo (sistemas con puntos de contacto solamente), chequee la resistencia con un ohmímetro y compárela con las Especificaciones. Haga cualquier reparación necesaria y repita la prueba.

8 Si todavía no hay chispa, chequee el modulo de la ignición (sistemas HEI) (vea Sección 11), la bobina de la ignición (vea Sección 8) u otro componente interno que esté defectuoso.

9 Si no hay chispa (vea Paso 1), chequee los puntos de la ignición (refiérase al Capítulo 1). Si los puntos aparecen estar en buenas condiciones (ningún orificio o áreas quemadas en la superficie de los puntos) y los alambres primarios están conectados correctamente, ajuste los puntos como está descrito en el Capítulo 1.

10 Si todavía no hay chispa en la bujía, chequee por un circuito a tierra o abierto en el circuito de los puntos del distribuidor. Pueda que haya un terminal de los puntos de la ignición a tierra causando que el voltaje se ponga a corto o se disminuya.

7 Distribuidor - remover e instalar

Refiérase a las ilustraciones 7.5, 7.6a y 7.6b

Remover

1 Después de desconectar el cable del terminal negativo de la batería, remueva el alambre primario de la bobina.

2 Remueva o separe todos los alambres eléctricos del distribuidor. Para encontrar los conectores, trace los alambres del distribuidor.

3 Busque por un "1" levantado en la tapa del distribuidor. Esto marca la ubicación del terminal del alambre de la bujía del cilindro número uno. Si la tapa no tiene una marca para la bujía número uno, localice la bujía número uno y trace el alambre a su terminal correspondiente en la tapa.

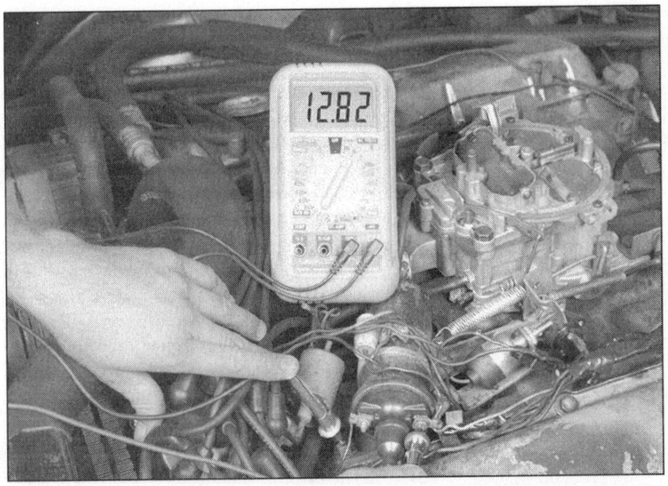

6.6a Chequeando por voltaje de batería en la terminal positiva de la bobina de la ignición (ignición con puntos)

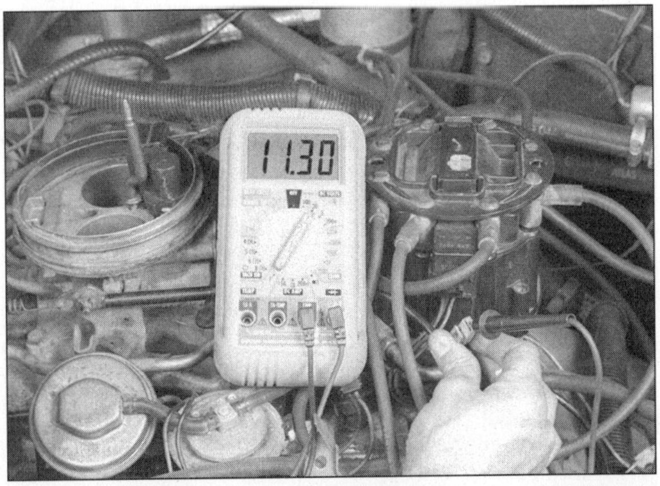

6.6b Chequeando por voltaje de batería en la terminal de la batería de la bobina de la ignición HEI (sistema de ignición de alta energía)

7.5 Después de girar el rotor hasta que esté apuntando al terminal de la bujía número 1, pinte o ralle una marca en la orilla del distribuidor directamente abajo de la base

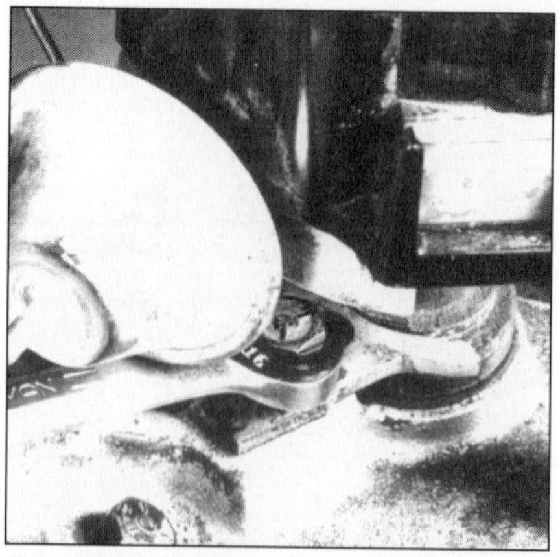

7.6a Algunos pernos de retención para el distribuidor pueden ser removidos con una llave de combinación . . .

7.6b . . . los otros pueden requerir una llave especial para distribuidor

4 Remueva la tapa del distribuidor (vea Capítulo 1) y gire el motor hasta que el rotor esté apuntando hacia el terminal de la bujía número uno (vea procedimientos para localizar el TDC (punto muerto superior) en el Capítulo 2).

5 Haga una marca en la orilla de la base del distribuidor directamente debajo de la punta del rotor y en la línea con el **(vea ilustración)**. También, marque la base del distribuidor y el bloque del motor para asegurarse que el distribuidor está instalado correctamente.

6 Remueva el perno de retención del distribuidor y la abrazadera **(vea ilustraciones)**, entonces hale el distribuidor recto hacia encima para removerlo. Tenga cuidado de no perturbar el eje. **Caución:** *No gire el motor mientras el distribuidor está removido, o las marcas de alineamiento serán inútiles.*

Instalar

Nota: *Si el cigüeñal se ha movido mientras el distribuidor está fuera, localice el TDC (punto muerto superior) para el pistón número uno (vea Capítulo 2) y posicione el distribuidor y el rotor por consiguiente.*

7 Insercióne el distribuidor en el motor exactamente en la misma relación al bloque que estaba cuando se removió.

8 Para engranar las guías helicoidales en el árbol de levas y el distribuidor, pueda que sea necesario girar el rotor levemente. Si el distribuidor no se asienta completamente, el receso inferior final del eje del distribuidor no está acoplado apropiadamente con el eje de la bomba de aceite. Chequee las marcas de alineamiento entre la base del distribuidor y el bloque para chequear que el distribuidor esté en la misma posición que estaba antes de removerlo. Chequee también el rotor si está alineado con la marca que usted hizo en la orilla de la base del distribuidor.

9 Coloque la abrazadera de retención y flojamente instale el perno.

10 Instale la tapa del distribuidor y apriete los tornillos de la tapa firmemente.

11 Conecte el conector eléctrico al módulo.

12 Acople nuevamente los alambres de las bujías a las bujías (si se removieron).

13 Conecte el cable al terminal negativo de la batería.

14 Chequee la regulación del tiempo de la ignición (vea Capítulo 1) y apriete el perno de retención del distribuidor firmemente.

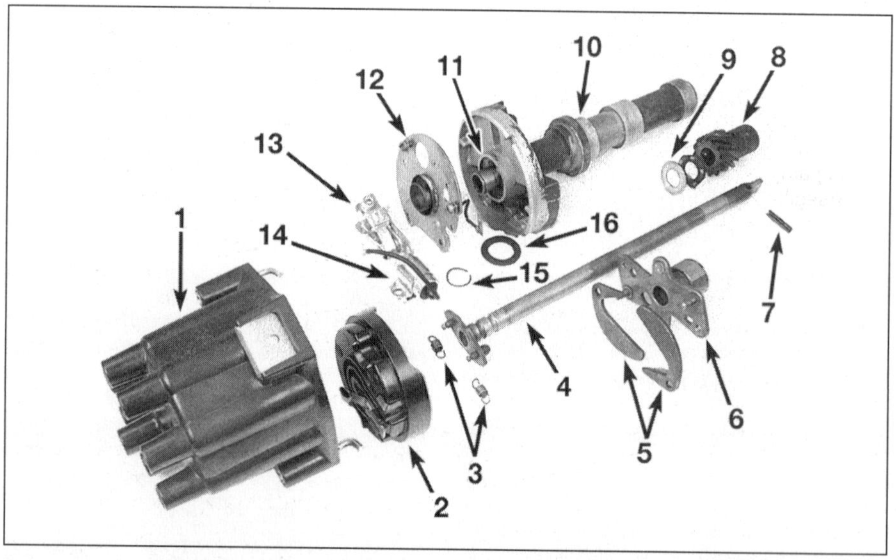

8.2 Vista esquemática de un distribuidor típico de contacto

1 Tapa
2 Rotor
3 Resortes de peso
4 Eje principal
5 Pesos para el avance
6 Ensamblaje de los pesos de avance
7 Clavija de impulsión para el engranaje
8 Engranaje de impulsión
9 Arandela de lamina para ajustes
10 Albergue
11 Arandela con ranura
12 Placa ruptora
13 Contacto/puntos
14 Condensador
15 Anillo de retención
16 Arandela de fieltro

8 Distribuidor (1970 al 1974) - reconstrucción completa

Refiérase a la ilustración 8.2

1 Remueva el distribuidor (vea Sección 7).

2 Remueva el rotor (dos tornillos), los resortes del peso de avance y los pesos **(vea ilustración)**. Donde sea aplicable, remueva también el protector RFI (interferencia para la frecuencia de radio).

3 Expulse la clavija de tipo rollo reteniendo el engrane al eje, entonces hale hacia fuera el engrane y los espaciadores.

4 Asegúrese que el eje no tiene rebarba, entonces deslícelo del albergue.

5 Remueva el ensamblaje base del peso de la leva.

6 Remueva los tornillos reteniendo la unidad de vacío y levante la unidad.

7 Remueva el retenedor de resorte (anillo de tipo empuje) entonces remueva el ensamblaje de la placa ruptora.

8 Remueva los platinos y el condensador, seguido por la arandela de fieltro y el sello de plástico localizado debajo de la placa ruptora.

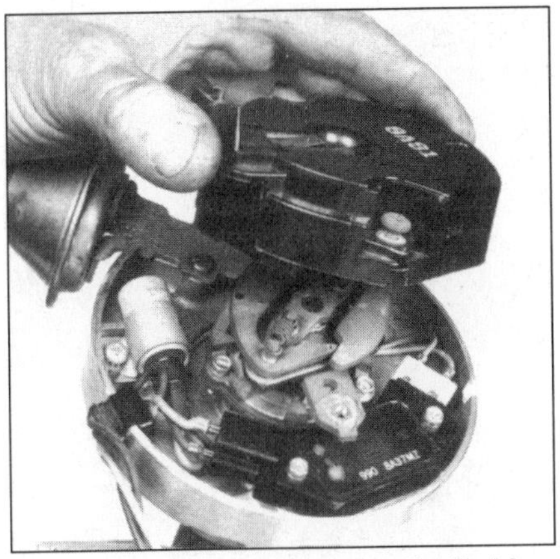

9.2 Para separar el rotor del distribuidor HEI (sistema de ignición de alta energía), remueva los dos tornillos superiores que conectan el mecanismo al avance centrífugo

9 Limpie todos los componentes con una tela humedecida en solvente y los examina completamente por desgaste, distorsión y rayones. Reemplace las partes según sea necesario. Pegue atención particular al rotor y la tapa del distribuidor para asegurarse que ellos no están agrietados.
10 Llene la cavidad de lubricación en el albergue con grasa de propósito general, entonces ponga un sello plástico nuevo y la arandela de fieltro.
11 Instale la unidad de vacío y la placa ruptora en el albergue y el retenedor de resorte en el buje superior.
12 Lubrique la base del peso de la leva y deslícela en el eje principal; instale los pesos y los resortes.
13 Inserciónе el eje principal en el albergue, entonces ponga las laminas para ajustes y el engrane de mando. Instale una clavija de rollo nueva.
14 Instale el juego de puntos de contacto (vea Capítulo 1).
15 Instale el rotor, alineando los orificios pilotos redondo y cuadrado.
16 Instale el distribuidor (vea Sección 7).

9.9 La bobina captadora y el polo se pueden remover después de remover el anillo retenedor

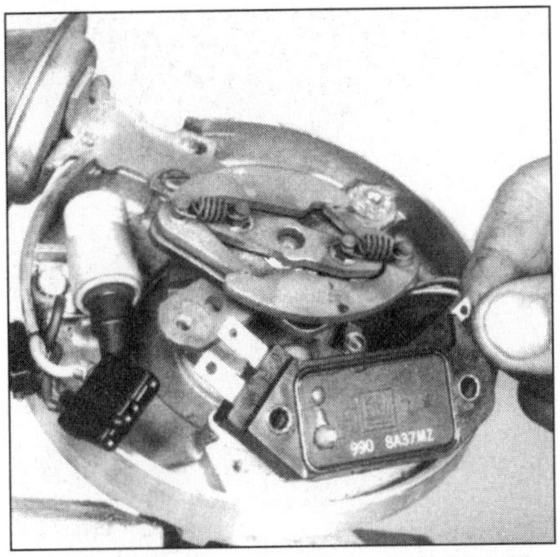

9.3 Para separar el módulo de la ignición del distribuidor HEI (sistema de ignición de alta energía), remueva los dos tornillos de retención y remueva el conector de los terminales B y C

9 Distribuidor HEI (1975 al 1981) - reconstrucción completa

Refiérase a las ilustraciones 9.2, 9.3, 9.5 y 9.9

Nota: *para chequear la bobina captadora, vea los pasos 4 al 8 en la Sección 10.*

1 Remueva el distribuidor (vea Sección 7).
2 Remueva el rotor (dos tornillos) **(vea ilustración)**.
3 Remueva los dos tornillos reteniendo el módulo. Mueva el módulo hacia un lado y remueva los conectores de los terminales "B" y "C" **(vea ilustración)**.
4 Remueva las conexiones de los terminales "W" y "G".
5 Remueva cuidadosamente la clavija de rollo del engranaje de impulsión **(vea ilustración)**.
6 Remueva el engrane, arandela de lamina para ajustes y el eje del distribuidor.
7 Asegúrese que el eje no tiene rebarba, entonces remueva el albergue.
8 Remueva la arandela del final superior del albergue del distribuidor.
9 Remueva los anillos retenedores y remueva la bobina captadora y la asamblea del polo **(vea ilustración)**.
10 Remueva el anillo de cierre, entonces remueva el retenedor de la bobina de captación, arandela de lamina para ajustes y fieltro.
11 Remueva la unidad de vacío (dos tornillos).
12 Desconecte el alambre del condensador y remueva el condensador (un tornillo).
13 Desconecte el arnés del albergue del distribuidor.
14 Limpie todos los componentes con una tela humedecida con solvente y chequéelo por desgaste, distorsión y otros daños. Reemplace las partes según sea necesario.
15 Para armar, posicione la unidad de vacío en el albergue y asegúrela con los dos tornillos.

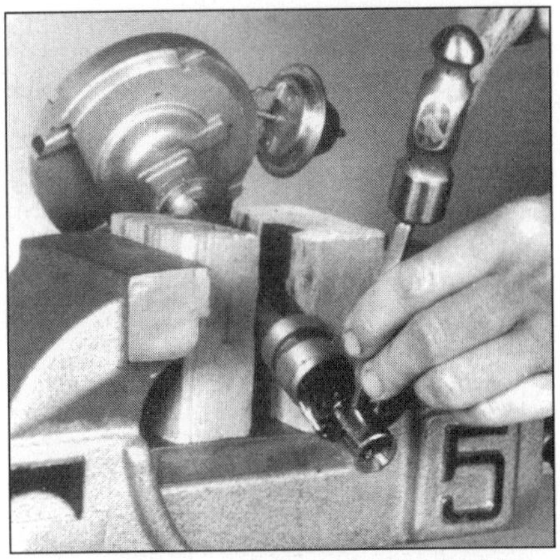

9.5 Para remover el eje del distribuidor, accione la clavija de rollo hacia afuera del eje con un martillo y un punzón, remueva el engrane, arandela de lámina para ajustes y el eje, inspeccione el eje por cualquier rebarba que quizás prevenga removerlo, entonces hálelo hacia fuera (tenga cuidado de no perder la arandela en el final superior del eje)

16 Posicione la arandela de fieltro encima del depósito para el albergue del lubricante, entonces posicione la lamina para ajustes encima de la arandela de fieltro.
17 Instale el imán de la bobina de captación y el polo. Asegúrese de que engancha el brazo de avance por vacío apropiadamente. Instale los anillos retenedores.
18 Instale la arandela en la parte superior del albergue. Instale el eje del distribuidor, entonces gírelo y chequee por el espacio libre igual a toda la redonda entre las proyecciones del eje y el polo. Asegure el polo cuando esté en posición correcta.
19 Instale la arandela con pestaña, la lamina para ajustes y engrane de mando. Alinee el engrane e instale una clavija de rollo nueva.
20 Instale flojamente el condensador con un tornillo.
21 Instale el conector a los terminales "B" y "C" en el módulo, con la etiqueta encima.
22 Aplique grasa silicona a la base del módulo y lo asegura con dos tornillos. La grasa es esencial para asegurar una buena conducción de calor.
23 Posicione el conjunto del alambrado/arnés, con el anillo de goma en la mella del albergue, entonces conecte el alambre rosa al espárrago del condensador y el alambre negro al tornillo del condensador. Apriete el tornillo.
24 Conecte el alambre blanco de la bobina de captación al terminal del módulo "W" y el verde al terminal "G".
25 Instale los pesos de avance, retenedor del peso (hendidura hacia abajo) y resortes.
26 Instale el rotor y asegúrelo con los dos tornillos. Asegúrese que la mella en el lado del rotor engancha con la proyección en la base del peso de la leva.
27 Instale el distribuidor (vea Sección 7).

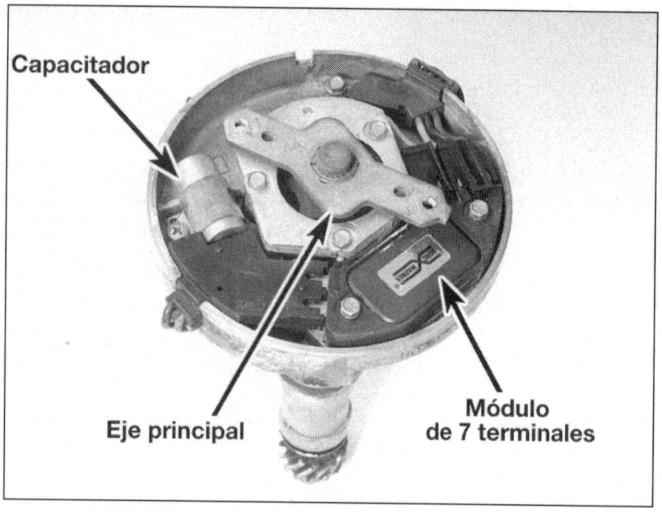

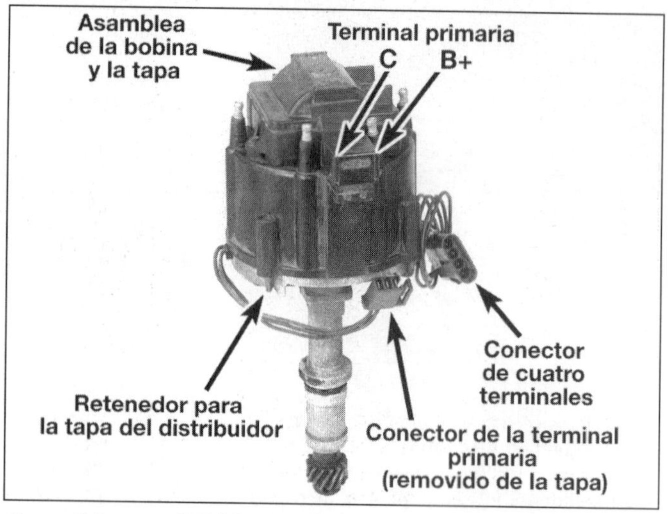

10.1a Vista esquemática de un distribuidor de modelo más moderno típico con HEI (sistema de ignición de alta energía)

10 Distribuidor HEI (1981 y más moderno) - reconstrucción completa

Refiérase a las ilustraciones 10.1a, 10.1b, 10.5, 10.7, 10.10 y 10.11

1 Los distribuidores más modernos HEI **(vea ilustraciones)** varían algo de esos descritos en la Sección 9. La mayoría de los distribuidores más modernos no están equipados con las unidades de avance para la regulación del encendido por vacío del múltiple, porque el avance es controlado por el ECM (módulo de control electrónico).

2 Remueva el conector(es) eléctrico, desengrane los cerrojos y remueva la tapa del distribuidor.

3 Remueva el rotor.

4 Si el distribuidor está equipado con una unidad de vacío, conecte una fuente de vacío o bomba al distribuidor.

5 Para chequear la bobina captadora, remueva los alambres de la bobina captadora del modulo. Conecte el alambre negativo del ohmímetro al cuerpo del distribuidor y el alambre positivo al conector eléctrico de la bobina captadora **(vea ilustración)**. La resistencia debe de ser indefinida. Si continuidad es indicada, hay un corto a tierra en la bobina captadora. Reemplace la bobina captadora.

6 Después, mida la resistencia a través de las dos terminales de la bobina captadora. Debe de ser entre 500 y 1,500 ohms **(vea ilustración)**. Si la resistencia es correcta, reemplace la bobina captadora.

7 Si su vehículo no está equipado con una unidad de avance de vacío continúe en el paso 8 y verifique que la resistencia indicada se mantiene constante según el vacío es aplicado **(vea ilustración)**. Reemplace la unidad de avance si está inoperativa o la lectura del ohmímetro cambia. Asegúrese que la aplicación de vacío no causa que los dientes se alineen (indicado por un salto en la lectura del ohmímetro).

8 Doble los alambres de la bobina captadora y hale en los conectores (con los conectores del ohmímetro conectado a los alambres de la bobina captadora). Cualquier cambio en la resistencia indicará un alambre abierto en la bobina captadora, reemplace la bobina captadora.

9 Ponga el distribuidor en una morsa, usando bloques de madera para protegerlo.

10 Marque las posiciones relativas del engrane y el eje. Empuje la clavija rodillo hacia afuera **(vea ilustración)**. Remueva el engrane y hale el eje desde el albergue del distribuidor.

11 Remueva el protector de aluminio para tener acceso a la bobina captadora y el modulo. La bobina captadora se puede levantar hacia afuera después de remover el retenedor C **(vea ilustración)**. Remueva los dos tornillos y levante el modulo, capacitador

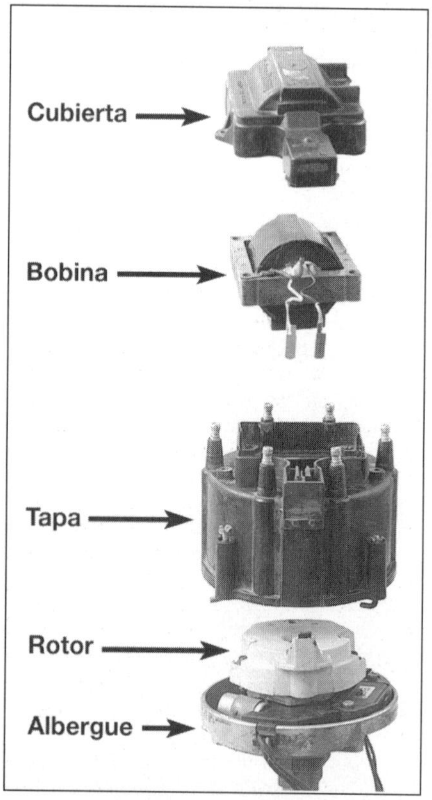

10.1b Detalles típicos de la instalación de la bobina en los modelos HEI (sistema de ignición de alta energía)

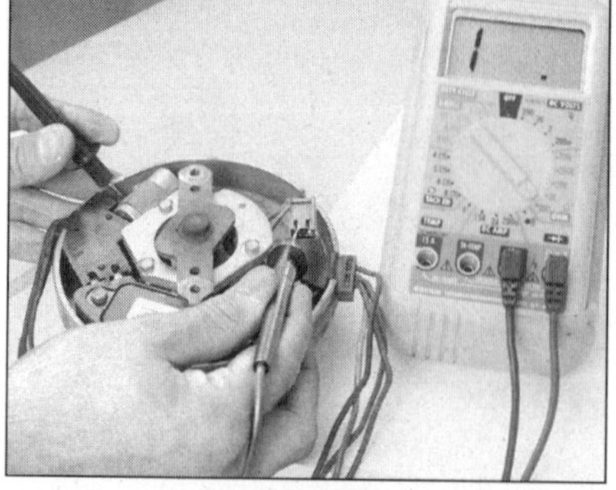

10.5 Conecte el ohmímetro al terminal de la bobina captadora y el marco del distribuidor. Si se indica continuidad, hay un corto en el embobinado de la bobina captadora al marco del distribuidor

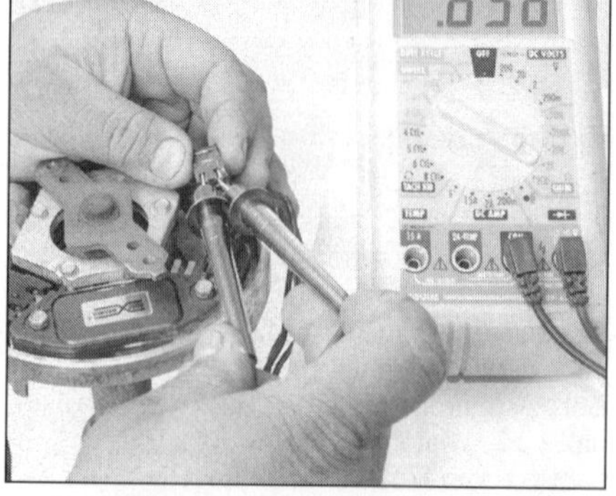

10.7 Mida la resistencia de la bobina captadora. Debe de estar entre 500 y 1,500 ohms

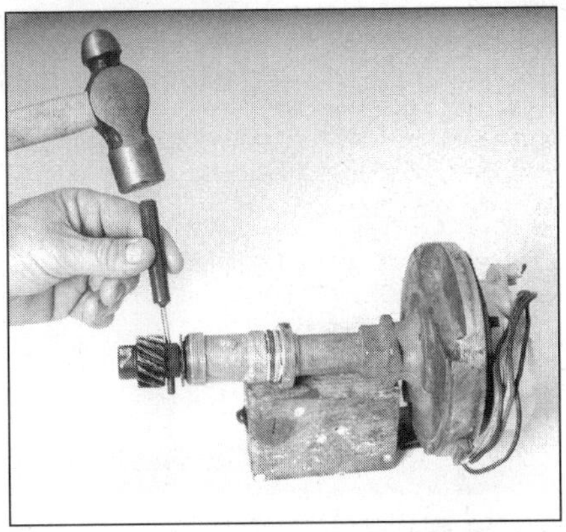

10.10 Para remover el eje del distribuidor, marque las posiciones relativas del engrane en el eje, remueva la clavija reteniendo el engrane del distribuidor al eje, remueva el engrane y hale el eje

y ensamblaje del arnés de la base del distribuidor.

12 Limpie la base del distribuidor y el modulo con una tela limpia e inspecciónela por cuarteaduras y daño.

13 El ensamblaje se hace en el orden inverso al procedimiento de desensamble. Esté seguro de aplicar una capa de grasa de tipo silicona a la base del distribuidor debajo del modulo. Después de ensamblarlo, gire el eje del distribuidor para estar seguro de que no haya contacto hecho por la bobina captadora y/o los dientes del captador de efecto Hall. Afloje y apriete los dientes para eliminar el contacto, si es necesario.

11 Bobina para la ignición - chequeo y reemplazo

Chequeo

1 Si el motor es duro de poner en marcha (particularmente cuando está caliente), falla en alta velocidad o se corta durante aceleración, la bobina puede estar defectuosa. Primero, asegúrese que la batería y el distribuidor están en buenas condiciones, en los vehículos con puntos (pre 1975) estén apropiadamente ajustados, las bujías y los alambres de las bujías están en buenas condiciones. Si el problema persiste, realice la siguiente prueba:

Ignición de tipo puntos

Refiérase a las ilustraciones 11.3a y 11.3b

2 Antes de realizar cualquiera de los siguientes chequeos eléctricos de la bobina, asegúrese que la bobina está limpia, libre de cualquier rastro de carbón y que todas las conexiones están apretadas y libre de corrosión. Asegúrese también que ambas terminales de la batería están limpia y que los cables están firmemente conectados (especialmente la banda de conexión a tierra en el terminal negativo).

3 Separe el cable de tensión alta de la bobina de la tapa del distribuidor. Usando una herramienta con aislación detenga el

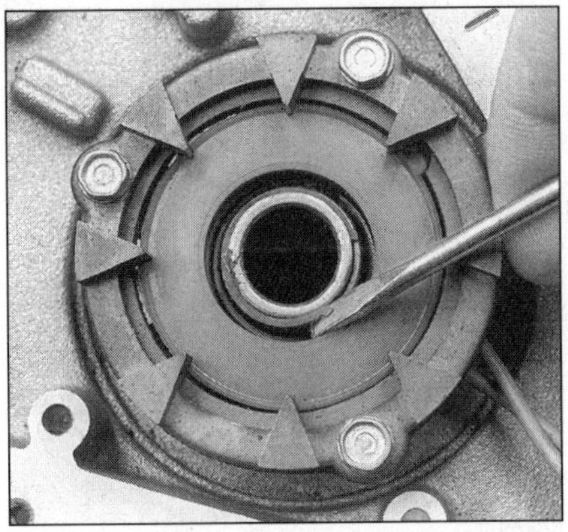

10.11 La bobina captadora y la asamblea del polo pueden ser removidas después de que cuidadosamente se remueva el retenedor C

final del cable acerca de 3/16 pulgada fuera de cualquier parte a tierra del motor y opere el motor de arranque con la ignición prendida. Una chispa azul brillante debe saltar el espacio libre.

a) *Si la chispa es débil, amarilla o roja, el voltaje de la chispa es insuficiente. Si los puntos, condensador y batería están en buenas condiciones, la bobina está probablemente débil. Llévela a un concesionario y hágala que sea chequeada por rendimiento* **(vea ilustraciónes)**. *Si prueba estar débil cuando la compare con una bobina nueva de las mismas especificaciones, reemplácela.*

b) *Si no hay ninguna chispa, trate de localizar el problema antes de reemplazar la bobina. Remueva la tapa del distribuidor. Gire el motor hasta que los puntos se abran, o separe los puntos con un pedazo pequeño de cartón. Prenda el interruptor de la ignición. Usando una bombilla de 12 voltios con dos alambres de prueba, conecte un alambre a la conexión a tierra en cualquier lugar en el motor y el otro a cualquier alambre primario de una de los terminales primarias de la bobina y entonces el otro.*

1) *Si la bombilla enciende cuando tocó el terminal primaria que se dirige al distribuidor, la bobina está recibiendo corriente y los embobinados primarios están bien.*

2) *Si la bombilla se ilumina cuando se toca el otro terminal primaria pero no cuando se conecta a uno de los alambres del distribuidor, los embobinados primarios están defectuosos y la bobina no está buena.*

3) *Si la luz no se ilumina cuando se conecta a cualquier conexión primaria, la bobina no es el problema. Chequee el solenoide interruptor de la ignición y el motor de arranque.*

4) *Si la bombilla se ilumina cuando se tocan ambas terminales primarias (la bobina está recibiendo corriente en ambas terminales primarias), remueva el alambre de alta tensión*

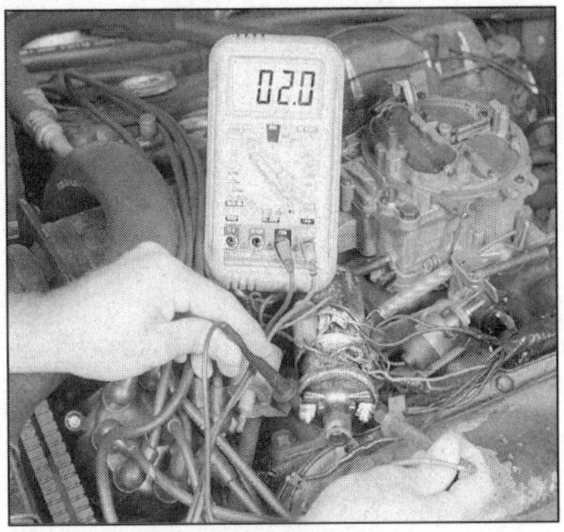

11.3a Mida la resistencia primaria entre los terminales de la bobina de la ignición positiva (+) y la negativa (-) (ignición con puntos)

11.3b Mida la resistencia secundaria entre las terminales de la bobina positiva (+) y la torre de la bobina de la ignición (ignición con puntos)

del centro de la tapa del distribuidor y trate de hacer un corto circuito a través de los puntos abiertos del distribuidor con la punta de un destornillador limpio (sin aceite).

a) *Si una chispa salta del alambre secundario de alta tensión de la bobina a un punto a tierra en el motor según el destornillador es removido, los puntos están contaminados con aceite, tierra, agua, o ellos están quemados.*

b) *Si el destornillador falla de producir una chispa en el alambre de alta tensión - según se abren los puntos.*

1) *Si una chispa salta del cable de alta tensión cuando el alambre de prueba es removido de la conexión a tierra, la bobina está buena. Los puntos están a tierra o el condensador está a corto.*

2) *Si una chispa no salta durante esta prueba, los embobinados secundarios de la bobina están defectuosos. Reemplace la bobina.*

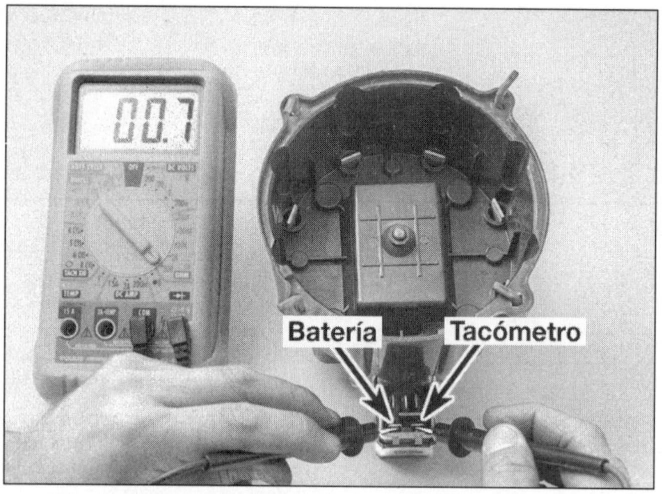

11.6 Para chequear la bobina en la tapa de tipo HEI (sistema de ignición de alta energía), conecte los alambres de un ohmímetro a las terminales primarias y chequee que la resistencia indicada sea cero o muy cerca de cero . . .

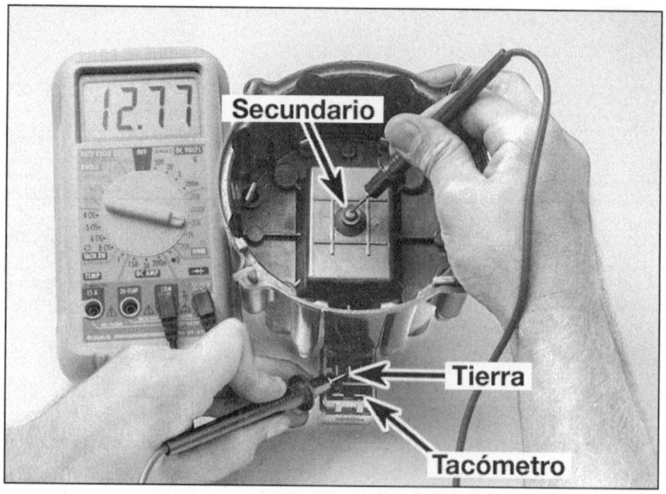

11.7 . . . entonces, usando la escala alta, conecte un alambre a la terminal de la tensión alta y la otra a cada una de las terminales primarias y verifique que ambas lecturas no son infinitas - si la resistencia indicada no está como se especifica, reemplace la bobina

4 A veces, una bobina chequea perfectamente pero el motor es difícil de poner en marcha y falla a velocidades altas. El problema puede ser voltaje inadecuado de la chispa causado por la polaridad invertida de la bobina. Si usted recientemente afinó el motor o realizó cualquier trabajo de servicio implicando la bobina, es posible que los alambres primarios de la bobina se invirtieron accidentalmente. Al chequear por polaridad invertida, remueva uno de los alambres de la bujía y usando una herramienta con aislación deténgala acerca de 1/4 pulgada del terminal de la bujía o cualquier punto de conexión a tierra. Entonces insercióne la punta de un lápiz entre el alambre de la ignición y la bujía mientras el motor está en marcha (si los terminales del conector de la bujía están profundamente en su receso en una bota o protector, enderécelo todos menos una curva en un retenedor de papel y meta el final redondeado en el final del conector de la bujía).

a) *Si la chispa estalla en la conexión a tierra o lado de la bujía del lápiz, la polaridad es correcta.*
b) *Si la chispa estalla entre el alambre de la ignición y el lápiz, la polaridad está mal y los alambres primarios se deben cambiar en la bobina.*

Ignición de tipo HEI (sistema de ignición de alta energía)

Refiérase a la ilustraciónes 11.6 y 11.7

5 Remueva la tapa del distribuidor (vea Capítulo 1).

6 Conecte los dos alambres de un ohmímetro a las dos terminales primarias como está mostrado **(vea ilustración)**. La resistencia indicada debe ser cero o muy cerca de cero. Si no es, reemplace la bobina.

7 Usando la escala alta, conecte un alambre del ohmímetro al terminal de la tensión alta en el centro del distribuidor y el otro alambre a cada una de las terminales primarias. Si ambos de las lecturas indican resistencia infinita, reemplace la bobina **(vea ilustración)**.

Reemplazo

Bobinas separadamente montadas

8 Separe el cable del terminal negativo de la batería.

9 Desconecte el cable de alta tensión de la bobina.

10 Separe las conexiones primarias eléctricas de la bobina y terminales secundarias. Esté seguro de marcar las conexiones antes de removerlas para asegurarse que ellas son reinstaladas correctamente. Remueva la bobina.

11 La instalación se hace en el orden inverso al procedimiento de desensamble.

Bobina en tapa de tipo HEI (sistema de ignición de alta energía)

Refiérase a las Ilustraciones 11.12, 11.14 11.16 y 11.17

12 Separe el cable del terminal negativo de la batería **(vea ilustración)**.

13 Desconecte el alambre de la batería y conector del arnés de la tapa del distribuidor.

14 Remueva los tornillos de la tapa de la bobina y la tapa **(vea ilustración)**.

15 Remueva los tornillos del ensamblaje de la bobina.

16 Note la posición de cada alambre, debidamente marcándolos si es necesario. Remueva el alambre de conexión a tierra de la bobina, entonces empuje los alambres por la parte inferior de los conectores. Remueva la bobina de la tapa del distribuidor **(vea ilustración)**.

17 La instalación se hace en el orden inverso al procedimiento de desensamble. Esté seguro que el electrodo central está en buena condición y que los alambres estén conectados en sus posiciones originales.

11.12 Para remover una bobina convencional, simplemente separe el cable de alta tensión, los dos alambres primarios y remueva los tornillos de retención del soporte

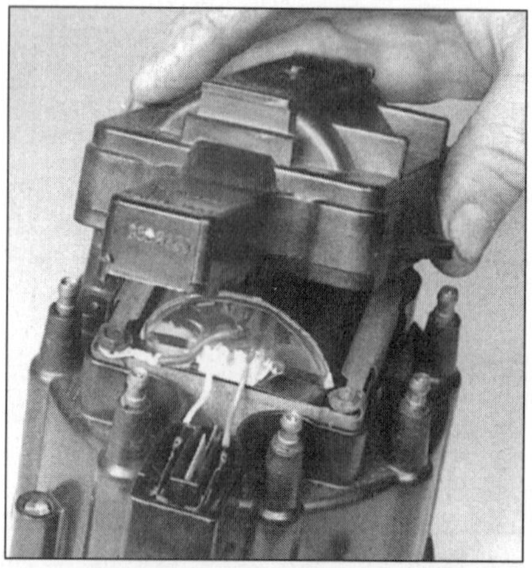

11.14 Para llegar a la bobina, remueva los tornillos de la tapa de la bobina y la tapa

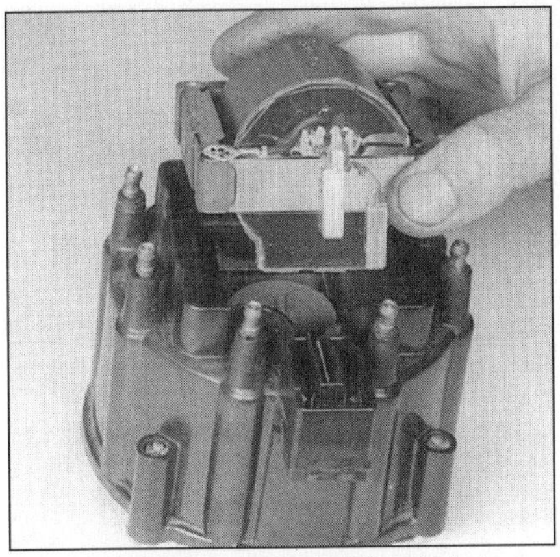

11.16 Para separar la bobina de la tapa del distribuidor, marque claramente los alambres, separe el alambre de conexión a tierra de la bobina y empuje los alambres a través de las partes inferiores de los conectores

12 Sistema de carga - información general y precauciones

Refiérase a las ilustraciones 12.2a y 12.2b

El sistema de carga está compuesto del alternador, un regulador de voltaje interno, un indicador de carga, la batería, un fusible térmico y alambrado entre todos los componentes. El sistema de carga provee carga eléctrica al sistema de encendido, las luces, el radio, etc. El alternador es manejado por una banda en la parte delantera del motor.

El alternador instalado a todos los modelos es un Delco-Remy Delcotron. Varias unidades han sido usadas. Unidades más antiguas **(vea ilustración)** tal como la Serie 1D, 10DN y 100B, son equipados con un regulador de voltaje externo. Unidades más modernas **(vea ilustración)** tales como las Series 10SI y las CS-121, CS-130 Y CS-144, son equipados con un regulador interno. Finalmente, se debe de notar que la serie de alternadores CS no se

11.17 Antes de instalar una bobina nueva, asegúrese que el electrodo central está en buena condición

pueden reconstruir. Si uno se pone inoperativo, se debe de reemplazar.

El propósito del regulador de voltaje es limitar el voltaje del alternador a un valor prefijado. Esto previene un cambio de voltaje, sobrecarga de los circuitos, etc., durante la salida máxima de voltaje.

El fusible térmico es un alambre corto aislado que está integrado a los equipos del alambrado del motor. El eslabón es cuatro alambres de un espesor más pequeño en diámetro que el circuito que protege. La composición de los fusibles térmicos y sus banderas de identificación, son identificada mediante el color de la bandera. Vea el Capítulo 12 para información adicional referente a los fusibles térmicos.

El sistema de carga no requiere mantenimiento periódico. Sin embargo, la banda, la batería, los alambres y conexiones deben ser inspeccionados como se describe en el Capítulo 1.

La luz de peligro del tablero debe iluminarse cuando la llave de la ignición se gira a la posición de Arranque, debe apagarse inmediatamente después. Si se queda iluminada, significa que hay un funcionamiento malo en el sistema de carga (vea Sección 13). Algunos vehículos también están equipados con un voltímetro. Si el voltímetro indica un voltaje demasiado alto o bajo, chequee el sistema de carga (vea Sección 13).

Tenga mucho cuidado cuando haga alguna conexión eléctrica en un vehículo equipado con un alternador y note lo siguiente:

a) *Cuando vaya a conectar nuevamente los cables de la batería al alternador, asegúrese de notar la polaridad.*
b) *Antes de usar un equipo de soldadura por arco en el vehículo, desconecte los alambres del alternador y de los terminales de la batería.*
c) *Nunca ponga el motor en marcha con un cargador de batería conectado.*
d) *Siempre desconecte los dos cables de la batería antes de usar un cargador.*
e) *El alternador es girado por una banda, la cual puede causar heridas serias si sus manos, cabello o ropa se enredan en ella, cuando el motor esté en marcha.*
f) *Ya que el alternador está conectado directamente a la batería, puede causar un arco o fuego si se sobrecarga o si tiene un corto.*
g) *Envuelva una bolsa de plástico alrededor del alternador y asegúrela con ligas antes de limpiar el motor con vapor.*

13 Sistema de carga - chequeo

Refiérase a la ilustración 13.4

1 Si ocurre un mal funcionamiento del sistema de carga, no asuma inmediatamente que el alternador es el que está ocasionando el problema. Primero chequee lo siguiente:

a) *Chequee la tensión y la condición de la banda (Capítulo 1). Reemplácela si está deteriorada o gastada.*
b) *Asegúrese de que la montura del alternador y los pernos de ajuste estén apretados.*

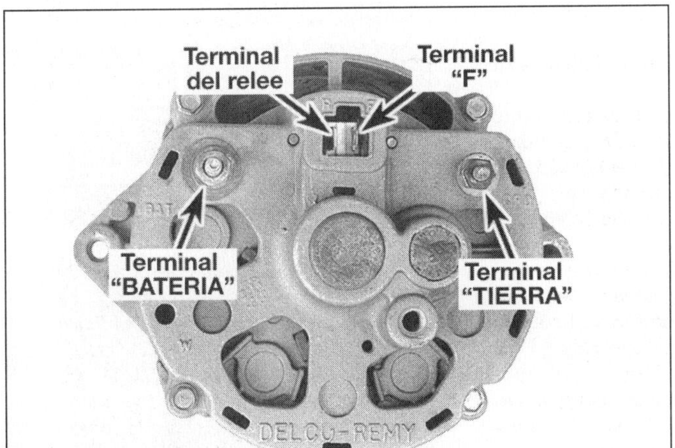

12.2a Un alternador de la Serie 1D Delcotron, que usa un regulador de voltaje externo (la Serie 10DN y los tipos 100B son similares)

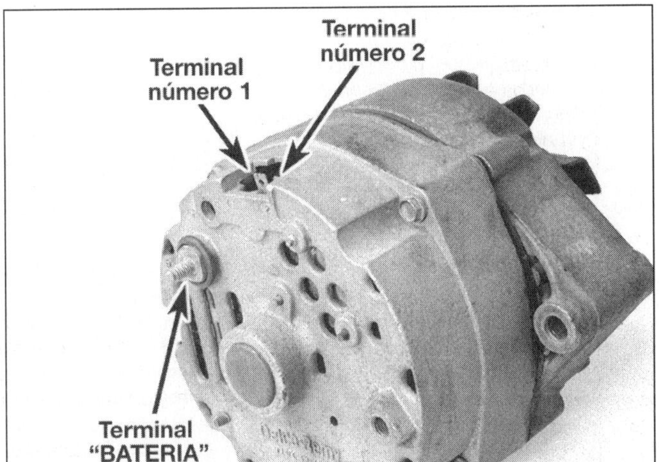

12.2b Un alternador de la Serie 10SI Delcotron, que usa un regulador de voltaje interno (la Serie C-121, 130 y 144 son similares, pero no se pueden reconstruir)

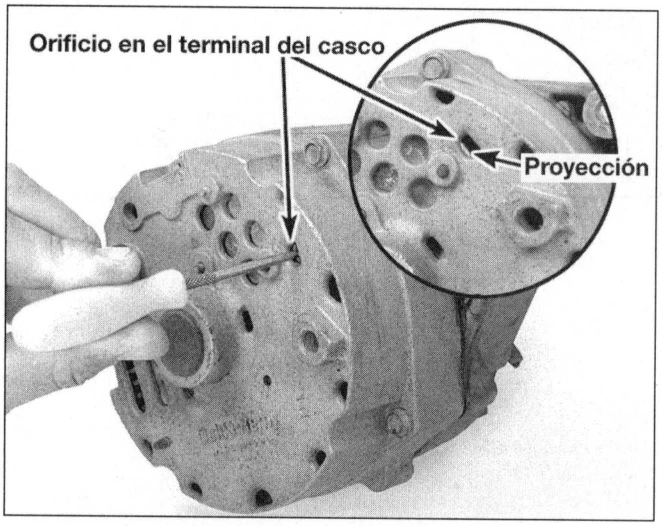

13.4 Para "energizar el campo completamente" del alternador para chequearlo, insercióne un destornillador a través del orificio en forma de D y ponga a tierra la proyección al marco del alternador

14.2 El primer paso en remover el alternador es desconectar todos los alambres eléctricos (que variará algo con cada tipo de alternador y año de fabricación)

c) Inspeccione los equipos del alambrado del alternador y los conectores del alternador y del regulador de voltaje. Estos deben estar en buenas condiciones y bien apretados.

d) Chequee el fusible térmico (si está equipado), localizado entre el solenoide del motor de arranque y el alternador. Si este está quemado, determine la causa, repare el circuito y reemplace el eslabón (el motor no arrancara y/o los accesorios no trabajaran si el fusible térmico se quema). Algunas veces, un fusible térmico puede parecer que está bien pero de todas maneras puede estar malo. Si usted tiene dudas, remuévalo y chequee la continuidad.

e) Ponga el motor en marcha y chequee si el alternador está haciendo ruidos anormales (un sonido agudo indica un balero malo).

f) Chequee la gravedad específica del electrolito de la batería. Si está baja, cargue la batería (no se aplica a baterías de mantenimiento libres).

g) Asegúrese de que la batería esté completamente cargada (una célula mala de la batería puede causar que el alternador la sobrecargue).

h) Desconecte los cables de la batería (primero el negativo y después el positivo). Inspeccione si los bornes de la batería y las grapas de los cables están corroídas. Límpielos muy bien si es necesario (vea Capítulo 1). Conecte el cable nuevo en el terminal positivo.

I) Con la llave apagada, conecte una luz de prueba entre el borne negativo de la batería y la grapa del cable negativo desconectado.

1) Si la luz de prueba no se prende, conecte la grapa y proceda al próximo paso.

2) Si la luz de prueba se prende, hay un corto (drenaje) en el sistema eléctrico del vehículo. El corto debe ser reparado antes de que el sistema de carga sea chequeado.

3) Desconecte los equipos de alambrado del alternador.

a) Si la luz se apaga, el alternador está malo.

b) Si la luz permanece prendida, hale cada uno de los fusible hasta que la luz se apague (esto le dirá que componente tiene el corto).

14.3a Para remover la banda, afloje el perno de afianzamiento del alternador . . .

14.3b . . . entonces afloje el perno de ajuste y finalmente deslice hacia afuera la banda, remueva los pernos de afianzamiento, pernos de ajuste y remueva el alternador

2 Use un voltímetro para chequear el voltaje de la batería con el motor apagado. Este debe ser 12 voltios aproximadamente.

3 Ponga el motor en marcha y chequee el voltaje de la batería, este debe ser de 14 a 15 voltios aproximadamente.

4 Encienda los faroles delanteros. El voltaje debería de bajar, y después subir nuevamente, si el sistema de carga está trabajando correctamente **(vea ilustración)**.

5 Si la lectura del voltaje es mayor que la que se especifica, reemplace el regulador de voltaje (refiérase a la Sección 16). Si el voltaje es menor, los diodos, el estator o el rectificador del alternador deben estar malos o el regulador de voltaje no debe de estar funcionando bien.

14 Alternador - remover e instalar

Refiérase a las ilustraciones 14.2, 14.3a, y 14.3b

1 Desconecte el cable del terminal negativo de la batería.

2 Despegue los alambres del alternador **(vea ilustracion)**.

3 Remueva la banda del alternador **(vea ilustraciónes)**.

4 Remueva los pernos de montaje y separe el alternador del motor.

5 Si usted va a reemplazar el alternador, lleve el alternador viejo cuando vaya a comprar el otro. Asegúrese de que la unidad nueva/reconstruida sea idéntica a la vieja.

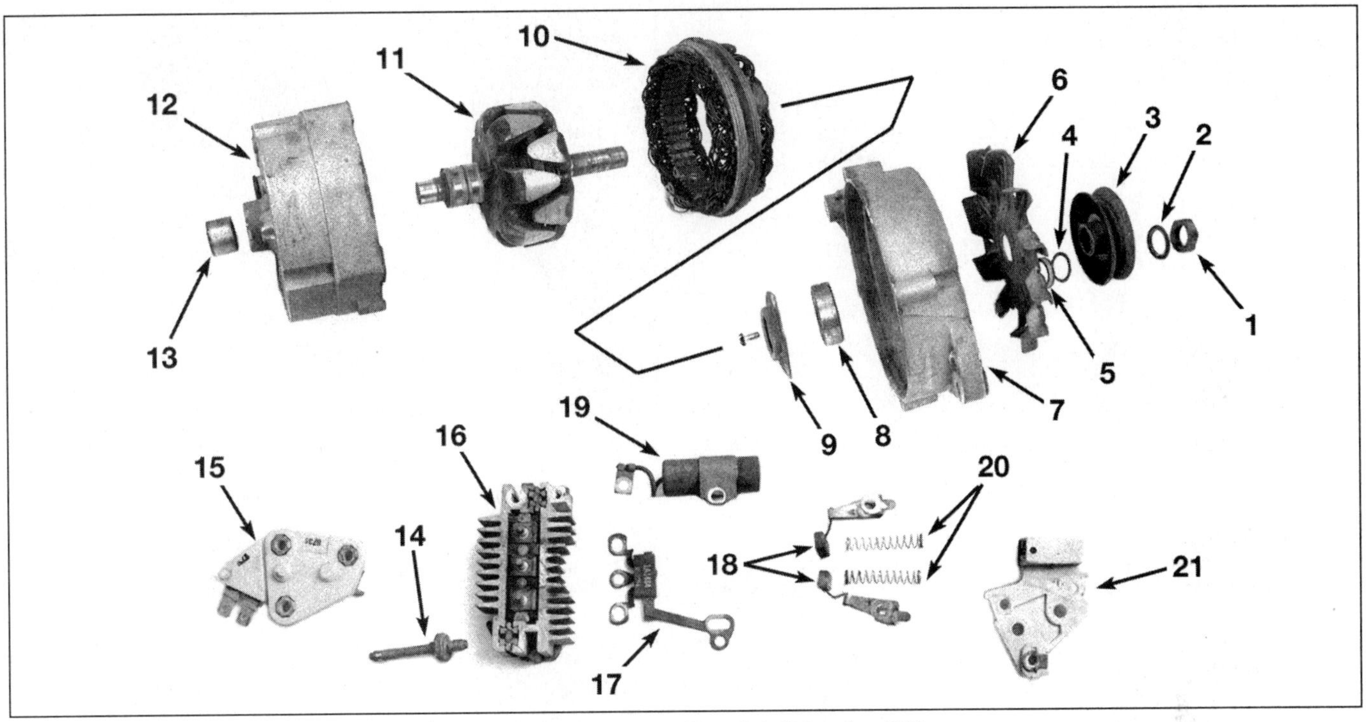

15.1 Una vista esquemática del alternador 10SI

1	*Tuerca*	7	*Lado del marco de mando*	12	*Anillo del tropiezo en el final del marco*	17	*Diodo*
2	*Arandela*	8	*Balero*	13	*Balero*	18	*Ensamblaje de las brochas*
3	*Polea*	9	*Plato*	14	*Espárrago terminal*	19	*Condensador*
4	*Arandela*	10	*Estator*	15	*El regulador*	20	*Resortes*
5	*Collar*	11	*Rotor*	16	*Puente rectificador*	21	*Poseedor de las brochas*
6	*Ventilador*						

15.2 Pinte una marca en el marco del alternador entre cada mitad

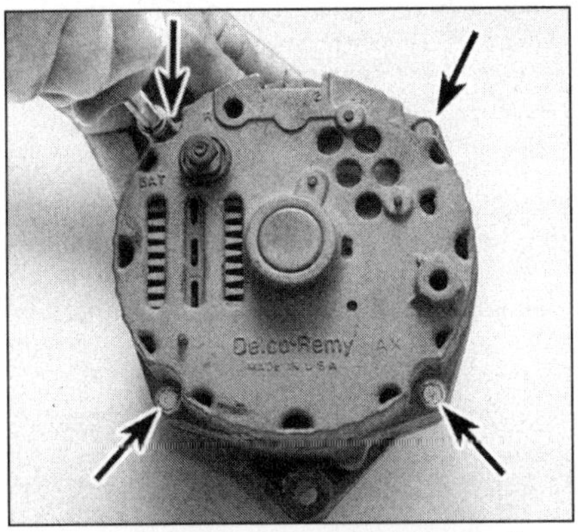

15.3 Remueva los pernos (flechas) asegurando la parte trasera del marco al marco de propulsión

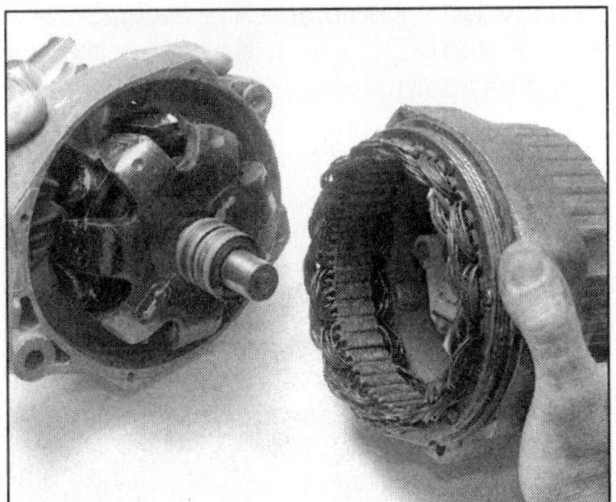

15.4 Separe las dos mitades

Mire los terminales - deben haber la misma cantidad, deben ser del mismo tamaño y deben estar en el mismo puesto que los terminales en la unidad vieja. Finalmente, mire el sello con los números de identificación que está en la muesca o que está impreso en una pestaña de la muesca del alternador. Asegúrese de que los números sean iguales en los dos alternadores.

6 Muchos alternadores nuevos/reconstruidos, no tienen una polea instalada, usted deberá remover la polea de la unidad vieja e instalarla en la unidad nueva/reconstruida. Cuando vaya a comprar un alternador, averigüe la póliza de la tienda de acuerdo a las poleas, algunas tiendas le harán este servicio gratis.

7 La instalación se hace en el orden inverso al procedimiento de desensamble.

8 Después que el alternador sea instalado, chequee la tensión de la banda (vea Capítulo 1).

9 Chequee el voltaje de carga para verificar el funcionamiento adecuado del alternador (vea Sección 13).

15 Alternador, componentes - chequeo y reemplazo

Refiérase a las ilustraciones 15.1, 15.2, 15.3, 15.4, 15.5, 15.6, 15.7, 15.8, 15.9, 15.10, 15.13, 15.14a, 15.14b, 15.14c, 15.14d, 15.14e, 15.15a, 15.15b, 15.16a, 15.16b, 15.17a, 15.17b y 15.17c

1 Remueva el alternador y la polea (vea Sección 14) **(vea ilustración)**..

2 Pinte y alinee marcas en ambos lados de los extremos del marco para asegurar que se ensambla correctamente **(vea ilustración)**.

3 Remueva los cuatro pernos que aseguran los dos extremos juntos **(vea ilustración)**.

4 Separe las dos mitades. El rotor se mantendrá en una de las mitades mientras el estator se mantendrá en la otra mitad **(vea ilustración)**.

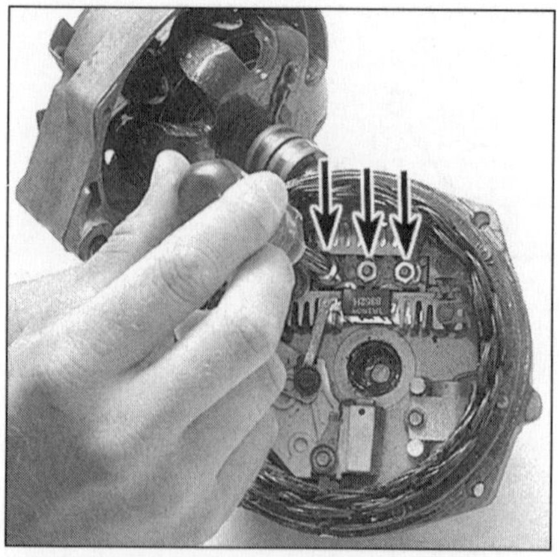

15.5 Remueva las tres tuercas (flechas) reteniendo el embobinado del estator al puente rectificador

15.8 Remueva el diodo trío del alternador

5 Remueva las tres tuercas reteniendo el embobinado del estator al puente rectificador **(vea ilustración)**.

6 Remueva el estator desde el extremo del marco **(vea ilustración)**.

7 Remueva el tornillo reteniendo el diodo trío a la asamblea de la brocha **(vea ilustración)**.

8 Remueva el diodo trío de la asamblea del alternador **(vea ilustración)**.

9 Remueva el ensamblaje de la brocha y el regulador de voltaje **(vea ilustración)**.

10 Remueva la tuerca y arandela desde el espárrago de salida. Remueva los tornillos reteniendo el puente rectificador al final del marco y remueva la asamblea **(vea ilustración)**.

15.13 Remueva el perno que retiene el condensador

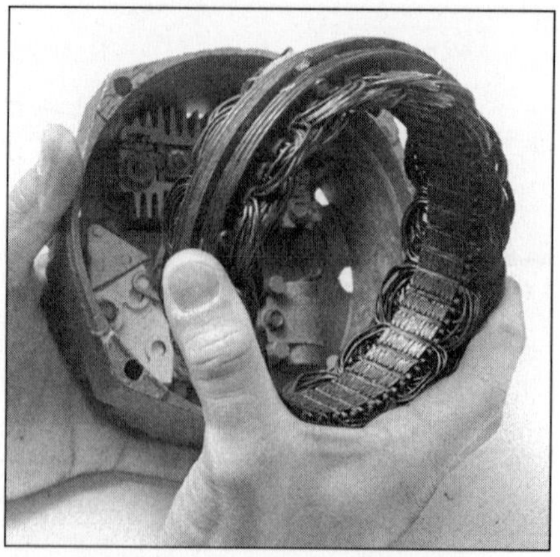

15.6 Separe el estator del marco

15.9 Remueva los dos tornillos retenedores (flechas) y remueva el ensamblaje de las brochas y el regulador de voltaje

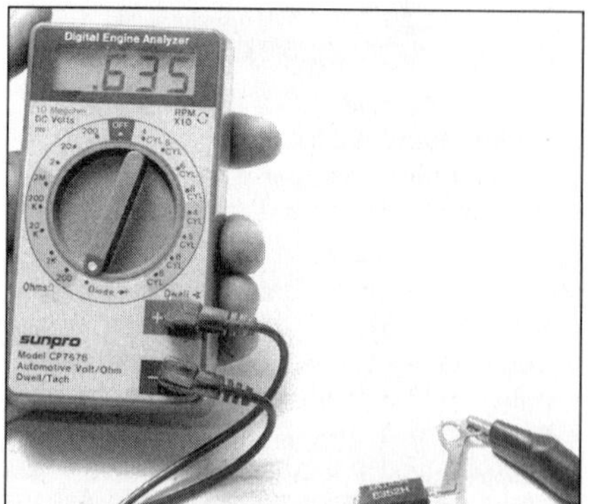

15.14a Para probar el diodo trío, instale el alambre negativo en la pata de la extensión y el alambre positivo en cada diodo. Continuidad debe de existir entre cada diodo

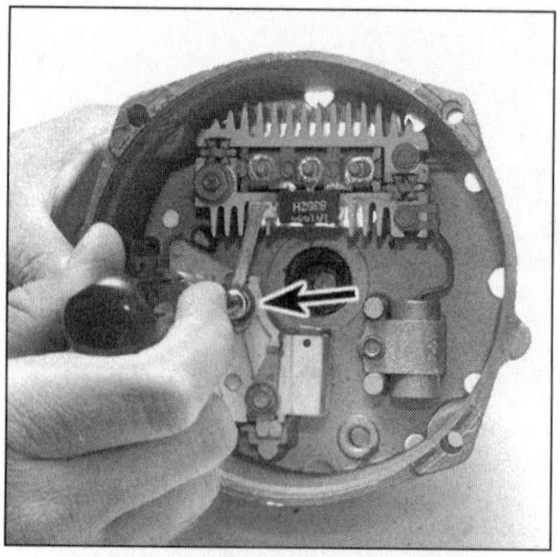

15.7 Remueva el tornillo (flecha) reteniendo el diodo trío al regulador/ensamblaje de la brocha

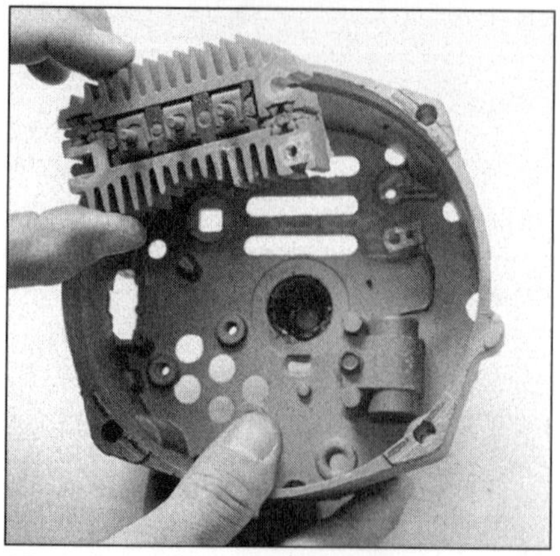

15.10 Remueva el ensamblaje rectificador del marco

11 Remueva la tuerca, la arandela y separe la polea delantera y la polea del lado de mando.

12 Remueva el rotor del lado de mando del marco.

13 Remueva el perno de retención del condensador y remueva el condensador **(vea ilustración)**.

14 Pruebe los diodos como sigue:

a) Pruebe el diodo trío instalando el alambre negativo del multímetro en la pata y el alambre positivo en cada terminal del diodo trío. Usando la función para diodos en el multímetro, continuidad debe de existir en una posición solamente **(vea ilustraciones)***. Invierta la polaridad de la prueba cambiando la posición de los alambres. NO debe de existir continuidad. Esto chequea el flujo unilateral del diodo. Después, repita esta prueba para los otros diodos (seis chequeos totales). Cada diodo debe de tener las mismas características exactas. Será necesario de usar un multímetro que incluya una función para el chequeo del diodo. Esta función permite que una pequeña cantidad de corriente sea aplicada al diodo para asistir en la apertura de la puerta de voltaje.*

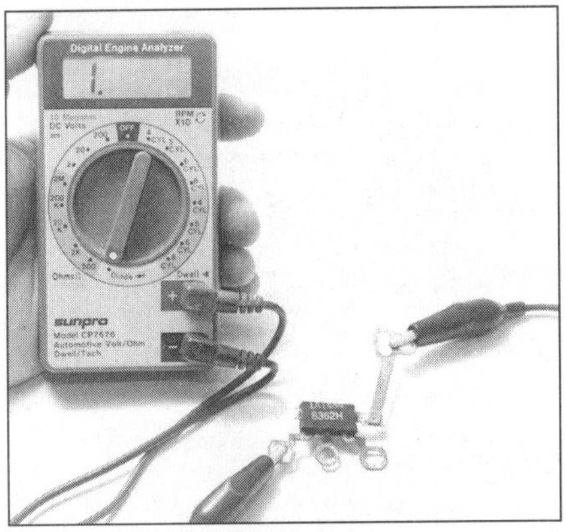

15.14b Invierta los alambres para chequear la continuidad en la otra dirección. El diodo debe de permitir continuidad en una dirección solamente

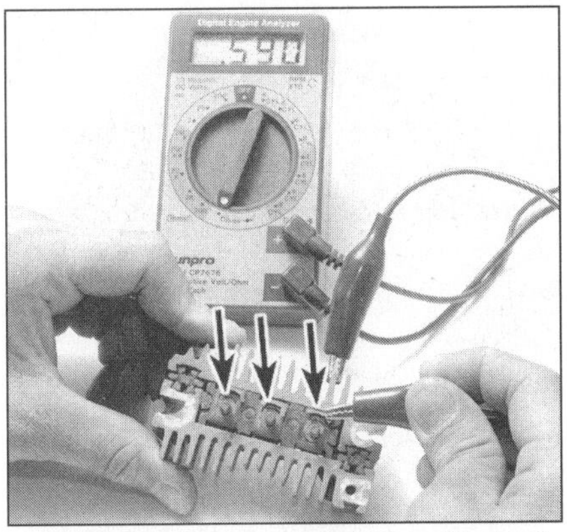

15.14c Para probar el diodo trío (flechas) en la parte superior del puente rectificador, instale el alambre positivo en las aletas de enfriamiento y toque el alambre negativo a cada proyección de metal. Continuidad debe de existir entre cada diodo

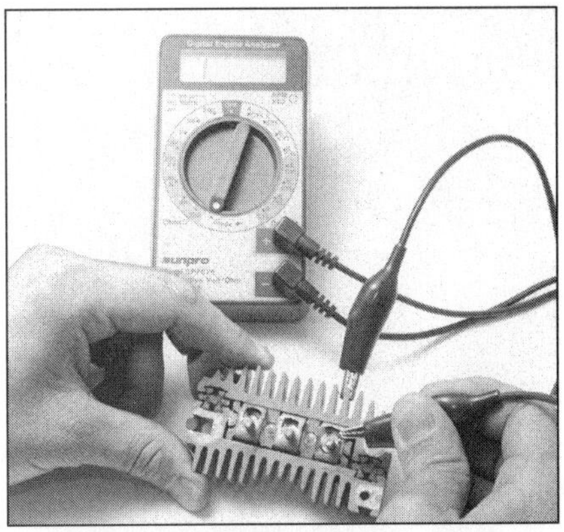

15.14d Invierta los alambres para chequear la continuidad en la otra dirección. NO debe de existir continuidad. Los diodos en el puente rectificador deben de permitir continuidad en una dirección solamente

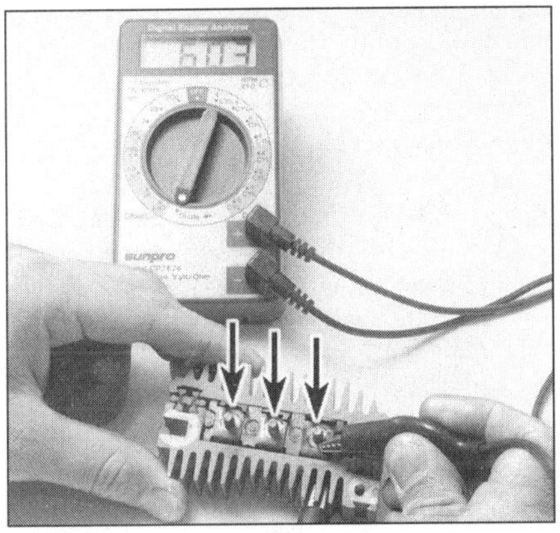

15.14e Pruebe los diodos tríos (flechas) en la línea inferior en la misma manera

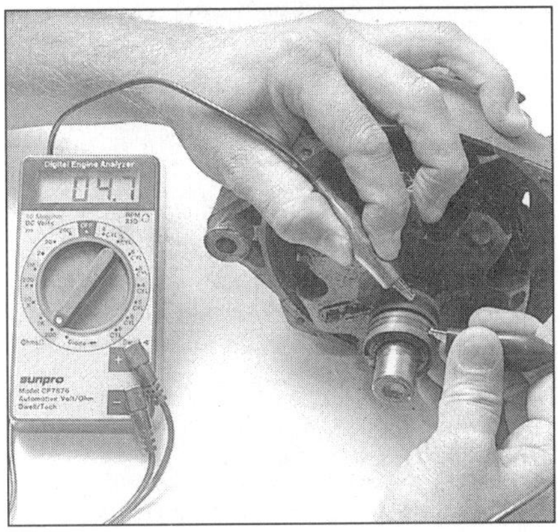

15.15a Para probar el rotor, chequee por una apertura entre los dos anillos deslizante. Debe de haber entre 1 y 5 ohms de resistencia

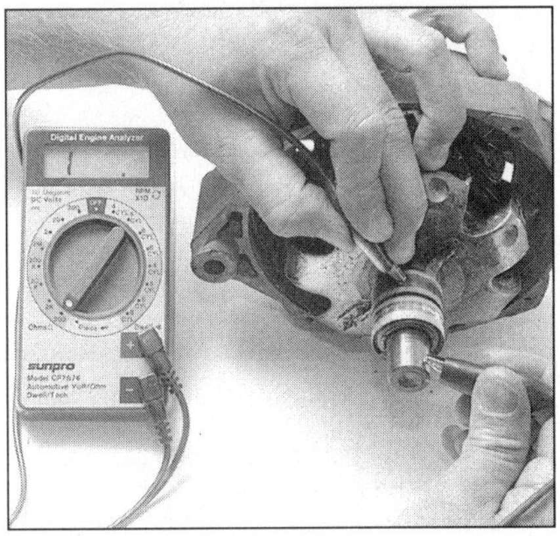

15.15b También, chequee los anillos deslizantes del rotor y el rotor por corto. Continuidad NO debe de existir entre los anillos deslizantes y el eje o marco

b) *Para chequear el ensamble rectificador, siga el mismo procedimiento como se describió encima. Esté seguro de usar un multímetro con función para chequear diodo. Use un destornillador para levantar las proyecciones de la superficie de contacto para separar los rectificadores positivos y negativos. Esté seguro de que las proyecciones no tocan los postes, el captador de calor o cada uno. Instale los alambres del multímetro en la proyecciones y las aletas de enfriamiento en un lado del rectificador, entonces en el otro, para obtener los resultados* **(vea ilustraciones)**. *Si los resultados de las pruebas son incorrectos para cualquiera de los diodos, reemplace la unidad completa.*

15 Pruebe el rotor como sigue:

a) *Chequee por una apertura entre los dos anillos deslizantes* **(vea ilustración)**.

b) *Chequee por tierra entre cada anillo deslizante y el rotor* **(vea ilustración)**. *No debe de haber continuidad (resistencia infinita) entre el rotor y el anillo deslizante. Si el rotor falla cualquiera de las pruebas, o si los anillos deslizantes están desgastados, el rotor está defectuoso.*

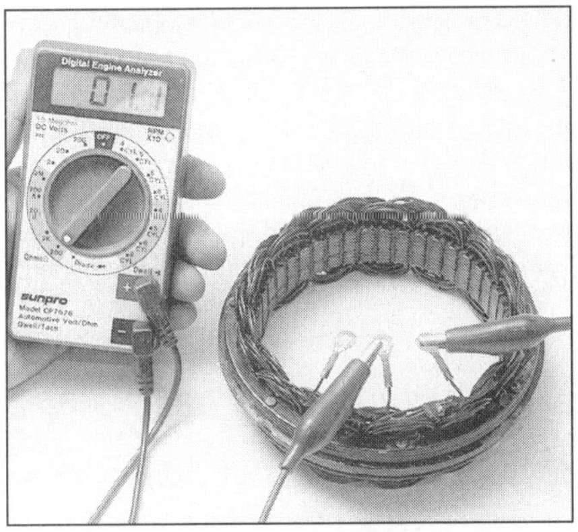

15.16a Para probar el estator, chequee por aperturas entre cada extremo del terminal del embobinado del estator. Continuidad debe de existir entre todas las terminales

16 Pruebe el estator como sigue:

a) *Chequee por aberturas entre cada terminal del embobinado del estator* **(vea ilustración)**. *Si cualquiera de las lecturas son altas (resistencia infinita), el estator está defectuoso.*

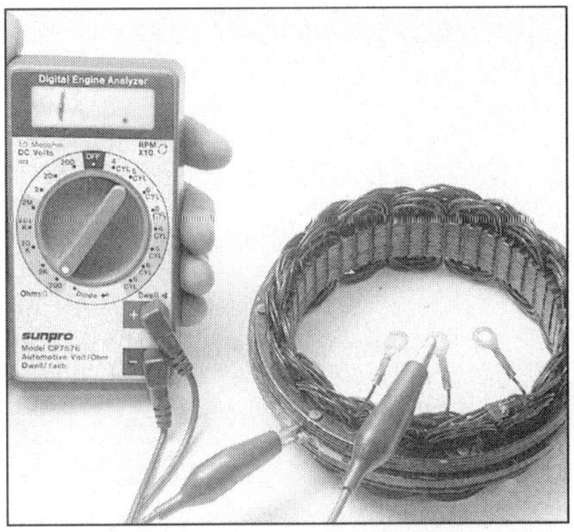

15.16b También, chequee por un embobinado del estator a corto al marco. Continuidad NO debe de existir entre las terminales y el marco

b) *Chequee por un embobinado del estator a tierra entre cada terminal del estator y el marco* **(vea ilustración)**. *Si hay continuidad entre cualquiera de los embobinados del estator y el marco, el estator está defectuoso.*

15.17a Aplique una pequeña cantidad de grasa a la superficie del balero

15.17b Presione las dos brochas adentro del retenedor y deslice un retenedor de papel a través del orificio para mantener las brochas en el retenedor

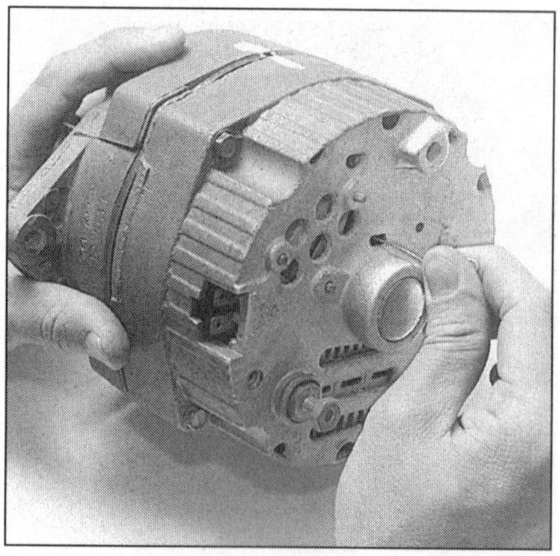

15.17c Una vez de que el alternador sea completamente ensamblado remueva el alambre o retenedor de papel

17 El ensamblaje se hace en el orden inverso al procedimiento de desensamble. Observe los siguientes puntos:

a) *Tome gran cuidado para posicionar las arandelas aisladoras y las camisas correctamente en el puente rectificador y los tornillos del ensamblaje de la brocha.*
b) *Ponga una pequeña cantidad de grasa en la superficie del balero antes de instalar las mitades del alternador* **(vea ilustración)**.
c) *Presione las brochas adentro del retenedor e inserciónе un alambre duro (tal como un retenedor de papel enderezado) a través del orificio pequeño en la parte trasera del alternador para detener las brochas en una posición retractada* **(vea ilustración)**. *Esto las prevendrá de que se agarren con los anillos retenedores según las mitades del alternador son ensambladas.*
d) *Limpie las superficies de contacto en los anillos deslizantes antes de instalar los extremos del marco.*
e) *Esté seguro de que las marcas en los extremos del marco trasero y delantero (que fueron marcados antes de desarmarlo) están en línea.*
f) *Apriete la tuerca de la polea aseguradamente.*
g) *Remueva el alambre o retenedor de papel del extremo para permitir que las brochas se liberen adentro de los anillos deslizantes* **(vea ilustración)**.

16 Regulador de voltaje externo - chequeo y reemplazo

Refiérase a la Ilustración 16.4

1 Una batería descargada será normalmente debido a un defecto en el regulador de voltaje, pero antes de probar la unidad, haga lo siguiente:

a) *Chequee la tensión de la banda.*
b) *Pruebe la condición de la batería.*
c) *Chequee el circuito de carga por conexiones flojas y alambres rotos.*
d) *Esté seguro que las luces u otros accesorios eléctricos no hayan sido prendidos por negligencia.*
e) *Chequee la lámpara del indicador del generador por iluminación normal con el interruptor de la ignición encendido y apagado y con el motor en marcha mínima e inmóvil.*

2 Desconecte el cable de conexión a tierra de la batería. Desconecte el conector del arnés del regulador.

3 Debajo ningún concepto el regulador de voltaje o los contactos del relé del campo deben de ser limpiados porque cualquier materia abrasiva destruirá el material de contacto.

4 El punto del regulador de voltaje (0.014 pulgada) y el espacio libre (0.067 pulgada) pueden ser chequeados y ajustados con un calibrador al tacto del espesor especificado. Chequee la abertura del punto del regulador de voltaje del contacto superior con los contactos inferiores apenas tocando. Los ajustes son hechos cuidadosamente doblando el brazo superior de contacto. Chequee el espacio libre del regulador de voltaje con los contactos inferiores tocando y ajústelos, si es necesario, gire la tuerca de nilón **(vea ilustración)**.

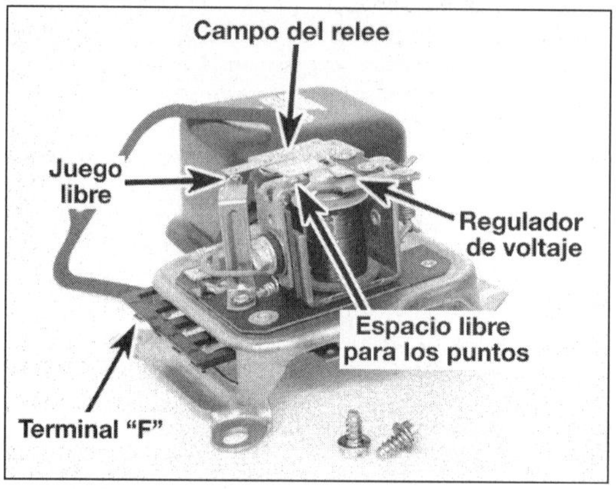

16.4 El punto del regulador de voltaje y los ajustes del espacio libre pueden ser chequeados con un calibrador al tacto del espesor especificado (abertura de los puntos = 0.014 pulgada; espacio libre del aire = 0.067 pulgada)

5 La abertura del punto del relé del campo puede ser ajustada doblando la parada de la armadura. El espacio libre de aire es chequeado con los puntos apenas tocando y es ajustada doblando el resorte plano de apoyo de contacto. **Nota:** *El relé de campo opera normalmente satisfactoriamente aunque el espacio libre de aire esté fuera de los límites especificados, y no deben ser ajustados cuando el sistema está trabajando satisfactoriamente.*

6 Si el regulador debe ser reemplazado, simplemente remueva los tornillos de retención.

7 La instalación se hace en el orden inverso al procedimiento de desensamble. Asegúrese que la junta de caucho está en su posición en la base del regulador.

17 Sistema de arranque - información general y precauciones

La única función del sistema de arranque es de girar el motor rápidamente para permitir que se ponga en marcha.

El sistema de arranque consiste de la batería, el motor de arranque, el solenoide del motor de arranque y los alambres conectados a ellos. El solenoide es instalado directamente en el motor de arranque o es un componente separado localizado en el compartimiento del motor.

El ensamblaje del motor de arranque/solenoide es instalado en la parte

19.4a Trabajando debajo del vehículo (firmemente colocado sobre estantes), remueva los pernos del motor de arranque. . .

19.4b . . . y remueva el motor de arranque y el solenoide (flecha) como una sola unidad

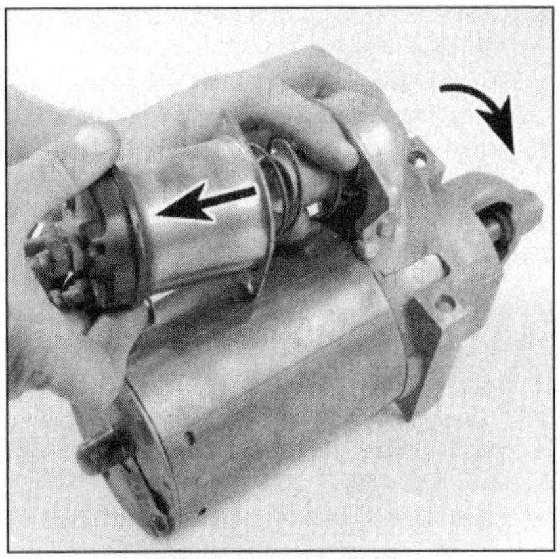

20.3 Para liberar el solenoide del motor de arranque, gírelo en una dirección a la derecha

inferior del motor, próximo a la campana de la transmisión.

Cuando la llave de la ignición es girada a la posición de Arranque, el solenoide del motor de arranque es accionado através del circuito de control del motor de arranque. El solenoide del motor de arranque entonces conecta la batería al motor de arranque. La batería suministra la energía eléctrica al motor de arranque, que hace el trabajo verdadero de arrancar el motor.

El motor de arranque en un vehículo equipado con una transmisión manual se puede operar solamente cuando el pedal del embrague es presionado; el motor de arranque en un vehículo equipado con una transmisión automática se puede operar solamente cuando la palanca del selector de la transmisión está en Estacionamiento o Neutral.

Siempre observe las siguientes precauciones cuando esté trabajando en el sistema de arranque:

a) *Arranque excesivo del motor de arranque lo puede sobrecalentar y causar daño grave. Nunca opere el motor de arranque por más de 15 segundos a la vez sin detener para permitir que se refresque por lo menos dos minutos.*
b) *El motor de arranque está conectado directamente a la batería y puede hacer un arco o causar un fuego si es maltratado, sobrecargado o puesto a corto.*
c) *Siempre separe el cable del terminal negativo de la batería antes de trabajar en el sistema de arranque.*

18 Motor de arranque - chequeo en el vehículo

Nota: *Antes de diagnosticar los problemas del motor de arranque, asegúrese que la batería está completamente cargada.*

1 Si el motor de arranque no gira del todo cuando el interruptor de la ignición es operado, asegúrese que la palanca del cambio está en Neutral o Estacionamiento (transeje automático) o que el pedal del embrague está presionado (transeje manual).

2 Asegúrese que la batería está cargada y que todos los cables, en la batería y las terminales del solenoide del motor de arranque, están limpias y seguras.

3 Si el motor de arranque gira pero el motor no gira, el embrague en el motor de arranque se está resbalando y el motor de arranque debe ser reemplazado.

4 Pero, si cuando el interruptor es accionado, el motor de arranque no opera del todo pero el solenoide hace chasquidos, entonces el problema está en la batería, los contactos principales del solenoide o el motor de arranque mismo, o el mismo motor está obstruido.

5 Si el embolo del solenoide no se puede oír cuando el interruptor es accionado, la batería está mala, el fusible térmico está quemado (el circuito está abierto) o el solenoide mismo está defectuoso.

6 Para chequear el solenoide, conecte un alambre puente entre la batería (término positivo) y el terminal del interruptor de la ignición (terminal pequeña) en el solenoide. Si el motor de arranque ahora opera, el solenoide está OK y el problema está en el interruptor de la ignición, interruptor de neutral para poner el vehículo en marcha o en el alambrado.

7 Si el motor de arranque todavía no opera, remueva el motor de arranque/ensamblaje del solenoide para desarmarlo, chequearlo y repararlo.

8 Si el motor de arranque gira el motor a una velocidad anormalmente lenta, asegúrese primero de que la batería está cargada y que todas las terminales de las conexiones están apretadas. Si el motor está parcialmente atorado, o tiene la viscosidad del aceite incorrecta, girará lentamente.

9 Ponga el motor en marcha hasta que la temperatura normal de operación se haya alcanzado, entonces desconecte el alambre de la bobina de la tapa del distribuidor y conexión a tierra en el motor.

10 Conecte el alambre positivo de un voltímetro al poste positivo de la batería y entonces conecte el alambre negativo al poste negativo.

11 Gire el motor y tome las lecturas del voltímetro en cuanto una figura constante sea indicada. No permita que el motor de arranque gire por más de 15 segundos a la vez. Una lectura de nueve voltios o más, con el motor de arranque girando a una velocidad normal de arranque, es normal. Si la lectura es de nueve voltios o más pero la velocidad del arranque es lenta, el motor está defectuoso. Si la lectura es menos de nueve voltios y la velocidad de arranque es lenta, los contactos del solenoide están probablemente quemados, el motor de arranque está malo, la batería está descargada o hay una mala conexión.

19 Motor de arranque - remover e instalar

Refiérase a las ilustraciones 19.4a, 19.4b y 19.4c

1 Desconecte el cable del terminal negativo de la batería.

2 Levante el vehículo y sosténgalo sobre estantes.

3 Identifique claramente y desconecte los alambres de los terminales en el motor de arranque y el solenoide.

4 Remueva los pernos de montaje y remueva el motor de arranque **(vea ilustraciones)**.

5 La instalación se hace en el orden inverso al procedimiento de desensamble.

20 Solenoide para el motor de arranque - remover, reparar e instalar

Refiérase a las ilustraciones 20.3 y 20.4

1 Después de remover el motor de arranque/unidad del solenoide (vea Sección 19), desconecte la banda del conector del terminal del solenoide del motor.

2 Remueva los dos tornillos que aseguran el albergue del solenoide al ensamblaje del marco del alternador.

3 Gire el solenoide a la derecha para liberar el pasador de la pestaña y entonces remueva el solenoide **(vea ilustración)**.

4 Remueva las tuercas y las arandelas de los terminales del solenoide y entonces destornille los tornillos de las dos tapas del solenoide, las arandelas y remueva la tapa **(vea ilustración)**.
5 Destornille la tuerca del terminal de la batería en la tapa y remueva el terminal.
6 Remueva el terminal del resistor de desviación y contacto.
7 Remueva la banda que conecta el motor del conector y suelde una terminal nueva en posición.
8 Use una terminal de batería nueva y la instala al final de la tapa. Instale el terminal de desvío y contacto.
9 Instale la tapa y las tuercas de las terminales que quedan.
10 Instale el solenoide al motor de arranque chequeando primero que el resorte de retorno está en posición en el embolo y entonces inserciόne el cuerpo del solenoide en el albergue de mando y gire el marco hacia la derecha para acoplar el pasador de la pestaña.
11 Instale los dos tornillos del solenoide que lo aseguran y conecte la banda que conecta el Motor.

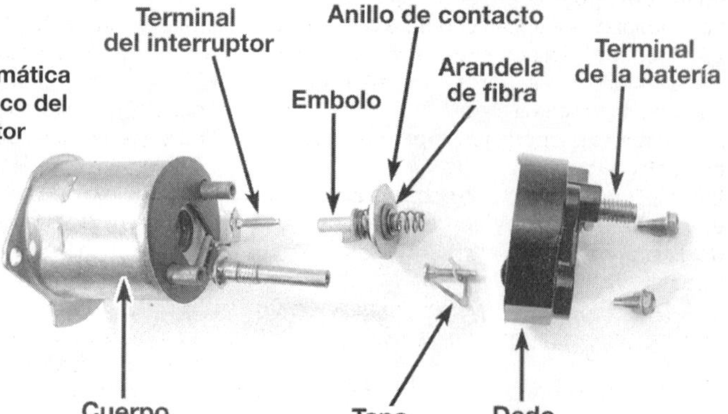

20.4 Una vista esquemática de un ensamblaje típico del solenoide del motor de arranque

21 Motor de arranque - reconstrucción completa

Refiérase a la Ilustración 21.2

Nota: *Debido a la naturaleza crítica de remover y probar el motor de arranque puede ser conveniente que el mecánico de hogar compre simplemente una unidad nueva o reconstruida de fábrica. Si se decidió a reconstruir el motor de arranque, chequee en la disponibilidad de componentes de reemplazo individuales antes de proceder.*

1 Desconecte los conectores del campo del embobinado del motor de arranque de los terminales del solenoide.
2 Destornille y remueva los pernos que atraviesan **(vea ilustración)**.
3 Remueva el marco del alternador del conmutador, marco del campo y la armadura del albergue de mando.
4 Deslice el cuello de las dos secciones de empuje hacia afuera del final del eje de la armadura y entonces, usando un pedazo de tubo adecuado, accione la parada/retenedor encima del eje de la armadura para exponer el anillo de tipo empuje.
5 Extraiga el anillo de tipo empuje de su ranura en el eje y entonces deslice la parada/retenedor y ensamblaje del embrague de la armadura del eje.
6 Desarme los componentes de la brocha del marco de campo.
7 Libere los resortes en forma de V de los apoyos del poseedor de la brocha.
8 Remueva la clavija de apoyo del poseedor de brocha y entonces levante el ensamblaje completo de la brocha hacia encima.
9 Desconecte los alambres de las brochas si ellos están desgastados hasta la mitad de su longitud original y ellos van a ser reemplazados.

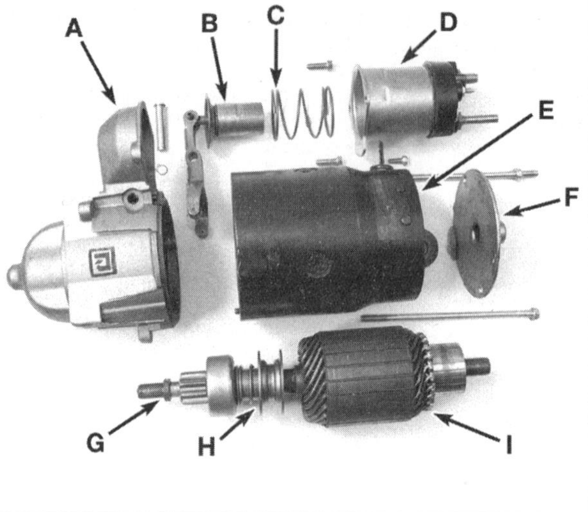

21.2 Vista esquemática de un ensamblaje típico de motor de arranque y el solenoide

a *Albergue de mando*
b *Embolo del solenoide*
c *resorte de retorno del solenoide*
d *Solenoide*
e *Aislador del final del marco*
f *Extremo del marco del conmutador*
g *Ensamblaje retenedor*
h *Ensamblaje del embrague y ejecución*
i *Armadura*

10 El motor de arranque está ahora completamente desmantelado con excepción de los campos embobinados. Si éstos se encuentran estar defectuosos durante las pruebas descritas más adelante en esta Sección, remover los tornillos es mejor dejado a una facilidad de servicio que tenga el equipo necesario para removerlo a presión.
11 Limpie todos los componentes y reemplace cualquier componente obviamente desgastado.
12 Nunca atente de cortar el aislamiento entre los segmentos del interruptor en los motores con conmutador de tipo moldeado. En los conmutadores de tipo convencional, el aislamiento debe ser cortado más pequeño (debajo del nivel de los segmentos) una cantidad de 1/32 pulgada. Use una hoja vieja de sierra de metales para hacer esto y asegúrese que el corte menor es la anchura repleta del aislamiento y la ranura es bastante cuadrada en el fondo. Cuando el corte inferior sea completado, cepille hacia afuera toda tierra y polvo.
13 Limpie el conmutador girándolo mientras detiene un pedazo de papel de lija “00”. Nunca use cualquier otro tipo del material abrasivo para este trabajo.
14 Si es necesario, porque el conmutador está en tal mala forma, puede ser rectificado en un torno para proporcionar una superficie nueva. Asegurándose que no corta demasiado del aislamiento.
15 Para chequear la armadura por conexión a tierra: use un probador de tipo lámpara para circuito. Coloque un alambre en el centro de la armadura o eje y el otro en un segmento del interruptor. Si la lámpara se ilumina, entonces la armadura está a tierra y debe ser reemplazada.
16 Para chequear los campos del embobinado por un circuito abierto: coloque una sonda de prueba en la brocha aislada y la otra en la barra del conector del campo. Si la lámpara no se ilumina, las bobinas están abiertas y deben ser reemplazadas.
17 Para chequear los campo embobinados por una conexión a tierra buena: coloque una sonda de prueba en la barra del conector y la otra en la brocha a tierra. Si la lámpara se ilumina, entonces los campo embobinados están a corto.
18 El embrague de rueda libre no se puede reparar, y si está defectuoso, debe ser reemplazado como un ensamblaje completo.
19 Instale el ensamblaje de la brocha al marco del campo como sigue:
20 Instale las brochas a sus poseedores.
21 Arme el aislamiento y el poseedores de las brochas a tierra con el resorte V y entonces localice la unidad en su clavija de apoyo.
22 Empuje a los poseedores y el resorte al

fondo del apoyo y entonces gire el resorte para acoplar la V en la hendidura de apoyo.

23 Conecte el alambre de la conexión a tierra a la brocha a tierra y el alambre del campo a la brocha aislada.

24 Repita las operaciones para el segundo conjunto de brochas.

25 Aplique aceite de silicona en el final del engrane del eje de la armadura y entonces deslice el ensamblaje del embrague (piñón hacia el frente) en el eje.

26 Deslice el piñón/retenedor en el eje para que su final abierto mire hacia fuera del piñón.

27 Pare la armadura verticalmente en un pedazo de madera y entonces posicione el anillo de tipo empuje en el final del eje. Usando un martillo y un pedazo de madera dura, accione el anillo de tipo empuje en el eje.

28 Deslice el anillo de tipo empuje abajo del eje hasta que se caiga en la ranura.

29 Instale el cuello de empuje en el eje para que el hombro esté anexo al anillo de tipo empuje. Usando dos pares de alicates, apriete el collar de empuje y la parada/retenedor juntos hasta que el anillo de tipo empuje entre completamente en el retenedor.

30 Lubrique el buje del albergue de la campaña con aceite de silicona y después asegúrese que el cuello del empuje está en su posición contra el anillo de tipo empuje, deslice el ensamblaje de la armadura y el embrague en el albergue del engrane para que, al mismo tiempo, la palanca de cambio enganche con el embrague.

31 Posicione el marco del campo en la armadura y aplique sellador de atascamiento entre el marco y el marco del solenoide.

32 Posicione el marco del campo contra el albergue del engrane, teniendo cuidado de no dañar las brochas.

33 Lubrique el buje en el marco del alternador usando aceite de silicona; coloque la arandela del freno de cuero en el eje de la armadura y entonces deslice el marco del alternador en el eje.

34 Conecte de nuevo los conectores del campo embobinado al terminal del MOTOR en el solenoide.

35 Ahora chequee el espacio libre del piñón. Para hacer esto, conecte una batería de 12 voltios entre el terminal S del solenoide y la conexión a tierra y al mismo tiempo un cable pesado conectando entre el terminal del MOTOR y una conexión a tierra (para prevenir cualquier posibilidad de que el motor de arranque gire). Según el solenoide sea energizado empujará el piñón hacia adelante en su posición normal del arrancando y lo retendrá en esa posición. Con los dedos, empuje el piñón hacia afuera de la parada/retenedor para eliminar cualquier juego, entonces chequee el juego libre entre la cara del piñón y la cara de la parada/retenedor usando un calibrador al tacto. El espacio libre debe estar entre 0.010 y 0.140 pulgada para asegurar un acoplamiento correcto del piñón con el volante (o el plato flexible - transmisión automática) y el engrane de anillo. El si el juego libre está incorrecto, el motor de arranque se tendrá que desarmar otra vez y cualquier componente desgastado o retorcido reemplazado, no hay ningún ajuste proporcionado.

Notas

Capítulo 6
Sistemas del control de emisiones

Contenido

6

1 Información general

Refiérase a las ilustraciones 1.6a y 1.6b

Para prevenir la contaminación de la atmósfera de gases incompletamente quemados o que se evaporen y para mantener una buena maniobrabilidad y economía del combustible, varios sistemas del control de las emisiones, tales como los siguientes, son usados en su vehículo:

Sistema AIR (sistema de reacción de aire inyectado)
Sistema EGR (recirculación de los gases de escape)
Sistema ECS (sistema de control de la evaporación)
Sistema PCV (ventilación positiva del cárter)
Sistema para el control de la temperatura del aire
Convertidor catalítico
Sistema EST (tiempo de la chispa electrónico)
Sistema TCS (sistema de chispa controlada por la transmisión)
Sistema del convertidor catalítico controlado por la computadora (C4)
Sistema de control de comandos por la computadora (C3)

Las Secciones en este Capítulo incluyen las descripciones generales, verificando los procedimientos dentro del alcance del mecánico del hogar y procedimientos de reemplazo de componente (cuando sea posible) para cada uno de los sistemas listados encima.

Antes de asumir que un sistema de control de emisiones está funcionando mal, chequee los sistemas de combustible y de ignición cuidadosamente. El diagnóstico de algunos dispositivos de control de emisiones requieren herramientas especializadas, equipo e instrucción. Si chequeo y servicio llega a ser demasiado difícil o si un procedimiento está más allá de su habilidad, consulte con el departamento de servicio de su concesionario.

Esto no quiere decir, sin embargo, que los sistemas de control de emisiones son particularmente difíciles de mantener y reparar. Usted puede realizar fácilmente y rápidamente muchos chequeos y hacer la mayor parte del mantenimiento regular en casa con herramientas de afinación y manuales comunes. **Nota:** *A causa de una garantía extendida Federalmente puesta bajo mandato que cubre los componentes del sistema de control de emisiones, chequee con su concesionario acerca del alcance de la garantía antes de comenzar el trabajo en el sistema relacionado con las emisiones. Una vez que la garantía se haya expirado, usted puede realizar algunos de los chequeos de los componentes y/o los procedimientos de reemplazo en este Capítulo para ahorrar dinero.*

Ponga atención cercana al plan especial descrito en las cauciones de este Capítulo. Se debe notar que las ilustraciones de los varios sistemas no pueden emparejar exactamente con el sistema instalado en su vehículo a causa de los cambios hechos por el fabricante durante la producción de año a año. Recuerde - la causa más frecuente de problemas de emisiones es simplemente una manguera de vacío, un alambre flojo o roto, así que siempre chequee las conexiones de las mangueras y el alambrado primero.

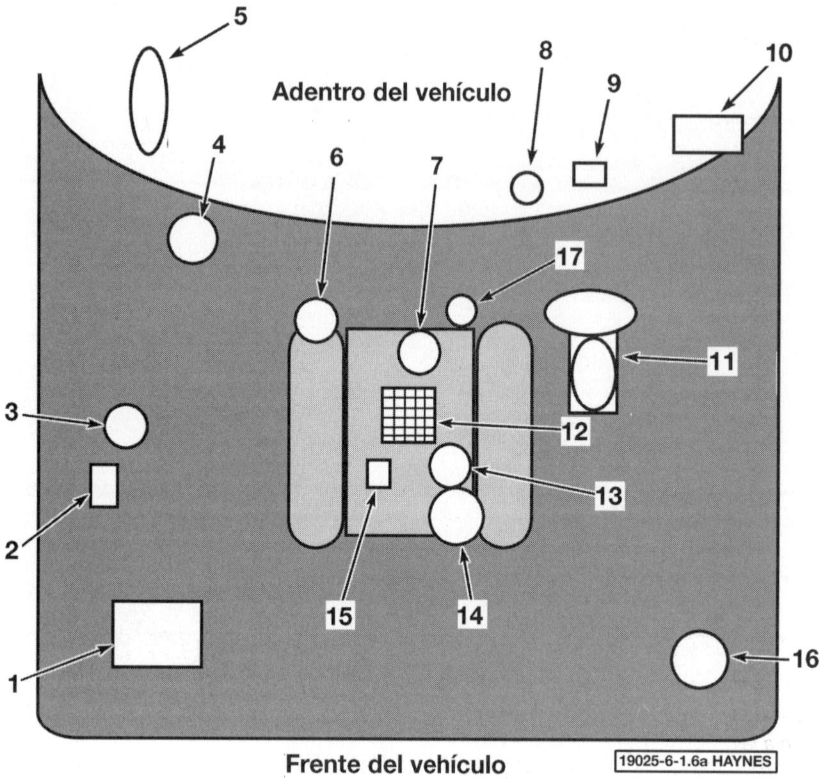

1.6a Ubicación de los componentes para el control de las emisiones, motor V6 típico

1 *Batería*
2 *Relee para la parrilla del EFE (sistema de evaporación temprana del combustible)*
3 *Sensor de la presión absoluta del múltiple de admisión*
4 *Conector para el dwell del MC (control para la mezcla) (modelos 1985)*
5 *ECM (módulo de control electrónico) debajo del tablero*
6 *Sensor de oxigeno (02)*
7 *EGR (recirculación de los gases de escape)*
8 *Luz Check Engine (debajo del tablero)*
9 *Conector ALCL (línea de comunicación de la planta de ensamblaje) (debajo del tablero)*
10 *Caja de fusibles (debajo del tablero)*
11 *Amplificador de los frenos y cilindro maestro*
12 *Calentador para la parrilla del EFE (sistema de evaporación temprana del combustible)*
13 *TPS (sensor del ángulo de apertura del acelerador)*
14 *Distribuidor*
15 *Conector para el dwell del MC (control para la mezcla) (modelos 1986 - 1988)*
16 *Canasto EVAP (sistema de control de evaporación de las emisiones)*
17 *Sensor de detonación*

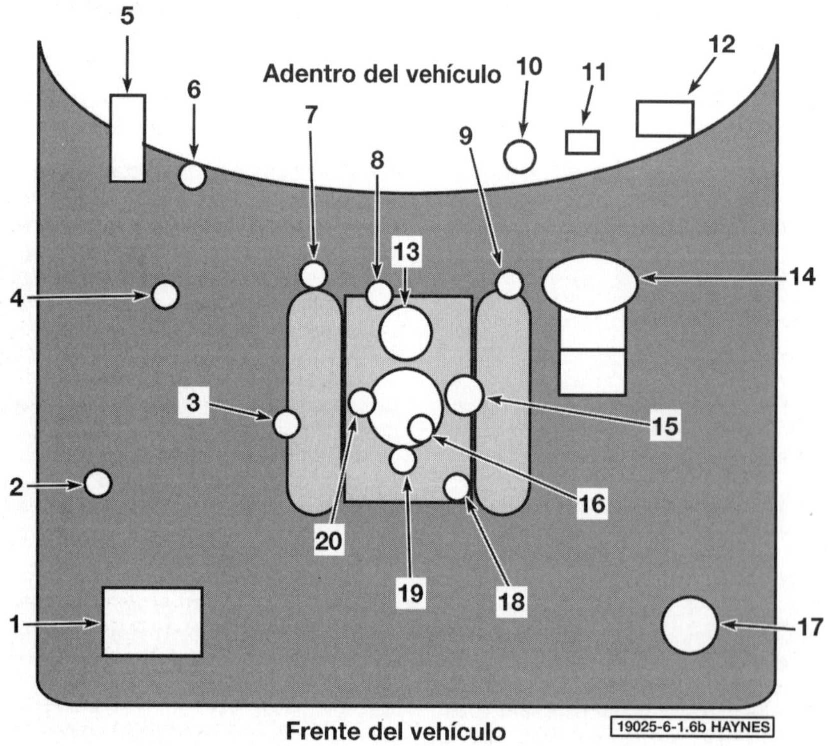

1.6b Ubicación de los componentes para el control de las emisiones, motor V8 típico

1 *Batería*
2 *Sensor de la presión diferencial (vacío) (modelos 1985)*
3 *Sensor de detonación (modelos 1985)*
4 *Sensor de la presión diferencial*
5 *ECM (módulo de control electrónico) debajo del tablero*
6 *Sensor barométrico*
7 *Válvula EFE (sistema de evaporación temprana del combustible) (modelos 1985)*
8 *Conector EST (sistema electrónico de la chispa)*
9 *Válvula EFE (sistema de evaporación temprana del combustible) (en la pipa del escape)*
10 *Luz Check Engine (en el tablero)*
11 *Conector ALCL (línea de comunicación de la planta de ensamblaje) (debajo del tablero)*
12 *Caja de los fusibles (debajo del tablero)*
13 *Distribuidor*
14 *Amplificador de los frenos y cilindro maestro*
15 *EGR (recirculación de los gases de escape)*
16 *TPS (sensor del ángulo de apertura del acelerador)*
17 *Canasto EVAP (sistema de control de evaporación de las emisiones)*
18 *Sensor para la temperatura del anticongelante*
19 *Conector para chequear el solenoide para la mezcla del combustible*
20 *Solenoide para la mezcla del combustible*

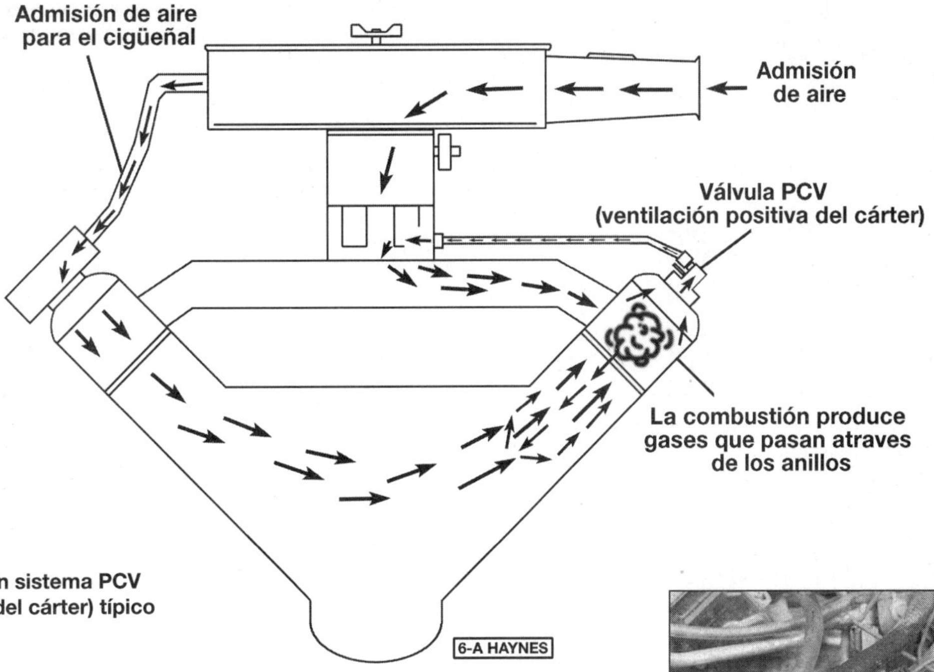

2.1 Operación de un sistema PCV (ventilación positiva del cárter) típico

La esquemática que se acompaña para la ubicación de los componentes de la emisión **(vea ilustraciones)** les dará una buena idea donde varios dispositivos para las emisiones están localizados en su vehículo. (Desgraciadamente, estas esquemáticas no están disponibles para los vehículos de la era de los 70's.) Si hay una discrepancia entre el diagrama incluido y la VECI (etiqueta de información para el control de las emisiones del vehículo), siempre refiérase a la etiqueta VECI. La etiqueta VECI está localizada en el compartimiento del motor. Esta etiqueta contiene un esquema para las especificaciones importantes de las emisiones e información de ajuste y una ruta para las mangueras de vacío y ubicación de los componentes de emisión. Cuando le esté otorgando servicio a los sistemas del motor o emisiones, la etiqueta VECI en el vehículo en particular siempre debe ser chequeada para la información reciente.

2 PCV (sistema para la ventilación positiva del cárter)

Descripción general

Refiérase a las ilustraciones 2.1 y 2.2

1 La ventilación positiva del cárter, o la PCV como es comúnmente llamado, reduce las emisiones de hidrocarburos circulando aire fresco en el cárter del cigüeñal para colectar los gases de la compresión que se escapan a través de los anillos, que son entonces dirigidos nuevamente al carburador o al múltiple de admisión para ser quemados nuevamente por el motor **(vea ilustración)**.

2 Los componentes principales de este sistema son simplemente una mangueras de vacío y una válvula PCV que regula el flujo de gases según la velocidad del motor y vacío del múltiple **(vea ilustración)**.

Chequeo

Refiérase a las ilustraciones 2.6 y 2.9

3 El sistema PCV puede ser chequeado por una operación apropiada rápida y fácil. Este sistema debe ser chequeado regularmente, cuando carbón y depósitos de mugre por los gases de escape de compresión pasan a través de los anillos, atascarán eventualmente las mangueras de vacío de la válvula PCV y/o sistema. Cuando el flujo del sistema PCV es reducido o parado, los síntomas comunes son marcha mínima áspera o una velocidad en la marcha mínima del motor reducida.

4 Para chequear por vacío apropiado en el sistema, primero remueva el plato del purificador de aire y localice el filtro PCV pequeño en el interior del albergue del purificador de aire.

5 Desconecte la manguera que se dirige a este filtro. Tenga cuidado de no romper el acoplador moldeado en el filtro.

6 Con el motor en marcha mínima, coloque el dedo pulgar en el final de la manguera **(vea ilustración)**. Déjelo allí por cerca de 30 segundos. Usted debe sentir que una leve halada, o vacío. La succión se puede oír cuando el dedo pulgar es liberado. Esto indicará que aire es absorbido a través del sistema. Si un vacío es detectado, el sistema está funcionando apropiadamente. Chequee que el filtro adentro del albergue del purificador de aire no está obstruido ni sucio. Si está dudoso, reemplace el filtro con uno nuevo, que es una protección económica.

7 Si el vacío que hay es muy poco, o ninguno del todo, en el final de la manguera, el sistema está obstruido y debe ser inspeccionado un poco más.

8 Apague el motor y localice la válvula PCV. Hálela cuidadosamente hacia afuera de su anillo de caucho. Sacúdala y escuche por

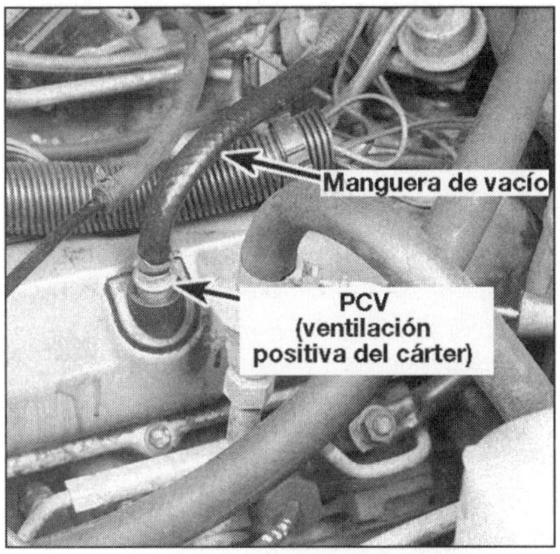

2.2 Componentes PCV (ventilación positiva del cárter) típico

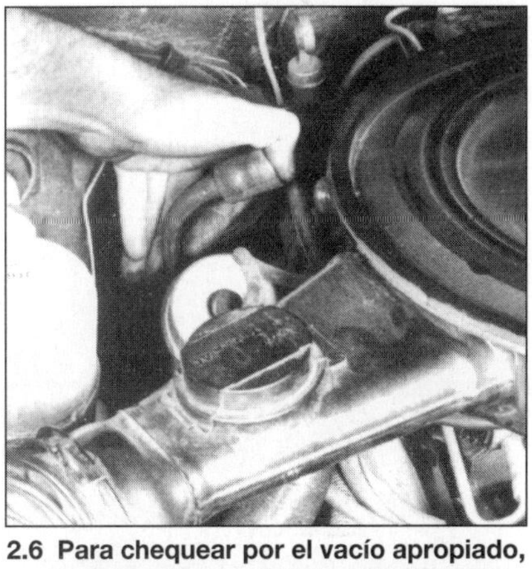

2.6 Para chequear por el vacío apropiado, remueva primero el plato del albergue para el purificador de aire, localice el filtro pequeño PCV (ventilación positiva del cárter) en el interior del albergue del purificador de aire, separe la manguera que se dirige al filtro y con el motor en marcha mínima, coloque el dedo pulgar ligeramente en el final de la manguera y déjelo allí acerca de 30 segundos - usted debe sentir una succión leve

6

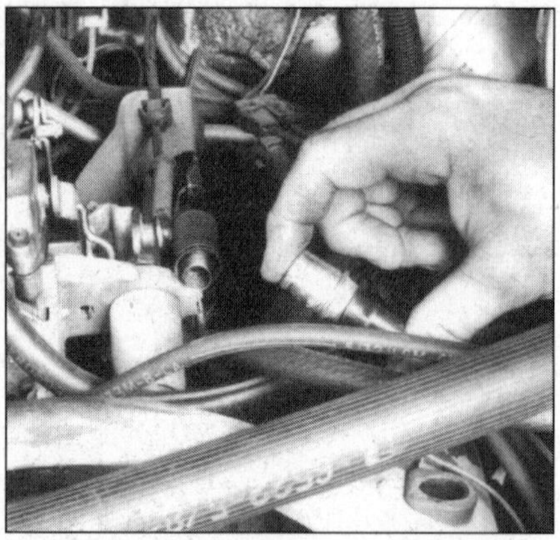

2.9 Para chequear por una válvula PCV (ventilación positiva del cárter) obstruida, remueva la válvula de la tapa del balancín y con el motor en marcha, coloque su dedo en el final de la válvula y sienta por succión - debe ser bastante fuerte

un sonido que chaquetea. Si la válvula no chaquetea libremente, reemplace la válvula con una nueva.

9 Ahora ponga el motor en marcha y lo corre a velocidad de marcha mínima con la válvula PCV removida. Coloque el dedo pulgar en el final de la válvula y sienta por la succión **(vea ilustración)**. Este debe ser un vacío relativamente fuerte que será sentido inmediatamente.

10 Si pequeño o ningún vacío es detectado en la válvula PCV, apague el motor y desconecte la manguera de vacío del otro final de la válvula. Ponga el motor en marcha a velocidad de marcha mínima y chequee por vacío en el final de la manguera apenas desconectada. Ningún vacío en este punto indica que la manguera de vacío ni el acoplador en el motor están obstruidos. Si la manguera está bloqueada, reemplácela con una nueva o remuévala del motor y la sopla con aire comprimido. Un pasaje obstruido en el carburador o múltiple requiere que el componente sea removido y sea limpiado completamente del carbón acumulado. Un vacío fuerte detectado en la válvula PCV, pero poco o ningún vacío sale de la válvula, indica un fracaso de la válvula PCV, requiriendo reemplazo con una nueva.

11 Cuando compre una válvula PCV nueva asegúrese que es la apropiada. Cada válvula PCV es calibrada para el tamaño específico del motor y modelos de los años. Una válvula PCV incorrecta puede halar también demasiado o poco vacío, posiblemente causando daño al motor.

12 Información en remover e instalar la válvula PCV puede ser encontrado en el Capítulo 1.

3 AIR (sistema de reacción de aire inyectado)

Descripción general

Refiérase a las ilustraciones 3.1, 3.3a, 3.3b y 3.3c

1 El sistema AIR (sistema de reacción de aire inyectado) reduce los hidrocarburos en el escape bombeando oxígeno adicional en el puerto del escape en la cabeza de los cilindros, múltiple de escape **(vea ilustración)**, o el convertidor catalítico. El oxígeno rico del aire ayuda a quemar los hidrocarburos parcialmente quemados antes de que ellos sean expulsado como escape.

2 El sistema AIR operar en todas las velocidades del motor, pero desvía aire por un periodo de tiempo corto durante la deceleración y en altas velocidades, porque aire añadido a la mezcla de aire/combustible rica presente en el escape durante estas condiciones pueden causar una contra explosión o explosión en el escape.

3 El sistema AIR se compone de una bomba de inyección aire activada por el motor en la parte delantera del motor, válvula de desvío del aire conectada en el albergue de la bomba **(vea ilustración)**, el múltiple y los tubos de inyección en cada puerto en los múltiples del escape y una válvula unilateral para cada manguera entre la bomba y los tubos de la inyección en cualquier lado del motor **(vea ilustración)**. En vez de una válvula de desvío, algunos modelos V6 usan una válvula de desviación en conexión con una válvula diferencial de vacío. En estos modelos, aire fresco es bombeado en la parte trasera del múltiple y entonces a los puertos del escape **(vea ilustración)**.

4 Las versiones más modernas del sistema AIR están bajo control del ECM (módulo de control electrónico):

a) *Cuando el motor está frío, el ECM energiza un solenoide para el control AIR. Este permite el flujo de aire a una válvula de desviación de aire. La válvula de desviación de aire se le aplica energía para dirigir aire a los puertos del escape.*
b) *En un motor caliente, o en el modo de "ciclo cerrado," el ECM energiza la válvula de desviación de aire, aire directo entre las camas del convertidor catalítico. Este proporciona oxígeno extra para el catalizador que se oxida para disminuir los niveles HC y CO, mientras que mantiene el nivel de oxígeno bajo en la primera cama del convertidor. Esto permite que el catalizador efectivamente reduzca los niveles del NOX (óxido de nitrógeno).*
c) *Si la válvula para el control del AIR detecta un aumento rápido en el vacío del múltiple (deceleración) ciertos modos de operación (acelerador completamente abierto, por ejemplo), o el sistema de diagnóstico por si mismo de la ECM detecta un problema en el sistema de CCC (control de comandos por computadora), aire es desviado al purificador de aire o directamente a la atmósfera.*
d) *El modo de desvío previene hacer una contra explosión en el sistema de escape. El cierre del acelerador en deceleración crea una mezcla de aire/combustible que es temporariamente demasiado rica para quemar completamente. Esta mezcla, cuando llega al escape, llega a ser quemada cuando se combina con aire inyectado. La próxima chispa prendería esta mezcla, causando una explosión en el escape, pero desviación momentánea del aire inyectado lo previene.*
e) *El flujo de las mangueras del control del aire trasmite aire presurizado al convertidor catalítico o a los puertos del escape*

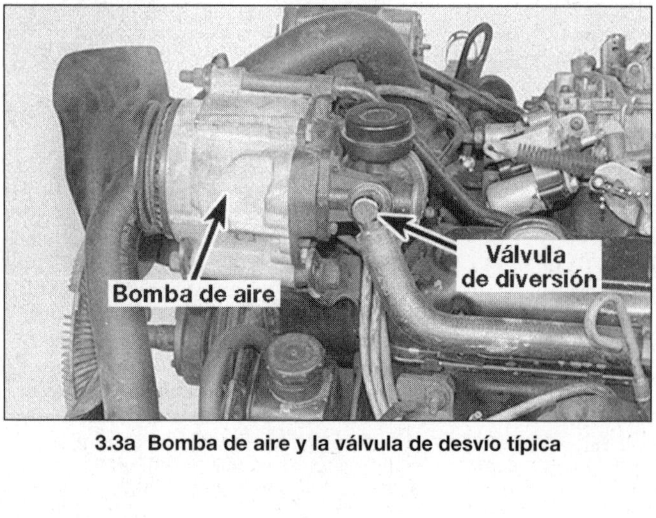

3.3a Bomba de aire y la válvula de desvío típica

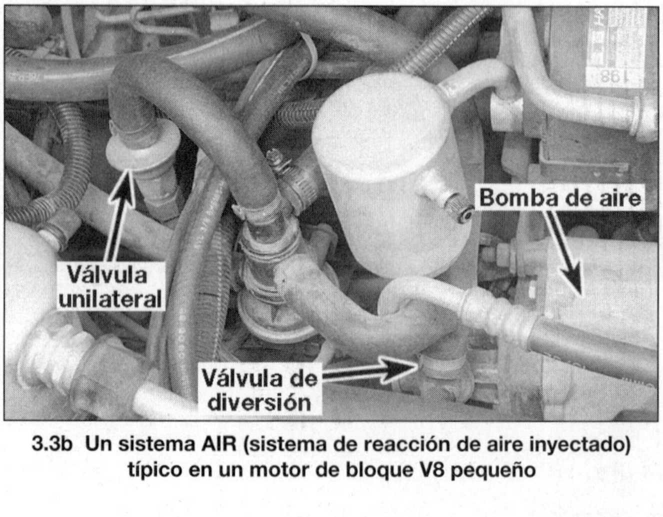

3.3b Un sistema AIR (sistema de reacción de aire inyectado) típico en un motor de bloque V8 pequeño

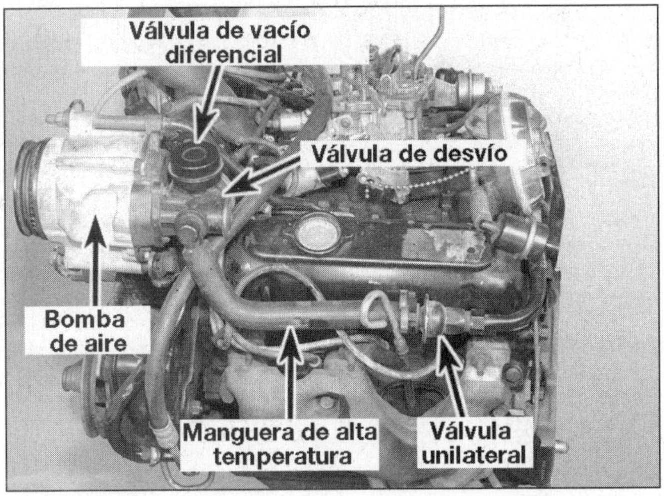

3.3c Un sistema AIR (sistema de reacción de aire inyectado) típico en un motor V6

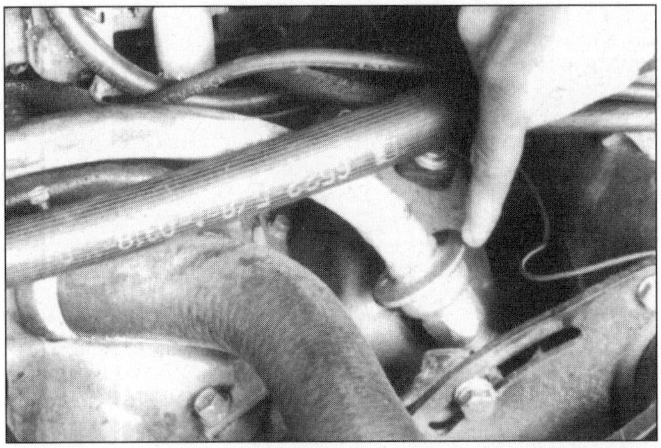

3.6 Para chequear por la entrega de aire apropiada de la bomba, siga las mangueras de la bomba al tubo de inyección/ensamblaje en cada lado del múltiple del motor, afloje las abrazaderas, desconecte las mangueras . . .

en los pasajes internos en el múltiple de admisión, o descarga externa.

f) La válvula unilateral previene contrapresión del gas de escape en el sistema de distribución AIR. La válvula previene contrapresión cuando la bomba de aire desvía en altas velocidades y cargas, o cuando la bomba de aire está defectuosa.

Chequeo

Refiérase a las ilustraciones 3.6, 3.7 y 3.8

Nota: *Los siguientes chequeos se aplican generalmente a todos los sistemas AIR. Sin embargo, donde el sistema es controlado por la ECM difieren en el diseños de los tipos más antiguos, el diagnóstico requiere equipo especializado.*

5 Los sistemas de inyección de aire apropiadamente instalados y ajustados son bastante seguro y rara vez causan problemas. Sin embargo, un sistema funcionando mal puede causar oleadas del motor, haciendo contra explosión y bujías sobre calentadas. La bomba de aire es el componente más crítico de este sistema y la banda en el frente del motor que acciona la bomba, debe ser chequeada primero. Si la banda está agrietada o deshilada, reemplácela con una nueva. Chequee la presión de la banda apretándola con sus dedos. Debe haber acerca de 1/2-pulgada de juego en la banda cuando empuje en el medio entre las poleas. Si la banda está muy floja, ajústela (vea Capítulo 1).

6 Para chequear por un suministro de aire apropiado de la bomba, siga las mangueras de la bomba al tubo de inyección/lado del múltiple del motor en cada ensamblaje **(vea ilustración)**. Afloje las abrazaderas y desconecte las mangueras.

7 Ponga el motor en marcha y con sus dedos o un pedazo de papel, verifique que aire fluye fuera de estas mangueras **(vea ilustración)**. Acelere el motor y observe el flujo de aire, que debe aumentar con relación a la velocidad del motor. Si este es el caso, la bomba está trabajando satisfactoriamente. Si el flujo de aire no está presente, o no aumentó, chequee por rizos en las mangueras, tensión apropiada de la banda y por fuga en la válvula de desvío, que se puede oír con la bomba operando.

8 Para chequear la válvula de desvío, llamada a veces válvula de "trago" o válvula para anti explosión, asegúrese que todas las mangueras están conectadas y ponga el motor en marcha. Localice el silenciador en la válvula, que es una unidad de canasto con orificios en el **(vea ilustración)**. La válvula de desviación en los modelos V6 se parece de cerca a una válvula de desvío. La válvula diferencial de vacío está localizada encima de la válvula de desviación.

9 Tenga cuidado de no tocar ninguno de los componentes del motor que se estén moviendo, coloque la mano cerca de la

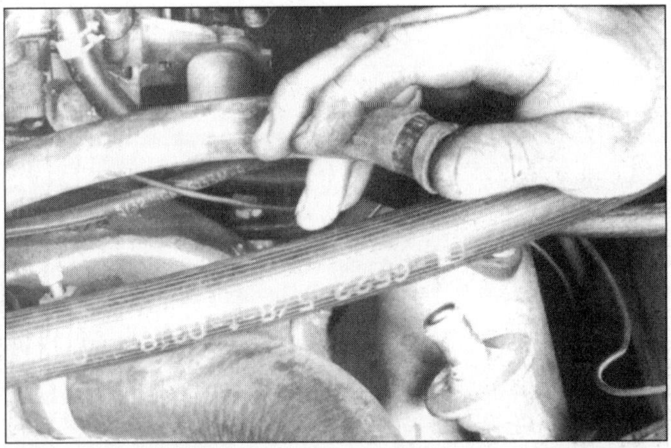

3.7 . . . ponga el motor en marcha y con sus dedos o un pedazo de papel, verifique que aire está corriendo hacia afuera de estas mangueras, entonces acelere el motor y note el flujo de aire, que debe aumentar con la relación de la velocidad del motor - si lo hace, la bomba está trabajando satisfactoriamente; si no lo hace, chequee exprimiendo en la mangueras, una banda floja o una válvula de desvío con fugas

3.8 Para chequear la válvula de desvío, asegúrese que todas las mangueras están conectadas, ponga el motor en marcha, localice el silenciador (el canasto perforado pequeño) en la válvula, coloque la mano cerca de las roscas de salida del silenciador y verifique que ningún aire se escapa mientras el motor está en marcha mínima, entonces acelere el motor y libere rápidamente el pedal - una explosión momentánea de aire debe ser descargada del filtro a la válvula de desvío en el silenciador

salida del silenciador y chequee que ningún aire se escape con el motor en velocidad de marcha mínima. Ahora tenga a un ayudante para que presione el pedal del acelerador para acelerar el motor y entonces libere rápidamente el pedal. Una explosión momentánea de aire debe ser descargada del filtro en el silenciador de la válvula de desvío. La válvula diferencial de vacío para los modelos V6 (localizada encima de la válvula de desviación) es chequeada de la misma manera como una válvula de desvío. La válvula de desviación es chequeada desconectando y bloqueando la fuente de vacío, que debe producir un suministro continuo de aire hasta que la línea sea conectada de nuevo.

10 Si ninguna descarga de aire es detectada, desconecte la manguera de vacío más pequeña en la válvula de desvío. Ponga su dedo en lugar en el final de la manguera y otra vez haga que un ayudante presione el acelerador y lo libere. Según el motor desacelera, un vacío debe ser sentido. Si el vacío es sentido, reemplace la válvula de desvío con una nueva. Si ningún vacío es sentido, la manguera de vacío o la fuente de vacío del motor está tapada, requiere una limpieza completamente para eliminar el problema.

11 Dos válvulas unilaterales están localizadas en el múltiple de aire. Su función es de prevenir que los gases de escape entren otra vez adentro de la bomba de aire. Para averiguar si ella está funcionando apropiadamente, desconecte las dos mangueras de aire del suministro donde ellas se conectan a las válvulas unilaterales. Ponga el motor en marcha y tenga cuidado de no tocar los componentes del motor que estén en movimiento, coloque su mano en la salida de la válvula unilateral. Ningún escape debe fluir fuera de la válvula unilateral. La válvula puede ser además chequeada apagando el motor, permítala que se refresque y oralmente sople la válvula unilateral (hacia el múltiple de aire). Entonces trate de chupar hacia la parte trasera. Si la válvula le permite que usted chupe en la parte de retroceso hacia la bomba de aire, está defectuosa y debe ser reemplazada.

12 Otro chequeo para este sistema es por fugas en las conexiones de las mangueras y/o mangueras mismas. Fugas a menudo pueden ser detectadas por sonidos o se siente con la operación de la bomba. Si un escape es sospechado, use una solución de agua y jabón para chequearla. Vierta o aplique con una esponja la solución de detergente y agua en las mangueras y las conexiones. Con la bomba corriendo, burbujas se formarán si un escape existe. Las mangueras de aire de entrega son diseñadas especialmente para resistir las temperaturas del motor, si ellas son reemplazadas asegúrese de que las mangueras nuevas son de las clases apropiadas.

Reemplazo de componentes

Bomba de aire

13 Como fue mencionado anteriormente, algunas bombas de aire usan una banda común con el alternador mientras las otras usan su propia banda. La disposición particular en el vehículo siendo servido afectará el procedimiento de como se remueve e instala.

14 Desconecte las mangueras de aire en la bomba de aire. Note la posición de cada manguera para el ensamblaje.

15 Desconecte la manguera de la fuente del vacío en la válvula de desvío.

16 Comprima la banda para no permitir que la polea de la bomba de aire gire y remueva los pernos y las arandelas asegurando la polea a la bomba.

17 Para aflojar la banda, afloje el perno de ajuste del alternador y el perno pivote. Empuje el alternador hacia adentro hasta que la banda y la polea puedan ser removida de la bomba de aire.

18 Remueva los pernos que aseguran la bomba de aire a sus soportes, entonces levante la bomba y la válvula de desvío del compartimiento del motor.

19 Si la válvula de desvío va ser instalada en la bomba de aire nueva, remueva los pernos que aseguran la bomba y separe los dos componentes.

20 Chequee la bomba por evidencia de que los gases de escape hayan entrado, indicando un fracaso de una o de ambas válvulas unilaterales.

21 Instale la válvula de desvío a la bomba de aire nueva usando una junta nueva. Apriete los pernos que la conectan firmemente.

22 Instale la bomba de aire en sus soportes con los pernos que la acoplan flojos. La excepción a esto es que en los modelos donde los pernos son inaccesibles con la polea instalada. En este caso, los pernos de retención para la bomba se deben apretar firmemente en este punto.

23 Instale los pernos de la polea de la bomba, apretados solamente con los dedos en este momento.

24 Coloque la banda en posición en la polea de la bomba de aire y ajuste la banda haciéndole palanca suavemente al alternador hasta que acerca de 1/2-pulgada de juego sea sentido en la banda cuando empuje entre el medio de las poleas. Apriete los pernos del alternador, manteniendo la presión de la banda en este punto.

25 Detenga la polea de la bomba para que no gire comprimiendo la banda y apriete los pernos de la polea firmemente.

26 Conecte las mangueras a la bomba de aire y la válvula de desvío. Asegúrese que las conexiones están apretadas.

27 Apriete los pernos de montaje de la bomba firmemente.

28 Chequee la operación de la bomba de aire según está descrito previamente.

Válvula de desvío

29 Desconecte la línea de la señal del vacío y las mangueras de entrega de aire en la válvula de desvío. Note la posición de cada una para el ensamblaje.

30 Remueva los pernos que aseguran la válvula a la bomba de aire y remueva la válvula de desvío del compartimiento del motor.

31 Cuando compre una válvula de desvío o válvula de desviación nueva, mantenga en mente que aunque muchas de las válvulas son similares en apariencia, cada una es diseñada para reunir los requisitos particulares de varios motores. Por lo tanto, esté seguro de instalar la válvula correcta.

32 Instale la válvula de desvío nueva a la bomba de aire o extensión de la bomba con una junta nueva. Apriete los pernos que la aseguran.

33 Conecte las mangueras de suministro de aire, de vacío y chequee la operación de la válvula según se describió previamente.

Múltiple de aire y tubos de inyección

Refiérase a las ilustraciones 3.36 y 3.38

34 Debido a las temperaturas altas en esta área, las conexiones en el múltiple de escape pueden ser difíciles de aflojar. Aceite penetrante comercial aplicado a las roscas de los tubos de inyección pueden ayudar en el procedimiento para remover.

35 Desconecte las mangueras de aire de suministro en las válvulas unilaterales del múltiple.

36 Afloje los conectores roscados en el múltiple de escape en cada puerto de escape **(vea ilustración)**. Deslice los conectores hacia encima en los tubos de inyección hasta que las roscas estén fuera del múltiple de escape.

37 Hale el tubo de inyección/múltiple de aire del múltiple de escape del motor y hacia afuera del compartimiento del motor. Dependiendo del modelo del año, las extensiones del tubo de inyección que se dirigen dentro del motor pueda que se salgan del ensamblaje.

38 En los modelos donde los tubos de extensión permanecen dentro del múltiple de escape, ellos deben ser prensados hacia afuera después que el múltiple de escape sea removido del motor **(vea ilustración)**.

39 Si el múltiple de escape fue removido del motor para limpiarlo o reemplazar las extensiones, vuelva a instalar el múltiple con extensiones al motor, usando una junta nueva. Apriételo a las especificaciones apropiadas (vea Capítulo 2).

40 Enrosque cada uno de los conectores del tubo de inyección flojamente en el múltiple de escape, usando un atascamiento en las roscas. Después que cada uno de los conectores estén suficientemente comenzado, apriételo firmemente.

41 Conecte las mangueras del suministro de aire a las válvulas unilaterales.

42 Ponga el motor en marcha y chequee por fugas según fue descrito previamente.

Válvula unilateral

Refiérase a la ilustración 3.44

43 Desconecte la manguera de suministro de aire en la válvula unilateral.

44 Usando dos llaves en las planas proporcionadas, remueva el ensamblaje de la válvula unilateral del múltiple **(vea ilustración)**.

3.36 Para remover los tubos de inyección, separe las mangueras de entrega de aire en las válvulas unilaterales, afloje los conectores roscados en el múltiple de escape en cada puerto de escape, deslice los conectores hacia encima en los tubos de inyección para que las roscas estén fuera del múltiple de escape y hale el tubo de inyección/ensamblaje del múltiple aire hacia afuera del múltiple del motor (en algunos modelos de años, las extensiones del tubo de inyección que se dirigen hacia adentro del motor salen con el ensamblaje)

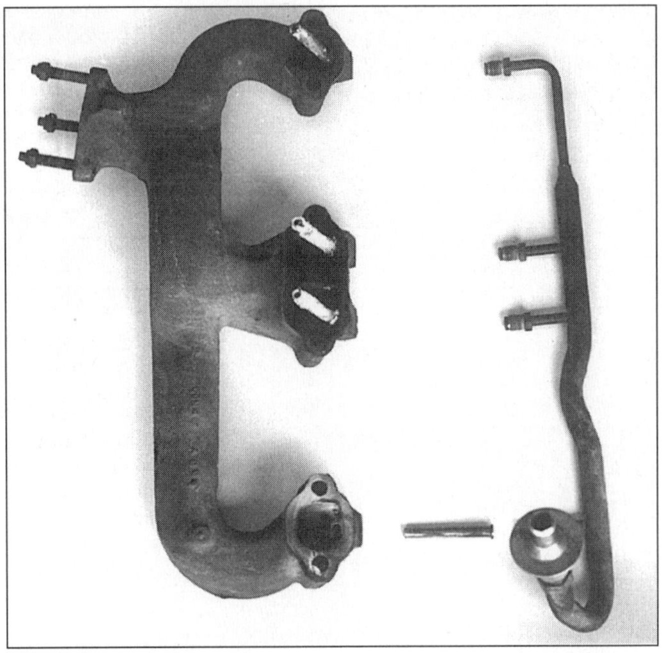

3.38 Tubos de extensión interna se deben prensar hacia afuera después que el múltiple de escape del motor sea removido

3.44 Para remover la válvula de aire unilateral del múltiple, use dos llaves (una como respaldo) en los acopladores roscados - esté seguro que usted no dobla o tuerce el múltiple delicado o los tubos de inyección al aflojar la válvula unilateral

Tenga cuidado de no doblar ni torcer el múltiple delicado ni los tubos de inyección mientras esto se hace.

45 La instalación se hace en el orden inverso al procedimiento de desensamble.

4 TCS (sistema de chispa controlada por la transmisión)

Descripción general

1 Este sistema es diseñado para eliminar el avance del encendido regulado por vacío del múltiple en el distribuidor bajo ciertas condiciones de manejo. El sistema es incorporado en algunos modelos hasta el 1974 y todos los vehículos con transmisión manual. El sistema TCS (sistema de chispa controlada por la transmisión) usado en los modelos 1971 es también conocido como el sistema CEC (control de emisiones computarizado).

2 El vacío para el mecanismo de avance en el distribuidor es apagado hasta que la transmisión esté en engrane o engranes Alto 3rd y 4ta con la transmisión de 4 velocidades. El vacío es permitido en Reversa para las transmisiones Turbo Hydra Matic automáticas.

3 Este sistema es compuesto de: un interruptor de transmisión; interruptor de temperatura del anticongelante del motor; el relé de la demora del tiempo; el solenoide de avance del encendido regulado por vacío del múltiple; y un solenoide de detención. Aunque este sistema es algo más difícil de otorgarle servicio, chequee y mantenga los otros sistemas de emisiones, cuando cada componente es chequeado completamente e individualmente la operación del sistema TCS se puede entender fácilmente.

Interruptor de la transmisión

4 En transmisiones manuales, el interruptor eléctrico es accionado por el eje interno de la palanca de cambio. El interruptor está localizado en el exterior del casco de la transmisión, adyacente al eje de la palanca de cambio.

5 Las transmisiones automáticas usan un interruptor sensible de presión que es accionado por la presión líquida según la transmisión llega al engrane Alto (y en reversa en el caso de la Turbo Hydra Matics). Este interruptor está localizado en el exterior de la transmisión en las transmisiones Powerglide y Turbo Hydra Matic 350. Las transmisiones Turbo Hydra Matic 400 tienen el interruptor internamente instalado en la transmisión.

6 Cuando active los engranes apropiados de la transmisión, el interruptor manda una señal eléctrica al solenoide de avance del encendido regulado por vacío del múltiple. Este componente TCS (sistema de chispa controlada por la transmisión) permanece básicamente sin cambio a los cuatro años en que se usaron.

Interruptor de la temperatura

7 La función de este interruptor es para presentir la temperatura del motor y mandar una señal al solenoide de avance del encendido regulado por vacío del múltiple. Es el mismo interruptor que opera la luz de advertencia instalada en el tablero o el medidor de la temperatura del agua. El interruptor está localizado en la cabeza izquierda de los cilindros, entre los puertos de escape número uno y numero tres en los motores V8 de bloque pequeño y entre los puertos de escape número tres y numero cinco en los motores de bloque grande.

8 El interruptor de la temperatura del anticongelante del motor monitorea y envía una señal eléctrica al solenoide de avance del encendido regulado por vacío del múltiple. En los vehículos 1970 al 1972, el interruptor de la temperatura reacciona con el solenoide de avance del encendido regulado por vacío del múltiple para permitir el avance del encendido regulado por vacío del múltiple cuando la temperatura del motor está abajo de 82 grados. Para los vehículos 1973 y 1974 esta temperatura fue elevada a 93 grados. Esto quiere decir que sin importar en que engrane la transmisión esté o cualquier otra condición del motor, el sistema TCS (sistema de chispa controlada por la transmisión) no es funcional y no debe tener efecto en la operación del motor hasta que el motor se haya calentado a estas temperaturas de operación.

6

Relé de demora del tiempo

9 Este relé eléctricamente operado ha experimentado algunos cambios en los varios sistemas TCS. En cada modelo de año, sin embargo, su función principal es para demorar la operación del solenoide de avance del encendido regulado por vacío del múltiple.

10 En todos los años menos 1972, el relé de demora del tiempo permitirá avance del encendido regulado por vacío del múltiple al distribuidor durante los primeros 20 segundos de operación del motor. Esto quiere decir que cada vez que el interruptor de la ignición es prendido, sin importar si el motor está caliente o frío, el relé de la demora rendirá el sistema TCS inoperativo por los primeros 20 segundos.

11 En los modelos 1972 el relé de demora realiza una función diferente. El relé no se pone en juego hasta que la transmisión llega al engrane Alto según es señalado por el interruptor de la transmisión. Cuando esto acontece, el relé del tiempo demora la operación del solenoide para el avance del encendido regulado por vacío del múltiple acerca de 23 segundos. En otras palabras, el distribuidor no recibe vacío del motor hasta acerca de 20 segundos después que la transmisión llega al engrane Alto.

12 Se debe notar también que el relé de 1972 demora automáticamente para reciclar cuando la transmisión es sacada del engrane Alto, cuando baja de engrane o cuando se pone en engrane de rebase. Una vez que la transmisión está otra vez dentro de Alta, otra vez tomará acerca de 20 segundos de lograr el avance del encendido regulado por vacío del múltiple que llega al distribuidor.

13 El relé 1972 está localizado debajo del tablero, en el refuerzo central. Para los otros años, el relé está instalado dentro del compartimiento del motor, en la pared contrafuego.

Solenoide para el avance del encendido regulado por vacío del múltiple

14 Este es el corazón del sistema TCS (sistema de chispa controlada por la transmisión), su función es de suministrar o negar vacío al distribuidor.

15 Esta unidad formada como un canasto está localizada en el lado derecho del motor, conectado al múltiple de admisión. Puede ser localizada prontamente siguiendo simplemente la manguera de vacío que sale hacia afuera de la unidad de avance por vacío del distribuidor.

16 En la posición aplicada con energía, el embolo adentro del solenoide se abre al puerto de vacío en el carburador para la unidad de avance del encendido regulado por vacío y bloquea al mismo tiempo el puerto de aire limpio en el otro final. En el modo energizado, el puerto de aire limpio es destapado, que permite que el distribuidor respire a la atmósfera y apaga el vacío al distribuidor.

4.17 El solenoide para detener la marcha mínima, que está conectado al lado derecho del carburador, puede ser identificado por este conector del alambrado en una punta y la cabeza del perno en el embolo de la bomba de vacío en el otro

4.18 El solenoide para detener la marcha mínima es un dispositivo de dos posiciones eléctricamente operando el control que se puede usar para proporcionar una instalación predeterminada del acelerador

Solenoide para la parada de la marcha mínima

Refiérase a las ilustraciones 4.17 y 4.18

17 Este solenoide está conectado en el lado derecho del carburador con soportes. Puede ser identificado por un conector de alambre en una punta y un embolo con un perno para el vacío del perno en el otro **(vea ilustración)**.

18 El solenoide para la detención de la marcha mínima es un control de dos posiciones eléctricamente operado. Es usado para proporcionar una instalación predeterminada del acelerador **(vea ilustración)**.

19 En la posición con energía, el embolo se extiende del cuerpo del solenoide y hace contacto con la palanca del acelerador del carburador. Esto previene que los platos del acelerador del carburador se cierren completamente. Cuando está energizado (pasador hacia afuera), el embolo del solenoide se retracta en el cuerpo del solenoide para permitir que los plato del acelerador se cierren completamente, que "se muera" el motor y prevenir que el motor continúe funcionando con la llave apagada.

20 Los sistemas 1971 incorporan también un dispositivo de tiempo de estado sólido que permite que el compresor del aire acondicionado (si está equipado con uno) se prenda cuando la ignición es apagada. La carga agregada del compresor del aire acondicionado ayuda a apagar el motor para prevenir que el motor continúe funcionando con el interruptor apagado.

Chequeando

21 Este sistema es difícil de chequear debido al hecho que el vehículo debe estar en operación. Esto quiere decir que los chequeos deben ser hecho con el vehículo moviéndose.

22 Si un problema en este sistema es sospechado, chequee primero que todos los alambres y las conexiones eléctricas estén en buenas condiciones e intactas. Inspeccione también las mangueras de vacío en el solenoide para el avance del encendido y la unidad del avance del encendido en el distribuidor. Un fusible quemado en la caja de fusible puede causar también problemas en este sistema.

23 Para acertar si el sistema TCS está funcionando mal, conecte un vacuómetro en la manguera entre el solenoide y el distribuidor. Una longitud de manguera de vacío se debe usar para permitir dirigir el medidor dentro del compartimiento de pasajero. Asegúrese que la manguera no está exprimida y no será dañada por partes del motor que se mueven o estén caliente.

24 Conduzca el vehículo y tenga a un ayudante para que observe el vacuómetro. Haga que apunte las lecturas del vacuómetro y engranes de la transmisión. Si el sistema está funcionando apropiadamente, las siguientes condiciones se reunirán:

a) Cuando el motor está frío, vacío se mostrará en el medidor hasta que el motor se haya calentado a la temperatura de operación normal.

b) El vacío debe estar presente en el medidor durante los primeros 20 segundos después que el motor sea comenzado, a pesar de la temperatura.

c) A una temperatura normal de operación debe de mostrar vacío en el medidor cuando esté en el engrane Alto solamente.

25 El sistema se debe chequear con el motor frío y también después que haya alcanzado la temperatura normal de operación. No se olvide acerca de la función de demora del tiempo y cómo se relaciona a su vehículo particular.

26 La prueba de encima le dirá si el sistema completo está funcionando apropiadamente. Los siguientes procedimientos de prueba son para los componentes individuales del TCS si un defecto es detectado en la prueba de la carretera.

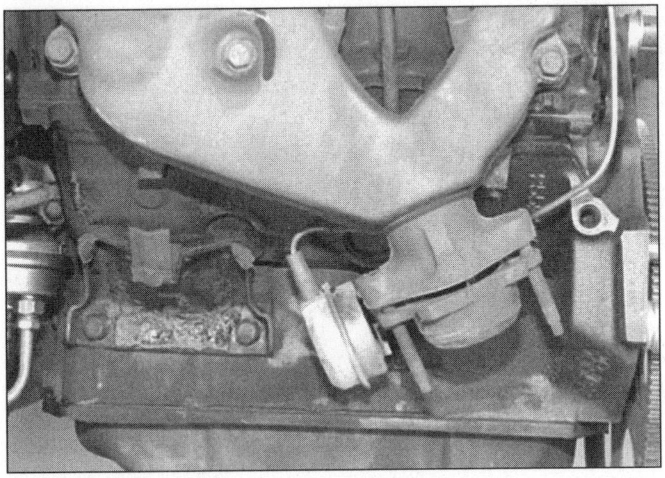

5.2a Ensamblaje del servo de vacío EFE (sistema de evaporación temprana del combustible) típico

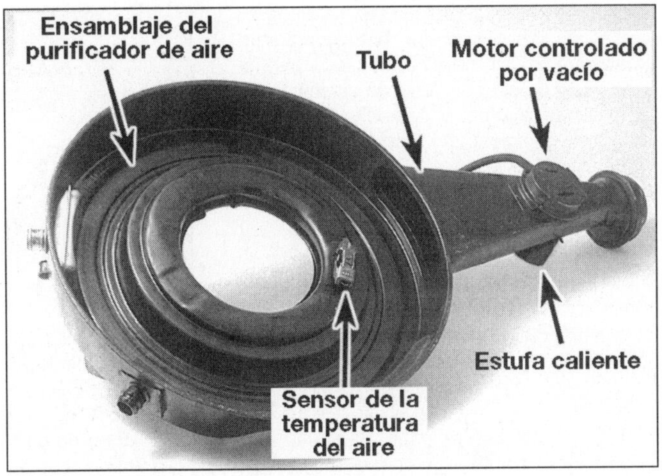

5.2b Un sistema típico THERMAC (termostato para el purificador de aire) - este diseño atrae aire desde el múltiple de escape directamente adentro del carburador

Solenoide para la detención de la marcha mínima

27 Tenga a un ayudante para que prenda el interruptor de la ignición según usted observa el embolo del solenoide de detención. Con la llave encendida, el embolo se debe extender contra el control de la mariposa. Con la llave apagada, la bomba de vacío se debe de retractar hacia adentro del solenoide.

Interruptor de la transmisión

28 Con el motor caliente y en marcha, haga que un ayudante ponga la transmisión en el engrane de baja velocidad (asegúrese que las ruedas delanteras estén bloqueadas, el freno de estacionamiento está aplicado y el ayudante tiene el pedal del freno presionado). No debe haber vacío que llegue al distribuidor. Si hay vacío llegando al distribuidor, remueva la conexión del interruptor de la transmisión. Reemplace el interruptor de la transmisión si el vacío se detiene cuando la conexión del interruptor de la transmisión fue removida.

Interruptor de la temperatura

29 Cuando el motor está frío, debe de haber vacío llegando al distribuidor. Si este no es el caso, ponga a tierra el alambre de la terminal fría del interruptor de la temperatura. Si el solenoide para el avance del encendido regulado por vacío se energiza, reemplace el interruptor de la temperatura con uno nuevo.

30 Un fracaso del interruptor de la temperatura puede aparecer también en la prueba de la carretera con el motor a diferentes temperaturas de operación, y/o como un funcionamiento defectuoso del medidor de la temperatura o luz de advertencia del tablero.

Solenoide de avance del encendido por vacío

31 Chequee el vacío suministrado adentro del solenoide desde el múltiple de admisión o el carburador. Usted debe ser capaz de sentir este vacío cuando el motor está en marcha.

32 Ahora conecte de nuevo la manguera de entrada de vacío y desconecte la manguera de vacío que está dirigida al distribuidor. Desconecte los conectores eléctricos en el solenoide y corra un puente de 12 voltios al solenoide. El solenoide debe ser energizado, permitiendo que el vacío alcance el distribuidor.

Relé para la demora del tiempo (1972)

33 Con la ignición encendida, chequee por 12 voltios en el alambre de color café claro al relé. Use una luz de prueba para esto.

34 Instale un puente de 12 voltios al terminal con el alambre de color marrón y conéctelo a tierra con la terminal del alambre negro. Si después de 26 segundos, el solenoide de avance no se energiza (significando vacío al distribuidor), reemplace el relé de demora.

Relé para la demora del tiempo (excepto 1972)

35 Remueva el conector del interruptor de temperatura en el relé de demora del tiempo.

36 Chequee para asegurarse que el relé está frío, entonces gire la ignición a la posición Encendida.

37 El solenoide para el avance del encendido regulado por vacío del múltiple se debe energizar acerca de 20 segundos y entonces perder la energiza. Si no pierde la energiza, remueva el alambre azul del relé del tiempo. Si esto causas que el solenoide pierda su energía, el relé está defectuoso y debe ser reemplazado.

5 Control de la temperatura del aire

Descripción general

Refiérase a las ilustraciones 5.2a, 5.2b y 5.5

1 Varias versiones de este sistema son referidos con diferentes nombres, pero su propósito es siempre el mismo - mejorar la eficiencia del motor y reducir las emisiones de los hidrocarburos durante el período inicial de calentamiento del vehículo.

2 Dos métodos básicos son usados para lograr esta meta:

a) El sistema de aire forzado pre calentado: Algún tipo de válvula de escape es incorporada adentro del tubo de escape **(vea ilustración)** *para reciclar los gases de escape caliente que son después usados para pre calentar el carburador y el estrangulador.*

b) Aire tibio del múltiple de escape es dirigido al purificador de aire, entonces al carburador **(vea ilustración).**

3 Este sistema tiene su efecto más grande en el desempeño del motor y rendimiento de las emisiones durante las primeras pocas millas de manejo (dependiendo de la temperatura del exterior). Una vez que el motor llega a su temperatura normal de operación, las válvulas de vaivén en el tubo de escape y el purificador de aire se abren, permitiendo la operación normal del motor.

4 A causa de esta función del motor frío solamente, es importante de periódicamente chequear este sistema para prevenir un mal desempeño pobre del motor frío y sobrecalentar la mezcla de combustible una vez que el motor haya alcanzado la temperatura de operación. Si la válvula del calor del escape o varilla de la válvula del purificador de aire se atora en la posición de "no calor," el motor no marchará bien, se apagará y gastará mucha gasolina hasta que se haya calentado por sí mismo. Una válvula obstruida en la posición de "calor" causa que el motor corra como si estuviera fuera de afinación, a causa del flujo constante de aire caliente al carburador.

5 El componente principal del sistema inicial es una válvula de calor **(vea ilustración)** dentro del tubo de escape en el lado derecho del motor (llamada una válvula de sublevación de calor en los modelos 1969 al 1974). En 1975, la General Motors introdujo un sistema de control nuevo para la temperatura de aire conocido como el sistema EFE (sistema de evaporación temprana del combustible). Tiene también una válvula en el tubo de escape, pero vacío del múltiple es usado para accionar la válvula. En vez de un resorte y un peso, un actuador TVS (interruptor

térmico de vacío) controla la válvula de calor. Un TAC (purificador de aire controlado por un termostato) o THERMAC (termostato para el purificador de aire) consiste de un sensor de temperatura, diafragma de vacío y estufa de calor para completar el sistema. Los procedimientos de chequeo inicial pueden ser encontrados en el Capítulo 1.

Chequeo

Sistema de aire forzado pre calentado

6 El sublevador de calor convencional, instalado en los vehículos construidos hasta 1974, deben ser chequeados a menudo por una operación libre. A causa de las temperaturas altas del escape y su ubicación, que está abierta a los elementos, la corrosión frecuentemente mantiene que la válvula opere libremente, o se atore en su posición.

7 Para chequear la operación de la válvula para la sublevación de calor, localícela en el múltiple de escape (puede ser identificada por un peso y un resorte externo) y con el motor frío, trate de mover el contrapeso. La válvula se debe mover libremente sin obstrucción. Ahora haga que un ayudante ponga el motor en marcha (todavía frío) mientras el contrapeso es observado. La válvula debe moverse a la posición cerrada y entonces abrirse lentamente cuando el motor se caliente.

8 Una válvula de sublevación de calor obstruida u pegándose puede ser aflojada generalmente empapando el eje de la válvula con solvente según el contrapeso es movido de encima hacia abajo. Pegarle gentilmente con un martillo pueda que sea necesario para liberar la válvula que esté un poco obstruida. Si esto no resuelve el problema, la válvula de sublevación de calor debe ser reemplazada con una nueva después que la desconecte del tubo de escape.

Sistema EFE (sistema de evaporación temprana del combustible)

Refiérase a las ilustraciones 5.10 y 5.11

9 En los modelos 1975, la General Motors introdujo un reemplazo para la sublevación del calor conocido como el sistema EFE. El sistema EFE realiza la misma función que el sistema de sublevación de calor pero usa vacío del múltiple para abrir y cerrar la válvula del calor. Algunos vehículos están equipados con un tipo EFE eléctrico, que usa una reja cerámica de calefacción localizada debajo de la base primaria del carburador.

10 Para chequear el sistema EFE, localice el ensamblaje del actuador y la varilla **(vea ilustración)** que está localizado en un soporte conectado a la derecha (lado izquierdo en algunos modelos V6) del múltiple de escape. Haga que un ayudante ponga el motor en marcha (debe estar frío). Observe el movimiento de la varilla del actuador que dirige a la válvula del calor dentro del tubo de escape. Debe operar inmediatamente la válvula a la posición cerrada. Si lo hace, el sistema está operando correctamente.

5.5 Válvula típica para el control de la sublevación de calor (o elevador de calor, como es conocida en los modelos 1970 hasta 1974)

11 Si la varilla del actuador no se mueve, desconecte la manguera de vacío en el actuador y coloque su dedo pulgar en el final abierto **(vea ilustración)**. Con el motor frío y en la marcha mínima, usted debe sentirse una succión, indicando el vacío apropiado. Si hay vacío en este punto, reemplace el actuador con uno nuevo.

12 Si no hay vacío en la línea, esto es una indicación que ni la manguera está exprimida ni tapada, ni el interruptor térmico por vacío roscado en la salida del agua no está funcionando apropiadamente. Reemplace la manguera o el interruptor según sea necesario.

13 Para asegúrese que el sistema de evaporación temprana del combustible se está liberando una vez que el motor se haya calentado, continúe observando la varilla de acción según el motor llega a la temperatura normal de operación (aproximadamente 180 grados dependiendo del tamaño de motor). La varilla otra vez debe moverse, para indicar que la válvula está en la posición abierta.

14 Si después que el motor se haya calentado, la válvula no se abre, desconecte la manguera de vacío en el actuador y chequee por vacío con su dedo pulgar. Si no hay vacío, reemplace el actuador. Si hay vacío, reemplace el interruptor TVS en el albergue de la salida del agua.

TAC (purificador de aire controlado por un termostato)/THERMAC (termostato para el purificador de aire)

15 Componentes del THERMAC puede ser rápidamente y fácilmente chequeado por una operación apropiada, (vea Capítulo 1 para los procedimientos rutinarios de chequeo y las ilustraciones).

16 Con el motor apagado, observe la puerta del amortiguador adentro del tubo de respiración para el purificador de aire. Si esto es difícil a causa de la dirección en que el tubo de respiración está apuntando, use un espejo pequeño. La válvula debe estar abierta (todos los flujos de aire a través del tubo de respiración y ninguno a través de la estufa de calor en el múltiple de escape conduce aire en la parte inferior en el albergue del purificador de aire). **Nota:** *Los sensores térmicos en algunos modelos V6 tienen una válvula unilateral que mantiene la puerta de amortiguador cerrada cuando el purificador de aire está frío y el motor está apagado.*

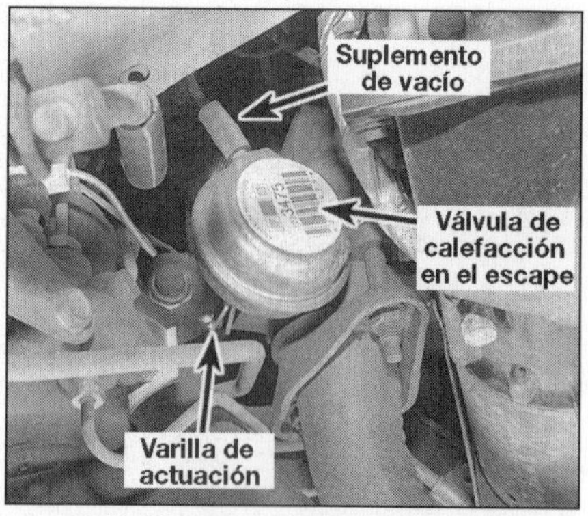

5.10 El sistema EFE (sistema de evaporación temprana del combustible) típico usa vacío del múltiple para abrir y cerrar la válvula de calor

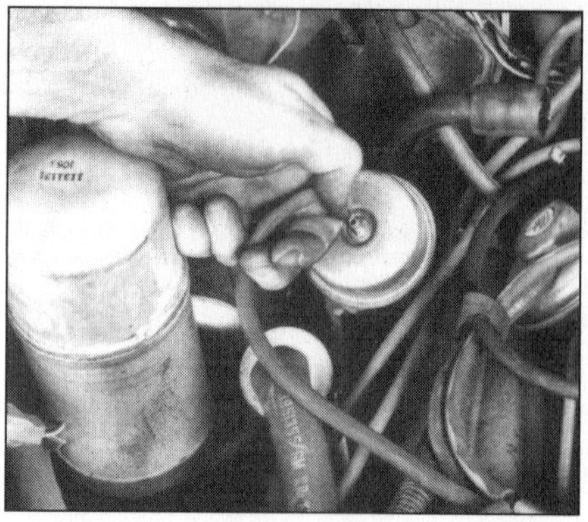

5.11 Si la varilla de actuación no está trabajando apropiadamente, usted puede chequear el sistema EFE (sistema de evaporación temprana del combustible) desconectando la manguera de vacío en el actuador y poniendo su dedo sobre la apertura - con el motor frío y en marcha mínima, usted debe de sentir una succión indicando el vacío apropiado - si usted lo detecta, reemplace el actuador

17 Haga que un ayudante ponga el motor en marcha mientras usted observa la puerta de vaivén dentro del tubo de respiración. Con el motor frío y en marcha mínima, la puerta del amortiguador debe cerrar todo el aire proveniente del tubo de respiración, permitiendo que aire caliente del múltiple de escape entre en el purificador de aire. Cuando el motor esté caliente a la temperatura de operación normal, la puerta del amortiguador debe moverse, permitiendo que aire en el tubo de respiración sea incluido en la mezcla. Eventualmente, la puerta debe retroceder al grado donde la mayor parte del aire entrante es al tubo de respiración y no al pasaje del múltiple de escape.

18 Si la puerta del amortiguador no cierra el tubo de respiración al aire de afuera cuando el motor está frío cuando primero se pone en marcha, desconecte la manguera de vacío en el motor de vacío del tubo de respiración, coloque su dedo pulgar en el final de la man-

5.35 **Para reemplazar el motor de vacío del filtro de aire, taladre dos puntos de soldadura que retienen la banda de retención para el motor, remueva la banda, levante el motor, entonces inclínelo hacia un lado para separar la varilla en la asamblea del amortiguador de control**

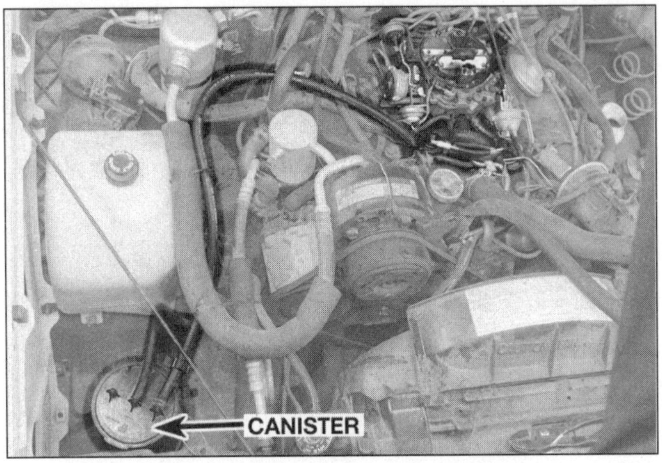

6.4 **Ruta típica para las mangueras del sistema ECS (sistema de control de la evaporación) debajo del capó**

guera y chequee por vacío. Si hay vacío al motor, verifique que la puerta del amortiguador y el eslabón no están congelados ni hay obstrucción adentro del tubo de respiración del purificador de aire. Reemplace el motor de vacío si la ruta de la manguera es correcta y la puerta del amortiguador se mueve libremente.

19 Si no vacío al motor en la prueba de encima, chequee por roturas de las mangueras, exprimidas o desconectadas. Si las mangueras están limpias y en buenas condiciones, reemplace el sensor de la temperatura adentro del albergue del purificador de aire.

Reemplazo

Ensamblaje del actuador y la varilla

20 Desconecte la manguera de vacío del actuador.

21 Remueva las dos tuercas que conectan el actuador al soporte.

22 Desconecte la varilla de la válvula de calor, remueva el actuador y la varilla del compartimiento del motor.

23 La instalación se hace en el orden inverso al procedimiento de desensamble.

Válvula de calor del escape

24 Remueva el tubo de escape de cruce.

25 Desconecte la varilla que acciona la válvula de calor.

26 Remueva la válvula adentro del tubo de escape.

27 La instalación se hace en el orden inverso al procedimiento de desensamble.

TVS (interruptor térmico de vacío)

28 Drene el anticongelante del motor hasta que el nivel del fluido esté debajo del albergue de salida (termostato) de agua en el motor. (En algunos modelos V6, el TVS está localizado en el múltiple del motor).

29 Desconecte la manguera de vacío del interruptor TVS. Note sus posiciones para volverla a instalar.

30 Usando una llave para tuerca de tubería adecuada, remueva el interruptor TVS.

31 Aplique un sellador suave a las roscas del interruptor TVS nuevo. Asegúrese que ningún sellador se pone en la punta del sensor del interruptor.

32 Instale el interruptor y apriételo firmemente.

33 Conecte las mangueras de vacío al interruptor en sus posiciones originales y agregue anticongelante según sea necesario.

Motor de vacío para el purificador de aire

Refiérase a la ilustración 5.35

34 Remueva el ensamblaje del purificador de aire del motor y desconecte la manguera de vacío del motor.

35 Taladre hacia afuera los dos puntos de soldaduras pequeños **(vea ilustración)** que aseguran la banda de retención del motor de vacío al tubo de respiración.

36 Remueva la banda que conecta el motor.

37 Levante hacia encima el motor, inclínelo a un lado para desganchar el acoplamiento del motor en el ensamblaje del amortiguador de control.

38 Para instalar, taladre un orificio de 7/64-pulgada en el tubo de respiración en el centro de la banda de retención.

39 Insercióne la varilla al acoplamiento del motor de vacío en el ensamblaje del amortiguador de control.

40 Usando un tornillo de metal laminado suministrado con el juego de servicio para el motor, conecte el motor y la banda de retención al tubo de respiración. Asegúrese que el tornillo de metal laminado no interviene con la operación de la puerta del amortiguador.

41 Conecte la manguera del vacío al motor e instale el ensamblaje del purificador de aire.

Sensor de la temperatura del purificador de aire

42 Remueva el purificador de aire del motor y desconecte la mangueras de vacío en el sensor.

43 Note cuidadosamente la posición del sensor. El sensor nuevo debe ser instalado exactamente en la misma posición.

44 Hágale palanca hacia encima a las lengüetas reteniendo el sensor y remueva el sensor y el retenedor del filtro de aire.

45 Instale el sensor nuevo con una junta nueva en la misma posición como la vieja.

46 Prense el retenedor en el sensor, teniendo cuidado de no dañar el mecanismo de control en el centro del sensor.

47 Conecte las mangueras de vacío e instale el purificador de aire en el motor.

6 ECS (sistema de control de la evaporación)/EECS (sistema de control de emisiones evaporativas)

Refiérase a la ilustración 6.4

Descripción general

1 El sistema de control de evaporación es uno de los sistemas sin problemas en la mayoría de la red de emisiones. Su función es para reducir las emisiones de hidrocarburos. Básicamente, este es un sistema de combustible cerrado que ruta el combustible malgastado de regreso al tanque de combustible y almacena vapores de combustible en vez de ventilarlos a la atmósfera.

2 Porque tiene pocas partes movibles, el sistema ECS/EECS no requiere mantenimiento periódico otro que el reemplazo del filtro en el fondo del canasto de carbón a los intervalos recomendados.

3 Un olor fuerte de los vapores de combustible es una información que el sistema no está operando apropiadamente. Tal como la falta de combustible durante la aceleración.

4 Una tapa para el abastecedor de gasolina presión/vacío se debe usar en los vehículos equipados con ECS/EECS. Una tapa estándar puede hacer que el sistema sea ineficaz y posiblemente desplomar el tanque de combustible. El sistema ECS/EECS se compone de un tanque especial de gas con limitadores para llenar y conexiones para el respiradero, un canasto de carbón con una válvula íntegra de purga y un filtro que almacena los vapor del tanque de combustible para ser quemado por el carburador, una válvula para el respirador de la taza del carburador y mangueras conectando los sistemas de estos componentes **(vea ilustración)**.

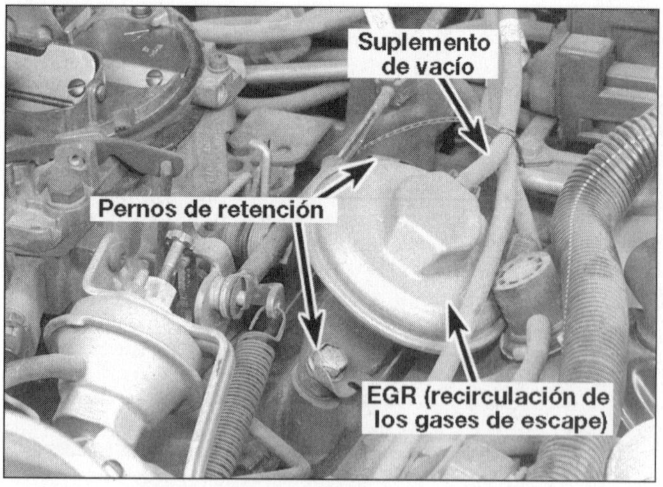

7.1 Un sistema EGR (recirculación de los gases de escape) típico

7.2 Usted no puede observar muchos de los pasajes para la EGR (recirculación de los gases de escape), porque ellos están moldeados en el múltiple de admisión

5 Las versiones de las válvulas de purga más antiguas están reguladas por la temperatura del anticongelante: a temperaturas de anticongelante debajo del punto de intercambio, la purga del canasto es controlada por un orificio interno en el interruptor. A temperaturas de anticongelante encima del punto de intercambio, el interruptor abre, permitiendo la purga del canasto para ser controlado por vacío del múltiple del puerto del carburador. 1983 y las versiones más modernas de los EECS están equipados con una válvula para la purga del canasto de carbón bajo el control de la ECM (módulo de control electrónico).

6 Con el motor frío y a la temperatura de la habitación, desconecte la línea del tanque de combustible en el canasto de carbón (en todos los modelos, el canasto está localizado dentro del compartimiento del motor). Cada una de las conexiones de las mangueras deben ser debidamente marcadas. Asegúrese usted que las marca usted mismo si ellas no están ya marcadas, para prevenir un ensamblaje impropio.

7 Según esta manguera es desconectada, chequee por presencia de combustible en la línea. Combustible en esta manguera de vapor es una indicación que los controles del respiradero o válvula de liberación de vacío de presión en la tapa de la gasolina no están funcionando apropiadamente.

8 Enganche encima un dispositivo de succión de presión en el final de la línea de vapor de combustible. Aplique 15 psi (libras por pulgadas cuadradas) de presión a la línea y chequee por pérdida excesiva de presión.

9 Chequee por un olor de vapor de combustible en el compartimiento del motor y alrededor del tanque de combustible.

10 Remueva la tapa del abastecedor del combustible y chequee por presión en el tanque de combustible.

11 Si hay una pérdida grande de presión o un olor de combustible, inspeccione todas las líneas por fugas o por deterioración.

12 Con la tapa del abastecedor del combustible removida, aplique presión otra vez y chequee por obstrucciones en la línea del respiradero.

13 Para chequear la válvula de purga construida en el canasto, ponga el motor en marcha, permita que alcance la temperatura normal de operación y desconecte la señal de vacío del canasto mientras está el motor en marcha. Con su dedo pulgar en el final de la manguera, levante la velocidad del motor a acerca de 1500 rpm y chequee por vacío. Si no hay una señal de vacío, chequee la operación de la EGR (recirculación de los gases de escape) como está descrito en este Capítulo. La señal de vacío para el canasto y la válvula EGR son originada de la misma fuente.

14 La línea de purga al canasto de carbón funciona con la fuente de vacío de la PCV (ventilación positiva del cárter), así que si no hay vacío cuando esta manguera es desconectada del canasto, chequee el vacío de la válvula PCV.

15 Chequeando una válvula de purga controlada por la ECM (módulo de control electrónico) está más allá del alcance del mecánico de hogar.

Canasto de carbón y filtro - reemplazo

16 El Capítulo 1 contiene toda la información con respecto a otorgarle servicio al sistema de control de evaporación, en particular al reemplazo del filtro del canasto.

7 EGR (sistema de la recirculación de los gases de escape)

Descripción general

Refiérase a las ilustraciones 7.1 y 7.2

1 El sistema EGR **(vea ilustración)** es usado para reducir el NOX (óxido de nitrógeno) del escape. La formación de estos contaminantes sucede a temperaturas muy altas; consecuentemente, ocurre durante el período de temperatura alta del proceso de la combustión. Para reducir las temperaturas altas y así la formación de NOX, una cantidad pequeña de gas de escape es llevado del sistema de escape y reciclado en el ciclo de la combustión.

2 Para utilizar este suministro de escape sin una serie extensa de tubos y conexiones en el sistema del escape, los pasajes adicionales del escape son moldeado en el sistema complejo de los pasajes del múltiple de admisión **(vea ilustración)**. A causa de este arreglo, la mayor parte de los componentes de la EGR están escondido debajo del múltiple de admisión.

3 Dos tipos básicos de válvulas EGR son usados - EGR modulada por vacío y EGR de contrapresión del escape. Cuando la EGR modulada por vacío es usada, la cantidad de gas de escape admitido al múltiple de admisión depende de una señal de vacío (vacío de puerto) que es controlado por la posición del acelerador. Cuando el acelerador es cerrado (marcha mínima o deceleración), no hay señal de vacío a la válvula EGR porque el puerto del vacío está encima del acelerador. Cuando el acelerador es abierto, una señal de vacío de puerto es suministrada a la válvula EGR, admitiendo gas de escape en el múltiple de admisión. La EGR de contrapresión de escape modulada usa un transductor localizado adentro de la válvula EGR para controlar la señal de operación de vacío. La señal del vacío es generada de la misma manera que el sistema de EGR modulado por vacío. El transductor íntegro usa la presión de gas de escape para controlar una purga de aire adentro de la válvula, para modificar la señal del vacío del carburador. Dos tipos de válvulas EGR de contrapresión son usadas; transductor negativo y transductor positivo. Las últimas versiones de la válvula EGR son controlada por la ECM (módulo de control electrónico). El flujo de la EGR es regulado por un solenoide controlado por la ECM en la línea de vacío. El ECM usa los datos de varios sensores de combinaciones - tales como el sensor de la temperatura del anticongelante, el

7.6 En la mayoría de los modelos, la válvula EGR (recirculación de los gases de escape) está localizada en el múltiple de admisión, adyacente al carburador

sensor para la posición del ángulo del acelerador, sensor MAP (sensor de la presión absoluta del múltiple de admisión) y señal del distribuidor - para regular el solenoide. La válvula EGR negativa transductora es usada en los motores V6; la válvula positiva transductora es usada en los motores V8.

4 El sistema EGR no recicla los gases cuando el motor está en marcha mínima o deceleración. El sistema es también regulado por el interruptor térmico por vacío, que no permite que el sistema opere hasta que el motor haya alcanzado la temperatura normal de operación.

5 Los problemas comunes del motor asociados con el sistema EGR son: marcha mínima áspera o se atolla cuando está en marcha mínima, desempeño áspero del motor con poca apertura del acelerador y obturación en la deceleración.

Chequeo

Refiérase a las ilustraciones 7.6 y 7.13

6 Localice la válvula EGR. La ubicación varía de año en año, pero en la mayoría de los modelos está localizada en el múltiple de admisión, adyacente al lado derecho del carburador **(vea ilustración)**. El chequeo inicial, con ilustraciones, puede ser encontrado en el Capítulo 1.

7 Coloque su dedo debajo la válvula EGR y empuje hacia encima en el plato del diafragma. El diafragma debe moverse libremente de la posición abierta a la posición cerrada. Si no lo hace, reemplace la válvula EGR.

8 Ahora ponga el motor en marcha y córralo a velocidad de marcha mínima. Con su dedo, presione manualmente el diafragma EGR. Si la válvula o accesorios adyacente están caliente, use guantes para prevenir quemar sus dedos. Cuando el diafragma es apretado (válvula cerrada para reciclar el escape), el motor debe perder velocidad, fallar o apagarse. Si el motor no cambia de velocidad, los pasajes de la EGR deben ser chequeados por bloqueo. Esto requerirá que el múltiple de admisión sea removido (vea

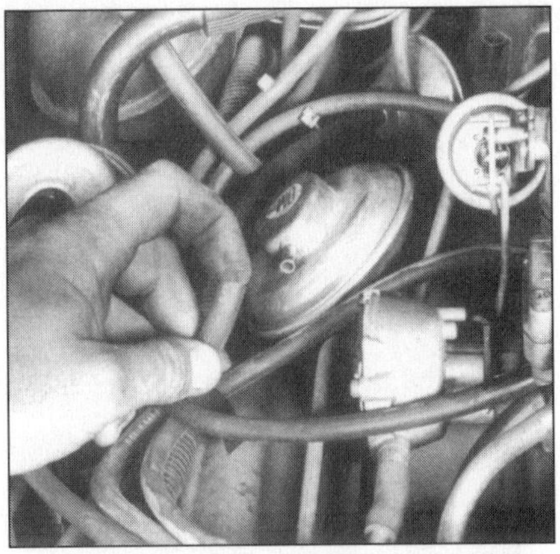

7.13 Si un chequeo de la válvula EGR (recirculación de los gases de escape) revela que no está trabajando, verifique que está alcanzando la válvula EGR: separe la manguera de vacío de la válvula y con el motor en marcha levemente encima de la marcha mínima, coloque su dedo en el final de la manguera - si hay vacío, reemplace la válvula EGR; si no hay vacío trace la manguera del vacío a su fuente y busque cuarteaduras, roturas o bloqueo

Capítulo 2). Más chequeo de la válvula EGR de tipo contrapresión positiva requerirá herramientas especiales, así que una válvula dudosa es mejor que sea reemplazada con una nueva en este punto. Válvulas EGR de tipo de contrapresión negativa se puede chequear como sigue:

9 Permita que el motor alcance su temperatura normal de operación. Haga que un ayudante presione el acelerador levemente y detenga el motor a una velocidad constante encima de la marcha mínima.

10 Separe la línea de la señal de vacío en la válvula EGR y verifique que el plato del diafragma se mueve hacia abajo y la velocidad del motor aumenta.

11 Acople nuevamente la línea del vacío a la válvula. El plato del diafragma debe moverse hacia encima con una disminución en la velocidad del motor.

12 Si el diafragma no se mueve, asegúrese que el motor está a su temperatura normal de operación. Repita la prueba si está dudoso.

13 Para chequear si vacío alcanza la válvula EGR, separe la manguera de vacío en la válvula y con el motor en marcha y el acelerador levemente apretado, verifique que no hay vacío en el final de la manguera **(vea ilustración)**. Si hay vacío, reemplace la válvula EGR con una nueva. Si hay una señal de vacío, siga la manguera del vacío a su fuente, inspeccionando para ver si está desconectada, tiene roturas, interrupciones o bloqueo en las líneas.

14 En todos los modelos de años menos 1973, el sistema EGR usa alguna clase de válvula de vacío para regular la cantidad de gas de escape admitido para la mezcla del aire combustible. Algunas de las válvulas más comunes son la VCV (válvula de control de vacío), que regula la EGR de acuerdo con el vacío de admisión del motor; el TVS (interruptor térmico de vacío) que regula la operación de la válvula EGR con relación a la temperatura del motor; y el solenoide controlado electrónicamente operado por la ECM (módulo de control electrónico), que actúa también de acuerdo con la temperatura del anticongelante del motor. Los vehículos 1973 tienen la fuente del vacío dirigida directamente al carburador.

15 Este interruptor de vacío se abre según la temperatura del anticongelante aumenta, permitiendo que el vacío alcance la válvula EGR. La temperatura exacta varía de año a año, pero es indicativo de la temperatura particular de la operación normal del motor.

16 Para chequear un interruptor accionado por vacío, chequee la señal de vacío con un vacuómetro (si el interruptor en su vehículo es un solenoide controlado por la ECM, el diagnóstico debe ser dejado a un concesionario).

17 Desconecte la manguera de vacío en la válvula EGR, conecte el vacuómetro al lado final desconectado de la manguera y comience la marcha mínima, entonces haga que un ayudante presione el acelerador levemente y note esta lectura. Cuando el acelerador es presionado, la lectura del vacío debe aumentar.

18 Si el medidor no responde a la abertura del acelerador, desconecte la manguera que se dirige del carburador al interruptor de vacío. Repita la prueba con el vacuómetro conectado al final de la manguera de vacío del interruptor. Si el vacuómetro responde a la abertura del acelerador, el interruptor del vacío está defectuoso y debe ser reemplazado con uno nuevo.

19 Si el medidor todavía no responde a un aumento en la abertura del acelerador, chequee por una manguera tapada o un problema con el carburador.

Reemplazo

Válvula EGR

20 Desconecte la manguera de vacío en la válvula EGR.

21 Remueva las tuercas o los pernos que aseguran la válvula al múltiple de admisión.

22 Remueva del motor la válvula EGR.

23 Limpie las superficies de montaje de la válvula EGR. Remueva todos los rasgos del material de la junta.

24 Coloque la válvula EGR nueva, con una junta nueva, en el múltiple de admisión. Instale el espaciador, si se usó. Apriete los pernos o las tuercas.

25 Conecte la manguera de la señal del vacío.

Interruptor térmico por vacío

26 Drene el anticongelante del motor hasta que el nivel del anticongelante esté abajo del interruptor.

27 Desconecte la manguera del vacío en la válvula EGR, conecte el vacuómetro al final desconectado de la manguera y ponga el motor en marcha, note sus posiciones para volverlo a instalar.

28 Usando una llave para tuerca de tubería adecuada, remueva el interruptor.
29 Cuando esté instalando el interruptor, aplique sellador a las roscas, tenga cuidado para no permitir que el sellador toque el fondo del sensor.
30 Instale el interruptor y apriételo firmemente.

EGR controlada por la ECM

31 El diagnóstico de la EGR controlada por la ECM requiere equipo especializado.

8 Convertidor] catalítico

Descripción general

1 El convertidor catalítico es un dispositivo de control de emisiones añadido al sistema del escape para reducir los contaminantes de hidrocarburos y monóxido de carbono. Este convertidor contiene pequeñas pelotas que están revestidas con una substancia catalítica de platino y paladio.
2 Es imprescindible que se use solamente gasolina sin plomo en un vehículo equipado con un convertidor catalítico. El combustible sin plomo reduce los depósitos de la cámara de combustión, la corrosión y previene la contaminación de plomo en el catalizador.
3 Mantenimiento periódico del convertidor catalítico no es requerido; sin embargo, si el vehículo es levantado para otro servicio, es conveniente inspeccionar la condición completa del convertidor catalítico y los componentes relacionados con el escape.
4 Si el convertidor catalítico ha sido declarado por una estación oficial de inspección que está inoperativo, el convertidor puede ser reemplazado con uno nuevo, o las pelotillas cubiertas revestidas drenadas y reemplazadas. Daño físico y el uso de combustibles con plomo son las causas principales de un convertidor catalítico que está funcionando mal.
5 Se debe notar que el convertidor catalítico puede alcanzar temperaturas muy altas de operación. A causa de esto, cualquier trabajo realizado al convertidor o en el área general donde está localizado debe ser hecho solamente después que el sistema se haya refrescado suficientemente. También, caución se debe ejercitar cuando esté levantando el vehículo con un elevador, por que el convertidor puede ser dañado si las almohadillas para levantar no están apropiadamente en su posición.
6 No hay pruebas funcionales que el mecánico del hogar pueda hacer para determinar si el convertidor catalítico está realizando su tarea.

Reemplazo de componente

Convertidor catalítico

Refiérase a la ilustración 8.8

7 Levante el vehículo y lo sostiene firmemente sobre estantes. El sistema del convertidor y del escape deben estar fresco antes de proceder.
8 Desconecte el convertidor en la parte delantera y trasera **(vea ilustración)**. En la mayoría de los modelos una pestaña es usada con cuatro pernos y tuercas para asegurar el convertidor a sus acoplamientos del tubo de escape. Si los afianzadores están congelados en su posición debido a las altas temperaturas y corrosión, aplique aceite penetrante liberalmente y permita que se empape. En último caso, los afianzadores tendrán que ser cortados cuidadosamente con una sierra para metales.

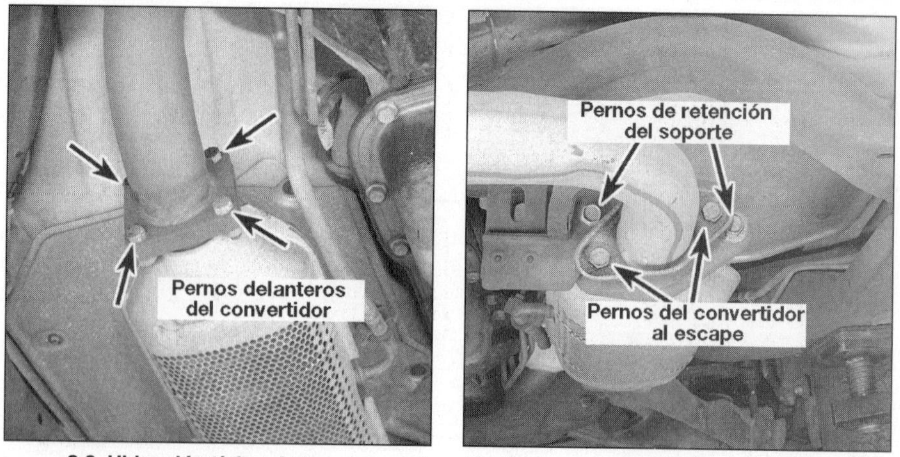

8.8 Ubicación típica de los pernos de retención para el convertidor catalítico

9 Separe suavemente las pestañas de entrada y de salida del convertidor del tubo de escape y remueva el convertidor por debajo del vehículo.
10 La instalación se hace en el orden inverso al procedimiento de desensamble; sin embargo, siempre use tuercas y pernos nuevos.

Catalizador

11 Dos tipos de convertidores catalíticos son usados en los vehículos cubiertos en este manual. El convertidor monolito tiene varillas revestidas que no se pueden servir. Si un fracaso ocurre, el convertidor entero debe ser reemplazado con uno nuevo. El catalizador en los convertidores de tipo pelotillas pueden ser cambiados drenándolos y llenándolos con pelotillas a través de un tapón en el fondo del convertidor.
12 Con el equipo especializado, las pelotillas pueden ser reemplazadas con el convertidor todavía posiciónado debajo del vehículo. Este es definitivamente un trabajo para un concesionario que tiene el equipo y las instrucciones necesarias para realizar esta operación.
13 Reemplazo de las pelotillas es hecho fácilmente con el convertidor removido del vehículo (vea encima).
14 Con el convertidor en un banco de trabajo adecuado, remueva el tapón para llenar prensado. Esto es hecho poniendo en marcha un cincel pequeño entre el esqueleto del convertidor y el labio del tapón de relleno. Deforme el labio hasta que alicates se puedan usar para remover el tapón. Tenga cuidado de no dañar la superficie del esqueleto del convertidor donde el tapón sella.
15 Una vez que el tapón es removido, drene las pelotillas en un recipiente adecuado para la disposición. Sacuda el convertidor para remover vigorosamente todas las pelotillas.
16 Para llenar el convertidor catalítico con pelotillas nuevas, levante el frente del convertidor aproximadamente 45 grados y vierta las pelotillas en el orificio de llenar. Pegándole suavemente en la banda del convertidor con un martillo según las pelotillas son vertidas ayudará a asentárselas. Siga pegándole suavemente y vertiendo hasta que el convertidor esté lleno.
17 Un tapón especial de servicio se requerirá para reemplazar el original que se removió. Este se compone de un puente, perno y tapón de llenar y es instalado como sigue:

a) Instale el perno en el puente y ponga el puente en la abertura del convertidor. Muévalo de aquí para allá para aflojar las pelotillas a través de la abertura (perno centrado).
b) Remueva el perno del puente, ponga la arandela y el tapón de llenar, lado de la depresión hacia fuera, sobre el perno.
c) Mientras detiene el tapón de relleno y la arandela contra la cabeza del perno, enrosque el perno cuatro o cinco vueltas en el puente.
d) Después que el tapón se haya sentado contra el albergue del convertidor, apriete el perno a 28 pies-libras.

18 Instale el convertidor, ponga el motor en marcha y chequee por fugas.

9 Convertidor catalítico controlado por computadora (C4)/sistema de control por comando de la computadora (C3 o CCC) y sensores de información

Descripción general

Refiérase a las ilustraciones 9.1a y 9.1b

1 El sistema C4 llegó a estar primero disponible en los modelos 1979-1/2. En 1981, el sistema C4 fue reemplazado por el sistema

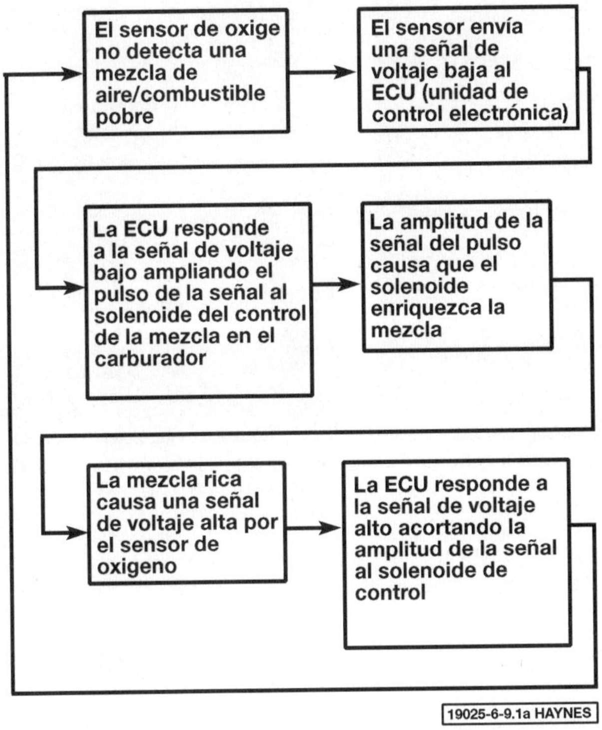

9.1a Ciclo de operación del sistema C4

CCC o C3 (control de comandos por computadora). Ambos sistemas controlan las emisiones del escape mientras retienen la maniobrabilidad manteniendo una interacción continua entre todos los sistemas de emisiones en el vehículo **(vea ilustraciones)**. Un funcionamiento defectuoso en el sistema es señalado por una luz Check Engine o Service Engine Soon en el tablero. En el sistema C4, la luz Check Engine permanecerá iluminada siempre que el motor esté en marcha. Con el sistema de diagnóstico de la ECM (módulo de control electrónico)
activado, esta misma lámpara destellará el código de la causa del problema relacionado. En el sistema C3, la luz Check Engine o Service Engine Soon permanecerá iluminada hasta que el problema sea identificado, reparado y el código sea borrado de la memoria. En otras palabras, los códigos de los problemas del sistema C3 son almacenados en su memoria, pero el sistema C4 no los almacena.

2 El sistema C4/C3 requiere herramientas especiales para el mantenimiento y la reparación, así que la mayoría de los servicios de trabajo deben ser dejados a su concesionario o un técnico calificado. Aunque parezca complejo, el sistema es entendió fácilmente en términos de su varios componentes y sus funciones.

ECM (módulo de control electrónico)

3 El ECM es esencialmente una computadora pequeña adentro del vehículo (localizado debajo del tablero en la mayoría de los vehículos) que controla numerosas funciones del motor (hasta 14) y controla como nueve sistemas relacionado con el motor. El ECM contiene una unidad PROM (memoria programable que solamente se puede leer) que conduce cada desempeño de la ECM para conformar con el vehículo. El PROM es programado con el diseño particular del vehículo, el peso, la proporción del eje, etc. y no puede ser usado en otra ECM en un vehículo que de ninguna manera sea diferente.

4 El ECM recibe datos continuos de los varios sensores de información, lo procesa de acuerdo con instrucciones del PROM, entonces manda señales electrónicas a los componentes del sistema, modificando su desempeño (vea la próxima Sección).

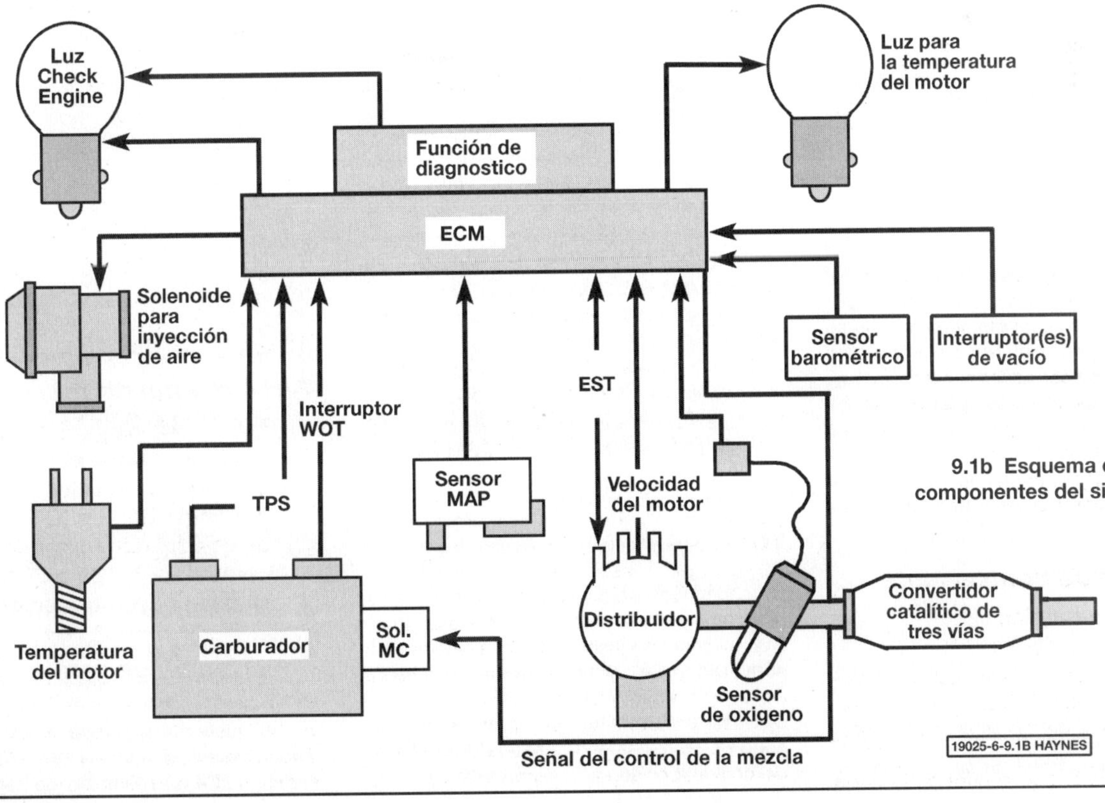

9.1b Esquema de los componentes del sistema C4

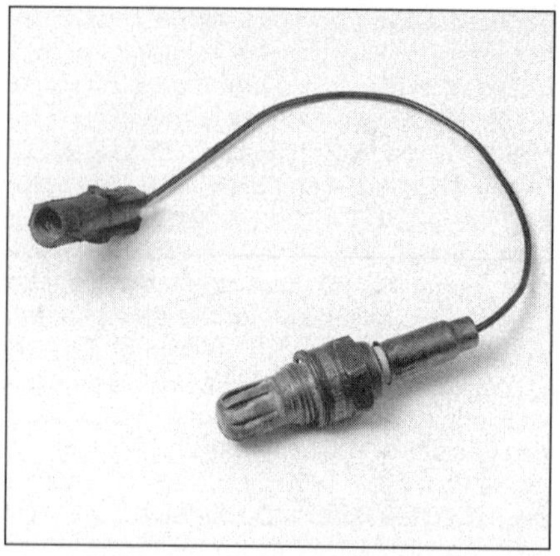

9.5 Un sensor de oxígeno típico - localizado en el múltiple de escape

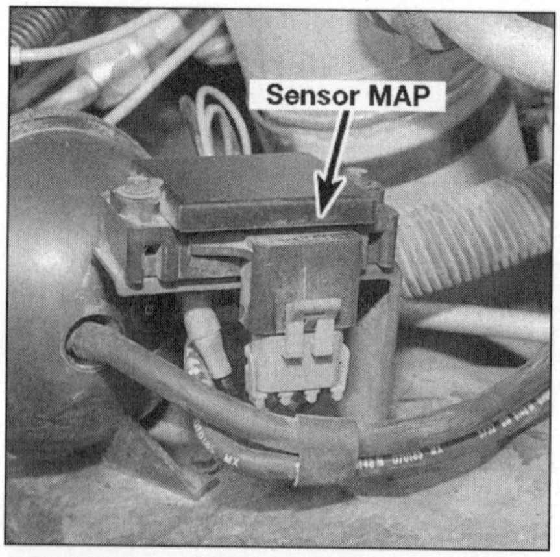

9.9a Un sensor MAP (sensor de la presión absoluta del múltiple de admisión) típico (en algunos vehículos, el sensor MAP está localizado en la pared contrafuego - chequee la etiqueta VECI (etiqueta de información para el control de las emisiones del vehículo) para la ubicación del sensor MAP en su vehículo)

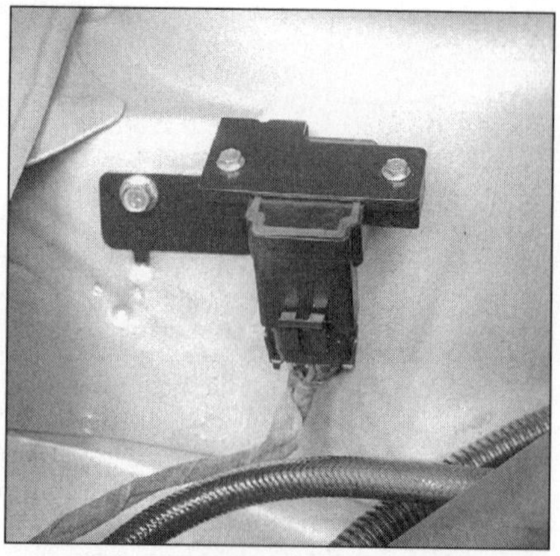

9.9b Una instalación típica del ensamblaje del sensor DPS (sensor de la presión diferencial) o VAC (control para el avance del vacío) en la pared contrafuego - chequee la etiqueta VECI (etiqueta de información para el control de las emisiones del vehículo) para la ubicación del sensor DPS/VAC en su vehículo

Sensor de oxígeno (02)

Refiérase a la ilustración 9.5

5 El sensor de oxígeno **(vea ilustración)** está instalado en el tubo de escape, en la parte de encima antes del convertidor catalítico. Monitorea la corriente del escape y manda información al ECM en cuánta cantidad de oxígeno está presente. El nivel del oxígeno es determinado en relación a que tan rica o pobre esté la mezcla del combustible.

Solenoide M/C (control de la mezcla)

6 El solenoide M/C controla el flujo de combustible a través del carburador para la marcha mínima y circuito principal de descarga. El solenoide tiene un ciclo de diez veces por segundo, ajusta constantemente la mezcla de aire/combustible. El ECM energiza el solenoide para mantener las emisiones dentro de los límites basados en la información que recibe del sensor de oxígeno.

Sensor de la temperatura del anticongelante

7 Este sensor controla la temperatura del anticongelante y manda esta información al ECM (módulo de control electrónico). El ECM altera la proporción de aire combustible por consiguiente para las condiciones tales como comienzo en frío. El ECM realiza también varias funciones de cambio en la EGR, EFE (sistema de evaporación temprana del combustible) y AIR (sistema de reacción de aire inyectado), dependiendo de la temperatura del motor. Esta retroalimentación del sensor del anticongelante puede activar también la luz caliente de la temperatura.

Sensores de presión

Refiérase a las ilustraciones 9.9a y 9.9b

8 El ECM usa información del BARO (sensor barométrico) y el MAP (sensor de la presión absoluta del múltiple de admisión), o del DPS (sensor de la presión diferencial) o VAC (control para el avance del vacío) para ajustar el desempeño del motor. El sensor barométrico presiente los cambios de la presión del ambiente que ocurre según el resultado de cambios en el tiempo y la altitud del vehículo. Entonces manda una señal electrónica al ECM que es usada para ajustar la proporción de aire combustible y el tiempo de la chispa.

9 El sensor MAP o DPS/VAC **(vea ilustraciones)** mide los cambios en la presión del múltiple y proporciona esta información al ECM. Los cambios de la presión reflejan la necesidad para ajustes en la mezcla del aire combustible, EST (tiempo electrónico de la chispa), etc., esto es necesario para mantener un buen desempeño del vehículo bajo varias condiciones de manejo.

10 El DPS mide también la carga del motor. Produce un voltaje bajo cuando el vacío del múltiple está bajo y un voltaje alto cuando el vacío del múltiple está alto. Es llamado un sensor de presión diferencial porque mide la diferencia entre la presión atmosférica y la presión del múltiple.

TPS (sensor del ángulo de apertura del acelerador)

11 Instalado en el cuerpo del carburador, el TPS es accionado por el acelerador y manda una señal de voltaje variable al ECM: cuando el acelerador está cerrado, la señal del voltaje es baja, pero cuando el acelerador está abierto, el voltaje aumenta. El ECM usa esta señal de voltaje para reconocer la posición de apertura del acelerador.

ISC (control de la marcha mínima)

12 El control para la velocidad de la marcha mínima mantiene una velocidad de marcha mínima baja sin que se muera el motor bajo condiciones de cambio. El ECM controla el motor para el control de la velocidad de la marcha mínima en el carburador para ajustar la marcha mínima.

EST (tiempo electrónico de la chispa)

13 El distribuidor HEI (sistema de ignición de alta energía) usado con el sistema C4 no usa avance de regulación del encendido centrifugo ni por vacío del múltiple. El tiempo de la chispa es controlado electrónicamente por el ECM, excepto de ciertas condiciones, tal como arrancar el motor.

TCC (embrague del convertidor de la transmisión)

14 El ECM controla un solenoide eléctrico instalado en la transmisión automática. Cuando el vehículo llega a una velocidad especificada, el ECM energiza el solenoide y permite que el convertidor de torsión mecánicamente acople el motor a la transmisión. Cuando las condiciones de operación indican que la transmisión debe operar como una transmisión acoplada de fluido normal (deceleración, rebase, etc.), la energía del solenoide es removida. La transmisión regresa también a operación normal (fluido acoplado) automática cuando el pedal del freno es presionado.

AIR (sistema de reacción de aire inyectado)

15 Cuando el motor está frío, el ECM energiza una válvula de desviación de aire que permite flujo de aire a los puertos del escape para bajar los niveles del CO (monóxido de carbono) y el HC (hidrocarburos) en el escape.

EGR (recirculación de los gases de escape)

16 El ECM controla el vacío al puerto de la EGR con una válvula solenoide. Cuando el motor está frío, el solenoide es energizado para bloquear el vacío a la válvula EGR hasta que el motor esté caliente.

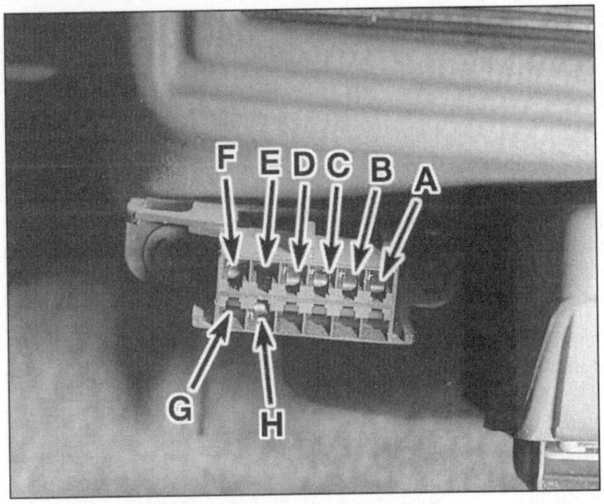

10.4 ALDL (línea de datos de la planta de ensamblaje) típica

A Tierra
B Terminal diagnóstica
C AIR (si es usado)
D Luz Check Engine (o Service Engine Soon)
E Datos de serie (herramienta especial requerida - no lo use)
F TCC (si es usado)
G Bomba de combustible (si es usada)
H Entrada de la velocidad de sensor del freno

ECS (sistema de control de la evaporación)/EECS (sistema de control de emisiones evaporativas)

17 Cuando el motor está frío o en marcha mínima, el solenoide de la ECM bloquea el vacío a la válvula en la parte superior del canasto de carbón. Cuando el motor está caliente y en una rpm especificada, el ECM energiza la válvula, liberando los vapores colectados adentro del múltiple de admisión.

EFE (sistema de evaporación temprana del combustible)

18 El ECM controla una válvula que apaga el sistema hasta que el motor esté caliente.

10 Sistema C4/C3 y códigos de problemas

Refiérase a la ilustración 10.4

El sistema C4 es análogo al sistema nervioso central en el cuerpo humano. Los sensores (terminales de los nervios) constantemente envían información al ECM (cerebro), que procesa los datos y si es necesario, envía una orden para cambiar los parámetros de operación del motor (carrocería).

Aquí está un ejemplo específico de cómo una porción de este sistema opera: Un sensor de oxígeno, localizado en el múltiple de escape, monitorea constantemente el contenido de oxígeno en el gas del escape. Si el porcentaje de oxígeno en el gas del escape es incorrecto, una señal eléctrica es enviada al ECM (módulo de control electrónico). El ECM toma esta información, la procesa y entonces envía un comando al sistema de inyección de combustible, diciéndole que cambie la mezcla de aire/combustible. Este acontece en una fracción de un segundo y sucede continuamente cuando el motor está en marcha. El resultado final es una proporción de la mezcla de aire/combustible que es constantemente mantenida en una proporción predeterminada, a pesar de las condiciones de manejo.

Uno quizás piense que un sistema que usa una computadora en el vehículo y sensores eléctricos sería difícil de diagnosticar. Esto no es necesariamente el caso. El sistema C4 tiene una característica para diagnósticos incorporada que indica un problema destellando una luz Check Engine o Service Engine Soon en el tablero de los instrumentos. Cuando esta luz se ilumina durante una operación normal del vehículo, un defecto en uno de los circuitos de los sensores de información o el mismo ECM se ha detectado. Lo que es más importante, la fuente del funcionamiento defectuoso es almacenado en la memoria del ECM.

Para recuperar esta información de la memoria del ECM, usted debe usar un alambre puente a tierra a una terminal diagnóstica. Esta terminal es la parte de un conector del alambrado conocido como el ALDL (línea de datos de la planta de ensamblaje) **(vea ilustración)**. La ALDL está localizada debajo del tablero, apenas debajo del panel de instrumentos y a la izquierda de la consola central.

Para usar el eslabón, remueva la tapa plástica deslizándola hacia usted. Con el conector expuso, empuje una punta del puente de alambre en la terminal para diagnósticos y el otro final en la terminal de conexión a tierra.

Cuando la terminal diagnóstica es puesta a tierra con la ignición Encendida y el motor parado, el sistema entrará en el Modo de Diagnóstico. En este modo el ECM despliega un Código 12 destellando la luz, indicando que el sistema está operando. Un Código 12 es simplemente un destello, seguido por una pausa breve, entonces dos destellos en una secuencia rápida. Este código será destellado tres vez. Si ningún otro código está presente, el Código 12 continuará destellando hasta que la conexión a tierra en la terminal de diagnóstico sea removida.

Después de destellar el Código 12 tres veces, el ECM despliega cualquier otro códigos de los problemas almacenados. Cada código será destellado tres veces, entonces el Código 12 será destellado otra vez, indicando que cualquier códigos de problemas almacenado se han terminado de mostrar.

Cuando el ECM pone un código del problema, la luz se iluminará y un código de problema se almacenará en la memoria. Si el problema es intermitente, la luz se apagará después de diez segundos, cuando el defecto se vaya. Sin embargo, el código del problema permanecerá en la memoria del ECM hasta que el voltaje de la batería al ECM sea interrumpido. Removiendo el voltaje de la batería por diez segundos limpiará todos los códigos de problemas almacenados en la memoria. Los códigos de los problemas siempre se deben limpiar después que las reparaciones se hayan completado. **Caución:** *Para prevenir daño al ECM, el interruptor de la ignición debe estar apagado cuando esté desconectando el poder al ECM.*

Seguido hay una lista de códigos de problemas típicos que se pueden encontrar cuando esté diagnosticando el Sistema C4. También incluido están los procedimientos simplificado de la identificación y resolución de problemas. Si el problema persiste después que estos chequeos han sido hecho, los procedimientos más detallados para el servicio tendrán que ser hecho por el departamento de servicio de su concesionario.

6

Códigos de problemas	Circuito o sistema	Causa probable
Código 12 (1 destello, pausa, 2 destellos)	Distribuidor al ECM	Este es el código normal cuando el motor no está en marcha. No es almacenado en la memoria. Destellará solamente cuando un defecto esté presente, la terminal diagnóstica es puesta a tierra con la ignición Prendida y el motor apagado. Si códigos adicionales son almacenado en el ECM, ellos aparecerán después que este código haya destellado tres veces. Si el código aparece mientras el motor está en marcha, ningún pulso de referencia del distribuidor alcanza el ECM.

Códigos de problemas	Circuito o sistema	Causa probable
Código 13 (1 destello, pausa, 3 destellos)	Sensor de oxígeno	El motor debe estar en macha por 5 minutos con el acelerador medio abierto bajo de carga en la carretera antes de que este código se pueda poner. Chequee por un sensor de la posición del acelerador atorándose o fuera de ajuste. Chequee los alambres del sensor de oxígeno y los conectores. Reemplace el sensor de oxígeno si es necesario.
Código 14 (1 destello, pausa, 4 destellos)	Sensor del anticongelante	Este código indica un corto en el circuito del anticongelante. El motor debe correr por lo menos 2 minutos antes de que este código sea almacenado. Si el motor está experimentando problemas de sobrecalentamiento, el problema se debe rectificar antes de continuar. Chequee todo el alambrado y los conectores asociados con el sensor de temperatura del anticongelante. Reemplace el sensor si es necesario.
Código 15 (1 destello, pausa, 5 destellos)	Sensor del anticongelante	El circuito del sensor de la temperatura está abierto. El motor debe correr por 5 minutos debajo de 800 rpm para poner este código. Vea Código 14 por causas probables, entonces chequee las conexiones del alambrado en el ECM.
Código 21 (2 destellos, pausa, el destello de 1)	Interruptor de WOT	El interruptor WOT (acelerador completamente abierto) tiene un corto o el interruptor del acelerador cerrado (si está equipado) está abierto. En algunos modelos, el Código 21 puede referirse al interruptor del TPS (vea debajo) o ambos los interruptores WOT and TPS.
Código 21 (2 destellos, pausa, 1 destello)	Interruptor TPS	Chequee por un embolo del TPS atascado o fuera de ajuste. El motor debe correr por lo menos 10 segundos a 800 rpm, o a la marcha mínima especificada, para poner el código. Chequee todos los alambres y conectores entre el TPS y el ECM. Ajustable o reemplace el TPS si es necesario.
Código 22 (1979 solamente) (2 destellos, pausa, 2 destellos)	Interruptor WOT	El circuito del interruptor WOT (acelerador completamente abierto) está a tierra
Código 22 (2 destellos, pausa, 2 destellos)	Interruptor TPS	El motor debe correr por lo menos 20 segundos en la marcha mínima especificada para poner este código. Chequee el ajuste del TPS (sensor del ángulo de apertura del acelerador). Chequee el conector del ECM. Reemplace el TPS.
Código 23 (con carburador) (2 destellos, pausa, 3 destellos)	Solenoide M/C	Solenoide MC (control para la mezcla) abierto o a tierra.
Código 23 (inyección de combustible) (2 destellos, pausa, 3 destellos)	Circuito del sensor MAT	Chequee por un circuito abierto, alambrado desconectado o sensor MAT (sensor de temperatura del aire del múltiple de admisión) defectuoso.
Código 24 (2 destellos, pausa, 4 destellos)	VSS	Un defecto en el circuito del VSS (sensor de la velocidad del vehículo) debe aparecer solamente cuando el vehículo se está movimiento y el motor va en marcha por los menos 5 minutos. No le haga caso a este código si las ruedas del vehículo no están girando. Chequee los conectores en el ECM. Chequee el ajuste del TPS.
Código 32 (con carburador) (3 destellos, pausa, 2 destellos)	Sensor barométrico	Voltaje de rendimiento del circuito del sensor BARO (sensor barométrico) está bajo.
Código 32 (inyección de combustible) (3 destellos, pausa, 2 destellos)	EGR	Un corto en el interruptor de vacío a tierra cuando se pone en el modo de arranque, el interruptor no cierra después que el ECM ha ordenado la EGR por un período especificado de tiempo o el circuito del solenoide EGR está abierto por un período de tiempo especificado. Reemplace la válvula EGR.*
Código 34 (3 destellos, pausa, 4 destellos)	Sensor de vacío o MAP	Este código se almacenará cuando la señal proveniente del circuito. MAP (sensor de la presión absoluta del múltiple de admisión) es muy alta. El motor debe de estar en marcha mínima por lo menos 5 minutos para poner este código. El ECM sustituirá un valor fijo del MAP y usará el TPS para controlar la entrega del combustible. Reemplace el sensor MAP.
Código 35 (con carburador) (3 destellos, pausa, 5 destellos)	Interruptor ISC	El interruptor ISC (control de la marcha mínima) está a corto. Toma por lo menos 2 segundos con el acelerador abierto a la mitad para poner este código.

Códigos de problemas	Circuito o sistema	Causa probable
Código 41 (4 destellos, pausa, el destello de 1)	Circuito EST	Ningún pulso de referencia del distribuidor al ECM a un vacío especificado del motor (acerca de 8 pulgadas Hg). Este código se almacenará en la memoria. También, mire abajo.
Código 41 (4 destellos, pausa, el destello de 1)	Circuito EST	El circuito del desvío del EST (tiempo electrónico de la chispa) o el circuito EST está a tierra o abierto. Un funcionamiento malo en el modulo HEI (sistema de ignición de alta energía) puede poner este código.
Código 42 (4 destellos, pausa, 2 destellos)	Circuito EST	El circuito electrónico de desvío del tiempo de la Chispa o el circuito EST está a tierra o abierto. Un funcionamiento malo en el modulo HEI (sistema de ignición de alta energía) puede poner este código.
Código 43 (1979 y 1980 solamente) (4 destellos, pausa, 3 destellos)	Interruptor TPS	El TPS (sensor del ángulo de apertura del acelerador) está fuera de ajuste. El motor debe de correr por lo menos 10 segundos para poner este código. También vea abajo.
Código 43 (4 destellos, pausa, 3 destellos)	Unidad ESC	La señal de retardo ESC (sistema de control electrónico de chispa) está encendida por un tiempo muy largo o el voltaje está muy bajo.
Código 44 (4 destellos, pausa, 4 destellos)	Sensor de oxígeno	El escape tiene una mezcla pobre. Indicado por el sensor de oxígeno después de que el motor a estado corriendo en ciclo cerrado, con el acelerador medio abierto con carga de la carretera hasta 5 minutos. Chequee los conectores del alambrado al ECM. Chequee por fugas de vacío en la base de la junta, mangueras de vacío o junta del múltiple de admisión. Reemplace el sensor de oxígeno. **Nota:** *Un Código 33 o 34 pueden causar también un Código 44 - así que chequéelo primero.*
Código 45 (4 destellos, pausa, 5 destellos)	Sensor de oxígeno	El escape está rico. Indicado por el sensor de oxígeno después que el vehículo ha corrido en el ciclo cerrado, con el acelerador parcialmente abierto con carga de la carretera hasta 5 minutos. Chequee el canasto evaporativo de carbón y sus componentes por presencia de combustible. Reemplace el sensor de oxígeno. **Nota:** *Un Código 33 o 34 pueden causar también un Código 45 - chequéelos primero.*
Código 44 y 45 al mismo tiempo	Sensor de oxígeno	Indica un circuito defectuoso del sensor de oxígeno.
Código 51 (1979 solamente) (5 destellos, pausa, 1 destello)	Unidad ECM	ECM (módulo de control electrónico) defectuoso
Código 51 (5 destellos, pausa, el destello de 1)	Unidad del PROM	PROM (memoria programable que solamente se puede leer) defectuosa o instalación inapropiada del PROM. Esté seguro de que el PROM o MEM-CAL (calibrador de memoria) está apropiadamente instalado en el ECM. Reemplace el PROM o MEM-CAL.
Código 52 (5 destellos, pausa, 2 destellos)	Unidad del ECM	ECM defectuoso. Reemplace el ECM.
Código 53 (5 destellos, pausa, 3 destellos)	Válvula EGR	Sensor de vacío de la EGR (recirculación de los gases de escape) está recibiendo la señal incorrecta de vacío. La válvula EGR está defectuosa. Reemplace la EGR.
Código 52 y 53 al mismo tiempo	Unidad del ECM	Si la luz de Check Engine está apagada hay un problema intermitente en el ECM. Si la luz Check Engine está encendida, la ECM tiene un defecto. Reemplácela.
Código 54 (5 destellos, pausa, 4 destellos)	Solenoide M/C	El voltaje del MC (control para la mezcla) está alto en el ECM por un corto en el circuito del solenoide y/o ECM defectuosa.
Código 55 (1979 solamente) (5 destellos, pausa, 5 destellos)	TPS o ECM	El TPS (sensor del ángulo de apertura del acelerador) o el módulo de control electrónico.
Código 55 (5 destellos, pausa, 5 destellos)	ECM o sensor de oxígeno	Asegúrese que los conectores de conexión a tierra del ECM están apretados. Si los están, el ECM o el sensor de oxígeno están defectuosos. Reemplace el ECM y/o el sensor de oxigeno.

Nota: *Donde el reemplazo de las unidades o los dispositivos del sistema de encima es recomendado, se debe reconocer que simplemente el reemplazo de algunas de las partes de los componentes de encima no siempre resolverá el problema. Por esta razón, puede que usted quiera buscar un consejo profesional antes de comprar cualquiera de las partes de reemplazo.*

11.7 El CALPAK (paquete de calibración) en la parte de encima superior y el PROM (memoria programable que solamente se puede leer) en el lado derecho inferior adentro del ECM (módulo de control electrónico)

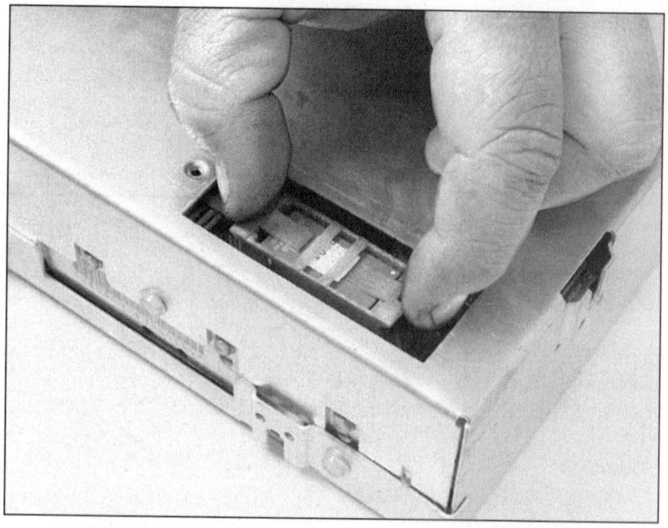

11.12 Usando una herramienta para remover el PROM (memoria programable que solamente se puede leer), agarre el portador del PROM en las puntas estrechas y meza suavemente la herramienta hasta que el PROM sea removido del portador

11 ECM (módulo de control electrónico), PROM (memoria programable que solamente se puede leer)/CALPAK (paquete de calibración)

1 El ECM (módulo de control electrónico) está localizado adentro de la carrocería enfrente de la puerta delantera del lado derecho.

2 Para removerlo, desconecte el cable negativo de la batería que viene de la batería.

3 Remueva los tornillos de la moldura del panel inferior en el final derecho del tablero.

4 Remueva los pernos de retención del panel derecho y remueva el panel.

5 Remueva los pernos de retención y deslice cuidadosamente el ECM lo suficiente hacia afuera para remover el conector eléctrico.

6 Remueva ambos conectores eléctricos del ECM. **Caución:** *El interruptor de la ignición debe estar apagado cuando remueva o conecte los conectores, para prevenir hacerle daño al ECM.*

PROM (memoria programable que solamente se puede leer)

Refiérase a la ilustración 11.7

7 Para permitir que un modelo de ECM pueda ser usado para muchos vehículos diferentes, un dispositivo llamado un PROM es usado. Para tener acceso al PROM, remueva la tapa. El PROM **(vea ilustración)** está localizado dentro del ECM y contiene información relacionada con el peso del vehículo, el motor, la transmisión, la proporción del eje, etc. Un número de parte del ECM puede ser usado por muchos vehículos de la GM pero el PROM es muy específico y debe ser usado solamente en el vehículo para el cual fue diseñado.

8 Por esta razón, es esencial chequear el último libro de las partes e información de los Boletines de Servicio para el número correcto de la parte cuando reemplace un PROM. Un ECM comprado en el concesionario es comprado sin un PROM. El PROM del ECM viejo debe ser removido cuidadosamente e instalado en el ECM nuevo.

CALPAK (paquete de calibración)

9 Un dispositivo conocido como un CALPAK **(vea ilustración 11.7)** es usado para permitir la entrega del combustible si otra parte del ECM es dañada. El CALPAK tiene una puerta de acceso en el ECM y el reemplazo es igual que el descrito para el PROM.

ECM/PROM/CALPAK reemplazo

Refiérase a las ilustraciones 11.12, 11.14 y 11.17

10 Gire el ECM para que la tapa del fondo esté boca arriba y la coloca en una superficie de trabajo limpia.

11 Remueva la tapa del acceso para el PROM.

12 Usando una herramienta para remover el PROM (disponible en su concesionario), agarra el portador del PROM en las puntas estrechas **(vea ilustración)**. Meza suavemente el final del portador mientras aplica fuerza firmemente hacia encima.

13 El portador del PROM y el PROM deben levantarse del portador del PROM fácilmente. **Caución:** *El portador del PROM debe ser removido solamente con la herramienta de tipo balancín especial para remover el PROM. Removerlo sin esta herramienta o con cualquier otro tipo de herramienta puede dañar el PROM o el portador del PROM.*

14 Note el final de la referencia del portador del PROM **(vea ilustración)** antes de ponerlo a un lado.

15 Si usted está reemplazando el ECM, remueva el ECM nuevo de su recipiente y chequee el número de servicio para asegurarse que es el mismo que el número en el ECM viejo.

16 Si usted está reemplazando el PROM, remueva el PROM nuevo de su recipiente y chequee el número de servicio para asegurarse que es el mismo que el número del PROM viejo.

17 Posicione el PROM y el ensamblaje del portador del PROM directamente en el portador del PROM con el final cortado pequeño del portador alineado con la mella pequeña en el portador de la clavija en una punta. Prense en el portador del PROM hasta que se asiente firmemente en el portador **(vea ilustración)**.

18 Si el PROM es nuevo, asegúrese que la mella en el PROM es acoplado a la mella pequeña en el portador. **Caución:** *Si el PROM está instalado al revés y el interruptor de la ignición es prendido, el PROM se destruirá.*

19 Usando la herramienta, instale el portador nuevo del PROM en el portador del PROM del ECM. La mella pequeña del portador debe ser alineada con la mella pequeña en el portador. Prense en el portador del PROM hasta que esté firmemente sentado en el portador. **Caución:** *No apriete en el PROM - prense solamente en el portador.*

20 Conecte la tapa del acceso al ECM y apriete los dos tornillos.

21 Instale el ECM en el soporte de apoyo, conecte los conectores eléctricos al ECM e instale el panel.

22 Ponga el motor en marcha.

23 Entre en el modo de diagnóstico poniendo a tierra el alambre de diagnóstico del ALDL (línea de datos de la planta de ensamblaje) (vea Sección 10). Si ningún código de problemas ocurre, el PROM está

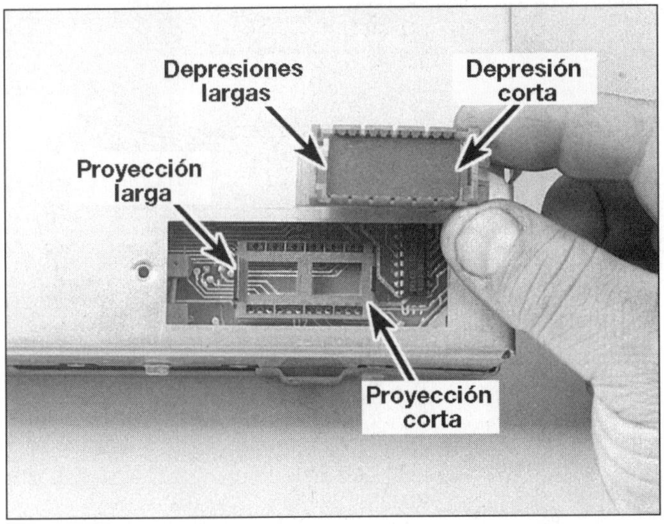

11.14 Esté seguro de que las proyecciones en el ECM (módulo de control electrónico) coinciden con las ranuras de receso en el PROM (memoria programable que solamente se puede leer)

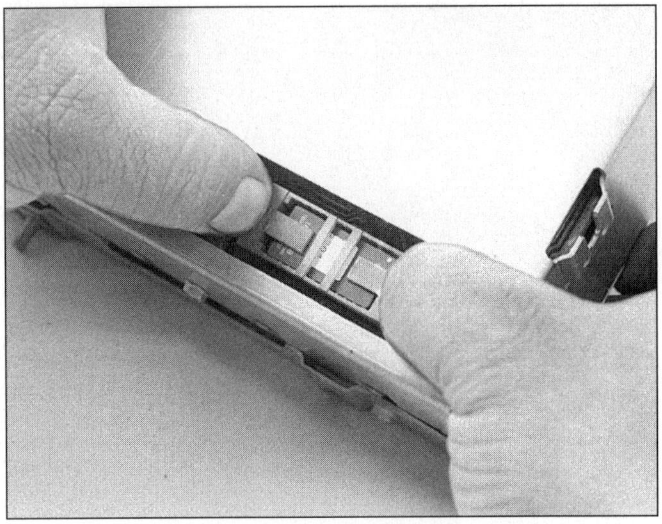

11.17 Prense solamente en las puntas del portador del PROM (memoria programable que solamente se puede leer) - presión en el área del medio podría resultar en clavijas dañadas o rotas al mismo PROM

correctamente instalado.

24 Si el Código 51 de problema ocurre, o si la luz Check Engine/Service Engine Soon se ilumina y permanece constantemente iluminada, el PROM no está completamente asentado, es instalado incorrectamente, tiene las clavijas doblados o está defectuoso.

25 Si el PROM no está completamente sentado, apretando firmemente en ambas puntas del portador debe corregir el problema.

26 Si las clavijas han sido dobladas, remueva el PROM, enderece las clavijas y vuelva a instalar el PROM. Si las clavijas doblados se rompen o agrietan cuando usted trate de enderezarlas, remueva el PROM y reemplácelo con uno nuevo.

27 Si una inspección cuidadosa indica que el PROM está completamente sentado, no ha sido instalado incorrectamente y no tiene las clavijas dobladas, pero la luz Check Engine/Service Engine Soon permanece iluminada, el PROM está probablemente defectuoso y debe ser reemplazado.

12 EST (tiempo de la chispa electrónico)

Descripción general

1 Para proporcionar un mejor desempeño del motor, economía del combustible y control de las emisiones del escape, el ECM (módulo de control electrónico) controla el avance de la chispa del distribuidor (regulación del tiempo de la ignición) con el sistema EST (tiempo electrónico de la chispa).

2 El ECM recibe un pulso de referencia del distribuidor, que indica ambas rpm del motor y posición de cigüeñal. El ECM entonces determina el avance de la chispa apropiado para las condiciones de operación del motor y manda un pulso EST al distribuidor.

Chequeando

3 El ECM ajustará el tiempo de la chispa a un valor especificado cuando la terminal de diagnóstico de prueba en el conector ALDL (línea de datos de la planta de ensamblaje) está a tierra. Para chequear por una operación del EST, el tiempo debe ser chequeado a 2000 rpm con la terminal a tierra. Entonces conecte a tierra la terminal de prueba. Si el tiempo cambia a 2000 rpm, el EST está operando. Un defecto en el sistema del EST almacenará generalmente un Código de Problema 42.

Ajustando el tiempo de base

4 Para ajustar el tiempo inicial, localice, entonces desconecte el conector del tiempo (la ubicación y el color del alambre conector de la sincronización del tiempo está en la etiqueta VECI (etiqueta de información para el control de las emisiones del vehículo).

5 Ajuste el tiempo como se especifica en la etiqueta VECI. Esto causará que un Código 42 sea almacenado en la memoria del ECM. Esté seguro de limpiar la memoria después que ajustar el tiempo (vea Sección 10).

6 Para información adicional con respecto a probar y los procedimientos de reemplazo de los componentes para el distribuidor, refiérase al Capítulo 5.

13 ESC (sistema de control electrónico de chispa)

Refiérase a las ilustraciones 13.8 y 13.11

Descripción general

1 Los niveles irregulares de octano en los motores modernos pueden causar una detonación en el motor. Detonación es refirió a veces a como "encendido prematuro."

2 El sistema ESC (sistema de control electrónico de chispa) está diseñado para retardar el tiempo de la chispa hasta 20 grados para reducir el encendido prematuro en el motor. Esto permite que el motor use el avance de la chispa máximo para mejorar la maniobrabilidad y la economía del combustible.

3 El sensor de detonación ESC manda una señal de voltaje de 8 a 10 voltios al ECM cuando ningún encendido prematuro ocurre y el ECM proporciona el avance normal. Cuando el sensor de detonación detecta una vibración anormal (encendido prematuro), el módulo ESC apaga el circuito al ECM y el voltaje en la terminal B7 del ECM se cae a cero voltio. El ECM entonces retarda el distribuidor EST hasta que el encendido prematuro sea eliminado.

4 El fracaso de la señal del sensor de detonación al ESC o pérdida de conexión a tierra en el módulo del ESC causará que la señal al ECM permanezca alta. Esta condición resulta en que el ECM controle el EST como si ningún encendido prematuro ocurriera. Por lo tanto, no retardo ocurrirá y encendido prematuro puede llegar a ser severo bajo condiciones pesadas de carga del motor. En este punto, el ECM almacenará un Código 43.

5 La pérdida de la señal ESC al ECM causará que el ECM retarde constantemente el EST. Esto resultará en un desempeño sin fuerza y causará que el ECM almacene un Código 43.

Chequeo

6 Conecte una luz de regulación (lámpara de tiempo) según las instrucciones del fabricante. Ponga el motor en marcha y péguele gentilmente en el bloque con un martillo de bola en el área del sensor de detonación según usted observa el indicador de tiempo con la luz de regulación (lámpara de tiempo).

13.8 El sensor de detonación (flecha) está generalmente localizado en el lado del bloque del motor

13.11 El módulo ESC (sistema de control electrónico de chispa) es generalmente instalado en un soporte en el lado interior derecho en el frente del guardafango. Para remover el módulo, desconecte el conector eléctrico y remueva los tornillos de retención (flechas)

Cuando usted le pega al bloque, encendido prematuro se simulará, usted debe observar que el tiempo se retarda, que indica que el sistema ESC está operando apropiadamente.

Reemplazo de componente

7 Desconecte el cable negativo del terminal de la batería.

Sensor de detonación

8 Desconecte el conector eléctrico del sensor de detonación **(vea ilustración)**. Remueva el sensor de detonación girándolo a la izquierda.

9 Enrosque el sensor de detonación en el bloque y apriételo firmemente. Conecte el conector eléctrico.

Módulo ESC

10 Desconecte el conector eléctrico del módulo ESC.

11 Remueva los tornillos de afianzamiento y reemplace el módulo ESC **(vea ilustración)**.

Capítulo 7 Parte A Transmisión manual

Contenido

Especificaciones

Especificaciones técnicas

Especificaciones técnicas	Pies-libras
Perno de la tapa a la caja	17
Tapones de drenaje y relleno	14
Perno de la transmisión a la campana del albergue	55
Perno de la transmisión al motor	40
Perno de la extensión de la caja al albergue	46
Perno para el montaje de la transmisión	30
Perno del retenedor del eje de entrada	22
Contratuerca de la cruceta	30
Tornillo de cierre del tenedor de cambio al riel de cambio	14
Tornillo para la abrazadera de la varilla de cambio	20
Perno del miembro transversal	25

1 Información general

Todos los vehículos cubiertos en este manual vienen equipados con una transmisión manual de 3 velocidades o una transmisión automáticas. Toda la información para la transmisión manual está incluida en esta parte del Capítulo 7. La información para la transmisión automática puede ser encontrada en la Parte B de este Capítulo.

La transmisión manual usada en estos modelos es una sincronizada de 3 velocidades.

Debido a la complejidad, disponibilidad de las partes de reemplazo y las herramientas especiales para la reparación interna necesaria de la transmisión, no es recomendado que sea hecho por el mecánico del hogar. La información en este Capítulo es limitada a la información general de remover e instalar la transmisión.

Dependiendo del gasto implicado en tener una transmisión defectuosa reconstruida, puede ser una buena idea de reemplazar la unidad con una nueva o una reconstruida. Su taller local del concesionario o transmisión debe ser capaz de suministrarlo con la información con respecto al costo, disponibilidad y póliza de cambio. Sin tener en cuenta como usted decide remediar un problema de la transmisión, usted puede ahorrar todavía mucho dinero removiendo e instalando la unidad usted mismo.

2 Cambio en la columna y varilla para el cerrojo de la llave de la ignición - ajuste

1 Cambie la transmisión a Reversa y gire la llave de la ignición a la posición de Cerrado.

2 Levante el vehículo y sopórtelo firmemente en estantes.

3 Afloje los tornillos "C" pivotes de la abrazadera en la palanca de la transmisión (Reversa y primera velocidad) y "D" en el eje de cruce.

4 Coloque la palanca de cambio delantera (engrane para la 2da y 3ra) de la transmisión en Neutral y palanca de cambio para el retroceso (engrane de reversa y 1ra velocidad) en Reversa.

5 Apriete el tornillo "C" pivote de abrazadera firmemente, desatranque la columna de la dirección y coloque la palanca de cambio en Neutral.

6 Ponga en filas las palancas de cambio inferiores ("E" y "F") e inserciónе una clavija calibradora de 0.185 a 0.186-pulgada a través del orificio en las palancas mostradas en la Vista A.

7 Apriete el tornillo pivote de la abrazadera "D" y remueva la clavija calibradora. Chequee la operación de la varilla moviéndola completamente del patrón de cambio.

8 Cambie la transmisión al engrane de 3ra y ajuste el interruptor TCS (sistema de chispa controlada por la transmisión) para que el embolo esté completamente deprimido contra la palanca en el engrane de 3ra y 4ta.

3 Calzo de la transmisión - chequeo y reemplazo

1 Inserciónе un desatornillador grande o haga palanca con una barra ruptora en el espacio entre el albergue de la extensión de la transmisión, el miembro transversal y haga palanca hacia encima.

2 La transmisión no se debe esparcir excesivamente fuera del aislador.

3 Para reemplazar, remueva las tuercas conectadas el aislador en el miembro transversal y los pernos que conectan el aislador a la transmisión.

4 Levante la transmisión levemente con un gato y remueva el aislador, notando cuales orificios son usados en el miembro transversal para la alineación apropiado de la instalación.

5 La instalación se hace en el orden inverso al procedimiento de desensamble.

4 Sello de aceite de la transmisión - reemplazo

Refiérase a las ilustraciones 4.5 y 4.7

1 Fugas del aceite ocurren frecuentemente debido al desgaste del buje y del albergue de la extensión del sello de aceite (si está equipado) y/o el sello de aceite del engranaje del velocímetro y anillos de caucho. El reemplazo de estos sellos es relativamente fácil, ya que las reparaciones se pueden realizar generalmente sin remover la transmisión del vehículo.

2 El sello del aceite del albergue de la extensión está localizado en el extremo trasero de la transmisión, donde la flecha es conectada. Si una fuga en el sello es sospechada, levante el vehículo y sopórtelo firmemente sobre estantes. Si el sello tiene fugas, lubricante de transmisión se acumulará en la parte delantera de la flecha y pueda que se esté fugando en la parte trasera de la transmisión.

3 Refiérase al Capítulo 8 y remueva la flecha.

4 Usando la cara blanda de un martillo, péguele cuidadosamente al protector de polvo (si está equipado) hacia atrás y remuévalo de la transmisión. Tenga cuidado para no retorcerlo.

5 Usando un destornillador o barra ruptora, hágale palanca cuidadosamente al sello de aceite y buje (si está equipado) fuera de la parte trasera de la transmisión **(vea ilustración)**. Tenga cuidado de no dañar las estrías en el eje de salida de la transmisión.

6 Si el sello de aceite y el buje no pueden ser removidos con un desatornillador o removerlo con una barra ruptora, una herramienta especial para remover el sello de aceite (disponible en las refaccionarías) será requerido.

7 Usando una sección grande de tubo o un dado hondo grande como una deriva, instale el sello de aceite nuevo **(vea ilustración)**. Acciónelo hacia adentro del orificio directamente y asegúrese que está completamente sentado. Instale un buje nuevo usando el mismo método.

8 Vuelva a instalar el protector de polvo cuidadosamente en su posición. Lubrique las estrías del eje de salida de la transmisión y el exterior de la horquilla de la manga de la flecha con grasa liviana, después instale la flecha. Tenga cuidado de no dañar el labio del sello nuevo.

9 El cable del velocímetro y el engrane está localizado en la carcaza en el lado del albergue de la extensión. Busque aceite de transmisión alrededor del albergue del cable para determinar si el sello y el anillo tienen fugas.

10 Desconecte el cable de velocímetro.

11 Usando un gancho, remueva el sello.

12 Usando un dado pequeño como una deriva, instale el sello nuevo.

13 Instale un anillo sellador nuevo en la carcaza del engrane y vuelva a instalar el engrane en la carcaza y en el ensamblaje del cable en el albergue de la extensión.

5 Transmisión manual - remover e instalar

Remover

1 Desconecte el cable negativo en la batería. Coloque el cable fuera del camino para que no pueda entrar accidentalmente en contacto con el terminal negativo de la batería, que esto puede permitir otra vez que el poder del sistema eléctrico entre en el vehículo.

2 Desconecte la varilla de cambio.

3 Levante el vehículo y sopórtelo firmemente sobre estantes.

4 Desconecte el cable del velocímetro y los conectores del arnés del alambre de la transmisión.

5 Remueva la flecha (Capítulo 8). Use una bolsa plástica para cubrir el final de la transmisión para prevenir la pérdida y la contaminación de los fluidos.

6 Remueva los componentes del sistema de escape según sea necesario para obtener espacio libre (Capítulo 4).

7 Sostenga el motor. Esto puede ser hecho por encima con un elevador para motores para levantar el motor, o ponga un gato (con un bloque de madera como un aislador) bajo la cacerola de aceite del motor. El motor debe permanecer sostenido siempre mientras la transmisión está fuera del vehículo.

8 Sostenga la transmisión con un gato - preferiblemente un gato especial hecho para este propósito. Las cadenas de seguridad ayudarán a estabilizar la transmisión en el gato.

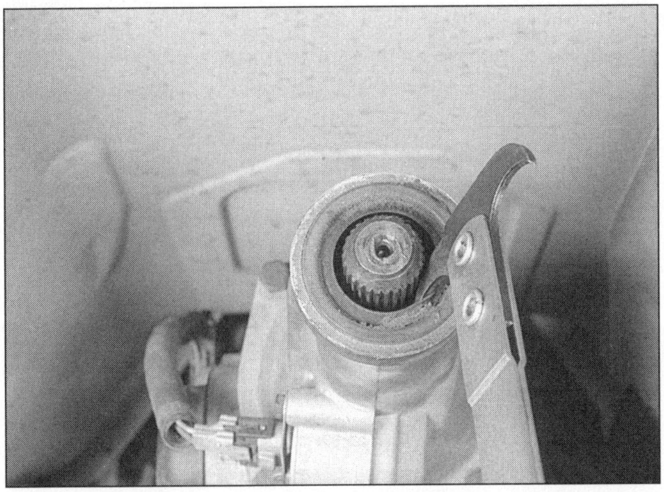

4.5 Use una herramienta para remover el sello o un destornillador largo para hacerle palanca cuidadosamente al sello hacia afuera del final de la transmisión

4.7 Un dado grande trabaja bien para instalar el sello - el dado debe entrar en contacto con la orilla exterior del sello

9 Remueva las tuercas/pernos traseros de apoyo al miembro transversal de la transmisión.

10 Remueva las tuercas de los pernos del miembro transversal. Levante la transmisión y remueva el miembro transversal.

11 Remueva los pernos que aseguran la transmisión al albergue del embrague.

12 Haga un chequeo final para están seguro de que todos los alambres y las mangueras se hayan desconectado de la transmisión y entonces mueva la transmisión y el gato hacia la parte trasera del vehículo hasta que el eje de entrada de la transmisión esté libre del albergue del embrague. Mantenga la transmisión nivelada mientras esto se hace.

13 Una vez que el eje de entrada esté libre, baje la transmisión y remuévala por debajo del vehículo. **Caución:** *No presione el pedal de embrague mientras la transmisión está fuera del vehículo*.

14 Los componentes del embrague pueden ser inspeccionados removiendo la campana del embrague fuera del motor (Capítulo 8). En la mayoría de los casos, los componentes del embrague nuevos deben ser rutinariamente instalados si la transmisión es removida.

Instalar

15 Si se removió, instale los componentes del embrague (Capítulo 8).

16 Si se removió, conecte el albergue del embrague al motor y apriete los pernos firmemente (Capítulo 8).

17 Con la transmisión asegurada al gato, igual de cuando se removió, levante la transmisión en la posición de atrás del albergue del embrague y entonces cuidadosamente deslícela hacia adelante, acoplando el eje de entrada con el cubo del plato del embrague. No use fuerza excesiva para instalar la transmisión - si el eje de entrada no se desliza en su posición, ajuste de nuevo el ángulo de la transmisión para que esté a nivel y/o gire el eje de entrada para comprometer las estrías apropiadamente con el embrague.

18 Instale los pernos del albergue de la transmisión al embrague. Apriete los pernos al par de torsión especificado.

19 Instale el miembro transversal y apoyo de la transmisión. Apriete todas las tuercas y los pernos firmemente.

20 Remueva los estantes que sostienen la transmisión y el motor.

21 Instale los varios artículos removidos previamente, refiriéndose al Capítulo 8 para la instalación de la flecha y al Capítulo 4 para la información con respecto a los componentes del sistema de escape.

22 Haga un chequeo final de todos los alambres, mangueras y el cable del velocímetro que se hayan conectado y que la transmisión se haya llenado con lubricante al nivel apropiado (Capítulo 1). Baje el vehículo.

23 Conecte y ajuste la varilla de cambio.

24 Conecte el cable negativo de la batería. Pruebe el vehículo en la carretera y chequee por una operación apropiada y por fugas.

6 Reconstrucción completa de la transmisión manual - información general

Reconstruir una transmisión manual es un trabajo difícil para la persona que hace su propio trabajo en la casa. Implica remover y volver a instalar muchas partes pequeñas. Numerosos espacios libres deben ser precisamente medidos y si es necesario, cambiar con espaciadores y anillos de tipo empuje convenientemente selectos. Como resultado, si problemas de la transmisión surgen, puede ser removida e instalada por una persona que hace su propio trabajo competentemente en su casa, pero la reconstrucción completa debe ser dejada a un taller de reparación de transmisiones. Las transmisiones reconstruidas pueden estar disponibles - chequee con su departamento de partes del concesionario y refaccionarías. De todos modos, el tiempo y el dinero implicado en una reconstrucción completa es casi seguro que exceda el costo de una unidad reconstruida.

No obstante, no es imposible que un mecánico que no tenga experiencia pueda reconstruir una transmisión si las herramientas especiales están disponibles y el trabajo es hecho en una manera deliberada de paso a paso para que nada sea dejado pasar.

Las herramientas necesarias para una reconstrucción completa incluyen alicates internos y externos de anillo de tipo empuje, un extractor de balero, un martillo resbaladizo, un juego de cinceles, un indicador de reloj y posiblemente una prensa hidráulica. Además, una mesa de trabajo grande, firme y un soporte de prensa o transmisión se requerirán.

Durante el periodo de remover la transmisión, haga notas cuidadosas de cómo cada parte se remueve, donde se acoplan con relación a otras partes y qué la retienen en su posición. Una vista esquemática es incluida para mostrar donde las partes van - pero verdaderamente anote como ellas son instaladas cuando usted remueva las partes, se hará más fácil de poner las partes de la transmisión de regreso.

Antes de desarmar la transmisión para que sea reparada, ayudará si usted tiene alguna idea de que área de la transmisión está funcionando mal. Ciertos problemas pueden ser atados de cerca a áreas específicas en la transmisión, que puede hacer el chequeo del componente y reemplazo más fácil. Refiérase a la sección de identificación y resolución de problemas en la parte delantera de éste manual para información con respecto a fuentes posibles del problema.

Notas

Capítulo 7 Parte B
Transmisión automática

Contenido

Especificaciones

Especificaciones técnicas

	Pies-libras (a menos único que sea indicado de otra manera)
Perno de la transmisión al motor	40
Tuerca de retención para la palanca de cambio al cable de cambio	11 a 15
Perno del convertidor de torsión al plato flexible	
Modelos 1970 al 1985	25 a 35
1986 y más modernos	46

1 Información general

Todos los vehículos cubiertos en este manual vienen equipados con una transmisión manual de 3 velocidades o una transmisión automática. Toda la información para la transmisión automática está incluida en esta parte del Capítulo 7. La información para la transmisión manual puede ser encontrada en la Parte A de este Capítulo.

Debido a la complejidad de las transmisiones automáticas cubiertas en este manual y la necesidad del equipo especializado para realizar la mayoría de las operaciones de servicio, este Capítulo contiene el diagnóstico general solamente, mantenimiento rutinario, procedimientos de ajuste y remover e instalar.

Si la transmisión requiere trabajo mayor de reparación, debe ser dejada al departamento de servicio de su concesionario, un taller de reparación automotriz o de transmisiones. Usted puede, sin embargo, remover e instalar la transmisión usted mismo y ahorrar el gasto, aunque el trabajo de la reparación sea hecho por un taller de transmisiones.

2 Diagnóstico - general

Nota: *Los funcionamientos defectuosos de las transmisiones automáticas pueden ser causados por cinco condiciones generales: desempeño pobre del motor, ajustes impropios, funcionamientos defectuosos hidráulicos, funcionamientos defectuosos mecánicos o funcionamientos defectuosos en la computadora o su red de señales. El diagnóstico de estos problemas siempre se deben poner en marcha con un chequeo de los artículos de reparación fácil: nivel del fluido y condición (Capítulo 1), ajuste de la varilla de cambio y el ajuste del control del acelerador. Después, realice una prueba en la carretera para determinar si el problema se ha corregido o si más diagnóstico es necesario. Si el problema persiste después de las pruebas y las correcciones de los diagnósticos preliminares han sido completadas y diagnóstico adicional debe ser hecho por un taller de reparación del departamento de servicio de su concesionario o transmisión. Refiérase a la Sección de identificación y resolución de problemas al frente de este manual para información de los síntomas de problemas de la transmisión.*

Chequeos preliminares

1 Conduzca el vehículo para que se caliente la transmisión a la temperatura normal de operación.

2 Chequee el nivel del fluido como está descrito en el Capítulo 1:

a) Si el nivel del fluido está excepcionalmente bajo, agregue el suficiente fluido para que suba al nivel dentro del área designada de la varilla graduada para medir, entonces chequee por fugas externas (vea a continuación).

b) Si el nivel del fluido está anormalmente alto, drene el exceso, entonces chequee el fluido drenado por contaminación del anticongelante. La presencia de anticongelante de motor en el fluido para la transmisión automática indica que un fracaso ha ocurrido en las paredes internas del radiador que separan el anticongelante del fluido de la transmisión (vea Capítulo 3).

c) Si el fluido tiene espuma, drénelo y rellene la transmisión, entonces chequee por anticongelante en el fluido o un nivel de fluido alto.

3 Chequee la velocidad de la marcha mínima del motor. **Nota:** *Si el motor está funcionando mal, no proceda con el chequeo preliminar hasta que haya sido reparado y corra normalmente.*

4 Chequee el cable del acelerador por movimiento libre. Ajuste si es necesario (Sección 9). **Nota:** *El cable del acelerador puede funcionar apropiadamente cuando el motor esté apagado y frío, pero puede funcionar mal una vez que el motor esté caliente. Chequéelo frío y a temperatura normal de operación del motor.*

5 Inspeccione la varilla para el control del cambio (Secciones 4/5). Asegúrese que está apropiadamente ajustado y que el acoplamiento opera suavemente.

Diagnóstico del fluido que se fuga

6 La mayoría de las fugas de los fluidos son fáciles de localizar visualmente. La reparación se compone generalmente del reemplazando de un sello o junta. Si una fuga es difícil de detectar, el siguiente procedimiento puede ayudarlo.

7 Identifique el fluido. Asegúrese que es fluido de transmisión y no aceite del motor o fluido de freno (fluido para la transmisión automática es de un color rojo profundo).

8 Trate de localizar con toda precisión la fuente de la fuga. Conduzca el vehículo varias millas, entonces estaciónelo encima de un pedazo grande de cartón. Después de un minuto o dos, usted debe ser capaz de localizar la fuga, determinando la fuente de la fuga del fluido que gotea en el cartón.

9 Haga una inspección visual cuidadosa del componente sospechado y el área inmediatamente alrededor de él. Pegue atención particular a las superficies de acoplamiento de la junta. Un espejo es a menudo útil para encontrar fugas en áreas que son duras de ver.

10 Si la fuga todavía no se puede encontrar, limpie el área sospechada completamente con un removedor de grasa o solvente, entonces séquelo.

11 Conduzca el vehículo por varias millas a la temperatura normal de operación y velocidades variadas. Después de conducir el vehículo, inspeccione visualmente el componente sospechado otra vez.

12 Una vez que la fuga se haya localizado, la causa se debe determinar antes de que se pueda reparar apropiadamente. Si una junta es reemplazada pero la pestaña selladora está doblado, la junta nueva no parará la fuga. La pestaña doblada debe ser enderezada.

13 Antes de atentar de procurar reparar una fuga, chequee para asegurarse que las siguientes condiciones han sido corregidas o ellas pueden causar otra fuga. **Nota:** *Algunas de las siguientes condiciones no pueden ser arregladas sin herramientas especializadas y experiencia. Tales problemas deben ser referidos a un taller de reparación de transmisión o el departamento de servicio de su concesionario.*

Fugas de las juntas

14 Chequee la cacerola periódicamente. Asegúrese de que los pernos están apretados, ningún perno falta, la junta está en buena condición y la cacerola está completamente plana (abolladuras en la cacerola pueden indicar daño adentro del cuerpo de válvulas).

15 Si la junta de la cacerola tiene fugas, el nivel del fluido o la presión del fluido pueden estar demasiado altos, el respiradero puede estar tapado, los pernos del cárter pueden estar demasiado apretados, la pestaña selladora de la cacerola puede estar alabeada, la superficie selladora del albergue de la transmisión puede estar desgastada, la junta puede estar desgastada o la fundición de la transmisión puede estar agrietada o porosa. Si sellador en vez de material de junta se ha usado para formar un sello entre la cacerola y el albergue de la transmisión, pueda que sea el sellador incorrecto.

Fugas del sello

16 Si un sello de la transmisión tiene fugas, el nivel del fluido o la presión pueden estar demasiados altos, el respiradero puede estar obstruido, diámetro de los orificios para el sello puede estar desgastado, el mismo sello puede estar desgastado o impropiamente instalado, la superficie del eje que sale del sello puede estar desgastada o un cojinete flojo puede estar causando movimiento excesivo del eje.

17 Asegúrese que el sello del tubo de la varilla graduada para medir está en buena condición y el tubo está apropiadamente sentado. Chequee periódicamente el área alrededor del engrane del velocímetro o sensor por fuga. Si fluido de la transmisión es evidente, chequee el anillo sellador de tipo O por daño.

Fugas del albergue

18 Si el mismo albergue parece estar fugándose, la fundición está porosa y tendrá que ser reparada o tendrá que ser reemplazada.

19 Asegúrese de que los acopladores de las mangueras del enfriador de aceite están apretados y en buenas condiciones.

Fluido se sale fuera del tubo del respiradero o tubo de llenar

20 Si esta condición ocurre, la transmisión está sobre llena, hay anticongelante en el fluido, el albergue está poroso, la varilla graduada para medir es incorrecta, el respiradero está tapado o los orificios traseros para el drenaje están tapados.

3 Identificación de la transmisión

Refiérase a la ilustración 3.1

1 Además de chequear el número de serie de la transmisión, hay una manera rápida para determinar cuál de las cuatros transmisiones automáticas un vehículo en particular está equipado. Lea las siguientes descripciones de las cacerolas de aceite para las transmisiones y **refiérase a la ilustración 3.1** para identificar los varios modelos.

Powerglide

2 Este albergue de la transmisión está hecho de hierro fundido o aluminio. La palabra "Powerglide" está estampada en el albergue. El indicador del cuadrante del cambio está mostrado en una de dos maneras: P-N-D-L-R o P-R-N-D-L.

Turbo Hydra Matic 200/200C/2004R

3 Esta transmisión es de un diseño de dos pedazos con un cable de rebase corriendo del acelerador al lado derecho del albergue de la transmisión. La cacerola de aceite tiene 11 pernos y es de una forma cuadrada con una esquina en un ángulo.

Turbo Hydra Matic 250/350

4 Esta se parece de cerca a la THM 200 pero la cacerola de aceite tiene 13 pernos.

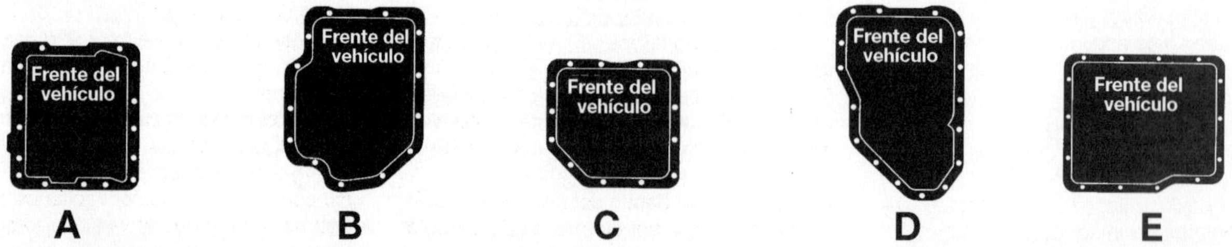

3.1 La forma de la junta de la cacerola de aceite le puede ayudar a determinar con cuál transmisión su vehículo está equipado

A Turbo Hydra Matic 400
B Powerglide
C Turbo Hydra Matic 200
D Turbo Hydra Matic 250/350

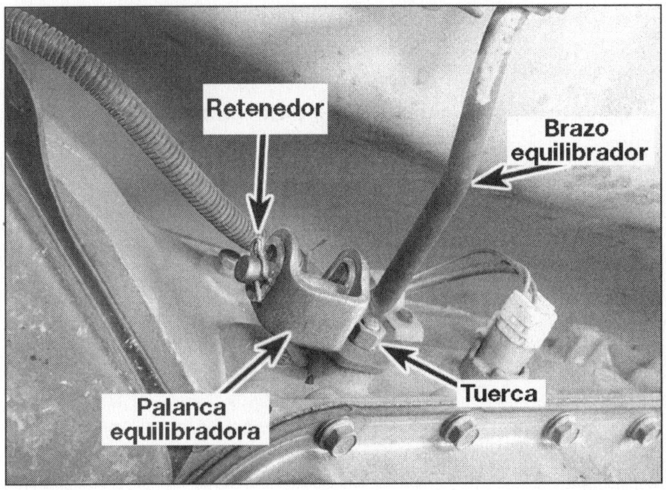

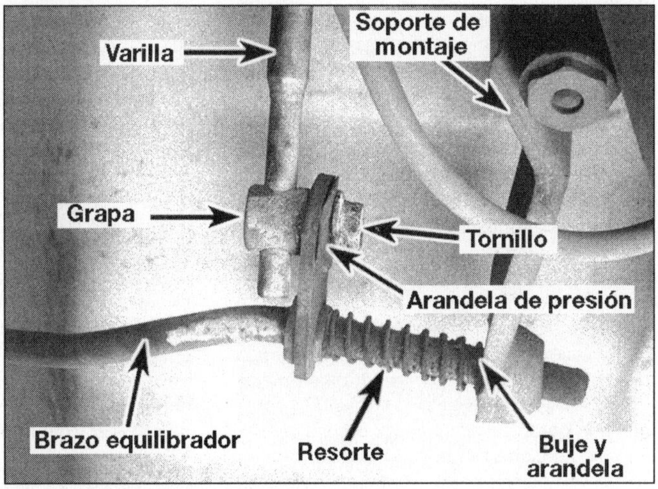

4.7 Detalles para los ajustes de la varilla de cambio 1974 al 1980

Turbo Hydra Matic 375/400

5 El albergue de la 400 es también de dos pedazos, pero el rebase es eléctricamente controlado por un interruptor en el carburador en el lado izquierdo de la transmisión. La cacerola del aceite tiene también 13 pernos. La forma de la cacerola es alargada e irregular.

4 Varilla de cambio en la columna - chequeo y ajuste

1 La varilla del selector necesitara ajuste si en cualquier momento la velocidad "Baja" o "Reversa" puede ser obtenida sin tener que levantar primero la palanca para el control del cambio, para que pase por encima de la parada mecánica.

Modelos 1970 al 1973

Refiérase a la ilustración 4.2

2 Si ajuste es requerido, libere la varilla giratoria para el control o la abrazadera y ponga la palanca en el lado de la transmisión en "engrane" o la detención L2 **(vea ilustración)**. Esto puede ser claramente definido poniendo la palanca en L o L1 y mover la palanca una detención hacia atrás (sonido).

3 Ponga la palanca del control del cambio hacia encima contra la parada de detención "engrane" y entonces apriete el pivote o la abrazadera en la varilla de control.

4 Chequee todas las posición del selector, especialmente "Estacionamiento." En algunos casos, especialmente con varillas desgastadas, pueda que sea necesario instalarlo de nuevo para asegurarse que la detención de "Estacionamiento" está completamente comprometida.

Modelos 1974 al 1988

Refiérase a la ilustración 4.7

5 Coloque la palanca de cambio en la posición Neutral del indicador de cambio.

6 Posicione la palanca de cambio de la transmisión en la posición de detención Neutral.

7 Instale el resorte de tipo abrazadera y el ensamblaje del tornillo en la varilla de control de la palanca equilibradora **(vea ilustración)**.

8 Detenga la abrazadera plana contra la palanca equilibradora y apriete los tornillos de la abrazadera con los dedos. Asegúrese que ninguna fuerza es ejercida en ninguna dirección en la palanca equilibradora o la varilla mientras aprieta el tornillo.

9 Apriete el tornillo firmemente.

10 Chequee que la llave de la ignición pueda ser movida libremente a la posición de "cierre" cuando la palanca de cambio está en "Estacionamiento" y no en cualquier otra posición.

5 Varilla de cambio en el piso - chequeo y ajuste

1 Si el motor se puede poner en marcha en cualquiera de las posiciones de marcha y el interruptor de neutral está apropiadamente ajustado para poner el vehículo en marcha (Sección 11), la varilla de cambio debe ser ajustada.

Powerglide

2 Ponga la palanca del cambio en "Macha."

3 Trabajando debajo del vehículo, desconecte el cable de selector de la palanca en el lado de la transmisión.

4 Mueva la palanca en el lado de la transmisión a la posición de la detención de "Marcha."

5 Mida la distancia de la cara de atrás del soporte para el cable hacia el centro del espárrago pivote del cable. Esto debe tener 5-1/2 pulgadas. Ajuste la posición del espárrago si es necesario para lograr esta medida.

6 Ajuste el cable en su soporte para que el final del cable ajuste libremente en el espárrago pivote. Instale el retenedor reteniendo el cable.

7 Trabajando desde adentro del vehículo, remueva la tapa del cuadrante de cambio, plato y las bombillas de iluminación.

8 Remueva el retenedor del cable del selector y desconecte el cable de la palanca de cambio.

9 Inserción e un medidor de (0.07 pulgada de espesor) entre el retén y el plato de detención, entonces mida la distancia entre la cara del frente del soporte del ensamblaje de la palanca de cambio y el centro de la clavija del pivote del cable. Esto debe ser de 6-1/4 pulgadas. Si no es, afloje el perno A y mueva la palanca según sea necesario.

10 Ajuste el cable poniendo el soporte de la palanca de cambio hasta que el ojo del cable entre libremente en la clavija del pivote. Si cuando presione el botón en la manija no libera el plato de detención, u opuestamente si la manija puede ser movida a las posiciones P y R sin presionar el botón, levante o baje el plato de detención después de aflojar el perno de retención.

Turbo Hydra Matic

Nota: *Aplique el freno de estacionamiento y bloquee las ruedas para prevenir que el vehículo no se ruede.*

11 Trabajando debajo del vehículo, afloje la tuerca que conecta la palanca de cambio a la clavija en el ensamblaje del cable de cambio.

12 Coloque la palanca de cambio de la consola (adentro del vehículo) en la posición de Estacionamiento.

13 Coloque el eje manual de cambiar de la transmisión en Estacionamiento.

14 Mueva la clavija para otorgarle un ajuste de "clavija libre," asegúrese que la palanca de cambio en la consola está todavía en la posición de Neutral y apriete la clavija a la tuerca de la palanca de retención al par de torsión especificado.

15 Asegúrese que el motor comenzará en las posiciones de Estacionamiento y Neutral solamente.

16 Si el motor se puede poner en marcha en cualquiera de las posiciones de marcha (como está indicado por la palanca de cambio adentro del vehículo), repita los pasos de encima o haga que el vehículo sea chequeado por el concesionario, porque el ajuste inapropiado de la varilla puede dirigir al fracaso de la banda o embrague y lesión personal posible.

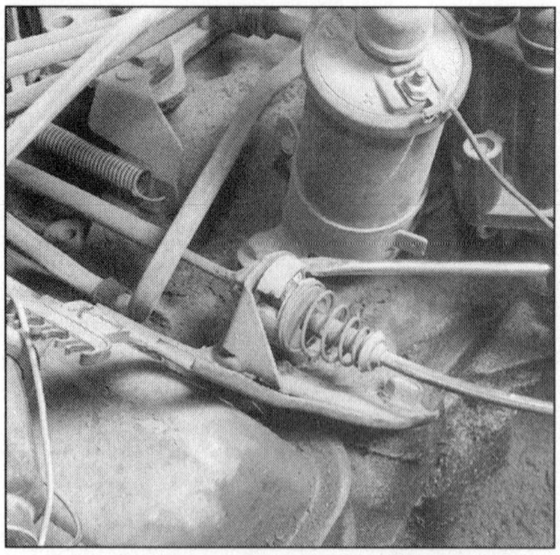

8.1 Hágale palanca para liberar la lengüeta con un destornillador

6 Powerglide - ajustes en el vehículo

Ajuste de la banda para la marcha baja

1 Este ajuste debe ser llevado a cabo normalmente cuando se hace el primer cambio de aceite y después solamente cuando un desempeño no satisfactorio indique que es necesario (vea identificación y resolución de problemas).
2 Levante el vehículo para proporcionar acceso a la transmisión, asegúrese de asegurar el vehículo sobre estantes.
3 Coloque la palanca del selector en la posición de Neutral.
4 Remueva la tapa protectora del tornillo de ajuste de la transmisión.
5 Libere y destornille la contratuerca del tornillo de ajuste un cuarto de vuelta y deténgala en esta posición con una llave.
6 Usando la herramienta Especial J - 21848 o una llave torsiométrica y un adaptador, apriete el tornillo de ajuste a 70 pulgada-libras., entonces gire el tornillo hacia atrás el número exacto de vueltas como sigue:

a) Para una banda que haya estado en operación por 6000 millas o menos - tres vueltas completas.
b) Para una banda que haya estado en operación por más de 6000 millas - cuatro vueltas completas.

7 Apriete la contratuerca para el tornillo de ajuste.

Ajuste de la varilla para la válvula del acelerador

8 Remueva el purificador de aire. Desconecte la varilla del acelerador en el carburador y los resortes de regreso del acelerador.
9 Hale la varilla superior del acelerador hacia adelante con la mano derecha, entonces abra el acelerador con la mano izquierda.
10 Ajuste el pivote en la parte superior del acelerador para que el espárrago de bola haga contacto con el final de la varilla superior del acelerador según el carburador llega a la posición de WOT (acelerador completamente abierto).
11 Conecte y ajuste la varilla del acelerador.

9.4 Para chequear por una operación libre, hale hacia adelante en el interior del cable del acelerador de la válvula TV (válvula conectada al acelerador), sienta por una operación suave en la distancia repleta del viaje - el cable debe retractarse uniformemente y rápidamente cuando se libere

Alineación para el interruptor de neutral

12 Esta operación se requerirá solamente si un interruptor nuevo es instalado.
13 Ponga la palanca de cambio en Neutral y localice la espiga (pestaña) de la palanca contra el plato del selector de la transmisión.
14 Alinee la hendidura de contacto con la parte superior del orificio en el interruptor con una clavija de 3/32-pulgada de diámetro.
15 Coloque la hendidura de contacto para el impulsor de la pestaña del tubo de la palanca de cambio y apriete los tornillos. Retire la clavija.
16 Conecte los alambres del interruptor y chequee que la operación del interruptor esté correcta cuando la ignición esté prendida.

7 Turbo Hydra Matic 250 - ajustes en el vehículo

Ajuste de la banda intermedia

1 Este ajuste se lleva a cabo cada 24,000 millas o si el desempeño de la transmisión indica la necesidad de hacerlo.
2 Levante el vehículo para obtener acceso a la transmisión, asegúrese de poner el vehículo sobre estantes.
3 Coloque la palanca del selector de velocidades en Neutral.
4 El tornillo de ajuste y la contratuerca para la banda intermedia están localizados en el lado de la mano derecha del albergue de la transmisión.
5 Afloje la contratuerca 1/4 de vuelta usando una llave o herramienta J especial - 24367. Detenga la contratuerca en esta posición y apriete el tornillo de ajuste a un par de torsión de 30 pulgada-libras. Ahora regrese hacia atrás el tornillo tres vueltas completas exactamente.
6 Sin mover el tornillo de ajuste, aprieta la contratuerca a 15 pies-libras.

Ajuste del cable de rebase (detención)

7 El cable normalmente requerirá ajuste solamente si uno nuevo ha sido instalado.
8 Presione el pedal del acelerador completamente. La bola se deslizará en la manga del cable y fijará automáticamente la tensión del cable.

8 Cable de rebase Turbo Hydra Matic 350 - ajuste

Refiérase a la ilustración 8.1

Modelos 1970 al 1980

1 Insercióne un destornillador en cada lado de la cerradura y hágale palanca hacia afuera para liberarlo **(vea ilustración)**.
2 Comprima las lengüetas de enclavamiento y desconecte el ensamblaje de la cerradura de su soporte.
3 Ponga manualmente el carburador en la posición completamente abierta con la palanca del acelerador completamente contra su parada.
4 Con el carburador en la posición completamente abierta, empuje el cerrojo en el cable de detención en la posición cerrada y libere la palanca del acelerador.

Modelos 1981 al 1988

5 Esto será requerido normalmente solamente después de la instalación de un cable nuevo.
6 Presione el pedal del acelerador a la posición completamente abierta. La bola del cable deslizará en la manga del cable y ajustará automáticamente la instalación de la detención del cable.

9 Cable TV (válvula conectada al acelerador) - descripción, inspección y ajuste

Descripción

1 El cable del acelerador usado en estas transmisiones no se debe pensar de él como simplemente un cable de "rebase," como en las transmisiones más antiguas. El cable TV controla la presión de la línea, puntos de cambio, calidad del cambio, bajar la velocidad con el acelerador parcialmente abierto y rebase.
2 Si el cable TV está roto, pegajoso, fuera de ajuste o es la parte incorrecta, el vehículo experimentará varios problemas.

Inspección

Refiérase a la ilustración 9.4

3 La inspección debe ser hecha con el motor en marcha a la velocidad de marcha

9.8 Con la lengüeta liberada "posición abierta" esté seguro de que el cable se puede mover libremente hacia adentro y hacia afuera

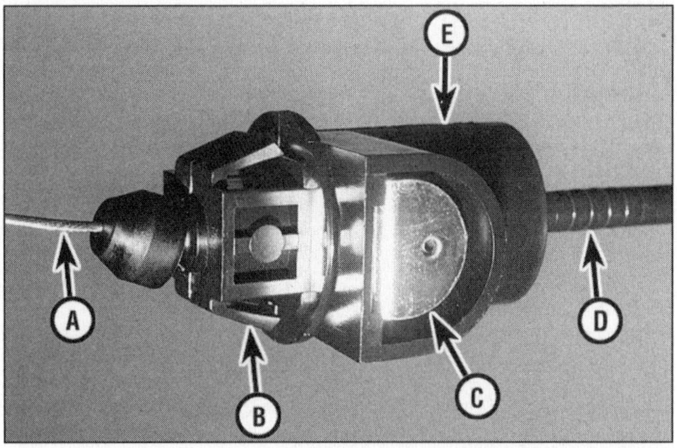

9.11 En los modelos 1981 al 1988, presione la lengüeta del cable de la válvula TV (válvula conectada al acelerador) y hale el deslizador hacia atrás (flecha) hasta que descanse en su parada - libere la lengüeta y abra el acelerador completamente

a Cable TV (válvula conectada al acelerador)
b Cerrojo
c Lengüeta de liberación
d Cobertura del cable
e Deslizador

mínima con la palanca del selector en Neutral. Ponga el freno de estacionamiento firmemente y bloquee las ruedas para prevenir cualquier movimiento del vehículo. Como una caución agregada, haga que un ayudante en el asiento del conductor aplique el pedal del freno.

4 Agarre el cable interior unas cuantas pulgadas atrás donde se conecta al control del acelerador y hale el cable hacia adelante. Debe deslizarse fácilmente en el albergue del cable sin obstrucción u operación espasmódica **(vea ilustración)**.

5 Libere el cable y debe regresar a su ubicación original con la parada del cable contra el terminal del cable.

6 Si el cable TV no opera como encima, la causa es un cable defectuoso o fuera de ajuste o componentes desgastado en cualquier extremo del cable.

Ajuste

7 El motor no debe estar en marcha durante este ajuste.

Modelos 1976 al 1980

Refiérase a la ilustración 9.8

8 Desengrane la cerradura de cierre y chequee que el cable esté libre para deslizarse en la cerradura **(vea ilustración)**.

9 Mueva la palanca del acelerador del carburador a la posición completamente abierta.

10 Empuje el cierre hacia abajo hasta que esté a nivel y entonces libere suavemente la palanca del acelerador.

1981 y más moderno

Refiérase a la ilustración 9.11

11 Presione la lengüeta de ajuste y mueva el deslizador hacia atrás a través del acoplador de la varilla del acelerador hasta que el deslizador se detenga contra el acoplador **(vea ilustración)**.

12 Libere la lengüeta de ajuste.

13 Gire la palanca del acelerador a la posición del acelerador WOT (acelerador completamente abierto), que ajustará automáticamente el cable. Libere la palanca del acelerador. **Caución:** *No use fuerza excesiva en la palanca del acelerador para instalar el cable TV. Si esfuerzo grande es requerido para instalar el cable, desconecte el cable en el terminal de la transmisión y chequee por una operación libre. Si todavía está difícil, reemplace el cable. Si ahora está libre, sospeche un eslabón TV doblado en la transmisión o un problema con la palanca del acelerador.*

14 Después chequee el ajuste por una operación apropiada como está descrito en los Pasos 3 al 6 encima.

10 Interruptor para el rebase de la Turbo Hydra Matic 400 - ajuste

Refiérase a la ilustración 10.1

1 El interruptor es instalado en el soporte de pedal **(vea ilustración)**.

2 El interruptor es ajustado empujando el embolo completamente hacia adelante lo más distante como sea posible. En la primera depresión completa del pedal del acelerador, el interruptor será automáticamente ajustado.

11 Interruptor de la Turbo Hydra Matic - chequeo y ajuste

Refiérase a las ilustraciones 11.6a y 11.6b

1 Cuando el interruptor está operando apropiadamente, el motor debe girar con la palanca del selector en Estacionamiento o Neutral solamente. También, las luces de reserva deben iluminarse cuando la palanca esté en Reversa.

2 Si un interruptor nuevo es instalado,

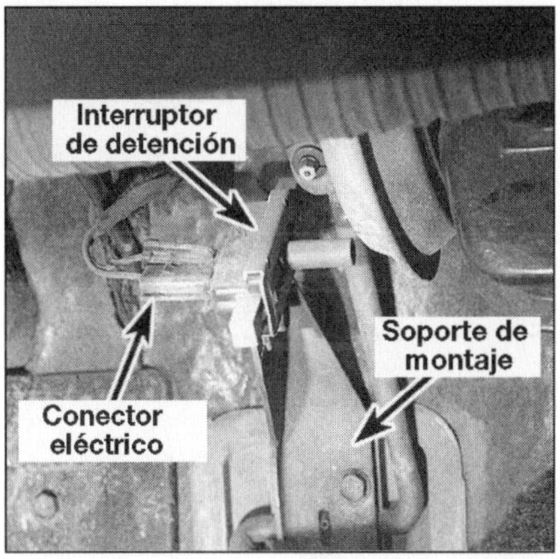

10.1 Detalles del interruptor de rebase para las transmisiones Turbo Hydra Matic

ponga la palanca de cambio contra la detención de "Neutral" girando la palanca inferior en el tubo de cambio a la dirección izquierda según usted está sentado en el asiento del conductor.

3 Localice la pestaña que acciona el interruptor en la hendidura del tubo de la palanca de cambio y entonces apriete los tornillos de retención.

4 Conecte el arnés del alambrado, prenda la ignición y chequee que el motor de arranque gire.

5 Si el interruptor opera correctamente, mueva la palanca de cambio hacia afuera de Neutral, que causará que la clavija de alineación (instalada durante la producción del interruptor) se rompa.

6 Si un interruptor viejo es instalado o ajustado, use una clavija (de un diámetro entre 0.093 y 0.097 pulgada) alinee el orificio en el interruptor con la pestaña que acciona. Insercióne la clavija a una profundidad de 1/4-pulgada. Remueva la clavija antes de mover la palanca de cambio hacia afuera de

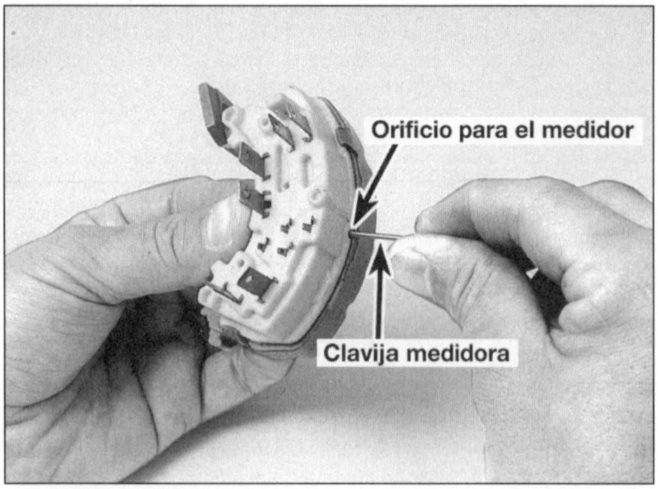

11.6a En los modelos más antiguos, meta una clavija en el orificio calibrado para ajustar el interruptor de neutral

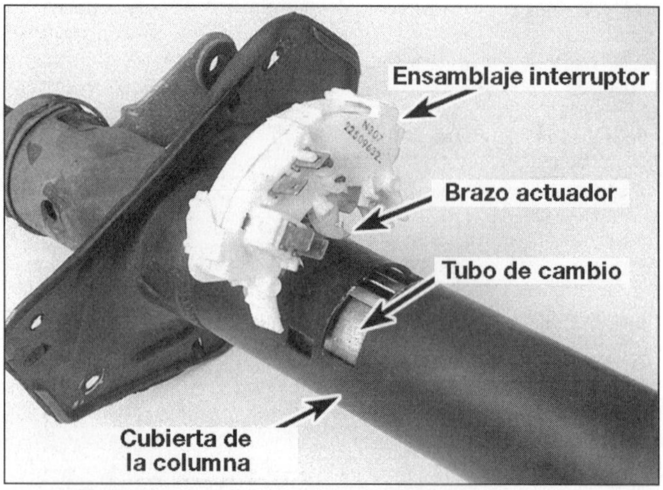

11.6b Los interruptores de neutral para poner los vehículos más modernos en marcha son ajustados moviendo el albergue del ensamblaje a la posición de la velocidad Baja y entonces cambiar a Estacionamiento

Neutral **(vea ilustración)**. En los modelos más modernos el interruptor automáticamente se ajusta apropiadamente cuando la palanca del cambio es movida a Estacionamiento. Para ajustar un interruptor nuevo de modelo más moderno, mueva el albergue del ensamblaje del interruptor a la posición del engrane Bajo y entonces cámbielo a Estacionamiento **(vea ilustración)**.

12 Transmisión automática - remover e instalar

Refiérase a las ilustraciones 12.5 y 12.6

Remover

1 Desconecte el cable negativo en la batería. Coloque el cable fuera del camino para que no pueda entrar accidentalmente en contacto con el terminal negativo de la batería, porque esto permite una vez más que poder entre en el sistema eléctrico del vehículo.

2 Levante el vehículo y sopórtelo firmemente.

3 Drene el fluido de la transmisión (Capítulo 1).

4 Remueva la tapa del convertidor de torsión.

5 Marque la relación del volante y el convertidor de torsión con pintura blanca para que ellos puedan ser reinstalados en la misma posición **(vea ilustración)**.

6 Remueva la tuercas/pernos del convertidor de torsión al volante **(vea ilustración)**. Gire el perno del cigüeñal para tener acceso a cada tuerca.

7 Remueva el motor de arranque (Capítulo 5).

8 Remueva la flecha (Capítulo 8).

9 Desconecte el cable del velocímetro.

10 Desconecte los conectores eléctricos de la transmisión.

11 En los modelos que estén equipados, desconecte las mangueras de vacío.

12 Remueva cualquier componente de escape que intervenga con remover la transmisión (Capítulo 4).

13 Desconecte la varilla o cable TV (válvula conectada al acelerador).

14 Desconecte la varilla de cambio.

15 Sostenga el motor usando un gato y un bloque de madera debajo de la cacerola de aceite para esparcir la carga.

16 Sostenga la transmisión con un gato, preferiblemente un gato hecho para este propósito. Las cadenas de seguridad ayudarán a estabilizar la transmisión en el gato.

17 Remueva los pernos traseros del calzo al miembro transversal y los pernos que conectan el miembro transversal al chasis.

18 Remueva los dos pernos que conectan la extensión del albergue de apoyo de la transmisión a la parte trasera del motor.

19 Levante la transmisión lo suficiente-

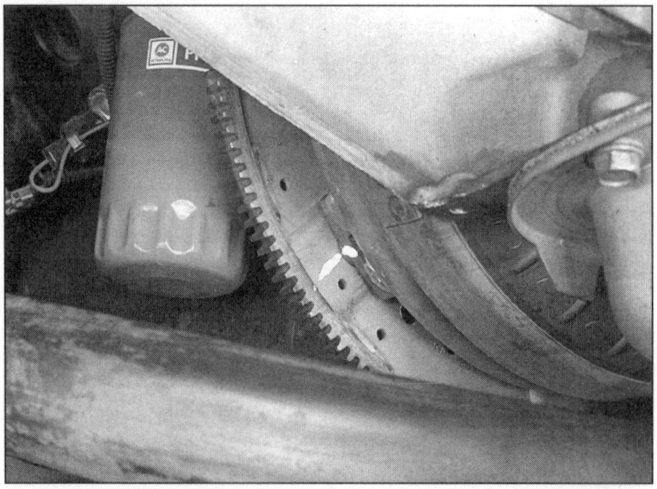

12.5 Marque la relación del convertidor de torsión al volante

12.6 Remueva los pernos reteniendo el convertidor de torsión al volante (aquí, una llave para el volante es usada para prevenir que el volante gire, pero una llave en el amortiguador de vibraciones en el cigüeñal trabajará también)

mente para permitir remover el miembro transversal.

20 Remueva los pernos que aseguran la transmisión al motor.

21 Baje la transmisión levemente, desconecte y tape las líneas del enfriador de la transmisión.

22 Remueva el tubo para llenar la transmisión con fluido.

23 Mueva la transmisión hacia atrás para desengancharla de la clavija fija del bloque del motor y asegúrese que el convertidor de torsión está separado del volante. Asegure el convertidor de torsión a la transmisión para que no se caiga durante el proceso de remover. Baje la transmisión del vehículo.

Instalar

24 Asegúrese que antes de la instalación el cubo del convertidor de torsión esté firmemente comprometido en la bomba.

25 Con la transmisión asegurada al gato, levanta la transmisión en posición, asegúrese de mantenerla nivelada para que el convertidor de torsión no se deslice hacia adelante. Conecte las líneas de enfriamiento de la transmisión.

26 Gire el convertidor de torsión para poner en filas las roscas para los pernos del convertidor de torsión y el volante. La pintura blanca marcada en el convertidor de torsión y el espárrago hecho durante el Paso 5 deben formar una línea.

27 Mueva la transmisión cuidadosamente hacia adelante hasta que las clavijas fijas estén comprometidas y el convertidor de torsión esté comprometido.

28 Instale los pernos y tuercas del albergue de la transmisión al motor. Apriete los pernos y las tuercas al par de torsión especificado.

29 Instale las tuercas del convertidor de torsión al volante. Apriete las tuercas al par de torsión especificado.

30 Instale los pernos que atraviesan el miembro transversal de la transmisión. Apriete los pernos y las tuercas firmemente.

31 Remueva los gatos que sostienen la transmisión y el motor.

32 Instale el tubo para el fluido.

33 Instale el motor de arranque.

34 Conecte la manguera(s) de vacío (si está equipado).

35 Conecte la varilla de cambio y la TV (válvula conectada al acelerador).

36 Conecte la transmisión a los conectores eléctricos.

37 Instale la tapa del convertidor de torsión.

38 Conecte la flecha.

39 Conecte el velocímetro.

40 Ajuste la varilla de cambio.

41 Instale cualquier componente del sistema de escape que fueron removidos.

42 Baje el vehículo.

43 Llene la transmisión con el fluido especificado (Capítulo 1), corra el vehículo y chequee por fugas del fluido.

Notas

Capítulo 8
Embrague y línea de transmisión

Contenido

Especificaciones

Embrague

Tipo	Plato sencillo seco, resorte de diafragma
Juego libre del pedal, chequeo y ajuste	Vea Capítulo 1

Especificaciones técnicas	Pies-libras
Pernos del plato de presión al volante	25
Pernos de la campana al motor	40
Pernos de la campana del embrague a la transmisión	55

Flecha

Especificaciones técnicas	Pies-libras
Pernos de la banda de la universal	15
Tuercas de los pernos para las universales U	15
Pernos para la brida de las universales U	70

Eje trasero

Ejes de tipo B y O

Juego final del eje	0.001 a 0.022 pulgada

Especificaciones técnicas	Pies-libras
Pernos de la tapa del diferencial	20
Perno prisionero del eje del piñón	25

8

1 Información general

La información en este Capítulo trata con los componentes detrás del motor a las ruedas traseras, con excepción de la transmisión, que es tratada en el Capítulo previo. Para los propósitos de este Capítulo, estos componentes son agrupados en tres categorías; embrague, flecha y eje trasero. Secciones separadas dentro de este Capítulo ofrecen descripciones generales y chequeos para los procedimientos de los componentes en cada uno de los tres grupos.

Desde que casi todos los procedimientos cubiertos en este Capítulo implican trabajar debajo del vehículo, asegúrese que está firmemente sostenido sobre estantes firmes o en una grúa donde el vehículo puede ser levantado fácilmente y pueda ser bajado.

2 Embrague - descripción y chequeo

Refiérase a la ilustración 2.1

1 Todos los vehículos con transmisiones manuales usan un solo plato seco, embrague de diafragma tipo resorte **(vea ilustración)**. El disco del embrague tiene un cubo de ranura que permite que se deslice a través de las estrías del eje de entrada de la transmisión. El embrague y el plato de presión son sostenidos en contacto por presión ejercida por el plato de presión.

2 El sistema mecánico de liberación incluye el pedal del embrague, el acoplamiento del embrague que acciona la palanca de liberación del embrague y el balero de liberación.

3 Cuando presión es aplicada al pedal del embrague para liberar el embrague, presión mecánica es ejercida contra el final exterior de la palanca de liberación del embrague. Según las palancas hacen pivote, los dedos del eje empujan contra el balero de liberación. El balero empuja contra los dedos del resorte del diafragma del ensamblaje del plato de presión, que en cambio libera el plato del embrague.

4 La terminología puede ser un problema cuando discutamos los componentes del embrague porque nombres comunes son en algunos casos diferentes de esos usado por el fabricante. Por ejemplo, el plato de actuación es llamado también el plato del embrague o disco y el balero de liberación del embrague es llamado a veces un balero de desembrague.

5 Otro que reemplazar componentes con daños obvios, algunos chequeos preliminares se deben realizar para diagnosticar los problemas del embrague.

a) *Para chequear "cuanto tiempo toma para que se detenga el embrague," corra el motor a velocidad de marcha mínima normal con la transmisión en Neutral (pedal del embrague encima - comprometido). Desembrague el embrague (pedal hacia abajo), espere varios segundos y cambie la transmisión a Reversa. Ningún ruido de currido se debe oír. Un ruido de currido es muy probable una indicación de un problema en el plato de presión o el disco del embrague.*

b) *Para chequear la liberación completa del embrague, corra el motor (con el freno de estacionamiento aplicado para prevenir movimiento) y detenga el pedal del embrague aproximadamente 1/2-pulgada del piso. Cambie la transmisión entre la primera velocidad y Reversa varias veces. Si el cambio es áspero, fracaso de un componente es indicado.*

c) *Inspeccione visualmente el buje pivote por encima del pedal del embrague para asegurarse que no hay obstrucción ni juego excesivo.*

d) *En vehículos con sistemas mecánicos de liberación, un pedal de embrague que es difícil de operar es muy probable que sea causado por un acoplamiento defectuoso. Chequee por desgastes en los bujes y partes dobladas o retorcidas.*

e) *Arrástrese debajo del vehículo y asegúrese que la palanca de liberación del embrague está sólidamente instalada en el espárrago de bola.*

3 Componentes del embrague - remover, inspeccionar e instalar

Peligro: *El polvo producido por el sistema de frenos puede contener asbesto que es dañino para la salud. Nunca lo sople con aire comprimido ni lo inhale. Cuando usted esté trabajando en los frenos usted debe utilizar una máscara filtrante aprobada. No utilice, bajo ninguna circunstancia, solventes derivados del petróleo para limpiar las partes del sistema de freno. ¡Utilice solamente limpiador para sistemas de frenos! Después que los componentes del embrague son enjuagados límpielos con un trapo, esté seguro de deshacerse de los trapos y el limpiador contaminado en un recipiente cubierto y marcado.*

Remover

Refiérase a la ilustración 3.7

1 El acceso a los componentes del embrague son normalmente alcanzados removiendo la transmisión, dejando el motor en el vehículo. Si el motor va ser removido para una reconstrucción completa mayor, entonces chequee el embrague por desgaste y reemplace los componentes desgastados según sea necesario. Sin embargo, el costo relativamente bajo de los componentes del embrague comparado con el tiempo y el problema de obtener acceso a ellos justifican su reemplazo en cualquier momento que el motor o transmisión sean removidos, a menos que ellos sean nuevos o cerca de condición perfecta. Los siguientes procedimientos son basados en la suposición que el motor permanecerá en su posición.

2 Refiérase al Capítulo 7 Parte A, remueva la transmisión del vehículo. Sostenga el motor mientras la transmisión está fuera. Preferiblemente, un soporte para levantar el motor se debe usar para sostenerlo por encima. Sin embargo, si un gato es usado debajo del motor, asegúrese que un pedazo de madera es puesto en posición entre el gato y la cacerola de aceite para esparcir la carga. **Caución:** *El fono captador para la bomba de aceite está muy cerca del fondo de la cacerola del aceite. Si la cacerola es doblada o retorcida en cualquier manera, falta de aceite al motor podría ocurrir.*

3.7 Después de remover la transmisión, esto será el panorama de los componentes del embrague

1 Plato de presión
2 Volante

3 Remueva el resorte de retorno y la varilla de empuje de la palanca de liberación del embrague.

4 Remueva los pernos de la campana al motor y entonces separe el albergue. Hágale palanca suavemente a las clavijas de alineación con un desatornillador o una barra ruptora.

5 El tenedor del embrague y el balero de liberación pueden permanecer conectados al albergue por ahora.

6 Para sostener el disco del embrague durante el periodo de remover, instale una herramienta para la alineación del embrague en el cubo del disco del embrague.

7 Inspeccione cuidadosamente el volante y plato de presión por marcas índices. Las marcas son generalmente una X, una U o una letra blanca. Si ellas no pueden ser encontradas, marque rallas usted mismo para que el plato de presión y el volante sean alineados en la misma forma durante la instalación **(vea ilustración)**.

8 Volteando cada perno solamente 1/4 de vuelta a la vez, afloje los pernos del plato de presión al volante. Trabaje en un patrón cruzado hasta que toda la presión del resorte sea aliviada. Entonces detenga el plato de presión y remueva los pernos completamente, seguido por el plato de presión y el disco del embrague.

Inspeccionar

Refiérase a las ilustraciones 3.12 y 3.14

9 Comúnmente, cuando un problema ocurre en el embrague, se puede atribuir al

disco de fricción del embrague. Sin embargo, todos los componentes se deben inspeccionar en este momento.

10 Inspeccione por roturas del volante, cuarteaduras por calor, ranuras y otros defectos obvios. Si las imperfecciones son leve, un taller de rectificación puede rectificar la superficie para que esté plana y suave, que es altamente recomendado a pesar de la apariencia de la superficie. Refiérase al Capítulo 2 para el procedimiento de remover e instalar el volante.

11 Inspeccione el balero piloto (Sección 5).

12 Inspeccione el forro en el disco del embrague. Debe haber por lo menos 1/16 de pulgada del forro encima de la cabeza del remacha. Chequee por remaches flojos, distorsión, roturas, resortes rotos y otros daños obvios **(vea ilustración)**. Como es mencionado encima, comúnmente el disco del embrague es rutinariamente reemplazado, si está dudoso acerca de la condición, reemplácelo con uno nuevo.

13 El balero de liberación debe ser reemplazado también junto con el disco del embrague (vea Sección 4).

14 Chequee las superficies rectificadas y los dedos del resorte del diafragma del plato de presión **(vea ilustración)**. Si la superficie está acanalada o de otro modo desgastada, reemplace el plato de presión. También chequee por daño obvio, distorsión, agrietado, etc. Vidriado ligero puede ser removido con tela de esmeril de medio grado. Si un plato de presión nuevo es requerido, unidades nuevas y reconstruidas de fábrica están disponible.

Instalar

Refiérase a la ilustración 3.16

15 Antes de la instalación, limpie las superficies rectificadas del volante y el plato de presión con rebajador de pintura o acetona. Es importante que ningún aceite ni grasa esté en estas superficies ni el forro del disco del embrague. Maneje las partes solamente con manos limpias.

16 Posicione el disco del embrague y el plato de presión contra el volante con el embrague sostenido en su posición con una herramienta de alineación **(vea ilustración)**. Asegúrese que está instalado apropiadamente (la mayoría de los platos de los embragues de reemplazo se marcarán "lado del volante" o algo similar - si no está marcado, instale el disco del embrague con los resortes de amortiguador hacia la transmisión).

17 Apriete los pernos del plato de presión al volante solamente con los dedos, trabajando alrededor del plato de presión.

18 Centre el disco del embrague asegurándose que la herramienta de alineación se extiende de la ranura del cubo y el balero piloto en el cigüeñal. Menee la herramienta hacia encima, hacia abajo o de lado a lado según sea necesario para que la herramienta llegue al fondo del balero piloto. Apriete los pernos del plato de presión al volante un poco a la vez, trabajando en un patrón cruzado para prevenir retorcer la tapa. Después de que todos los pernos están prensados,

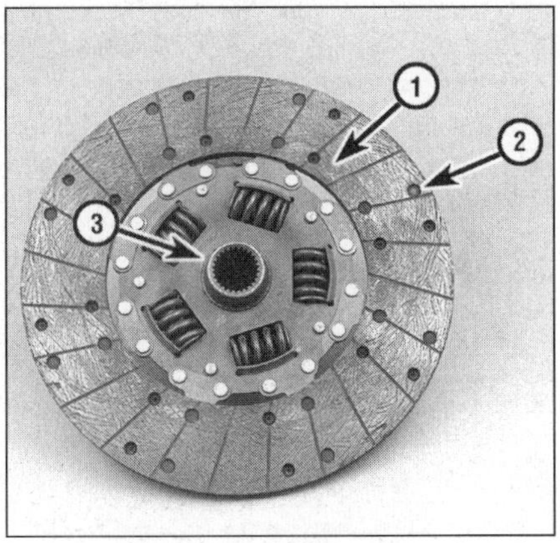

3.12 Plato del embrague

1 **Forro** - *este se desgastará con el uso*
2 **Remaches** - *estos retendrán el forro y dañarán el volante o plato de presión si hace contacto con las superficies*
3 **Marcas** - *"lado del volante" o algo similar*

apriételo al par de torsión especificado. Remueva la herramienta de alineación.

19 Usando grasa de alta temperatura, lubrique la ranura interior del balero de liberación (refiérase a la Sección 4). También aplique grasa en las áreas de contacto de la palanca de liberación y el retenedor del balero del eje de entrada de la transmisión.

20 Instale el balero de liberación del embrague como está descrito en la Sección 4.

21 Instale la campana y apriete los pernos al par de torsión especificado.

22 Instale la transmisión, el cilindro esclavo y todos los componentes removidos previamente. Apriete todos los afianzadores a las especificaciones técnicas apropiadas.

23 Refiérase al Capítulo 1 para el chequeo del juego libre del pedal del embrague e información para el ajuste.

4 Balero de liberación del embrague y palanca - remover, inspeccionar e instalar

Refiérase a las ilustración 4.7

Peligro: *El polvo producido por el sistema de frenos puede contener asbesto que es dañino para la salud. Nunca lo sople con aire comprimido ni lo inhale. Cuando usted esté trabajando en los frenos usted debe utilizar una máscara filtrante aprobada. No utilice, bajo ninguna circunstancia, solventes derivados del petróleo para limpiar las partes del sistema de freno. Utilice solamente limpiador para sistemas de frenos! Después que los componentes del embrague son enjuagados séquelos con un trapo, esté seguro de deshacerse de los trapos y el limpiador contaminado en un recipiente cubierto y marcado.*

Remover

1 Desconecte el cable negativo de la batería.

3.14 La cara rectificada del plato de presión se debe inspeccionar por marcas de arañazos y otros daños - si el daño es leve, un taller de rectificación puede hacer que la superficie sea suave otra vez

3.16 Una herramienta para la alineación del embrague se puede comprar en la mayoría de las refaccionarías y eliminar toda la duda cuando centre el plato del embrague en el plato de presión

2 Remueva la transmisión (Capítulo 7).

3 Remueva la campana (Sección 3).

4 Remueva la palanca de liberación del embrague del espárrago de bola, entonces remueva el balero de la palanca.

Inspeccionar

5 Detenga el centro del balero y gire la porción exterior mientras aplica presión. Si el balero no gira suavemente o si está ruidoso, reemplácelo con uno nuevo. Limpie el balero con un trapo limpio y lo inspecciona por daño, desgaste y roturas. No sumerja el balero en solvente, está sellado por vida y hacer esto lo arruinaría.

Instalar

6 Lubrique ligeramente la corona de la palanca del embrague y la corona de retención del resorte donde ellas hacen contacto con el balero, con grasa de alta temperatura. Llene la ranura interior del balero con la misma grasa.

7 Conecte el balero de liberación a la palanca del embrague para que ambas

4.7 Cuando esté instalando el balero de liberación, asegúrese que los dedos y las lengüetas acoplan en el receso de balero

lengüetas del tenedor acoplen en el receso del balero **(vea ilustración)**.

8 Lubrique el dado de bola de la palanca de liberación del embrague con grasa de alta temperatura y empuje la palanca en el espárrago de bola hasta que esté asentada firmemente.

9 Aplique una capa delgada de grasa de alta temperatura a la cara del balero de liberación, donde hace contacto con los dedos del diafragma del plato de presión.

10 Instale la campana y apriete los pernos al par de torsión especificado.

11 Antes de instalar la transmisión, aplique una capa de grasa ligera al retenedor del balero delantero de la transmisión.

12 La instalación se hace en el orden inverso al procedimiento de desensamble. Apriete todos los pernos al par de torsión especificado.

5 Balero piloto - inspección y reemplazo

Refiérase a la ilustración 5.9

1 El balero piloto del embrague es un balero del tipo de rodillo de aguja que es prensado en la parte trasera del cigüeñal. Es engrasado en la fábrica y no requiere lubricación adicional. Su propósito primario es de sostener el frente del eje de entrada de la transmisión. El balero piloto se debe inspeccionar cuando los componentes del embrague son removidos del motor. Debido a su inaccesibilidad, si usted está dudoso en cuanto a su condición, reemplácelo con uno nuevo. **Nota:** *Si el motor ha sido removido del vehículo, no le haga caso a los siguientes pasos porque ellos no aplican.*

2 Remueva la transmisión (refiérase al Capítulo 7).

3 Remueva los componentes del embrague (Sección 3).

4 Inspeccione por algún desgaste excesivo, rayones, falta de grasa, sequedad o daño obvio. Si algunas de estas condiciones son notadas, el balero debe ser reemplazado. Una linterna será útil para dirigir luz en el receso.

5 Remover se puede hacer con un extractor y un martillo resbaladizo especial, pero un método alternativo también trabaja muy bien.

5.9 Empaque el receso atrás del balero piloto con grasa pesada y lo fuerza hacia afuera hidráulicamente con una varilla de acero levemente más pequeña que el diámetro de del cilindro en el balero - cuando el martillo golpee la varilla, el balero saltará hacia afuera del cigüeñal

6 Encuentre una barra sólida de acero que sea levemente más pequeña en diámetro que el balero. Alternativas a una barra sólida serían una clavija de madera o un dado con un perno fijo en su posición para hacerlo sólido.

7 Chequee la barra para estar seguro de que acopla - que se resbale en el balero con un espacio libre muy pequeño.

8 Empaque el balero y el área de atrás (en el receso del cigüeñal) con grasa pesada. Empáquelo apretadamente para eliminar la mayor cantidad de aire como sea posible.

9 Insercióne la barra en el orificio del balero y golpee la barra agudamente con un martillo, que forzará la grasa al lado de la parte trasera del balero y lo empuja hacia afuera **(vea ilustración)**. Remueva el balero y limpie toda la grasa del receso del cigüeñal.

10 Para instalar el balero nuevo, lubrique ligeramente la superficie del exterior con grasa a base de litio, entonces lo acciona en el receso con un martillo del cara blanda.

11 Instale los componentes del embrague, la transmisión y todos los otros componentes removidos previamente, apretando todos los afianzadores apropiadamente.

6 Pedal del embrague - remover e instalar

1 Desconecte el cable negativo de la batería.

2 Desconecte y remueva el interruptor de seguridad del motor de arranque (vea Sección 7).

3 Desconecte las varillas de empuje del embrague, del pedal del freno y resortes de regreso para el pedal.

4 Remueva la tuerca pivote del pedal y deslice el pedal a la izquierda para removerlo.

5 Limpie todas las partes; sin embargo, no use solvente limpiador en los bujes. Reemplace todas las partes desgastadas con nuevas.

6 La instalación se hace en el orden inverso al procedimiento de desensamble. Chequee que el interruptor de seguridad para arrancar el motor permita que el vehículo comience solamente con el pedal del embrague completamente deprimido.

7 Interruptor de seguridad del embrague - remover, instalación y ajuste

1 Desconecte el cable del terminal negativo de la batería.

2 Remueva el conector eléctrico del interruptor.

3 Remueva los tornillos de afianzamiento y comprima el retenedor del interruptor para el eje de actuación, entonces separe el interruptor del soporte del pedal y el embrague.

4 Para instalar el interruptor, invierta el procedimiento de remover.

5 Chequee por una operación apropiada.

8 Flecha y universales - descripción y chequeo

1 La flecha es un tubo que corre entre la transmisión y el diferencial trasero. Las universales están localizadas en cualquier extremo de la flecha y permite que la potencia sea transmitida a las ruedas traseras en varios ángulos.

2 La flecha tiene una horquilla con ranuras al frente, que se resbala en el albergue de la extensión de la transmisión. Este arreglo permite que la flecha se deslice hacia adelante y hacia atrás adentro de la transmisión según el vehículo está en operación.

3 Un sello de aceite es usado para prevenir fuga de los fluidos en este punto y para mantener tierra y contaminantes afuera para que no entren en la transmisión. Si fuga es evidente al frente de la flecha, reemplace el sello del aceite, refiriéndose a los procedimientos en el Capítulo 7.

4 El ensamblaje de la flecha requiere muy poco servicio. Las acoplaciones universales son lubricadas por vida y deben ser reemplazadas si problemas se desarrollan. La flecha debe ser removida del vehículo para este procedimiento.

5 Debido a que la flecha es una unidad balanceada, es importante que ninguna protección para el inferior del vehículo, barro, etc., sea permitido que se quede pegado en la flecha. Cuando el vehículo sea levantado para servicio, es una buena idea de limpiar la flecha e inspeccionarla por cualquier daño que sea obvio. También chequee que las pesas pequeñas usadas para equilibrar originalmente la flecha están en su posición y firmemente conectadas. Cuando la flecha es removida es importante que sea reinstalada en la misma posición relativa para preservar este balance.

6 Los problemas con la flecha son generalmente indicados por un ruido o vibración mientras el vehículo está en marcha. Una prueba en la carretera debe verificar si el problema es la flecha u otro componente del vehículo:

a) *En un camino abierto, libre de tráfico, conduzca el vehículo y note la velocidad del motor (rpm) en que el problema es evidente.*
b) *Con esto notado, conduzca el vehículo otra vez, este tiempo manualmente mantenga la transmisión en primera velocidad, entonces en segunda, después en tercera y entonces corra el motor hasta que la velocidad del motor sea notada.*
c) *Si el ruido o la vibración ocurre en la misma velocidad del motor a pesar de cuál engrane la transmisión está, la flecha no es el defecto porque la velocidad de la flecha varía en cada engrane.*
d) *Si el ruido o la vibración disminuyeron o fueron eliminados, inspeccione visualmente la flecha por daño, material en el eje que puede afectar el balance, pesas y juntas universales dañadas. Otra posibilidad para esta condición sería los neumáticos que están fuera de balance.*

7 Para chequear por desgaste de las universales:

a) *En un camino abierto, libre de tráfico, conduzca el vehículo lentamente hasta que la transmisión esté en el engrane Alto. Libere el acelerador, permita que el vehículo costee, entonces acelere. Un sonido o un ruido que golpea indicará universales desgastadas.*
b) *Conduzca el vehículo a una velocidad acerca de 10 a 15 mph y entonces coloque la transmisión en Neutral, permita que el vehículo costee. Escuche por ruidos anormales de la línea de la transmisión.*
c) *Levante el vehículo y sopórtelo firmemente sobre estantes. Con la transmisión en Neutral, gire manualmente la flecha, observando las universales por juego excesivo.*

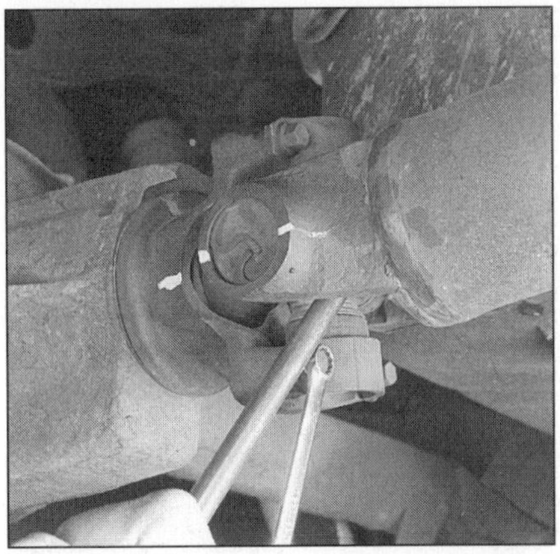

9.3 Antes de remover la flecha, marque la relación de la horquilla de la flecha a la pestaña del diferencial - para prevenir de que gire la flecha cuando esté aflojando los pernos de la banda, insercióne un destornillador a través de la horquilla

9 Flecha - remover e instalar

Refiérase a las ilustraciones 9.3 y 9.4

Remover

1 Desconecte el cable negativo de la batería.

2 Levante el vehículo y sopórtelo firmemente sobre estantes. Coloque la transmisión en Neutral sin aplicar el freno de estacionamiento.

3 Usando un rallador agudo, pintura blanca o un martillo y un punzón, ponga una marca en la flecha y la brida del diferencial en línea una con la otra **(vea ilustración)**. Esto es para asegúrese que la flecha es reinstalada en la misma posición para preservar el balance.

4 Desconecte la universal trasera destornillando y removiendo las tuercas de los pernos de tipo U o pernos reteniendo la banda, o removiendo los pernos de brida. Gire la flecha (o los neumáticos) según sea necesario para traer los pernos a la posición más accesible **(vea ilustración)**.

5 Aplíquele cinta a las tapas de los baleros para prevenir que las tapas se salgan durante el periodo de remover.

6 Baje la parte trasera de la flecha y entonces deslice la parte delantera hacia afuera de la transmisión.

7 Para prevenir la pérdida de fluido y protegerla contra contaminación mientras la flecha está afuera, envuelva una bolsa plástica en el albergue de la transmisión y la retiene en su posición con una liga.

Instalar

8 Remueva la bolsa plástica en la transmisión y limpie el área. Inspeccione el sello de aceite cuidadosamente. Los procedimientos para el reemplazo de este sello puede ser encontrado en el Capítulo 7.

9 Deslice el frente de la flecha en la transmisión.

10 Levante la parte trasera de la flecha en posición, chequeando para estar seguro de que las marcas están en alineación. Si no, gire las ruedas traseras para emparejar la brida del piñón y la flecha.

11 Remueva la cinta que asegura las tapas de los baleros e instale las bandas y los pernos. Apriete los pernos al par de torsión especificado.

10 Universales - reemplazo

Nota: *Una prensa o una morsa grande se requerirán para este procedimiento. Puede ser conveniente llevar la flecha a un concesionario o taller local de rectificación donde las universales puedan ser reemplazadas para usted, normalmente a un costo razonable.*

Universales de tipo Cleveland

Refiérase a las ilustraciones 10.1 y 10.2

1 Limpie hacia afuera de los terminales toda la tierra de los baleros en las horquillas, para que los anillos de retención puedan ser removido usando un par de alicates para los anillos de tipo empuje. Si los anillos de retención están muy prensados, péguele gentilmente al terminal de la tapa del balero (adentro del anillo de retención) para aliviar la presión **(vea ilustración)**.

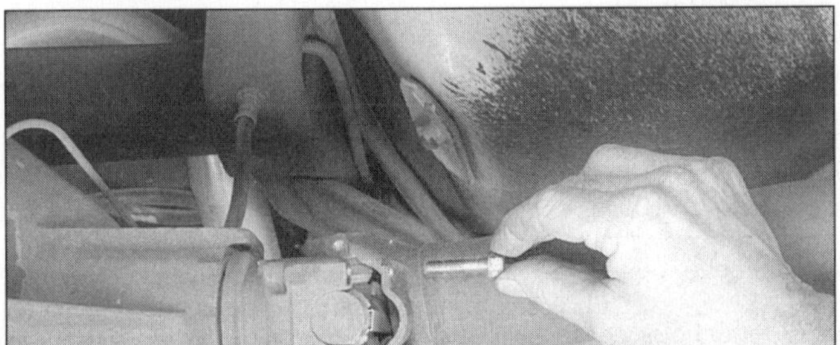

9.4 Remueva los pernos y la banda reteniendo la flecha a la horquilla

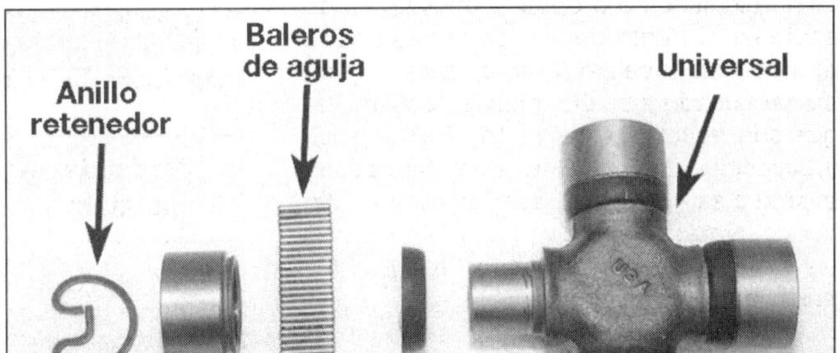

10.1 Juego de reparación para las universales de tipo Cleveland

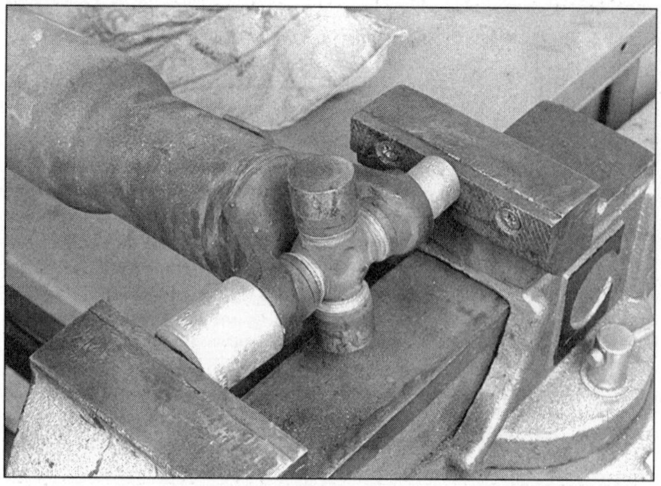

10.2 Para prensar la universal fuera de la flecha, póngala encima de una prensa con el dado pequeño (a la izquierda) empujando la universal y la tapa del balero en el dado grande

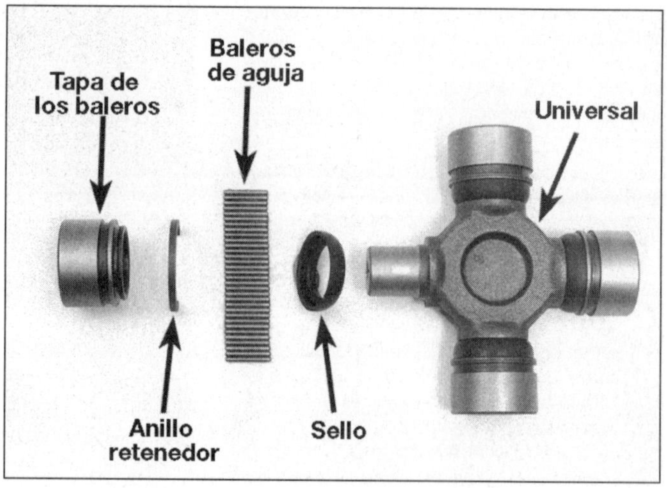

10.16 Juego de reparación para las universales de tipo Saginaw

2 Sostenga la horquilla de cruceta en un pedazo corto del tubo o el final abierto de un dado, después use un dado adecuadamente calibrado para apretar hacia afuera la cruz (cruceta) por medio de una prensa **(vea ilustración)**.

3 Apriete la cruceta a través lo más afuera como sea posible, entonces agarre la tapa del balero con las mandíbulas de una prensa para removerla completamente. Repita el procedimiento para el resto de las copillas.

4 En algunos modelos, la horquilla de tropiezo en el final de la transmisión tiene un orificio de respiración. Cuando la desarme, asegúrese que este orificio de respiración no está bloqueado.

5 Un juego universal de reparación contendrá una cruceta nueva, los sellos, baleros, tapa y anillos de retención. Algunos juegos de reemplazo de juntas universales están equipados con una copilla de grasa. Esté seguro que la desviación está en la dirección apropiada (hacia la flecha).

6 Comience el ensamblaje empacando cada uno de los depósitos en las puntas de las crucetas con lubricante.

7 Asegúrese que los sellos de polvo están correctamente localizado en la cruceta, para que las cavidades en los sellos estén más cerca a la cruceta.

8 Usando una prensa, prense una tapa del balero en la horquilla para que no entre más de 1/4-pulgada.

9 Usando grasa gruesa, ponga cada uno de los rodillos de aguja adentro de la tapa.

10 Insercióne la cruceta en la tapa del balero parcialmente acoplada, teniendo cuidado de no desalojar los rodillos de aguja.

11 Ponga los baleros de aguja en la copilla opuesta y entonces, detenga la cruceta en la alineación correcta, apriete ambas tapas completamente es su lugar en las mandíbulas de la prensa.

12 Instale los anillo de retención nuevos.

13 Repita las operaciones en las otras dos tapas del balero.

14 En casos extremos de desgaste o descuido, es posible que la tapa del balero en el albergues de la horquilla se haga desgastado tanto que las tapas estén flojas en las horquillas. En tales casos, reemplace el ensamblaje completo de la flecha.

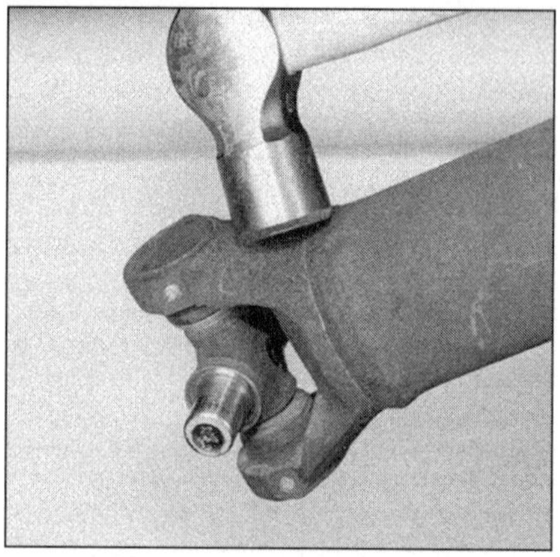

10.18 Para aliviar la tensión producida apretando las tapas del balero en las horquillas, golpee la horquilla en el área mostrada

15 Siempre chequee el desgaste en las estrías de la manga que se desliza y reemplace la manga si está desgastada.

Universales de tipo Saginaw

Refiérase a las ilustraciones 10.16 y 10.18

16 Donde una universal Saginaw va ser desarmada, el procedimiento otorgado en la Sección previa para apretar hacia afuera la tapa del balero es aplicable. Si la universal ha sido previamente reparada será necesario remover los anillos de retención adentro de las horquillas; si esto va ser la primera vez que servicio va a ser otorgado, no hay anillo de retención que remover, pero la operación de prensar con la morsa romperá el material de plástico moldeado **(vea ilustración)**.

17 Habiendo removido la cruz (cruceta), remueva el material de plástico que permanece en la horquilla. Use un punzón pequeño para remover el material de los orificios de inyección.

10.19 Marcas de alineamiento hechas antes de remover las CV (velocidad constante)

18 El ensamblaje es similar al otorgado para la universal de tipo Cleveland, con la excepción de que los anillos de retención son instalado dentro de la horquilla. Si se encuentra dificultad, golpee la horquilla firmemente con un martillo para ayudarla a que se asiente **(vea ilustración)**.

Universal doble de velocidad constante

Refiérase a las ilustraciones 10.19 y 10.21

19 Un juego de inspección conteniendo dos tapas de balero y dos retenedores están disponible para permitir que la universal sea desmantelada de la etapa donde la universal se pueda inspeccionar. Antes de comenzar cualquier desarme, marque la horquilla de la brida y horquilla de acoplamiento para que ellas puedan ser vueltas a instalar en la misma posición relativa **(vea ilustración)**.

20 Desarme la universal removiendo la tapa del balero en una manera similar a la descrita en la Sección anterior, según el tipo.

10.21 Ponga la brida en una morsa como se muestra y remueva el sello y la bola de retención

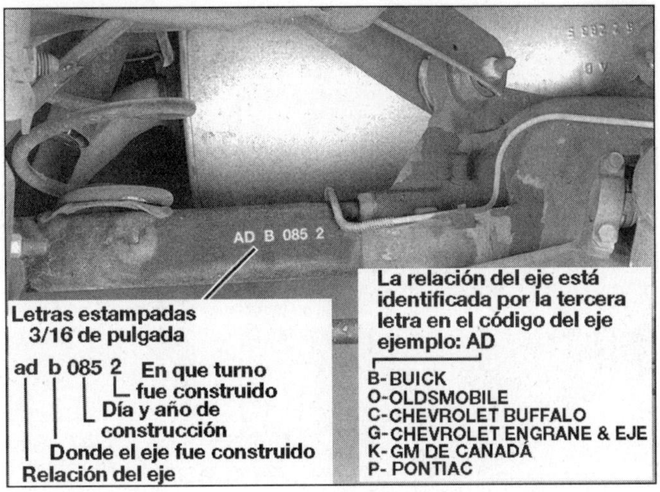

11.3 Ubicación del número de identificación en el eje trasero - los modelos más antiguos tienen solamente un código de tres letras

21 Desengrane la horquilla de la brida y la cruceta de la bola del centro. Hágale palanca al sello del dado de la bola y remueva las arandelas, resortes y los tres asientos de bola **(vea ilustración)**.

22 Limpie el asiento del buje de la bola e inspeccione por desgaste. Si es evidente, la horquilla de la brida y el ensamblaje de la cruceta deben ser reemplazados.

23 Limpie el sello, los asientos de las bolas, el resorte y las arandelas e inspeccione por desgaste. Si desgaste excesivo es evidente o las partes están rotas, un juego de servicio de reemplazo debe ser usado.

24 Remueva toda materia plástica de la ranura de la horquilla de acoplamiento (si este tipo de universal es usada).

25 Inspeccione la bola central; si está desgastada, debe ser reemplazada.

26 Retire la bola central del espárrago usando un extractor adecuado. Con tal de que la bola no se vuelva a usar, no importará si está desgastada.

27 Prense una bola nueva en el espárrago hasta que se asiente firmemente en el hombro del espárrago. Es extremadamente importante que ningún daño a la bola ocurra durante esta etapa y protección adecuada debe ser otorgada.

28 Usando la grasa proporcionada en el juego de reparación, lubrique todas las partes y las mete en la cavidad del asiento de la bola en el siguiente orden: resorte, arandela (tamaño exterior pequeño), tres asientos de bola (abertura más grande hacia el exterior para recibir la bola), arandela (tamaño exterior grande) y el sello.

29 Lubrique los labio del sello y lo prensa (labio interno) en la cavidad. Llene la cavidad con la grasa proporcionada.

30 Instale la horquilla de la brida a la bola central, asegúrese que las marcas de alineamiento están correctamente puesta en posición.

31 Instale la tapa de la cruceta como está descrito previamente para los tipos Cleveland o Saginaw.

11 Eje trasero - descripción y chequeo

Refiérase a la ilustración 11.3

Descripción

1 El ensamblaje del eje trasero es un Hypoid, de tipo semi flotante (la línea central de la guía del piñón del diferencial está debajo de la línea central de la corona dentada). El portador del diferencial es una fundición con una tapa apretada de acero y los tubos del eje son hechos de acero, prensados y soldados en el portador.

2 Un enclavamiento opcional del eje trasero es también disponible. Este diferencial permite una operación diferencial normal hasta que una rueda pierda la tracción. La unidad utiliza paquetes de discos de embrague múltiples y un mecanismo sensible a la velocidad para el compromiso de cierre de ambos ejes juntos, aplicando igual poder giratorio a ambas ruedas.

3 En orden de emprender ciertas operaciones, particularmente reemplazo de los ejes, es Importante saber el número de identificación del eje. Está localizado en la cara del frente del tubo del eje del lado derecho. La tercera letra del código identifica el fabricante del eje. Esto es importante, porque el diseño del eje varía levemente entre fabricantes. La letra B del código del fabricante u O indican que los baleros de las ruedas están prensados en los ejes, mientras que todas las otras letras del eje tienen baleros prensados en los tubos del eje y los ejes son retenidos con cerraduras C **(vea ilustración)**.

Chequeo

4 Muchas veces un defecto es sospechado en el área del eje trasero, cuando en realidad el problema está en otra parte. Por esta razón, un chequeo completo se debe realizar antes de asumir que es un problema del eje trasero.

5 Los siguientes ruidos son esos comúnmente asociados con los procedimientos del diagnóstico del eje trasero:

a) Ruido del camino son a menudo sospechados como defectos mecánicos. Conducir el vehículo en diferentes superficies mostrará si la superficie del camino es la causa del ruido. El ruido del camino permanecerá el mismo si el vehículo está bajo poder o costear.

b) El ruido del neumático es a veces confundido con problemas mecánicos. Los neumáticos que están desgastados o bajos de presión son particularmente susceptible a emitir vibraciones y ruidos. El ruido del neumático permanecerá casi igual durante las varias situaciones de conducir, donde el ruido del eje trasero cambiará durante costear, aceleración, etc.

c) El ruido del motor y la transmisión pueden engañarlo porque viajará por la línea de la transmisión. Para aislar los ruidos del motor y la transmisión, haga una nota de la velocidad del motor en que el ruido es más pronunciado. Pare el vehículo y coloque la transmisión en Neutral y ponga el motor en marcha a la misma velocidad. Si el ruido es el mismo, el eje trasero no es el problema.

6 La reconstrucción completa y la reparación general del eje trasero está más allá del alcance del mecánico del hogar debido a las muchas herramientas especiales y medidas críticas requeridas. Así que los procedimientos listados aquí implicará remover e instalar el eje, reemplazar el sello de aceite del eje, reemplazo del balero del eje y remover la unidad completa para la reparación o reemplazo.

12 Eje - remover e instalar (menos los ejes de tipo B y O)

Refiérase a las ilustraciones 12.3a, 12.3b, 12.4 y 12.5

1 Levante la parte trasera del vehículo, sosténgalo firmemente, remueva la rueda y el tambor del freno (refiérase al Capítulo 9).

12.3a Remueva el perno cerrojo del eje del piñón . . .

12.3b . . . entonces remueva cuidadosamente el eje del piñón del portador diferencial (no gire las ruedas o el portador después que el eje haya sido removido, o los engranes laterales se pueden caer)

12.4 Empuje la brida del eje hacia adentro, entonces remueva el retenedor C del final interior del eje

12.5 Cuidadosamente hale el eje del albergue para evitar dañar el sello

13.2 El sello del aceite del eje puede ser removido haciéndole palanca hacia afuera con el final del eje

2 Remueva la tapa del portador del diferencial y permita que el aceite drene en un recipiente.

3 Remueva el perno de retención del eje del piñón del diferencial. Remueva el eje del piñón **(vea ilustraciones)**.

13.3 Un dado grande se puede usar para instalar el sello nuevo cuadradamente

4 Empuje el final exterior (brida) del eje y remueva el cerrojo C del final interior del eje **(vea ilustración)**.

5 Remueva el eje, teniendo cuidado de no dañar el sello de aceite en el final del albergue del eje según el final de la ranura del eje pasa a través **(vea ilustración)**.

6 La instalación se hace en el orden inverso al procedimiento de desensamble. Apriete el perno prisionero al par de torsión especificado.

7 Siempre use una junta nueva en la tapa y apriete los pernos de la tapa al par de torsión especificado.

8 Rellene el eje con la cantidad y el grado correcto de lubricante (Capítulo 1).

13 Sello del aceite del eje - reemplazo (menos los ejes de tipo B y O)

Refiérase a las ilustraciones 13.2 y 13.3

1 Remueva el eje como está descrito en la Sección anterior.

2 Hágale palanca hacia afuera al sello viejo de aceite del final del albergue del eje, usando un desatornillador grande o el final interior del eje mismo como una palanca **(vea ilustración)**.

3 Usando un dado grande como un conductor del sello, péguele al sello en posición para que los labio estén con la cara hacia encima y la cara de metal esté visible en el final del albergue del eje **(vea ilustración)**. Cuando esté correctamente instalado, la cara del sello de aceite debe estar a nivel con el final del albergue del eje. Lubrique los labios del sello con aceite de engrane.

4 La instalación del eje está descrita en la Sección anterior.

14 Balero del eje - reemplazo (menos los ejes de tipo B y O)

Refiérase a las ilustraciones 14.3 y 14.4

1 Remueva el eje (refiérase a la Sección 12) y el sello del aceite (refiérase a la Sección 13).

2 Un extractor de balero se requerirá o

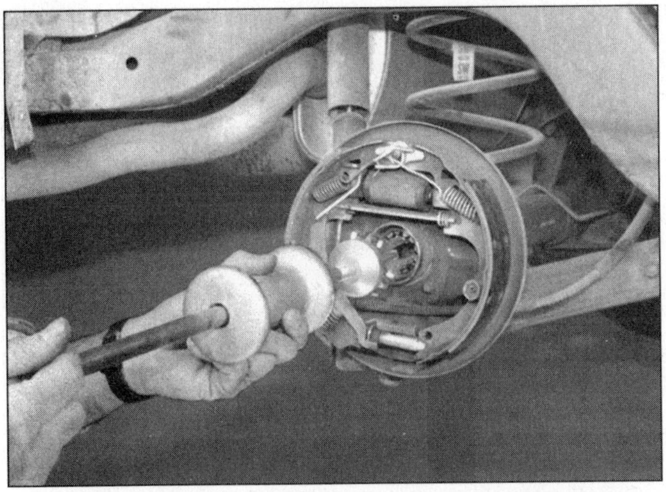

14.3 Un martillo resbaladizo con una retención especial para extraer baleros es requerido para remover el balero del eje del albergue del eje

14.4 Un conductor especial de balero es necesitado para instalar el balero del eje sin dañarlo

15.3 Usando un martillo resbaladizo para remover un eje de tipo B y O

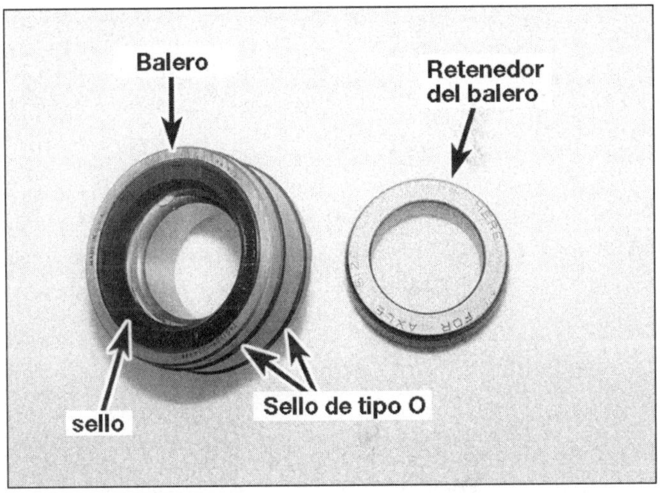

15.9 Balero y retenedor típico de un eje trasero

una herramienta que se comprometa atrás del balero se tendrá que fabricar.

3 Conecte un martillo resbaladizo y hale el balero del albergue del eje **(vea ilustración)**.

4 Limpie el receso del balero y conduzca el balero nuevo usando una herramienta GM número J8902 y J23765 o equivalente **(vea ilustración)**. **Caución:** *El no usar esta herramienta podría resultar en el daño del balero. Lubrique el balero nuevo con lubricante de engrane. Asegúrese que el balero es empujado en la profundidad completa de su receso y que los números en el balero son visibles en el final exterior del albergue.*

5 Tire el sello viejo de aceite e instale uno nuevo, después instale el eje.

15 Eje - remover, reconstrucción completa e instalar (tipos B y O)

Refiérase a las ilustraciones 15.3, 15.4 y 15.9

1 La razón usual para remover el eje en este tipo de eje es que el juego final del eje ha llegado a ser excesivo. Para chequear esto, remueva la rueda y el tambor de freno (vea Capítulo 9) y conecte un medidor de esfera con su aguja contra el final del eje de la brida. Si el eje es entonces movido hacia afuera y hacia adentro con la mano, el juego final no debe exceder 0.022 pulgada. Si el juego final es excesivo, conduzca las siguientes operaciones, porque el balero del eje está probablemente gastado.

2 Destornille y remueva los pernos que conectan el plato retenedor del eje a la placa de apoyo del freno.

3 Conecte un martillo resbaladizo a los espárragos de las ruedas y retire el eje. No procure remover el eje del albergue a mano, porque usted triunfará solamente en remover el vehículo fuera de los soportes de apoyo **(vea ilustraciones)**.

4 Según el eje sea removido, es posible que el balero llegara a ser separado en tres partes. Este no indica que el balero no tiene servicio. Si esto acontece, remueva las dos secciones dejadas atrás en el tubo del eje **(vea ilustración)**.

5 Con el eje removido, deténgalo en las mandíbulas de una prensa para que el anillo retenedor del balero descanse en las orillas de las mandíbulas.

6 Usando un martillo y un cincel agudo, melle el retenedor en dos lugares. Esto tendrá el efecto de extender el retenedor para que se deslice fuera del eje. No dañe en el proceso el eje y nunca atente de cortar el retenedor con una antorcha, porque el temperamento del eje se arruinará.

7 Usando una prensa o extractor adecuado, retire el balero del eje.

8 Remueva y hale el sello de aceite.

9 Cuando esté instalando el balero nuevo, asegúrese que el plato retenedor y el sello son instalados al eje primero. Prense en el balero y el anillo retenedor de encima **(vea ilustración)**.

10 Antes de instalar el ensamblaje del eje, ponga grasa de balero de rueda en el final del balero y en el receso del balero en el tubo del albergue del eje.

11 Aplique aceite de eje trasero a las estrías del eje.

12 Detenga el eje horizontal y métalo en el albergue del eje. Sienta cuando las estrías del eje hayan recogido los engranes laterales del diferencial y entonces empuje el eje completamente en su posición, usando un martillo de cara suave en la brida final según sea necesario.
13 Atornille el plato retenedor al plato de soporte del freno, instale el tambor del freno, la rueda y baje el vehículo a tierra.

16 Ensamblaje del eje trasero - remover e instalar

1 Levante la parte trasera del vehículo y sopórtelo firmemente sobre soportes colocados bajo los rieles del chasis de la carrocería.
2 Posicione un gato ajustable de piso bajo el albergue del diferencial y apenas remueva el peso. No levante el gato lo suficientemente para remover el peso del vehículo de los soportes del chasis.
3 Desconecte los calzos inferiores del amortiguador (Capítulo 10).
4 Remueva la flecha.
5 Remueva las ruedas traseras y los tambores de freno. Vea Capítulo 9 para la información si dificultad es experimentada en remover los tambores de freno.
6 Desconecte las líneas del freno hidráulico de sus clips en el albergue del eje.
7 Destornille y remueva la tapa del diferencial, permitiendo que el fluido drene en un recipiente.
8 Remueva los ejes como está descrito en la Sección 12 o Sección 15 de este Capítulo, dependiendo del tipo.
9 Dependiendo del tipo del eje, destornille las placas de apoyo del freno, retire cuidadosamente los ensamblajes del freno y átelos con alambres en el chasis sin doblar las líneas hidráulicas o desconectándolas.
10 Remueva los resortes de hoja o resortes espirales como está descrito en el Capítulo 10.
11 Retire el ensamblaje del eje por debajo del vehículo.
12 La instalación se hace en el orden inverso al procedimiento de desensamble, pero apriete todos los pernos de la suspensión y tuercas al par de torsión especificado (refiérase a los Capítulos 9 y 10). Llene el ensamblaje del eje con el grado y la cantidad apropiada de lubricante (vea especificaciones, Capítulo 1).

Capítulo 9 Frenos

Contenido

Especificaciones

Tipo del fluido de freno	Vea Capítulo 1
Frenos de disco	
Espesor mínimo de las pastillas del freno	Vea Capítulo 1
Espesor mínimo del rotor	Refiérase al espesor mínimo marcado en la fundición del rotor
Desviación lateral	0.004 pulgada máximo
Variación del espesor del rotor (paralelismo)	0.0005 pulgada
Espacio libre de la mordaza al vástago	0.005 a 0.012 pulgada
Frenos de tambor	
Espesor mínimo del forro del freno	Vea Capítulo 1
Grosor mínimo del tambor	Refiérase al espesor mínimo marcado en la fundición del tambor
Fuera de circunferencia	0.006 pulgada máximo
Conicidad	0.003 pulgada máximo
Especificaciones técnicas	**Pies-libras**
Tuercas para el soporte del cilindro maestro	24
Tuercas para el soporte del amplificador de potencia de los frenos	24
Pernos para el soporte de la mordaza	37
Pernos para el soporte de los cilindros de las ruedas	13
Perno de acoplación de la manguera a la mordaza	32
Tuercas para las ruedas	90 a 100

1 Información general

Los vehículos cubiertos por este manual están equipados con un sistema de frenos delanteros y traseros hidráulicamente operados. Los frenos delanteros son del tipo de disco o tambor y los frenos traseros son del tipo de tambor. Ambos frenos delanteros y traseros son ajustables automáticamente. Los frenos delanteros de disco se ajustan automáticamente según las pastillas se desgastan, mientras que los frenos de tambor incorporan un mecanismo de ajuste que es activado según los frenos son aplicados cuando el vehículo es conducido en Reversa.

Sistema hidráulico

El sistema hidráulico se compone de dos circuitos separados. El cilindro maestro tiene depósitos separados para los dos circuitos y en caso de un escape o fracaso en un circuito hidráulico, el otro circuito permanecerá operativo. Una advertencia visual de un fracaso del circuito o aire en el sistema es otorgado por una luz de advertencia activada por el desplazamiento del pistón de su posición normal en la porción del interruptor de presión diferencial de la válvula de combinación "en el compensador."

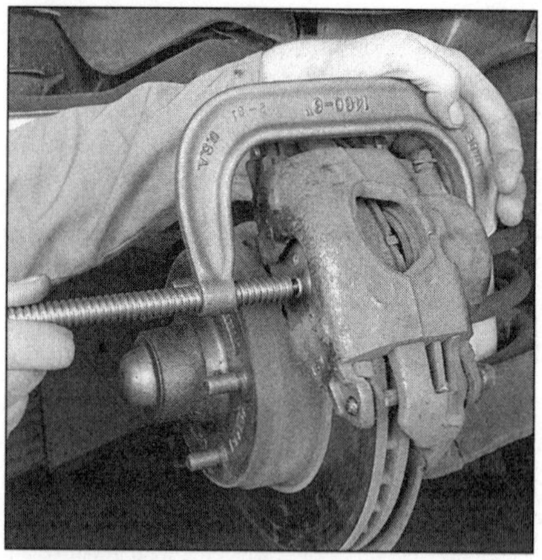

2.5 Usando una abrazadera de tipo C grande, empuje el pistón otra vez adentro del cilindro de la mordaza - note que una punta de la abrazadera está en el área plana de la acoplación de la manguera de freno y el otro final (lado del tornillo) está prensando contra la pastilla exterior del freno

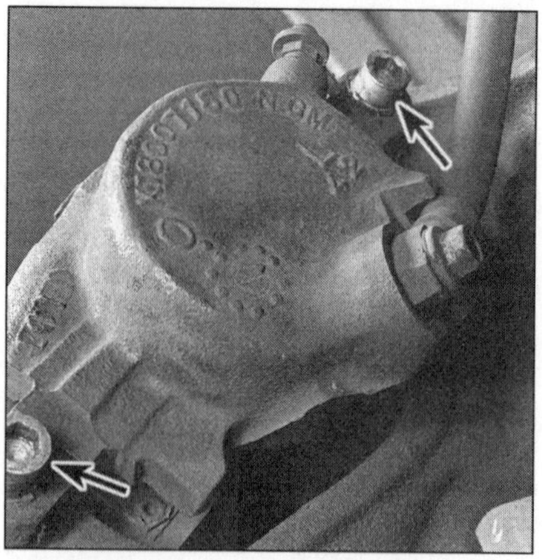

2.6a Remueva los dos pernos de retención de la mordaza al vástago de la dirección (flechas) (esto requerirá el uso de una llave con cabeza de tipo Allen o dado de tipo Torx)

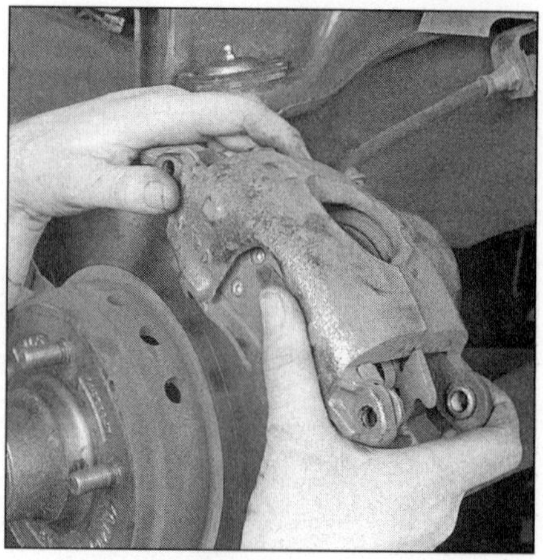

2.6b Deslice la mordaza hacia encima y hacia afuera del rotor

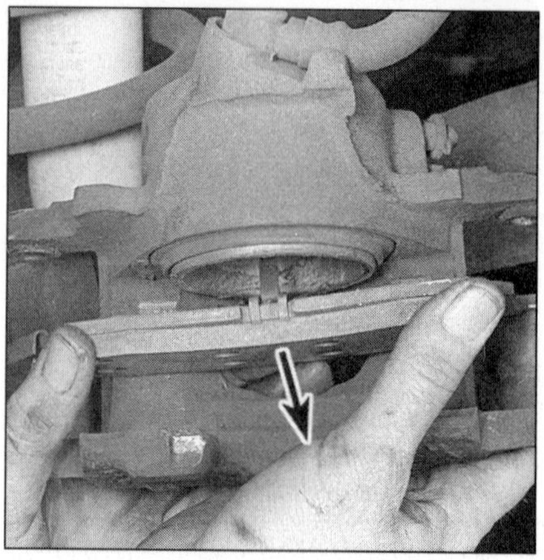

2.6c Hale la pastilla interior hacia fuera, desenganchando el resorte de retención del pistón de la mordaza

Válvula de combinación

Una válvula de combinación, localizada en el compartimiento del motor debajo del cilindro maestro, se compone de tres secciones que proporcionan las siguientes funciones. La sección de descarga calibrada limita la presión a los frenos delanteros hasta que una presión delantera predeterminada de entrada es alcanzada y hasta que los frenos traseros sean activados. No hay restricción en las presiones debajo de tres psi (libras por pulgadas cuadradas), permitiendo igualamiento de la presión durante los períodos que no se frena. Las secciones de proporción proporcionan a los frenos traseros una presión trasera predeterminada de entrada que se haya alcanzado, previniendo enclavamiento temprano de las ruedas traseras bajo frenado pesado. La válvula es diseñada también para asegurar la presión completa a un sistema de frenos si el otro sistema falla. El interruptor de advertencia de la presión diferencial incorporado en la válvula de combinación está diseñado para comparar continuamente la presión delantera y trasera del freno del cilindro maestro y energizar la luz de advertencia del tablero en caso de un fracaso del sistema de frenos delantero o trasero. El diseño del interruptor y la válvula son de tal modo que el interruptor permanece en la posición de "peligro" una vez que un fracaso haya ocurrido. La única manera de apagar la luz es de reparar la causa del fracaso y aplicar una fuerza del pedal de freno de 450 psi (libras por pulgadas cuadradas).

Amplificador para los frenos

El amplificador para los frenos de poder, utiliza vacío del múltiple del motor y presión atmosférica para proporcionar ayuda a los frenos hidráulicamente operado, es instalado en la pared contrafuego en el compartimiento del motor.

Freno de estacionamiento

El freno de estacionamiento opera los frenos traseros solamente, a través de la actuación del cable. Es activado por un pedal instalado en el panel de puntapié izquierdo lateral.

Servicio

Después que complete cualquier operación de remover cualquier parte del sistema de frenos, siempre conduzca el vehículo para chequear el desempeño apropiado del freno antes de reasumir su operación normal. Cuando esté probando los frenos, realice las pruebas en una superficie limpia, seca y plana. Condiciones de otra manera que no sean éstas pueden dirigir a resultados de pruebas inexacta.

Pruebe los frenos a varias velocidades con ambas presión ligera y pesada del pedal. El vehículo debe parar uniformemente sin halar a un lado o al otro. Evite enclavamiento de los frenos, porque esto resbala los neumáticos y disminuye la eficiencia del frenado y el control del vehículo.

Los neumáticos, la carga de vehículo y la alineación de las ruedas delanteras son los factores que afectan también el desempeño del frenando.

2 Pastilla del freno de disco - reemplazo

Refiérase a las ilustraciones 2.5 y 2.6a al 2.6g

Peligro: *Las pastillas de freno de disco se deben reemplazar en ambas ruedas simultáneamente; no intente reemplazar las pastillas sólo en una rueda. El polvo producido por el sistema de freno puede contener asbesto que es dañino para la salud. Nunca lo sople con aire comprimido ni lo inhale. Al trabajar en los frenos se debe utilizar una máscara filtrante aprobada. No utilice, bajo ninguna circunstancia, solventes derivados del petróleo para limpiar las partes del sistema de freno. Utilice sólo limpiador para sistemas de frenos.*

Nota: *Al reparar los frenos, utilice sólo pastillas de alta calidad, de marca conocida y reconocidas a nivel nacional.*

1 Remueva la tapa del depósito del fluido de freno.

2 Afloje las tuercas de las ruedas, levante la parte delantera del vehículo y sopórtelo firmemente sobre estantes.

3 Remueva las ruedas delanteras. Trabaje en un ensamblaje de freno a la vez, usando el lado del freno armado para referencia si es necesario.

4 Inspeccione el disco del freno cuidadosamente como está descrito en la Sección 4. Si rectificación a máquina es necesario, siga la información en esa Sección para remover el disco, en cual tiempo las pastillas pueden ser removidas de las mordazas también.

5 Empuje el pistón hacia adentro del cilindro para proporcionar lugar para las pastillas nuevas de los frenos. Una abrazadera de tipo C se puede usar para hacer esto **(vea ilustración)**. Cuando el pistón es presionado en el fondo del cilindro de la mordaza, el fluido en el cilindro maestro subirá. Asegúrese que

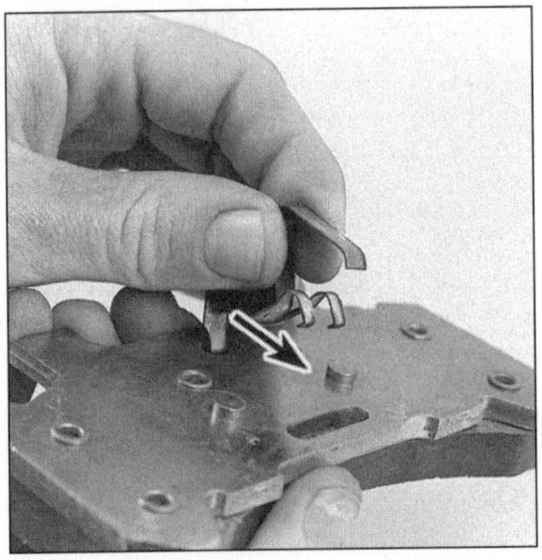

2.6d Transfiera el resorte de retención de la pastilla interior vieja a la nueva - enganche el final del resorte en el orificio encima de la pastilla, entonces meta las dos lengüetas del resorte en la hendidura de la placa de apoyo de la pastilla

la capacidad excesiva no se desborde. Si es necesario, absorba hacia afuera parte del fluido.

6 Siga las ilustraciones que acompañan, comenzando con la **ilustración 2.6a**, para el procedimiento del reemplazo de las pastillas. Esté seguro de permanecer en orden y leer el título debajo de cada ilustración.

7 Cuando vuelva a instalar la mordaza, esté seguro de apretar los pernos al par de torsión especificado. Después que el trabajo se haya completado, presione firmemente el pedal de freno unas cuantas veces para traer las pastillas en contacto con el disco.

3 Mordaza del freno de disco - remover, reconstrucción completa e instalar

Peligro: *El polvo producido por el sistema de frenos puede contener asbesto que es dañino para la salud. Nunca lo sople con aire comprimido ni lo inhale. Cuando usted esté trabajando en los frenos usted debe utilizar una máscara filtrante aprobada. No utilice, bajo ninguna circunstancia, solventes derivados del petróleo para limpiar las partes del sistema de freno. ¡Utilice solamente limpiador para sistemas de frenos! Después que los componentes del embrague son enjuagados séquelo con un trapo, esté seguro de deshacerse de los trapos y el limpiador contaminado en un recipiente cubierto y marcado.*

Nota: *Si una reconstrucción completa es indicada (generalmente a causa de fuga de fluido) explore todas las opciones antes de comenzar el trabajo. Mordazas nuevas y reconstruidas por la fábrica están disponibles en una base de intercambio, que hace este trabajo bastante fácil. Si se decidió reconstruir las mordazas, asegúrese que un juego de reconstrucción está disponible antes de proceder. Siempre reconstruya las mordazas en pares - nunca reconstruya apenas una de ellas.*

2.6e Lubrique las orejas para montar la mordaza con grasa de uso múltiple

2.6g Deslice el ensamblaje de la mordaza sobre el rotor, instale los pernos de montaje, entonces insercióne un destornillador entre el rotor y la pastilla exterior del freno, hágale palanca hacia encima, entonces golpee las orejas de la pastilla con un martillo para eliminar todo el juego entre la pastilla y la mordaza

Remover

Refiérase a la ilustración 3.4

1 Remueva la tapa del depósito del fluido de freno, absorba hacia afuera dos tercios del fluido en un recipiente y lo tira.

2 Afloje las tuercas de las ruedas, levante la parte delantera del vehículo y sopórtelo firmemente sobre estantes. Remueva las ruedas delanteras.

3 Mueva el pistón al fondo del cilindro de la mordaza **(vea ilustración 2.5)**.

4 **Nota:** *No remueva la manguera del freno de la mordaza si usted solamente va a remover la mordaza.* Remueva el perno de acoplación para la manguera del freno y separe la manguera **(vea ilustración)**. En modelos con una acoplación hidráulica (tuerca de tubo), use una llave para tuerca de tubería. Tenga un trapo cercano para colectar el fluido rociado y envuelva una bolsa plástica apretadamente alrededor del final de la manguera para prevenir la pérdida y contaminación del fluido.

5 Remueva los dos pernos de retención y separe la mordaza del vehículo (refiérase a la Sección 2 si es necesario).

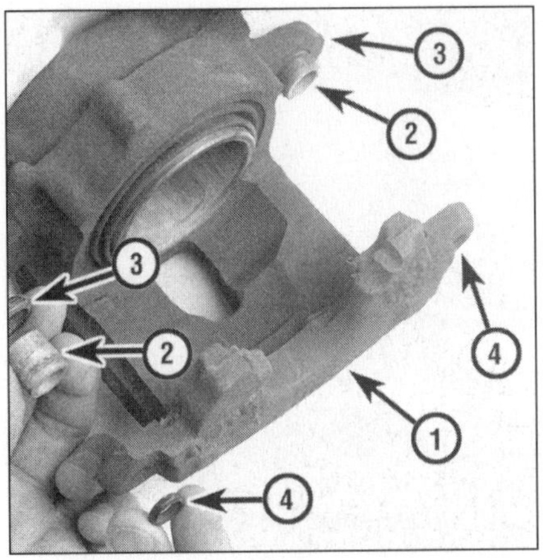

2.6f Empuje el perno de anclaje hacia afuera de los cilindros de la camisas, remueva los bujes viejos e instale los nuevos suministrados con las pastillas del freno

1	*Mordaza*	*3*	*Bujes*
2	*Camisas*	*4*	*Bujes*

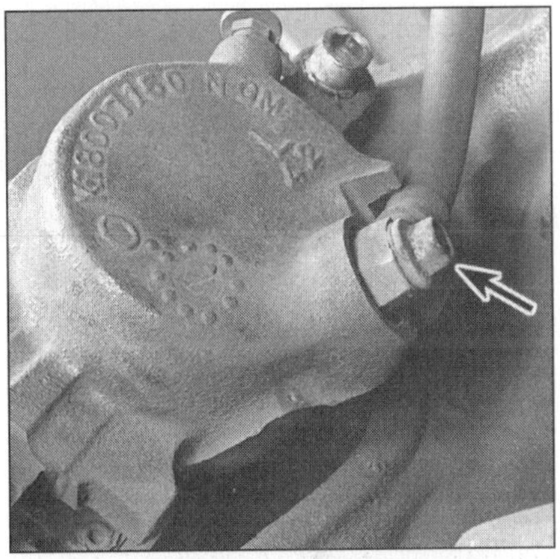

3.4 Es más fácil de remover el perno (flecha) de acoplación de la manguera del freno antes de remover los pernos para retener la mordaza

Reconstrucción completa

Refiérase a las ilustraciones 3.8, 3.9, 3.10, 3.11, 3.15, 3.16, 3.17 y 3.18

6 Refiérase a la Sección 2 y remueva las pastillas del freno de la mordaza.

7 Limpie el exterior de la mordaza con limpiador de freno o alcohol desnaturalizado. Nunca use gasolina, queroseno ni solvente de limpiar basados en petróleo. Coloque la mordaza en una mesa de trabajo limpia.

8 Posicione un bloque de madera o varios trapos de taller en la mordaza como un cojín, después use aire comprimido para remover

3.8 Con almohadillas en la mordaza para colectar el pistón, aire comprimido se debe usar para forzar el pistón hacia afuera del cilindro - ¡asegúrese que sus manos o dedos no están entre el pistón y la mordaza!

3.9 Cuando le esté haciendo palanca al fuelle contra polvo fuera de la mordaza, tenga mucho cuidado de no rasguñar la superficie del cilindro

3.10 Remueva el sello del pistón con una herramienta de madera o plástico para evitar rasguñar el cilindro y la ranura del sello

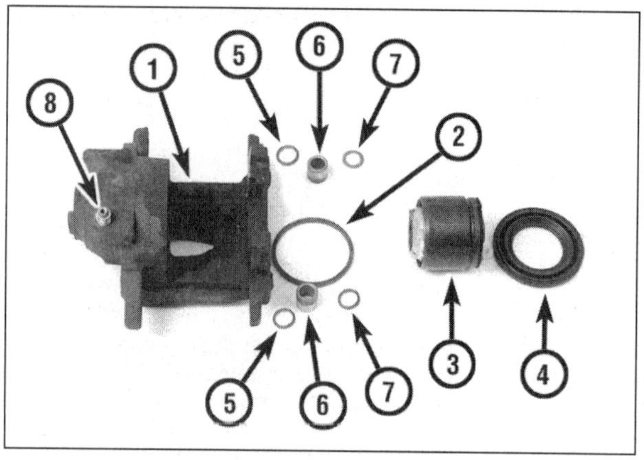

3.11 Vista esquemática de los componentes de la mordaza del freno de disco

1 *Mordaza*
2 *sello del pistón*
3 *Pistón*
4 *Fuelle*
5 *Buje de caucho*
6 *Camisa*
7 *Buje de caucho*
8 *Tornillo de purga*

el pistón de la mordaza **(vea ilustración)**. Use solamente suficiente presión de aire para remover el pistón hacia afuera de cilindro. Si el pistón sale rápidamente hacia afuera, puede ser dañado aunque tenga su almohadilla en posición. **Peligro:** *Nunca ponga su dedo en el frente del pistón en un atento para agarrarlo o protegerlo cuando aplique aire comprimido, porque lesión grave podría ocurrir.*

9 Hágale palanca cuidadosamente a la tapa contra polvo hacia afuera de la mordaza **(vea ilustración)**.

10 Usando una madera o herramienta plástica, remueva el sello del pistón de la ranura en la mordaza adentro del cilindro **(vea ilustración)**. Las herramientas de metal pueden causar daño a los cilindros.

11 Remueva el tornillo de purgar de la mordaza, entonces remueva y tire las camisas y los bujes de las orejas de la mordaza. Tire todas las partes de caucho **(vea ilustración)**.

12 Limpie las partes que quedan con limpiador de sistema de freno o alcohol desnaturalizado, entonces séquelos con aire comprimido.

3.16 Instale el fuelle nuevo en la ranura del pistón (note que los dobleces están en el final abierto del pistón)

3.17 Instale el pistón directamente en el cilindro de la mordaza, entonces empújelo uniformemente hasta que llegue al fondo

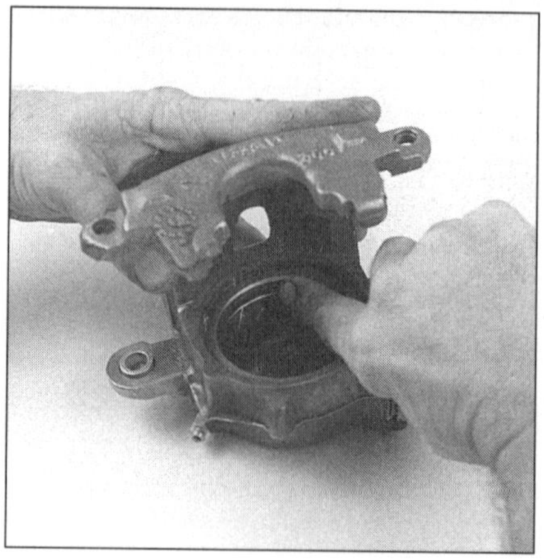

3.15 Posicióne el sello en la ranura del cilindro de la mordaza, asegúrese que no se tuerce

13 Examine cuidadosamente por mellas del pistón, rebarbas y pérdida del cromado. Si defectos de la superficie están presente, las partes deben ser reemplazadas.

14 Chequee los cilindros de las mordazas en una manera similar. Pulir ligeramente con tela de azafrán es permisible para remover la corrosión y las manchas ligeras. Tire los pernos de retención si ellos están corroídos o dañados.

15 Cuando lo esté armando, lubrique los cilindros de los pistones y sello con fluido de freno limpio. Posicione el sello en la ranura del cilindro de la mordaza **(vea ilustración)**.

16 Lubrique el pistón con fluido de freno limpio, entonces instale una tapa nueva en la ranura del pistón con el doblez hacia el final abierto del pistón **(vea ilustración)**.

17 Insercióne el pistón directamente en el cilindro de la mordaza, entonces aplíquele fuerza hasta llevarlo al fondo **(vea ilustración)**.

18 Posicione la tapa contra polvo en el orificio de la mordaza, después use una deriva

3.18 Asiente el fuelle en la ranura del cilindro (un impulsor de sello es usado en esta foto, pero un punzón de deriva trabajará si se toma cuidado)

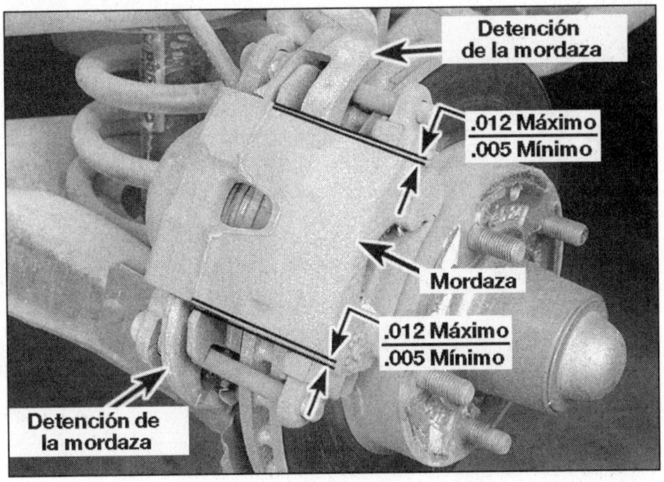

3.23 La dimensión entre cada parada de la mordaza y la mordaza debe ser de 0.005 a 0.012 pulgada

para accionarlo en posición **(vea ilustración)**. Asegúrese que la tapa está en su receso uniformemente debajo de la cara de la mordaza.

19 Instale el tornillo de purgar.

20 Instale los bujes nuevos en los orificio para los pernos y llene el área entre los bujes con grasa de silicona suministrada en el juego de reconstrucción. Empuje las camisas en los orificios para los pernos.

Instalar

Refiérase a la ilustración 3.23

21 Inspeccione los pernos por corrosión excesiva.

22 Coloque la mordaza en posición encima del rotor y el soporte, instale los pernos y apriételos al par de torsión especificado.

23 Chequee para asegurarse que el espacio libre total entre la mordaza y el soporte de detención está entre 0.005 y 0.012 pulgada **(vea ilustración)**.

24 Instale la manguera del freno y perno de acoplación interno, usando arandelas nuevas de cobre, entonces apriete el perno al par de torsión especificado.

25 Si la línea se desconectó, esté seguro de purgar los frenos (Sección 10).

26 Instale las ruedas y baje el vehículo.

27 Después que el trabajo se haya completado, presione firmemente el pedal del freno unas cuantas veces para traer las pastillas en contacto con el disco.

28 Chequee la operación del freno antes de conducir el vehículo en el tráfico.

4 Disco de freno - inspección, remover e instalar

Inspección

Refiérase a las ilustraciones 4.3, 4.4a, 4.4b y 4.5

1 Afloje las tuercas de la rueda, levante el vehículo y sopórtelo firmemente sobre estantes. Remueva la rueda.

2 Remueva la mordaza del freno como está descrito en la Sección 3. Remueva los soportes de la mordaza en los modelos que estén equipados. No es necesario desconectar la manguera del freno. Después de remover los pernos de la mordaza, suspenda la mordaza afuera del camino con un pedazo de alambre. No permita que la mordaza cuelgue de la manguera y no hale o tuerza la manguera.

3 Chequee visualmente la superficie del disco por marcas de rayones y otros daños. Los rayones livianos y ranuras superficiales son normales después de usarla y no siempre puede ser perjudicial para la operación del freno, pero marcas de arañazos profundos encima de 0.015 pulgada (0.38 mm), requieren remover el disco y que sea rectificado por un taller automovilístico de rectificaciones. Esté seguro de chequear ambos lados del disco **(vea ilustración)**. Si pulsación se ha detectado durante la aplicación de los frenos, desviación sospechosa del disco. Esté seguro de chequear que los baleros de las ruedas estén ajustados apropiadamente.

4 Para chequear la desviación del disco, coloque un indicador de reloj en un punto acerca de 1/2-pulgada del la orilla exterior del disco **(vea ilustración)**. Ponga el indicador a cero y gire el disco. La lectura del indi-

4.3 Chequee el rotor por ranuras y marcas de arañados profundos (esté seguro de inspeccionar ambos lados del rotor)

4.4a Chequee la desviación del rotor con un indicador de tipo reloj - si la lectura excede la desviación admisible máxima, el rotor tendrá que ser rectificado o tendrá que ser reemplazado

4.4b Usando un movimiento en espiral, remueva el vitrificado del rotor con tela de esmeril de grado mediano

4.5 **Un micrómetro es usado para medir el espesor del rotor - esto puede ser hecho en el vehículo (como está mostrado) o en el banco (el espesor mínimo está moldeado en el interior del rotor)**

5.4b **Remueva los resortes de regreso de la balata - la herramienta para resorte mostrada aquí está disponible en casi todas las refaccionarías y hace este trabajo más fácil y más seguro**

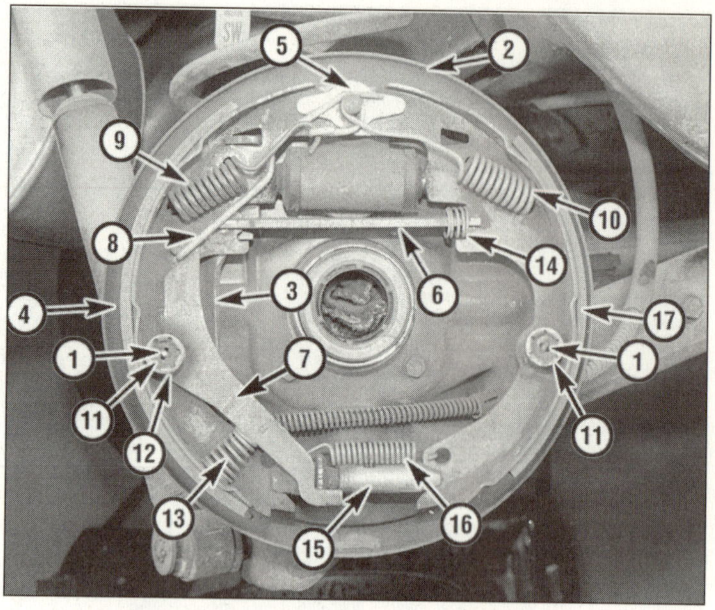

5.4a **Vista esquemática de los componentes del freno de tambor**

1. *Clavijas de retención*
2. *Placa de apoyo*
3. *Palanca del freno de estacionamiento (trasero solamente)*
4. *Balata secundaria*
5. *Guía de la balata*
6. *Puntal del freno de estacionamiento (trasero solamente)*
7. *Palanca de actuación*
8. *Eslabón actuador*
9. *Resorte de retorno*
10. *Resorte de retorno*
11. *Resorte de retención*
12. *Pivote de la palanca*
13. *Resorte de retorno de la palanca*
14. *Resorte del puntal (trasero solamente)*
15. *Ensamblaje del tornillo de ajuste*
16. *Resorte del tornillo de ajuste*
17. *Balata primaria*

cador no debe exceder el límite admisible especificado de desviación. Si lo hace, el disco debe ser rectificado por un taller automovilístico de rectificación. **Nota:** *Los profesionales recomiendan rectificar el disco de freno a pesar de la lectura indicada por el reloj (para producir una superficie lisa, y plana que eliminará la pulsación del pedal del freno y otros síntomas indeseables relacionados con los discos). Por lo menos, si usted elige de no rectificar los discos, remueva el brillo con una tela de esmeril de grados mediano (use un movimiento espiral para asegurar un acabado sin dirección)* **(vea ilustración)**.

5 El disco no debe ser rectificado a un espesor menor que el espesor mínimo especificado de rectificación. El uso del espesor mínimo (descarte) está moldeado en el interior del disco. El espesor del disco puede ser chequeado con un micrómetro **(vea ilustración)**.

Remover

6 Refiérase al Capítulo 1, chequee el cojinete de la rueda delantera, empaque y ajuste para el procedimiento de remover el cubo/disco. Remueva las dos tuercas que están instaladas para detener el disco en su posición y remover el disco del cubo.

Instalar

7 Instale el ensamblaje del disco, cubo y ajuste el balero de la rueda (Capítulo 1).

8 Instale el ensamblaje de la mordaza y las pastillas del freno en el disco y lo pone en posición en el vástago de la dirección (refiérase a la Sección 3 para el procedimiento de la instalación de la mordaza, si es necesario). Apriete los pernos de la mordaza al par de torsión especificado.

9 Instale la rueda, entonces baje el vehículo al piso. Presione el pedal del freno unas cuantas vez para traer las pastillas del freno en contacto con el disco. Purgar el sistema no será necesario a menos que la manguera del freno se desconecte de la mordaza. Chequee la operación de los frenos cuidadosamente antes de poner el vehículo en servicio de operación normal.

5 Balatas de los frenos de tambor (delanteras y traseras) - reemplazo

Refiérase a las ilustraciones 5.4a al 5.4v

Peligro: *Las balatas del freno de tambor deben ser reemplazadas en ambas ruedas al mismo tiempo - nunca reemplace las balatas solamente en una rueda. También, el polvo creado por el sistema de frenos puede contener asbestos, que es perjudicial a su salud. Nunca sóplelo hacia afuera con aire comprimido y no lo inhale. Una máscara aprobada para filtrar debe ser usada cuando esté trabajando en los frenos. No use, bajo ninguna circunstancia, solventes de petróleo para limpiar las partes del freno. ¡Use limpiador para el sistema de frenos solamente!*

Caución: *Cuando las balatas del freno se sustituyan, los retractores y resortes para fijar las balatas contra el plato de soporte deberían también ser sustituidas. Debido al ciclo continuo de calentamiento/enfriamiento que los resortes se someten, ellos pierden su tensión en un periodo de tiempo y pueden permitir que las balatas hagan fricción con el tambor y se desgaste a una velocidad más rápida que lo normal. Cuando esté sustituyendo las balatas de los frenos traseros, use partes de marca de alta calidad solamente reconocidas nacionalmente.*

1 Afloje las tuercas de la rueda, levante la parte trasera del vehículo y sopórtelo firmemente encima de estantes. Bloquee las ruedas delanteras para mantener que el vehículo no se ruede.

5.4c Hale el fondo de la palanca del actuador hacia la balata secundaria, comprimiendo el resorte de retorno de la palanca - el eslabón actuador ahora puede ser removido

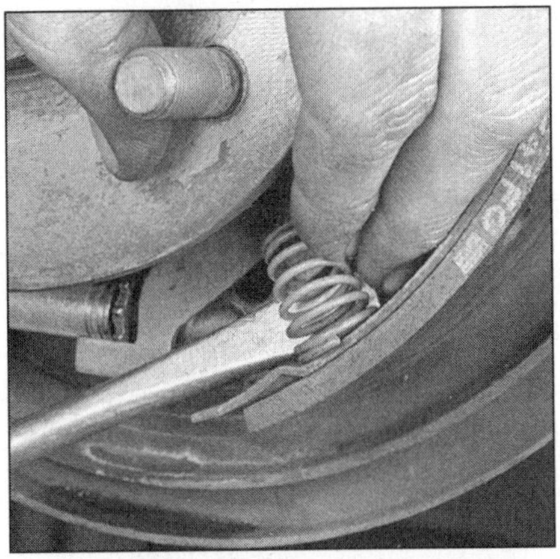

5.4d Hágale palanca hacia afuera al resorte actuador hacia afuera con un destornillador grande

5.4e Deslice el puntal del freno de estacionamiento hacia afuera entre la brida del eje y balata primaria (frenos de tambor trasero solamente)

5.4f Remueva los resortes de retención y las clavijas - la herramienta para el resorte de retención mostrada aquí está disponible en casi todas las refaccionarías

5.4g Remueva la palanca del actuador y el pivote - tenga cuidado de no permitir que el pivote se caiga de la palanca

5.4h Separe las partes superiores de las balatas y deslice el ensamblaje alrededor del eje

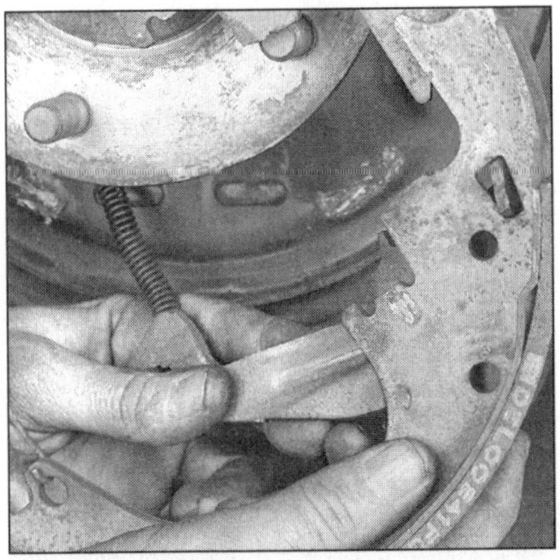

5.4i Desenganche la palanca del freno de estacionamiento de la balata secundaria (frenos de tambor trasero solamente)

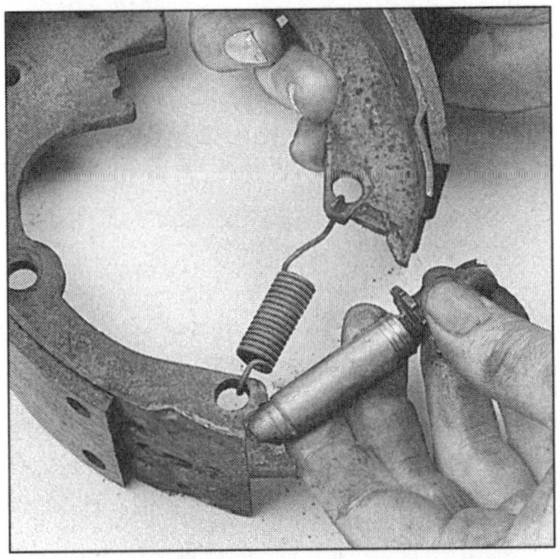

5.4j Separe las partes inferiores de las balatas y remueva el tornillo de ajuste

5.4k Limpie el tornillo de ajuste con solvente, séquelo, lubrique las roscas y el terminal con grasa de uso múltiple, entonces vuelva a instalar el tornillo de ajuste entre las balatas del freno nuevo

9

2 Libere el freno de estacionamiento.

3 Remueva la rueda. **Nota:** *Todas las cuatro balatas traseras del freno deben ser reemplazadas al mismo tiempo, pero para evitar mezclar las partes, trabaje solamente un ensamblaje de freno a la vez.*

4 Siga las fotos que acompañan **(ilustraciones 5.4a a 5.4v)** para la inspección y reemplazo de las balatas del freno. Esté seguro de permanecer en orden y leer el título debajo de cada ilustración. **Nota:** *Si el tambor de freno no se puede remover fácilmente hacia afuera del ensamblaje del eje y la balata, asegúrese que el freno de estacionamiento está completamente liberado, entonces aplique algo de aceite penetrante en la*

5.4l Lubrique los puntos de contactos de la balata en la placa de apoyo con grasa para frenos de alta temperatura

5.4m Inserte la palanca del freno de estacionamiento en la abertura de la balata secundaria (freno de tambor trasero solamente)

5.4n Separe las balatas y deslícelas en posición en la placa de apoyo

5.4o Instale la clavija de retención y resorte a través de la placa de apoyo y la balata primario

5.4p Inserte el pivote de la palanca adentro de la palanca de actuación, coloque la palanca en la clavija secundaria de retención de la balata e instale el resorte de retención

5.4q Guíe el puntal del freno de estacionamiento hacia atrás de la brida del eje y comprometa la parte trasera de el en la hendidura en la palanca del freno de estacionamiento - separe las balatas lo suficiente para permitir que el otro extremo se asiente contra la balata primaria (freno trasero de tambor solamente)

acoplación del cubo del tambor. Permita que el aceite se empape y trate de remover el tambor hacia afuera. Si el tambor todavía no se puede remover hacia afuera, las balatas del freno se tendrán que retractar. Esto es logrado primero removiendo el tapón en la placa de apoyo. Con el tapón removido, hale la palanca hacia de la rueda de estrella de ajuste con un destornillador pequeño, mientras gira la rueda de ajuste con otro destornillador pequeño, moviendo las balatas hacia afuera del tambor. El tambor ahora debe salir.

5 Antes de volver a instalarlo, el tambor debe ser chequeado por roturas, marcas y rasguños, rayones profundos y áreas duras, que aparecen como pequeñas áreas descoloradas. Si áreas duras no puede ser removidas con tela de esmeril y si alguna de las otras condiciones listadas encima existen, el tambor debe ser llevado a un taller automovilístico de rectificación para hacerlo que sea rectificado.

Nota: *Los profesionales recomiendan rectificar los tambores cada vez que se realice algún trabajo en los frenos. La rectificación eliminará la posibilidad de tambores deformados o cónicos. Si los tambores están tan gastados que no se pueden rectificar sin pasar más allá del diámetro máximo permisible (impreso en el tambor)* **(vea ilustración)***, entonces se requerirán unos nuevos. En el peor de los casos, si decide no rectificar los*

5.4r Coloque la guía de la balata en la clavija de anclaje

5.4s Enganche el terminal final inferior del eslabón actuador a la palanca del actuador, entonces cicle el final en la clavija de anclaje

5.4t Instale el resorte de retorno sobre la lengüeta en la palanca de actuación, entonces empuje el resorte en la balata

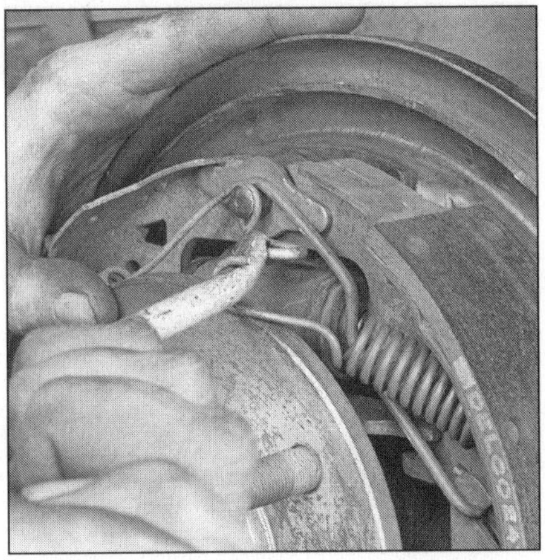

5.4u Instale los resortes primarios y secundarios de retorno de la balata

5.4v Hale en la palanca de actuación para desengancharlo del tornillo de la rueda de ajuste, gire la rueda para instalar las balatas hacia adentro o hacia afuera según sea necesario - el tambor de freno se debe deslizar en las balatas y gírela con una cantidad leve de resistencia

tambores, elimine el vidriado de la superficie con tela de esmeril o lija, utilizando un movimiento circular. Tenga cuidado de no poner grasa en el tambor o las balatas de freno.

6 Instale el tambor del freno en la pestaña del eje.

7 Instale la rueda, instale y apriete las tuercas, entonces baje el vehículo.

8 Haga varios frenados hacia adelante y hacia atrás para ajustar los frenos hasta que una acción satisfactoria del pedal sea obtenida.

9 Chequee la operación del freno antes de conducir el vehículo en el tráfico.

6 Cilindros de las ruedas - remover, reconstrucción completa e instalar

Nota: *Si una reconstrucción completa es indicada (generalmente a causa de fuga del fluido u operación pegajosa) explore todas las opciones antes de comenzar el trabajo. Los cilindros nuevos para las ruedas están disponibles, que hace este trabajo bastante fácil. Si se ha decidido a reconstruir los cilindros de las ruedas, asegúrese que un juego de reconstrucción está disponible antes de proceder. Nunca reconstruya solamente un cilindro de rueda - siempre reconstrucción ambos de ellos al mismo tiempo.*

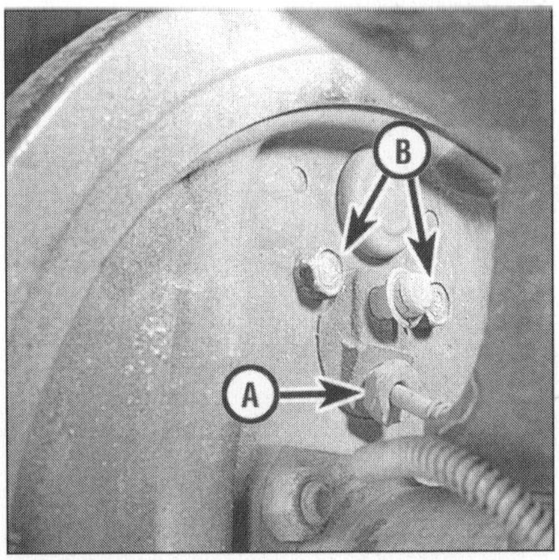

6.4 Completamente afloje la acoplación de la línea de freno (A) entonces remueva los dos pernos de retención de los cilindros de las ruedas (B)

Remover

Refiérase a la ilustración 6.4

1 Levante la parte trasera del vehículo y sopórtelo firmemente sobre estantes. Bloquee las ruedas delanteras para permitir que el vehículo no se ruede.

2 Remueva el ensamblaje de la balata (Sección 5).

3 Remueva toda la tierra y el material extranjero alrededor de los cilindros de las ruedas.

4 Destornille el acoplador de la línea del freno **(vea ilustración)**. No hale la línea de freno hacia afuera de los cilindros de las ruedas.

5 Remueva los pernos de retención del cilindro de la rueda.

6 Separe el cilindro de la rueda de la placa de apoyo del freno y colóquelo en una mesa do trabajo limpia. Tape inmediatamente la línea del freno para prevenir la pérdida y la contaminación del fluido. **Nota:** *Si los forros de las balatas están contaminados con fluido de freno, instale balatas de freno nuevas.*

Reconstrucción completa

Refiérase a la ilustración 6.7

7 Remueva el tornillo de purgar, tapa, los pistones, los fuelles y los ensamblaje del resorte del cuerpo de los cilindros de las ruedas **(vea ilustración)**.

8 Limpie el cilindro de la rueda con fluido de freno, alcohol desnaturalizado o limpiador para el sistema de frenos. **Peligro:** *¡Bajo ninguna circunstancia, use solventes para limpiar partes de freno basados en petróleo!*

9 Use aire comprimido para remover el exceso de fluido del cilindro de la rueda y para soplar los pasajes.

10 Chequee el interior de los cilindros por corrosión y marcas de rayones. Tela de azafrán se puede usar para remover la corrosión y las mancha ligeras, pero los cilindros deben ser reemplazados con unos nuevos si los defectos no pueden ser removidos fácil-

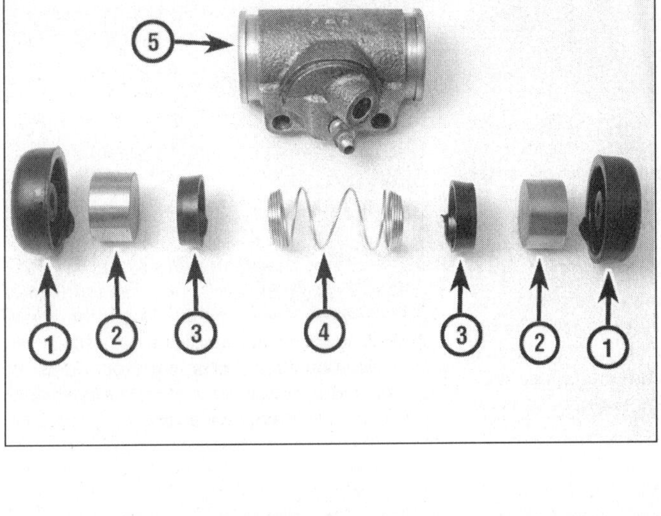

6.7 Vista esquemática de los componentes de los cilindros de las ruedas

1 *Funda antipoluo*
2 *Pistón*
3 *Copa del pistón*
4 *Ensamblaje del resorte*
5 *Cuerpo del cilindro*

9

mente, o si el interior de los cilindros están rayado.

11 Lubrique la tapa nueva con fluido de freno.

12 Arme los componentes de los cilindros de las ruedas. Asegúrese que el labio de la tapa mire hacia adentro **(vea ilustración)**.

Instalar

13 Coloque el cilindro de la rueda en posición e instale los pernos.

14 Conecte la línea del freno y apriete el acoplador. Instale el ensamblaje de las balatas.

15 Purgue los frenos (Sección 10).

16 Chequee la operación del freno antes de conducir el vehículo en el tráfico.

7 Cilindro maestro - remover, reconstrucción completa e instalar

Remover

Refiérase a las ilustraciones 7.2, y 7.6

Peligro: *El fracaso de remover la presión completamente de la unidad de amplificación antes de realizar las operaciones de servicio, podrían resultar en una lesión personal y daño a las superficies de la pintura. El uso de mangueras de caucho que no sean proporcionadas específicamente para el amplificador puede conducir a problemas que requiera reconstrucción completa. Para remover la presión de la unidad amplificadora, asegúrese que el interruptor de la ignición está Apagado, aplique y libere el pedal del freno un mínimo de diez veces, usando aproximadamente 50 libras de fuerza en el pedal.*

Nota: *Antes de decidir de reconstruir el cilindro maestro, investigue la disponibilidad y el costo de una unidad nueva o reconstruida por la fábrica y también la disponibilidad de un juego de reconstrucción.*

1 Ponga trapos debajo de los acopladores de la línea del freno y prepare las tapas o bolsas plásticas para cubrir las puntas de las líneas una vez que ellas sean desconectadas.

Caución: *Fluido de freno dañará la pintura. Cubra todas las partes de la carrocería y tenga cuidado de no derramar el fluido durante este procedimiento.*

2 Afloje las tuercas del tubo en los extremos de las líneas de freno donde ellas entran al cilindro maestro. Para prevenir redondear las áreas planas en las tuercas, una llave para tuerca de tubería, que se envuelva alrededor de la tuerca, se debe usar **(vea ilustración)**.

3 Hale las líneas de freno hacia afuera del cilindro maestro un poquito y tape las puntas para prevenir la contaminación.

4 En los frenos manuales y amplificados, desconecte la varilla de empuje en el pedal del freno adentro del vehículo.

5 En la unidad amplificadora, dos conectores eléctricos deben ser removidos **(vea ilustración)**.

7.2 Desconecte las líneas del freno del cilindro maestro - una llave para tuerca de tubería se debe usar

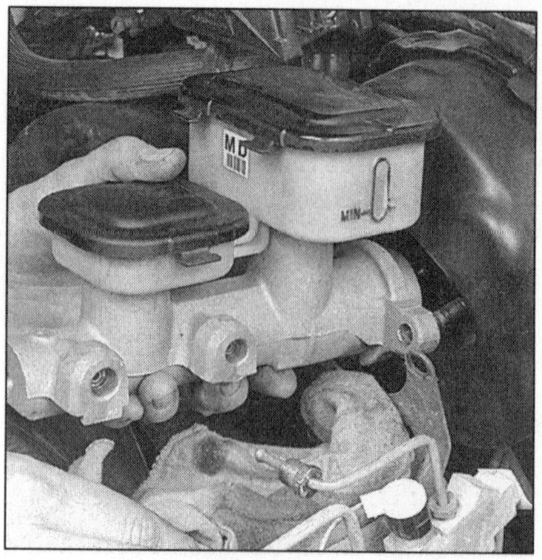

7.6 Hale la válvula de combinación hacia adelante, tenga cuidado de no doblar ni torcer las líneas, entonces deslice el cilindro maestro hacia afuera de los espárragos

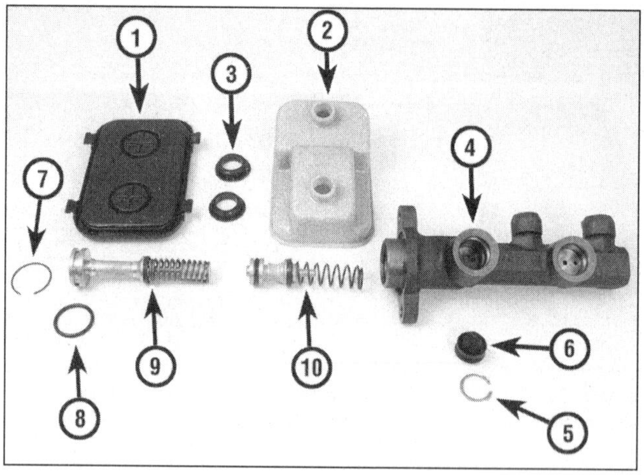

7.9a Vista esquemática de un ensamblaje de un cilindro maestro de plástico

1 *Tapa del depósito*
2 *Depósito*
3 *Arandelas de caucho del depósito*
4 *Cuerpo del cilindro maestro*
5 *Retenedor para la válvula*
6 *Válvula*
7 *Anillo de retención*
8 *Anillo del pistón primario*
9 *Ensamblaje del pistón primario*
10 *Pistón secundario*

6 Remueva las dos tuercas que retienen el cilindro maestro. Si hay un soporte reteniendo la válvula de combinación, muévalo hacia adelante levemente, tomando cuidado de no doblar las líneas hidráulicas que corren de la válvula de combinación, y remueva el cilindro maestro del vehículo **(vea ilustración)**.

7 Remueva la tapa del depósito y diafragmas del depósito, entonces tire el fluido que queda en el depósito.

Reconstrucción completa

Cilindro maestro con depósito de plástico

Refiérase a las ilustraciones 7.9a, 7.9b, 7.10, 7.11, 7.16, 7.17a, 7.17b, 7.17c, 7.17d y 7.18

8 Instale el cilindro maestro en una prensa. Esté seguro de forrar las mandíbulas de la prensa con bloques de madera para prevenir daño al cuerpo de los cilindros.

9 Remueva el anillo primario de cierre del pistón presionando el pistón y haciéndole palanca al anillo hacia fuera con un destornillador **(vea ilustraciones)**.

7.9b Empuje el pistón primario hacia adentro y remueva el anillo de retención

10 Remueva los ensamblaje de los pistones de los cilindros primarios **(vea ilustración)**.

7.10 Hale el pistón primario y el ensamblaje del resorte hacia afuera del cilindro

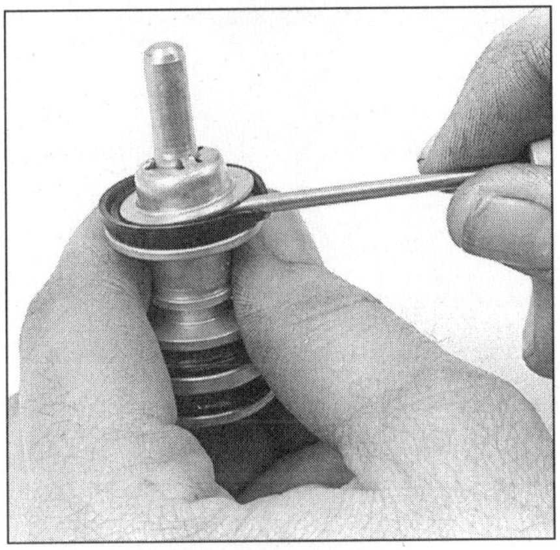

7.17a Hágale palanca al retenedor del resorte del pistón secundario hacia fuera con un destornillador pequeño, entonces remueva el sello

11 Remueva los ensamblaje de los pistones de los cilindros secundario. Pueda que sea necesario remover el cilindro maestro de la prensa e invertirlo, cuidadosamente pegándole contra un bloque de madera para expulsar el pistón **(vea ilustración)**.

12 Hágale palanca para remover el depósito del cuerpo del cilindro con un destornillador. Remueva los anillo de caucho.

13 No trate de remover la válvula de captación rápida del cuerpo del cilindro maestro - no es servible.

14 Inspeccione el cilindro por corrosión y daño. Si corrosión o algún daño es encontrado, reemplace el cilindro maestro con uno nuevo, porque abrasivo no puede ser usado en el orificio del cilindro.

15 Lubrique los anillos de caucho nuevos para el depósito con fluido de freno limpio y los prensa en el cuerpo del cilindro maestro. Asegúrese que están apropiadamente sentados.

16 Coloque el depósito en una superficie dura y apriete el cilindro maestro en el depósito, usando un movimiento mecedor **(vea ilustración)**.

7.11 Para remover el pistón secundario, péguele suavemente al cilindro contra un bloque de madera

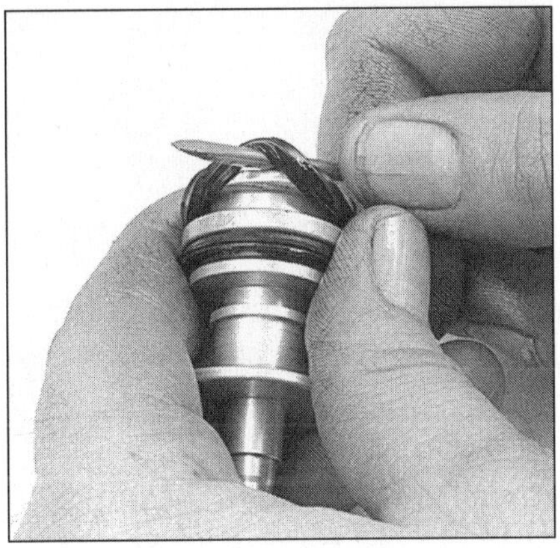

7.17b Remueva los sellos secundarios del pistón (algunos tienen solamente un sello)

17 Remueva los sellos viejos del ensamblaje secundario del pistón e instale los sellos secundarios nuevos con la cara del labio mirando hacia afuera el uno del otro **(vea ilustraciones)**. El labio en el sello primario debe mirar hacia adentro **(vea ilustración)**.

18 Conecte el retenedor de resorte al ensamblaje secundario del pistón **(vea ilustración)**.

19 Lubrique el orificio del cilindro con fluido de freno limpio e instale el resorte y el ensamblaje del pistón secundario.

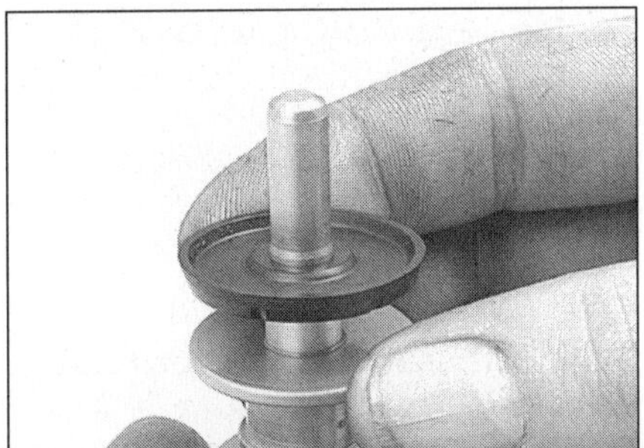

7.17d Instale un sello nuevo primario en el pistón secundario con el labio del sello mirando en la dirección mostrada

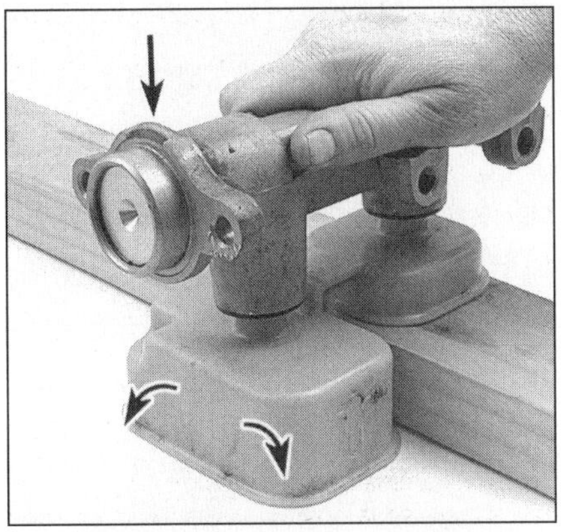

7.16 Coloque la cara del depósito mirando el banco, con el depósito secundario encima de un bloque de madera - empuje el cilindro maestro hacia abajo encima de los tubos del depósito usando un movimiento mecedor

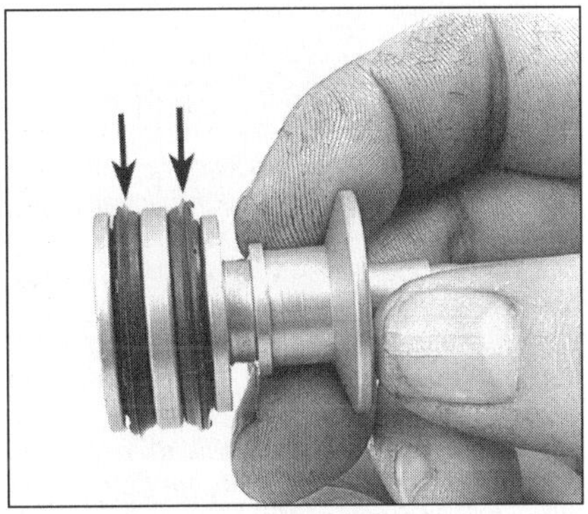

7.17c Instale los sellos secundarios con las caras que no miren una contra la otra (en el diseño de un solo sello, el labio del sello debe mirara hacia afuera del centro del pistón)

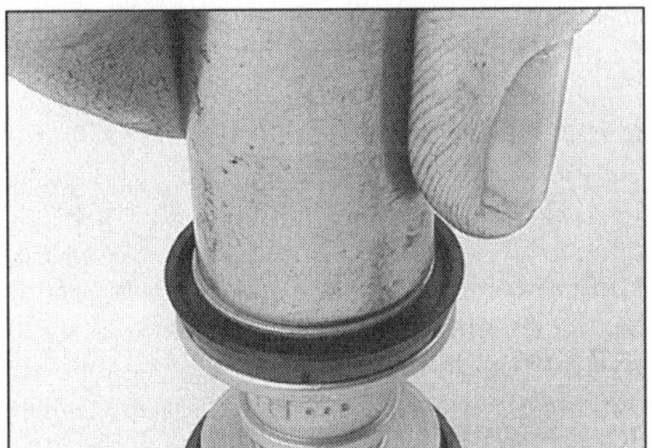

7.18 Instale un retenedor de resorte nuevo en el final del pistón secundario y empújelo en su posición con un dado

7.25 **Removiendo el perno secundario de parada**

7.26a **Removiendo el anillo de retención**

7.26b **Removiendo la asamblea del pistón con un alambre**

7.29a **Removiendo los asientos de la línea**

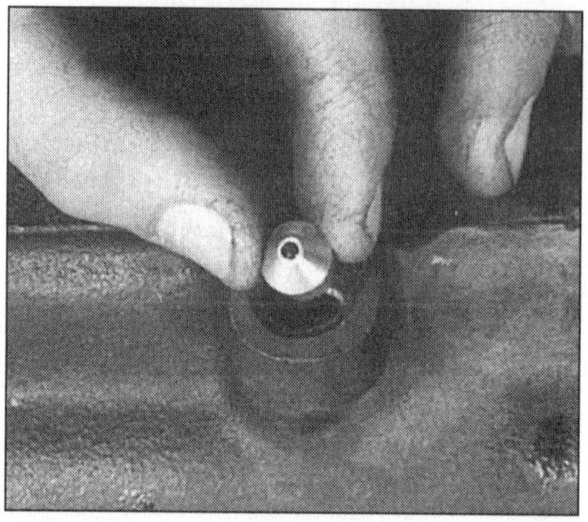

7.29b **Instalando los asientos nuevos de la línea (note que la figura formada como un cono en el final está instalada mirando hacia encima)**

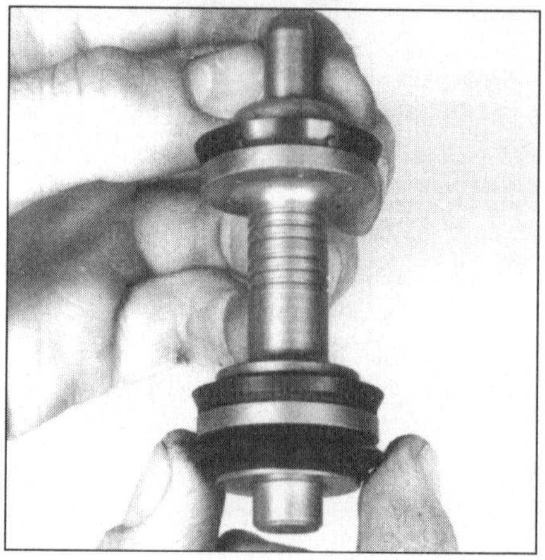

7.30 **Sellos instalados correctamente en el pistón**

20 Instale el ensamblaje del pistón primario en el orificio del cilindro, presiónelo e instale el anillo de retención.

21 Inspeccione la tapa del depósito por roturas del diafragma y deformación. Reemplace cualquier partes dañadas con nuevas y conecte la tapa del diafragma.

22 **Nota:** *Cuando el cilindro maestro sea removido, el sistema hidráulico completo se debe purgar. El tiempo requerido para purgar el sistema puede ser reducido si el cilindro maestro es llenado con fluido y es purgado en el banco (refiérase a los Pasos 40 al 44) antes de que el cilindro maestro sea instalado en el vehículo.*

Cilindro maestro de hierro fundido

Refiérase a las ilustraciones 7.25, 7.26a, 7.26b, 7.29a, 7.29b, 7.30, 7.32a, 7.32b y 7.33

23 Drene todo el fluido del cilindro maestro y coloque la unidad en una prensa. Use un bloque de madera para almohadillar las mandíbulas de la prensa.

24 En los frenos manuales remueva el anillo de retención de la varilla de empuje.

25 Remueva el perno de parada secundaria del fondo del depósito del fluido en el depósito delantero (Delco Moraine) o de la base del cuerpo (Bendix) del cilindro maestro **(vea ilustración)**.

26 Remueva el anillo retenedor de la ranura y remueva el ensamblaje del pistón primario **(vea ilustración)**. Siguiendo el pistón primario hacia afuera del cilindro, saldrá el pistón secundario, el resorte y el retenedor. Un pedazo de alambre tieso doblado se puede usar para remover estos ensamblajes hacia afuera del cilindro **(vea ilustración)**.

27 Examine la superficie interior del cilindro maestro y el pistón secundario. Si hay evidencia de rayones o áreas desgastadas "brillante," el cilindro maestro entero debe ser reemplazado con uno nuevo.

28 Si los componentes están en buena condición, lávelo con fluido de freno limpio. Deseche todos los componentes de caucho y el pistón primario. Compre un juego de reconstrucción que contendrá todas las partes necesarias para la reconstrucción completa.

29 Inspeccione los asientos de la línea que están localizados en el cuerpo de cilindro maestro donde las líneas se conectan. Si ellos aparecen estar desgastados ellos deben ser reemplazados con unos nuevos, que vienen en el juego de reconstrucción completa. Ellos son forzados hacia afuera del cuerpo atornillando un tornillo en el tubo y entonces haciéndole palanca hacia el exterior **(vea ilustración)**. Los nuevos son prensados en su posición usando una tuerca sobrante de línea de freno **(vea ilustración)**. Todas las partes necesarias para esto deben ser incluidas en el juego de reconstrucción.

30 Coloque los sellos secundarios nuevos en las ranuras del pistón secundario **(vea ilustración)**.

31 Arme los sellos primarios y protectores del sello en el final del pistón secundario.

32 Lubrique el orificio del cilindro y el pistón secundario con fluido de freno limpio. Insercióne el retenedor de resorte adentro del resorte entonces coloque el retenedor y el resorte en el final del pistón secundario **(vea ilustraciones)**. El retenedor debe estar localizado adentro de los labio del sello primario.

33 Con el cilindro maestro vertical, empuje hacia adentro del orificio el pistón secundario para asentar su resorte **(vea ilustración)**.

34 Revista los sellos del pistón primario con fluido de freno y póngalo adentro del orificio del cilindro. Deténgalo hacia abajo mientras el anillo de retención es instalado en la ranura del cilindro.

35 Continúe deteniendo el pistón hacia abajo mientras el tornillo de detención es instalado.

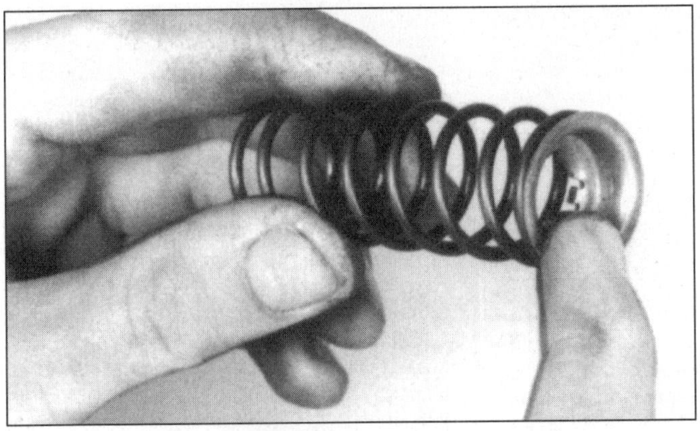

7.32a Ensamble de retención y resorte

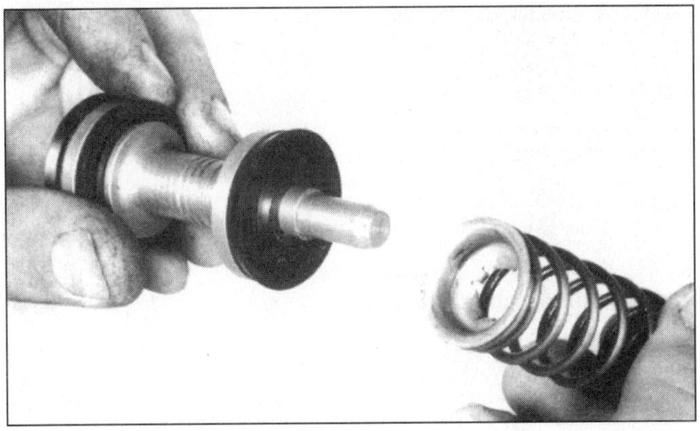

7.32b Ensamble del resorte y pistón

7.33 Empujando el pistón en el cilindro del cilindro maestro

36 Instale el diafragma del depósito en el plato de la tapa del depósito, asegúrese que está completamente desplomado adentro de la tapa de recreo.

37 **Nota:** *Cuando el cilindro maestro es removido, el sistema hidráulico completo se debe purgar. El tiempo requerido para purgar el sistema puede ser reducido si el cilindro maestro es llenado con fluido y sangrado en el banco (refiérase a los Pasos 40 al 44) antes de que el cilindro maestro sea instalado en el vehículo.*

Frenos de amplificación

38 A causa de las herramientas especiales, el equipo y la experiencia requerida para remover, reconstruir y volver a instale este ensamblaje, es recomendado que sea dejado al departamento de servicio de su concesionario o un taller de reparación. Esta unidad puede ser removida e instalada por una persona competente que haga su propio trabajo.

39 **Nota:** *Cuando el cilindro maestro es removido, el sistema hidráulico completo se debe purgar. El tiempo requerido para purgar el sistema puede ser reducido si el cilindro maestro es llenado con fluido y sangrado en el banco (refiérase a los Pasos 40 al 44) antes de que el cilindro maestro sea instalado en el vehículo.*

Purgando el cilindro maestro en una banca

Nota: *En sistemas de amplificación, solamente la porción del cilindro maestro puede ser sangrada en el banco. Vea Pasos 45 al 50 para sangrar el amplificador y llenar.*

40 Inserciόne tapones roscados del tamaño correcto en las roscas de salida del cilindro y llene los depósitos con fluido de freno. El cilindro maestro se debe sostener de tal manera que el fluido de freno no se rociará durante el procedimiento de purgar en una banca.

41 Afloje un tapón a la vez y empuje el ensamblaje del pistón hacia adentro del orificio para forzar el aire del cilindro maestro hacia afuera. Para prevenir de que aire sea absorbido otra vez adentro del cilindro, el tapón apropiado debe ser reemplazado antes de permitir que el pistón regrese a su posición original.

42 Mueva el pistón hacia adentro y hacia afuera tres o cuatro veces para asegurarse que todo el aire se haya expulsado.

43 Debido a que la alta presión no es implicada en el procedimiento de purgar en una banca, una alternativa es remover y reemplazar los tapones con cada corrida del pistón. Antes de empujar en el ensamblaje del pistón, remueva uno de los tapones completamente. Antes de empujar el pistón, sin embargo, en vez de reemplazar el tapón, ponga simplemente su dedo apretadamente en el orificio para detener que el aire sea absorbido hacia adentro del cilindro maestro otra vez. Espere varios segundos para que el fluido de freno sea absorbido del depósito al cilindro del pistón, entonces repita el procedimiento. Cuando usted empuje hacia abajo en el pistón, forzará su dedo hacia afuera del orificio, permita que el aire de adentro sea expulsado. Cuando solamente fluido de freno es expulsado del orificio, reemplace el tapón y pase al otro puerto.

44 Rellene los depósitos del cilindro maestro e instale el ensamblaje del diafragma y la tapa. **Nota:** *Los depósitos deben ser llenados solamente a la cima del divisor del depósito para prevenir derramarlo cuando la tapa sea instalada.*

Amplificador purga y relleno

Nota: *Purgue la porción del cilindro maestro del amplificador antes de instalar la unidad en el vehículo.*

45 Llene ambos lados del depósito a las marcas de Lleno en el interior del depósito. Use solamente fluido de freno limpio y nuevo con las especificaciones de DOT (departamento de transportación) mostradas en la tapa del depósito.

46 Prenda la ignición. Con la bomba corriendo, el nivel del fluido de freno en el lado del amplificador del depósito debe disminuir según el fluido de freno es movido al acumulador. Si el lado del amplificador del depósito comienza a correr seco, agregue fluido de freno para cubrir apenas el depósito de la bomba o hasta que la bomba se detenga. **Nota:** *La bomba se debe detener alrededor de 20 segundos. Apague la ignición después que 20 segundos hayan transcurrido. Chequee por fugas o flujo de regreso otra vez adentro del depósito del puerto de regreso del amplificador.*

47 Instale el ensamblaje de la tapa del depósito al depósito.

48 Chequee que la ignición esté Apagada, aplique y libere el pedal del freno 10 veces. Remueva la tapa del depósito y ajuste el nivel del fluido del amplificador a la marca Llena.

49 Prenda la ignición. La bomba correrá y rellenará el acumulador. Asegúrese que la bomba no corra más de 20 segundos y que el nivel del fluido permanezca encima del puerto sumergido de la bomba en el depósito.

50 Instale la tapa del depósito. Con la ignición Encendida, aplique y libere el pedal del freno de 10 a 15 vez, para ciclar la bomba y remover el aire de la sección del amplificador. No permita que la bomba corra más de 20 segundos por cada ciclo. Chequee los niveles de los fluido en los depósitos altos y bajos según los Pasos 45 y 46. Si los niveles de los fluidos no se estabilizan en los niveles altos y bajos, si la bomba corre más de 20 segundos, o si la bomba comienza a ser un ciclo sin aplicar el freno, haga que su vehículo sea remolcado al concesionario más cercano o taller de reparación. No conduzca

9

el vehículo con los frenos de amplificación no trabajando apropiadamente.

Instalar

51 Instale cuidadosamente el cilindro maestro invirtiendo los pasos para remover, entonces purgue los frenos (refiérase a la Sección 10).

8 Válvula de combinación - chequeo y reemplazo

Chequear

1 Desconecte el alambre del interruptor de presión diferencial. **Nota:** *Cuando esté desconectando el conector, apriete las liberaciones de la cerradura lateral, moviendo las lengüetas interiores hacia afuera del interruptor, entonces hálelo hacia encima. Alicates se pueden usar como una ayuda necesaria.*
2 Usando un puente de alambre, conecte el alambre del interruptor a una conexión a tierra buena, tal como en el bloque del motor.
3 Gire la llave de la ignición a la posición de Encendido. La luz de advertencia en el tablero de instrumentos debe iluminarse.
4 Si la luz de advertencia no se ilumina, la bombilla está quemada o el circuito eléctrico está defectuoso. Reemplace la bombilla (refiérase al Capítulo 12) o repare el circuito eléctrico según sea necesario.
5 Cuando la luz de advertencia funcione correctamente, apague el interruptor de la ignición, desconecte el puente de alambre y conecte de nuevo el alambre a la terminal del interruptor.
6 Asegúrese de que los depósitos del cilindro maestro están llenos, entonces conecte una manguera de purgar a una de las válvulas de purga de la rueda trasera y sumerja el otro final de la manguera en un recipiente parcialmente llenó con fluido de freno limpio.
7 Prenda el interruptor de la ignición.
8 Abra la válvula de purgar mientras un ayudante aplica presión moderada al pedal de freno. La luz de advertencia de los frenos en el tablero de instrumentos debe iluminarse.
9 Cierre la válvula de purga antes de que el ayudante libere el pedal del freno.
10 Aplique nuevamente el pedal de freno con presión pesada moderada. La luz de advertencia de los frenos debe apagarse.
11 Conéctele la manguera de purgar a una de las válvulas de purga delantera para los frenos y repita los Pasos 8 al 10. La luz de advertencia debe de reaccionar de la misma manera como en el Pasos 8 y 10.
12 Apague el interruptor de la ignición.
13 Si la luz de advertencia no se ilumina en el Pasos 8 y 11, pero se ilumina cuando un puente es conectado a tierra, la porción del interruptor de la luz de advertencia de la válvula de combinación está defectuoso y la válvula de combinación debe ser reemplazada con una nueva, debido a que los componentes de la válvula de combinación no se pueden reparar individualmente.

Reemplazo

14 Coloque un recipiente debajo de la válvula de combinación y proteja todas las superficies pintadas con periódico o trapos.
15 Desconecte las líneas hidráulicas en la válvula de combinación, entonces tape las líneas para prevenir pérdida adicional del fluido y para proteger las líneas de contaminación.
16 Desconecte el conector eléctrico del interruptor de presión diferencial.
17 Remueva el perno reteniendo la válvula al soporte y remueva la válvula del vehículo.
18 La instalación se hace en el orden inverso al procedimiento de desensamble.
19 Purgue el sistema de frenos entero.

9 Mangueras y líneas de los frenos - inspección y reemplazo

Inspección

1 Acerca de cada seis meses, con el vehículo firmemente levantado sobre estantes, las mangueras de caucho que conectan las líneas de freno de acero con los ensamblajes delanteros y traseros del freno se deben inspeccionar por roturas, roce de la capa exterior, fugas, ampollas y otros daños. Estas son partes importantes y vulnerable del sistema de frenos y la inspección debe ser completa. Una luz y un espejo serán útiles para un chequeo completo. Si una manguera exhibe cualquiera de las condiciones de encima, reemplácela con una nueva.

Reemplazo

Manguera del freno delantero

Refiérase a la ilustración 9.2

2 Usando una llave de respaldo, desconecte la línea de freno del acoplador de la manguera, teniendo cuidado de no doblar el soporte ni la línea de freno **(vea ilustración)**.

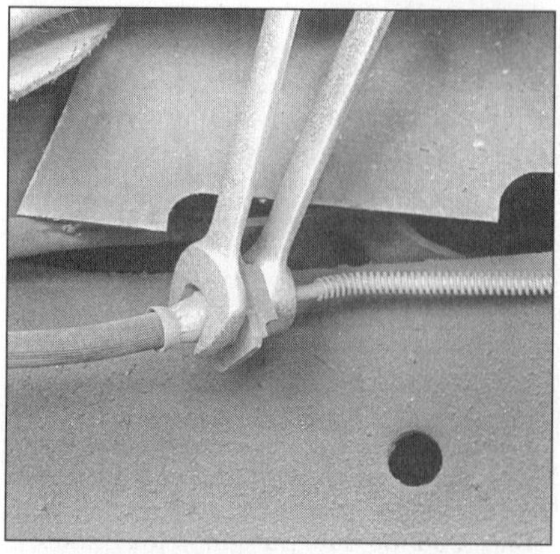

9.2 Coloque una llave en la acoplación de la manguera para prevenir que gire y desconecte la línea con una llave para tuerca de tubería

3 Use un par de alicates para remover el retenedor U desde el acoplador femenino en el soporte, entonces separe la manguera del soporte.
4 Destornille la manguera del freno de la mordaza. En el extremo final de la manguera de la mordaza, remueva el perno del bloque de acoplación, entonces remueva la manguera y las arandelas de cobre en cualquier lado del bloque de acoplación.
5 Para instalar la manguera, primero enrósquela en la mordaza, apretándola firmemente. Cuando esté instalando la manguera, siempre use arandelas de cobre nuevas en cualquier lado del bloque de acoplación y lubrique todas las roscas del perno con fluido de freno limpio antes de la instalación.
6 Con el acoplador comprometido con el lado saliente de la mordaza, conecte la manguera a la mordaza, apriete el perno de acoplación al par de torsión especificado.
7 Sin torcer la manguera, instale la acoplación femenina en el soporte de la manguera. Ajuste el soporte solamente en una posición.
8 Instale el retenedor U a la acoplación femenina del soporte del chasis.
9 Usando una llave de respaldo, conecte la línea de freno a la acoplación de la manguera.
10 Cuando la instalación de la manguera del freno esté completa, no debe haber doblados en la manguera. Asegúrese que la manguera no hace contacto con ninguna parte de la suspensión. Chequee esto girando las ruedas a las posiciones extremas de la izquierda y la derecha. Si la manguera hace contacto, remueva y corrija la instalación según sea necesario. Purgue el sistema (Sección 10).

Manguera del freno trasero

11 Usando una llave de respaldo, desconecte la manguera en el soporte del chasis, tenga cuidado de no doblar los soportes o líneas de acero.
12 Remueva el retenedor U con un par de alicates y separe la acoplación femenina del soporte.
13 Desconecte las dos líneas hidráulicas en el bloque de conexión, entonces destornille y remueva la manguera.
14 Atornille el bloque de conexión al alberque del eje y conecte las líneas, apriételas firmemente. Sin torcer la manguera, instale el final hembra de la manguera en el soporte del chasis.
15 Instale los clips U reteniendo el final hembra al soporte.
16 Usando una llave de respaldo, conecte los acopladores de la línea de acero a los acopladores hembra. Otra vez, tenga cuidado de no doblar el soporte o la línea de acero.
17 Asegúrese que la instalación de la manguera no aflojó el soporte en el chasis. Apriete el soporte si es necesario.
18 Llene el depósito del cilindro maestro y purgue el sistema (refiérase a la Sección 10).

Líneas de freno de metal

19 Cuando reemplace las líneas de freno esté seguro de usar las partes correctas. No use tubería de cobre para cualquier componente del sistema de frenos. Compre líneas de freno de acero de un concesionario o refaccionaría.

20 Línea de freno prefabricada, con las puntas del tubo ya abocinada y acopladores instalados, están disponibles en las refaccionarías y concesionarios. Estas líneas son también dobladas a las formas apropiadas.

21 Si líneas prefabricadas no están disponible, obtenga tubería de acero recomendada y acopladores que emparejen con la línea para ser reemplazada. Determine la longitud correcta midiendo la línea de freno vieja (un pedazo de cuerda se puede usar generalmente para esto) y corte la tubería nueva a la longitud, permita acerca de 1/4 de pulgada de exceso para el abocamiento de las puntas.

22 Instale la acoplación en la tubería cortada y abocine las puntas de la línea con una herramienta para abocinamiento. Un abocinamiento doble es el tipo solamente aceptable para las aplicaciones automotrices del sistema de frenos.

23 Si es necesario, doble cuidadosamente la línea a la forma apropiada. Un doblador del tubo es recomendado para esto. **Peligro:** *No exprima ni dañe la línea.*

24 Cuando esté instalando la línea nueva asegúrese que está firmemente sostenida en los soportes y tiene abundancia de espacio libre entre los componentes que están moviendo o caliente.

25 Después de la instalación, chequee el nivel del fluido del cilindro maestro y agregue fluido según sea necesario. Purgue el sistema de frenos como está descrito en la próxima Sección y pruebe los frenos cuidadosamente antes de conducir el vehículo en el tráfico.

10 Purgando el sistema de frenos

Refiérase a la ilustración 10.8

Peligro: *Póngase protección en los ojos cuando esté purgando el sistema de frenos. Si el fluido se pone en contacto con sus ojos, inmediatamente enjuáguelos con agua y busque atención médica.*

Nota: *Purgar el sistema hidráulico si es necesario para remover cualquier aire que logre entrar en el sistema cuando este fue abierto durante el periodo de remover e instalar una manguera, línea, mordaza o el cilindro maestro.*

1 Será probablemente necesario purgar el sistema en las cuatro ruedas si aire ha entrado en el sistema debido a un nivel de fluido bajo, o si las líneas de freno se han desconectado del cilindro maestro.

2 Si una línea de freno es desconectada solamente en una rueda, entonces solamente ese cilindro o mordaza de esa rueda se debe purgar.

3 Si una línea de freno es desconectada en una acoplación localizada entre el cilindro maestro y cualquiera de las mordazas y cilindros de rueda, esa parte del sistema servido por la línea desconectada debe ser purgado.

4 Remueva cualquier vacío residual del amplificador de potencia del freno, aplicando el freno varias veces con el motor apagado.

5 Remueva la tapa del depósito del cilindro maestro y llene el depósito con fluido de freno. Vuelva a instalar la tapa. **Nota:** *Chequee el nivel del fluido a menudo durante la operación de purgar y agregue fluido según sea necesario para prevenir que el nivel del fluido se baje y permitir que burbujas de aire entren en el cilindro maestro.*

6 Tenga a un ayudante a mano, también como un suministro de fluido de freno nuevo, un recipiente claro parcialmente lleno con fluido de freno limpio, una longitud de plástico 3/16-pulgada, tubería de caucho o vinilo para instalar la válvula de purga y una llave para tuerca de tubería para abrir y cerrar la válvula de purga.

7 Comience en la rueda trasera derecha, afloje la válvula de purga levemente, entonces la aprieta a un punto donde esté apretada pero pueda ser aflojada rápidamente y fácilmente.

8 Coloque una punta de la tubería en la válvula de purga y sumerja el otro extremo en el fluido de freno en el recipiente **(vea ilustración)**.

9 Haga que al ayudante bombee los frenos lentamente unas cuantas vez para obtener la presión en el sistema, entonces detenga el pedal firmemente presionado.

10 Mientras el pedal es sostenido presionado, abra la válvula de purgar apenas para permitir bastante flujo del fluido que salga de la válvula. Observe por burbujas de aire saliendo del extremo del tubo sumergido. Cuando el fluido fluye lento después de un par de segundos, cierra la válvula y haga que su ayudante libere el pedal.

11 Repita los Pasos 9 y 10 hasta que no se observe más aire salir del tubo, entonces apriete la válvula de purga y proceda a la rueda trasera izquierda, la rueda delantera del lado derecho y la rueda delantera izquierda, en ese orden, y realice el mismo procedimiento. Esté seguro de chequear el fluido en el depósito del cilindro maestro frecuentemente.

12 Nunca use fluido de freno viejo. Contiene humedad que empeorará los componentes del sistema de frenos.

13 Rellene el cilindro maestro con fluido al final de la operación.

14 Chequee la operación de los frenos. El pedal debe sentirse sólido cuando lo presione, sin estar esponjoso. Si es necesario, repita el proceso completo. **Peligro:** *No opere el vehículo si usted está dudoso acerca de la eficacia del sistema de frenos.*

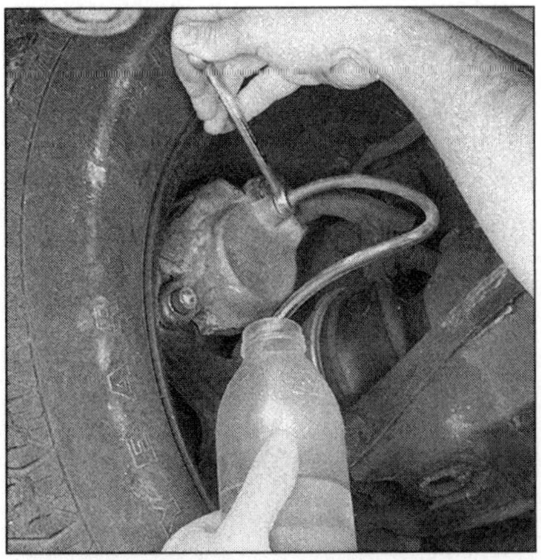

10.8 Cuando esté purgando los frenos, una manguera es conectada a la válvula de purgar y entonces sumérjala en fluido de freno - aire se observará como burbujas en el recipiente y la manguera

11 Freno de estacionamiento - ajuste

Refiérase a la ilustración 11.3

1 Pueda que sea necesario el ajuste del cable del freno de estacionamiento cuando los cables del freno trasero se hayan desconectado o el cable del freno de estacionamiento se haya estirado debido a edad y fatiga.

2 Presione el pedal del freno de estacionamiento exactamente tres chasquidos de matraca y entonces levante el vehículo para tener acceso por debajo, sopórtelo firmemente sobre estantes.

3 Apriete la tuerca que ajusta hasta que el neumático trasero de la izquierda apenas se pueda girar en un movimiento hacia atrás **(vea ilustración)**. El neumático se debe bloquear completamente de movimiento en una rotación hacia adelante.

4 Libere cuidadosamente el pedal del freno de estacionamiento y chequee que el neumático sea capaz de girar libremente en

11.3 Para ajustar el cable del freno de estacionamiento, gire la tuerca de ajuste en el ecualizador mientras previene que el cable gire con un par de alicates de presión enclavado al final de la varilla del ajustador (cable de modelo más moderno)

9

12.4 Para desconectar el final del cable de la palanca del freno de estacionamiento, eche para atrás el resorte de retorno y maniobre el cable hacia afuera de la hendidura en la palanca

cualquier dirección. Es importante que haya resistencia en los frenos traseros con el pedal liberado.

12 Cables del freno de estacionamiento - reemplazo

Cables traseros

Refiérase a las ilustraciones 12.4 y 12.5

1 Afloje las tuercas de la rueda, levante la parte trasera del vehículo y sopórtelo firmemente sobre estantes. Remueva la rueda(s).

2 Afloje la tuerca del ecualizador para otorgarle juego al cable, entonces desconecte el cable que va ser reemplazado del ecualizador.

3 Remueva el tambor de freno de la pestaña del eje. Refiérase a la Sección 5 si alguna dificultad es encontrada.

4 Remueva el ensamblaje de la balata lo suficiente para desconectar el final del cable de la palanca del freno de estacionamiento **(vea ilustración)**.

5 Presione las espigas (pestañas) en el retenedor del albergue del cable y empuje el albergue y el cable a través de la placa de apoyo **(vea ilustración)**.

6 Para instalar el cable, invierta el procedimiento para remover e instalar el cable como está descrito en la Sección anterior.

Cable delantero

Refiérase a la ilustración 12.9

7 Levante el vehículo y sopórtelo firmemente sobre estantes.

8 Afloje el ensamblaje del ecualizador para proporcionar juego en el cable.

9 Desconecte el cable delantero del acoplador del cable cerca del ecualizador **(vea ilustración)**.

10 Desconecte el cable del ensamblaje del pedal.

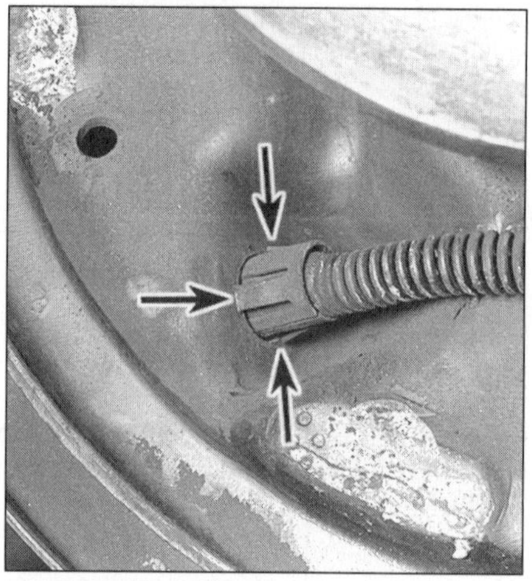

12.5 Presione las lengüetas de retención (flechas) para liberar el cable y el albergue de la placa de apoyo

11 Libere el cable de los retenedores, empuje el cable y el anillo de caucho a través de la pared contrafuego.

12 Para instalar el cable, invierta el procedimiento de remover e instale el cable según está descrito en la Sección anterior.

13 Pedal del freno de estacionamiento - remover e instalar

1 Desconecte el cable de la conexión a tierra de la batería y el alambre del interruptor de advertencia del freno de estacionamiento.

2 Remueva el retenedor y la bola (si es necesario, la tuerca del ecualizador se puede aflojar) **(vea ilustración 12.9)**.

3 Remueva el perno trasero del pedal y las tuercas de los espárragos en la parte delantera del panel del tablero (bajo del capó).

4 Remueva el ensamblaje del pedal.

5 La instalación se hace en el orden inverso al procedimiento de desensamble.

14 Pedal del freno - remover e instalar

1970 al 1973

1 En modelos con transmisión manual, desconecte el resorte de retorno del pedal del embrague y desconecte la varilla de empuje del brazo del pedal del embrague.

2 Si un amplificador de potencia no es instalado, desconecte el resorte de retorno del pedal de freno y entonces desconecte la varilla de empuje del cilindro maestro del brazo del pedal. Remueva el retenedor lateral del lado de la mano derecha del eje pivote del pedal. Deslice el pedal del embrague a la izquierda y remueva los refuerzos de apoyo. Remueva el pedal del freno y los bujes de

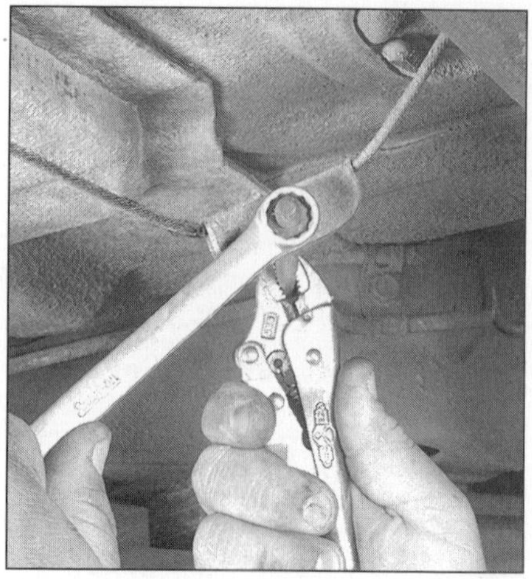

12.9 Use un par de alicates para detener la punta del cable y afloje la tuerca ajustable del equilibrador

nilón.

3 Si un amplificador de potencia está instalado, afloje las tuercas del amplificador lo suficiente para permitir que la varilla de empuje se deslice afuera de la clavija del pedal. Remueva el retenedor de la clavija de pedal y remueva la varilla de empuje. Remueva la tuerca del eje pivote del pedal y deslice el perno pivote fuera del soporte. El pedal del freno y los bujes ahora pueden ser removidos. Reemplace cualquier buje desgastado y lubríquelo según lo instala, que es la secuencia reversa de como se removió y desmanteló.

4 En vehículos sin un amplificador de potencia, ajuste el pedal del freno liberando la contratuerca de la varilla de empuje y girando la varilla de empuje hacia adentro o hacia afuera entre 1/16 y 1/4 pulgada del movimiento libre. Apriete la contratuerca firmemente.

5 Ajuste el juego libre del interruptor del freno como está en la Sección 16.

6 Chequee el juego libre del pedal del embrague como está descrito en el Capítulo 1.

1974 y más moderno

7 Desconecte el resorte de retorno del pedal del embrague (si está equipado).

8 Remueva el retenedor de la clavija de la varilla de empuje.

9 Destornille la tuerca del final del eje pivote del pedal y remueva el eje lo suficiente para ser capaz de remover el espaciador del pedal y los bujes.

10 Reemplace y/o lubrique los bujes según sea necesario.

11 La instalación se hace en el orden inverso al procedimiento de desensamble.

15 Amplificador para los frenos - inspección, remover e instalar

1 La unidad del amplificador para los fre-

nos de poder no requiere mantenimiento especial aparte de inspección periódica de la manguera de vacío y la caja.
2 Desarmar la unidad de amplificación requiere herramientas especiales y no es hecho comúnmente por el mecánico de hogar. Si un problema se desarrolla, instale una unidad nueva o reconstruida por la fábrica.
3 Remueva las tuercas conectando el cilindro maestro al amplificador y mueva cuidadosamente el cilindro maestro hacia adelante hasta que libere los espárragos. No doble o tuerza las líneas de los frenos.
4 Desconecte la manguera de vacío donde se conecta al amplificador de los frenos.
5 Desde el compartimiento de pasajeros, desconecte la varilla de empuje del amplificador de freno de la parte de encima del pedal de freno.
6 También desde esta ubicación, remueva las tuercas conectando el amplificador a la pared contrafuego.
7 Levante cuidadosamente la unidad del amplificador hacia afuera de la pared contrafuego y hacia afuera del compartimiento del motor.
8 Para instalar, coloque el amplificador en posición y apriete las tuercas a las especificaciones. Conecte el pedal del freno.
9 Instale el cilindro maestro y manguera de vacío.
10 Pruebe cuidadosamente la operación de los frenos antes de poner el vehículo en servicio normal.

16.1 Instalación típica del interruptor de la luz del freno con control de crucero

16 Interruptor para la luz del freno - chequeo, ajuste y reemplazo

Refiérase a la ilustración 16.1

1 El interruptor para las luces de los frenos **(vea ilustración)** está localizado en una brida o soporte sobresaliendo el soporte del pedal del freno.
2 Con el pedal del freno en la posición completamente liberado, el pulmón del interruptor debe de ser completamente presionado hacia adentro. Cuando el pedal es deprimido, el pulmón se relaja y envía una corriente eléctrica a las luces del freno en la parte trasera del vehículo.
3 Para chequear el interruptor de la luz de los frenos, simplemente note si las luces de los frenos se iluminan cuando el freno es deprimido y se apagan cuando el pedal es liberado. Si no, ajuste el interruptor. Para hacer esto, deprima el pedal del freno 1/2 pulgada, empuje el interruptor hacia adelante hasta que el cuerpo (no el pulmón) del interruptor haga contacto con el pedal del freno, después libere el pedal. No hale hacia encima el pedal; empujará el interruptor a su posición apropiada por si mismo.
4 Si las luces todavía no se iluminan, el interruptor no está recibiendo voltaje, el interruptor mismo está defectuoso, o el circuito entre el interruptor y las luces está defectuoso. Siempre hay la posibilidad remota de que todos las bombillas de los frenos estén quemadas, pero es muy raro.
5 Use un voltímetro o luz de prueba para verificar que hay voltaje presente en uno lado del los conectores del interruptor. Si no hay voltaje presente, averigüe cual es el problema desde el interruptor a la caja de los fusibles. Si hay voltaje presente, chequee por voltaje en la otra terminal cuando el pedal del freno es deprimido. Si no hay voltaje presente, reemplace el interruptor. Si hay voltaje presente, busque por el problema desde el interruptor a las luces de los frenos (*vea diagramas para los alambrados en el final del Capítulo 12).*
6 Para reemplazar un interruptor defectuoso, simplemente desconecte el conector eléctrico (uno para el circuito del interruptor, uno para el control de crucero) y remueva el interruptor hacia afuera de su soporte. La instalación se hace en el orden inverso al procedimiento de desensamble. Esté seguro de ajustar el interruptor como se describió en el Paso 2.

Notas

Capítulo 10
Sistemas de dirección y suspensión

Contenidos

Especificaciones

Especificaciones técnicas

	Pies-libras
Tuercas de los brazos de control superiores	80
Tuerca de la rótula superior al vástago de la dirección	40
Tuerca de la rótula inferior al vástago de la dirección	80
Tuerca del perno pivote del brazo inferior de control al chasis	90
Tuerca superior del amortiguador delantero	10
Pernos del brazo de control delantero inferior al amortiguador	20
Tuerca del eje delantero a la barra estabilizadora	15
Pernos delanteros del chasis al soporte de la barra estabilizadora	25
Tuercas de los pernos del brazo de control trasero	
Todo menos el trasero superior	110
Trasero superior	80
Calzo inferior al amortiguador trasero	65
Calzo superior al amortiguador trasero	15
Tuerca del brazo de control inferior a la barra estabilizadora trasera	50
Tuercas para aislador del soporte trasero de la barra estabilizadora	30
Pernos de la abrazadera para la barra estabilizadora trasera	20
Tuercas de plato para el ancla del resorte de hoja	40
Tuercas de ojo del resorte delantero de hoja	75
Tuercas traseras de la clavija del grillete	95
Tuercas de la rueda	70
Tuerca del volante al eje de la dirección	30
Tuerca del extremo del tirante al vástago de la dirección	30
Tuerca de ajuste para el extremo del tirante	20
Pernos de la caja de la dirección al chasis	70
Tuerca del eje Pitman	185
Tuerca del brazo Pitman a la barra intermedia	40
Tuerca de la barra intermedia al extremo del tirante	50
Tuerca de la barra intermedia al brazo loco	35
Tuercas del brazo loco al chasis	40
Pernos de pellizco del eje intermedio	50

1.1 Componentes típicos de la suspensión delantera

1	*Barra estabilizadora*	5	*Caja de la dirección*	9	*Amortiguador*	12	*Rótula inferior*
2	*Varilla de relé*	6	*Brazo loco*	10	*Vástago de la dirección*	13	*Brazo de control inferior*
3	*Varilla*	7	*Brazo de control superior*	11	*Resorte espiral*	14	*Varilla de acoplamiento*
4	*Brazo Pitman*	8	*Rótula superior*				

1 Información general

Refiérase a la ilustración 1.1

Peligro: *Cuando cualquiera de los afianzadores de la suspensión o la dirección son aflojados o removidos ellos deben ser inspeccionados y si es necesarios reemplazarlos con unos nuevos del mismo número de parte o de la calidad del equipo original y diseño. Los pasadores de chaveta, usados extensamente en los componentes de la dirección, nunca deben ser vueltos a emplear - siempre reemplácelos con nuevos. Las especificaciones técnicas de torque se deben seguir para el ensamblaje apropiado y la retención del componente. Nunca atente de calentar, enderezar ni soldar ningún componente de la dirección ni la suspensión. Siempre reemplace las partes dobladas y dañadas con nuevas.*

Cada rueda delantera es conectada al chasis por brazos superiores e inferiores de control (brazos A) a través de un vástago de dirección y rótulas superiores e inferiores. Un resorte espiral es instalado entre el brazo de control inferior y el chasis y un amortiguador telescópico es posiciónado adentro del resorte espiral. Una barra estabilizadora conectada a los rieles del chasis y a los brazos de control inferior ayuda a controlar la rotación de la carrocería **(vea ilustración)**.

La suspensión trasera en los modelos coupe, sedan y los modelos convertibles se componen de un eje sólido localizado por brazos de control superiores e inferiores, con resortes espirales suministrando la suspensión. En los modelos de furgonetas los brazos de control y los resortes espirales son reemplazados con resortes de múltiple hojas. Todos los modelos utilizan los amortiguadores telescópicos instalados entre los calzos del resorte o asientos y los rieles del chasis.

El sistema de dirección se compone del volante y la columna, un eje intermedio articulado, una caja con engrane de bolas, un tornillo sinfín y varillas de acoplamiento de la dirección. La dirección de poder es estándar en todos los modelos.

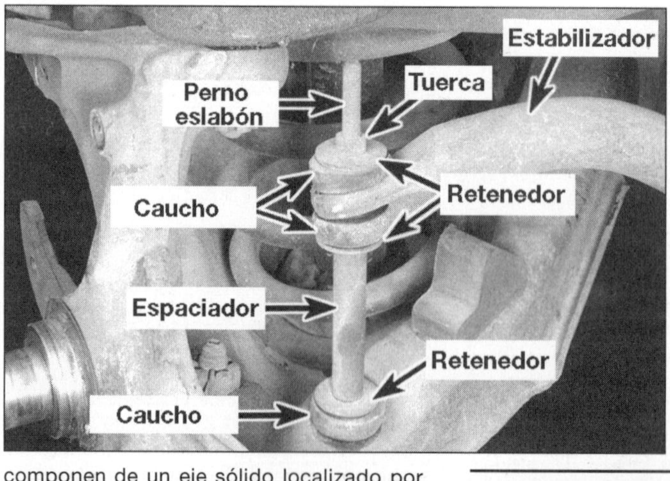

2.2 Barra estabilizadora delantera típica para el acoplamiento del brazo de control inferior

2 Barra estabilizadora delantera - remover e instalar

Refiérase a las ilustraciones 2.2 y 2.3

Remover

1 Levante el vehículo y sopórtelo firmemente sobre estantes. Aplique el freno de estacionamiento.

2 Remueva las tuercas de la barra estabilizadora, notando como las arandelas y los bujes están colocados **(vea ilustración)**. Ponga un par de alicates a la barra estabilizadora para prevenirla que gire.

2.3 Remueva los soportes y bujes de caucho en cada lado que conectan la barra estabilizadora al chasis

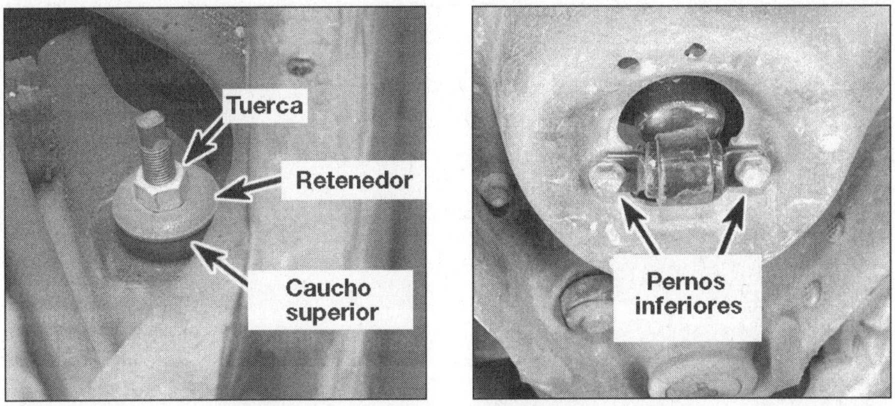

3.2 Montaje típico del amortiguador delantero

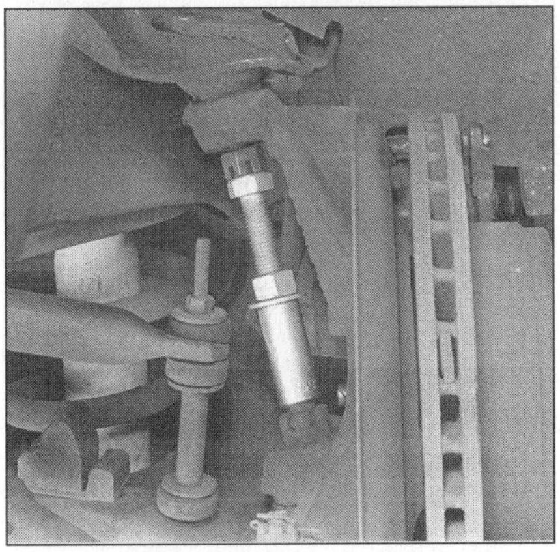

4.4 Una herramienta especial GM (J-23742) es usada para empujar la rótula hacia afuera del vástago de la dirección, pero una herramienta alternativa se puede fabricar de un perno grande, una tuerca, una arandela y un dado

4.5 Taladre orificios pilotos en las cabezas de los remaches de la rótula con una broca de 1/8 pulgada, después use una broca de 1/2 pulgada para cortar las cabezas de los remaches - tenga cuidado de no ampliar los orificios en el brazo de control

3 Remueva los pernos del soporte de la barra estabilizadora y separe la barra del vehículo **(vea ilustración)**.

4 Estire los soportes fuera de la barra estabilizador e inspeccione por roturas de los bujes, endurecimiento y otros signos de deterioración. Si los bujes están dañados, córtelos de la barra.

Instalar

5 Posicione los bujes de la barra estabilizadora en la barra con la ranura mirando hacia la parte delantera del vehículo. **Nota:** *La desviación en la barra debe estar mirando hacia abajo.*

6 Empuje los soportes encima de los bujes y levante la barra hasta el chasis. Instale los pernos de soporte pero no los apriete completamente por ahora.

7 Instale las tuercas de la barra estabilizadora, arandelas, bujes de caucho y apriete las tuercas firmemente.

8 Apriete los pernos del soporte.

3 Amortiguadores delanteros - remover e instalar

Refiérase a la ilustración 3.2

Remover

1 Afloje las tuercas de la rueda, levante el vehículo y sopórtelo firmemente sobre estantes. Aplique el freno de estacionamiento. Remueva la rueda.

2 Remueva la tuerca superior del vástago del amortiguador **(vea ilustración)**. Use una llave abierta para detener que gire el vástago. Si la tuerca no se afloja a causa de oxidación, aplique un chorro de aceite penetrante en las roscas del vástago y permita que se empape por un rato. Pueda que sea necesario detener el vástago para que no gire con un par de alicates, debido a que las planas proporcionadas para una llave son bastantes pequeñas.

3 Remueva los dos pernos inferiores del amortiguador y remueva el amortiguador a través del orificio del brazo de control inferior. Remueva las arandelas y los anillos de caucho de la parte superior del amortiguador.

Instalar

4 Extienda el amortiguador nuevo hacia afuera lo más posible. Posicione una arandela nueva y un anillo de caucho nuevo en el vástago y gire el amortiguador hacia encima del resorte espiral y adentro del calzo superior.

5 Instale el anillo de caucho superior, la arandela y menee el vástago hacia adelante y hacia atrás para asegurarse que los anillos de caucho están centrados en el montaje. Apriete la tuerca del vástago firmemente.

6 Instale los pernos del soporte inferior y apriételo firmemente.

4 Rótulas - reemplazo

Refiérase a las ilustraciones 4.4, 4.5 y 4.8

Rótula superior

1 Afloje las tuercas de la rueda, levante el vehículo y sopórtelo firmemente sobre estantes. Aplique el freno de estacionamiento. Remueva la rueda.

2 Coloque un gato o un estante debajo del brazo de control inferior. **Peligro:** *El gato o el estante debe permanecer debajo del brazo de control durante el proceso de remover e instalar la rótula para detener el resorte y el brazo de control en posición.*

3 Remueva la chaveta del espárrago de la rótula y gire hacia atrás la tuerca dos vueltas.

4 Separe la rótula del vástago de la dirección (use la herramienta GM no. J-23742 o una equivalente para apretar la rótula hacia afuera del vástago de la dirección) **(vea ilustración)**. Una herramienta equivalente se puede fabricar de un perno grande, una tuerca, una arandela y un dado. Avellane el centro de la cabeza del perno con una broca grande para prevenir que la herramienta se resbale del espárrago de la rótula. Instale la herramienta como está mostrado en la ilustración, detenga la cabeza del perno con una llave y apriete la tuerca contra la arandela hasta que la rótula salte hacia afuera. Note que la tuerca de la rótula no haya sido removida completamente.

5 Usando una broca de 1/8 pulgada, taladre un orificio de 1/4 pulgada de profundidad

4.8 Instale la rótula de reemplazo en el brazo de control superior con las tuercas mirando hacia encima

en el centro de cada cabeza del remacha **(vea ilustración)**.

6 Usando una broca de un diámetro de 1/2 pulgada, taladre hacia afuera las cabezas del remache.

7 Use un punzón para remover la espiga del remacha hacia afuera, entonces remueva la rótula del brazo de control.

8 Posicione la rótula nueva en el brazo de control e instale los pernos y tuercas suministrados en el juego **(vea ilustración)**. Esté seguro de apretar las tuercas al par de torsión especifican en la hoja de instrucción del juego de rótula.

9 Inserciónе el espárrago de la rótula en el vástago de la dirección e instale la tuerca, apretándola al par de torsión especificado.

10 Instale una chaveta nueva, apretando la tuerca levemente si es necesario para alinear una hendidura en la tuerca con el orificio en el espárrago de la rótula.

11 Instale la copilla de grasa de la rótula y llene la acoplación con grasa.

12 Instale la rueda, apretando las tuercas al par de torsión especificado.

13 Conduzca el vehículo a un taller de alineación para que la alineación delantera sea chequeada y si es necesario, ajustarla.

Rótula inferior

14 La rótula inferior está prensada en el brazo de control inferior y requiere herramientas especiales para removerla y reemplazarla. Refiérase a la Sección 6, remueva el brazo de control inferior y llévelo a un taller automovilístico de rectificación para hacer que la rótula vieja sea prensada hacia afuera y la rótula nueva prensada hacia adentro.

5 Brazo de control superior - remover e instalar

Refiérase a la ilustración 5.4

Remover

1 Afloje las tuercas de la rueda, levante la parte delantera del vehículo y sopórtelo fir-

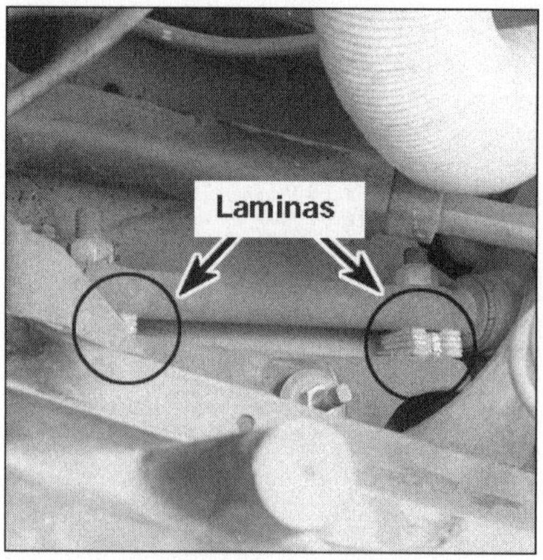

5.4 Note las ubicaciones de las láminas de alineamiento y regréselas a sus posiciones originales

memente sobre estantes. Aplique el freno de estacionamiento. Remueva la rueda.

2 Sostenga el brazo de control inferior con un gato o estante. El punto de apoyo debe estar lo más cerca de la rótula como sea posible para darle el apalancamiento máximo en el brazo de control inferior.

3 Desconecte la rótula superior del vástago de la dirección (refiérase a la Sección 4). **Nota:** *No use un separador de rótula de tipo "tenedor", puede dañar los sellos de la rótula.*

4 Remueva las tuercas y los pernos del brazo de control al chasis, registrando la posición de cualquier lamina para ajustes para la alineación. Ellas deben ser ubicadas en la misma posición para mantener la alineación de la rueda **(vea ilustración)**.

5 Separe el brazo de control del vehículo. **Nota:** *Los bujes del brazo de control están apretados en su posición y requieren herramientas especiales para removerlos e instalarlos. Si los bujes deben ser reemplazados, lleve el brazo de control al departamento de servicio de su concesionario o un taller automovilístico de rectificación para hacer que los bujes viejos sean prensados hacia afuera y los nuevos prensados hacia adentro.*

Instalar

6 Posicione el brazo de control en el chasis e instale los pernos y tuercas. Instale cualquier lamina para ajustes de la alineación que fueron removidas. Apriete las tuercas al par de torsión especificado.

7 Inserciónе el espárrago de la rótula en el vástago de la dirección y apriete la tuerca al par de torsión especificado. Instale una chaveta nueva, apretando la tuerca levemente, si es necesario, para alinear una hendidura en la tuerca con el orificio en el espárrago de la rótula.

8 Instale la rueda, las tuercas y baje el vehículo. Apriete las tuercas al par de torsión especificado.

9 Conduzca el vehículo a un taller de alineación para hacer que la alineación delantera sea chequeada y si es necesario ajustarla.

6 Brazo de control inferior - remover e instalar

Refiérase a la ilustración 6.6

Remover

1 Afloje las tuercas de la rueda, levante el vehículo y sopórtelo firmemente sobre estantes. Aplique el freno de estacionamiento. Remueva la rueda.

2 Remueva el amortiguador (vea Sección 3).

3 Desconecte la barra del estabilizador del brazo de control inferior (Sección 2).

4 Remueva el resorte espiral como está descrito en la Sección 8.

5 Remueva la chaveta y gire hacia atrás la tuerca inferior del espárrago de la rótula del brazo de control dos vueltas. Separe la rótula del vástago de la dirección (Sección 4).

6 Remueva el brazo de control del vehículo **(vea ilustración)**. **Nota:** *Los bujes del brazo de control están apretados en su posición y requieren herramientas especiales para removerlo e instalarlo. Si los bujes deben ser reemplazados, lleve el brazo de control al departamento de servicio de su concesionario o un taller automovilístico de rectificación para hacer que los bujes viejos sean prensados hacia afuera y unos nuevos prensados hacia adentro.*

Instalar

7 Inserciónе el espárrago de la rótula en el vástago de la dirección, apriete la tuerca al par de torsión especificado e instale una chaveta nueva. Si es necesario, apriete la tuerca para alinear levemente una hendidura en la tuerca con el orificio en el espárrago de la rótula.

8 Instale el resorte espiral (Sección 8), los pernos y tuercas inferiores del pivote del brazo de control, pero no lo apriete completamente por ahora.

9 Conecte la barra del estabilizador al brazo de control inferior.

10 Instale la rueda y las tuercas, baje el vehículo y apriete las tuercas al par de tor-

6.6 Detalles típicos de los pernos del brazo de control inferior

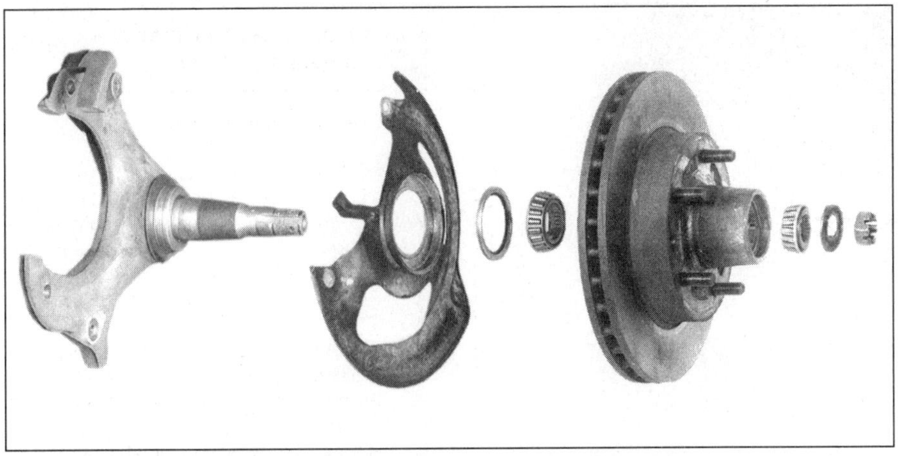

7.2 Ensamblaje típico del vástago de la dirección, rotor y balero

sión especificado.

11 Con el vehículo a la altura normal, apriete las tuercas inferiores del perno pivote del brazo de control al par de torsión especificado.

12 Conduzca el vehículo a un taller de alineación para hacer que la alineación delantera sea chequeada y si es necesario ajustarla.

7 Vástago de la dirección - remover e instalar

Refiérase a la ilustración 7.2

Remover

1 Afloje las tuercas de la rueda, levante el vehículo y sopórtelo firmemente sobre estantes colocado debajo del chasis. Aplique el freno de estacionamiento. Remueva la rueda.

2 Remueva la mordaza del freno **(vea ilustración)** y la suspende con un pedazo de alambre (Capítulo 9). ¡No permita que cuelgue de la manguera del freno!

3 Remueva el rotor del freno y el ensamblaje del cubo (vea Capítulo 1).

4 Remueva el protector del vástago de la dirección.

5 Separe el final de la varilla de acoplamiento del brazo de la dirección (vea Sección 17).

6 Si el vástago de la dirección debe ser reemplazado, remueva el sello de polvo del vástago haciéndole palanca hacia afuera con un destornillador. Si está dañado, reemplácelo con uno nuevo.

7 Posicione un gato de piso debajo del brazo de control inferior y levántelo levemente para remover la presión del resorte de la parada de la suspensión. El gato debe permanecer en esta posición a través del procedimiento completo.

8 Remueva las chavetas de los espárragos superiores e inferiores de la rótula y afloje las tuercas dos vueltas cada una.

9 Separe las rótulas del vástago de la dirección con un separador de rótula (Sección 4). **Nota:** *Un separador de la rótula del tipo "tenedor" puede dañar los sellos de la rótula.*

10 Remueva las tuercas de los espárragos de la rótula, separe los brazos de control del vástago de la dirección y remueva el vástago de la dirección del vehículo.

Instalar

11 Coloque el vástago de la dirección entre los brazos superiores e inferiores de control e insercióne los espárragos de la rótula en el vástago de la dirección, comenzando con la rótula inferior. Instale las tuercas y apriételas al par de torsión especificado. Instale las chavetas nuevas, apretando las tuercas para alinear levemente las hendiduras en las tuercas con los orificios en los espárragos de la rótula, si es necesario.

12 Instale el protector.

13 Conecte el final de la varilla de acoplamiento al brazo de la dirección y apriete la tuerca al par de torsión especificado. Esté seguro de usar una chaveta nueva.

14 Instale el rotor del freno y ajuste los baleros de las ruedas siguiendo el procedimiento del plan general en el Capítulo 1.

15 Instale la mordaza del freno.

16 Instale la rueda y las tuercas. Baje el vehículo al piso y apriete las tuercas al par de torsión especificado.

8 Resortes espirales delanteros - remover e instalar

Remover

1 Afloje las tuercas de la rueda, levante el vehículo y sopórtelo firmemente sobre estantes colocado debajo del chasis. Aplique el freno de estacionamiento. Remueva la rueda.

2 Remueva el amortiguador (Sección 3).

3 Desconecte la barra del estabilizador del brazo de control inferior (Sección 2).

4 Posicione un gato debajo de la orilla interior del brazo de control inferior. Asegúrese que el gato está centrado desde la parte delantera a la parte trasera.

5 Ponga una cadena de seguridad a través del brazo de control, el resorte y póngale pernos en las puntas de la cadena para cerrarla. Asegúrese que haya suficiente juego libre en la cadena para que no inhibirá la extensión del resorte cuando el brazo de control sea bajado.

6 Levante el gato para aliviar levemente la presión del resorte de los pernos pivote del brazo de control y remueva las tuercas y los pernos. Si los pernos están duros de remover, acciónelos hacia afuera con una deriva larga y estrecha.

7 Baje lentamente el gato hasta que el resorte espiral esté completamente extendido.

8 Destornille la cadena de seguridad y maniobre el resorte espiral hacia afuera. No aplique presión hacia abajo en el brazo de control inferior porque puede dañar la rótula. Si el aislador superior del resorte espiral no está encima del resorte, alcance por encima del bolsillo del resorte y remuévalo.

Instalar

9 Coloque los aisladores en la parte superior y el fondo del resorte espiral (parte superior del resorte que esté completamente en el fondo, haga una mella cerca del final del resorte).

10 Instale la parte superior del resorte en el bolsillo del resorte y el fondo en el brazo de control inferior. El final del resorte inferior se debe asentar en la porción inferior de receso del asiento del resorte.

11 Coloque el gato debajo del brazo de control inferior, instale la cadena de seguridad y levante lentamente el brazo de control en su posición. Cuando las roscas para los pernos están alineadas, instale los pernos con las cabezas del perno hacia el centro del brazo de control. Pueda que sea necesario meter un punzón en el soporte y en el buje del brazo de control para alinear las roscas. No apriete completamente las tuercas en este tiempo.

12 Instale el amortiguador (Sección 3).

13 Conecte la barra del estabilizador al brazo de control inferior (Sección 2).

14 Instale la rueda y las tuercas. Baje el vehículo y apriete las tuercas al par de torsión especificado.

15 Alcance debajo del vehículo y apriete las tuercas inferiores del perno pivote del brazo de control al par de torsión especificado.

16 Conduzca el vehículo a un taller de alineación para hacer que la alineación delantera sea chequeada y si es necesario ajustarla.

9 Barra estabilizadora trasera - remover e instalar

Refiérase a la ilustración 9.2

Modelos con resortes espiral

1 Levante la parte trasera del vehículo y sopórtelo firmemente sobre estantes.

2 Remueva las dos tuercas y pernos en cada lado asegurando la barra estabilizadora a los brazos de control inferiores **(vea ilustración)**.

3 Remueva la barra estabilizadora y si está presente, las laminas para ajustes instaladas entre la barra y el brazo inferior de control en cada lado.

4 La instalación se hace en el orden inverso al procedimiento de desensamble, esté seguro de reemplazar las láminas de ajustes (si algunas fueron removidas) y apriete las tuercas y los pernos al par de torsión especificado.

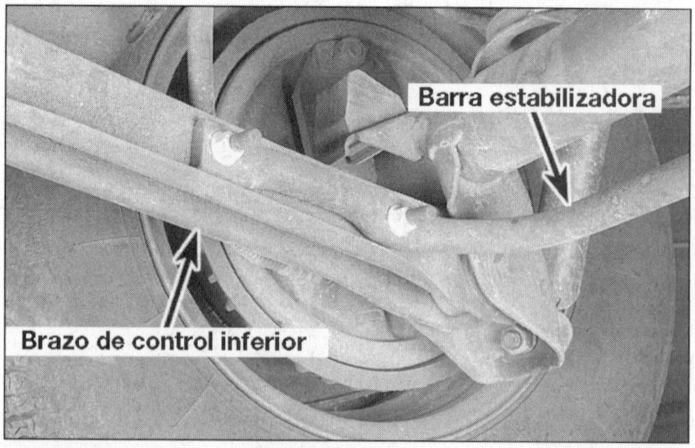

9.2 En los modelos con resortes espirales, la barra estabilizadora se atornilla al brazo inferior de control en cada lado

10.3 Montaje típico del amortiguador en los modelos con resortes espirales

Modelos con resortes de hojas

5 Levante la parte trasera del vehículo y sopórtelo firmemente sobre estantes.

6 Desconecte el ensamblaje inferior de apoyo del final de cada barra estabilizadora removiendo los pernos de la abrazadera.

7 Remueva el aislador y el soporte de cada plato de anclaje para el resorte y baje la barra estabilizadora del vehículo.

8 La instalación se hace en el orden inverso al procedimiento de desensamble, esté seguro de apretar las tuercas para el soporte del aislador y los pernos de la abrazadera del ensamblaje de apoyo al par de torsión especificado. **Nota:** *Cuando esté instalando los aisladores en la barra estabilizadora, la abertura en el aislador debe mirar hacia el frente del vehículo.*

10 Amortiguadores traseros - remover e instalar

Refiérase a la ilustración 10.3

1 Levante la parte trasera del vehículo y sopórtelo firmemente sobre estantes.

2 En los modelos con resortes de hojas, remueva la rueda y el neumático.

3 En los modelos donde el final inferior del amortiguador es retenido al eje por un espárrago, remueva la tuerca y la arandela **(vea ilustración)**.

4 En los modelos donde el final inferior del amortiguador es retenido al eje por un perno, remueva la tuerca, la arandela de cierre y el perno.

5 Remueva los dos pernos superiores que aseguran el amortiguador al chasis y remueva el amortiguador del vehículo.

6 La instalación se hace en el orden inverso al procedimiento de desensamble.

11 Resortes espirales traseros - remover e instalar

Refiérase a la ilustración 11.6

1 Levante la parte trasera del vehículo y sopórtelo firmemente sobre estantes debajo los rieles del chasis.

2 Remueva las ruedas traseras.

3 Coloque un gato de piso debajo del centro del albergue del diferencial y levante el eje hasta que los resortes espirales apenas comiencen a comprimir. **Peligro:** *Cuando los resortes sean removidos, el gato de piso será el único apoyo para el ensamblaje del eje trasero, así que esté seguro de ponerlo en posición correctamente.*

4 Desconecte los extremos inferiores de ambos amortiguadores del eje trasero.

5 Remueva el retenedor que conecta la línea de freno al miembro transversal del chasis.

6 Baje cuidadosamente el gato apenas lo suficiente para remover el aislador del resorte y caucho (encima del resorte) **(vea ilustración)**. **Nota:** *Cuando esté removiendo el resorte note la posición de la marca de los extremos del resorte, la parte superior e inferior. El resorte debe ser reinstalado en la misma posición del extremo del resorte.*

7 La instalación se hace en el orden inverso al procedimiento de desensamble.

12 Brazos traseros de control - remover e instalar

Refiérase a las ilustraciones 12.3a y 12.3b

1 Levante el vehículo y sopórtelo firmemente sobre estantes colocados debajo del albergue del eje.

Brazo superior

2 Sostenga la nariz del diferencial con un gato de piso para mantener el albergue del

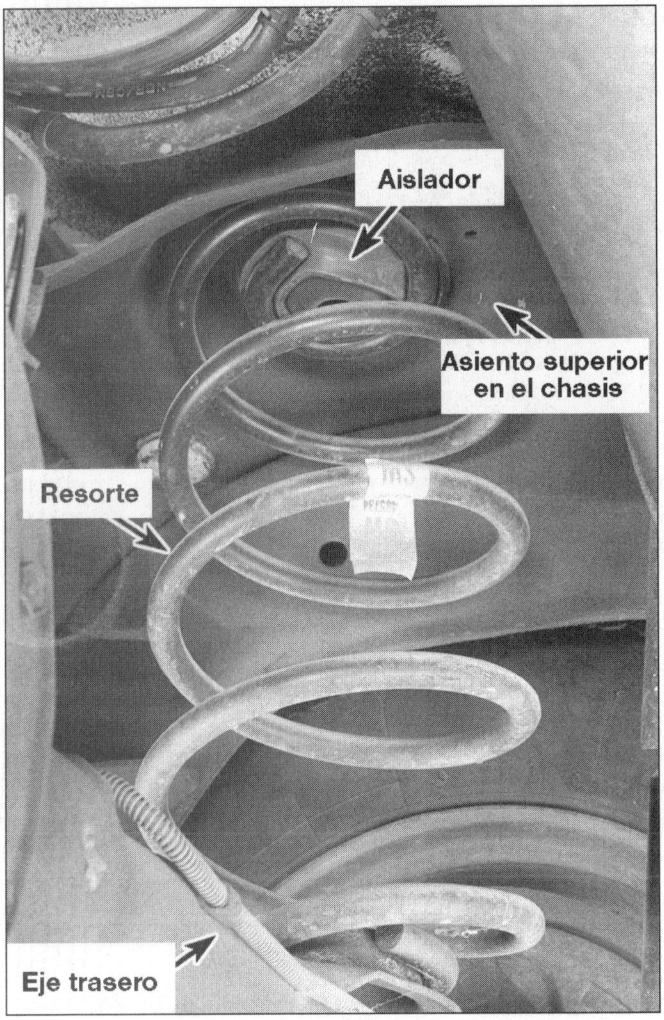

11.6 Resorte espiral trasero típico y detalles del aislador

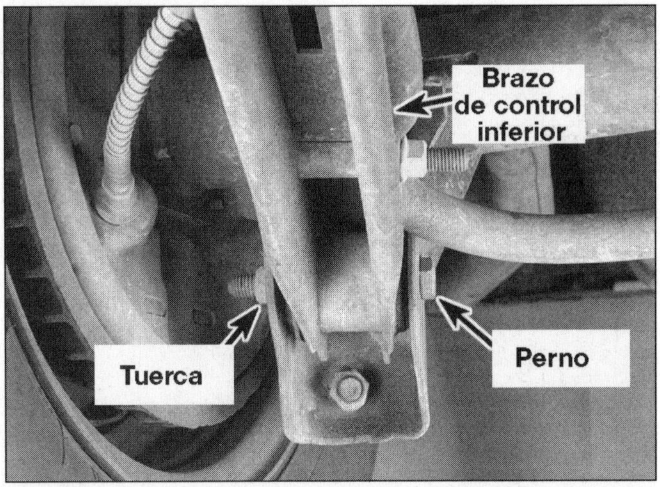

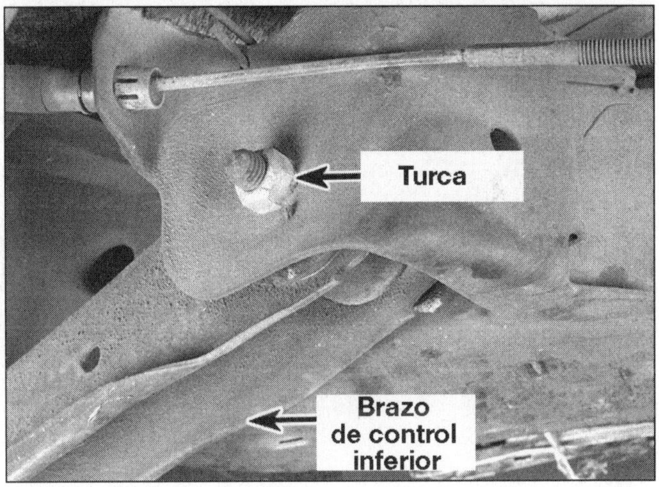

12.3a Detalles típicos del brazo de control inferior trasero usado en los modelos con resortes espirales

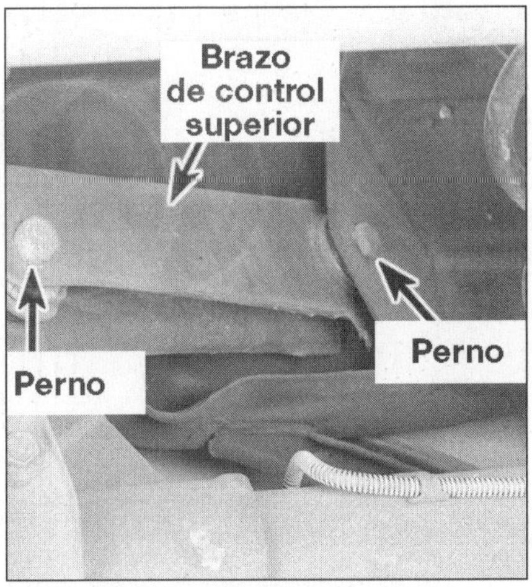

12.3b Detalles típicos del brazo de control superior trasero usado en los modelos con resortes espirales

eje para que no haga pivote cuando los brazos de control sean removidos.

3 Remueva el perno del pivote deteniendo el brazo de control trasero de la oreja en el albergue del eje **(vea ilustraciones)** y hágale palanca al brazo de control hacia encima hasta que libere la oreja.

4 En los modelos más antiguos, destornille el soporte superior del brazo de control del miembro transversal del chasis.

5 En los modelos más modernos, remueva el perno pivote del brazo de control en el miembro transversal del chasis.

6 Remueva el brazo de control.

7 La instalación se hace en el orden inverso al procedimiento de desensamble.

8 Baje el vehículo al piso y apriete todos los pernos del brazo de control al par de torsión especificado.

Brazo de control inferior

9 Sostenga la nariz del diferencial con un gato de piso para mantener el albergue del eje que no haga pivote cuando los brazos de control sean removidos.

10 Remueva el perno pivote reteniendo el brazo de control trasero del asiento inferior del resorte y hágale palanca al brazo de control hacia abajo hasta que libere las pestañas del asiento del resorte.

11 Remueva el perno pivote del brazo de control en el riel del chasis.

12 Remueva el brazo de control.

13 La instalación se hace en el orden inverso al procedimiento de desensamble.

14 Baje el vehículo al piso y apriete todos los pernos del brazo de control al par de torsión especificado.

13 Resortes de hojas - remover e instalar

Refiérase a la ilustración 13.4

1 Levante el vehículo y sopórtelo firmemente sobre estantes colocados debajo de los rieles del chasis, apenas enfrente de los calzos del resorte delantero.

2 Remueva la tuerca o perno de montaje del amortiguador inferior y comprímalo para moverlo hacia encima afuera del camino.

3 Coloque un gato de piso debajo del albergue del eje y levante el albergue del eje levemente.

4 Remueva las tuercas del plato de

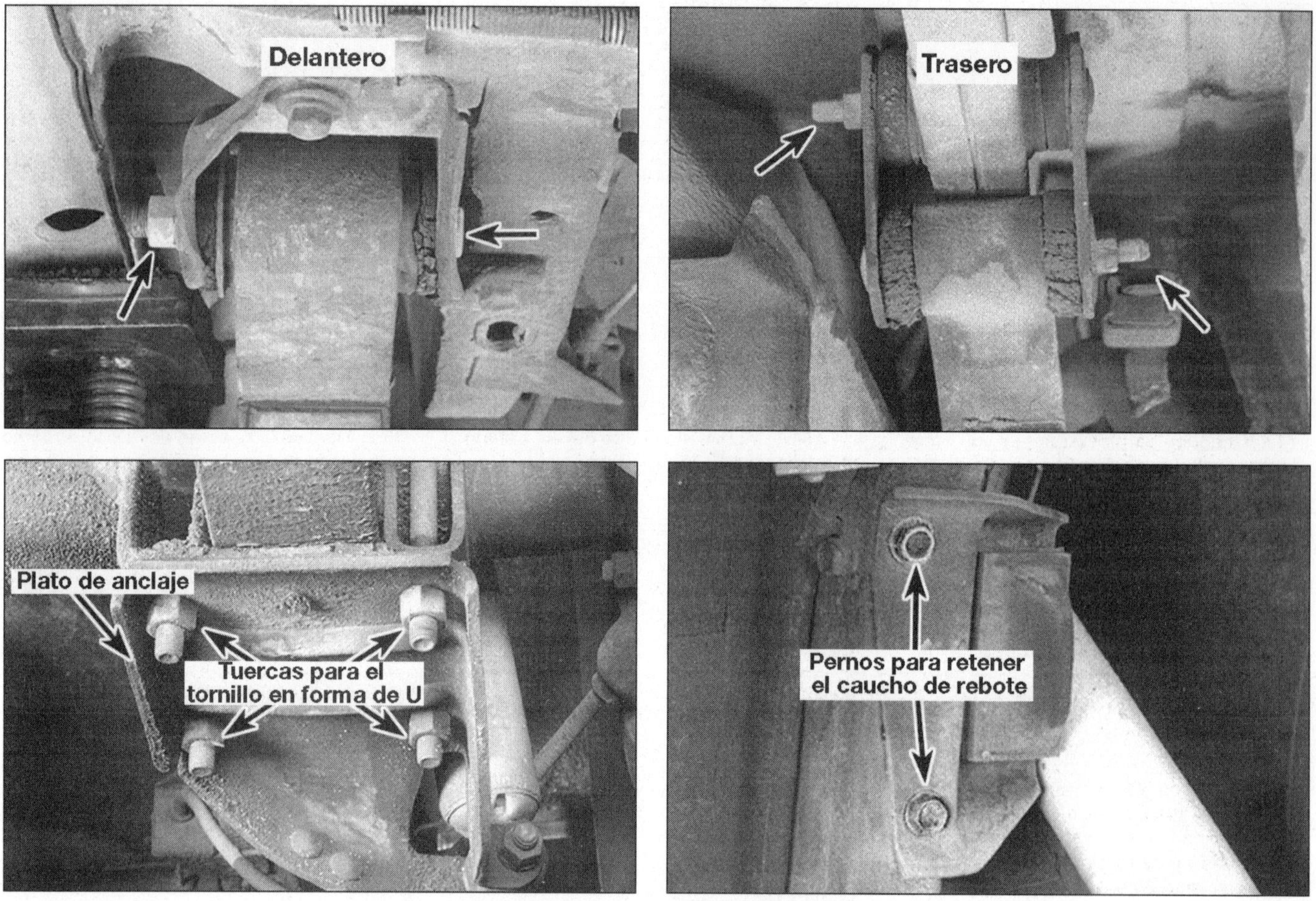

13.4 Detalles típicos del montaje del resorte de hojas

anclaje, retire el plato de anclaje, baje el resorte y el cojín **(vea ilustración)**.

5 Use el gato de piso para levantar el eje hacia afuera del resorte y remueva la almohadilla superior del resorte.

6 Afloje las tuercas superiores e inferiores de la clavija del grillete en el lado trasero del resorte.

7 Sostenga el frente del resorte, remueva el perno delantero y permítalo que haga columpio hacia abajo.

8 Remueva el grillete inferior del resorte y retire el resorte del vehículo.

9 La instalación se hace en el orden inverso al procedimiento de desensamble. Con el vehículo bajado al piso y el peso completo en los resortes, apriete todos los afianzadores al par de torsión especificado.

14 Volante - remover e instalar

Refiérase a las ilustraciones 14.2, 14.3, 14.4 y 14.5

1 Desconecte el cable del terminal negativo de la batería.

2 Estire la almohadilla de la bocina del volante y desconecte el alambre del interruptor de la bocina **(vea ilustración)**.

3 Remueva el retenedor de seguridad del eje de la dirección **(vea ilustración)**.

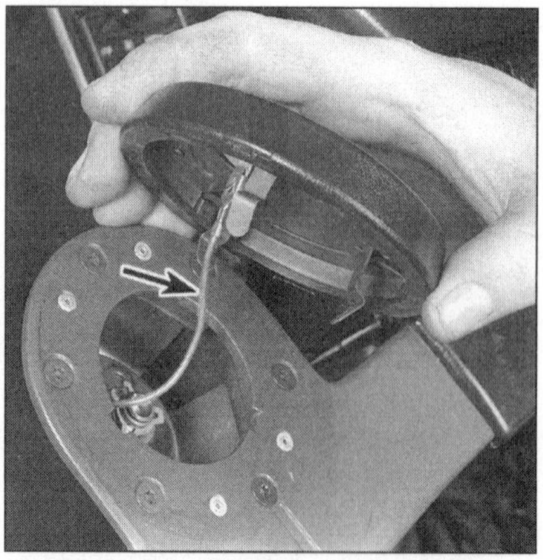

14.2 Aunque las formas puedan variar en los diferentes modelos, la almohadilla de la bocina es removida agarrándola firmemente y removiéndola del volante - esté seguro de separar el alambre (flecha) de la bocina

4 Remueva la tuerca reteniendo el volante entonces marque la relación del eje de la dirección al cubo (si no existen marcas o no están en línea) para simplificar la instalación y asegurar la alineación del volante **(vea ilustración)**.

14.3 Alicates de anillos de presión son usados para remover el retenedor de seguridad del eje de la dirección

5 Use un extractor para desconectar el volante del eje **(vea ilustración)**.

6 Para instalar el volante, alinee la marca en el cubo del volante con la marca en el eje y resbale la rueda en el eje. Instale la tuerca del eje y la aprieta al par de torsión especificado. Instale el retenedor de seguridad.

7 Conecte el alambre de la bocina e ins-

14.4 Chequee para estar seguro que hay marcas de alineamiento en el eje de la dirección y el volante (flecha) - si ellos no están o no forman fila, ralle o pinte marcas nuevas

14.5 Remueva el volante del eje con un extractor - ¡no martille en el eje!

15.2 Marque la relación del eje intermedio al eje (flecha) de la dirección y el eje de entrada en la caja de la dirección

tale la almohadilla de la bocina.

8 Conecte el cable negativo de la batería.

15 Eje intermedio - remover e instalar

Refiérase a las ilustraciones 15.2 y 15.3

1 Gire las ruedas delanteras a la posición recta mirando hacia adelante.

2 Usando pintura blanca, ponga marcas de alineamiento en su lugar en la acoplación universal superior, el eje de la dirección, la acoplación universal inferior y el eje de entrada de la caja de la dirección **(vea ilustración)**.

3 Remueva los pernos de pellizco superiores e inferiores universales **(vea ilustración)**. Algunos modelos requieren que la caja de la dirección sea bajada para remover el eje.

4 Hágale palanca al eje intermedio hacia afuera de la acoplación universal del eje de la dirección con un destornillador grande, entonces hale el eje de la caja de la dirección.

5 La instalación se hace en el orden inverso al procedimiento de desensamble. Esté seguro de alinear las marcas y apretar los pernos de pellizco al par de torsión especificado.

16 Caja de la dirección - remover e instalar

Refiérase a las ilustraciones 16.4 y 16.5

Remover

1 Levante la parte delantera del vehículo y sopórtelo firmemente sobre estantes. Aplique el freno de estacionamiento.

2 Coloque una bandeja de drenaje debajo de la caja de la dirección (dirección de poder solamente). Remueva las líneas de presión y de regreso de la dirección de poder y tape las puntas para prevenir la pérdida y la contaminación excesivas de los líquidos.

3 Marque la relación del eje intermedio inferior universal al eje de entrada de la caja de la dirección. Remueva el perno de pellizco intermedio inferior del eje.

4 Marque la relación del brazo Pitman al eje Pitman para que pueda ser instalado en misma la posición **(vea ilustración)**. Remueva la tuerca y la arandela.

5 Remueva el brazo Pitman del eje con un extractor de dos mandíbulas **(vea ilustración)**.

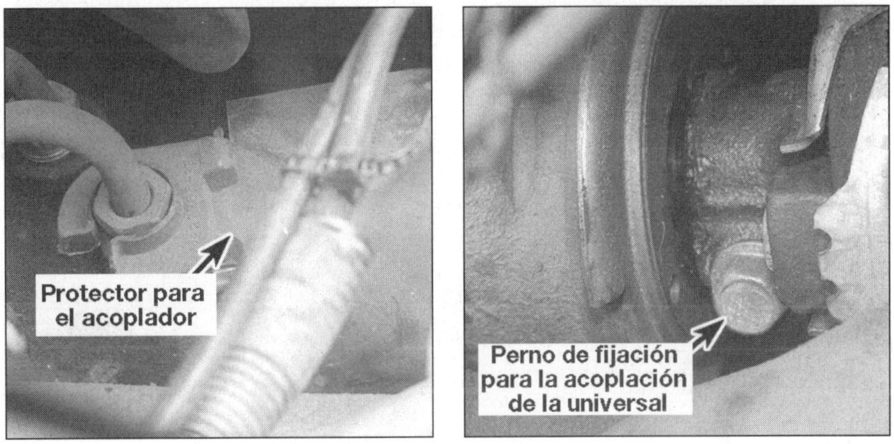

15.3 Detalles típicos de la instalación del eje intermedio

16.4 Marque con pintura marcas de alineamiento en el brazo Pitman y el eje de salida de la caja de la dirección, entonces remueva la tuerca y la arandela

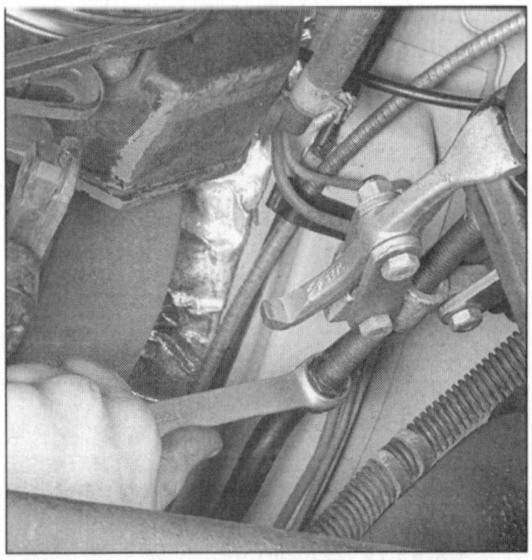

16.5 Use un extractor para remover el brazo Pitman del eje de salida de caja de la dirección

17.3 Detalles típicos del montaje para los pernos de la bomba de poder de la dirección (flechas)

6 Sostenga la caja de la dirección y remueva los pernos de retención de la caja de la dirección al chasis.Baje la unidad, separe el eje intermedio del eje de entrada de la caja de la dirección y remueva la caja de la dirección hacia afuera del vehículo.

Instalar

7 Levante la caja de la dirección en su posición y conecte el eje intermedio, alineando las marcas.
8 Los pernos, las arandelas de instalación y apriételos al par de torsión especificado.
9 Deslice el brazo Pitman en el eje Pitman, asegúrese que las marcas están alineadas. Instale la arandela, la tuerca y apriete la tuerca al par de torsión especificado.
10 Instale el perno intermedio inferior del pellizco del eje y lo aprieta al par de torsión especificado.
11 Conecte las mangueras de presión de la dirección de poder y la de regreso a la caja de la dirección y llene el depósito de la bomba de la dirección de poder con el fluido recomendado (Capítulo 1).
12 Baje el vehículo y purgue el sistema de la dirección como está descrito en la Sección 18.

17 Bomba para la dirección de poder - remover e instalar

Refiérase a la ilustración 17.3

1 Desconecte las líneas hidráulicas de la bomba o la caja de la dirección y sosténgalas en una posición levantada para mantener el fluido drenando.
2 Afloje los pernos de retención de la bomba y hágale pivote a la bomba hacia adentro (hacia el motor) hasta que la banda pueda ser removida.
3 Remueva los pernos de anclaje de la bomba, soportes y remueva la bomba **(vea ilustración)**.
4 Vuelva a instalar la bomba invirtiendo el procedimiento de remover. Antes de instalar la banda, purgue la bomba llenando el depósito con fluido, entonces gire la polea en la dirección opuesta a la rotación normal hasta que ninguna burbuja más de aire sea observada en el depósito.
5 Instale la banda (Capítulo 1) y purgue el sistema como se indica en la Sección 18.

18 Sistema de dirección - purgar

1 Siguiendo cualquier operación en que las líneas del fluido de la dirección de poder se hayan desconectado, el sistema de la dirección de poder se debe purgar para remover todo el aire y obtener el desempeño apropiado de la dirección.
2 Con las ruedas delanteras en la posición recta mirando hacia adelante, chequee el nivel del fluido de la dirección de poder y si está bajo, agregue el fluido hasta que llegue a la marca Fría en la varilla de medir el aceite.
3 Ponga el motor en marcha y permita que corra en marcha mínima rápida. Chequee el nivel del fluido y agregue más si es necesario hasta llegar a alcanzar la marca Fría en la varilla de medir el aceite.
4 Purgue el sistema volteando las ruedas de lado a lado, sin golpear las paradas. Esto trabajará el aire hacia afuera del sistema. Mantenga el depósito lleno de fluido mientras esto se hace.
5 Cuando el aire es trabajado afuera del sistema, ponga las ruedas completamente mirando en la posición hacia el frente y permita que el vehículo corra por varios minutos más antes de apagarlo.
6 Pruebe el vehículo en la carretera para estar seguro que el sistema de dirección está funcionando normalmente y libre de ruido.
7 Chequee el nivel del fluido para estar seguro que está hasta la marca Caliente en la varilla de medir el aceite mientras el motor está a la temperatura normal de operación. Agregue fluido si es necesario (vea Capítulo 1).

19 Varillas de acoplamiento de la dirección - inspección, remover e instalar

Peligro: *Cuando cualquiera de los afianzadores de la suspensión o dirección son aflojados o removidos, ellos deben ser inspeccionados y si es necesario reemplazarlos con unos nuevos y del mismo número de parte o calidad del equipo original y diseño. Las especificaciones técnicas se deben seguir para apropiadamente instalar y retener el componente. Nunca atente de calentar, enderezar ni soldar ningún componente de la suspensión ni la dirección. En vez, reemplace cualquier parte doblada o dañada con una nueva.*

Caución: *No use un separador de rótula de tipo "tenedor", puede dañar los sellos de las rótulas.*

Inspección

Refiérase a la ilustración 19.5

1 El acoplamiento de la dirección conecta la caja de la dirección a las ruedas delanteras y mantiene las ruedas en relación apropiada una con la otra. El acoplamiento se compone del brazo Pitman, acoplando al eje de la caja de la dirección, que mueve la varilla relé hacia adelante y hacia atrás através de la varilla de acoplación. La varilla del relé es sostenida en cada extremo por brazos montados al brazo loco en el chasis. El movimiento hacia adelante y hacia atrás de la varilla del relé es transmitido a los vástagos de la dirección a través de un par de varillas de acoplamiento. Cada varilla de acoplamiento es hecha de dos extremos de tirante de articulación, uno interior y uno exterior, un tubo roscado ajustador y dos abrazaderas.
2 Ponga las ruedas en posición recta mirando hacia adelante y cierre el volante.
3 Levante un lado del vehículo hasta que el neumático esté aproximadamente 1 pulgada del piso.
4 Instale un indicador de reloj con la aguja que descanse en la orilla exterior de la rueda. Agarre la parte delantera y trasera del neumático y usando ligera presión, menee la rueda hacia adelante y hacia atrás y note la lectura del indicador de reloj. El medidor debe leer menos de 0.108 pulgada. Si el juego en el sistema de la dirección es más que lo especificado, inspeccione cada punto de pivote para el acoplamiento de la dirección y los espárragos de las bolas por juego y reemplace las partes si es necesario.
5 Levante el vehículo y soporte sobre estantes. Empuje hacia encima, entonces hale hacia abajo en el final de la varilla del relé del brazo loco, ejerza una fuerza de aproximadamente 25 libras en cada dirección. Mida la distancia total que viaja cada brazo **(vea ilustración)**. Si el juego es más de 1/4 pulgada, reemplace el brazo loco.
6 Chequee por fuelles rotos de los espárragos de bola, acoplaciones congeladas y componentes doblado o dañados de acoplamiento.

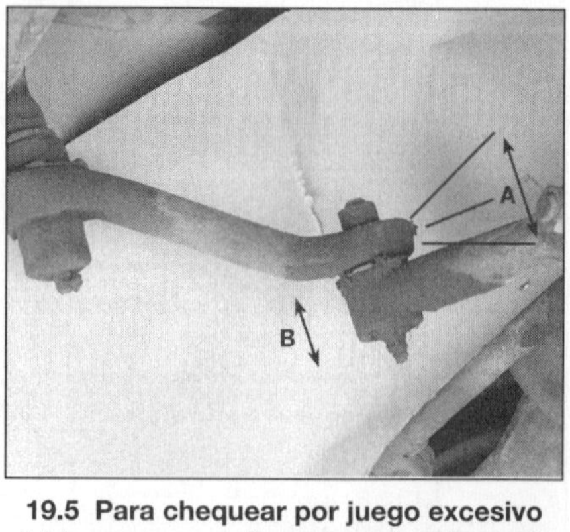

19.5 Para chequear por juego excesivo del brazo loco, aplique aproximadamente 25 libras de fuerza hacia encima y hacia abajo (B) en el brazo loco - si el movimiento total (A) es más de 1/4 pulgada, reemplace el brazo loco

19.9 Use un extractor para prensar el final de la varilla de acoplamiento hacia afuera del vástago de la dirección

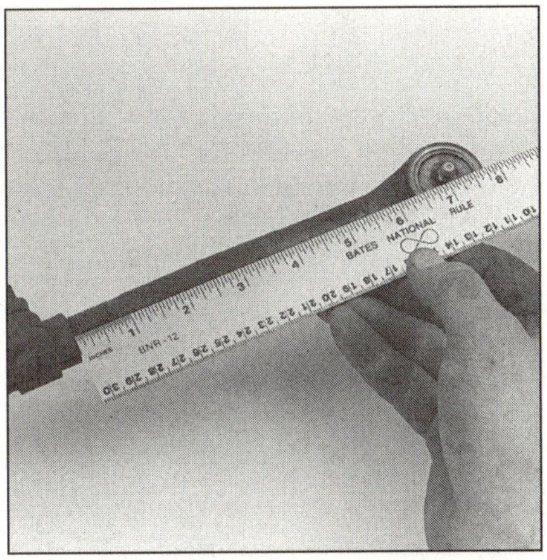

19.11 Mida la distancia del tubo ajustador a la línea central del espárrago con bola para que la varilla de acoplamiento nueva pueda ser puesta en la misma longitud

19.13 Pueda que sea necesario forzar el espárrago con bola en el orificio cónico para mantenerlo que no gire mientras la tuerca es apretada en el tubo del ajustador de la varilla de acoplamiento

Remover e instalar

Refiérase a las ilustraciones 19.9, 19.11, 19.13 y 19.15

Varilla de acoplamiento

7 Afloje las tuercas de la rueda, levante el vehículo y sopórtelo firmemente sobre estantes. Aplique el freno de estacionamiento. Remueva la rueda.

8 Remueva la chaveta y afloje, pero no remueva la tuerca almenada del espárrago con bola.

9 Usando un extractor de dos mandíbulas, separe el final de la varilla de acoplamiento del vástago de la dirección **(vea ilustración)**. Remueva la tuerca almenada y hale el final de la varilla del acoplamiento del vástago de la dirección.

10 Remueva la tuerca que asegura el final interior de la varilla de acoplamiento a la varilla del relé. Separe el final interior de la varilla de acoplamiento de la varilla de relé como en el Paso 9.

11 Si el final interior o exterior de la varilla de acoplamiento debe ser reemplazado, mida la distancia del final del tubo ajustador al centro del espárrago con bola y lo registra **(vea ilustración)**. Afloje la abrazadera del tubo ajustador y destornille el final de la varilla de acoplamiento.

12 Lubrique la porción roscada del final de la varilla de acoplamiento con grasa de chasis. Enrosque el final nuevo de la varilla de acoplamiento en el tubo del ajustador y ajuste la distancia del tubo al espárrago de la bola de la dimensión previamente medida. El número de roscas que se observan en las puntas de la varilla de acoplamiento interior y exterior deben ser de la misma cantidad, alrededor de tres roscas. No apriete la abrazadera todavía.

13 Para instalar la varilla de acoplamiento, insercióne la varilla de acoplamiento interior en el espárrago final de bola en la varilla del relé hasta que esté asentada. Instale la tuerca y apriétela al par de torsión especificado. Si el espárrago con bola gira cuando procure apretar la tuerca, fuércelo en el orificio cónico con un par de alicates grande **(vea ilustración)**.

14 Conecte el final exterior de la varilla de acoplamiento en el vástago de la dirección instale la tuerca almenada. Apriete la tuerca al par de torsión especificado e instale una chaveta nueva. Si es necesario, apriete la tuerca para alinear una hendidura en la tuerca con el orificio en el espárrago con la bola.

15 Apriete las tuercas de la abrazadera. El centro del perno debe estar casi horizontal y la hendidura del tubo ajustador no debe formar fila con el espacio libre en las abrazaderas **(vea ilustración)**.

16 Instale la rueda y las tuercas, baje el vehículo y apriete las tuercas al par de torsión especificado. Conduzca el vehículo a un taller de alineación para hacer que la alineación delantera sea chequeada y si es necesario ajustarla.

Brazo loco

17 Levante el vehículo y sopórtelo firmemente sobre estantes. Aplique el freno de estacionamiento.

18 Afloje pero no remueva la tuerca de la

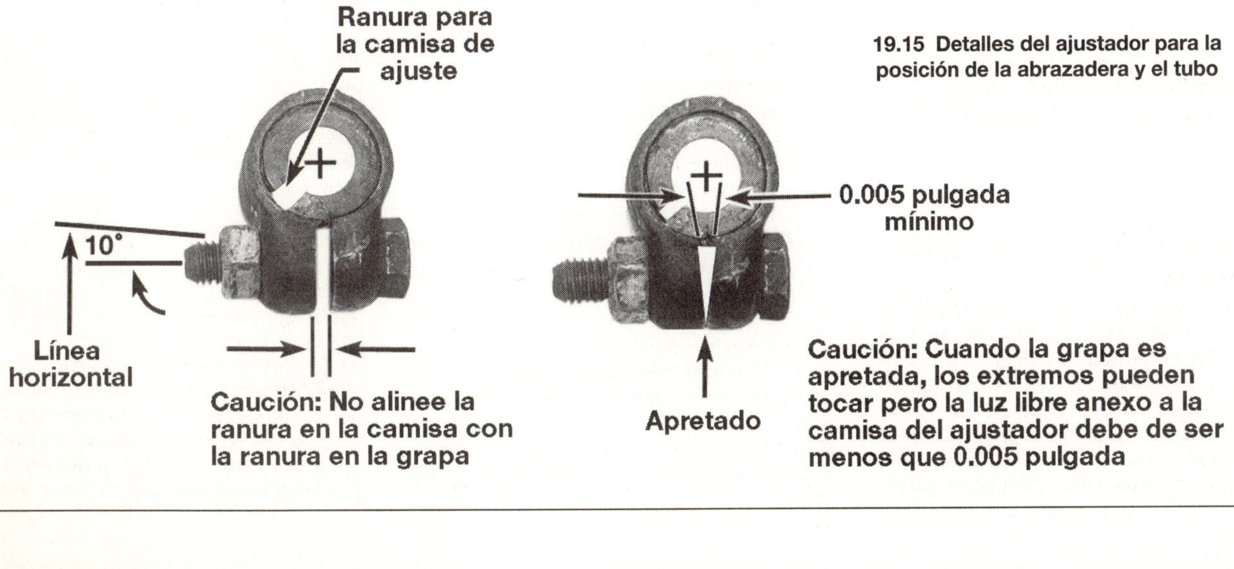

19.15 Detalles del ajustador para la posición de la abrazadera y el tubo

10

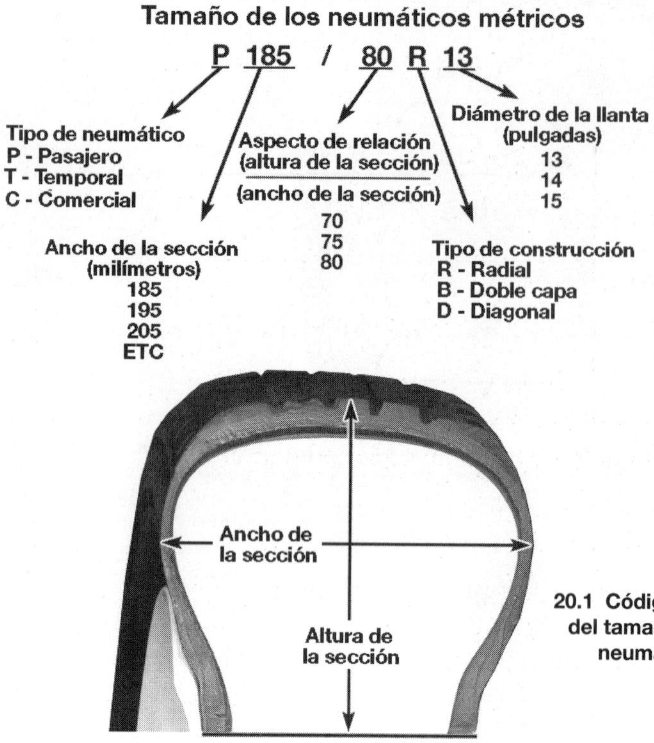

20.1 Código métrico del tamaño de los neumáticos

varilla del brazo loco a la varilla relé.

19 Separe el brazo loco de la varilla del relé con un extractor de dos mandíbulas **(vea ilustración 19.9)**. Remueva la tuerca.

20 Remueva los pernos del brazo loco al chasis.

21 Para instalar el brazo loco, póngalo en posición en el chasis e instale los pernos, apretándolos al par de torsión especificado.

22 Inserciówne el espárrago del brazo loco en la varilla relé e instale la tuerca. Apriete la tuerca al par de torsión especificado. Si el espárrago con bola gira cuando trate de apretar la tuerca, fuércelo en el orificio cónico con un par de alicates grande.

Varilla de relé

23 Levante el vehículo y sopórtelo firmemente sobre estantes. Aplique el freno de estacionamiento.

24 Separe los dos extremos interiores de las varillas de acoplamiento de la varilla del relé.

25 Separe la varilla de acoplación de la varilla del relé.

26 Separe ambos brazos locos de la varilla del relé.

27 La instalación se hace en el orden inverso al procedimiento de desensamble. Si las bolas con el espárrago giran cuando procure apretar las tuercas, fuércelas en los orificios cónicos con un par de alicates grandes. Esté seguro de apretar todas las tuercas al par de torsión especificado.

Varilla de acoplación

28 Levante la parte delantera del vehículo y sopórtelo firmemente sobre estantes. Aplique el freno de estacionamiento.

29 Afloje, pero no remueva, la tuerca que asegura el espárrago con bola de la varilla de acoplación a la varilla del relé. Separe la acoplación con un extractor de dos mandíbulas entonces remueva la tuerca.

30 Separe la varilla de acoplación del brazo Pitman.

31 La instalación se hace en el orden inverso al procedimiento de desensamble. Si la bola con los espárragos gira cuando procure apretar las tuercas, fuércelas en los orificios cónicos con un par de alicates grandes. Esté seguro de apretar todas las tuercas al par de torsión especificado.

Brazo Pitman

32 Refiérase a la Sección 16 de este Capítulo para el procedimiento de remover el brazo Pitman.

20 Ruedas y neumáticos - información general

Refiérase a la ilustración 20.1

Todos los vehículos cubiertos por este manual están equipados con neumáticos de fibras de vidrio métricos o neumáticos radiales de bandas de acero **(vea ilustración)**. El uso de otro tamaño o tipo de neumático puede afectar el viaje y la maniobra del vehículo. No mezcle los tipos diferentes de neumáticos, tales como el radial y de capas dobles, en el mismo vehículo porque la maniobrabilidad se puede afectar gravemente. Es recomendado que los neumáticos sean reemplazadas en pares en el mismo eje, pero si solamente un neumático va ser reemplazado, esté seguro que es del mismo tamaño, estructura y diseño del neumático.

Porque la presión de aire de los neumáticos tiene un efecto substancial en la maniobrabilidad y el desgaste, la presión en todos los neumáticos debe ser chequeada por lo menos una vez al mes o antes de cualquier viaje extendido (vea Capítulo 1).

Las ruedas deben ser reemplazadas si ellas están dobladas, abolladas, tienen fugas de aire, tienen los orificios para los pernos alargado, están muy oxidadas, fuera de simetría vertical o si las tuercas no permanecen apretadas. Ruedas reparadas o soldadas no son recomendadas.

Balanceo del neumático y la rueda es importante en la maniobrabilidad completa, freno y desempeño del vehículo. Las ruedas fuera de balance pueden afectar adversamente la maniobra y también las características de la vida del neumático. Cuando un neumático es instalado en una rueda, el neumático y la rueda deben ser balanceados por un taller con el equipo apropiado.

21 Alineación de la dirección delantera - información general

Refiérase a la ilustración 21.1

Una alineación delantera se refiere a los ajustes hecho a las ruedas delanteras para que ellas estén en relación angular apropiada a la suspensión y la carretera. Las ruedas delanteras que están fuera de alineación no sólo afectan el control de la dirección, pero también incrementan el desgaste del neumático. Los ajustes de la suspensión delantera normalmente requerido son la comba, la inclinación del eje delantero, la convergencia y la divergencia **(vea ilustración)**.

Hacer la alineación apropiada de las ruedas delanteras es un proceso muy exacto, uno en el cual equipo complicado y máquinas costosas son necesarios para realizar el trabajo apropiadamente. A causa de esto, usted debe tener a un técnico con el equipo apropiado para que realice estas tareas. Sin embargo, vamos a tomar este espacio para darle una idea básica de qué es implicado con la alineación delantera para que usted pueda entender mejor el proceso y tratar inteligentemente con el taller que hace el trabajo.

La convergencia es el ángulo hacia adentro de las ruedas delanteras. El propósito de la especificación de la convergencia es asegurar el rodaje paralelo de las ruedas. En un vehículo con cero convergencia, la distancia entre los bordes delanteros de las ruedas serán los mismos que la distancia entre los bordes traseros de la rueda. La cantidad real de convergencia es normalmente de sólo una fracción de pulgada. El ajuste de la convergencia está controlado por la posición del extremo del tirante en el tirante interior. Una convergencia incorrecta hará que los neumáticos se desgasten de forma incorrecta, haciéndolos que hagan fricción contra la superficie de la carretera.

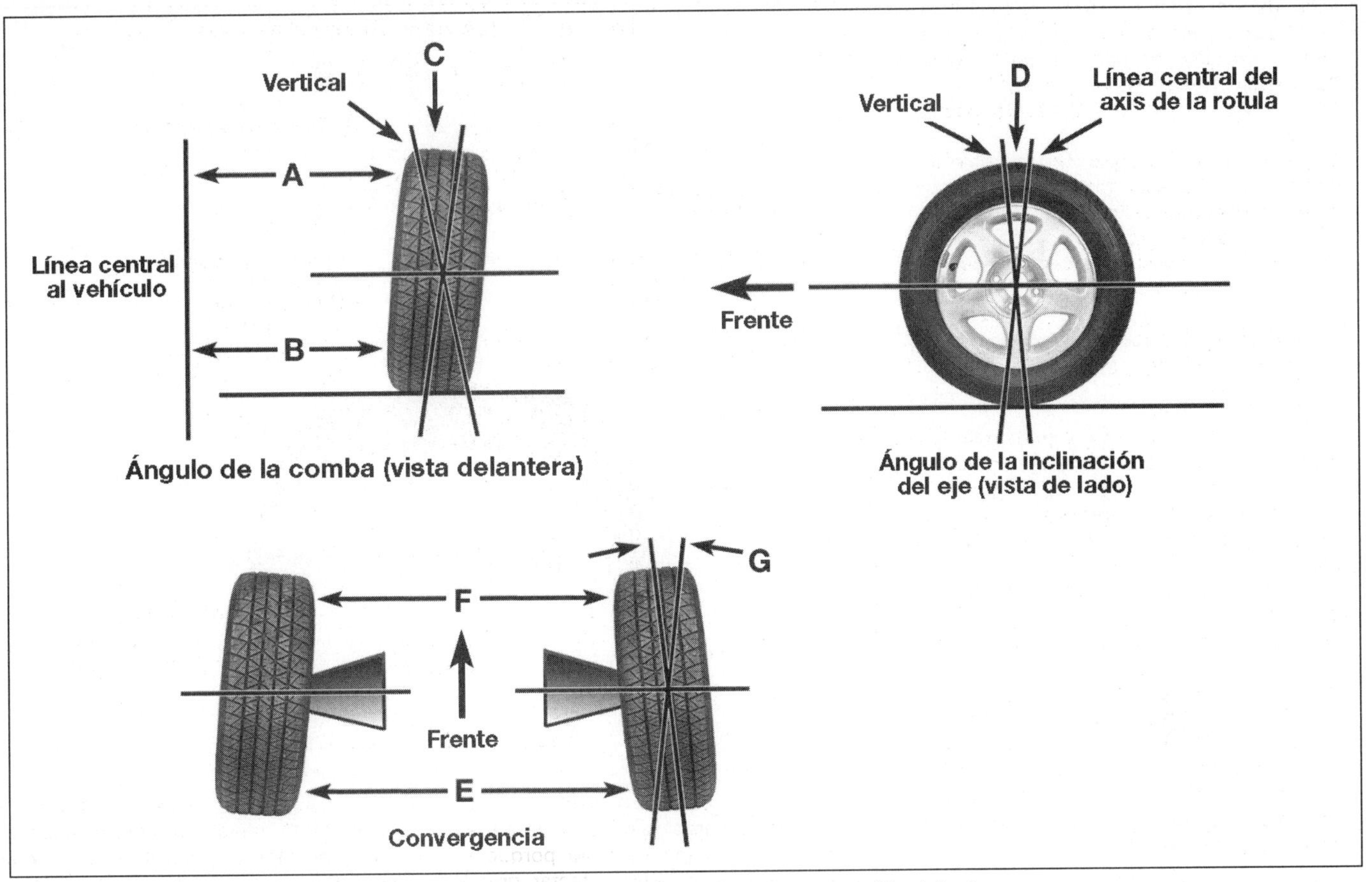

21.1 Detalles típicos de la alineación de la suspención delantera

La inclinación vertical (comba) es la inclinación de las ruedas delanteras cuando se observan desde la parte delantera del vehículo. Cuando las ruedas se inclinan hacia afuera desde su parte superior, se dice que la inclinación vertical (comba) es positiva (+). Cuando las ruedas se inclinan hacia adentro desde su parte superior, se dice que la inclinación vertical (comba) es negativa (-). La cantidad de inclinación se mide en grados con relación a la vertical y esta medida se denomina ángulo de inclinación vertical (comba). Este ángulo afecta la cantidad del neumático que hace contacto con la carretera y compensa los cambios en la geometría de la suspensión cuando el vehículo vira o viaja sobre una superficie ondulada. La comba es ajustada agregando o removiendo láminas en el pivote del brazo superior.

La inclinación hacia adelante del eje es la inclinación de la parte superior del eje de la dirección delantera con relación a la vertical. Una inclinación hacia atrás se denomina inclinación de pivote positiva y una inclinación hacia adelante inclinación de pivote negativa.

La inclinación del eje es ajustada moviendo laminas de ajuste desde un extremo al otro del brazo de control superior.

Notas

Capítulo 11 Carrocería

Contenido

1 Información general

Estos modelos tienen un chasis y una carrocería separada. Ciertos componentes son particularmente vulnerable a daños de accidentes, se pueden destornillar y pueden ser reparados o pueden ser reemplazado. Entre estas partes están las molduras de la carrocería, los parachoques, la tapa del capó, el maletero y todos los vidrios.

Solamente prácticas generales para el mantenimiento de la carrocería y los procedimientos de reparación del panel de la carrocería están adentro del alcance de la persona que hace su propio trabajo, está incluido en este Capítulo.

2 Carrocería - mantenimiento

1 La condición de la carrocería de su vehículo es muy importante, porque en ella se basa el valor de reventa del vehículo. Es muy difícil reparar una carrocería dañada u olvidada que es reparar componentes mecánicos. Las áreas escondidas de la carrocería, como las faldas de los guardafangos, el chasis y el compartimiento del motor, son igualmente importantes, a pesar de que obviamente no necesitan una atención frecuente como el resto de la carrocería.

2 Una vez al año, o cada 12,000 millas, es una buena idea limpiar la parte de abajo de la carrocería y del chasis del vehículo con vapor. Todo trazo de polvo y aceite sería eliminado y la parte de abajo puede ser inspeccionada con cuidado buscando óxido, daños en las mangueras de los frenos, cables eléctricos quemados y otros problemas. Los componentes de la suspensión delantera deben ser engrasados después de terminar éste trabajo.

3 Al mismo tiempo, limpie el motor y el compartimiento del motor con vapor o con un limpiador que sea soluble en agua.

4 Las faldas de los guardafangos necesitan una atención particular, ya que la primera capa de pintura de protección puede pelarse, piedras y sucio provenientes de las ruedas pueden causar que la pintura se desconche y descascarille, permitiendo que se oxide. Si

Estas fotos ilustran un método de reparación de pequeñas abolladura. Son con la intención de suplementar la reparación de la Carrocería - daños pequeños en este Capítulo y no se deben usar como las únicas instrucciones para la reparación de la carrocería en estos camiones

Si usted no tiene acceso a la parte trasera del panel de la carrocería para remover la abolladura, hálelo con un martillo deslizante de extraer abolladuras. En las porciones más profundas de la abolladura o ha lo largo de la línea de la arruga, taladre o haga agujero(s) por lo menos cada una pulgada . . .

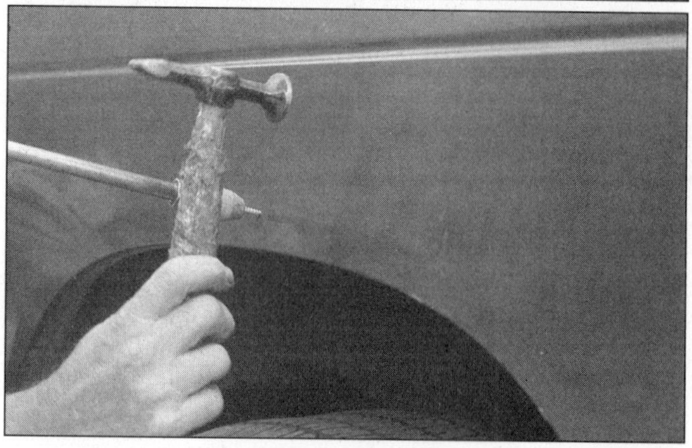

. . . entonces atornille el martillo deslizante adentro del agujero y opérelo. Péquele suavemente con un martillo cerca del borde de la abolladura para ayudar a que el metal regrese a su forma original. Cuando haya terminado, el área de la abolladura debe de estar cerca de su forma original y alrededor de 1/8-pulgada debajo de la superficie del metal del alrededor

Usando papel de lija grueso, remueva completamente la pintura hasta que llegue al metal. Lijando a mano trabaja bien, pero la lijadora que se muestra aquí hace el trabajo más rápido. Use papel de lija más fino (alrededor de un espesor de 320) para mezclar la pintura por lo menos alrededor de una pulgada en el área de la abolladura

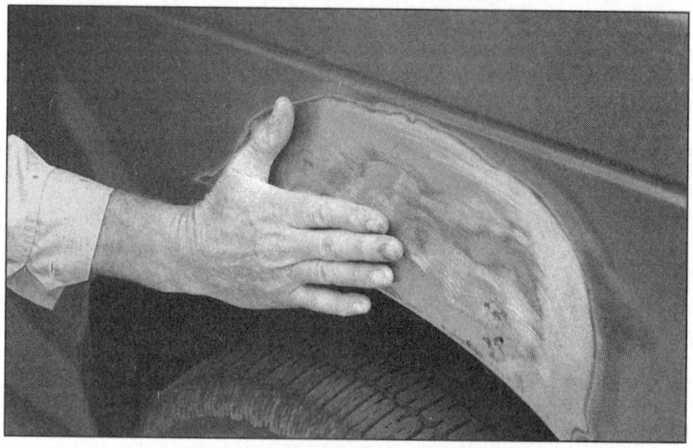

Cuando la pintura se haya removido, palpar probablemente ayudará más que mirar para notar si el metal está recto. Martille hacia abajo las partes altas o eleve las partes bajas según sea necesario. Limpie el área reparada con removedor de cerca y silicona

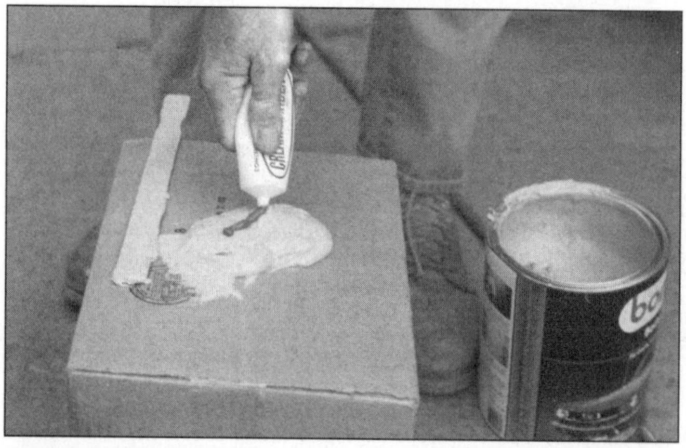

Siga las instrucciones de la etiqueta, mezcle un poco de llenador de plástico y endurecedor. La porción del llenador al endurecedor es critico, y , si usted lo mezcla incorrectamente, no se curará apropiadamente o se curará muy rápido (usted no tendrá tiempo de llenarlo y lijarlo a su molde)

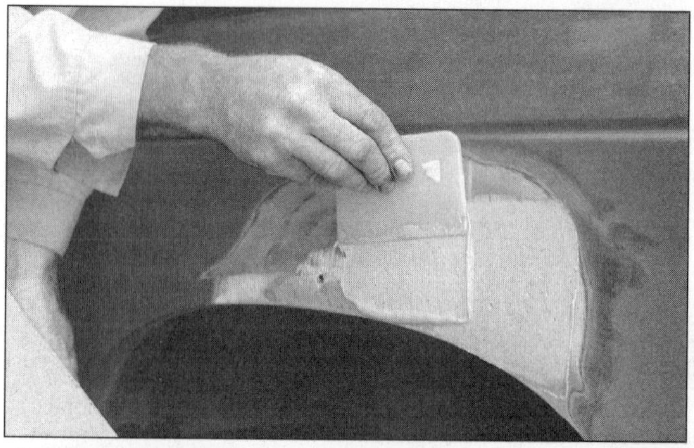

Trabajando rápido para que el llenador no se endurezca, use un aplicador de plástico para empujar el llenador de la carrocería firmemente adentro del metal, asegurando que se pegue completamente. Trabaje el llenador hasta que esté igual que la forma original y un poquito encima del metal del alrededor

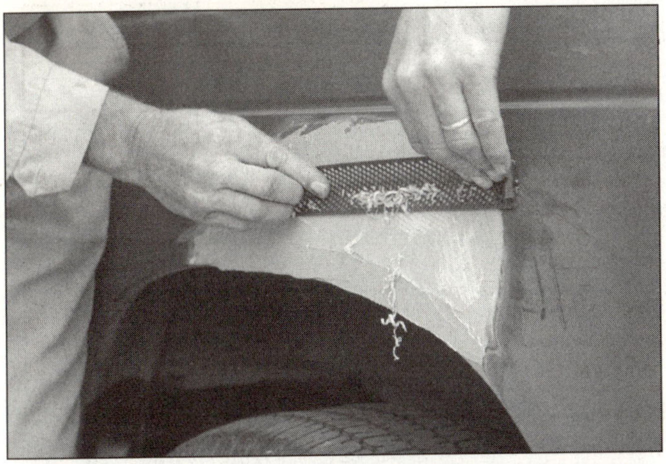

Permita que el llenador se endurezca hasta que usted pueda abollarlo con las uñas de su dedo. Use una lija de carrocería o una herramienta Surform (la que se muestra aquí) para ásperamente darle molde al llenador

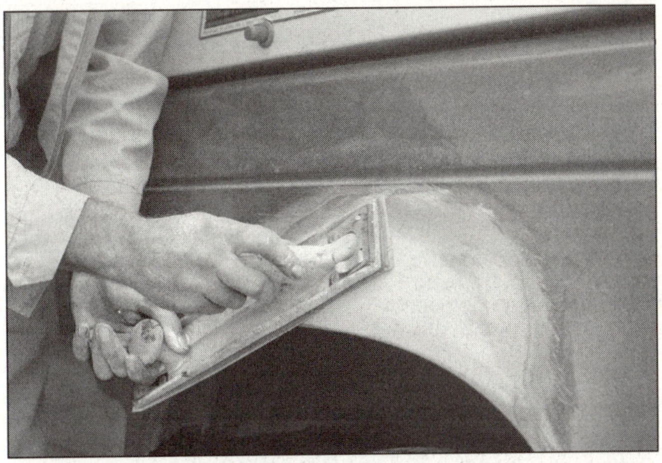

Use papel de lija grueso y una tabla de lijar o bloque para trabajar el llenador hacia abajo hasta que esté lizo y parejo. Baya bajando el espesor del papel de lija - siempre usando una tabla o bloque - terminando con un espesor de 360 o 400

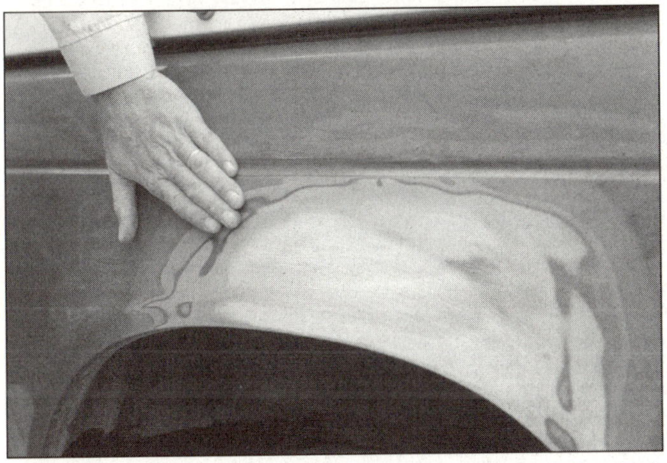

Usted podrá detectar cualquier reborde en la transición desde el llenador al metal o desde el metal a la pintura vieja. Tan pronto la reparación esté plana y uniforme, remueva el polvo y empapele los paneles adyacentes o pedazos de molduras

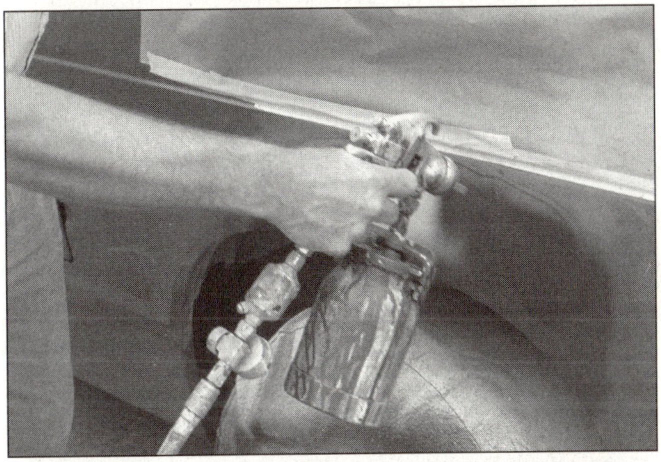

Aplique varias capas de sellador al área. No atomice el sellador muy grueso, porque se corre y esté seguro de que cada capa está seca antes de que aplique la próxima. Una pistola para atomizar de tipo profesional se usa en esta fotografía, atomizadores en lata de aerosol están disponibles en los almacenes de auto parte

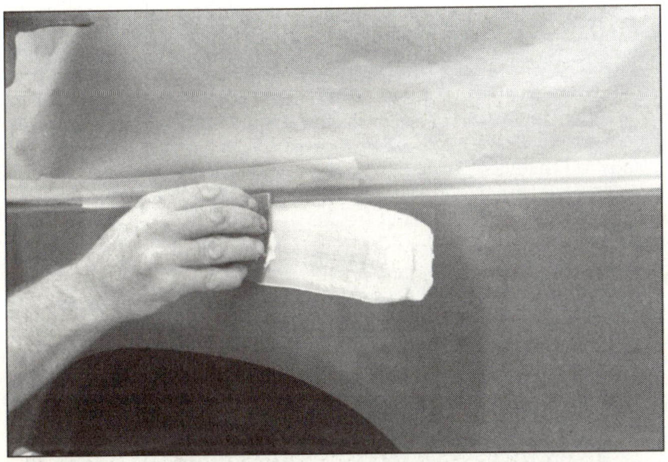

El sellador ayudará a revelar imperfecciones o rayones. Llene estos con compuesto especial para este tipo de rayones. Siga las instrucciones de la etiqueta y líjelo con papel de lija 360 o 400 hasta que esté suave. Repita aplicando el llenador especial, lijando y atomizando con el sellador hasta que el sellador revele una superficie perfectamente suave

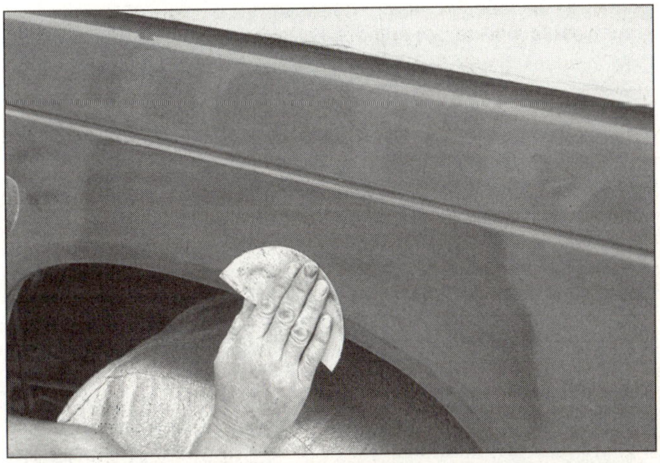

Termine de lijar el sellador con un papel de lija bien fino (400 o 600 de espesor) para remover la sobre atomización del sellador. Limpie el área con agua y permítala que se seque. Use un paño que tenga la capacidad de adherir para remover cualquier polvo, después aplique la capa final. No atente de limpiar o aplicarle cera al área reparada hasta que la pintura se haya secado completamente (por lo menos dos semanas)

se encuentra óxido, límpiela hasta llegar al metal y aplique una pintura anti-óxido.

5 La carrocería debe ser lavada según sea necesario. Moje el vehículo totalmente para suavizar el sucio, luego lávelo con una esponja suave y con suficiente agua con jabón limpia. Si el exceso de sucio no se limpia cuidadosamente, con el tiempo dañará la pintura.

6 Manchas de alquitrán y asfalto del camino deben ser removidas con un paño con solvente.

7 Una vez cada seis meses, dele a la carrocería y a las molduras de cromo una mano de cera. Si un limpiador de cromo es usado para remover el óxido de cualquiera de las partes de metal del vehículo, recuerde que el limpiador remueve parte del cromo, así que úselo con discreción.

3 Moldura de vinilo - mantenimiento

1 No limpie molduras de vinilo con detergentes, jabón cáustico o limpiadores con base de petróleo. Jabón regular y agua trabaja de lo más bien, con una brocha suave para limpiar suciedad que esté penetrada. Limpie el vinilo tan frecuente como limpia el resto del vehículo.

2 Después de limpiarlo, una aplicación de un protector de alta calidad para vinilo y caucho le ayudará a prevenir oxidación y cuarteaduras. La protección también se le puede aplicar a los sellos de caucho alrededor de las puertas, líneas de vacío y mangueras de caucho, que muy frecuente fallan como el resultado de la degradación química y a los neumáticos.

4 Tapicería y alfombras - mantenimiento

1 Cada tres meses remueva las alfombras o los tapices y limpie el interior del vehículo (más frecuentemente si es necesario). Limpie con una aspiradora la tapicería y las alfombras para remover la tierra y el polvo flojo.

2 La tapicería de piel requiere cuidado especial. Las manchas deben ser removidas con agua caliente y una solución de jabón muy templada. Use una tela limpia y húmeda para remover el jabón, entonces enjuáguela otra vez con una tela seca. Nunca use alcohol, gasolina, removedor de esmalte para las uñas ni rebajador de pintura para limpiar la tapicería de piel.

3 Después de limpiar, regularmente aplíquele cera de piel a la tapicería de piel. Nunca use cera de vehículo en la tapicería de piel.

4 En áreas donde el interior del vehículo está sujeto a la luz brillante del sol, cubra los asientos de piel con un tapiz si el vehículo va ser dejado fuera por cualquier plazo de tiempo.

5 El uso de un deflector de sol en el parabrisas es también recomendado.

5 Reparación de la carrocería - daño menor

Refiérase a la serie de las fotos

Reparación de rayones menores

1 Si la raya es superficial y no ha penetrado el metal de la carrocería, repararla es bastante sencillo. Ligeramente frote la área rayada con un solvente delicado para remover toda la pintura y la cera acumulada. Enjuague el área con agua limpia.

2 Aplique una pintura de retoque en la raya, usando una brocha pequeña. Continúe aplicando delgadas bases de pintura hasta que la superficie de la raya esté al mismo nivel que la pintura a su alrededor. Permita que la pintura se seque por lo menos dos semanas, después prosiga a pulir la pintura con un compuesto de pulir muy delicado. Finalmente, aplique una capa de cera al área rayada.

3 Si la raya a penetrado la pintura y expone el metal de la carrocería, causando óxido en el metal, una técnica diferente de reparación es necesaria. Remueva todo el óxido desde lo profundo de la raya con una navaja, prosiga aplicando una pintura anti-óxido para prevenir la formación de óxido en el futuro, cubra el área rayada con un relleno especial para este procedimiento. Si se necesita, el relleno se puede mezclar con un rebajador de pintura para crear una pasta fina, la cual es ideal para rellenar rayas delgadas. Antes de que el relleno se seque, envuelva su dedo con un pedazo de paño de algodón suave. Empape el paño del rebajador de pintura y rápidamente frote a lo largo de la superficie de la raya. Esto asegurará que la superficie del relleno esté un poco hundido. La raya ahora se puede cubrir con pintura como se describió en la Sección anterior.

Reparación de abolladuras

4 Cuando se reparan abolladuras, lo primero que hay que hacer es remover la abolladura hasta que el área afectada haya regresado lo más cerca posible a su forma original. No tiene sentido tratar de restaurar la forma original completamente ya que el metal en el área dañada se a estirado por el impacto y no se puede regresar a su forma original. Es mejor tratar de que la abolladura llegue a un nivel de 1/8 pulgada por debajo del metal que lo rodea. En casos donde la abolladura es muy pequeña, no vale la pena tratar de removerla.

5 Si la parte de atrás de la abolladura es accesible, se puede martillar por detrás gentilmente usando un martillo con un lado suave. Mientras está haciendo esto, mantenga un bloque de madera firmemente en el lado opuesto del metal para absorber los golpes del martillo y prevenir que el metal se estire.

6 Si la abolladura es en una sección de la carrocería que tiene doble banda, u otro factor que impida el acceso por detrás, otra técnica es necesaria. Taladre varios agujeros a través del área dañada, particularmente en las secciones de mayor profundidad. Atornille tornillos largos que se abren camino ellos mismos en los agujeros, lo suficiente para obtener un control del metal. Ahora la abolladura se puede remover jalando de las cabezas sobresalientes de los tornillos con un alicate de presión.

7 La próxima etapa de la reparación es eliminar la pintura del área dañada y de una pulgada más o menos del metal del alrededor. Esto se hace fácilmente con un cepillo de alambre o con un taladro con un disco de lijar, aunque también se puede hacer eficazmente a mano con papel de lija. Para completar la preparación del relleno, marque la superficie del metal con un destornillador o con el filo de una lima o haga pequeños agujeros en el área afectada. Esto proveerá una buena base para el relleno. Para completar la reparación, vea Sección de relleno y pintura.

Reparación de agujeros con óxido o tajo

8 Remueva toda la pintura del área afectada y de una pulgada más o menos del metal alrededor con un taladro y disco de lijar o cepillo de alambre. Si no tiene ninguno de los dos, unos cuantos pliegues de papel de lija harán el trabajo eficazmente.

9 Con la pintura removida, usted podrá determinar la gravedad de la corrosión y decidir si es que tiene que remover todo el panel, si es posible, o reparar el área afectada. Paneles nuevos no son tan caros como la mayoría de las personas piensan y es muchas veces más rápido instalar un panel nuevo que reparar grandes áreas con óxido.

10 Remueva todos los pedazos de la moldura de la área afectada, excepto aquellos que le servirán de guía para restaurar la forma original de la carrocería dañada, como las molduras de las luces delanteras, etc. Usando tijeras de metal o una hoja de segueta, remueva todo el metal suelto y cualquier otro metal que éste muy dañado por el óxido. Martille los bordes del agujero hacia adentro para crear una pequeña depresión para el material de relleno.

11 Con un cepillo de alambre, cepille todo el óxido para remover todo el polvo de óxido de la superficie del metal. Si la parte de atrás del área oxidada es accesible, trátela con pintura anti-óxido.

12 Antes de terminar de rellenar, bloqueé el agujero de alguna manera. Esto se puede hacer con una hoja de metal remachada o atornillada en su lugar, o rellenando el agujero con una red de metal.

13 Una vez que el agujero haya sido bloqueado, el área afectada puede ser rellenada y pintada. Vea la Sección siguiente acerca de relleno y pintura.

Relleno y pintura

14 Hay muchos tipos de rellenos disponibles, pero hablando generalmente, un juego para reparación de carrocería que contenga

pasta para rellenar y un tubo de endurecedor de resina es lo mejor para éste tipo de trabajo de reparación. Un aplicador flexible y ancho o un aplicador de nilón será necesario para impartir un acabado perfecto a la superficie del material de relleno. Mezcle una pequeña cantidad de relleno en un pedazo de madera o cartón limpio (use el endurecedor de resina escasamente). Siga las instrucciones del fabricante en el paquete, de otra forma el relleno se secará incorrectamente.

15 Usando el aplicador, aplique la pasta de rellenar al área preparada. Aplique el aplicador a través de la superficie de relleno para obtener el contorno deseado y para nivelar la superficie de relleno. Tan pronto como consiga un contorno aproximado al original, deje de trabajar con la pasta. Si usted continúa, la pasta se le pegará al aplicador. Continúe añadiendo capas de pasta delegadas cada 20 minutos hasta que el nivel del relleno esté un poquito más alto que el resto del metal.

16 Una vez que el relleno esté seco, el exceso se puede eliminar con una lima de carrocería. De ahí en adelante, debe usarse papel de lija fino progresivamente, empezando con un grano de 180 y terminando con papel de grano 600 húmedo o seco. Siempre envuelva el papel de lija alrededor de un pedazo de goma recta o un bloque de madera, de otra forma la superficie de relleno no quedará completamente lisa. Mientras lija la superficie de relleno, el papel húmedo o seco debe ser enjuagado periódicamente con agua. Esto asegurará un acabado suave al final.

17 A este punto, el área de reparación debe ser rodeada por un anillo de metal sin pintura que a su vez deberá ser rodeado por una capa fina de buena pintura. Enjuague el área reparada con agua limpia hasta que todo el polvo producido al lijar desaparezca.

18 Rocíe el área entera con una ligera capa de pintura. Esto revelará cualquier imperfección en la superficie del relleno. Repare las imperfecciones con una pasta de relleno delgada y una vez más, iguale la superficie con papel de lija. Repita este procedimiento de reparación y rocío hasta que usted esté satisfecho de que la superficie del relleno y el borde de la base están perfectos. Enjuague el área con agua limpia y permita que se seque completamente.

19 El área reparada está ya lista para pintar. Para pintar con rociador debe haber una atmósfera caliente, seca y sin aire. Estas condiciones pueden ser creadas si usted tiene acceso a una área de trabajo grande totalmente cubierta, pero si usted está forzado a trabajar al aire libre, usted tendrá que escoger el día muy cuidadosamente. Si usted está trabajando en un área totalmente cubierta, rocíe el piso donde va a trabajar con agua, esto le ayudará a reducir el polvo en el aire. Si el área de reparación está limitada a solo un panel, envuelva los paneles de alrededor con papel grueso. Esto le ayudará a minimizar los efectos de no tener el color de pintura perfecto. Los pedazos de molduras como pedazos de lámina de cromo, manillas de las puertas, etc. también deben ser protegidos con papel grueso o deben ser removidos. Use cinta adhesiva y varias capas de papel de periódico como protección.

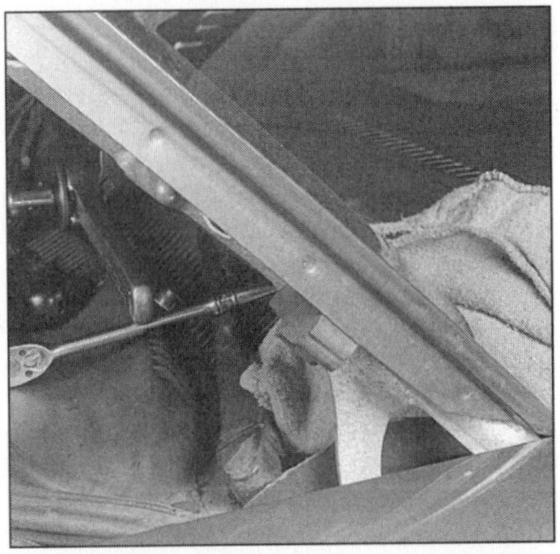

8.1 Póngale almohadilla a la parte trasera de los rincones del capó con telas para que el parabrisas no sea dañado si el capó se hace columpio accidentalmente hacia atrás

20 Antes de pintar con rociador o pintura en lata bajo presión, bata bien el bote de pintura, después rocíe un área de prueba hasta que haya dominado la técnica de rociar pintura. Cubra el área de reparación con una capa gruesa de base. El espesor de la base se aumenta con varias capas finas y no con una sola capa gruesa. Usando papel de lija de grano 600 húmedo o seco, frote la superficie de la base hasta que esté muy suave. Mientras hace esto, el área de trabajo debe ser enjuagada completamente con agua, así como el papel de lija húmedo o seco. Permita que la base se seque antes de aplicar más manos.

21 Rocíe la última mano de pintura, una vez más aumentando su espesor con varias capas finas. Empiece rociando el centro del área de reparación, usando un movimiento circular, vaya aumentando el circulo hasta que toda el área de reparación y aproximadamente dos pulgadas de la pintura original octón cubiertas. Remueva toda la cinta adhesiva y papel de 10 a 15 minutos después de haber rociado la última capa de pintura. Permita que la pintura nueva se seque por lo menos dos semanas, después use un compuesto de pulidor suave para igualar los extremos de la pintura nueva con la pintura que existía. Finalmente aplique una capa de cera.

6 Reparación de la carrocería - daño mayor

1 Daños mayores deben ser reparados por un taller de carrocería especializado en reparación de carrocería y chasis con el equipo necesario para soldar, al igual que equipo hidráulico.

2 Si el daño ha sido serio, es vital que la alineación del chasis del vehículo sea chequeada o las características en como el vehículo opera pueden ser adversamente afectadas. Otros problemas, como el desgaste excesivo de las ruedas, desgaste en la línea de la flecha y en la suspención pueden ocurrir.

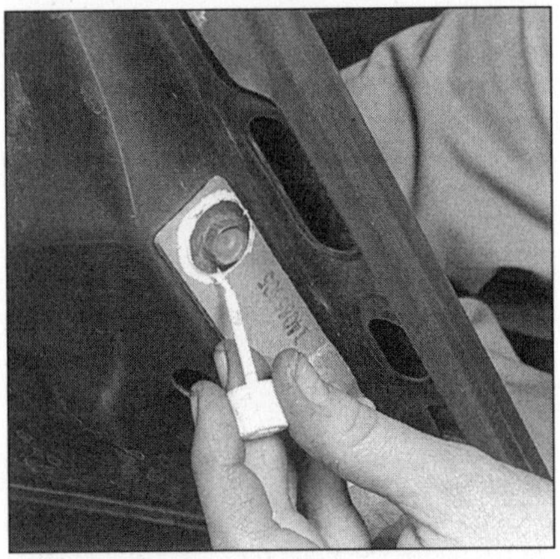

8.2 Use pintura blanca o un rallador para marcar las ubicaciones de los pernos del capó

3 Debido a que todos los componentes más importantes de la carrocería (capó, guardafangos, etc.) son separados y se pueden reemplazar, cualquier componente dañado seriamente debe de ser reemplazado antes de ser reparado. Algunas veces estos componentes pueden ser hallados en un rastro de vehículos que se especializan en componentes de vehículos usados, muchas veces a un ahorro considerable en comparación con la parte nueva.

7 Bisagras y cerraduras - mantenimiento

Cada 3,000 millas o tres meses, las bisagras y las cerraduras de las puertas, deben de ser lubricadas con unas cuantas gotas de aceite. Una ligera capa de grasa con una base de litio debe aplicarse a los percutores de la puerta para reducir el desgaste y asegurar un movimiento libre.

8 Capó - remover, instalar y ajustar

Refiérase a las ilustraciones 8.1, 8.2 y 8.4

Nota: *El capó es pesado y algo difícil de remover e instalar - por lo menos dos personas deben realizar este procedimiento.*

Remover e instalar

1 Use una frazada o almohadillas para cubrir el área delantera de la carrocería y los guardafangos. Esto protegerá la carrocería y la pintura al levantar el capó **(vea ilustración)**.

2 Use un punzón o trace con un punzón para permanente hacer marcas de alineación alrededor de las cabezas de los pernos. Esto asegurará una alineación apropiada durante la instalación **(vea ilustración)**.

8.4 Disposición típica del montaje de las bisagras del capó (flechas)

3 Desconecte cualquier cables o arnés de cables que interfieran con la remoción.
4 Haga que un ayudante sostenga el peso del capó. Remueva las tuercas o pernos de la bisagra al capó **(vea ilustración)**.
5 Levante el capó.
6 La instalación se hace en el orden inverso al procedimiento de desensamble.

Ajuste

7 El ajuste hacia adelante y hacia atrás y de un lado a otro del capó se hace moviendo el capó con relación a la placa de la bisagra después de aflojar los pernos o las tuercas.
8 Inscriba una línea alrededor de la placa entera de la bisagra para que pueda juzgar la cantidad de movimiento.
9 Afloje los pernos o las tuercas y mueva el capó a la alineación correcta. Muévalo sólo un poco a la vez. Apriete los pernos o tuercas de la bisagra y baje con cuidado el capó para chequear la alineación.
10 En caso necesario después de la instalación, el conjunto entero del cerrojo del capó se puede ajustar de encima hacia abajo, así como también de un lado a otro, en el soporte del radiador de manera que el capó se cierre completamente y esté parejo con los guardafangos. Para ello, inscriba una línea alrededor del cerrojo del capó y los pernos de montaje para proporcionar un punto de referencia. Después, afloje los pernos y posicione el conjunto del cerrojo según sea necesario. Después del ajuste, vuelva a apretar los pernos de montaje.
11 Finalmente, ajuste los topes de caucho del capó en el soporte del radiador para que el capó, cuando se cierre, esté parejo con los guardafangos.
12 El conjunto del cerrojo del capó, así como también las bisagras, deben ser lubricados periódicamente con grasa blanca de base de litio para impedir atascamiento y desgaste.

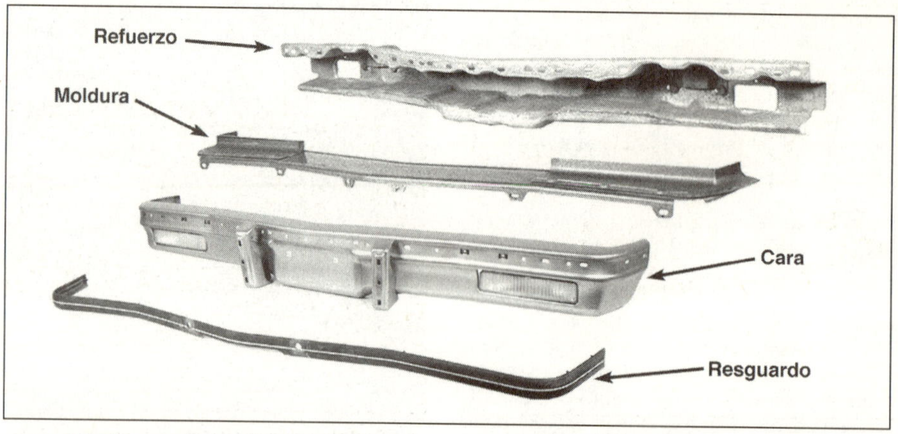

9.6 Componentes típicos del parachoques delantero de absorción de energía

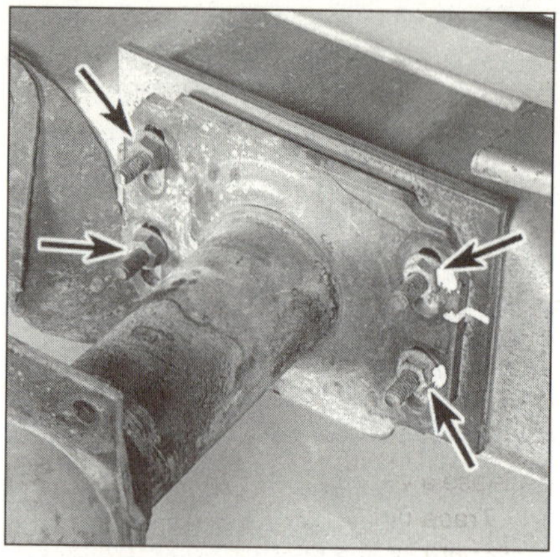

9.9a Pernos de montaje para los amortiguadores de energía usados en los modelos 1973 y más modernos (se muestra el delantero)

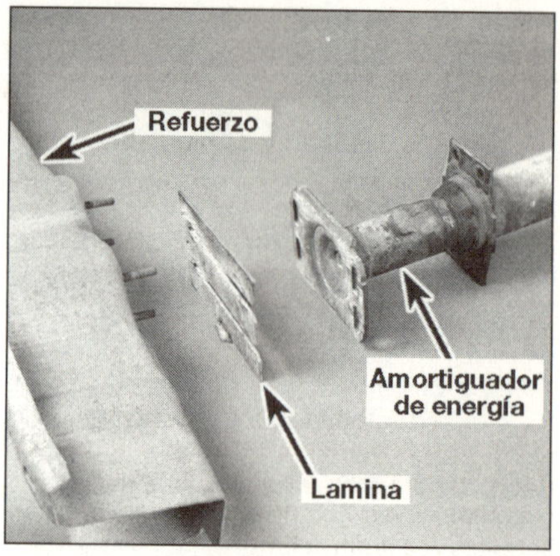

9.9b Vista esquemática del ensamblaje del amortiguadores de energía

9 Parachoques (delanteros) - remover e instalar

Modelos 1970 al 1972

1 Levante el capó y desconecte la batería.
2 Remueva la parrilla del radiador.
3 Remueva las luces de estacionamiento de sus soportes y póngalas a un lado; remueva también las luces de los marcadores laterales.
4 Remueva el panel de balance.
5 Destornille el soporte del parachoque del chasis y remueva el parachoque.

1973 y más modernos

Refiérase a las ilustraciones 9.6, 9.9a y 9.9b

Nota: *Los vehículos fabricados desde el 1973 están ajustados con dispositivos de absorber la energía entre el chasis y los parachoques para reunir los requisitos de los Estándares Federales de Seguridad bajo impacto de carga. Estos están llenos con fluido hidráulico y gas bajo presión alta y no deben ser abiertos o sujetos a calor.*

6 Destornille y remueva las tuercas que retienen el refuerzo al amortiguador de energía **(vea ilustración)**.
7 Retire el parachoque.
8 Si el refuerzo debe ser removido, separe el soporte de la licencia y los otros soportes de refuerzo.
9 Si el amortiguador de energía debe ser removido, destorníllelo del chasis y lo desliza del vehículo **(vea ilustraciones)**.
10 La instalación se hace en el orden inverso al procedimiento de desensamble, pero mueven la posición de los parachoques hacia encima y hacia abajo o de lado a lado en orden de igualar el espacio libre entre los parachoques y la carrocería antes de apretar los pernos y tuercas.

10 Parachoques (traseros) - remover e instalar

Modelos 1970 al 1972

1 Desconecte la luz de la licencia.
2 Destornille y remueva todos los pernos

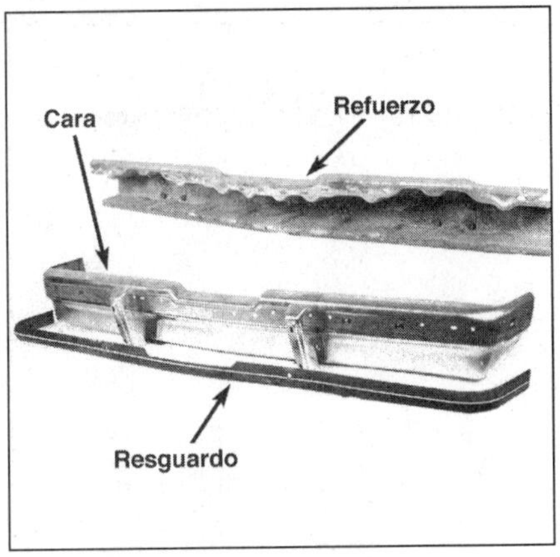

10.4 Componentes típicos del parachoques trasero de absorción de energía

de los parachoques y baje los parachoques al piso. Algunos de estos pernos son accesible adentro del maletero en los modelos sedan.

3 Las operaciones son similares en las furgonetas excepto que varios pasos de almohadillas y clips deben ser removidos.

1973 y más modernos

Refiérase a la ilustración 10.4

4 En estos parachoques con amortiguadores para absorber la energía, las operaciones para removerlos son similares a esas descritas en los Párrafos 6 al 9 de la Sección anterior **(vea ilustración)**.

11 Guardafangos delanteros y apertura para el neumático delantero - remover e instalar

1 Desconecte el alambre de conexión a tierra de la batería. Si el guardafango derecho y la apertura para el neumático van a ser removidos, remueva la batería también.

2 Levante el vehículo usando una grúa, entonces remueva la rueda. Remueva el parachoque delantero.

3 Remueva el capó y las bisagras.

4 Desconecte todo el alambrado eléctrico, los clips y otros artículos conectados al ensamblaje.

5 Desconecte el panel de relleno, panel superior, panel de balance y refuerzo.

6 Remueva la luz delantera y el bisel.

7 Remueva los tornillos de apoyo del retenedor de la luz donde sea aplicable.

8 Remueva los guardafangos y los tornillos de retención del ensamblaje de la apertura para el neumático. Note el número de laminas instaladas para asistir en la instalación.

9 Remueva las conexiones para las luces de los marcadores laterales según el ensamblaje es elevado cuidadosamente hacia afuera del vehículo.

10 La instalación se hace en el orden inverso al procedimiento de desensamble, pero el guardafango y la apertura para el neumático se deben guiar en el fondo adyacente a la puerta antes que nada. Ajuste el ensamblaje antes de apretar finalmente los tornillos usando las lamina para ajustes originales, entonces agregue o remueva laminas para los ajustes según sea necesario.

12.1 Ubicación típica de los pernos para el cerrojo del capó (flechas)

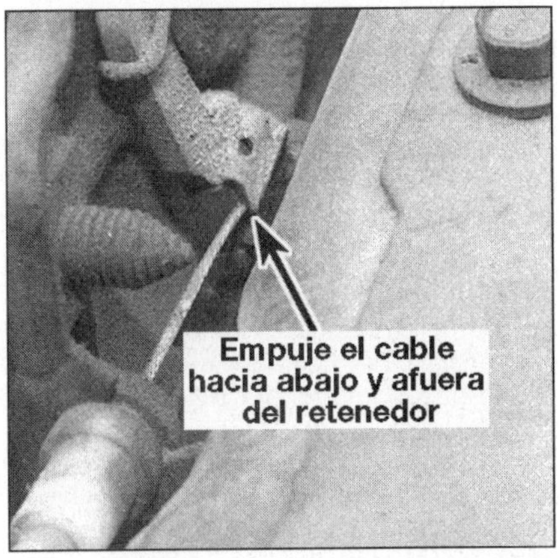

12.2 Detalles de la instalación para el cable de abrir el capó

12 Mecanismo para el cerrojo del capó - remover e instalar

Refiérase a las ilustraciones 12.1 y 12.2

1 Trace una línea alrededor del palto de cierre para ayudar en la alineación cuando se esté instalando, entonces remueva los tornillos reteniéndolo al soporte del radiador **(vea ilustración)**.

2 Desconecte el cable de liberación del capó **(vea ilustración)**.

3 La instalación se hace en el orden inverso al procedimiento de desensamble. Ajuste los pernos de la cerradura del capó para que el capó enganche firmemente cuando se cierre y los parachoques del capó estén levemente comprimidos.

13 Tapa del maletero - remover, instalar y ajustar

Refiérase a la ilustración 13.3

1 Abra la tapa del maletero y cubra las orillas del compartimiento del maletero con almohadillas o telas para proteger las superficies de la pintura cuando la tapa sea removida.

2 Desconecte cualquier cable o alambres de los arneses a la tapa del maletero que intervendría con la remoción.

3 Ralle o pinte marcas de alineamiento alrededor de la brida del perno de la bisagra **(vea ilustración)**.

4 Mientras un ayudante sostiene la tapa, remueva los pernos de las bisagras de ambos lados y levántela hacia afuera.

5 La instalación se hace en el orden inverso al procedimiento de desensamble.

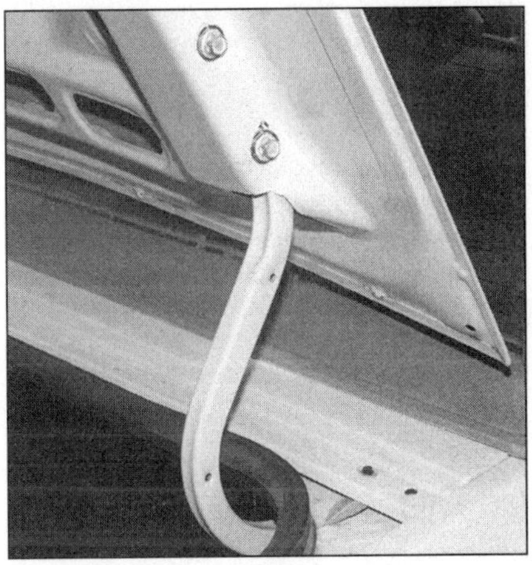

13.3 Ralle o pinte alrededor de los pernos que acoplan la tapa del maletero antes de aflojarlos

Nota: *Cuando vuelva a instalar la tapa del maletero, alinee las bridas del perno de la bisagra con las marcas hechas durante el proceso de remover.*

6 Después de la instalación, cierre la tapa y vea si está alineada apropiadamente con los paneles circundantes. Los ajustes hacia adelante y hacia atrás y de lado a lado de la tapa son controlados por la posición de los pernos de la bisagra en las hendiduras. Para ajustarla, afloje los pernos de la bisagra, posicione nuevamente la tapa y apriete nuevamente los pernos.

7 La altura de la tapa en relación a los paneles circundantes de la carrocería cuando la cierre puede ser ajustada aflojando los pernos del precutor, posicione nuevamente el precutor y apriete nuevamente los pernos.

14 Cilindro de la cerradura para la tapa del maletero - remover e instalar

Modelos más antiguos

1 Abra el maletero y remueva los tornillos de retención de los cilindros de cierre.

2 Hale el retenedor hacia abajo o hacia fuera de los cilindros de la cerradura y remueva el cilindro de la carrocería.
3 La instalación se hace en el orden inverso al procedimiento de desensamble.

Modelos más modernos

Refiérase a las ilustración 14.4

4 El procedimiento para los modelos más modernos es básicamente como está descrito encima, pero en algunos casos el retenedor es asegurado con tuercas de espárrago o remaches **(vea ilustración)**.
5 En modelos con emblemas de tipo pivote, será necesario taladrar hacia afuera el remache y remueva el emblema para que el cilindro de la cerradura se pueda remover.
6 Cuando taladre el remache, use un taladro de 1/8 pulgada, teniendo cuidado de no ampliar el orificio del remache. Un remache de 1/8 x 5/16 es adecuado para el reemplazo cuando sea instalado.

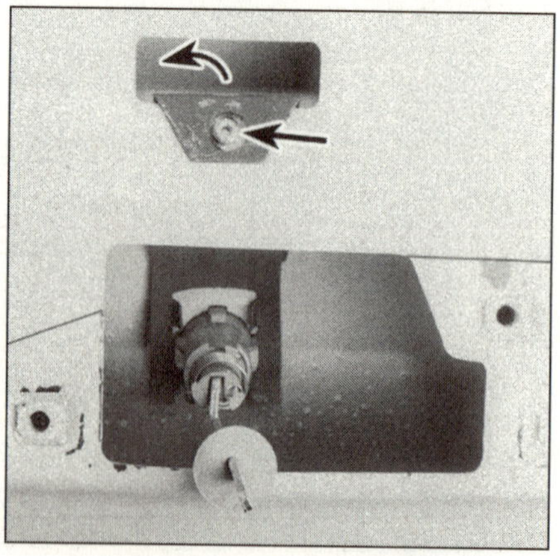

14.4 El remache debe ser removido antes que el retenedor del cilindro de cierre se pueda remover hacia afuera

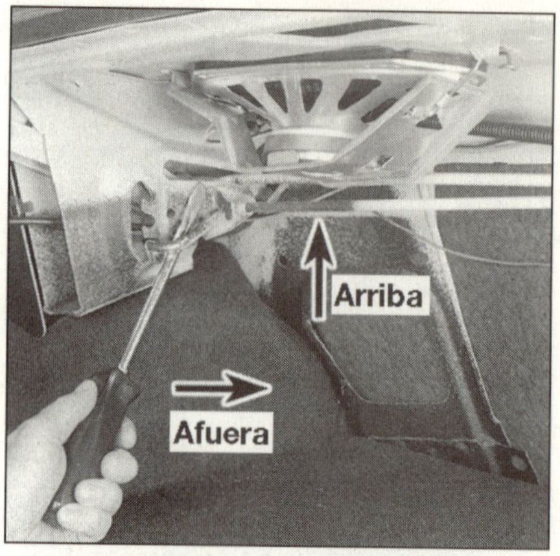

16.2 Usando un pedazo de tubo o destornillador grande, hágale palanca al extremo de la varilla de torsión para removerla fuera de la ranura

15 Cerrojo para la tapa del maletero y precutor - remover e instalar

1 Remueva el cilindro de la cerradura de la tapa (Sección 14).
2 La cerradura de la tapa es retenida por pernos que pueden ser removidos prontamente con una llave para la tuerca de la tubería.
3 Cuando lo esté instalando, asegúrese que la cerradura de la tapa está correctamente alineada antes de apretar los pernos.
4 El precutor es retenido con pernos o tornillos. Antes de remover un precutor, ralle alrededor del panel adyacente para facilitar la instalación en la posición original. Si es necesario, el ajuste puede ser hecho poniéndolo nuevamente en posición.

16 Varillas de torsión para la tapa del maletero - ajustar y remover

Refiérase a la ilustración 16.2

1 Las varillas de torsión son usadas para controlar la cantidad del esfuerzo requerido para operar la tapa del maletero. Esto puede ser ajustado, si es necesario, moviendo las varillas a diferentes mellas.
2 Para mover la varilla, empuje una longitud de tubo de 1/2 pulgada de diámetro interno en su final y use el tubo como una palanca **(vea ilustración)**.
3 La remoción se lleva a cabo en una manera similar, pero alivie la tensión de la varilla suavemente.

17 Puerta trasera de carga para las furgonetas (tipo de bisagra) - remover e instalar

1 Remueva los tornillos y los moldes del terminando interior superior por encima de la abertura de la puerta trasera de carga.
2 Desconecte el cable de conexión a tierra de la batería.
3 El alambrado ahora se debe cortar para poder remover la puerta de carga trasera. Para hacer esto, pele hacia afuera la cinta exterior que lo protege y examine completamente la codificación de color de los alambres interiores. Dependiendo del equipo eléctrico instalado en el vehículo particular, abra uno o más alambres. Corte estos alambres, haciendo los cortes en diferentes longitudes para que cuando los alambres sean eventualmente vuelto a juntarse, una protuberancia no se forme debido a toda la cinta en un lugar.
4 Remueva el tornillo del anillo de goma/retenedor del tubo en el refuerzo del techo.
5 Desengrane el anillo de goma, hale los arneses a través del orificio y póngale cinta en la parte interior del panel.
6 Para prevenir daño a la pintura, coloque un pedazo de tela gruesa entre la orilla superior trasera y el panel del techo.
7 Haga que uno o dos ayudantes sostengan la puerta trasera de carga en la posición completamente abierta y entonces haga las siguientes operaciones.
8 Remueva las dos tuercas de contrapeso conectando los ensamblajes a la puerta trasera de carga, sepárela desde la puerta trasera de carga y permita que el contrapeso descanse contra la base de la abertura de la carrocería.
9 Expulse las clavijas de la bisagra usando una varilla de un diámetro de 3/16 pulgada. Golpee la varilla firmemente para cortar bastante la etiqueta del retenedor.
10 Levante la puerta trasera de carga del vehículo.
11 Las tuercas de afianzamiento del contrapeso de la puerta trasera de carga nunca se deben destornillar a menos que la puerta trasera de carga esté en la posición completamente abierta, de otro modo lesión personal podría resultar.
12 La instalación se hace en el orden inverso al procedimiento de desensamble, pero observe los siguientes puntos.
13 Instale los anillos de retención nuevos en la mellas de la clavija de la bisagra para que las lengüetas estén hacia la cabeza de la clavija. Asegúrese que el final señalado de la bisagra mire hacia afuera. Lubrique las clavijas.
14 Si es posible, use tuercas nuevas para el apoyo del contrapeso, de otro modo aplique atascamiento de rosca a las tuercas viejas. Apriete las tuercas a 18 pies-libras de torsión.
15 La instalación se hace en el orden inverso al procedimiento de desensamble.
16 El panel trasero de la moldura puede ser removido removiendo cualquier manija de control y removiendo los clips del panel y los tornillos.

18 Contrapeso para la puerta trasera de carga en las furgonetas - remover e instalar

Peligro: *Lesión personal podría resultar si la puerta trasera de carga no está en la posición completamente abierta en cualquier momento que las tuercas del ensamblaje de apoyo del contrapeso son aflojadas o removidas.*

1 Estos ensamblajes contienen resortes espirales pesados que están siempre bajo tensión, hasta cuando están removidos. No se desvíe del siguiente procedimiento durante el periodo de remover o lesión personal podría resultar.
2 Remueva la moldura del terminado del pilar trasero superior, entonces remueva la moldura.
3 Remueva la tapa del plato de anclaje del pilar.
4 Haga que uno o dos ayudantes sostengan la puerta trasera de carga en la posición completamente abierta, remueva las tuercas del contrapeso de ensamblaje y remuévalo del vehículo.

5 Instale el ensamblaje nuevo de contrapeso, asegúrese que el lado negro pintado está conectado al plato de anclaje del pilar de la carrocería. Use tuercas nuevas o aplique atascamiento de roscas a las tuercas viejas. Apriete las tuercas a un par de torsión de 18 pies-libras.
6 No procure desarmar los ensamblajes viejos, pero para estar seguro de que no están bajo peligro antes de desecharlos, el casquillo exterior puede ser comprimido usando dos pedazos de varillas de acero y una prensa.

19 Puerta trasera de carga para las furgonetas (de tipo retractable) - remover e instalar

1 La puerta trasera de carga se retracta en un área de almacenamiento debajo del piso en el compartimiento de carga.
2 Cubra la superficie superior de los parachoques traseros para proteger la puerta trasera de carga. Obtenga un perno de (1/4 pulgada 20 x 1) para que sirva como una parada del rodillo durante las operaciones subsiguientes.
3 Levante la puerta trasera de carga a su posición cerrada y remueva la tapa izquierda para el orificio de acceso.
4 Remueva los tornillos que conectan el brazo de la bisagra del regulador trasero. En puertas manualmente operadas, abra la puerta trasera de carga y bájela lo suficientemente para liberar la cerradura. Hágale pivote a la puerta trasera de carga hacia atrás 45 grados.
5 Inserciónе el perno temporal y la tuerca en la hendidura de la llave en la parte superior de la mano derecha del canal debajo del rodillo, para detener el tubo de sincronización en posición.
6 Ralle la posición del soporte del rodillo inferior de la mano derecha en la puerta de carga trasera y remueva los pernos de afianzamiento.
7 Mueva el lado derecho de la puerta trasera de carga hacia atrás para que libere la abertura de la carrocería, entonces deslícela a la derecha y hacia afuera de su compromiso con el eje de rodillo izquierdo. Remueva la puerta trasera de carga.
8 La instalación se hace en el orden inverso al procedimiento de desensamble, pero remueva el perno temporario antes de levantar la puerta trasera de carga.

20 Moldura del panel de la puerta - remover e instalar

Refiérase a las ilustraciones 20.2 y 20.3

1 Desconecte el cable negativo de la batería.
2 Remueva todos los tornillos de retención de la moldura del panel de la puerta, las asas de las puertas y los ensamblajes de los

20.2 Si el asa interior de la puerta está conectado con remaches al panel, taladre los remaches (flecha) entonces gire el asa hacia afuera para obtener acceso al retenedor de tipo resorte de la varilla de cierre - cuando lo instale, instale un remache nuevo con una herramienta de remache sostenida a mano

apoya brazos **(vea ilustración)**.
3 En modelos equipados con ventanas con reguladores manuales, remueva la manivela de la ventana **(vea ilustración)**. En modelos con regulador de poder, hágale palanca hacia afuera al control del interruptor y remuévalo hacia afuera.
4 Inserciónе un cuchillo de masilla entre la moldura del panel y la puerta y desengrane el clip retenedor. Trabaje alrededor de la orilla exterior hasta que el panel esté libre.
5 Una vez que todos los clips estén desengranados, separe la moldura del panel, remueva cualquier conectores del arneses de los alambres y remueva la moldura del panel del vehículo.
6 Para tener acceso a la puerta interior, cuidadosamente pele hacia atrás el protector de plástico para el agua.
7 Antes de la instalación del panel de la puerta, esté seguro de volver a instalar cualquier retenedor en el panel que pueda haberse salido durante el procedimiento de remover y permanezca en la puerta.
8 Conecte los conectores del arnés de los alambres y coloque el panel en posición en la puerta. Apriete el panel de la puerta en su posición hasta que los clips estén sentados e instale el descansa brazos. Instale la manivela manual de la ventana del regulador o ensamblaje del interruptor de la ventana eléctrica.

21 Ensamblaje de la cerradura de la puerta - remover e instalar

Puerta delantera

Refiérase a la ilustración 21.1

1 Para remover el cilindro de la cerradura, remueva la moldura del panel y el deflector de agua. Levante la ventana, después use un

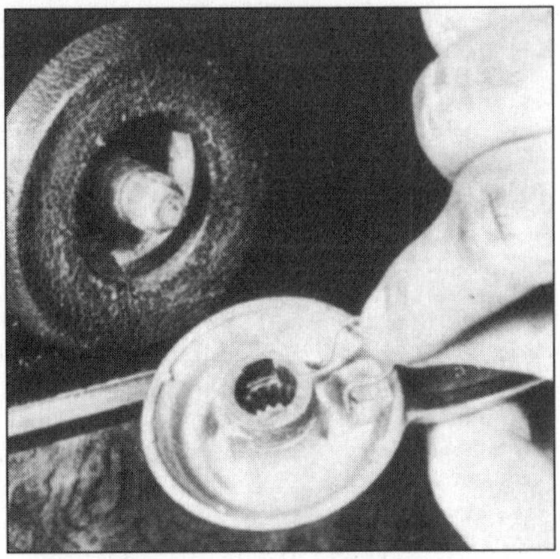

20.3 Para remover la manivela de la ventana, use una herramienta de remover especial o un gancho para halar este retenedor

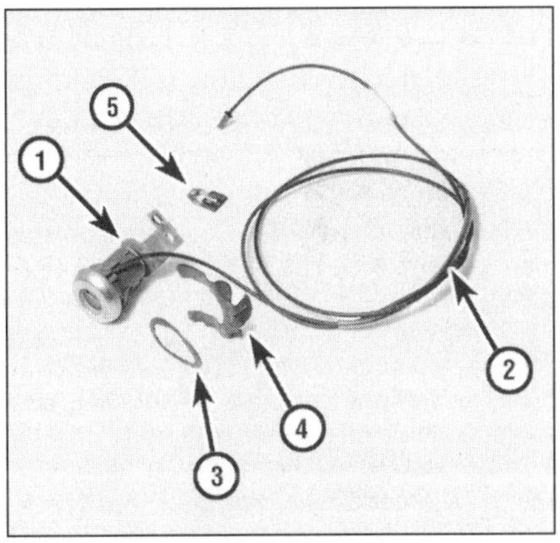

21.1 Detalles Típicos de los cilindros de cierre de la puerta

1 *Cilindro de cierre*
2 *Cable de fibras ópticas (si está equipado)*
3 *Junta selladora de la carrocería*
4 *Retenedor para el cilindro de cierre*
5 *Retenedor para la varilla del cerrojo*

destornillador para deslizar el retenedor del cilindro de la cerradura hacia afuera de su compromiso **(vea ilustración)**. La instalación se hace en el orden inverso al procedimiento de desensamble.
2 Para remover el ensamblaje de la cerradura, levante la ventana, remueva la moldura del panel y el deflector del agua.
3 Trabajando en el orificio de acceso grande, desengrana la varilla remota del control de la cerradura (retenedor del resorte). En los modelos coupe pueda que sea necesario liberar la varilla interior de enclavamiento de la cerradura, que puede ser logrado deslizando el plástico reteniendo las camisas hacia cada una.
4 Remueva los tornillos que aseguran la cerradura al pilar de la cerradura de la puerta; remueva el ensamblaje de la puerta. En algunos modelos de cuatro puertas, la varilla interior de enclavamiento debe ser removida de la cerradura después, para removerla del ensamblaje de la cerradura.

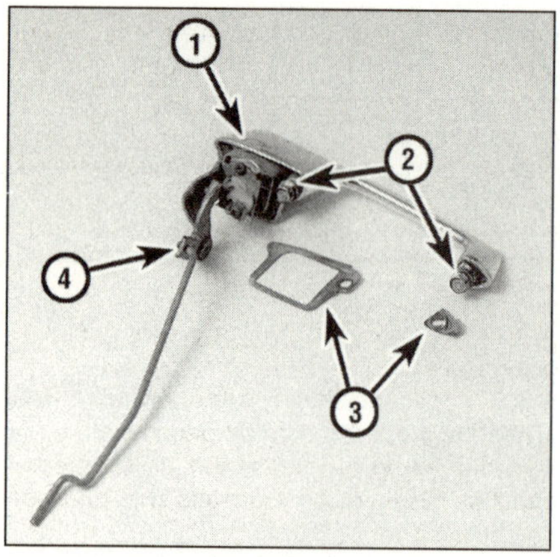

22.3a Ensamblaje típico del asa exterior de la puerta

1 *Asa de la puerta*
2 *Pernos del montaje*
3 *Junta selladora de la carrocería*
4 *Retenedor de tipo resorte*

5 La instalación se hace en el orden inverso al procedimiento de desensamble.

Puerta trasera

6 Levante el vidrio de la puerta completamente y remueva el panel superior de la moldura.
7 Trabajando a través del orificio de acceso, desengrane las varillas de la cerradura y entonces extraiga los tornillos que aseguran el cerrojo. Retire el cerrojo.
8 La instalación se hace en el orden inverso al procedimiento de desensamble.

22 Manija exterior de la puerta - remover e instalar

Refiérase a las ilustraciones 22.3a y 22.3b

1 Los diseños diferentes de asas exteriores de la puerta son usados según el modelo del vehículo y la fecha de producción, pero la remoción es similar para todas las clases.
2 Levante la ventana completamente, remueva la moldura de la puerta y pele hacia afuera la esquina superior del deflector de agua en orden de obtener acceso a las tuercas o pernos del asa exterior.
3 Destornille las tuercas o los pernos y remueva el asa y las juntas **(vea ilustraciones)**.
4 Instalación se hace en el orden inverso al procedimiento de desensamble.

23 Vidrio delantero de la puerta - remover e instalar

Refiérase a la ilustración 23.3

1 Remueva la moldura del panel de la puerta y el deflector del agua.
2 Remueva los clips del burlete, las porciones para detener el viaje y el ensamblaje de la guía del estabilizador.

22.3b Tuercas para el montaje del tipo de la barra de elevar y retenedores de la varilla (flechas)

3 Ponga la ventana en la posición elevada a la mitad y remueva las tuercas inferiores del canal **(vea ilustración)**. Ahora levante el vidrio de la ventana completamente y remueva las tuercas del rodillo de las ventanas.
4 Marque la posición de los pernos de tipo levas y los remueve, desenganche la guía del rodillo y descanse la guía en el fondo de la puerta.
5 Incline la parte superior del vidrio hasta que el rodillo trasero libere el panel interior y entonces remueva el vidrio de la puerta.
6 La instalación se hace en el orden inverso al procedimiento de desensamble, pero ajuste los canales, guías y detenciones según sea necesario para una operación suave antes de finalmente apretar las tuercas de afianzamiento.

24 Regulador para la ventana de la puerta delantera - remover e instalar

Refiérase a la ilustración 24.2

1 Remueva la moldura del panel de la puerta y el deflector del agua.
2 Levante la ventana completamente y asegúrela en esta posición poniendo dos cuñas de mangueras de calefacción de 3/4 pulgada entre el vidrio y el marco de la puerta **(vea ilustración)**.
3 Marque la posición de los pernos de tipo leva y remueva los pernos del regulador.
4 Con reguladores eléctricamente operados, desconecte el conjunto del alambrado del arnés. **Peligro:** *Es imprescindible que el engrane del sector del regulador en reguladores eléctricamente operados sea cerrado en su posición antes de remover el motor del regulador. Los brazos de control están bajo presión y pueden causarle una lesión grave si el motor es removido sin conducir la operación descrita en el Capítulo 12.*
5 Deslice el brazo superior del regulador delantero del marco, entonces deslice el brazo trasero de elevar hacia adelante la leva

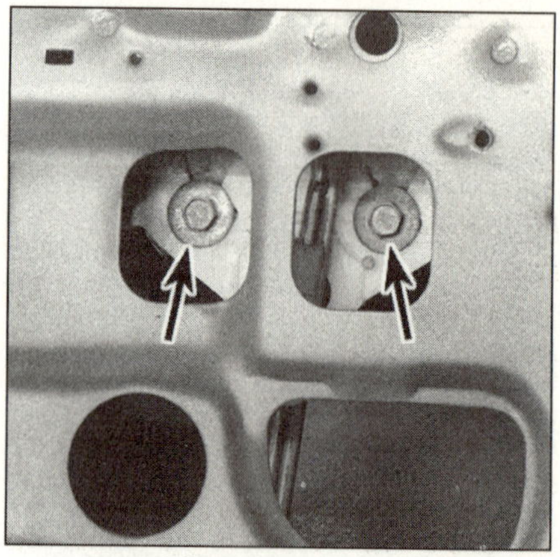

23.3 Pernos típicos del montaje del canal para el vidrio de la ventana (flechas)

del marco.
6 Deslice el regulador hacia atrás y retírelo del orificio de acceso trasero inferior.
7 La instalación se hace en el orden inverso al procedimiento de desensamble.

25 Vidrio de la puerta trasera - remover e instalar

1 Remueva la sección superior de la moldura del panel.
2 Remueva los retenedores de viaje delanteros, traseros y los retenedores del burlete.
3 Levante la ventana casi completamente hacia la posición de encima y entonces remueva la guía inferior del marco a las tuercas de montaje del vidrio.
4 Incline la orilla superior del vidrio para liberar el vidrio del marco y entonces remueva la ventana levantándola recta hacia encima.
5 La instalación se hace en el orden inverso al procedimiento de desensamble.

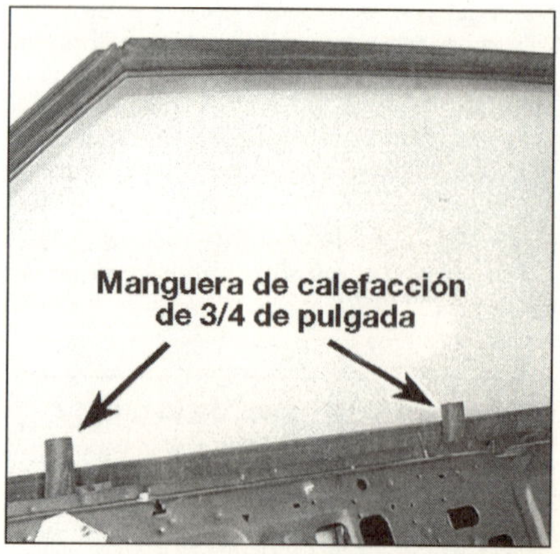

24.2 Use dos pedazos de manguera de calefacción de 3/4 de pulgada, atórelas entre el vidrio y el marco de la puerta, para detener el vidrio en la posición elevada

26 Regulador para la ventana de la puerta trasera - remover e instalar

Regulador manualmente operado

1 Remueva la moldura del panel de la puerta y el deflector del agua.

2 Levante la ventana completamente y asegúrese que está en posición con dos cuñas de mangueras de caucho de 3/4 pulgada insertadas entre el vidrio y el panel de la puerta **(vea ilustración 24.2)**.

3 Destornille y remueva los pernos de retención del regulador.

4 Desengrane el brazo elevador del regulador de la leva inferior de la guía del marco y retire el regulador del orificio de acceso.

Regulador eléctricamente operado

Peligro: *Es imprescindible que el engrane del sector del regulador en reguladores eléctricamente operados sea cerrado en su posición antes de remover el motor del regulador. Los brazos de control están bajo presión y pueden causarle una lesión grave si el motor es removido sin conducir la operación descrita en el Capítulo 12, Sección 27, Pasos 12 al 18.*

5 Remueva el vidrio de la ventana según previamente descrito.

6 Destornille y remueva los pernos de retención del regulador. Desengrane el brazo elevador del regulador del ensamblaje de la leva de la guía del marco.

7 Destornille y remueva los tornillos del tubo superior e inferior del plato de guía del marco y entonces retire el tubo de guía y palto de la guía inferior del marco de la puerta.

8 Desconecte el conjunto del alambrado/arnés y retire el ensamblaje del regulador.

9 La instalación en ambos reguladores manuales y eléctricos se hace en el orden inverso al procedimiento de desensamble.

27 Puerta - remover e instalar

1 Remueva la moldura del panel de la puerta. Desconecte cualquier conector del arnés del alambre y empújelos a través de la abertura de la puerta para que ellos no interfieran con remover la puerta.

2 Coloque un gato o estante debajo de la puerta o tenga a un ayudante a mano para sostenerla cuando los pernos de la bisagra sean removidos. **Nota:** *Si un gato o estante es usado, coloque un trapo entre el y la puerta para proteger las superficies pintadas de la puerta.*

3 Ralle alrededor de las bisagras de la puerta.

4 Remueva los pernos de la bisagra a la puerta o expulse las clavijas y levante cuidadosamente la puerta.

5 La instalación se hace en el orden inverso al procedimiento de desensamble.

6 Siguiendo la instalación de la puerta, chequee la alineación y ajústela si es necesario como sigue:

a) Los ajustes hacia encima y hacia abajo y los ajustes hacia adelante y hacia atrás son hecho aflojando los pernos de la bisagra a la carrocería y moviendo la puerta según sea necesario.

b) El precutor de la cerradura de la puerta puede ser ajustado también, ambos hacia encima y hacia abajo y de lado a lado para proporcionar un compromiso positivo con el mecanismo de la cerradura. Esto es hecho aflojando los pernos y moviendo el precutor según sea necesario.

Notas

Capítulo 12
Sistema eléctrico del chasis

Contenidos

1 Información general

El sistema eléctrico es de 12 voltios, de tierra negativa. La corriente para las luces y todos los accesorios eléctricos viene de un acumulador/batería del tipo plomo/ácido el cual se mantiene cargado por el alternador.

Este Capítulo cubre los procedimientos de reparación y servicio de distintos componentes eléctricos no asociados con el motor. La información acerca de la batería, el alternador, el distribuidor y el motor de arranque se encuentra en el Capítulo 5.

Cuando trabaje con los componentes del sistema eléctrico, desconecte el cable negativo de la batería del terminal para prevenir cortos circuitos y/o incendios.

2 Resolución de problemas eléctricos - información general

Un sistema eléctrico típico consiste de unos componentes eléctricos, interruptores, reveladores, motores, etc. relacionados con ese componente y los alambres y enchufes que unen al componente con el acumulador y con el chasis. Para ayudar a localizar un problema en un circuito eléctrico, se incluyen diagramas del alambrado al final de este libro.

Antes de atacar un circuito eléctrico molestoso, primero hay que estudiar los diagramas adecuados para tener un entendimiento completo de qué es lo que constituye ese circuito específico. Por ejemplo, puede aislar lugares problemáticos si determina que otros componentes relacionados con ese circuito están operando adecuadamente o no. Si varios componentes o circuitos fallan al mismo tiempo, es probable que el problema esté en el fusible o en la conexión a tierra ya que a menudo, varios circuitos están conectados al mismo fusible y a la misma conexión a tierra.

Los problemas eléctricos a menudo son ocasionados por causas sencillas, tales como conexiones flojas o desgastadas, o un fusible fundido. Siempre examine visualmente la condición del fusible, los alambres y las conexiones en un circuito problemático antes de diagnosticarlo.

Si va a utilizar instrumentos de prueba, use el diagrama para planear por adelantado en dónde se harán las conexiones necesarias para poder detectar el lugar del problema.

Las herramientas necesarias para las reparaciones eléctricas incluyen un probador de circuitos o voltímetro (un foco de 12 voltios con conexiones de prueba puede usarse), un probador de continuidad, que incluye un foco, una pila seca y un juego de conexiones de prueba y un alambre puente, de preferencia con cortacircuitos, que puede usarse para hacer puente a los componentes eléctricos. Antes de atentar de localizar un problema con los instrumentos de prueba, use el diagrama(s) del alambrado para decidir donde hacer las conexiones.

Chequeo de voltaje

Cuando un circuito no está funcionando correctamente el voltaje debe chequearse. Conecte una de las conexiones del probador de circuitos ya sea a la terminal negativa de la batería o a una tierra buena. Conecte la otra conexión a un enchufe del circuito que se esté probando, de preferencia cerca de la batería o del fusible. Si la lámpara del probador se ilumina, hay voltaje, lo que quiere decir que la parte del circuito entre el enchufe y el acumulador no tienen problemas. Continúe probando el resto del circuito de la misma manera. Cuando llegue a un punto en el cual no hay voltaje, el problema está entre este punto y el último punto de prueba que tiene voltaje. La mayor parte de las veces, el problema es una conexión floja. **Nota:** *Recuerde que algunos circuitos solamente reciben voltaje cuando la llave de la ignición está en la posición de Operar o Accesorios.*

Buscando un corto

Una manera de encontrar los cortos circuitos es removiendo el fusible y conectando la luz de prueba o el voltímetro a las terminales del fusible. No debe haber voltaje en el circuito. Sacuda el arnés del alambrado mientras observa la luz del probador. Si la luz se ilumina, hay un corto circuito a tierra en algún punto cercano, probablemente donde el aislamiento se ha pelado. La misma prueba puede hacerse a cada componente, aún a un interruptor.

Chequeo por una tierra buena

Haga una prueba de tierra para verificar si un componente está debidamente puesto a tierra. Desconecte el acumulador y conecte la conexión de un probador de continuidad a una tierra buena. Conecte la otra conexión del probador al alambre o conexión de tierra que se esté probando. Si el foco se ilumina, hay una tierra buena. Si el foco no se ilumina, no hay una tierra buena.

Chequeo de continuidad

Una prueba de continuidad determina si hay alguna apertura en un circuito - es decir, si está conduciendo la corriente adecuadamente. Con el circuito apagado (sin corriente en el circuito), un probador de continuidad puede usarse para probar el circuito. Conecte las dos conexiones del probador a las dos conexiones del circuito (o una a la "potencia" del circuito y la otra a una tierra buena); si el foco de prueba se ilumina el circuito está pasando corriente correctamente. Si la luz no se ilumina, hay alguna interrupción en el circuito. El mismo procedimiento puede usarse para probar un interruptor, conectando el probador de continuidad a la entrada y salida del interruptor. Con el interruptor en posición de cerrado (llave abierta), la luz de prueba debe encenderse.

Buscando por un circuito abierto

Cuando se esté diagnosticando posibles interrupciones en un circuito, a menudo es difícil de localizarlas a simple vista porque oxidación o terminales fuera de alineamiento pueden estar ocultas por conectores. Una pequeña sacudida al enchufe de un sensor o al arnés del alambrado puede corregir la interrupción de un circuito. Acuérdese de esto si hay indicación de un circuito abierto cuando se esté reparando un circuito. Los problemas intermitentes pueden ser ocasionados por conexiones desgastadas o flojas.

Las reparaciones eléctricas son sencillas si se recuerda que los circuitos eléctricos son básicamente electricidad que corre de la batería, a través de los alambres, interruptores, reveladores y fusibles a cada componente eléctrico (foco, motor, etc.) y regresa al acumulador. Cualquier problema eléctrico es una interrupción del flujo de la electricidad de la batería hacia afuera y de regreso al mismo.

3 Fusibles - información general

Refiérase a las ilustraciones 3.1a, 3.1b y 3.4

Los circuitos eléctricos de un vehículo están protegidos por una combinación de fusibles, interruptor de circuitos y cortacircuitos. El bloque de fusibles está situado debajo del tablero en el lado del conductor **(vea ilustraciones)**.

Cada fusible protege uno o más circuitos. El circuito protegido se identifica en el tablero de fusibles, directamente arriba de cada fusible.

Un fusible quemado en los modelos más antiguos puede ser fácilmente identificado inspeccionado el elemento adentro del tubo de vidrio. Si el elemento de metal está roto, el fusible está inoperable y debe de ser reemplazado con uno nuevo.

En los modelos más modernos, se usan fusibles miniatura. El diseño de estos fusibles son compactos, con terminales en forma de espada, permite que los fusibles se puedan remover e instalar fácilmente con los dedos. Si un componente eléctrico falla, siempre verifique el fusible antes que nada. Examine el elemento visualmente buscando por evidencia de daño **(vea ilustración)**. Si se pide una prueba de continuidad, las espadas terminales están expuestas en el cuerpo del fusible.

Asegúrese de reemplazar los fusibles quemados con otros del tipo correcto. Los fusibles, aunque sean de distintos valores, son físicamente intercambiables, pero solamente fusibles del valor adecuado deben

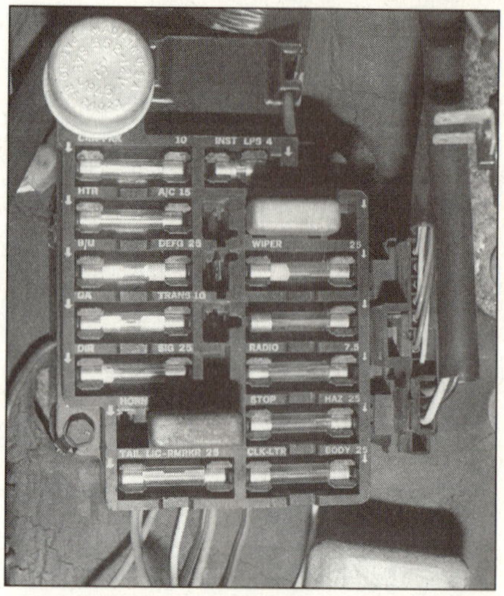

3.1a En la mayoría de los modelos la caja de los fusibles está localizada debajo del tablero a la izquierda del chófer (los bloques de los fusibles en los modelos más antiguos, se muestra con fusibles de vidrio)

3.1b Los modelos más modernos usan fusibles en miniatura

usarse. No se recomienda remplazar un fusible con otro de mayor o menor valor. Cada circuito eléctrico requiere una cantidad específica de protección. El valor del amperaje de cada fusible esta moldeado en el cuerpo del fusible. **Caución:** *Nunca se debe hacer puente a un fusible con pedazos de metal o papel de aluminio. Esto puede ocasionar serios daños al sistema eléctrico.*

Si el fusible reemplazado falla inmediatamente, no lo reemplace nuevamente hasta que la causa del problema haya sido aislada y corregida.

4 Fusibles térmicos - información general

Algunos circuitos están protegidos por interruptores de circuitos. Estas conexiones se usan en circuitos que generalmente no se protegen con fusibles, tal como el circuito de ignición.

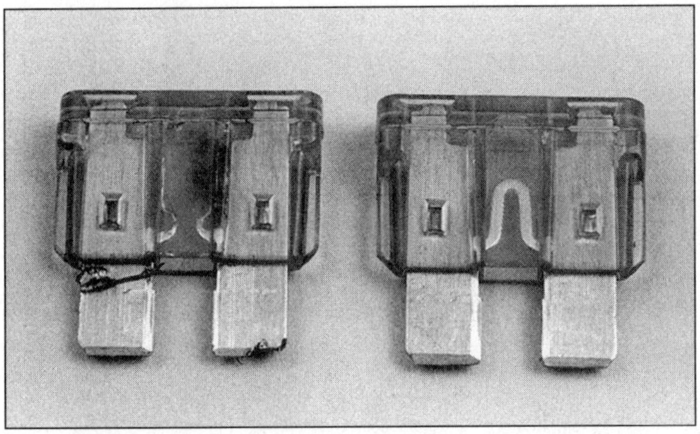

3.4 Para chequear por un fusible quemado, remuévalo e inspecciónelo visualmente - el fusible en el lado izquierdo está quemado - el que está en la derecha está en buenas condiciones (se muestran fusibles en miniatura)

8.2 Use destornilladores Phillips para remover cada tornillo del bisel (flecha)

Aunque los interruptores de circuitos parecen ser más gruesos que el alambre que protegen, esta apariencia se debe al grueso del aislamiento. Todos los interruptores de circuitos son de una medida cuatro números más pequeños que la del alambre que protege.

Los fusibles térmicos no tienen reparación, pero una nueva conexión de la misma medida puede instalarse como se indica a continuación:

a) Desconecte el cable negativo de la batería.
b) Desconecte la conexión del fusible térmico del arnés del alambrado.
c) Remueva la conexión del fusible térmico dañada del arnés y córtela inmediatamente detrás del conector.
d) Remueva aproximadamente un centímetro del aislamiento.
e) Ponga un conector nuevo en la conexión nueva y apriételo para que quede firme.
f) Usando soldadura con corazón de resina haga una buena soldadura en cada extremo de la conexión.
g) Usando bastante cinta aislante, cubra bien las soldaduras. No debe quedar nada de los alambres expuestos.
h) Conecte el cable de tierra de la batería. Chequee la operación correcta del circuito.

5 Cortacircuitos - información general

Los cortacircuitos protegen a los componentes tales como ventanas eléctricas, cerraduras eléctricas, desempañador de la ventana trasera y faros delanteros. Algunos cortacircuitos se encuentran en la caja de fusibles. Vea los diagramas del alambrado que están al extremo de este libro para saber otros lugares donde hay cortacircuitos en este vehículo.

Debido a que los cortacircuitos se restablecen automáticamente, una sobrecarga eléctrica en un circuito protegido por cortacircuitos ocasionará una interrupción momentánea y luego se restablecerá. Si el circuito no se restablece, hay que probarlo inmediatamente. Una vez que la causa haya sido corregida, el cortacircuitos volverá a su función normal.

6 Relés - información general

Varios accesorios eléctricos en el vehículo usan relés para transmitir la señal eléctrica al componente. Si el relé está defectuoso, ese componente no operará apropiadamente.

Los varios relés están agrupados juntos en varios lugares. Si un relé defectuoso es sospechado, puede ser removido y puede ser chequeado por un departamento de servicio de su concesionario o un taller de reparación. Los relés defectuosos deben ser reemplazados como una unidad.

7 Destelladores de las luces direccionales y de emergencia - chequeo y reemplazo

Destelladores de las luces direccionales

1 El destellador de las luces direccionales, una cajeta cilíndrica metálica localizada en el área central debajo del tablero de instrumentos, opera las luces direccionales.

2 Cuando la unidad del destellador funciona correctamente, se oyen unos chasquidos durante su operación. Si las luces direccionales fallan en un lado u otro y el interruptor intermitente no emite su sonido característico, esto indica que existe una bombilla de luz direccional defectuosa.

3 Si ambas luces direccionales no destellan, el problema puede deberse a un fusible fundido, una unidad del destellador defectuosa, un interruptor averiado o una conexión eléctrica floja o abierta. Si un chequeo rápido de la caja de fusibles indica que se ha fundido el fusible de las luces direccionales, vea si hay un cortocircuito en el alambrado antes de instalar un fusible nuevo.

4 Para reemplazar el destellador, simplemente extráigalo de su conector eléctrico.

5 Asegúrese de que la unidad de reemplazo sea idéntica a la original. Compare la unidad vieja con la nueva antes de instalarla.

6 La instalación se hace en el orden inverso al procedimiento de desensamble.

Destellador de las luces de emergencia

7 El destellador de las luces de emergencia, una cajeta cilíndrica metálica localizada detrás del interruptor principal de las luces, en la parte trasera del tablero de instrumentos, enciende y apaga las cuatro luces direccionales simultáneamente al ser activado.

8 El destellador de las luces de emergencia se comprueba de manera similar al destellador de las luces direccionales **(vea los pasos 2 y 3).**

9 Para reemplazar el destellador de las luces de emergencia, extráigalo de su conector bajo el tablero e instale uno nuevo.

10 Asegúrese de que la unidad de reemplazo sea idéntica a la que está siendo reemplazada. Compare la unidad vieja con la nueva antes de instalarla.

11 La instalación se hace en el orden inverso al procedimiento de desensamble.

8 Luces delanteras - remover e instalar

Refiérase a la ilustraciónes 8.2, 8.4 y 8.5

1 Cuando esté reemplazando una luz, tenga cuidado de no girar los tornillos de ajuste cargados por resorte para la luz, porque esto alterará la puntería.

2 Remueva los tornillos del bisel de la luz y remueva el bisel decorativo **(vea ilustración)**.

3 Use una herramienta para remover la chaveta o dispositivo similares para desganchar el resorte anillo retenedor.

4 Remueva los dos tornillos que aseguran el anillo retenedor y retire el anillo **(vea ilustración)**. Sostenga la luz mientras esto se hace.
5 Hale la unidad sellada hacia el exterior levemente y desconecte el conector eléctrico de la parte trasera de la luz **(vea ilustración)**. Remueva la luz del vehículo.
6 Posicione la unidad nueva lo suficientemente cerca para conectar el conector eléctrico. Asegúrese que los números moldeados en el lente están hacia encima.
7 Instale el anillo retenedor con sus tornillos de afianzamiento y resorte.
8 Instale el bisel decorativo y chequee por una operación apropiada. Si los tornillos de ajuste no fueron alterados, la puntería de la luz nueva no necesitará tener que ser ajustada.

9 Luces delanteras - ajuste

Refiérase a las ilustraciones 9.1

Nota: *¡La dirección en que apuntan los faros delanteros es muy importante! Si no están ajustados correctamente, pueden causar un accidente serio al cegar al conductor de un vehículo que viene en sentido contrario o reducir su capacidad de ver el camino en frente de usted. La dirección en que apuntan los faros delanteros debe probarse cada 12 meses y cada vez que se instale una unidad nueva sellada o cuando se hagan reparaciones del eje delantero o de la carrocería. Hay que hacer hincapié en que el procedimiento que se describe aquí es solamente un ajuste temporal, hasta que los faros puedan ser ajustados en un taller debidamente equipado.*
1 Los faros delanteros tienen dos o tres (dependiendo del modelo) tornillos de ajuste - uno arriba, que controla el movimiento de arriba a abajo y uno o dos a los lados, que controlan el movimiento lateral **(vea ilustración)**.
2 Hay varias maneras de ajustar los faros delanteros. Para la forma más sencilla, se requiere una pared lisa a (25 pies) del vehículo el cual debe de estar en un piso nivelado.
3 Coloque el vehículo a (25 pies) de la pared.

8.4 Remueva los tornillos de retención (no los confunda con los tornillos de ajuste) y remueva el anillo de las luces delanteras (se muestran las luces delanteras redondas, las rectangulares son similares)

4 Pegue cinta adhesiva en la pared, para marcar las posiciones del centro del vehículo y de los faros delanteros.
5 Pegue cinta adhesiva en una línea horizontal a la altura del centro de todos los faros delanteros. **Nota:** *Puede ser más fácil poner esta cinta con el vehículo estacionado cerca de la pared.*
6 Los ajustes deben hacerse con el vehículo nivelado, el tanque de gasolina lleno a la mitad y sin ninguna carga pesada en el vehículo.
7 Comenzando con las luces bajas, ajuste los centros de intensidad de la luz de manera que estén dos pulgadas abajo de la línea horizontal y dos pulgadas a la derecha de los centros verticales de los faros, marcados por las cintas verticales. El ajuste se hace moviendo el tornillo superior de ajuste en el sentido de las saetas del reloj para levantar la luz y contrario a las saetas del reloj para bajarla. Los tornillos laterales deben usarse en la misma manera para ajustar la luz a la derecha o a la izquierda.
8 Con las luces altas, los centros de intensidad de la luz deben quedar sobre la línea

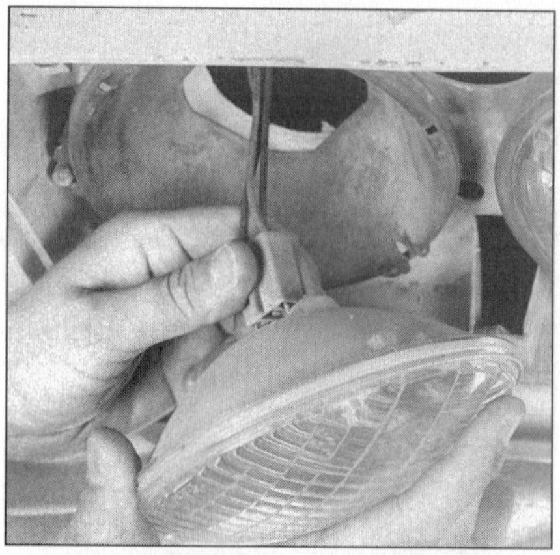

8.5 Hale las luces delanteras hacia adelante y desconecte el conector

del centro del vehículo, ligeramente abajo de la línea horizontal. **Nota:** *Puede que no sea posible ajustar los faros para las luces bajas y altas simultáneamente. Si hay que escoger, recuerde que las luces bajas son las que más se usan y las que más efecto tienen en la seguridad.*
9 Haga que los faros delanteros sean ajustados por el departamento de servicio automotriz o en una estación de servicio.

10 Reemplazo de las bombillas - delanteras

Luces de estacionamiento

Modelos 1970

1 Remueva los tornillos del lente, remueva el lente hacia afuera y remueva la bombilla de su poseedor.

Modelos 1971 al 1973

2 Tuerza el zócalo hacia afuera del albergue trasero.

Modelos 1974 al 1988

3 El poseedor de la bombilla está torcido hacia afuera del cuerpo trasero de la luz, dependiendo del año y el modelo.

9.1 Ubicación típica de los tornillos de ajuste para las luces delanteras

11.1 Use un destornillador para remover los tornillos de los lentes

11.2 Gire el retenedor de la bombilla contra las agujas de reloj para remover la bombilla

Luces marcadoras delanteras

Modelos 1970 y 1971

4 Tuerza al poseedor de la bombilla en la parte trasera de la luz 1/4 de vuelta para liberarla. La bombilla entonces se puede remover de su zócalo.

Modelos 1972 al 1988

5 El lente del marcador lateral se puede remover después de remover dos tornillos.

11 Reemplazo de las bombillas - traseras

Refiérase a la ilustración 11.1 y 11.2

Luces de los frenos, traseras, direccionales y de reversa

Modelos 1970

1 El acceso a todas las bombillas es obtenido removiendo los tornillos del lente y el lente **(vea ilustración)**.

Modelos 1971 y 1972

2 Los poseedores de las bombillas pueden ser torcidos desde la parte trasera del albergue trabajando adentro del maletero **(vea ilustración)**.

Modelos 1973 y más modernos

3 Las bombillas son accesibles por adentro del maletero en los modelos sedan y debajo de los parachoques en los modelos de furgonetas, dependiendo del año y el modelo.

Luz de la licencia

Modelos 1970 al 1973

4 El acceso a la bombilla es obtenido después de remover los tornillos del lente que aseguran y remueven el lente.

Modelos 1974 y más modernos

5 Remueva los tornillos reteniendo la luz y baje la luz hasta que el poseedor de la bombilla pueda ser torcido de su zócalo en el cuerpo de la carrocería.

Luz trasera marcadora

6 Tuerza el poseedor de la bombilla de su zócalo después de alcanzar adentro del maletero o por debajo de los guardafangos traseros, según el diseño.

12 Reemplazo de las bombillas - interior

Luces de la consola central

1 Hágale palanca hacia encima al ensamblaje del interruptor de la consola y remueva la bombilla de su zócalo.
2 La bombilla de cortesía es accesible después de remover los tornillos del lente y remover el lente.

Luces del cuadrante del cambio automático en el piso

3 Remueva el plato de la moldura del cuadrante de la consola y retire la luz del zócalo.

Luz interior (techo)

4 Pellizque los lados del lente plástico junto y remuévalo.
5 La bombilla de tipo festoon ahora se le puede hacer palanca cuidadosamente entre los contactos del resorte.

13 Reemplazo de las bombillas - aglutinador de instrumentos

1 La mayoría de las bombillas del tablero de instrumentos son accesible después de remover primero el plato del lente y la moldura en la manera siguiente.
2 Desconecte el cable de conexión a tierra de la batería.
3 Si el vehículo está equipado con una transmisión automática, remueva el indicador de cambio (modelos más antiguos) o desconecte el cable del indicador de cambio de la columna de la dirección.
4 En algunos modelos, pueda que sea necesario remover la columna de la dirección, los tornillos superiores de apoyo y bajar la columna.
5 Remueva los tornillos y afianzadores de la orilla exterior del aglutinador de instrumentos y los tornillos de la superficie superior del plato de moldura.
6 En los modelos más modernos algunas bombillas son accesible por la parte de atrás del aglutinador de instrumentos después de remover el aglutinador (Sección 19).

14 Interruptor de las luces delanteras - remover e instalar

Modelos más antiguos

1 Desconecte el cable de conexión a tierra de la batería.
2 Hale la perilla de control de las luces delantera a la posición de Encendido.
3 Alcance hacia encima por debajo del tablero de instrumentos y presione el retenedor del eje del interruptor **(vea ilustración)**. Remueva el ensamblaje de la perilla y el eje.
4 Remueva la tuerca del bisel e interruptor del tablero de instrumentos y entonces desconecte el tapón del alambrado.

Modelos más modernos

5 La remoción es igual que para los modelos más antiguos con la exepción de que la almohadilla del tablero de instrumentos es fija y el acceso al interruptor es obtenido removiendo el bisel de instrumento. El interruptor es entonces removido alcanzando por bajo del tablero de instrumentos.

15 Interruptor del limpiaparabrisas/lavador del parabrisas - remover e instalar

1 Desconecte el cable de conexión a tierra de la batería.

Modelos más antiguos

2 Extraiga los tornillos reteniendo la tapa de control al tablero de instrumentos. En algunos modelos, uno de estos tornillos está escondido encima del eje del interruptor de la luz y uno encima del encendedor de cigarros.
3 Levante la tapa y remueva los tornillos que quedan para que el interruptor se pueda halar y pueda ser removido.

Modelos más modernos

4 El interruptor del limpiaparabrisas/lavador está localizado en el lado izquierdo de la columna de la dirección, debajo del interruptor de las direccionales.
5 Para remover el interruptor del limpiaparabrisas/lavador, remueva primero el volante (Capítulo 10) y el interruptor de las direccionales (Sección 16).
6 Remueva los pernos superiores en el interruptor de la ignición e atenuador. Esto libera el atenuador y la varilla do actuación. Tenga cuidado de no mover el interruptor de la ignición. Si esto acontece, requerirá ajuste antes de volver a instalarlo.
7 El interruptor del limpiaparabrisas/lavador y el ensamblaje del pivote ahora pueden ser removidos del albergue de la columna después que desconecte los arneses del alambre.
8 Durante la instalación, coloque el interruptor del limpiaparabrisas/lavador y el ensamblaje del pivote en el albergue y alinee el conector debajo del ensamblaje de la taza y la cubierta.
9 Instale el interruptor como está descrito en la Sección 16.
10 Instale el extremo pellizcado de la varilla del interruptor actuador adentro del interruptor del atenuador. Alimente el otro lado de la varilla através de la manguera en la cubierta y en el interruptor del limpiaparabrisas/lavador y ensamblaje pivote. No apriete el tornillo de

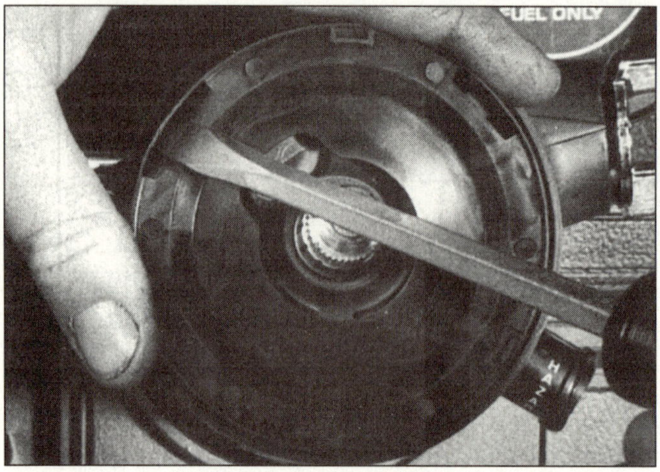

16.3 Use un destornillador para hacerle palanca hacia encima de la tapa del plato

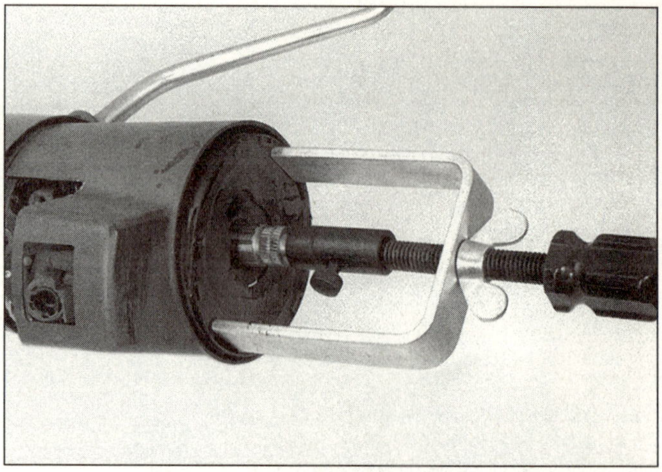

16.4 Una herramienta especial es requerida para presionar el plato de cierre en el eje de la dirección para que el anillo retenedor pueda ser removido

instalar todavía. Presione el atenuador levemente y use una broca de 3/32 de pulgada para localizar el interruptor correctamente. Empuje el interruptor encima para remover el juego entre la ignición y el atenuadores de la luz y la varilla del actuador. Apriete el tornillo del interruptor firmemente. Remueva la broca y chequee por la función del interruptor operando la palanca.

16 Interruptor de las direccionales - remover e instalar

Refiérase a las ilustraciones 16.3, 16.4, 16.5 y 16.8

1 Desconecte el cable negativo de la batería y remueva el volante (Capítulo 10).

2 Remueva la cubierta de la moldura para la columna de la dirección localizada en la base del tablero.

3 A fines de la columna de la dirección, los modelos más modernos tienen un plato plástico de la tapa que debe ser abierto con una palanca fuera de la columna, usando un destornillador en las hendiduras proporcionadas **(vea ilustración)**.

16.5 Levante el plato de cancelación y el resorte

4 El plato de cierre ahora tendrá que ser removido de la columna de la dirección. Este es sostenido en su posición con un anillo de presión que se acopla en una ranura en el eje de la dirección. El plato de cierre se debe presionar para aliviar la presión en el anillo de presión. Una herramienta especial en forma de U que se acopla al eje se debe usar para presionar el plato de cierre según el anillo de presión es removido de su ranura **(vea ilustración)**.

5 Deslice la leva de cancelación, resorte de precarga del cojinete superior y arandela para el impulso fuera del extremo del eje **(vea ilustración)**.

6 Remueva el tornillo de retención para la palanca de las direccionales y retire la palanca de las direccionales del lado de la columna.

7 Empuje en la perilla de advertencia de peligro y destornille la perilla del eje enroscado.

8 Remueva los tres tornillos de afianzamiento para los ensamblajes de las direccionales **(vea ilustración)**.

9 Hale el conector del alambrado del interruptor hacia afuera del soporte en la chaqueta de la columna de la dirección. Póngale cinta a las terminales del conector para prevenir daño. Alimente el conector del alambrado a través del soporte de apoyo de la columna y hale el interruptor, conjunto del alambrado/arnés y conectores hacia afuera de la cima de la columna de la dirección.

16.8 Remueva los tornillos del ensamblaje de las direccionales

10 La instalación se hace en el orden inverso al procedimiento de desensamble; sin embargo, asegúrese que el conjunto del alambrado/arnés está en el protector según es halado a su posición. Antes de instalar la arandela para el impulso, resorte superior para el balero de carga y la leva de cancelación, asegúrese que el interruptor está en la posición neutral y la perilla de peligro está removida. Siempre use un anillo de presión nuevo en el eje para el plato de cierre.

17 Cilindro de cierre de la ignición - remover e instalar

Modelos 1970 al 1978

Refiérase a la ilustración 17.3

1 El cilindro de la cerradura está localizado en el lado de la mano derecha superior de la columna de la dirección. En estos

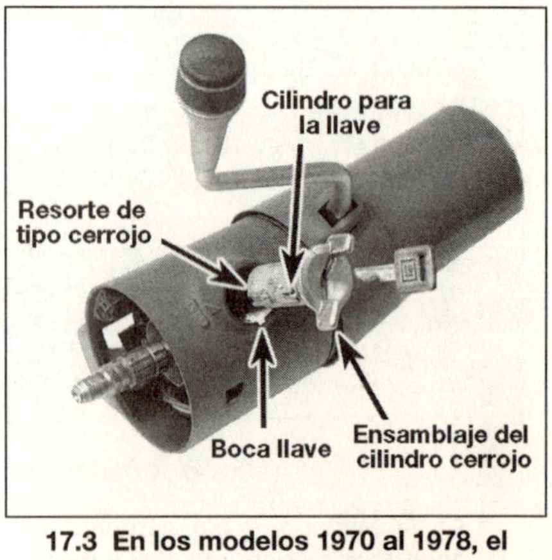

17.3 En los modelos 1970 al 1978, el cilindro de la cerradura es retenido por un resorte de tipo cerrojo

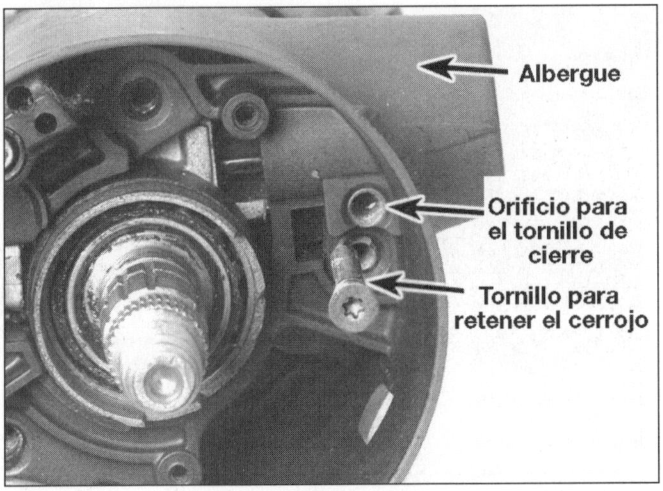

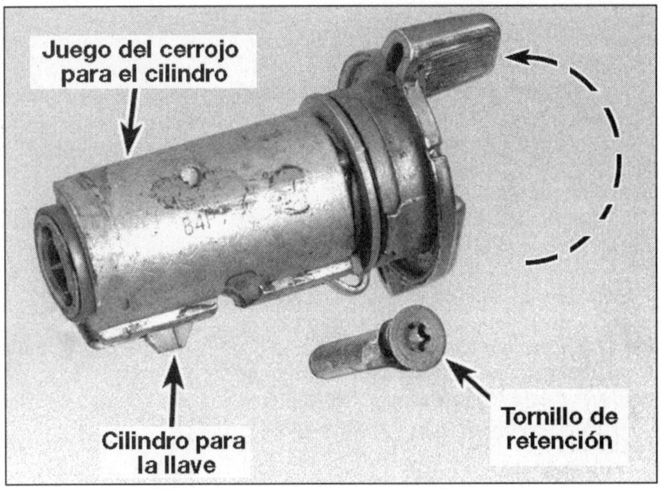

17.12 En los modelos 1979 al 1988, el cilindro de la cerradura es sostenido en su posición por un tornillo

modelos, el cilindro de la cerradura debe ser removido solamente en la posición de Marcha, de otro modo daño al interruptor del zumbador de peligro puede ocurrir.

2 Remueva el volante (Capítulo 10) y el interruptor de las direccionales (Sección 16). **Nota:** *El interruptor de las direccionales no tiene la necesidad de ser removido completamente con tal de que sea empujado lo suficiente hacia atrás para ser resbalado encima del extremo del eje. No hale el arnés hacia afuera de la columna.*

3 Inserciόne un destornillador delgado de hoja en la hendidura del albergue del interruptor de las direccionales. Afloje el albergue y al mismo tiempo presione el resorte del picaporte en el extremo inferior de los cilindros de cierre. Deteniendo el picaporte bajo presión, remueva el cilindro del albergue de la cerradura **(vea ilustración)**.

4 Para instalar el cilindro de la cerradura nuevo y el ensamblaje de la manga, detenga la manga y gire la cerradura a la derecha contra la parada.

5 Inserciόne el cilindro/ensamblaje de manga en el albergue para que la llave en la camisa del cilindro esté alineada con la bocallave del albergue.

6 Inserciόne un taladro de un diámetro de 0.070 pulgada entre el bisel de la cerradura, el albergue y entonces gire el cilindro a la izquierda, mantenga presión en el cilindro hasta que las secciones acoplen con el sector.

7 Presione el cilindro de la cerradura hasta que los anillos de presión se comprometan en las ranuras y asegure el cilindro en el albergue. Remueva la broca y chequee la acción de cierre.

8 Instale el interruptor de las direccionales y el volante.

Modelos 1979 y más modernos

Refiérase a la ilustración 17.12

9 El cilindro de la cerradura debe ser removido en la posición de Marcha solamente.

10 Remueva el volante (Capítulo 10) y el interruptor de las direccionales (Sección 16). No es necesario remover completamente el interruptor. Hálelo hacia encima y sobre el extremo del eje de la dirección. No remueva el conjunto del alambrado/arnés por de la columna.

11 Remueva el interruptor de la advertencia de la llave de la ignición.

12 Usando un destornillador magnético, remueva el tornillo reteniendo la cerradura. No permita que este tornillo se caiga adentro en la columna, porque esto requerirá remover la columna de la dirección completa para recuperar el tornillo **(vea ilustración)**.

13 Hale el cilindro de la cerradura hacia afuera del lado de la columna de la dirección.

14 Para instalar, gire el cilindro de cierre y alinee el pasador de los cilindros con la bocallave en el albergue de la columna de la dirección.

15 Empuje la cerradura completamente hacia adentro e instale el tornillo de retención.

16 Instale los componentes restantes refiriéndose a las Secciones apropiadas.

18 Cable del velocímetro - reemplazo

Refiérase a las ilustraciones 18.1 y 18.2

1 El aglutinador de instrumentos debe ser removido primero como está descrito en la Sección 19. Presione el clip retenedor en la parte trasera del aglutinador para liberar el cable del espirómetro **(vea ilustración)**.

2 Una vez que el extremo del cable del engrane del velocímetro esté expuesto, agarre el interior del cable con alicates y remuévalo hacia afuera del albergue **(vea ilustración)**.

3 La instalación se hace en el orden inverso al procedimiento de desensamble, pero en los modelos 1970 al 1974, lubrique la tres cuartas partes inferiores del cable antes de meterlo. En los modelos más modernos, lubrique el cable entero. Use lubricante especial para cable de velocímetro, no use aceite, para este propósito.

4 Inserciόne el cable en el albergue usando un movimiento que se tuerce hasta que el extremo inferior se detecta que se compromete con el engrane en la transmisión.

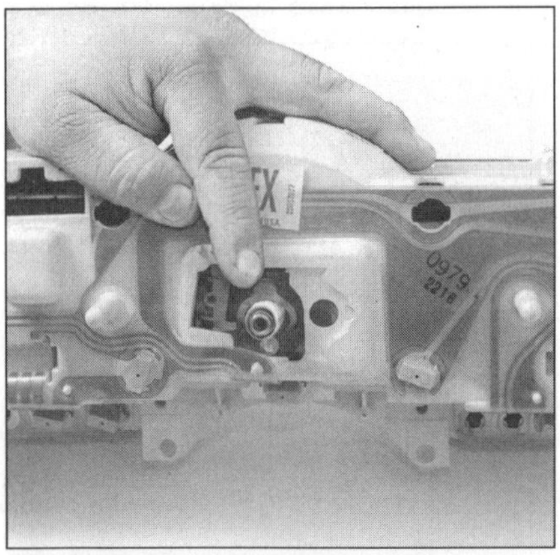

18.1 Alcance por la parte trasera del aglutinador y deprima el clip para liberar el cable del espirómetro

18.2 Use alicates para remover el cable del velocímetro hacia afuera del albergue

19 Aglutinador de instrumentos - remover e instalar

Refiérase a la ilustración 19.3

1 Desconecte el cable negativo en la batería. Coloque el cable fuera del camino para que no pueda entrar accidentalmente en contacto con el terminal negativo de la batería, porque esto permite una vez más que el poder entre en el sistema eléctrico del vehículo.

2 Remueva el plato de la moldura del aglutinador de instrumentos y la tapa de la columna de la dirección.

3 Remueva el indicador de cambio (modelos más antiguos) o separe el cable del indicador modelos más modernos **(vea ilustración)**.

4 En algunos modelos pueda que sea necesario remover el interruptor de la luz (Sección 14) y/o el interruptor del limpiaparabrisas/lavador (Sección 15).

5 Remueva los tornillos o las tuercas reteniendo el aglutinador de instrumentos, remueva el aglutinador de instrumentos y desconecte el cable del velocímetro. En algunos modelos más modernos pueda que sea necesario desconectar el cable en la transmisión para proporcionar suficiente juego para que el aglutinador de instrumentos pueda ser removido hacia afuera para tener acceso a los conectores.

6 Remueva cualquier conector eléctrico que pueda interferir con la remoción.

7 Separe el grupo del tablero de instrumentos.

8 La instalación se hace en el orden inverso al procedimiento de desensamble.

20 Brazo limpiador del parabrisas - remover e instalar

1 Asegúrese de que los brazos limpiadores están en la posición estacionada, el motor haya sido girado al modo de velocidad baja.

2 Note cuidadosamente la posición del brazo limpiador con relación al molde revelado del parabrisas. Use cinta en el parabrisas para marcar la ubicación exacta del brazo limpiador en el vidrio.

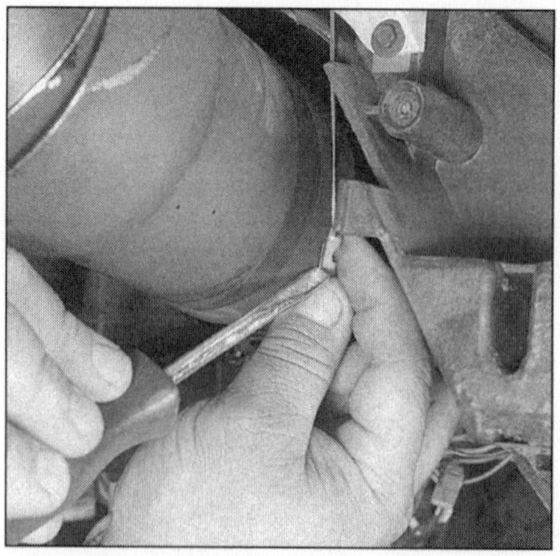

19.3 Use un destornillador para separar el cable indicador de cambio de la columna de la dirección (modelos más modernos)

3 Usando una herramienta de gancho o un destornillador pequeño, hale hacia un lado la espiga (pestaña) pequeña del resorte que retiene el brazo limpiador a la ranura del eje de la transmisión y hale al mismo tiempo el brazo del eje.

4 La instalación se hace en el orden inverso al procedimiento de desensamble, pero no empuje el brazo completamente hacia adentro del eje hasta que la alineación del brazo haya sido chequeada. Si es necesario, el brazo se puede remover hacia afuera otra vez y girarlo una o dos vueltas del eje para corregir la alineación sin la necesidad de remover la espiga (pestaña) de tipo resorte.

5 Finalmente, apriete el brazo completamente hacia adentro en su eje y entonces moje el vidrio del parabrisas y opere el motor en la velocidad baja para asegurar que el arco del viaje sea correcto.

21 Motor limpiador del parabrisas - remover e instalar

Refiérase a la ilustración 21.5

1 Levante el capó y remueva la rejilla del capó.

2 Alcance a través de la abertura, afloje las tuercas del eslabón de actuación y de la cigüeña.

3 Remueva el eslabón de mando de la transmisión de la cigüeña del motor.

4 Desconecte el alambrado y la mangueras de lavar del motor limpiador.

5 Remueva los tres tornillos de retención del motor y retire el motor, guiando el brazo de la cigüeña a través del orificio en la pared contrafuego trasera **(vea ilustración)**.

6 La instalación se hace en el orden inverso al procedimiento de desensamble, pero antes de conectar el eslabón, chequee que el motor esté en Estacionamiento.

22 Radio - remover e instalar

Refiérase a las ilustraciones 22.3 y 22.4

1 Desconecte el cable negativo en la batería. Coloque el cable fuera del camino para que no pueda entrar accidentalmente en contacto con el terminal negativo de la batería, porque esto permitirá que una vez más el poder entre en el sistema eléctrico del vehículo.

2 En modelos más antiguos, remueva las perillas del control y el bisel. Use un zócalo para remover las tuercas del eje de control y las arandelas.

3 En los modelos más modernos, remueva la tapa de la moldura del radio. Remueva los tornillos retenedores **(vea ilustración)**.

4 En todos los modelos, remueva el radio del tablero de instrumentos hasta que el alambrado se pueda alcanzar y pueda ser desconectado. Remueva el radio **(vea ilustración)**.

5 La instalación se hace en el orden inverso al procedimiento de desensamble. Asegúrese que todos los alambres de la bocinas, alambre de la antena y cualquier otros conectores estén conectados antes de prender la fuerza eléctrica al radio.

23 Eliminador de niebla trasero de tipo eléctrico - probar y reparar

Refiérase a las ilustraciones 23.4, 23.5a, 23.5b y 23.11

1 Esta opción se compone de una ventana trasera con varios elementos horizontales que son horneados en la superficie del vidrio durante la operación de formar de vidrio.

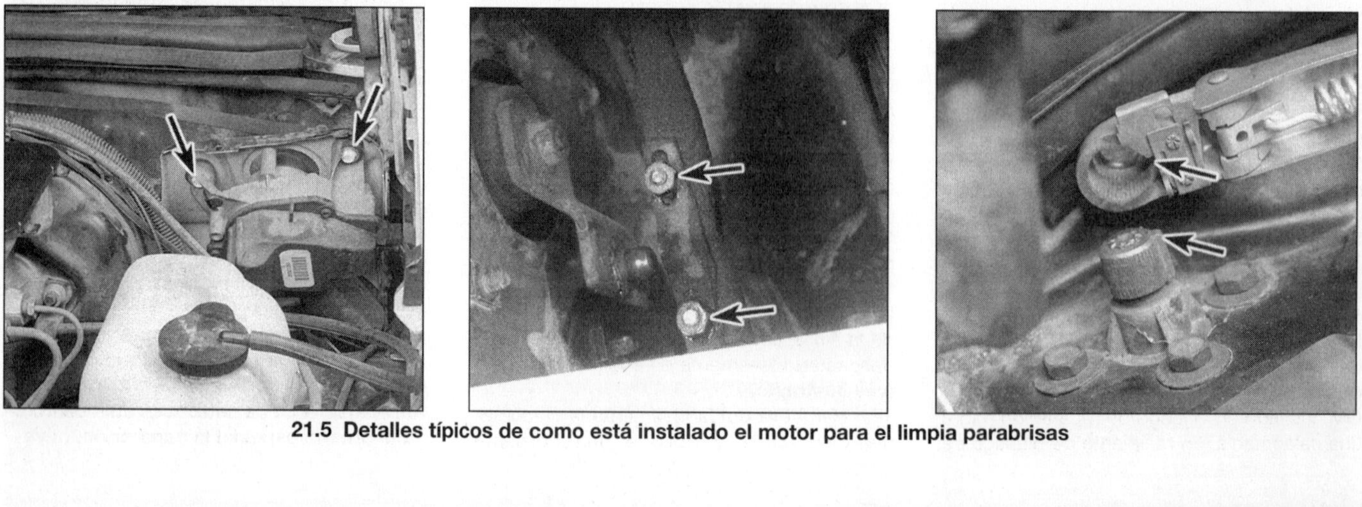

21.5 Detalles típicos de como está instalado el motor para el limpia parabrisas

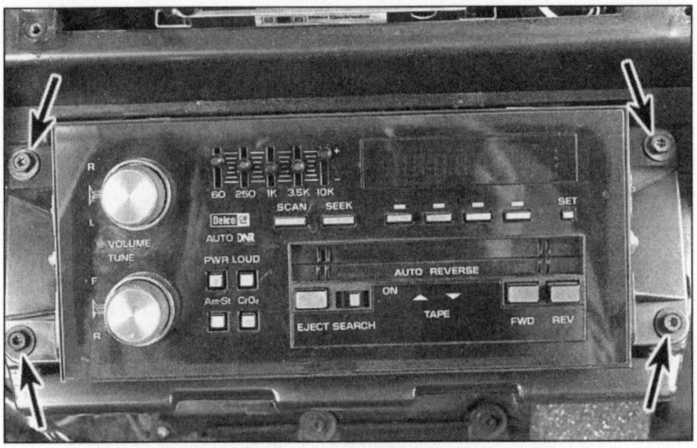

22.3 Remueva los tornillos que retienen el radio (modelos más modernos)

22.4 Remueva el radio del tablero y desconecte la antena y los conectores eléctricos (flechas)

23.4 Cuando esté chequeando el voltaje en la parrilla del eliminador de niebla trasero, envuelva un pedazo de papel de aluminio alrededor de la punta del alambre del voltímetro y presione el papel de aluminio contra el alambre con su dedo

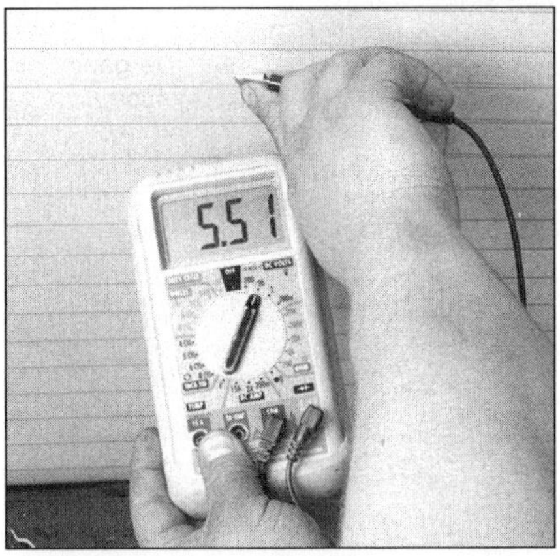

23.5a Para determinar si hay un alambre roto, chequee el voltaje en el centro de cada alambre - si el voltaje es de 6 voltios el alambre no está roto, si el voltaje es de 12 voltios, el alambre está roto entre el centro del alambre y el lado positivo; si el voltaje es cero, el alambre está roto entre el centro del alambre y la tierra

23.5b Para encontrar la quebradura, ponga el alambre positivo del voltímetro contra la terminal positiva del eliminador de niebla, ponga el alambre negativo del voltímetro con cintas de papel de aluminio contra el alambre caliente en el extremo de la terminal positiva y deslícela hacia el extremo de la terminal negativa - la lectura del voltímetro debe de cambiar abruptamente donde el alambre está roto

2 Interrupciones pequeñas en el sistema del elemento se pueden reparar exitosamente sin remover la ventana trasera.

3 Para chequear las rejas por una operación apropiada, ponga el motor en marcha y prenda el sistema.

4 Ponga a tierra un alambre del voltímetro en la reja del eliminador de niebla de la ventana trasera y toque ligeramente el otro alambre en cada línea de la reja **(vea ilustración)**.

5 El voltímetro debe de leer 6 volteos según el alambre es movido a través del elemento desde la izquierda a la derecha **(vea ilustración)**. Si el voltímetro cambia a 12 volteos o se cae a 0 volteo, chequee por interrupciones en el elemento o un alambre flojo de conexión a tierra para el sistema **(vea ilustración)**. Todas las líneas de la reja deben ser chequeadas por lo menos en dos lugares.

6 Para reparar una interrupción en una línea de la reja es recomendado que un juego de reparación específicamente para este propósito sea comprado de un concesionario GM. Incluido en el juego de reparación habrá una calcomanía, un recipiente de plástico de plata y endurecedor, un palo para mezclar y las instrucciones.

7 Para reparar una interrupción, apague primero el sistema y permita que pierda la energiza por unos cuantos minutos.

8 Limpie ligeramente el área de la línea de la reja con lana de acero y entonces limpie el área completamente con alcohol.

9 Use la calcomanía suministrada en el juego de reparación, o use cinta de electricista encima y debajo del área para ser reparada. El espacio entre los pedazos de la cinta debe ser las líneas mismas que existen de la reja. Esto puede ser chequeado por afuera del vehículo. Apriete la cinta apretadamente contra el vidrio para prevenir fuga.

10 Mezcle el plástico del endurecedor y plata completamente.

11 Usando la espátula de madera, aplique la mezcla de plata plástica entre los pedazos de la cinta, superponiendo el área que se ha desgastado levemente en cualquier extremo **(vea ilustración)**.

12 Remueva cuidadosamente la calcomanía o la cinta y aplique una corriente

23.11 Para usar un juego para reparar el eliminador de niebla, aplique cinta adhesiva en la parte interior de la ventana en el área dañada, entonces aplique con una brocha especial la capa conductiva

26.4 Detalles típicos de la instalación del solenoide de la cerradura eléctrica de la puerta

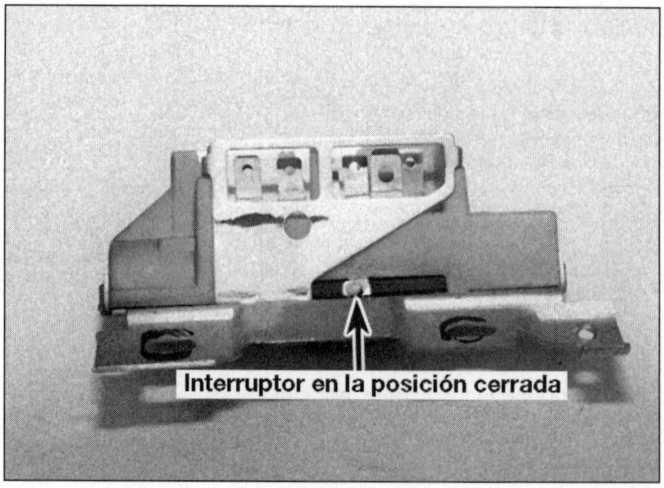

28.3 Detalles del interruptor de la ignición

constante de aire caliente directamente al área reparada. Una pistola de calor regulada entre 500 y 700 grados F es recomendado. Detenga la pistola cerca de una pulgada del vidrio por uno o dos minutos.

13 Si la línea nueva de la reja aparece estar fuera de color, tinta o yodo se puede usar para limpiar el área reparada y traerla al color apropiado. Esta mezcla no debe permanecer en la reparación por más de 30 segundos.

14 Aunque el eliminador de niebla está ahora completamente operacional, el área reparada no se debe perturbar por lo menos 24 horas.

24 Eliminador de niebla eléctrico de tipo ventilador - descripción

1 Este tipo de eliminador de niebla de ventana trasera se compone de un ensamblaje del motor y el ventilador.

2 El acceso al motor se puede obtener generalmente dentro del maletero en los modelos de sedan.

3 En modelos de furgonetas el motor del eliminador de niebla es instalado en el panel interior trasero. Aire es extraído adentro del ventilador del compartimiento de pasajero a través de una parrilla.

25 Sistema de control de crucero - descripción y chequeo

El sistema de control de crucero mantiene la velocidad del vehículo con un motor de tipo servo accionado por vacío, localizado en el compartimiento del motor, que está conectado al control de la mariposa por un cable. El sistema se compone del motor de tipo servo, interruptor del embrague, interruptor del freno, interruptores de controles, un relé y mangueras de vacío asociadas.

A causa de la complejidad del sistema de control de crucero, las herramientas y las técnicas especiales requeridas para el diagnóstico, la reparación debe ser dejada al departamento de servicio de su concesionario o un taller de reparación. Sin embargo, es posible que el mecánico de hogar pueda hacer chequeos sencillos de las conexiones del alambrado y de vacío para defectos pequeños que se pueden reparar fácilmente. Éstos incluyen:

a) *Inspeccionando los interruptores para accionar el control de crucero por alambres rotos y conexiones flojas.*
b) *Chequear el fusible del control de crucero.*
c) *Chequee las mangueras en el compartimiento del motor por conexiones apretadas, roturas y fugas de vacío obvias. El sistema de control es operado por vacío, así que es crítico que todos los interruptores de vacío, mangueras y conexiones estén seguras.*

26 Sistema de cierre eléctrico de la puerta - descripción y reemplazo del solenoide

Refiérase a la ilustración 26.4

1 Este sistema opcional incorpora un solenoide actuador adentro de cada puerta. El solenoide es eléctricamente operado desde un interruptor de control en el tablero de instrumentos y opera la cerradura a través de un acoplamiento. Cada actuador tiene un interruptor de circuito interno que puede requerir de uno a tres minutos para que se reponga.

2 Para remover el solenoide, levante la ventana de la puerta y remueva la almohadilla de la moldura del panel de la puerta como está descrito en el Capítulo 11.

3 Después de hacerle palanca hacia afuera al deflector de agua, el solenoide puede ser observado a través del orificio de acceso grande. El solenoide puede ser instalado en el pilar trasero de la cerradura de la puerta o en el panel de metal en el interior de la puerta.

4 Los modelos más antiguos usan conectores a través del panel de la puerta y en el soporte del solenoide **(vea ilustración)**. Los modelos más modernos usan remaches para asegurar el solenoide al pilar. Éstos se deben taladrar hacia afuera usando una broca de 1/4 pulgada.

5 Una vez que los dispositivos que lo retienen sean removidos, desconecte el conjunto del alambrado/arnés en el solenoide y el eslabón de actuación, sostenido en su posición con un retenedor de metal. Remueva el solenoide de la cavidad de la puerta.

6 Para instalar, coloque el solenoide en posición, conecte el conector eléctrico y el eslabón de actuación. Si los remaches fueron taladrados hacia afuera, remaches de aluminio nuevo (de 1/4 x 0.500 pulgada) pueden ser usados para volver a instalarlos. Opcionalmente, tornillos de 1/4 - 20 y tuercas U se pueden usar.

7 Chequee la operación de las cerraduras de las puertas antes de instalar el deflector de agua y la moldura del panel.

27 Sistema de la ventana eléctrica - descripción y reemplazo del motor

1 Este sistema incorpora un motor eléctrico y un interruptor independiente de control para cada una de las ventanas de la puerta. La puerta del chófer tiene un interruptor de operación magistral que permite controlar todas las ventanas.

2 El motor eléctrico que acciona el regulador de la ventana es un motor de dirección reversible y opera con 12 voltios. Incorpora un interruptor de circuito interno para su protección. El motor es asegurado al regulador con pernos.

3 El motor eléctrico puede ser removido del regulador con el resto del sistema de la ventana intacto solamente si el vidrio de la puerta está intacto y conectado al regulador. Si el vidrio de la puerta está roto o removido de la puerta, el motor se debe separar después que el regulador sea removido de adentro de la puerta.

Vidrio intacto y conectado

Refiérase a la ilustración 27.7

4 Levante la ventana y remueva la moldura del panel de la puerta y el deflector del agua como está descrito en el Capítulo 11.

5 Alcance adentro de la cavidad del acceso de la puerta y desconecte el conjunto del alambrado/arnés en el motor.

6 Es imprescindible en este punto que se le ponga cinta de pegar al vidrio de la ventana o sea bloqueado en la posición de encima. Esto prevendrá que el vidrio se caiga en la puerta y posiblemente cause una lesión o daño.

7 Debido a que los pernos usados para asegurar el motor al regulador son inaccesibles, es necesario taladrar tres orificios grandes para tener acceso al panel de metal de la puerta. La posición de estos orificios son críticos. Use las plantillas de tamaño grande como están mostrado en la ilustración que acompaña. Los modelos 1978 y más modernos tienen las depresiones de localización estampado en la lámina interior de la puerta para eliminar la necesidad de las plantillas. El patrón debe estar en posición en la puerta con cinta después de alinearlo apropiadamente con el regulador conectado con remaches (modelos más modernos) o con pernos (modelos más antiguos).

8 Use un punzón central para hacerle una hendidura al panel en el centro de los orificios del acceso al patrón y entonces corte orificios de 3/4 pulgada a la redonda.

9 Alcance a través del orificio de acceso y sostenga el motor según los pernos son removidos. Remueva el motor a través del orificio de acceso, tenga cuidado que el vidrio de la ventana esté firmemente sostenido en la posición de encima.

10 Antes de la instalación, el engranaje del motor de impulsión y los dientes del sector del regulador se deben lubricar.

11 Según pone en posición el motor, asegúrese que el engranaje de impulsión está apropiadamente comprometido con los dientes del sector del regulador. Instale los componentes que quedan en el orden reverso de remover. Cinta impermeable se puede usar para sellar los tres orificios de acceso taladrado en el metal del panel interior.

Vidrio roto o no conectado

12 Remueva el regulador de la ventana como está descrito en el Capítulo 11. Asegúrese que el alambrado del arnés al motor está desconectado primero.

13 Es imprescindible que el engrane del sector del regulador esté en la posición cerrada antes de remover el motor del regulador. Los brazos de control están bajo presión y pueden causar una lesión grave si el motor es removido sin realizar la siguiente operación.

14 Taladre un orificio en el engrane del sector del regulador y plato de soporte. Instale un perno y la tuerca para bloquear el engrane en su posición. No taladre más cerca de 1/2 pulgada en la orilla del engrane o plato de soporte.

15 Remueva los tres pernos que conectan el motor y remueva el ensamblaje del motor del regulador.

16 Antes de la instalación, el engranaje del motor de impulsión y los dientes del sector del regulador se deben lubricar. El lubricante debe de estar aprobado para tiempo de frío a por lo menos 20 grados F. Lubricante atomizador de Lubriplate "A" de la GM es recomendado.

17 Cuando esté instalando el motor del regulador, asegúrese de que los dientes del engrane del sector y el engranaje de los dientes de impulsión apropiadamente acoplan.

18 Una vez que los pernos del conector del motor están apretados, la tuerca de enclavamiento y el perno pueden ser removidos. Instale el regulador como está descrito en el Capítulo 11. No se olvide de conectar el alambrado al motor.

28 Interruptor de la ignición - remover e instalar

1 Como una caución contra el robo del vehículo, el interruptor de la ignición está localizado en el lado de la columna de la dirección y remotamente controlado por una varilla y un ensamblaje de una cremallera del cilindro de la cerradura de la ignición.

Modelos 1969 al 1976

Refiérase a la ilustración 28.3

2 Para remover el interruptor de la ignición, la columna de la dirección debe de ser removida o bajada y bien sostenida. No hay necesidad de remover el volante.

3 Antes de remover el interruptor (dos tornillos) póngalo en la posición de "CIERRE" **(vea ilustración)**. Si el cilindro de la cerradura y la varilla que accionan han sido removidos ya, la posición de "CIERRE" del interruptor puede ser determinada metiendo un destornillador en la hendidura de la varilla que acciona y entonces moviendo el resbaladero del interruptor hacia encima hasta que una parada definida sea sentida, entonces muévala hacia abajo una detención.

4 La instalación se hace en el orden inverso al procedimiento de desensamble pero otra vez el interruptor debe estar en la posición de "CIERRE" y los tornillos de tipos originales o idénticos se deben usar. Tornillos más largos o tornillos más anchos podrían causar que el diseño plegable de la columna de la dirección llegue a ser inoperativo.

Modelos 1977 y más modernos

5 En estos modelos, el interruptor debe ser puesto en la posición de "APAGADO" antes de removerlo. Si el cilindro de la cerradura ha sido removido ya, la varilla de accionar el interruptor se debe halar hacia arriba hasta que una parada definida sea sentida entonces empuje hacia abajo dos detenciones.

6 Antes de instalar el interruptor, póngalo en la posición "APAGADO" y ponga la palanca de cambio en neutral. Ajustando el interruptor se lleva a cabo en la siguiente manera. Mueva el deslizador del interruptor dos posiciones a la derecha desde "ACCESORIO" a "APAGADO." Ponga la varilla del actuador en el orificio del resbaladero y arme la columna de la dirección usando dos tornillos. Estos tornillos deben ser del tipo original y apriete solamente el inferior a 35 pulgada libra de torsión.

29 Diagramas de circuitos - información general

Debido a que no es posible incluir todos los diagramas del cableado correspondientes a cada uno de los años cubiertos por este manual, los diagramas siguientes son los típicos y los que se necesitan con más frecuencia.

Antes de proceder a la localización de averías en cualquier circuito, chequee los fusibles y los corta circuitos (si los hubiere) para cerciorarse de que están en buen estado. Asegúrese de que la batería esté debidamente cargada y chequee las conexiones de los cables (Capítulo 1).

Cuando chequee un circuito, verifique que todos los conectores estén limpios y no tengan terminales rotas o flojas. Cuando desconecte un conector, no tire de su cable. Hale solamente de los conectores.

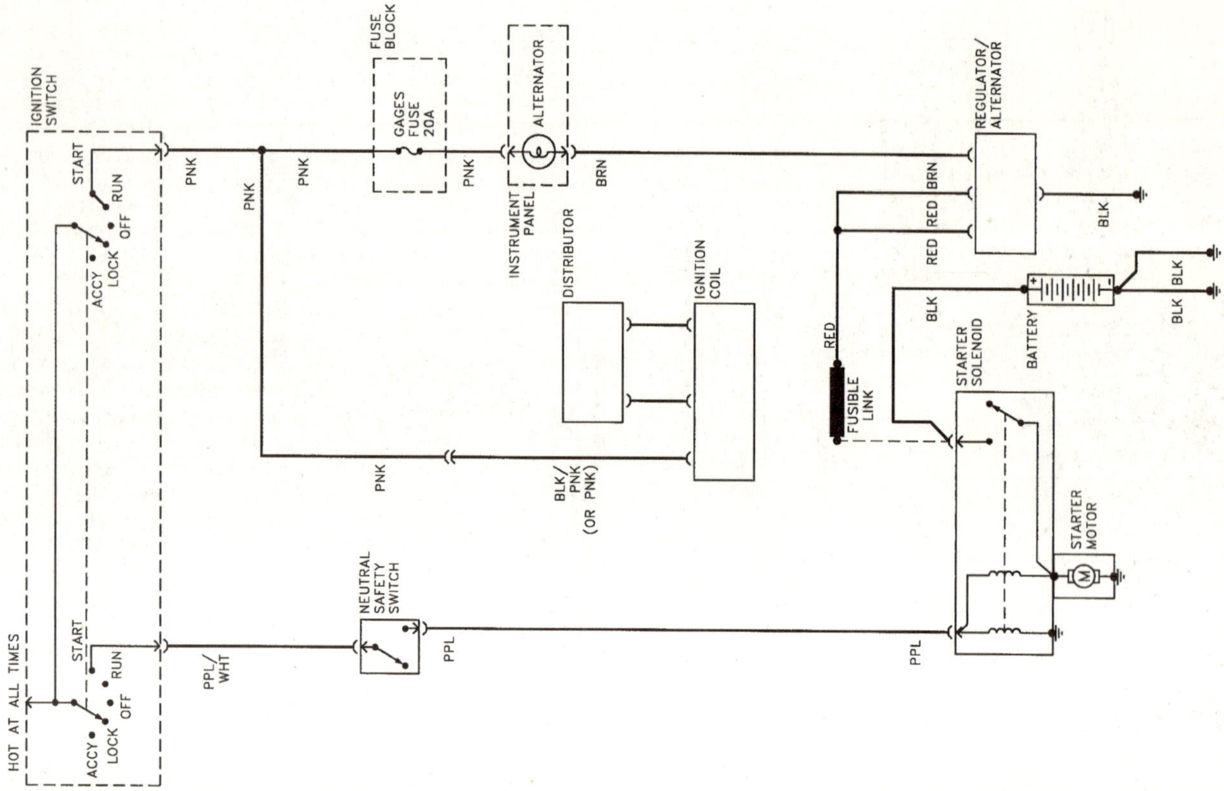

Sistemas típicos para los modelos 1973 y 1974 del motor de arranque, carga e ignición

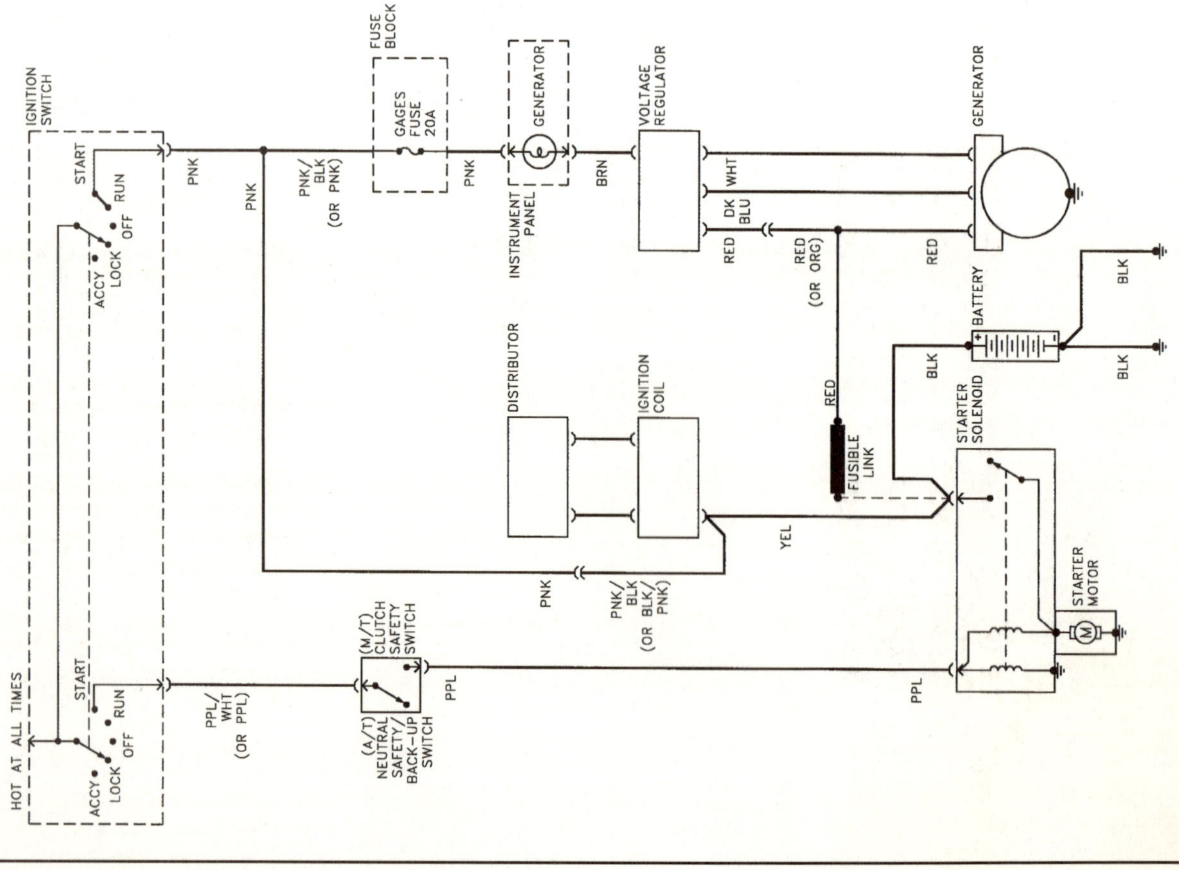

Sistemas típicos para los modelos 1972 y más antiguos del motor de arranque, carga e ignición

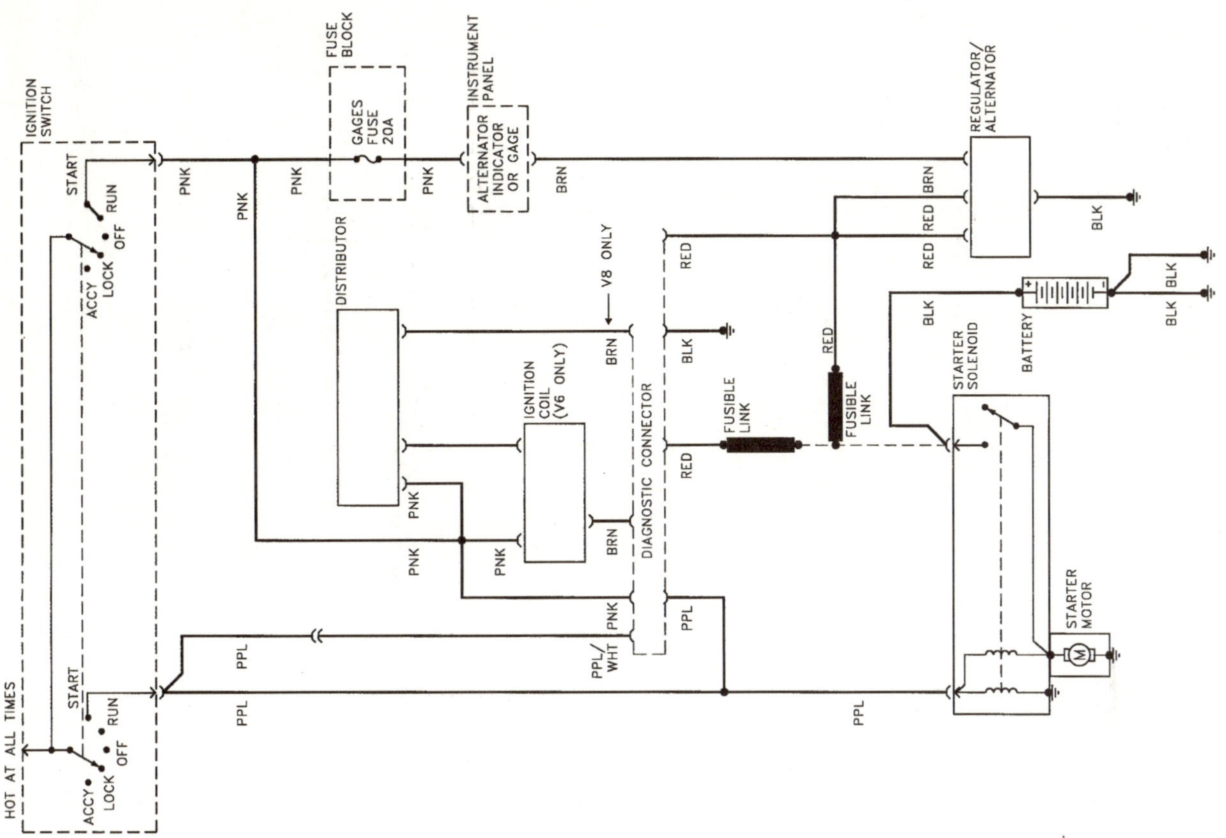

Sistemas típicos para los modelos 1975 al 1978 del motor de arranque, carga e ignición (excepto Chevrolet)

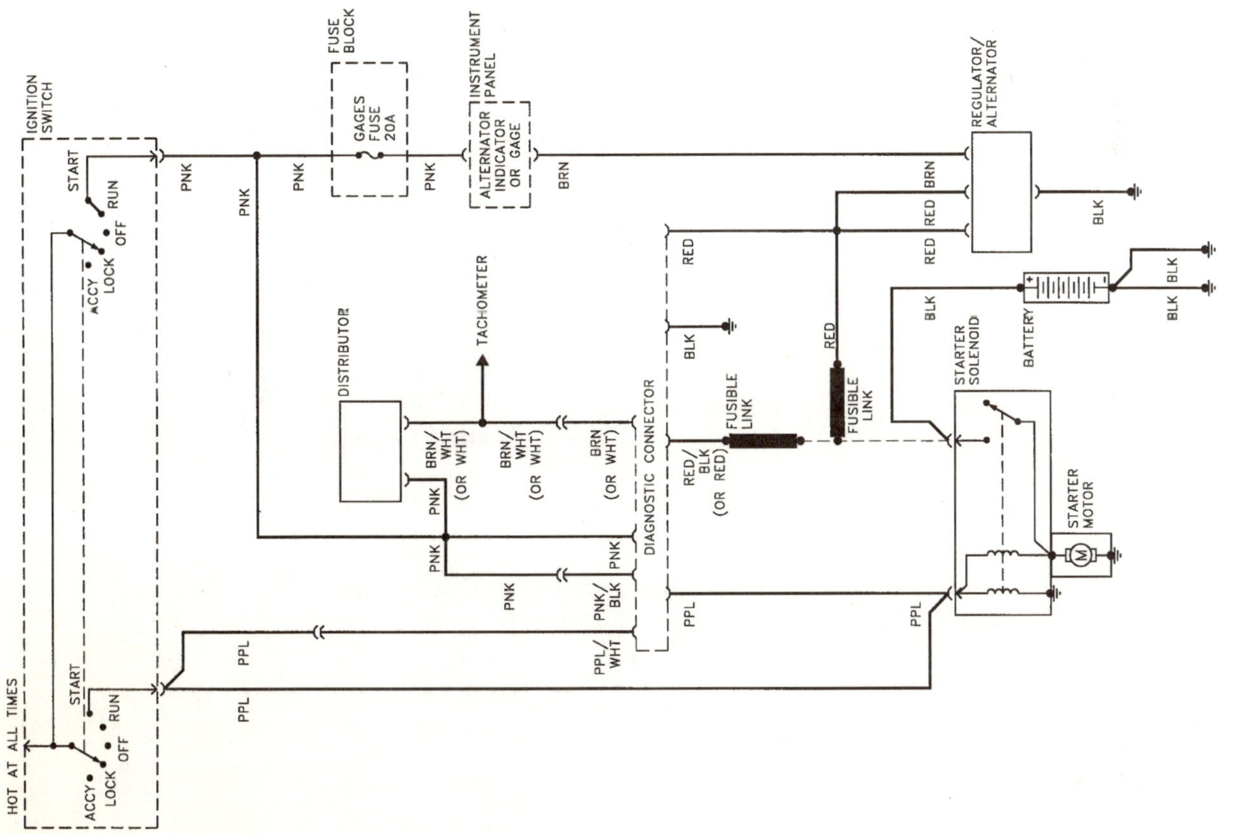

Sistemas típicos para los modelos 1975 al 1982 del motor de arranque, carga e ignición (excepto Chevrolet)

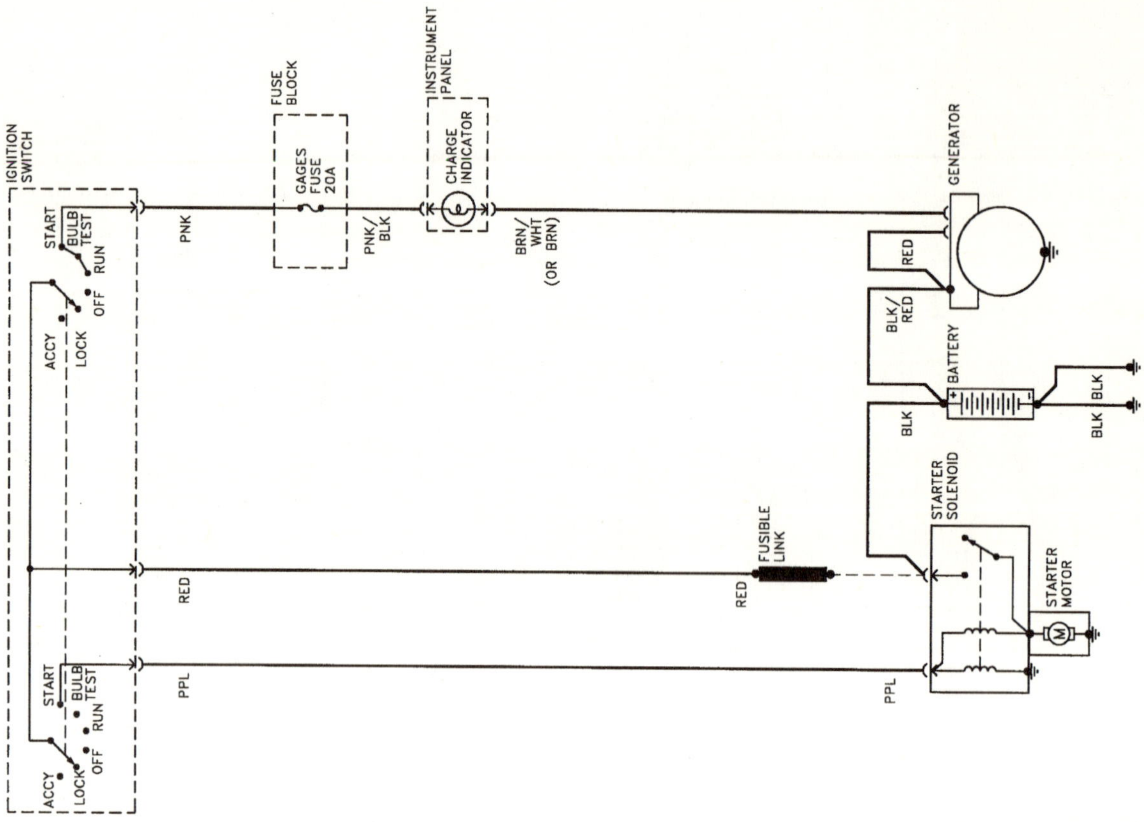

Sistemas típicos para los modelos 1983 al 1984 del motor de arranque y carga

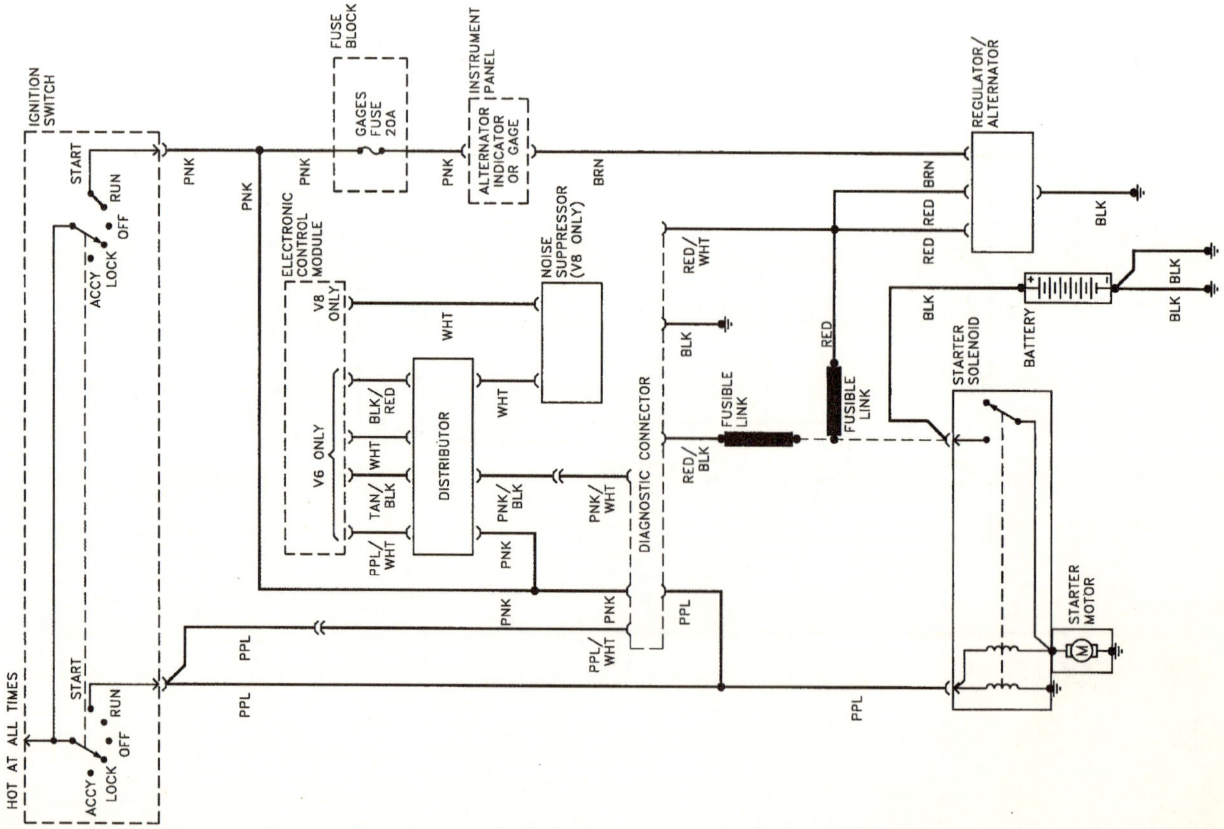

Sistemas típicos para los modelos 1979 al 1982 del motor de arranque, carga e ignición (excepto Chevrolet)

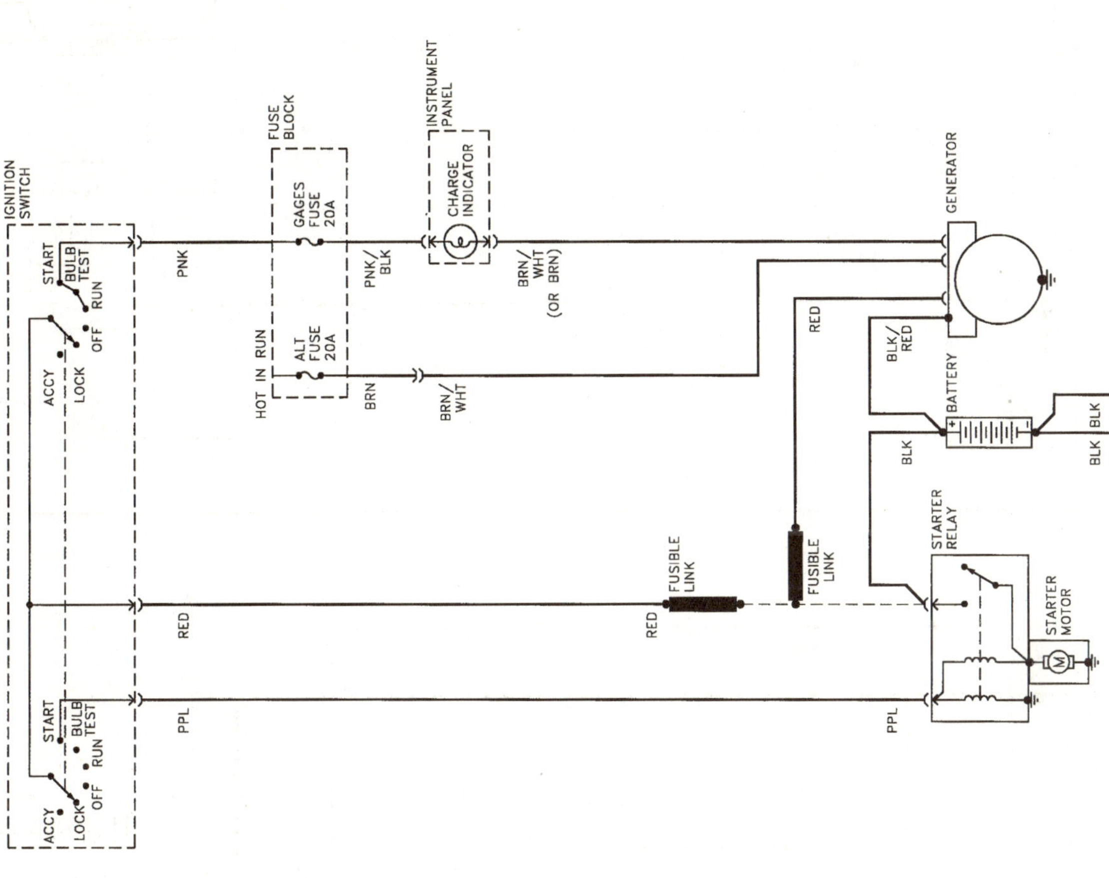

Sistemas típicos para los modelos 1985 y más modernos del motor de arranque y carga

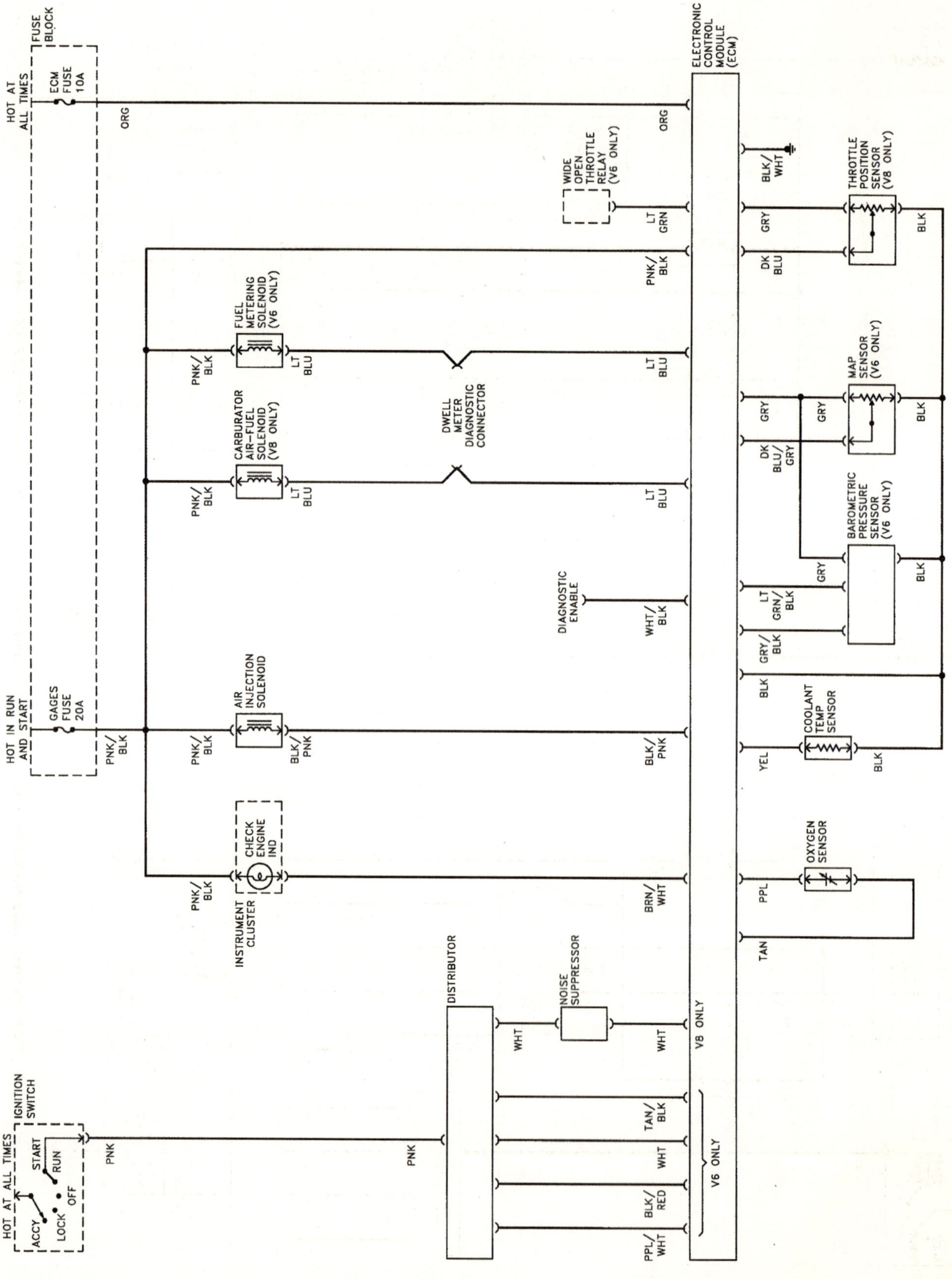

Sistema típico para los modelos 1980 y 1981 del control para el motor

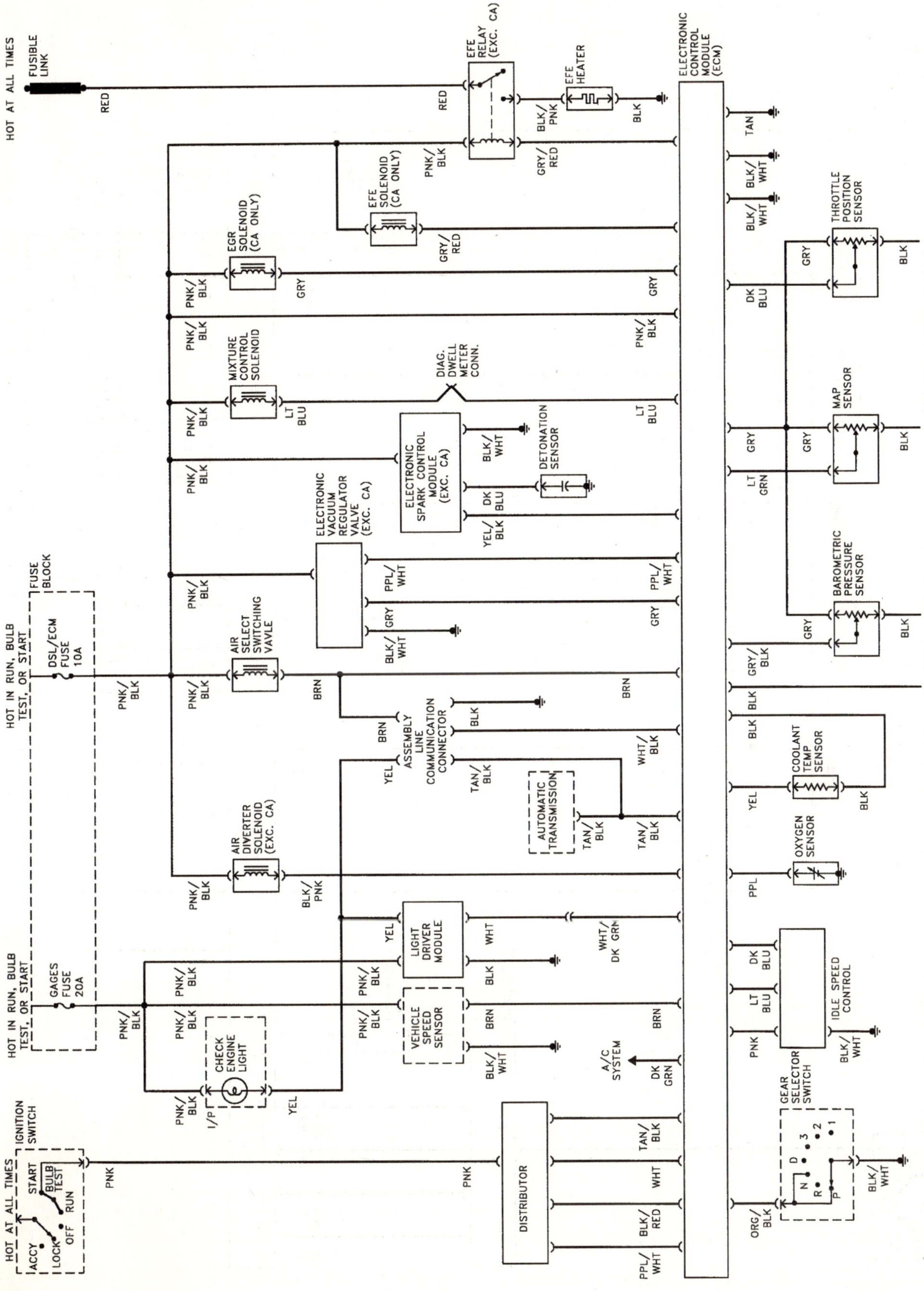

Sistema típico para los modelos 1982 al 1984 del control para el motor con motores V6 (excepto Chevrolet)

12

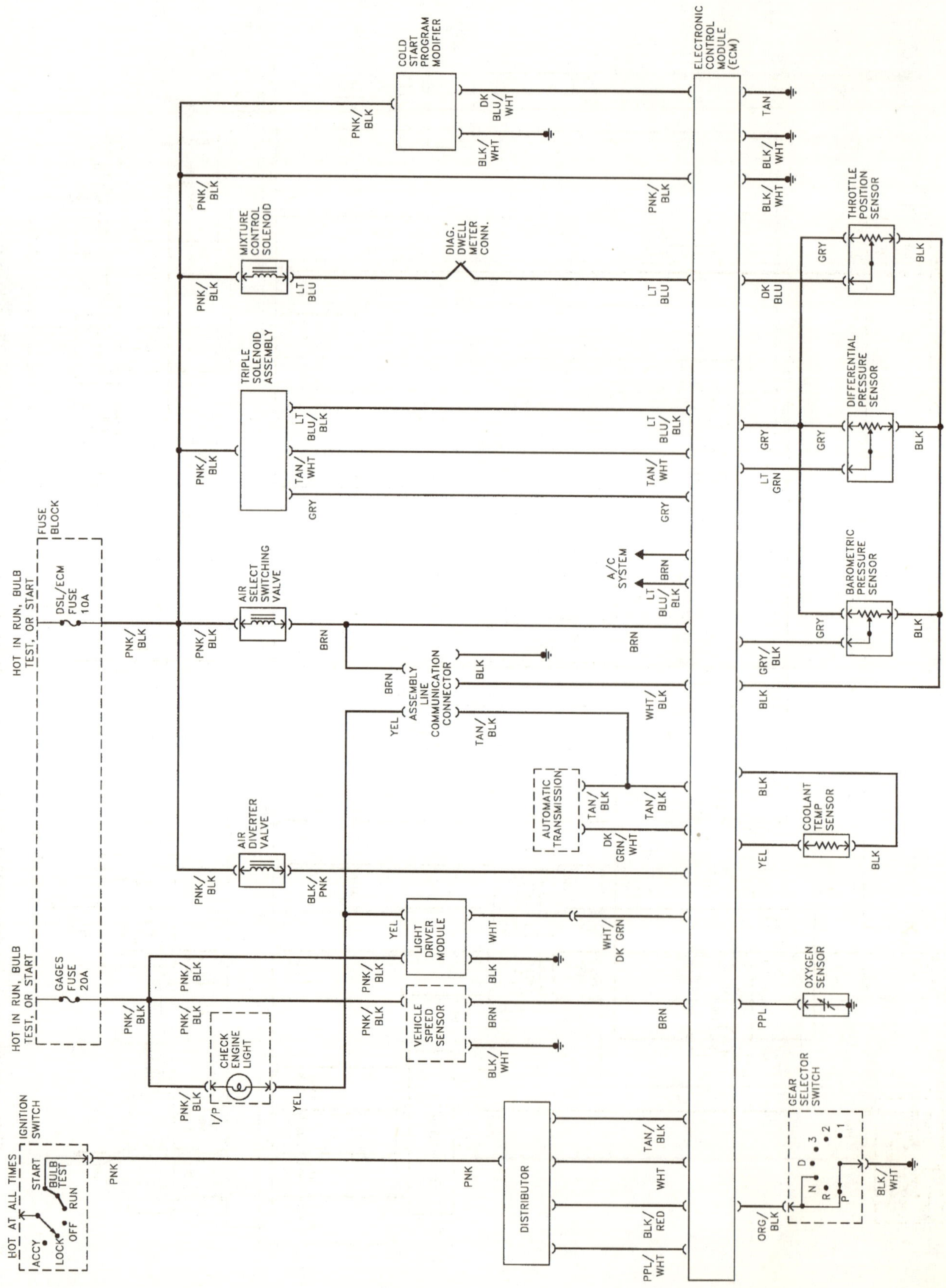

Sistema típico para los modelos 1982 al 1984 del control para el motor con motores V8 (excepto Chevrolet)

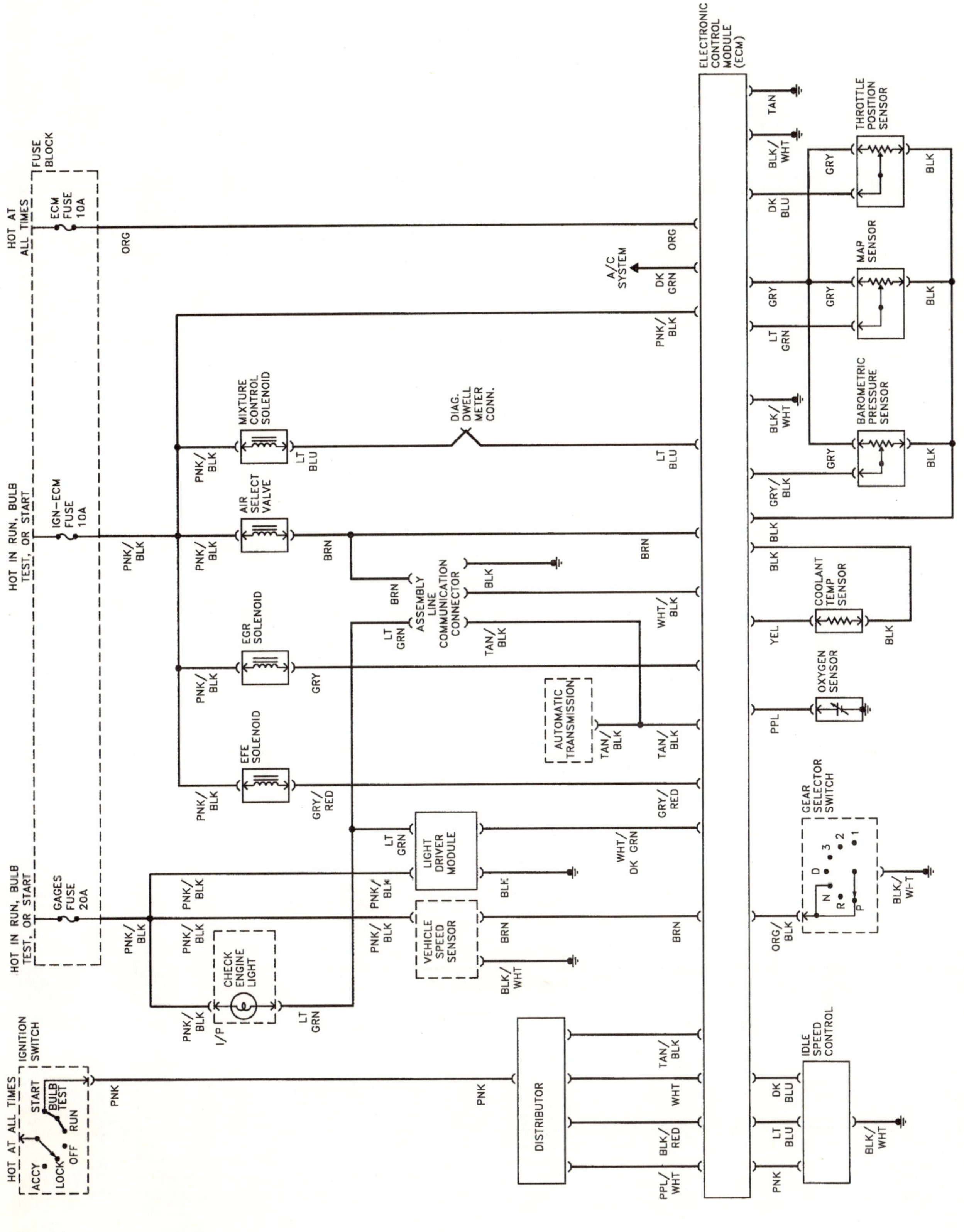

Sistema típico para los modelos 1982 al 1984 del control para el motor (Chevrolet V8 VIN {número de identificación del vehículo} A)

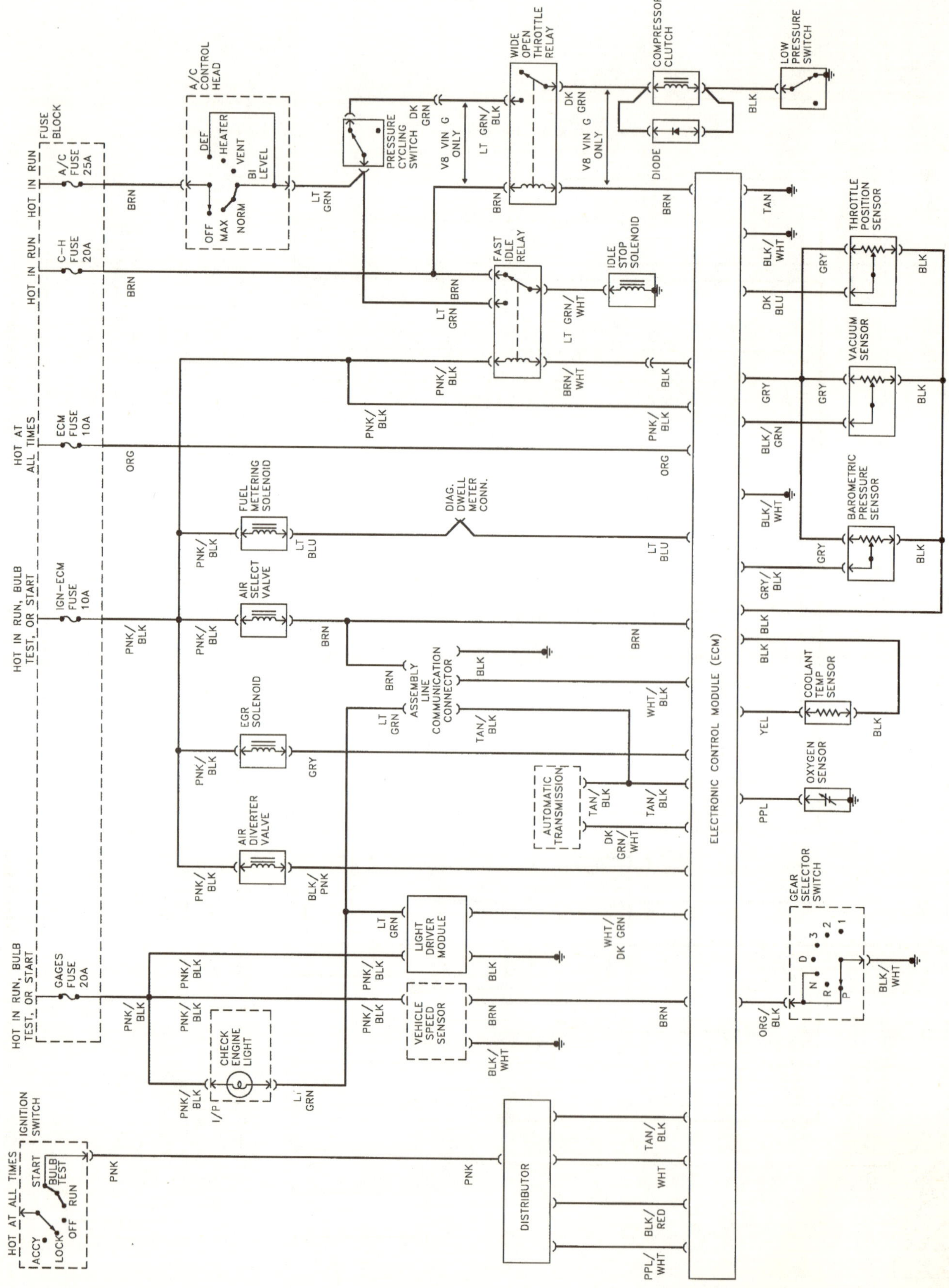

Sistema típico para los modelos 1982 al 1984 del control para el motor (Chevrolet V8 y V6 VIN 9)

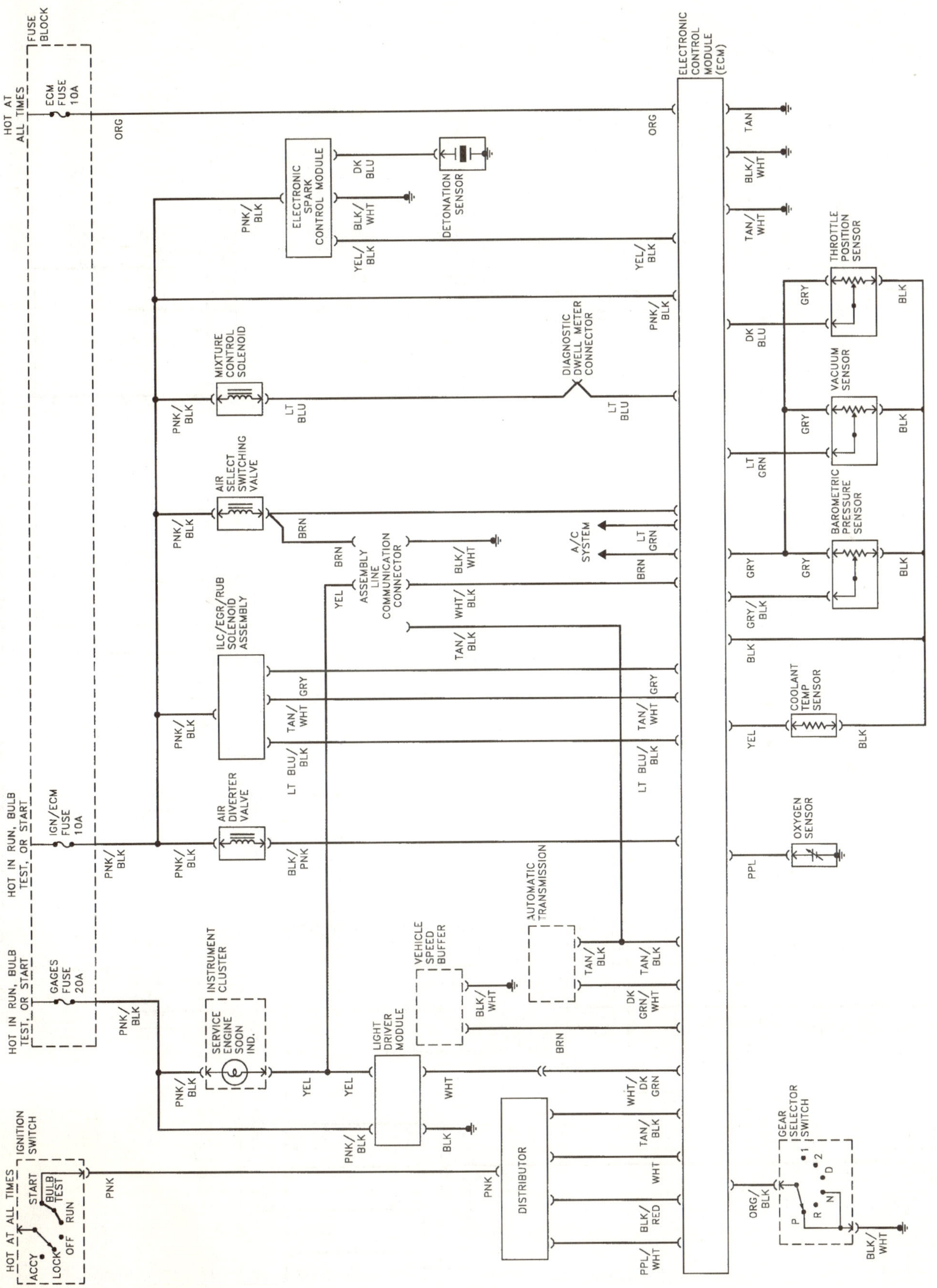

Sistema típico para los modelos 1985 al 1988 del control para el motor (V8 VIN Y)

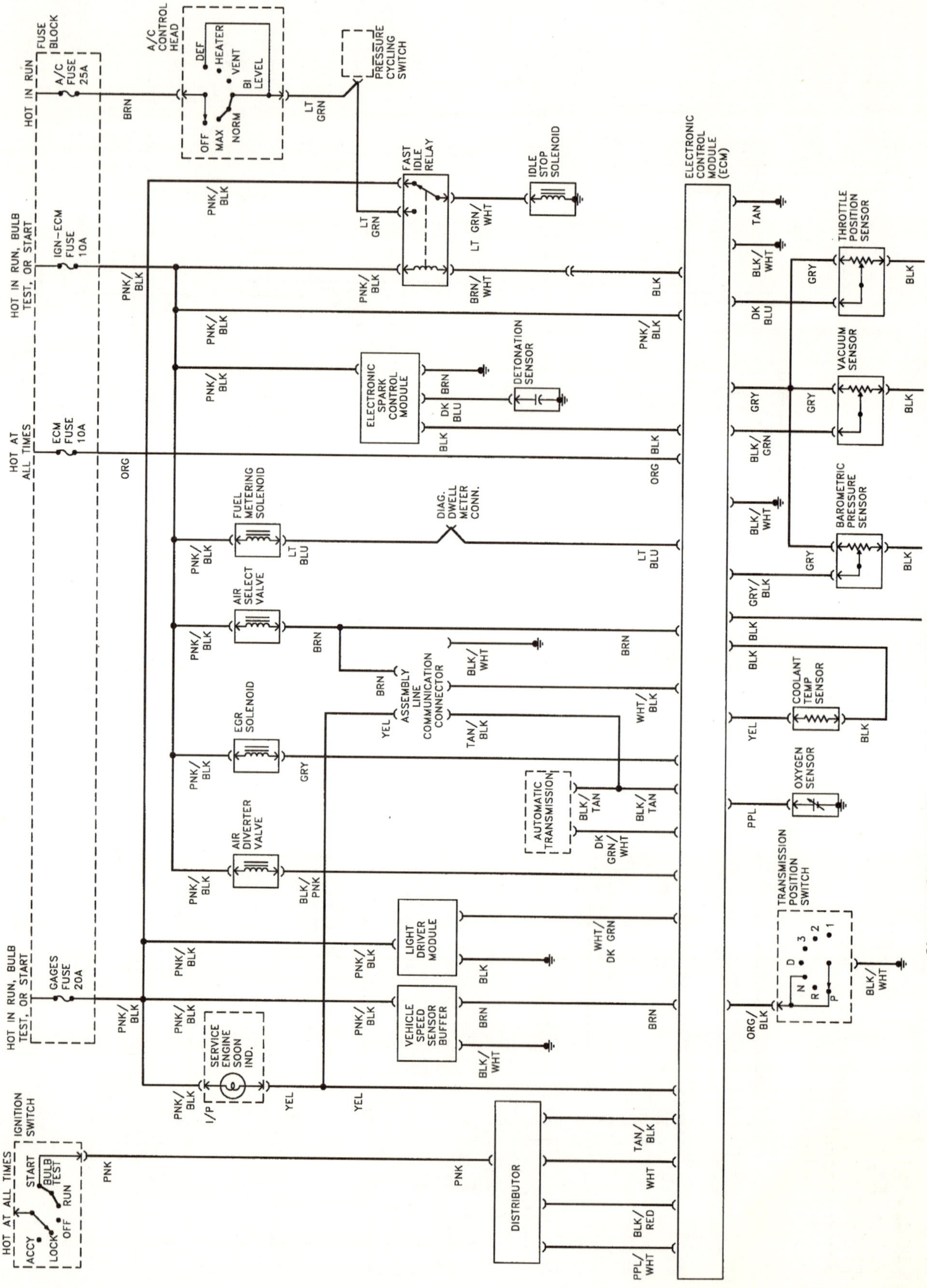

Sistema típico para los modelos 1985 al 1988 del control para el motor (V8 VIN H)

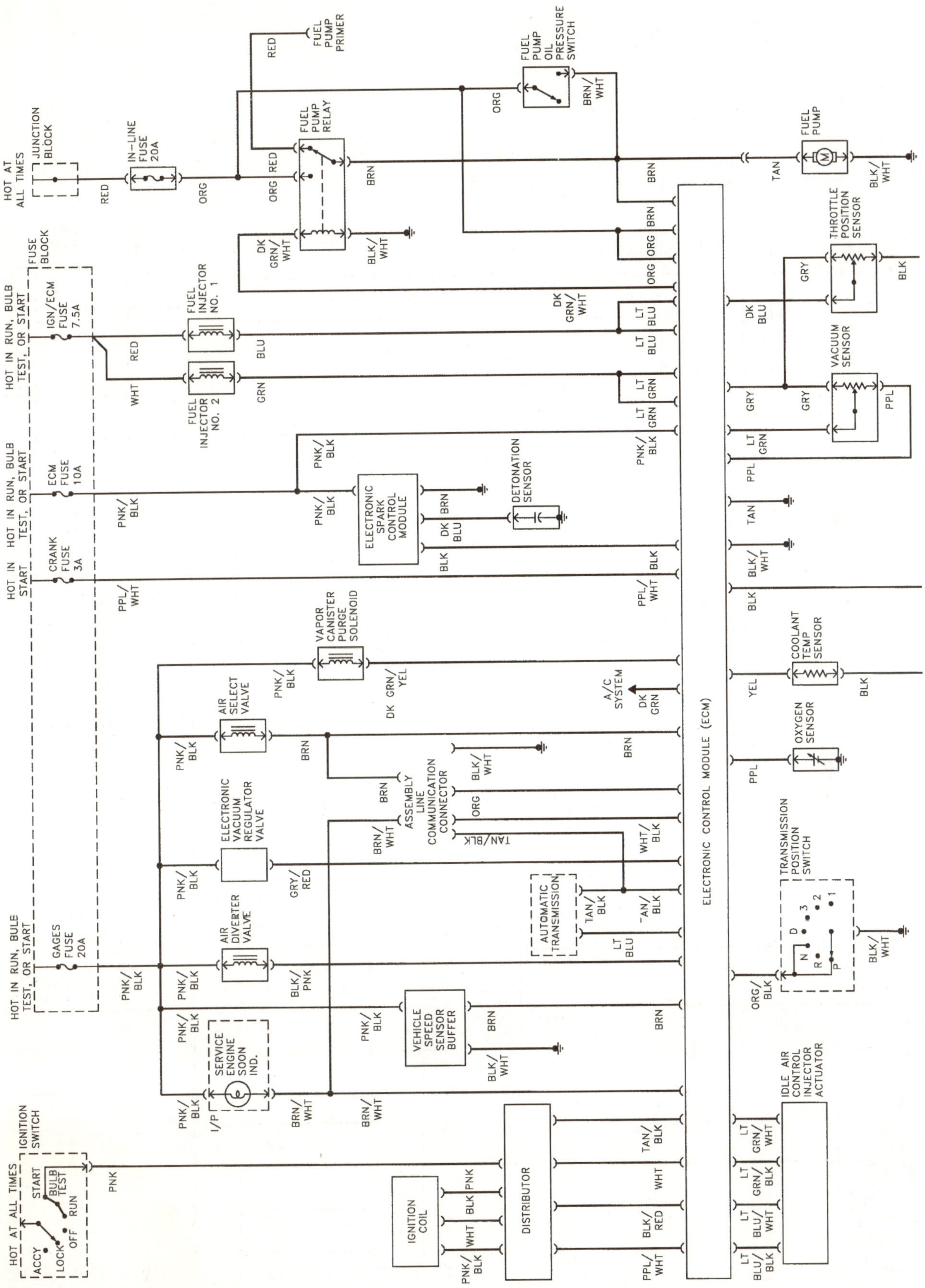

Sistema típico para los modelos 1985 al 1988 del control para el motor con motor V6

12

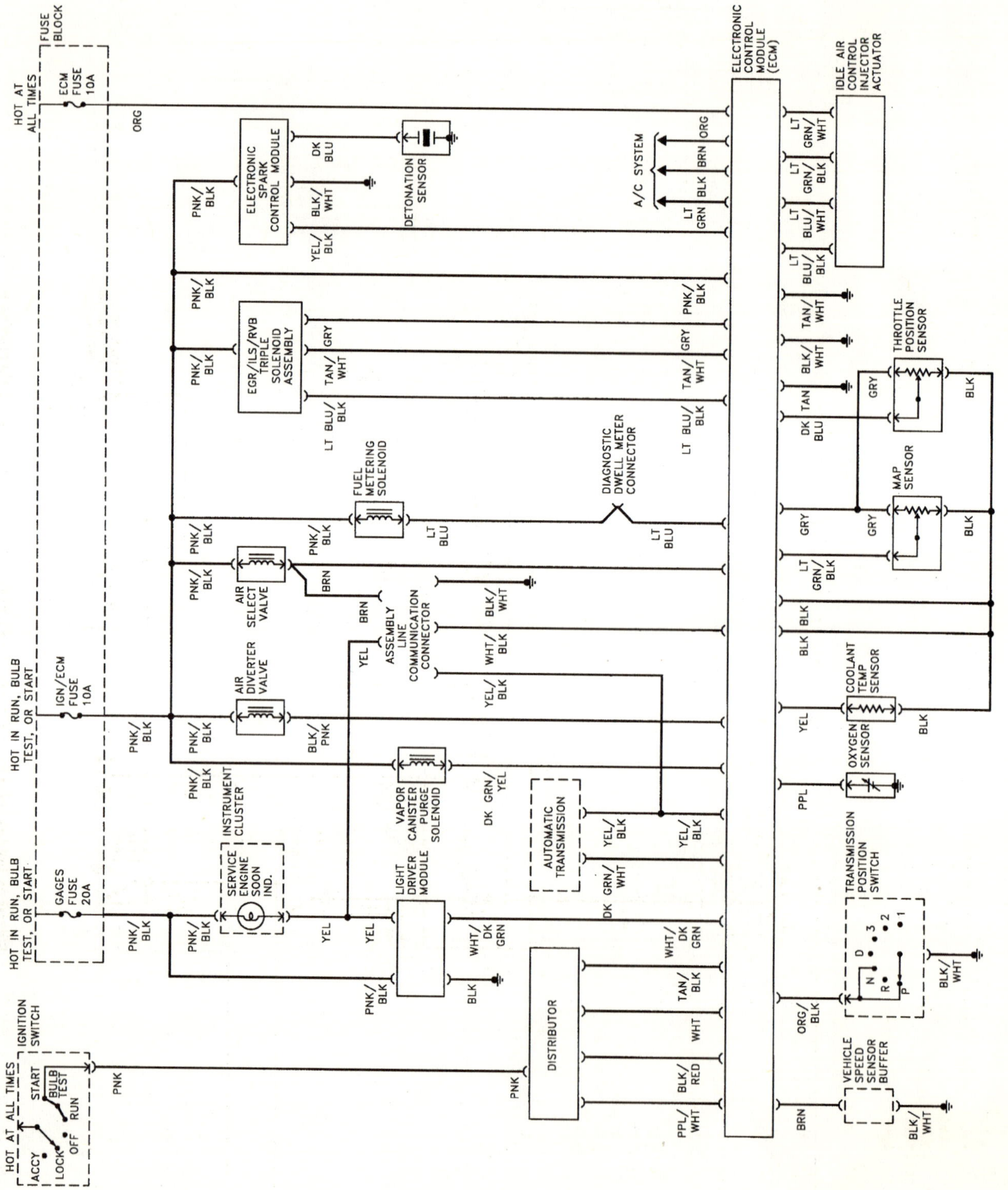

Sistema típico para los modelos 1989 y más modernos para el control del motor

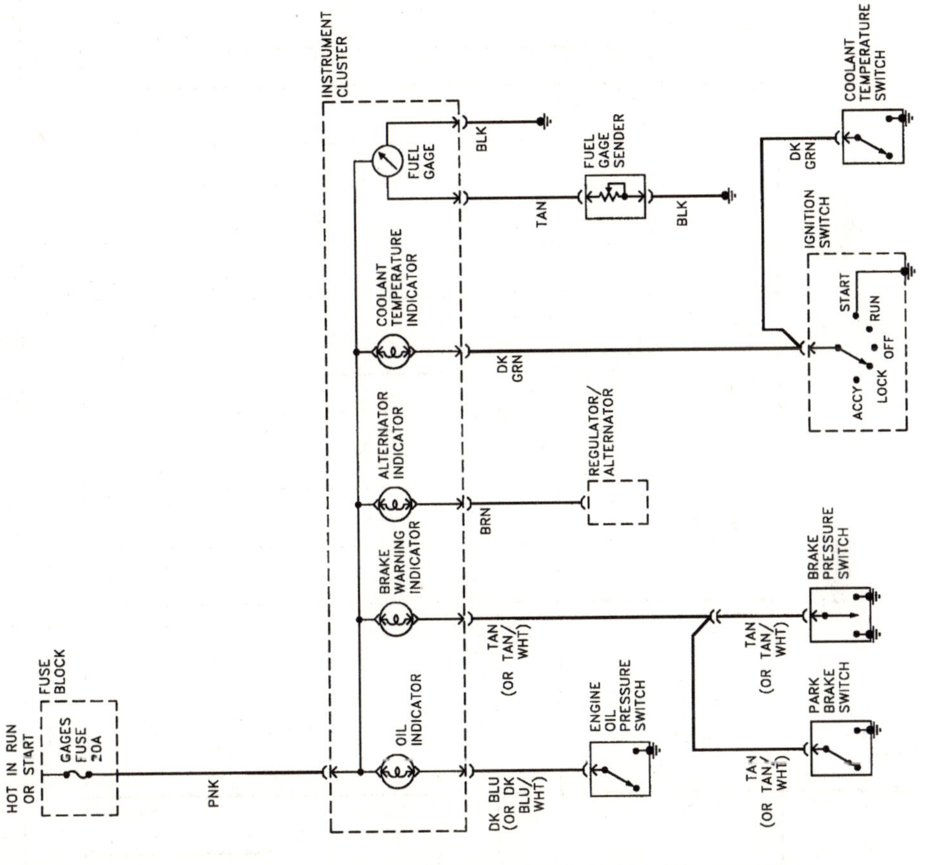

Sistemas típicos para los modelos 1976 y más antiguos con relojes, indicadores y advertencia para el motor

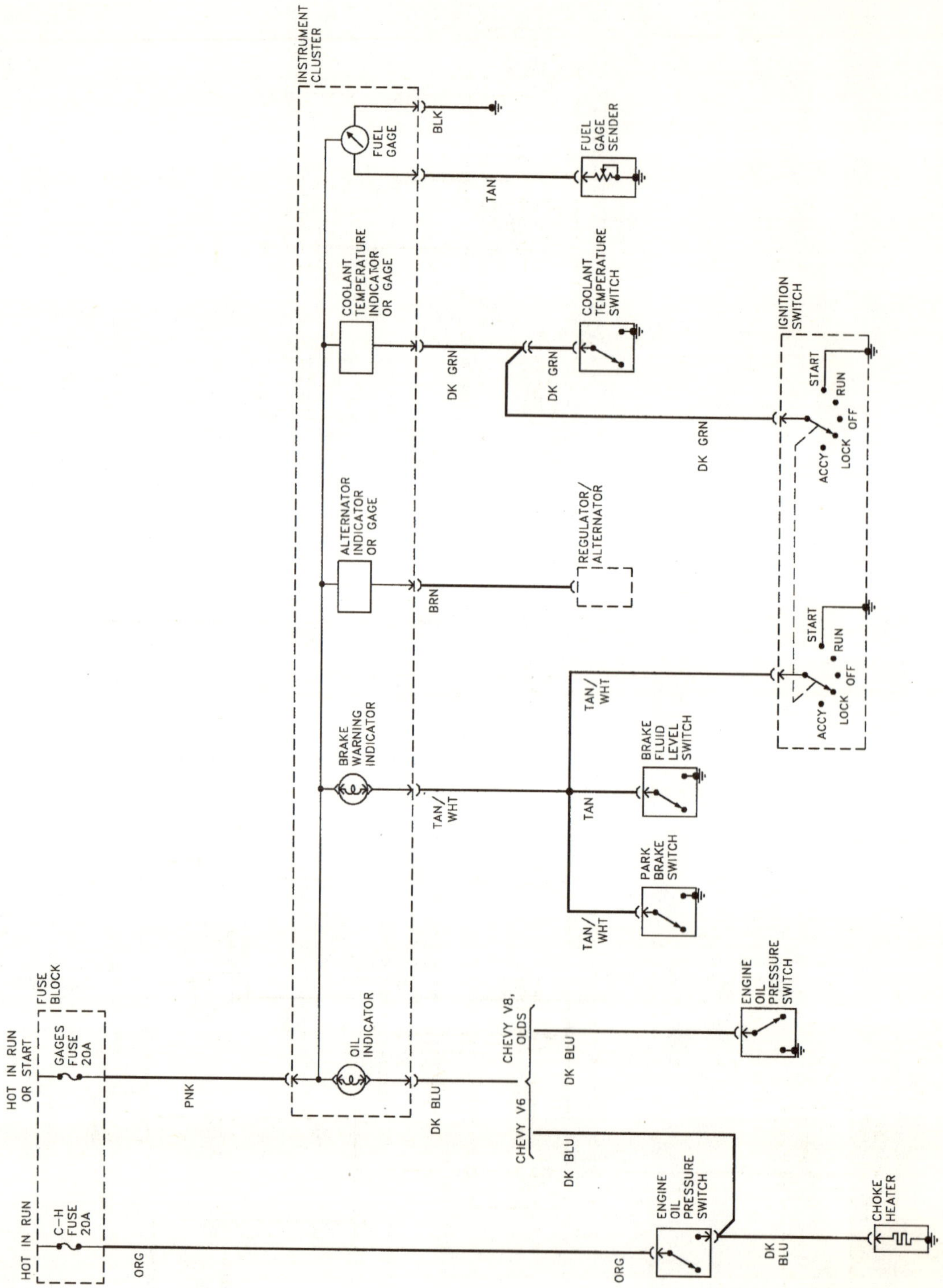

Sistemas típicos para los modelos 1976 al 1980 con relojes, indicadores y advertencia para el motor

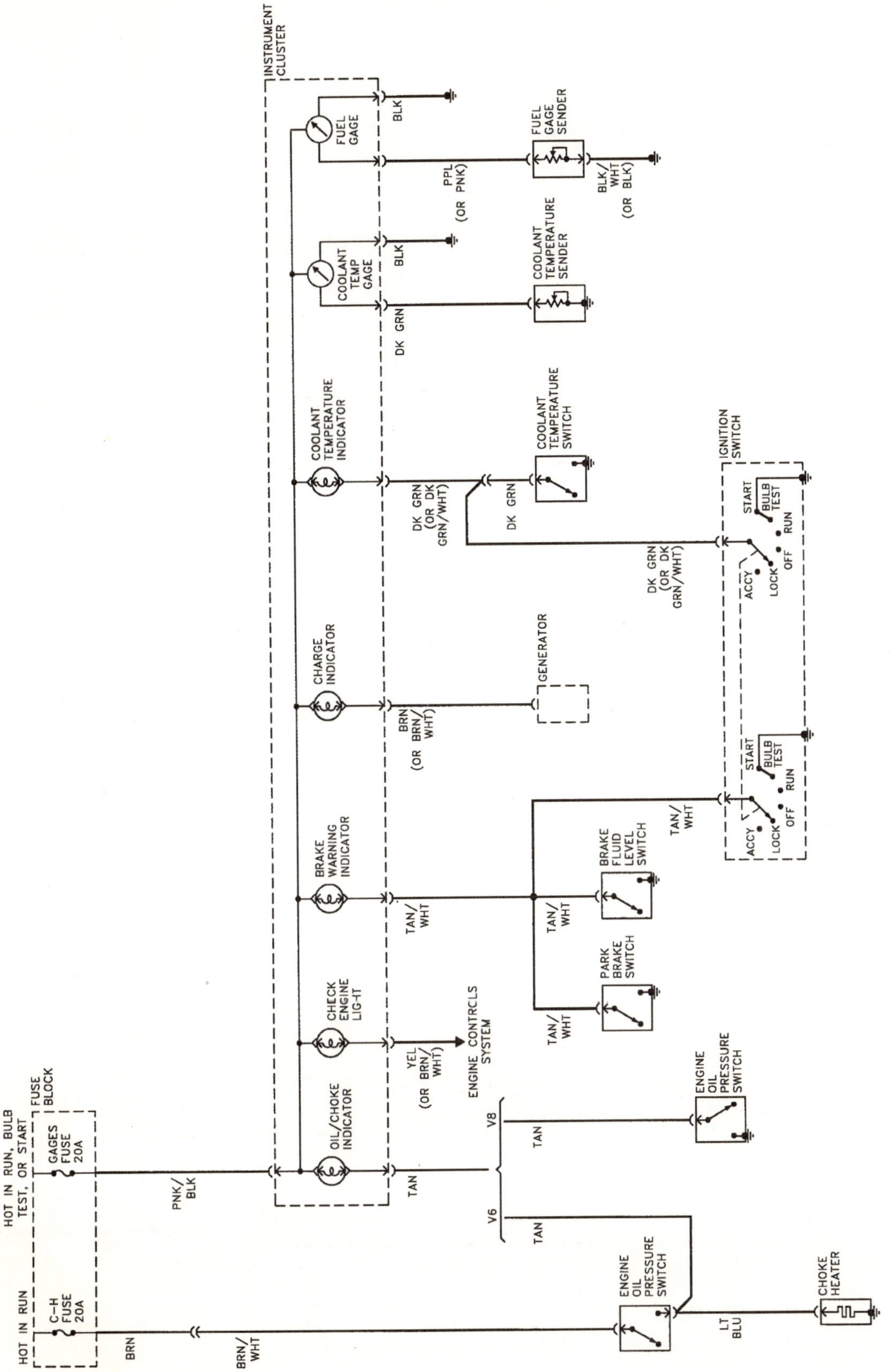

Sistemas típicos para los modelos 1981 al 1984 con relojes, indicadores y advertencia para el motor (excepto Chevrolet)

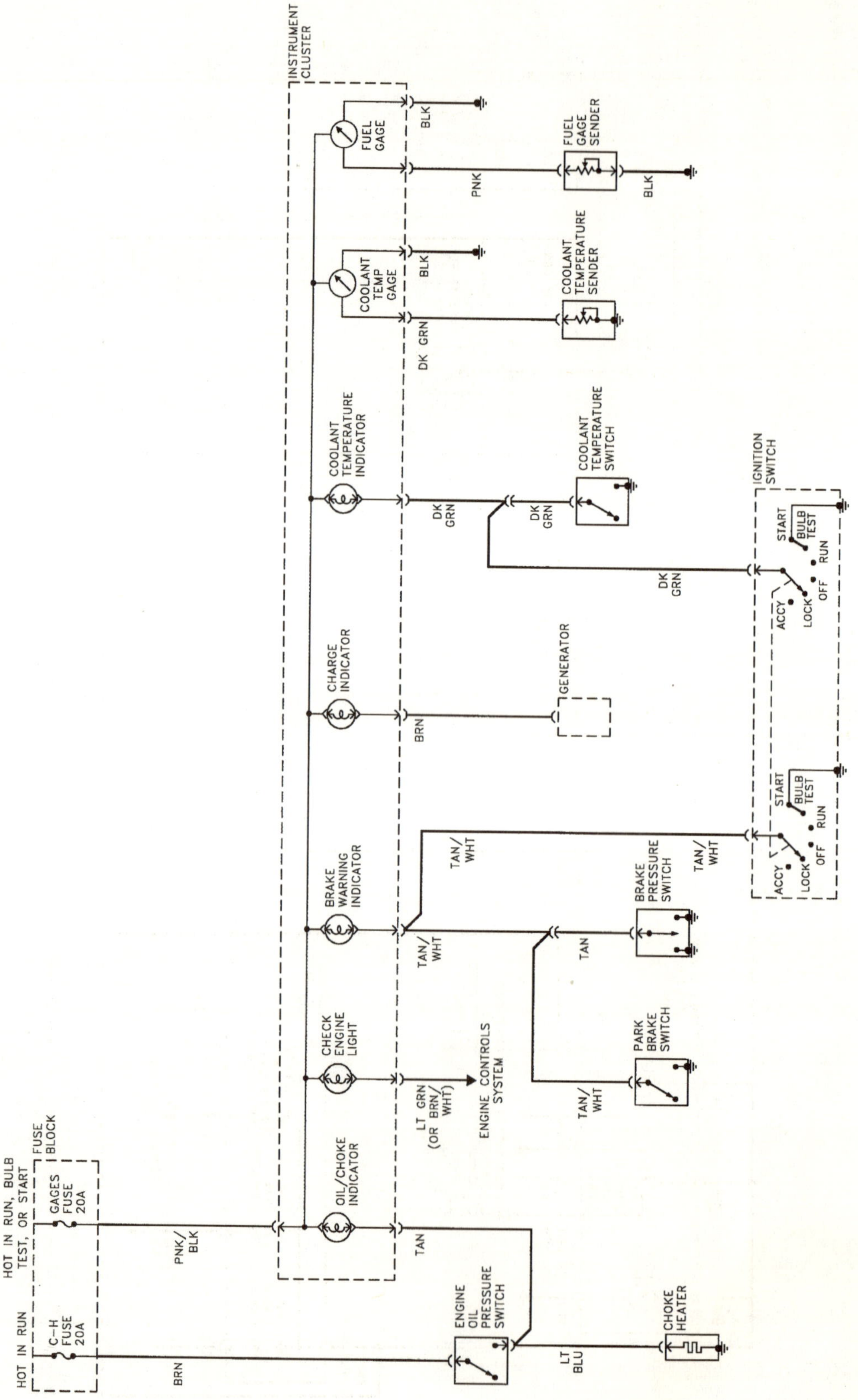

Sistemas típicos para los modelos 1981 al 1984 con relojes, indicadores y advertencia para el motor (Chevrolet)

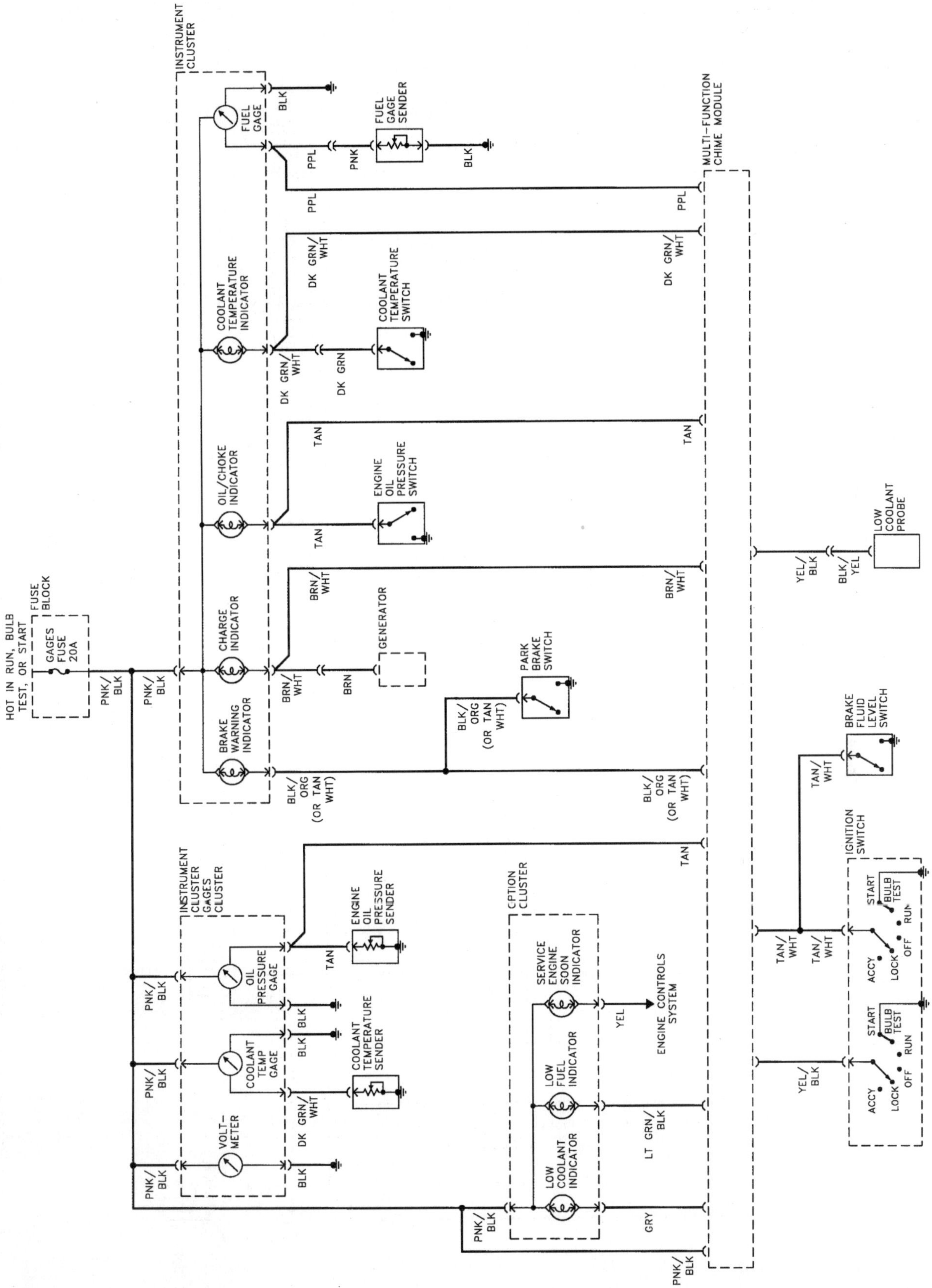

Sistemas típicos para los modelos 1985 y más modernos con relojes, indicadores y advertencia para el motor (con paquete recordatorio)

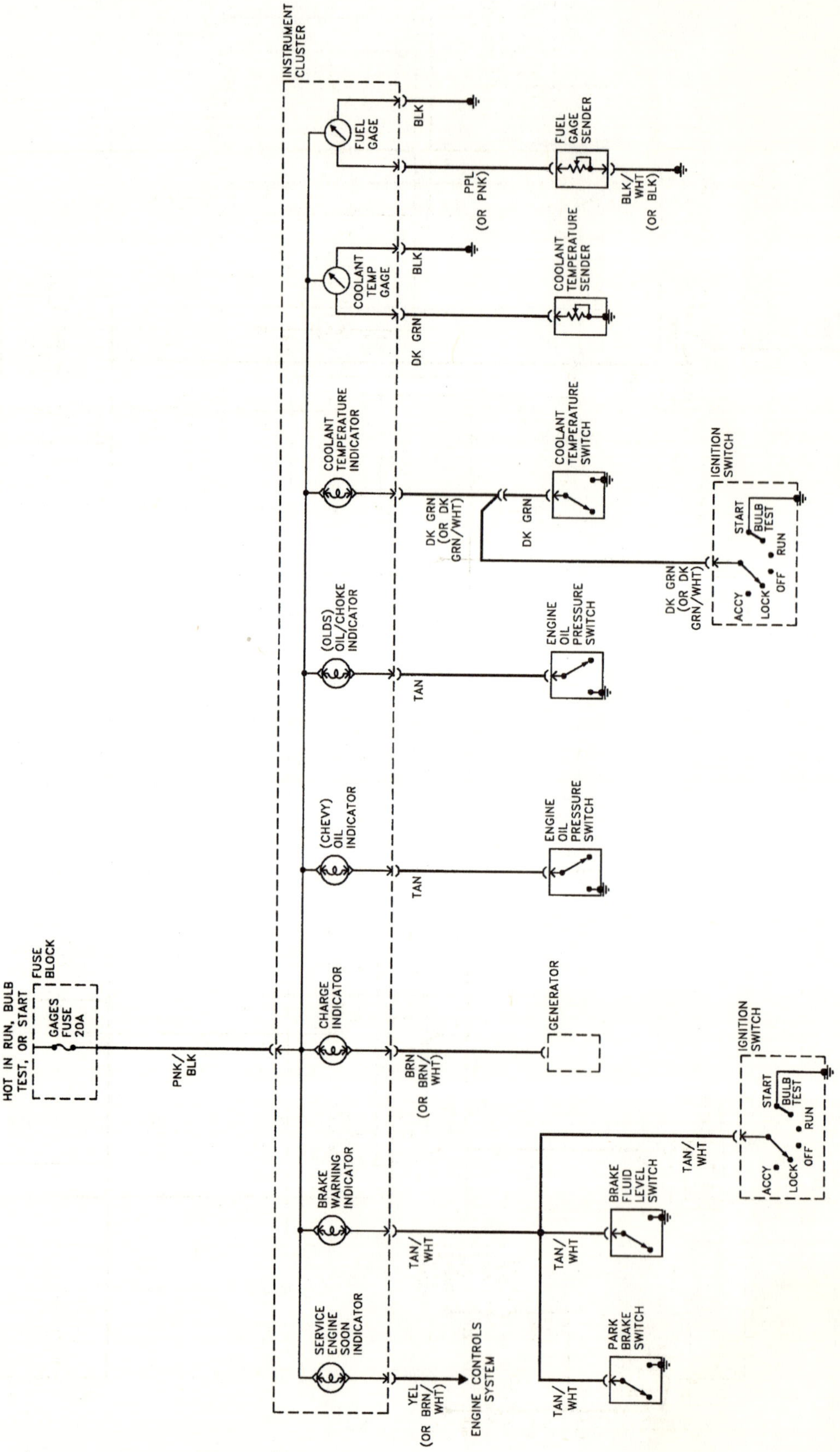

Sistemas típicos para los modelos 1985 y más modernos con relojes, indicadores y advertencia para el motor (sin paquete recordatorio)

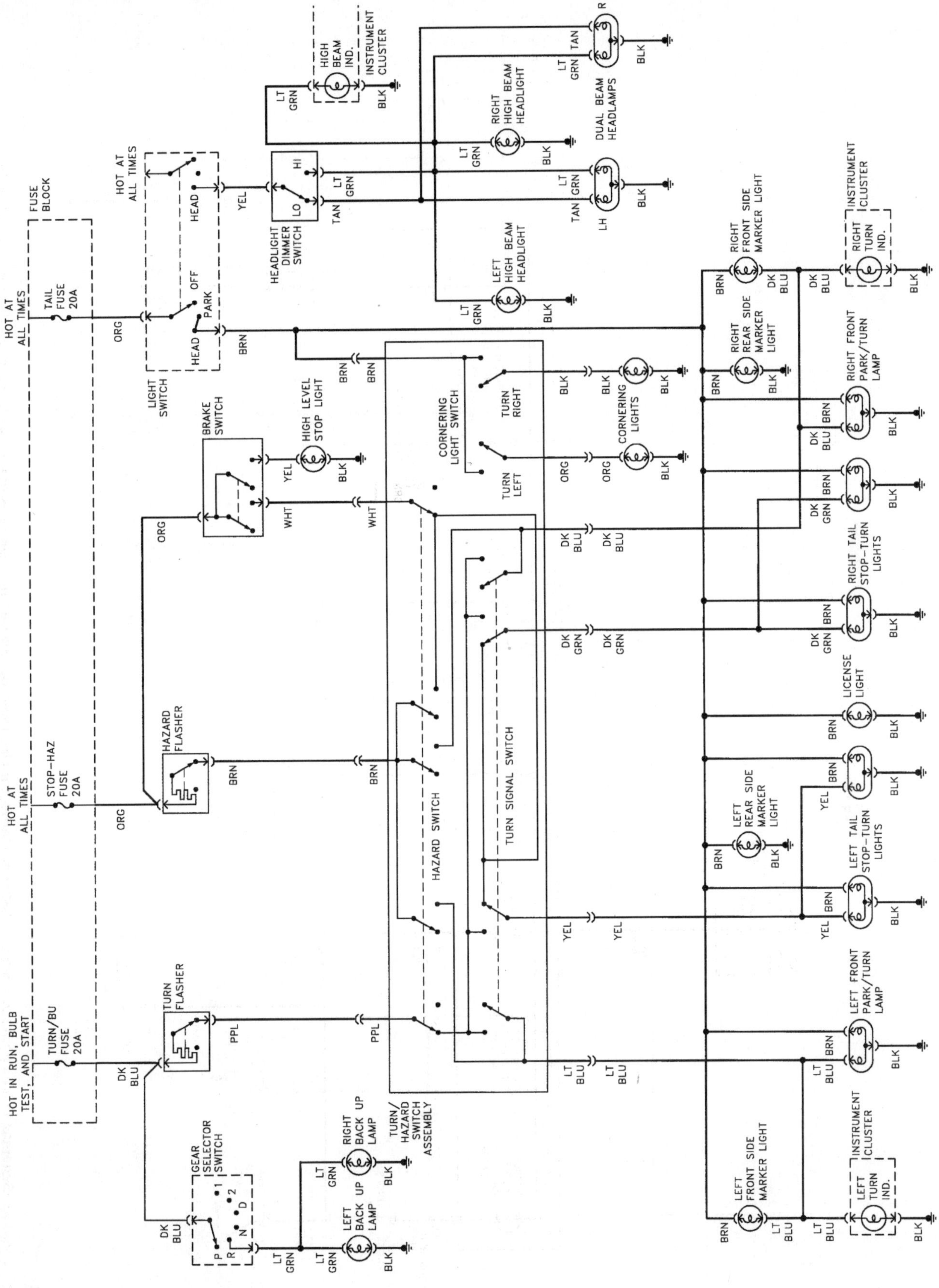

Sistema típico para las luces del exterior

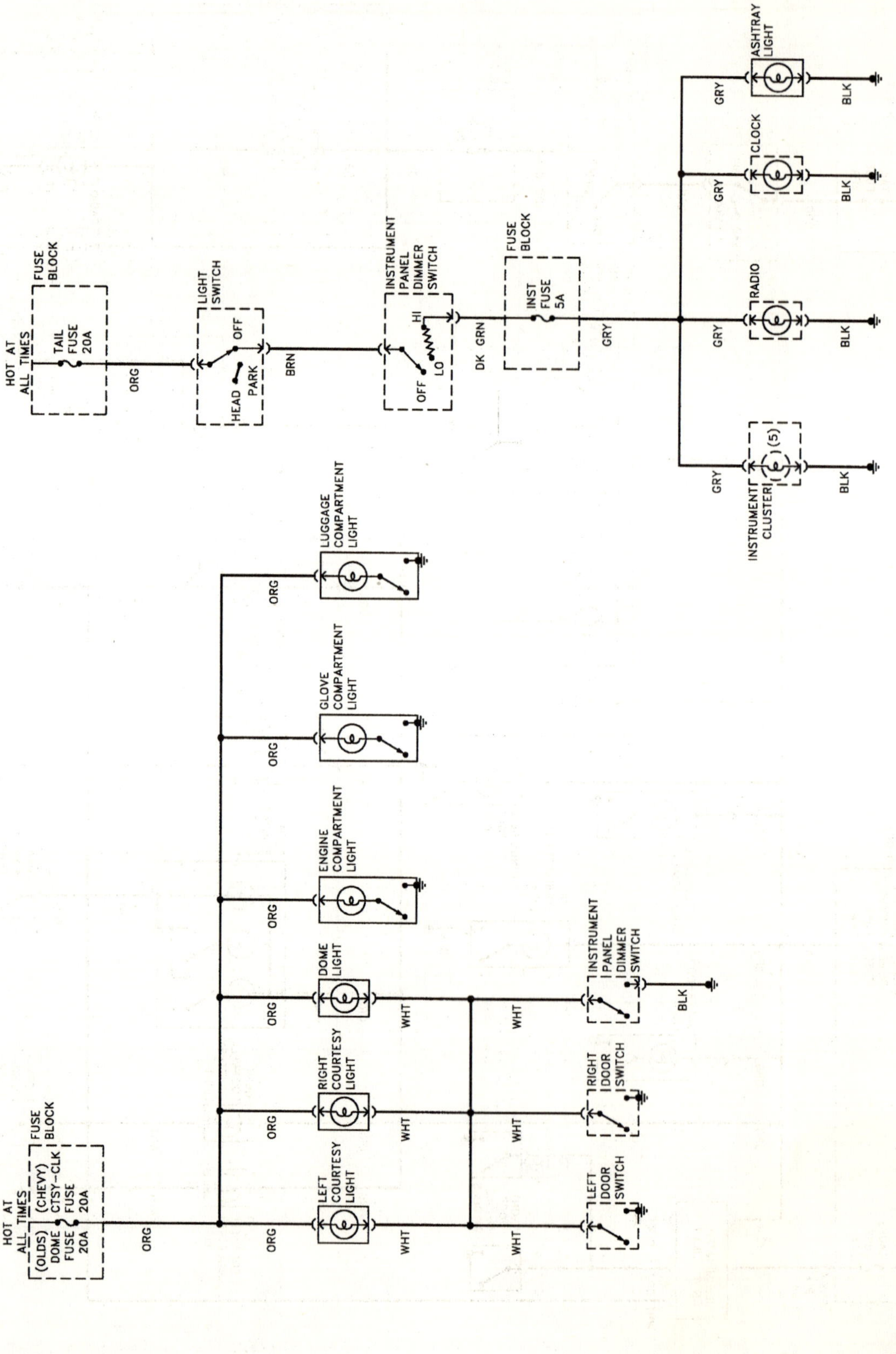

Sistema típico para las luces del interior 1980 y más antiguos

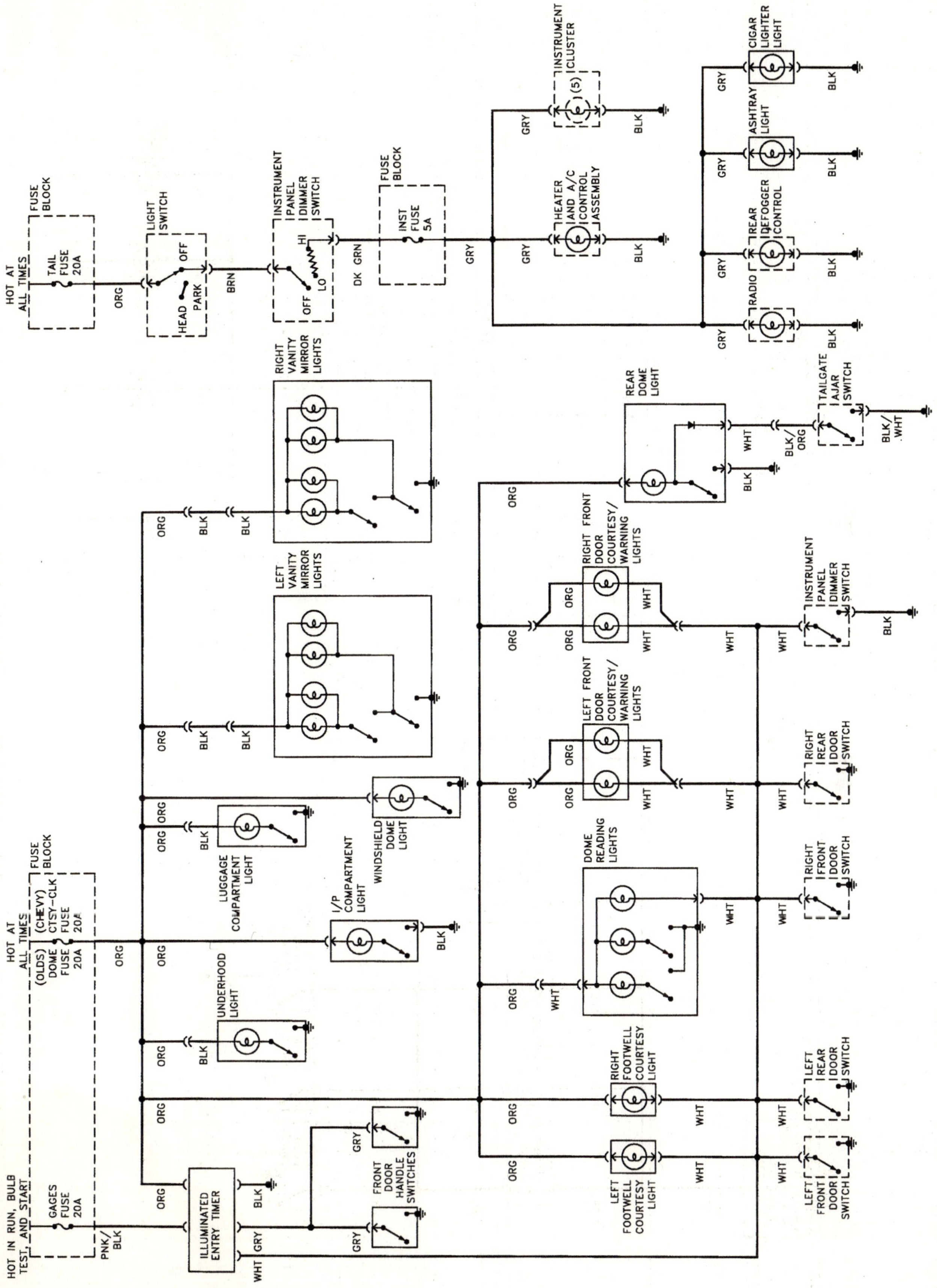

Sistema típico para las luces del interior 1981 y más modernos

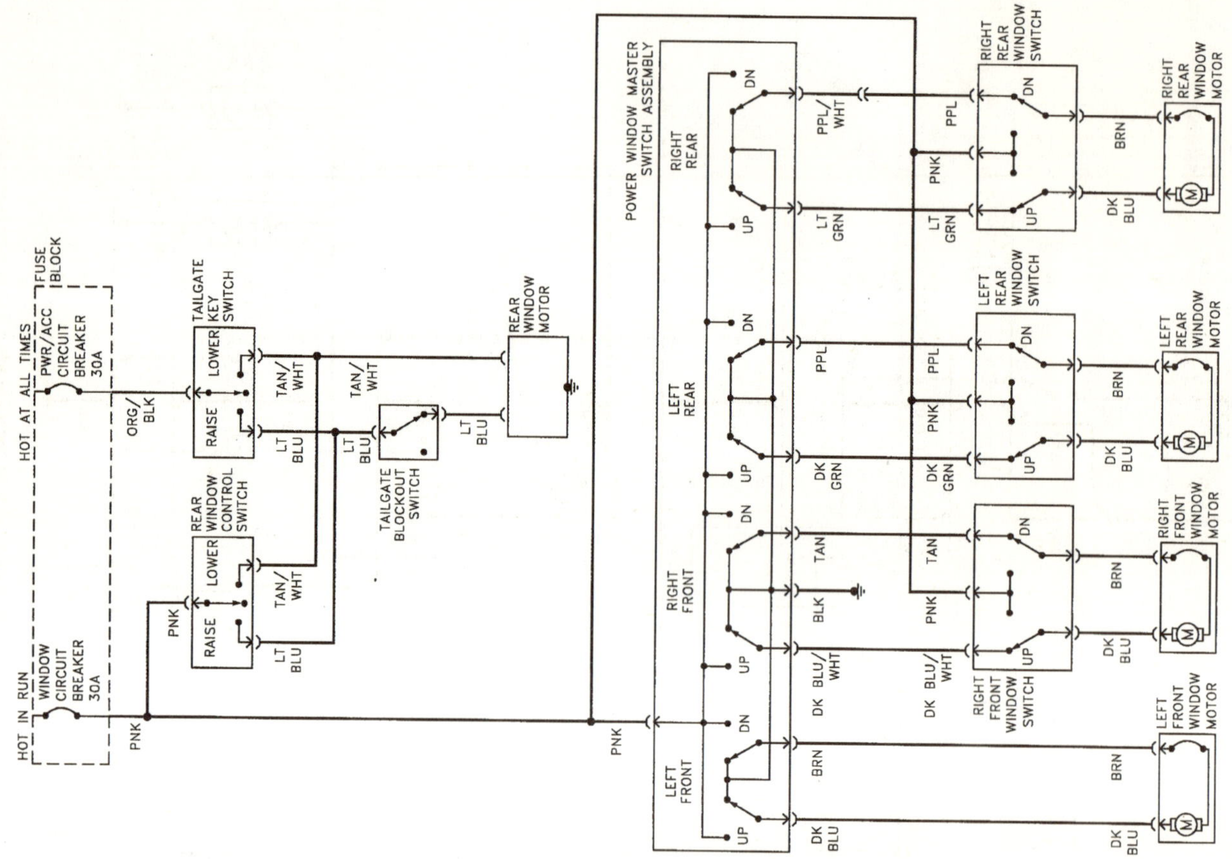

Sistema típico para las ventanas eléctricas 1981 y más modernas

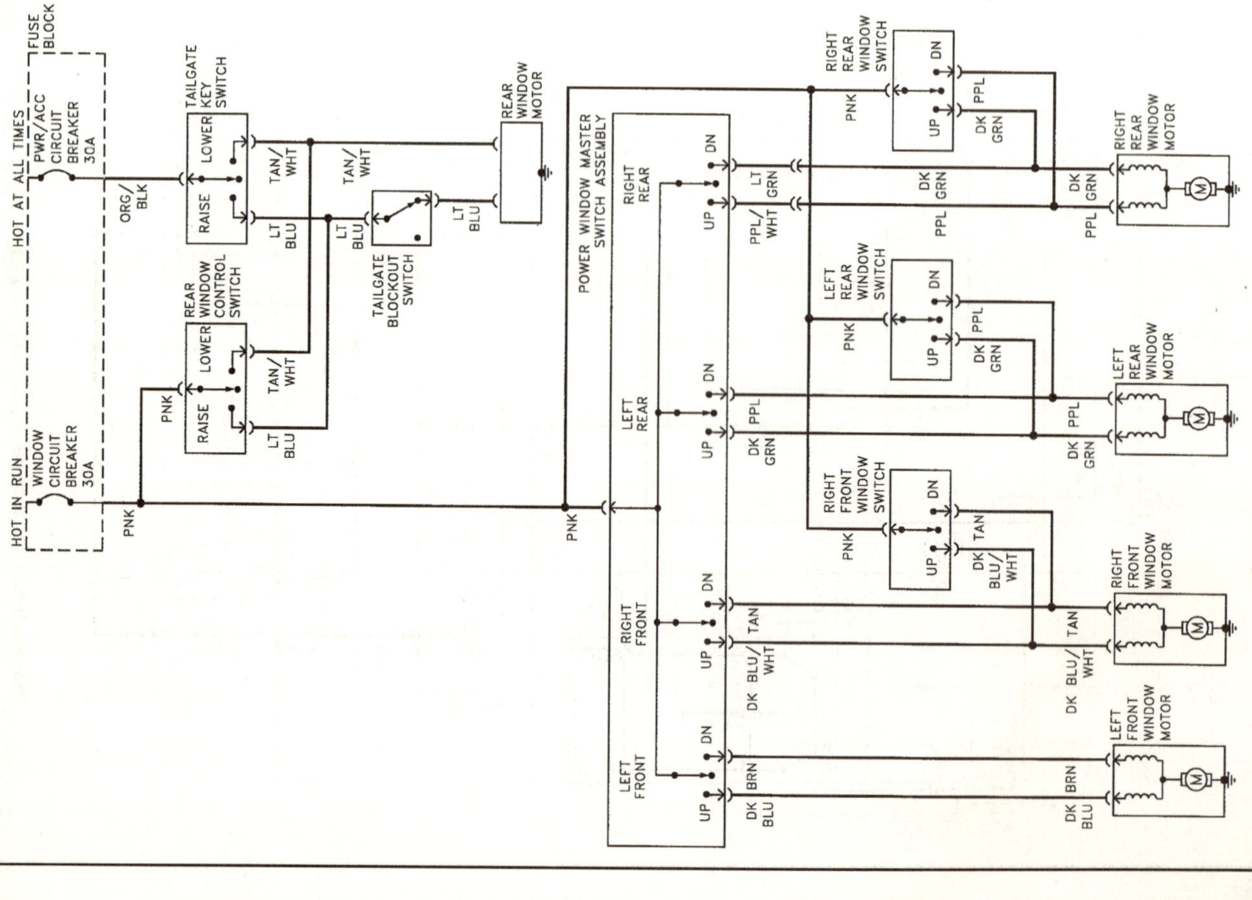

Sistema típico para las ventanas eléctricas 1980 y más antiguos

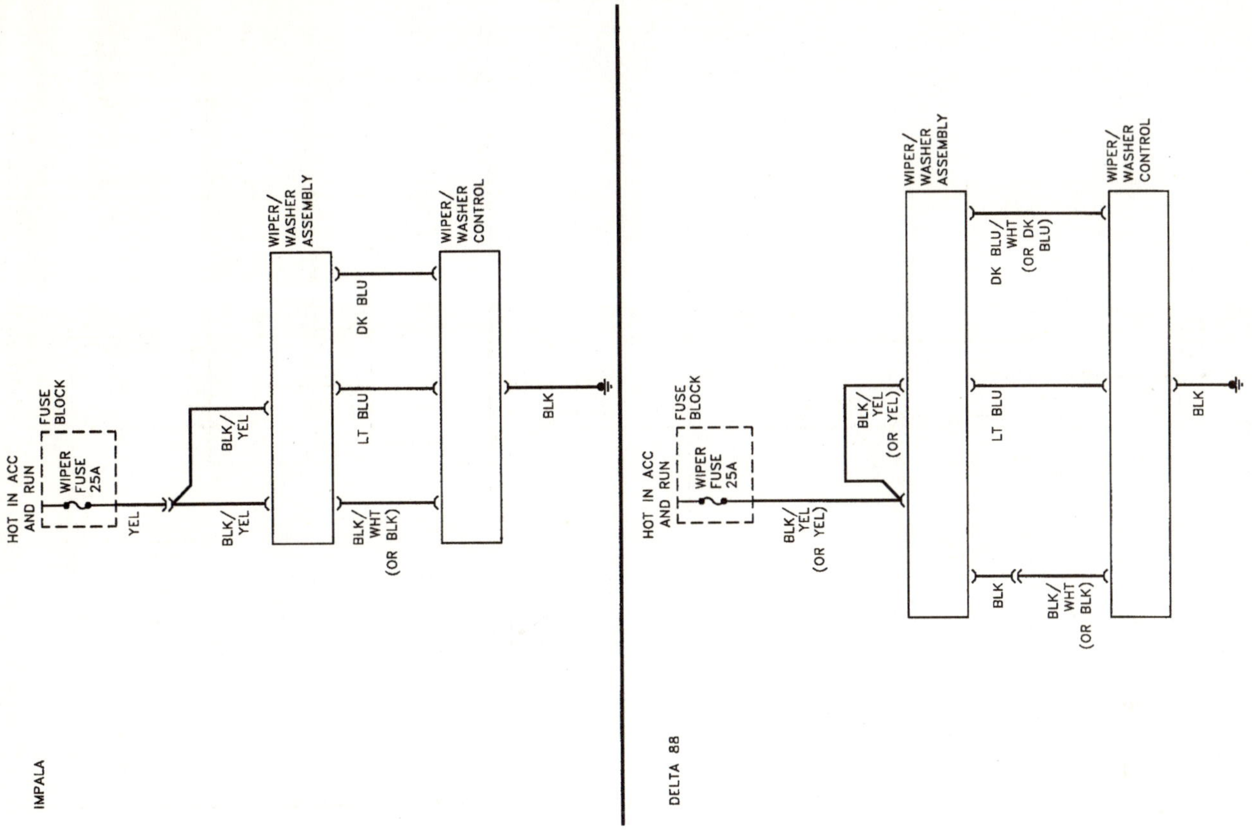

Sistema típico para el limpiador y lavador del parabrisas en los modelos 1979 y más antiguos

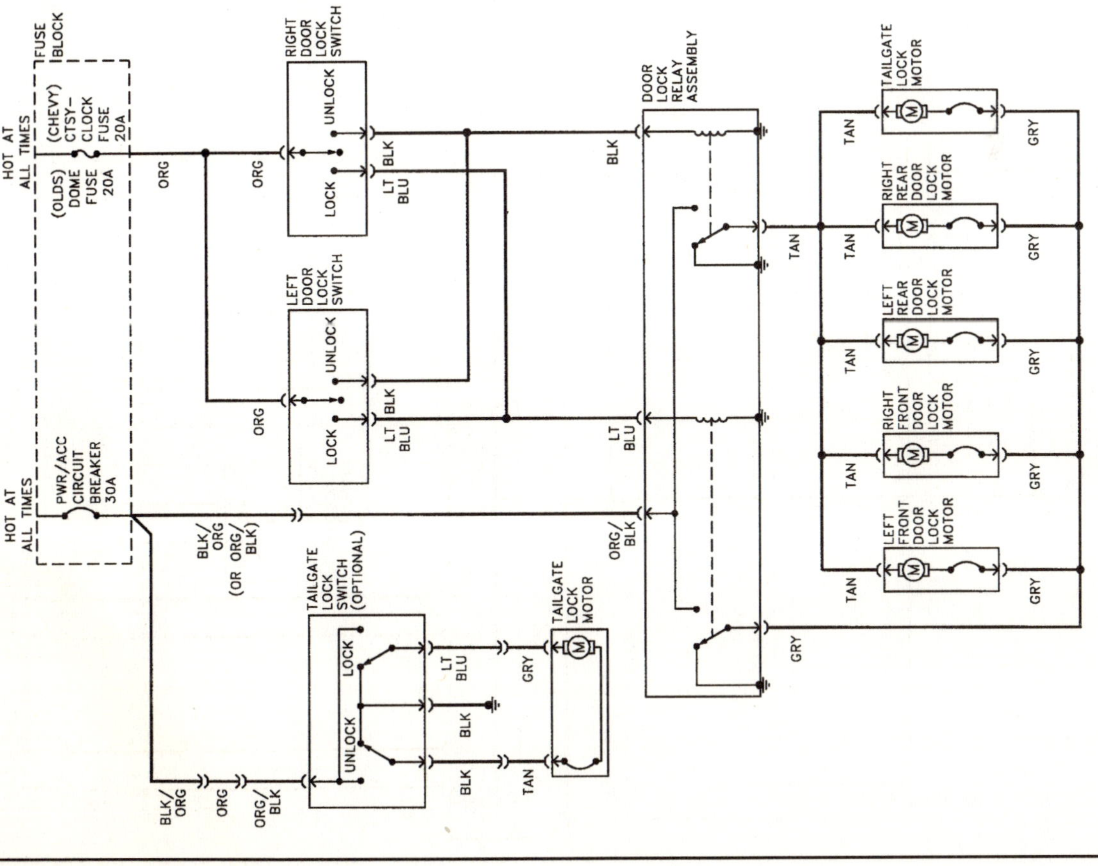

Sistema típico para los cerrojos eléctricos de las puertas

12

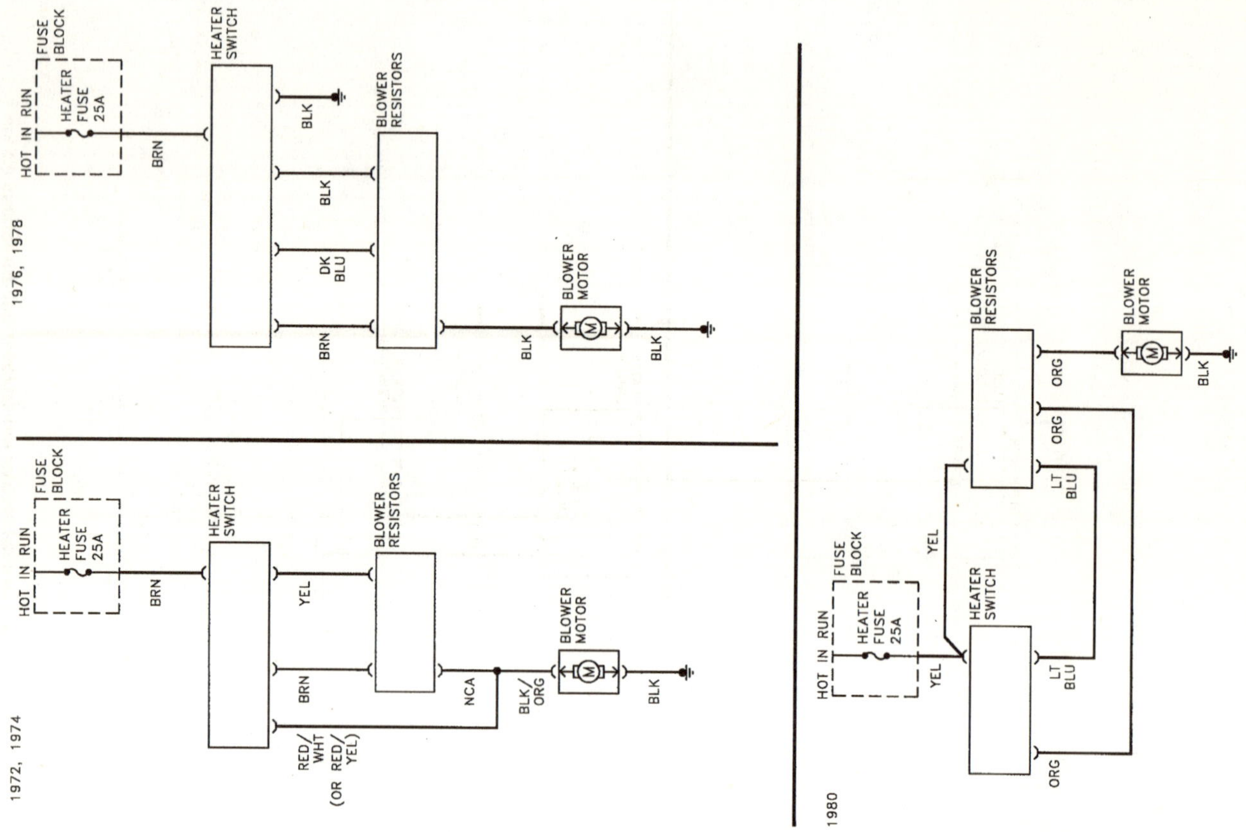

Sistema típico para la calefacción en los modelos 1980 y más antiguos (excepto Chevrolet)

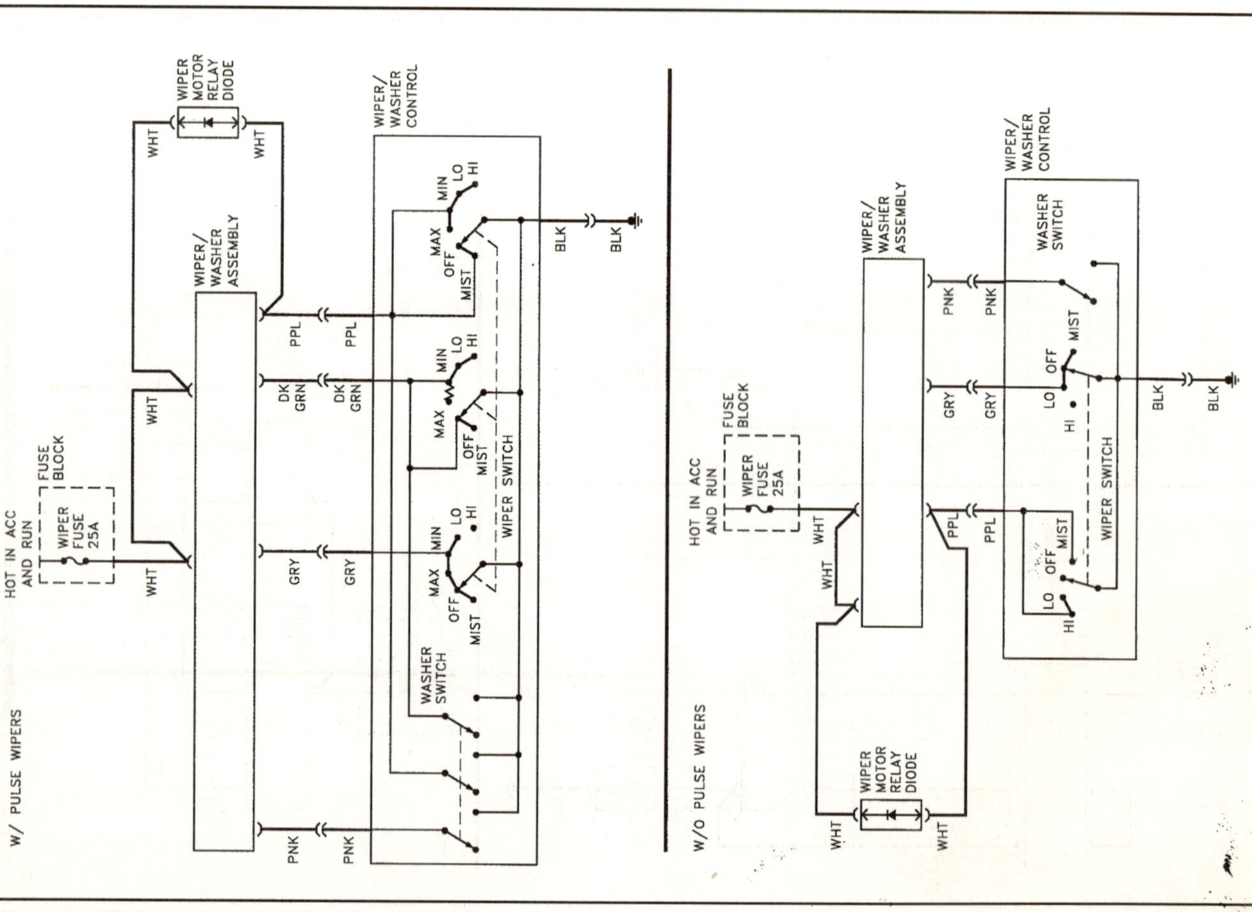

Sistema típico para el limpiador y lavador del parabrisas en los modelos 1980 y más modernos

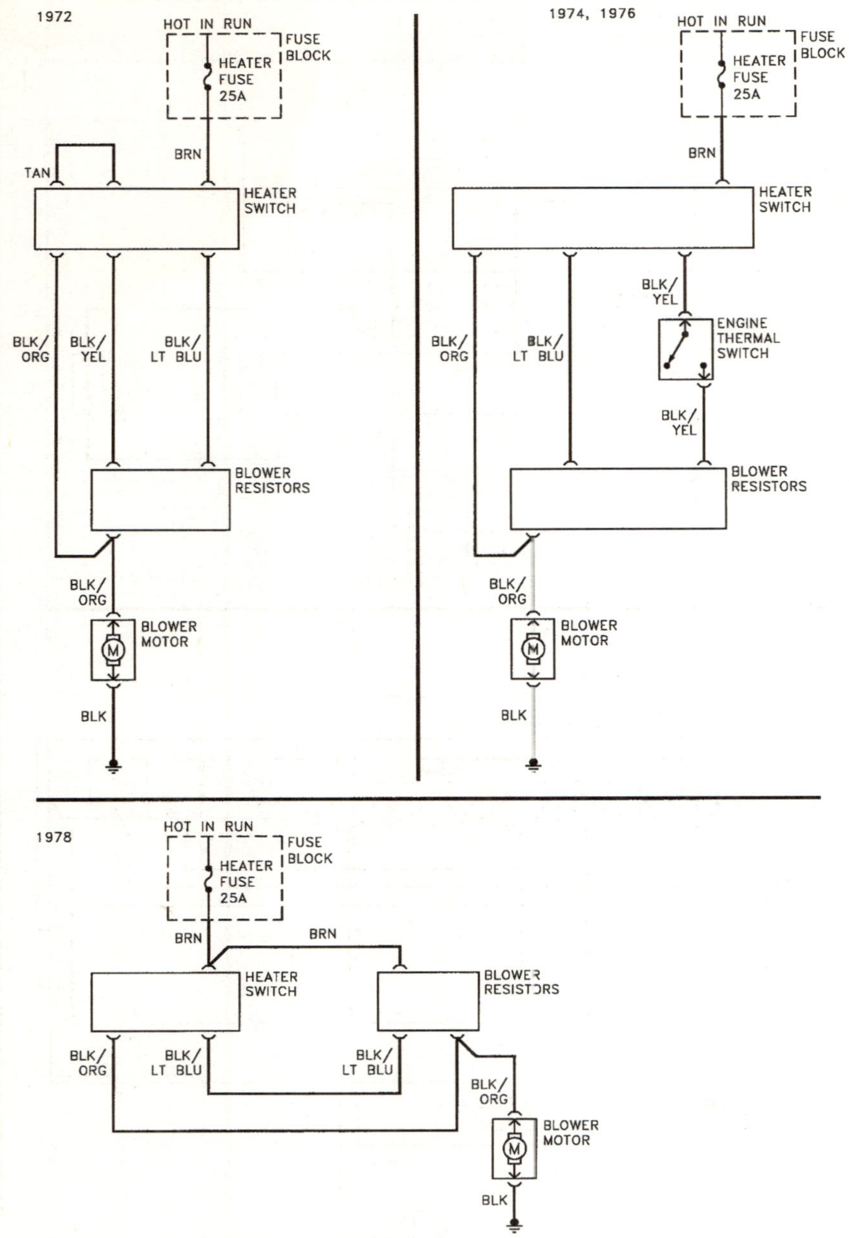

Sistema típico para la calefacción en los modelos 1978 y más antiguos (Chevrolet)

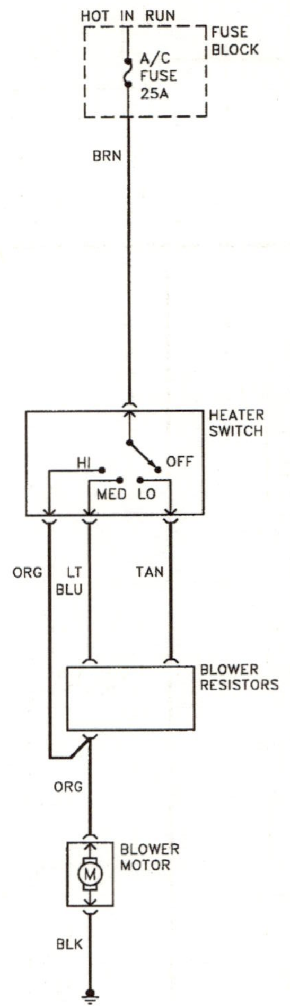

Sistema típico para la calefacción en los modelos 1981 al 1984

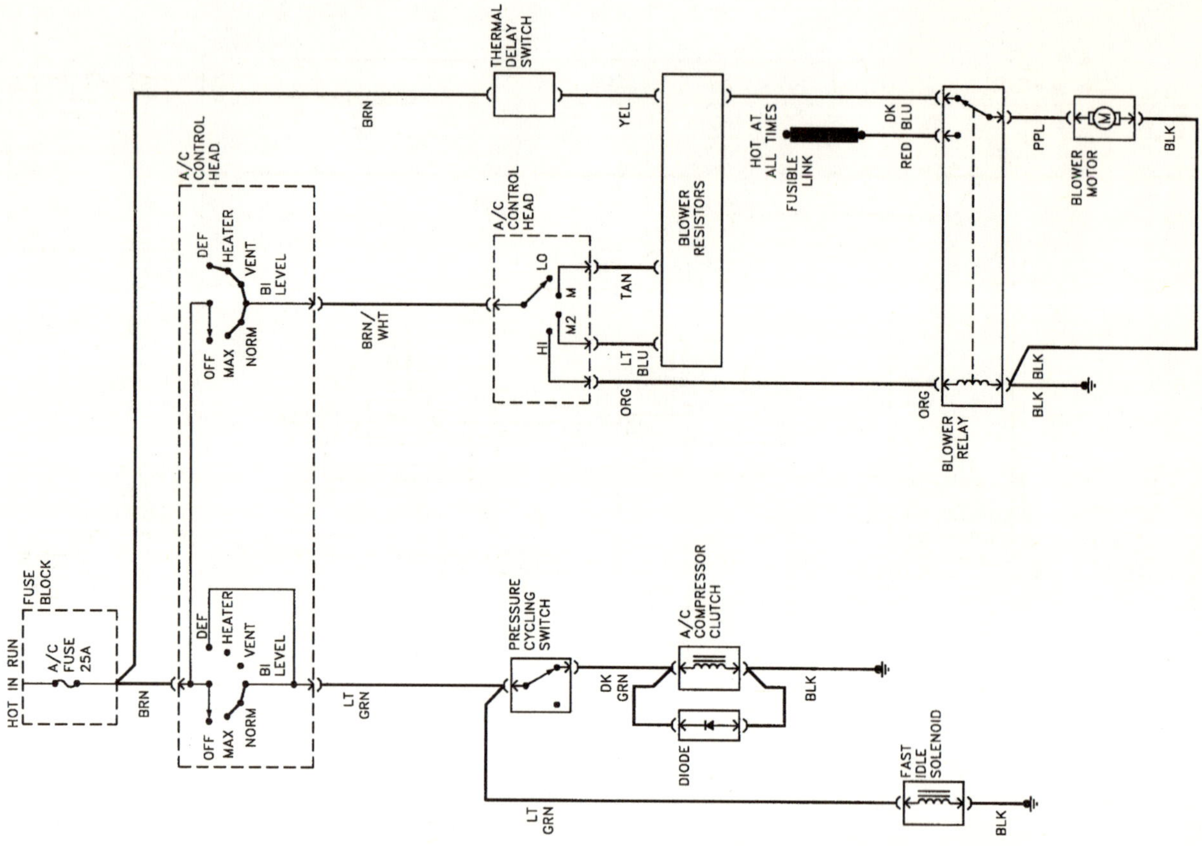

Sistema típico para la calefacción manual/aire acondicionado en los modelos 1980 y más antiguos

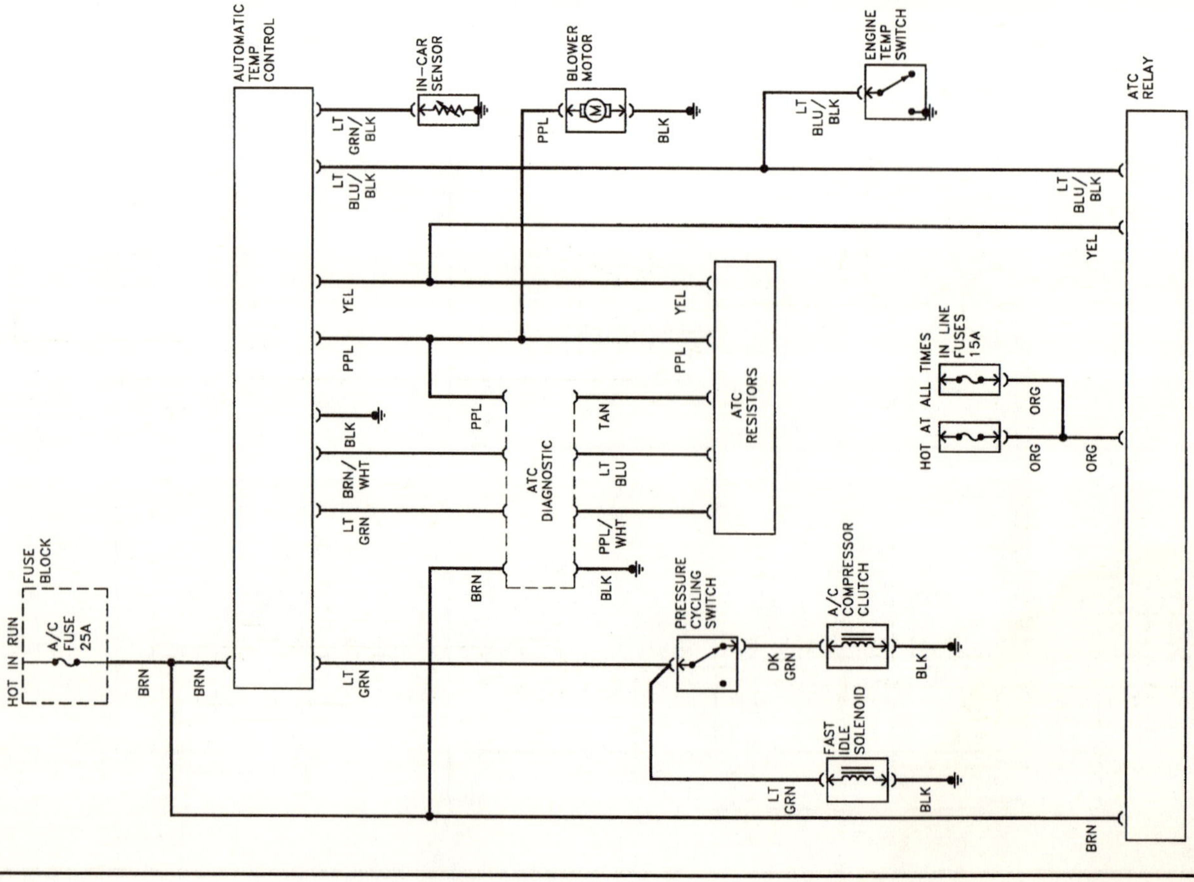

Sistema típico para la calefacción automática/aire acondicionado en los modelos 1980 y más antiguos

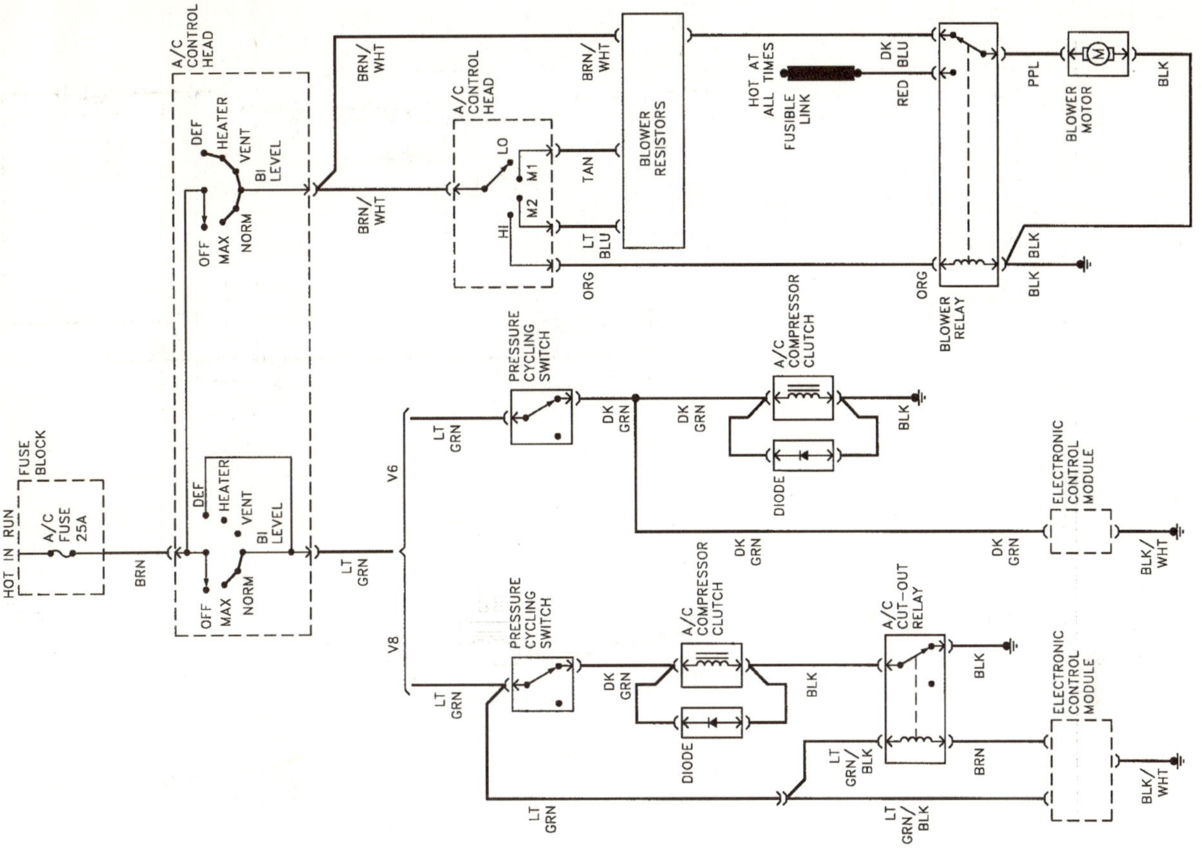

Sistema típico para la calefacción/aire acondicionado en los modelos 1983 al 1984 (excepto Chevrolet)

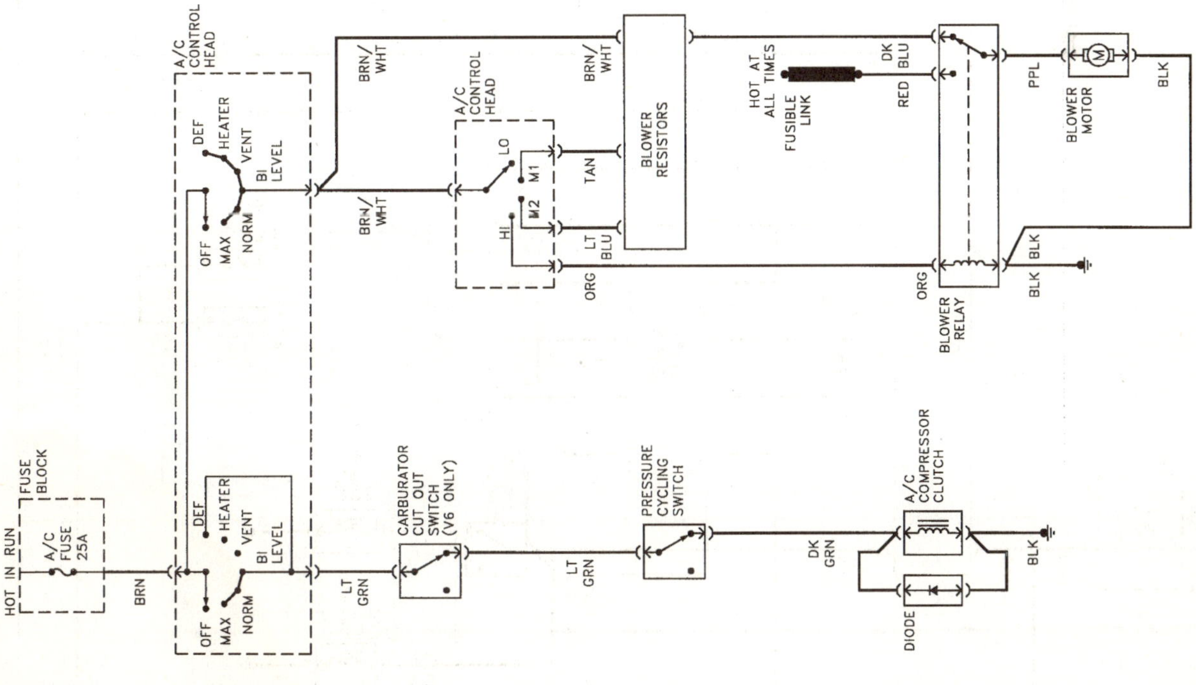

Sistema típico para la calefacción/aire acondicionado en los modelos 1981 y 1982 (excepto Chevrolet)

12

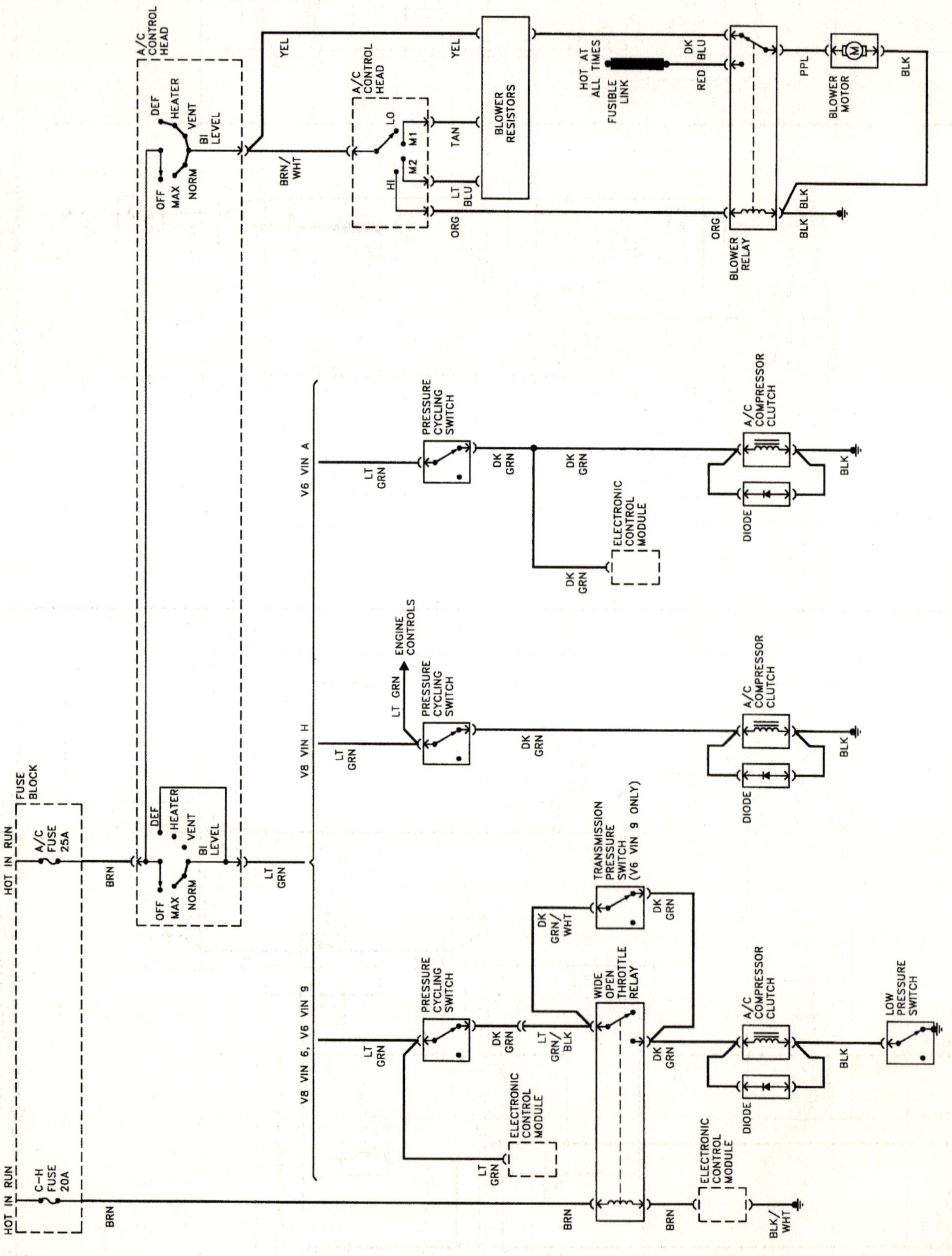

Sistema típico para la calefacción/aire acondicionado en los modelos 1981 al 1984 (Chevrolet, excepto VIN {número de identificación del vehículo} G)

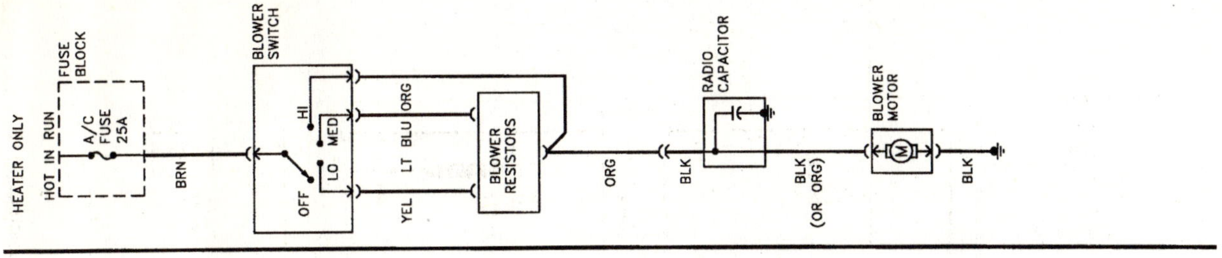

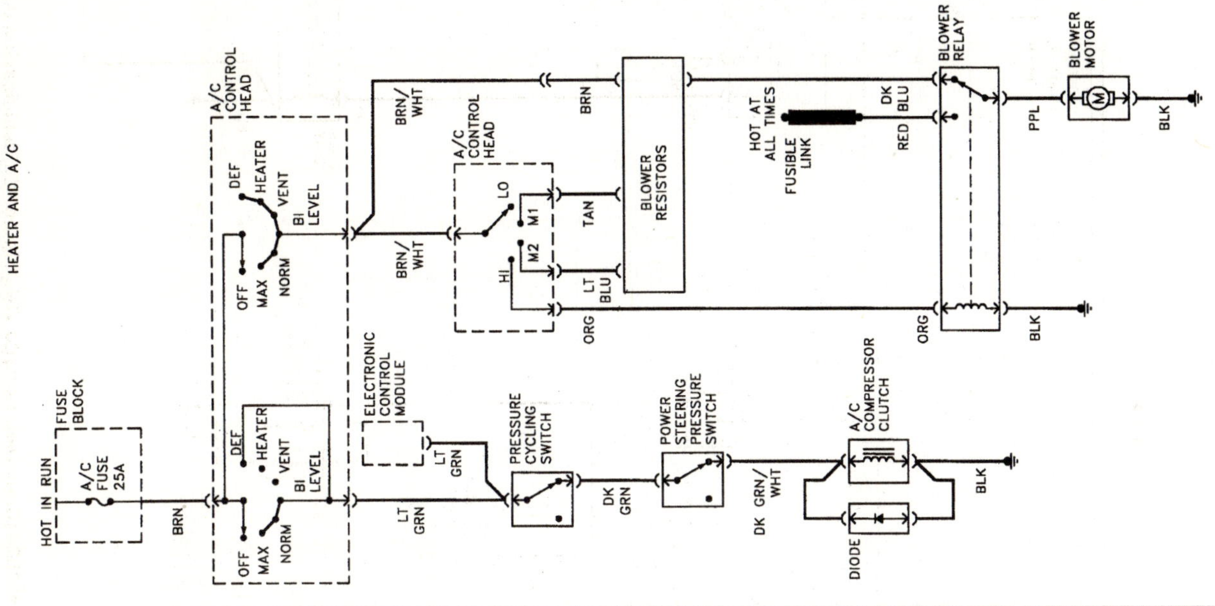

Sistema típico para la calefacción/aire acondicionado (1985 al 1988 V8 VIN H, V6 VIN Z y 1985 y más modernos motores V8 con EFI (inyección de combustible electrónica)

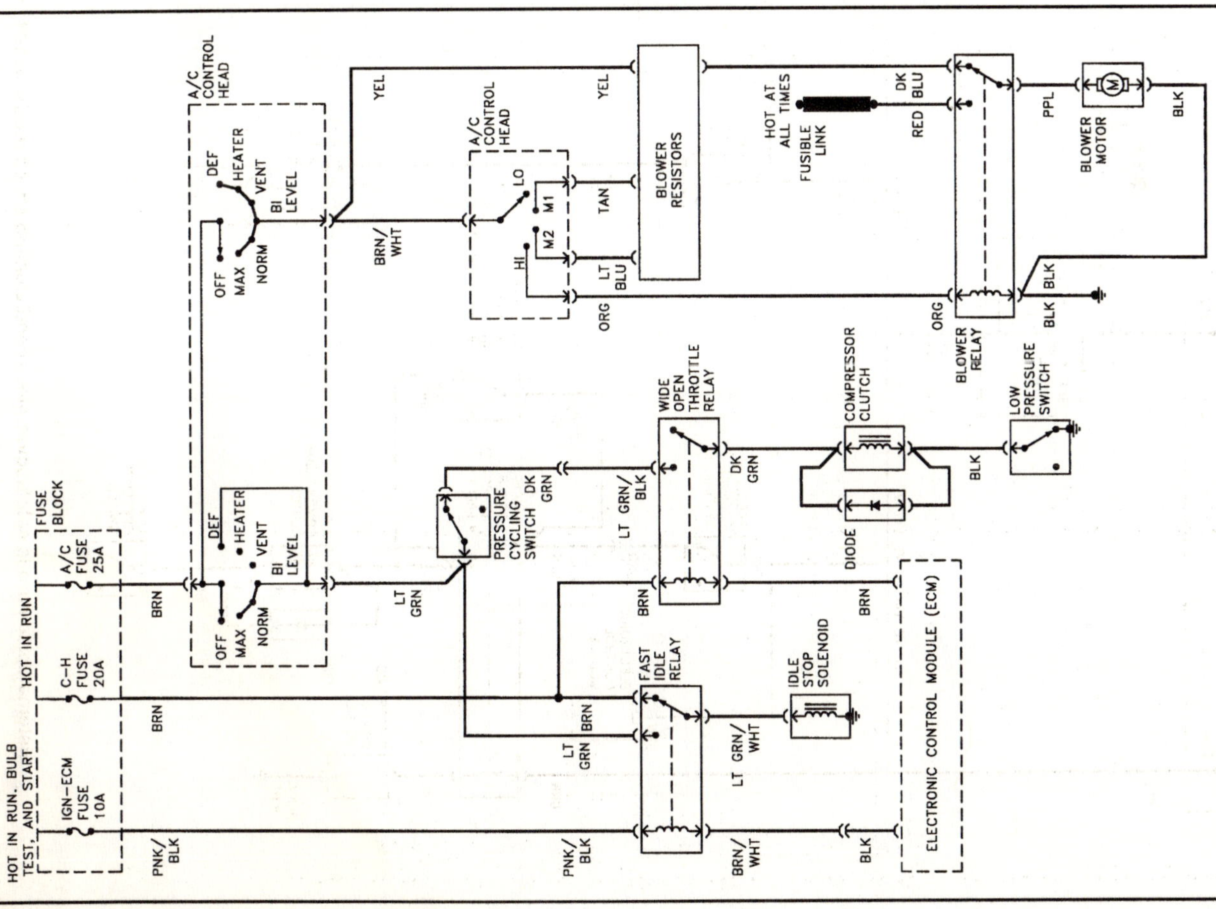

Sistema típico para la calefacción/aire acondicionado en los modelos 1981 al 1984 (Chevrolet VIN G)

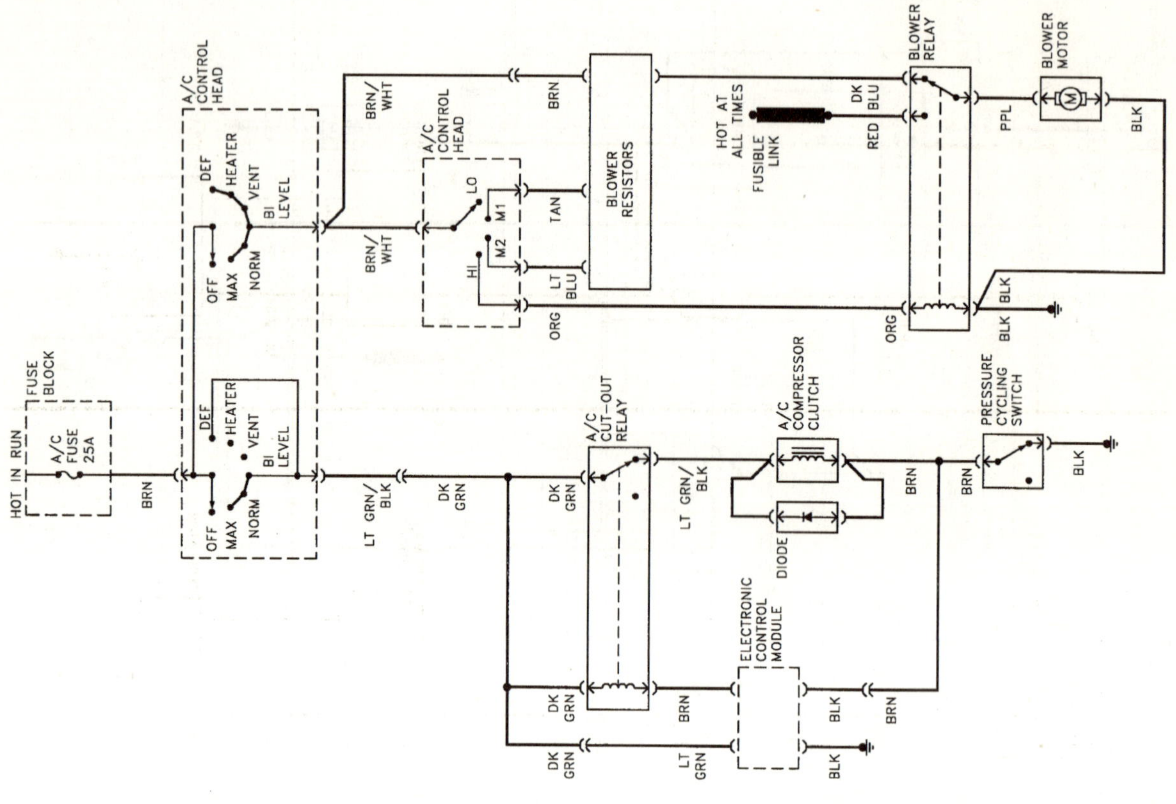

Sistema típico para la calefacción/aire acondicionado (1985 y más moderno con carburador y motor V8, excepto con Control Electrónico del Clima)

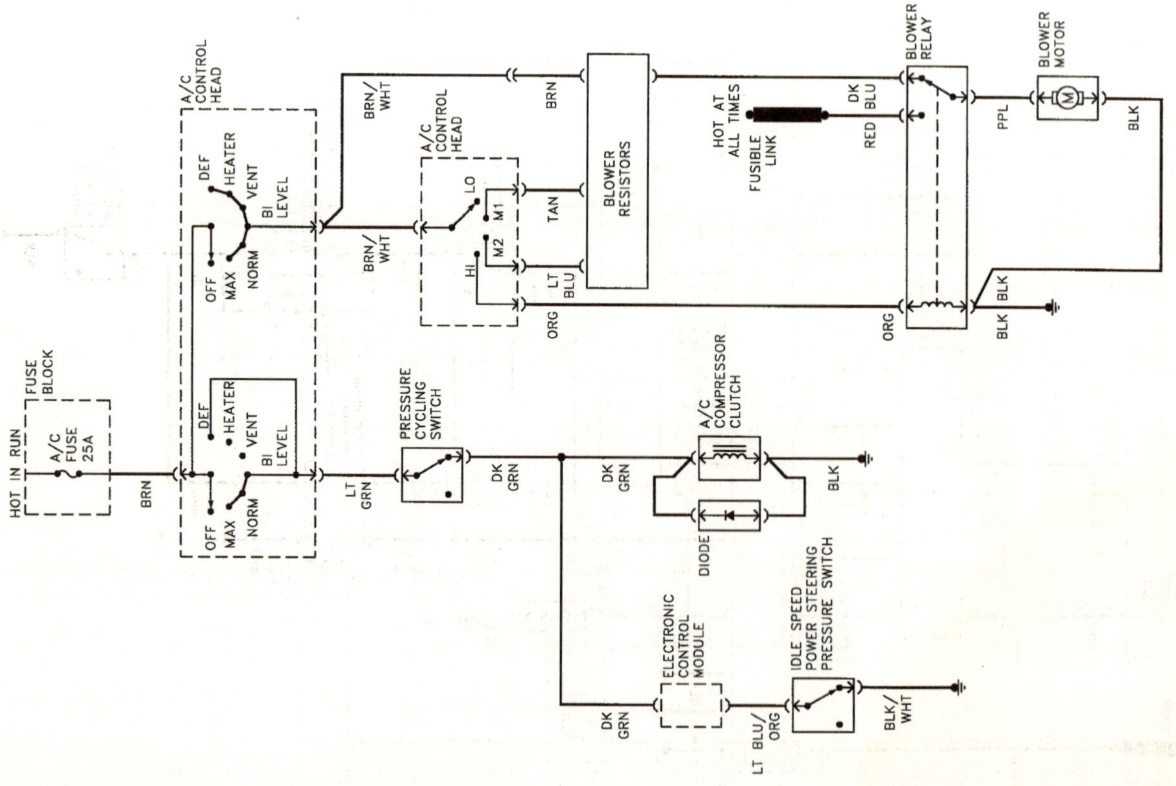

Sistema típico para la calefacción/aire acondicionado (1989 y más moderno V6 VIN Z)

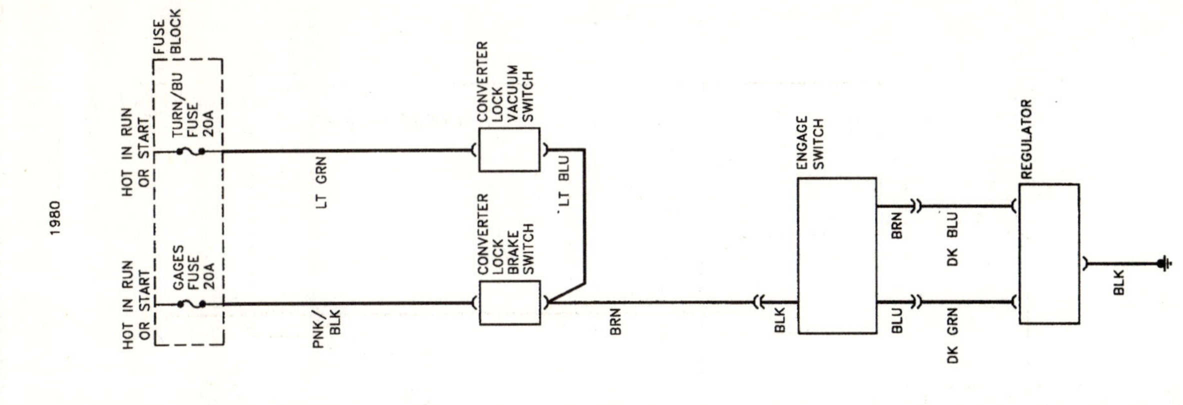

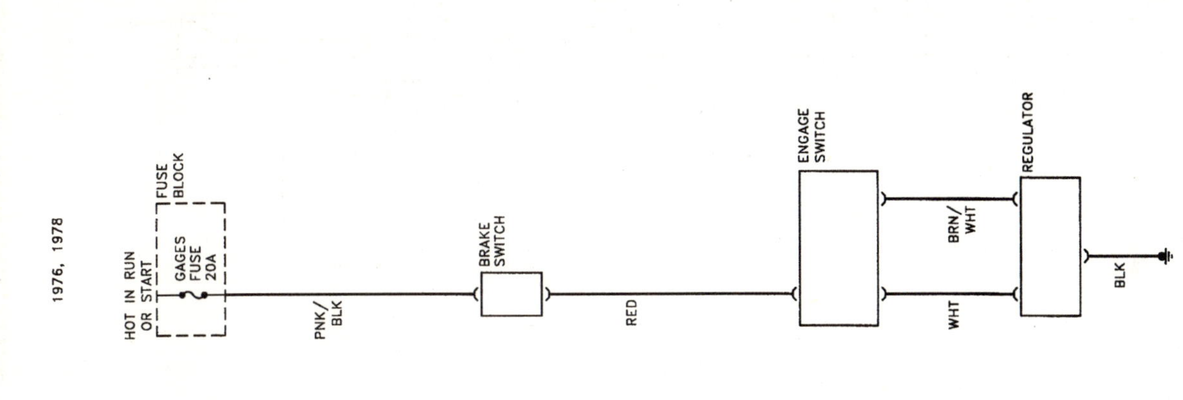

Sistema típico para el control de crucero 1980 y más antiguo

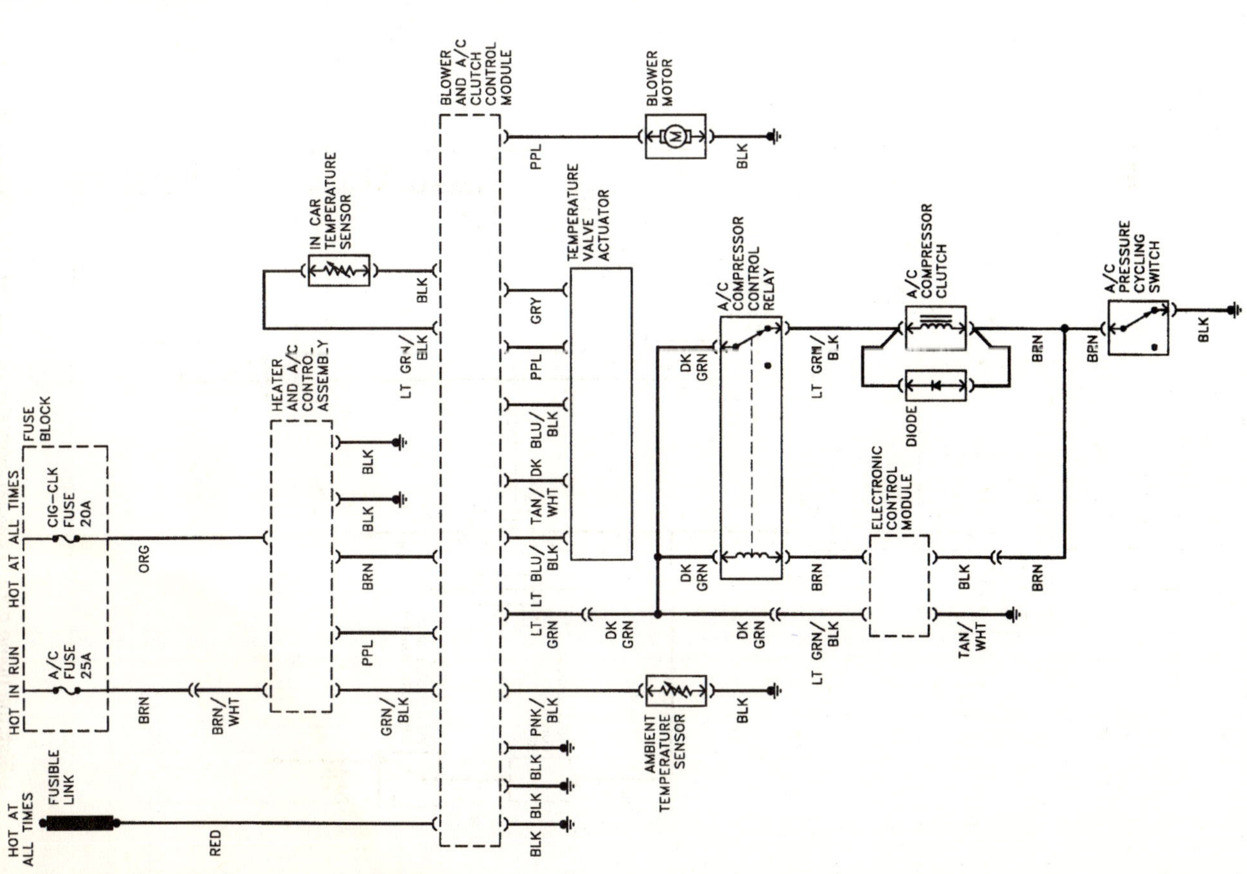

Sistema típico para la calefacción/aire acondicionado (1985 y más moderno con Control Electrónico del Clima)

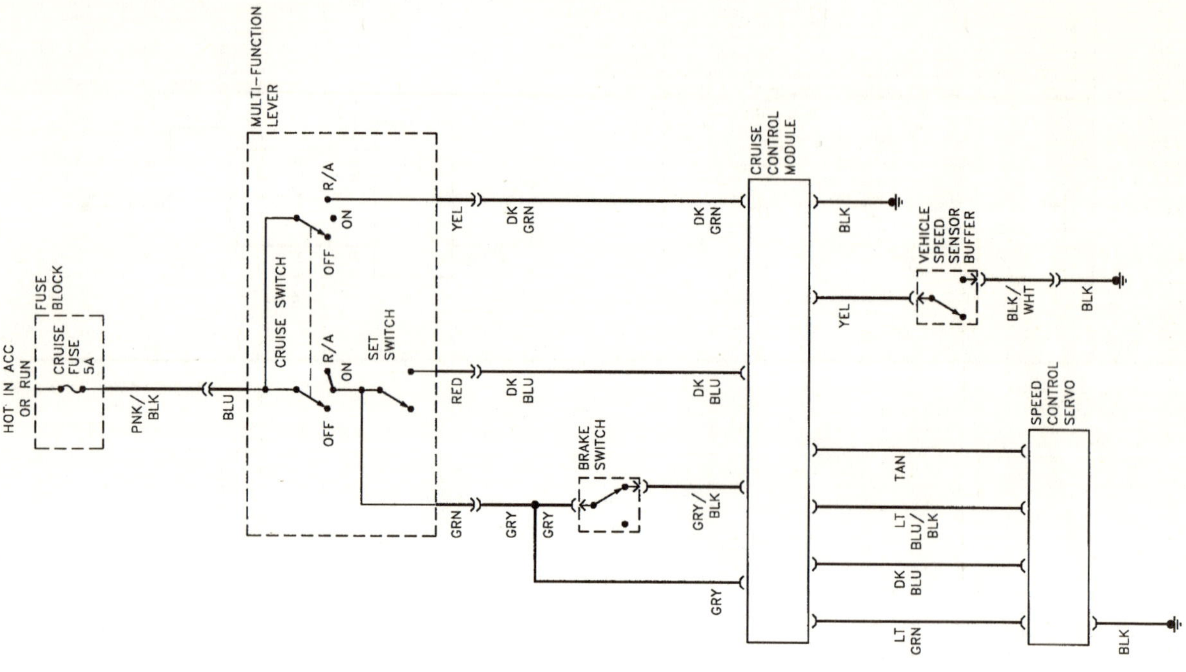

Sistema típico para el control de crucero 1985 y más moderno

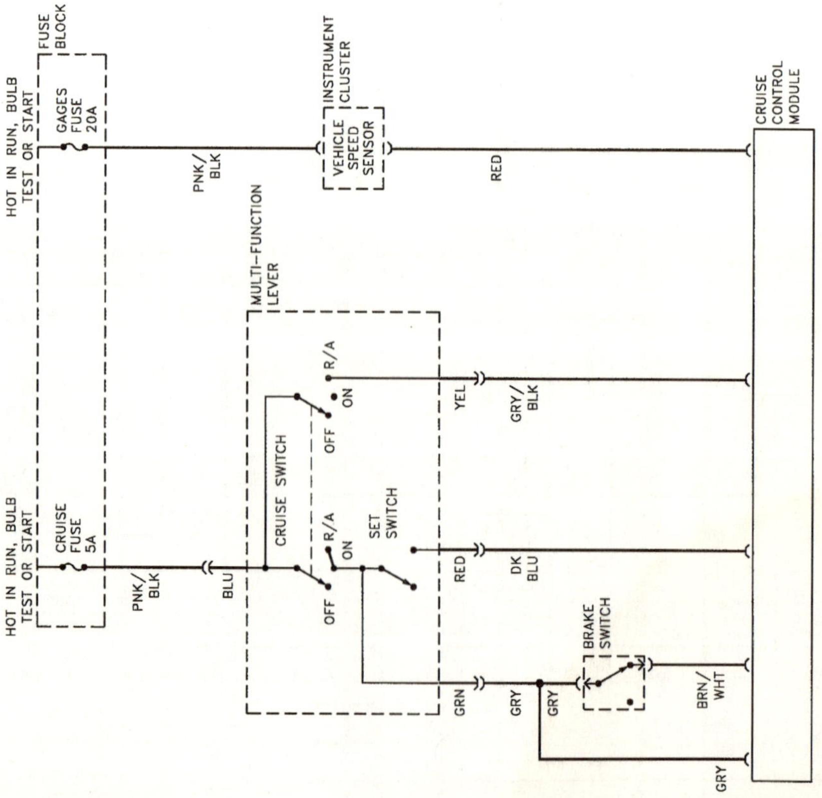

Sistema típico para el control de crucero 1981 al 1984

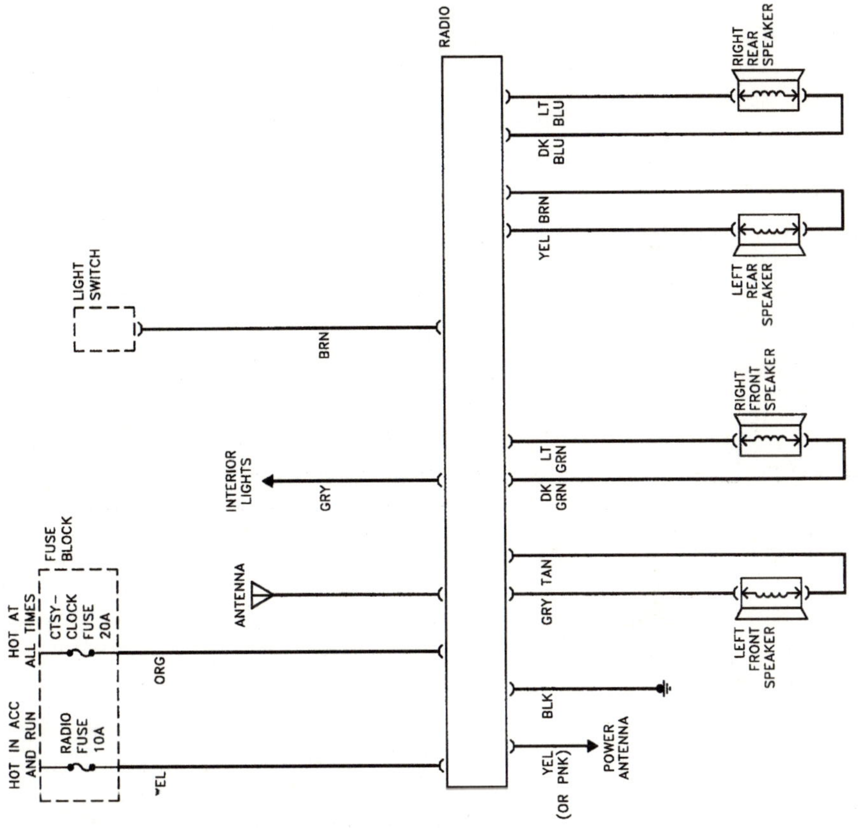

Sistema típico para el sistema del radio

Notas

Manuales automotrices Haynes

NOTA: Manuales nuevos son agregados a esta lista en una base periódica. Si usted no puede encontrar su vehículo en esta lista, consulte con su distribuidor Haynes, para información de la producción más moderna.

ACURA
*12020 **Integra** '86 thru '89 **& Legend** '86 thru '90

AMC
Jeep CJ - *see JEEP (50020)*
14020 **Mid-size models,** Concord, Hornet, Gremlin & Spirit '70 thru '83
14025 **(Renault) Alliance & Encore** '83 thru '87

AUDI
15020 **4000** all models '80 thru '87
15025 **5000** all models '77 thru '83
15026 **5000** all models '84 thru '88

AUSTIN-HEALEY
Sprite - *see MG Midget (66015)*

BMW
*18020 **3/5 Series** not including diesel or all-wheel drive models '82 thru '92
*18021 **3 Series** except 325iX models '92 thru '97
18025 **320i** all 4 cyl models '75 thru '83
18035 **528i** & 530i all models '75 thru '80
18050 **1500 thru 2002** except Turbo '59 thru '77

BUICK
Century (front wheel drive) - *see GM (829)*
*19020 **Buick, Oldsmobile & Pontiac Full-size (Front wheel drive)** all models '85 thru '98 **Buick** Electra, LeSabre and Park Avenue; **Oldsmobile** Delta 88 Royale, Ninety Eight and Regency; **Pontiac** Bonneville
19025 **Buick Oldsmobile & Pontiac Full-size (Rear wheel drive)** **Buick** Estate '70 thru '90, Electra'70 thru '84, LeSabre '70 thru '85, Limited '74 thru '79 **Oldsmobile** Custom Cruiser '70 thru '90, Delta 88 '70 thru '85,Ninety-eight '70 thru '84 **Pontiac** Bonneville '70 thru '81, Catalina '70 thru '81, Grandville '70 thru '75, Parisienne '83 thru '86
19030 **Mid-size Regal & Century** all rear-drive models with V6, V8 and Turbo '74 thru '87
Regal - *see GENERAL MOTORS (38010)*
Riviera - *see GENERAL MOTORS (38030)*
Roadmaster - *see CHEVROLET (24046)*
Skyhawk - *see GENERAL MOTORS (38015)*
Skylark '80 thru '85 - *see GM (38020)*
Skylark '86 on - *see GM (38025)*
Somerset - *see GENERAL MOTORS (38025)*

CADILLAC
*21030 **Cadillac Rear Wheel Drive** all gasoline models '70 thru '93
Cimarron - *see GENERAL MOTORS (38015)*
Eldorado - *see GENERAL MOTORS (38030)*
Seville '80 thru '85 - *see GM (38030)*

CHEVROLET
*24010 **Astro & GMC Safari Mini-vans** '85 thru '93
24015 **Camaro V8** all models '70 thru '81
24016 **Camaro** all models '82 thru '92
Cavalier - *see GENERAL MOTORS (38015)*
Celebrity - *see GENERAL MOTORS (38005)*
24017 **Camaro & Firebird** '93 thru '97
24020 **Chevelle, Malibu & El Camino** '69 thru '87
24024 **Chevette & Pontiac T1000** '76 thru '87
Citation - *see GENERAL MOTORS (38020)*
*24032 **Corsica/Beretta** all models '87 thru '96
24040 **Corvette** all V8 models '68 thru '82
*24041 **Corvette** all models '84 thru '96
10305 **Chevrolet Engine Overhaul Manual**
24045 **Full-size Sedans** Caprice, Impala, Biscayne, Bel Air & Wagons '69 thru '90
24046 **Impala SS & Caprice and Buick Roadmaster** '91 thru '96
Lumina - *see GENERAL MOTORS (38010)*
24048 **Lumina & Monte Carlo** '95 thru '98
Lumina APV - *see GM (38035)*
24050 **Luv Pick-up** all 2WD & 4WD '72 thru '82
*24055 **Monte Carlo** all models '70 thru '88
Monte Carlo '95 thru '98 - *see LUMINA (24048)*
24059 **Nova** all V8 models '69 thru '79
*24060 **Nova and Geo Prizm** '85 thru '92
24064 **Pick-ups '67 thru '87** - Chevrolet & GMC, all V8 & in-line 6 cyl, 2WD & 4WD '67 thru '87; Suburbans, Blazers & Jimmys '67 thru '91
*24065 **Pick-ups '88 thru '98** - Chevrolet & GMC, all full-size pick-ups, '88 thru '98; Blazer & Jimmy '92 thru '94; Suburban '92 thru '98; Tahoe & Yukon '98
24070 **S-10 & S-15 Pick-ups** '82 thru '93, **Blazer & Jimmy** '83 thru '94,
*24071 **S-10 & S-15 Pick-ups** '94 thru '96 **Blazer & Jimmy** '95 thru '96
*24075 **Sprint & Geo Metro** '85 thru '94
*24080 **Vans - Chevrolet & GMC,** V8 & in-line 6 cylinder models '68 thru '96

CHRYSLER
25015 **Chrysler Cirrus, Dodge Stratus, Plymouth Breeze** '95 thru '98
25025 **Chrysler Concorde, New Yorker & LHS, Dodge** Intrepid, **Eagle** Vision, '93 thru '97
10310 **Chrysler Engine Overhaul Manual**
*25020 **Full-size Front-Wheel Drive** '88 thru '93
K-Cars - *see DODGE Aries (30008)*
Laser - *see DODGE Daytona (30030)*
*25030 **Chrysler & Plymouth Mid-size** front wheel drive '82 thru '95
Rear-wheel Drive - *see Dodge (30050)*

DATSUN
28005 **200SX** all models '80 thru '83
28007 **B-210** all models '73 thru '78
28009 **210** all models '79 thru '82
28012 **240Z, 260Z & 280Z** Coupe '70 thru '78
28014 **280ZX** Coupe & 2+2 '79 thru '83
300ZX - *see NISSAN (72010)*
28016 **310** all models '78 thru '82
28018 **510 & PL521 Pick-up** '68 thru '73
28020 **510** all models '78 thru '81
28022 **620 Series Pick-up** all models '73 thru '79
720 Series Pick-up - *see NISSAN (72030)*
28025 **810/Maxima** all gasoline models, '77 thru '84

DODGE
400 & 600 - *see CHRYSLER (25030)*
*30008 **Aries & Plymouth Reliant** '81 thru '89
30010 **Caravan & Plymouth Voyager Mini-Vans** all models '84 thru '95
*30011 **Caravan & Plymouth Voyager Mini-Vans** all models '96 thru '98
30012 **Challenger/Plymouth Saporro** '78 thru '83
30016 **Colt & Plymouth Champ (front wheel drive)** all models '78 thru '87
*30020 **Dakota Pick-ups** all models '87 thru '96
30025 **Dart, Demon, Plymouth Barracuda, Duster & Valiant** 6 cyl models '67 thru '76
*30030 **Daytona & Chrysler Laser** '84 thru '89
Intrepid - *see CHRYSLER (25025)*
*30034 **Neon** all models '95 thru '97
*30035 **Omni & Plymouth Horizon** '78 thru '90
*30040 **Pick-ups** all full-size models '74 thru '93
*30041 **Pick-ups** all full-size models '94 thru '96
*30045 **Ram 50/D50 Pick-ups & Raider and Plymouth Arrow Pick-ups** '79 thru '93
30050 **Dodge/Plymouth/Chrysler** rear wheel drive '71 thru '89
*30055 **Shadow & Plymouth Sundance** '87 thru '94
*30060 **Spirit & Plymouth Acclaim** '89 thru '95
*30065 **Vans - Dodge & Plymouth** '71 thru '96

EAGLE
Talon - *see Mitsubishi Eclipse (68030)*
Vision - *see CHRYSLER (25025)*

FIAT
34010 **124 Sport Coupe & Spider** '68 thru '78
34025 **X1/9** all models '74 thru '80

FORD
10355 **Ford Automatic Transmission Overhaul**
*36004 **Aerostar Mini-vans** all models '86 thru '96
*36006 **Contour & Mercury Mystique** '95 thru '98
36008 **Courier Pick-up** all models '72 thru '82
36012 **Crown Victoria & Mercury Grand Marquis** '88 thru '96
10320 **Ford Engine Overhaul Manual**
36016 **Escort/Mercury Lynx** all models '81 thru '90
*36020 **Escort/Mercury Tracer** '91 thru '96
*36024 **Explorer & Mazda Navajo** '91 thru '95
36028 **Fairmont & Mercury Zephyr** '78 thru '83
36030 **Festiva & Aspire** '88 thru '97
36032 **Fiesta** all models '77 thru '80
36036 **Ford & Mercury Full-size,** Ford LTD & Mercury Marquis ('75 thru '82); Ford Custom 500,Country Squire, Crown Victoria & Mercury Colony Park ('75 thru '87); Ford LTD Crown Victoria & Mercury Gran Marquis ('83 thru '87)
36040 **Granada & Mercury Monarch** '75 thru '80
36044 **Ford & Mercury Mid-size,** Ford Thunderbird & Mercury Cougar ('75 thru '82); Ford LTD & Mercury Marquis ('83 thru '86); Ford Torino,Gran Torino, Elite, Ranchero pick-up, LTD II, Mercury Montego, Comet, XR-7 & Lincoln Versailles ('75 thru '86)
36048 **Mustang V8** all models '64-1/2 thru '73
36049 **Mustang II** 4 cyl, V6 & V8 models '74 thru '78
36050 **Mustang & Mercury Capri** all models Mustang, '79 thru '93; Capri, '79 thru '86
*36051 **Mustang** all models '94 thru '97
36054 **Pick-ups & Bronco** '73 thru '79
36058 **Pick-ups & Bronco** '80 thru '96
36059 **Pick-ups, Expedition & Mercury Navigator** '97 thru '98
36062 **Pinto & Mercury Bobcat** '75 thru '80
36066 **Probe** all models '89 thru '92
36070 **Ranger/Bronco II** gasoline models '83 thru '92
*36071 **Ranger** '93 thru '97 & **Mazda Pick-ups** '94 thru '97
36074 **Taurus & Mercury Sable** '86 thru '95
*36075 **Taurus & Mercury Sable** '96 thru '98
*36078 **Tempo & Mercury Topaz** '84 thru '94
36082 **Thunderbird/Mercury Cougar** '83 thru '88
*36086 **Thunderbird/Mercury Cougar** '89 and '97
36090 **Vans** all V8 Econoline models '69 thru '91
*36094 **Vans** full size '92-'95
*36097 **Windstar Mini-van** '95-'98

GENERAL MOTORS
*10360 **GM Automatic Transmission Overhaul**
*38005 **Buick Century, Chevrolet Celebrity, Oldsmobile Cutlass Ciera & Pontiac 6000** all models '82 thru '96
*38010 **Buick Regal, Chevrolet Lumina, Oldsmobile Cutlass Supreme & Pontiac Grand Prix** front-wheel drive models '88 thru '95
*38015 **Buick Skyhawk, Cadillac Cimarron, Chevrolet Cavalier, Oldsmobile Firenza & Pontiac J-2000 & Sunbird** '82 thru '94
*38016 **Chevrolet Cavalier & Pontiac Sunfire** '95 thru '98
38020 **Buick Skylark, Chevrolet Citation, Olds Omega, Pontiac Phoenix** '80 thru '85
38025 **Buick Skylark & Somerset, Oldsmobile Achieva & Calais and Pontiac Grand Am** all models '85 thru '95
38030 **Cadillac Eldorado** '71 thru '85, **Seville** '80 thru '85, **Oldsmobile Toronado** '71 thru '85 **& Buick Riviera** '79 thru '85
*38035 **Chevrolet Lumina APV, Olds Silhouette & Pontiac Trans Sport** all models '90 thru '95
General Motors Full-size Rear-wheel Drive - *see BUICK (19025)*

(Continuacíon)

Los modelos que muestran un (*) indican los modelos cubiertos en el momento de esta impresión. Estos títulos serán periódicamente cambiados para incluir modelos de años más modernos - consulte con distribuidor Haynes para mayor información.

Manuales automotrices Haynes (continuacíon)

NOTA: Manuales nuevos son agregados a esta lista en una base periódica. Si usted no puede encontrar su vehículo en esta lista, consulte con su distribuidor Haynes, para información de la producción más moderna.

GEO

Metro - *see CHEVROLET Sprint (24075)*
Prizm - *'85 thru '92 see CHEVY (24060), '93 thru '96 see TOYOTA Corolla (92036)*
*40030 **Storm** all models '90 thru '93
Tracker - *see SUZUKI Samurai (90010)*

GMC

Safari - *see CHEVROLET ASTRO (24010)*
Vans & Pick-ups - *see CHEVROLET*

HONDA

42010 **Accord CVCC** all models '76 thru '83
42011 **Accord** all models '84 thru '89
42012 **Accord** all models '90 thru '93
42013 **Accord** all models '94 thru '95
42020 **Civic 1200** all models '73 thru '79
42021 **Civic 1300 & 1500 CVCC** '80 thru '83
42022 **Civic 1500 CVCC** all models '75 thru '79
42023 **Civic** all models '84 thru '91
*42024 **Civic & del Sol** '92 thru '95
*42040 **Prelude CVCC** all models '79 thru '89

HYUNDAI

*43015 **Excel** all models '86 thru '94

ISUZU

Hombre - *see CHEVROLET S-10 (24071)*
*47017 **Rodeo** '91 thru '97; **Amigo** '89 thru '94; **Honda Passport** '95 thru '97
*47020 **Trooper & Pick-up**, all gasoline models Pick-up, '81 thru '93; Trooper, '84 thru '91

JAGUAR

*49010 **XJ6** all 6 cyl models '68 thru '86
*49011 **XJ6** all models '88 thru '94
*49015 **XJ12 & XJS** all 12 cyl models '72 thru '85

JEEP

*50010 **Cherokee, Comanche & Wagoneer Limited** all models '84 thru '96
50020 **CJ** all models '49 thru '86
*50025 **Grand Cherokee** all models '93 thru '98
50029 **Grand Wagoneer & Pick-up** '72 thru '91 Grand Wagoneer '84 thru '91, Cherokee & Wagoneer '72 thru '83, Pick-up '72 thru '88
*50030 **Wrangler** all models '87 thru '95

LINCOLN

Navigator - *see FORD Pick-up (36059)*
59010 **Rear Wheel Drive** all models '70 thru '96

MAZDA

61010 **GLC Hatchback (rear wheel drive)** '77 thru '83
61011 **GLC (front wheel drive)** '81 thru '85
*61015 **323 & Protogé** '90 thru '97
*61016 **MX-5 Miata** '90 thru '97
*61020 **MPV** all models '89 thru '94
Navajo - *see Ford Explorer (36024)*
61030 **Pick-ups** '72 thru '93
Pick-ups '94 thru '96 - *see Ford Ranger (36071)*
61035 **RX-7** all models '79 thru '85
*61036 **RX-7** all models '86 thru '91
61040 **626** (rear wheel drive) all models '79 thru '82
*61041 **626/MX-6 (front wheel drive)** '83 thru '91

MERCEDES-BENZ

63012 **123 Series Diesel** '76 thru '85
*63015 **190 Series** four-cyl gas models, '84 thru '88
63020 **230/250/280** 6 cyl sohc models '68 thru '72
63025 **280 123 Series** gasoline models '77 thru '81
63030 **350 & 450** all models '71 thru '80

MERCURY

See FORD Listing.

MG

66010 **MGB** Roadster & GT Coupe '62 thru '80
66015 **MG Midget, Austin Healey Sprite** '58 thru '80

MITSUBISHI

*68020 **Cordia, Tredia, Galant, Precis & Mirage** '83 thru '93
*68030 **Eclipse, Eagle Talon & Ply. Laser** '90 thru '94
*68040 **Pick-up** '83 thru '96 **& Montero** '83 thru '93

NISSAN

72010 **300ZX** all models including Turbo '84 thru '89
*72015 **Altima** all models '93 thru '97
*72020 **Maxima** all models '85 thru '91
*72030 **Pick-ups** '80 thru '96 **Pathfinder** '87 thru '95
72040 **Pulsar** all models '83 thru '86
*72050 **Sentra** all models '82 thru '94
*72051 **Sentra & 200SX** all models '95 thru '98
*72060 **Stanza** all models '82 thru '90

OLDSMOBILE

*73015 **Cutlass** V6 & V8 gas models '74 thru '88
For other OLDSMOBILE titles, see BUICK, CHEVROLET or GENERAL MOTORS listing.

PLYMOUTH

For PLYMOUTH titles, see DODGE listing.

PONTIAC

79008 **Fiero** all models '84 thru '88
79018 **Firebird** V8 models except Turbo '70 thru '81
79019 **Firebird** all models '82 thru '92
For other PONTIAC titles, see BUICK, CHEVROLET or GENERAL MOTORS listing.

PORSCHE

*80020 **911** except Turbo & Carrera 4 '65 thru '89
80025 **914** all 4 cyl models '69 thru '76
80030 **924** all models including Turbo '76 thru '82
*80035 **944** all models including Turbo '83 thru '89

RENAULT

Alliance & Encore - *see AMC (14020)*

SAAB

*84010 **900** all models including Turbo '79 thru '88

SATURN

87010 **Saturn** all models '91 thru '96

SUBARU

89002 **1100, 1300, 1400 & 1600** '71 thru '79
*89003 **1600 & 1800** 2WD & 4WD '80 thru '94

SUZUKI

*90010 **Samurai/Sidekick & Geo Tracker** '86 thru '96

TOYOTA

92005 **Camry** all models '83 thru '91
92006 **Camry** all models '92 thru '96
92015 **Celica Rear Wheel Drive** '71 thru '85
*92020 **Celica Front Wheel Drive** '86 thru '93
92025 **Celica Supra** all models '79 thru '92
92030 **Corolla** all models '75 thru '79
92032 **Corolla** all rear wheel drive models '80 thru '87
92035 **Corolla** all front wheel drive models '84 thru '92
*92036 **Corolla & Geo Prizm** '93 thru '97
92040 **Corolla Tercel** all models '80 thru '82
92045 **Corona** all models '74 thru '82
92050 **Cressida** all models '78 thru '82
92055 **Land Cruiser** FJ40, 43, 45, 55 '68 thru '82
92056 **Land Cruiser** FJ60, 62, 80, FZJ80 '80 thru '96
*92065 **MR2** all models '85 thru '87
92070 **Pick-up** all models '69 thru '78
*92075 **Pick-up** all models '79 thru '95
*92076 **Tacoma** '95 thru '98, **4Runner** '96 thru '98, **& T100** '93 thru '98
*92080 **Previa** all models '91 thru '95
92085 **Tercel** all models '87 thru '94

TRIUMPH

94007 **Spitfire** all models '62 thru '81
94010 **TR7** all models '75 thru '81

VW

96008 **Beetle & Karmann Ghia** '54 thru '79
96012 **Dasher** all gasoline models '74 thru '81
*96016 **Rabbit, Jetta, Scirocco, & Pick-up** gas models '74 thru '91 & Convertible '80 thru '92
96017 **Golf & Jetta** all models '93 thru '97
96020 **Rabbit, Jetta & Pick-up** diesel '77 thru '84
96030 **Transporter 1600** all models '68 thru '79
96035 **Transporter 1700, 1800 & 2000** '72 thru '79
96040 **Type 3 1500 & 1600** all models '63 thru '73
96045 **Vanagon** all air-cooled models '80 thru '83

VOLVO

97010 **120, 130 Series & 1800 Sports** '61 thru '73
97015 **140 Series** all models '66 thru '74
*97020 **240 Series** all models '76 thru '93
97025 **260 Series** all models '75 thru '82
*97040 **740 & 760 Series** all models '82 thru '88

TECHBOOK MANUALS

10205 **Automotive Computer Codes**
10210 **Automotive Emissions Control Manual**
10215 **Fuel Injection Manual, 1978 thru 1985**
10220 **Fuel Injection Manual, 1986 thru 1996**
10225 **Holley Carburetor Manual**
10230 **Rochester Carburetor Manual**
10240 **Weber/Zenith/Stromberg/SU Carburetors**
10305 **Chevrolet Engine Overhaul Manual**
10310 **Chrysler Engine Overhaul Manual**
10320 **Ford Engine Overhaul Manual**
10330 **GM and Ford Diesel Engine Repair Manual**
10340 **Small Engine Repair Manual**
10345 **Suspension, Steering & Driveline Manual**
10355 **Ford Automatic Transmission Overhaul**
10360 **GM Automatic Transmission Overhaul**
10405 **Automotive Body Repair & Painting**
10410 **Automotive Brake Manual**
10415 **Automotive Detaiing Manual**
10420 **Automotive Eelectrical Manual**
10425 **Automotive Heating & Air Conditioning**
10430 **Automotive Reference Manual & Dictionary**
10435 **Automotive Tools Manual**
10440 **Used Car Buying Guide**
10445 **Welding Manual**
10450 **ATV Basics**

SPANISH MANUALS

98903 **Reparación de Carrocería & Pintura**
98905 **Códigos Automotrices de la Computadora**
98910 **Frenos Automotriz**
98915 **Inyección de Combustible 1986 al 1994**
99040 **Chevrolet & GMC Camionetas** '67 al '87 Incluye Suburban, Blazer & Jimmy '67 al '91
99041 **Chevrolet & GMC Camionetas** '88 al '95 Incluye Suburban '92 al '95, Blazer & Jimmy '92 al '94, Tahoe y Yukon '95
99042 **Chevrolet & GMC Camionetas Cerradas** '68 al '95
99055 **Dodge Caravan & Plymouth Voyager** '84 al '95
99075 **Ford Camionetas y Bronco** '80 al '94
99077 **Ford Camionetas Cerradas** '69 al '91
99083 **Ford Modelos de Tamaño Grande** '75 al '87
99088 **Ford Modelos de Tamaño Mediano** '75 al '86
99091 **Ford Taurus & Mercury Sable** '86 al '95
99095 **GM Modelos de Tamaño Grande** '70 al '90
99100 **GM Modelos de Tamaño Mediano** '70 al '88
99110 **Nissan Camionetas** '80 al '96, **Pathfinder** '87 al '95
99118 **Nissan Sentra** '82 al '94
99125 **Toyota Camionetas y 4Runner** '79 al '95

Los modelos que muestran un (*) indican los modelos cubiertos en el momento de esta impresión. Estos títulos serán periódicamente cambiados para incluir modelos de años más modernos - consulte con distribuidor Haynes para mayor información.

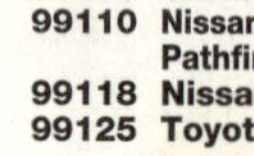

Sobre 100 manuales de motocicletas también están incluidos

Haynes North America, Inc., 861 Lawrence Drive, Newbury Park, CA 91320 • (805) 498-6703